Natur und Technik

Natur-wissenschaften

Differenzierende Ausgabe
Ausgabe N

5|6

Cornelsen

Natur und Technik

Naturwissenschaften

Autoren: Siegfried Bresler, Bielefeld; Bernd Heepmann, Herford; Christian Hörter, Weilheim; Jochim Lichtenberger, Fahren; Heinz Muckenfuß, Ravensburg; Dr. Walter Kleesattel, Schwäbisch-Gmünd; Margo Lilienthal, Kaarst; Dr. Sabine Müller, Minden; Hans Schopfer, Beilstein; Ludwig Schüler, Ahaus; Harald Seufert, Düsseldorf; Wilhelm Schröder, Herford

Unter beratender Mitarbeit von: Markus Fölling, Borgholzhausen/Werther

Redaktion: Thomas Gattermann, Simone Lambert, Stephan Möhrle, Christian Wudel

Grafik: Ulrike Braun, Gabriele Heinisch, Yvonne Koglin, Jörg Mair, Karin Mall, Matthias Pflügner

Umschlaggestaltung: SOFAROBOTNIK GbR, Augsburg & München

Layoutkonzept: Miriam Bussmann, Berlin

Layout und technische Umsetzung: Miriam Bussmann, Berlin und Marina Goldberg, Berlin

www.cornelsen.de

1. Auflage, 1. Druck 2011

Alle Drucke dieser Auflage sind inhaltlich unverändert
und können im Unterricht nebeneinander verwendet werden.

Druck: CS-Druck CornelsenStürtz, Berlin

ISBN 978-3-06-010421-5

Inhalt gedruckt auf säurefreiem Papier aus nachhaltiger Forstwirtschaft.

Methoden
sind wichtig bei der Erschließung von Sachverhalten. Deshalb erfährst du hier, wie du naturwissenschaftlich arbeiten oder besser lernen kannst. Auch das Finden und Aufbereiten von Informationen steht immer wieder im Blickpunkt.

Grundlagen
führen neue Begriffe ein und erklären Zusammenhänge.

Merksätze
Wichtige Aussagen sind blau hervorgehoben.

Erweiterungen
„Darf es etwas mehr sein?“ Dann sind diese Vertiefungen oder Ergänzungen vielleicht etwas für dich.

Aus Umwelt und Technik
Wenn du in diesen Texten schmökerst, erkennst du „die Naturwissenschaften“ im Alltag wieder. Aber auch Wissenswertes aus der Geschichte, Sport, Erdkunde ...

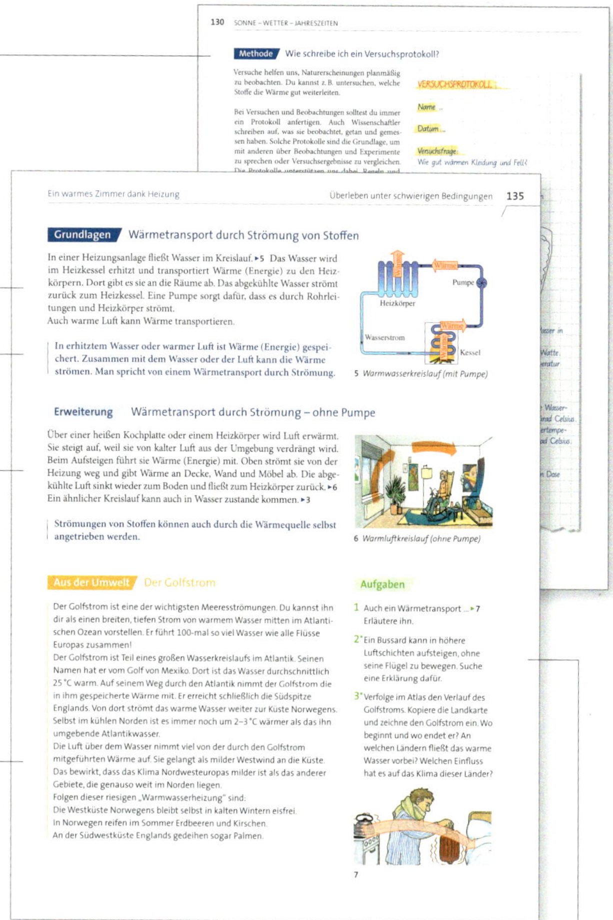

Aufgaben
helfen dir, deine Kenntnisse zu vertiefen oder zu erweitern. Wenn sie über das Normale hinausgehen, sind sie mit einem * gekennzeichnet.

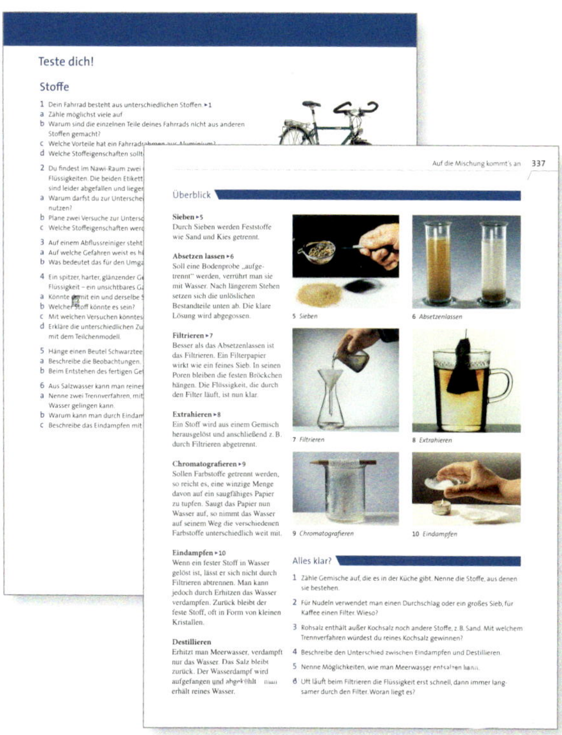

Überblick
Zusammenfassung am Ende eines Kapitels. Abschließende Aufgaben zum Kapitel gibt es bei **Alles klar?**.

Teste dich!
Hast du den Inhalt eines größeren Abschnitts verstanden? Kannst du dein Wissen anwenden? Die Aufgaben auf dieser Seite helfen dir, dich selbst einzuschätzen. Die Lösungen kannst du im Anhang nachlesen.

Inhalt

Was ist bei der Tierhaltung zu beachten?

Wie können Tiere bei extremer Kälte überleben?

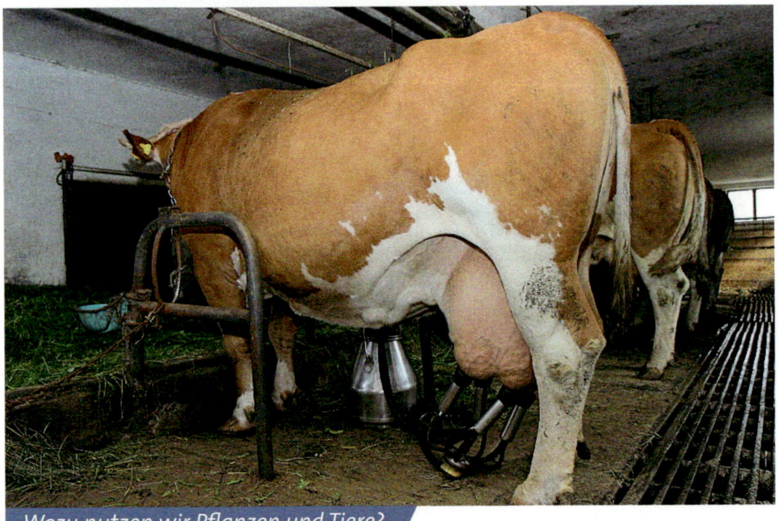

Wozu nutzen wir Pflanzen und Tiere?

Was lebt am und im Parkteich?

Lebensräume und Lebensbedingungen

- Schaust du dich im Park, auf dem Schulgelände oder im Wald genauer um, wirst du viele Pflanzen und Tiere entdecken. Je nachdem, was sie benötigen, besiedeln Lebewesen unterschiedliche Lebensräume.
- Nicht alle Tiere leben wild. Der Mensch hat Wildtiere gezähmt und aus ihnen Haus- und Nutztiere gemacht. Auch Pflanzen wurden zu ertragreichen Nutzpflanzen gezüchtet.
- Lebewesen können auch extreme Lebensräume wie Wüsten und Polargebiete besiedeln. Dazu brauchen sie ganz besondere Eigenschaften.

Tierhaltung zu Hause

Wünschst du dir auch ein eigenes Tier für zu Hause? Vorher müssen folgende Fragen geklärt sein:

- ▷ Welches Tier ist für mich am besten geeignet?
- ▷ Welche Ansprüche hat es?
- ▷ Habe ich genügend Zeit, mich um mein Tier zu kümmern?
- ▷ Sind meine Eltern und der Vermieter einverstanden?
- ▷ Welche Krankheiten kann das Tier bekommen oder übertragen?
- ▷ Was geschieht, wenn ich ein Pärchen habe und es Junge bekommt?
- ▷ Wie teuer sind Kauf, Erstausstattung und Haltung? Wie hoch sind die Folgekosten für den Tierarzt, die Versicherung sowie Steuern?
- ▷ Wer versorgt das Tier im Urlaub?

1 *„Den möchte ich haben!"*

Aufgaben

1 Versuche für den Umgang mit Meerschweinchen und Zwergkaninchen fünf Regeln aufzuschreiben.

2 Informiere dich z. B. im Zoohandel über ein weiteres Haustier, das dich interessiert.
- Wo hält man das Tier?
- Womit füttert man es?
- Wann fühlt sich das Tier wohl?
- Braucht das Tier viel Pflege?
- Benötigt es besondere Einrichtungen wie Laufrad oder Kratzbaum?
- Welche Kosten verursacht es?
- Erstelle einen Steckbrief über das Tier.

Regeln für den Umgang mit einem Wellensittich:

1. *Der Vogel sollte einmal am Tag frei im Zimmer fliegen dürfen. Vorher die Fenster schließen!*
2. *Wellensittiche sollte man immer zu zweit halten.*
3. *Erschrick den Vogel nie! Nach einer Eingewöhnungszeit kommt er von alleine auf deine Hand.*
4. *Den Vogel nie ohne Futter und Wasser lassen!*
5. *Der Käfig muss an einem ruhigen, nicht zu kalten und nicht zu warmen Ort stehen. Nachts wird der Käfig mit einem Tuch abgedeckt.*

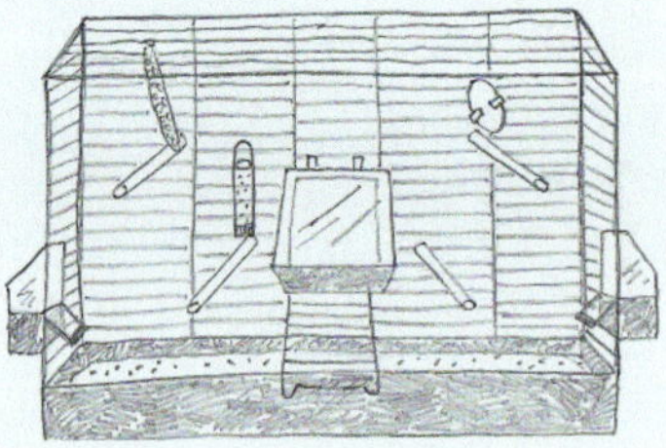

Steckbrief Wellensittich

Herkunft: Wellensittiche stammen aus dem trockenen, heißen Australien.
Lebensweise: Sie leben in Schwärmen. Wenn das Weibchen brütet, wird es vom Männchen gefüttert.
Alter: Die Vögel werden bis zu 15 Jahre alt.
Haltung: Vogelkäfig mindestens 50 cm lang, 30 cm breit und 40 cm hoch.
Frische Äste zum Klettern und Knabbern, Futter- und Wassernapf, Badewanne, Kalkstein. Näpfe täglich mit heißem Wasser ausspülen!
Nahrung: fertige Samenmischung mit Iodzusatz, ab und zu ein Salatblatt, ein Stück Apfel oder Kolbenhirse

Zur Diskussion Tierhaltung heißt Verantwortung

Ein Fall von Tierquälerei? Jana hat zum Geburtstag ein Meerschweinchen bekommen. Es soll sich ausgiebig sonnen können. Deshalb stellt sie es im Käfig auf den Balkon. ▸2 Sie nimmt auch noch das störende Schlafhaus heraus. Als ihr Vater das am Nachmittag sieht, ist er entsetzt und spricht ein ernstes Wort mit ihr.

Allergien – trotzdem ein Haustier? Wenn in eurer Familie immer wieder allergische Krankheiten wie Heuschnupfen, Hautveränderungen oder Asthma auftreten, sollte man vorsichtig mit der Anschaffung eines Haustiers sein. Haustiere können nämlich Allergien auslösen. Oft sind die Haare der Tiere dafür verantwortlich.

2 *Gut gemeint – falsch gemacht*

Aufgaben

1 Wirklich „ein Fall von Tierquälerei"?
a Lies den Text oben durch. Was hat Jana falsch gemacht? ▸2
b Wie konnte es passieren, dass Jana sich so verhalten hat? Sie wollte doch schließlich nur das Beste für ihr Meerschweinchen …
c Wie kannst du bei deinem Haustier Fehler vermeiden?
d Kennst auch du einen Fall von ungewollter Tierquälerei? Schildere ihn in einem kurzen Protokoll, z. B. so:
- Wie quält die Person das Tier?
- Warum leidet das Tier unter der Behandlung?
- Was weiß der Tierhalter nicht?
- Wie verhält man sich richtig?

2 Rechts siehst du einen Auszug aus dem Tierschutzgesetz.
a Welcher Paragraf (§) des Tierschutzgesetzes verbietet ein Aussetzen von Haustieren? ▸3
b Welche Absicht verfolgt man mit diesem Gesetz?
c* Beschreibe, was § 3 des Tierschutzgesetzes aussagt.

3* Stellt Umfragen zum Thema „Die beliebtesten Haustiere" an. ▸4
a Befragt Mitschüler, welches Haustier sie am liebsten hätten.
b Welche Haustiere haben eure Mitschüler?
c Fasst die Antworten eurer Umfrage in einer Tabelle zusammen. Stellt die Ergebnisse im Klassenzimmer aus.

3 *Ausgesetzt!*

4 *Tierhaltung in Deutschland (2009)*

Tierschutzgesetz (Auszug)

§ 1 Zweck dieses Gesetzes ist es, aus der Verantwortung des Menschen für das Tier als Mitgeschöpf dessen Leben und Wohlbefinden zu schützen. Niemand darf einem Tier ohne vernünftigen Grund Schmerzen, Leiden oder Schäden zufügen.

§ 2 Wer ein Tier hält, betreut oder zu betreuen hat,
1. muss das Tier seiner Art und seinen Bedürfnissen entsprechend angemessen ernähren, pflegen und verhaltensgerecht unterbringen,
2. darf die Möglichkeit des Tieres zu artgemäßer Bewegung nicht so einschränken, dass ihm Schmerzen oder vermeidbare Leiden oder Schäden zugefügt werden,
3. muss über die für eine angemessene Ernährung, Pflege und verhaltensgerechte Unterbringung des Tieres erforderlichen Kenntnisse und Fähigkeiten verfügen.

§ 3 Es ist verboten, … ein in Obhut des Menschen gehaltenes Tier auszusetzen oder es zurückzulassen, um sich seiner zu entledigen …

Treuer Partner des Menschen: der Hund

▷ Wer lernt was in der Hundeschule – und warum?

1

Auftrag

1 Besuch einer Hundeschule Eine gute Möglichkeit, etwas über Hunde zu erfahren, ist der Besuch einer Hundeschule.
Fragt vorher nach einem Interviewpartner zum Thema „Hunde und ihre Erziehung". Bereitet das Interview gut vor.

Methode Das Interview

Wenn du ein Interview führen willst, musst du dich vorbereiten. Überlege dir genau, welche Fragen du stellen willst. Informiere dich deshalb vorher über das Thema des Interviews (z. B. aus Büchern oder im Internet).

Während des Interviews werden die Antworten notiert oder aufgenommen.
Einige Tipps für Interviews:
- Frage nicht so, dass die Antwort nur Ja oder Nein lauten kann. Verwende Fragewörter wie „warum", „was", „wie", „wozu".
- Formuliere deine Fragen klar und verständlich auf einem Zettel.
- Gehe nicht allein zum Interview.
- Fertige während des Interviews Notizen an. Ein Aufnahmegerät ist natürlich hilfreich.
- Vielleicht redet dein Gesprächspartner zu lange hintereinander. Unterbrich ihn höflich mit einer Zwischenfrage.
- Frage nach, wenn du eine Antwort nicht verstanden hast.
- Bedanke dich am Schluss des Interviews für das Gespräch.
- Fasse die Ergebnisse deiner Befragung in deinem Heft zusammen.

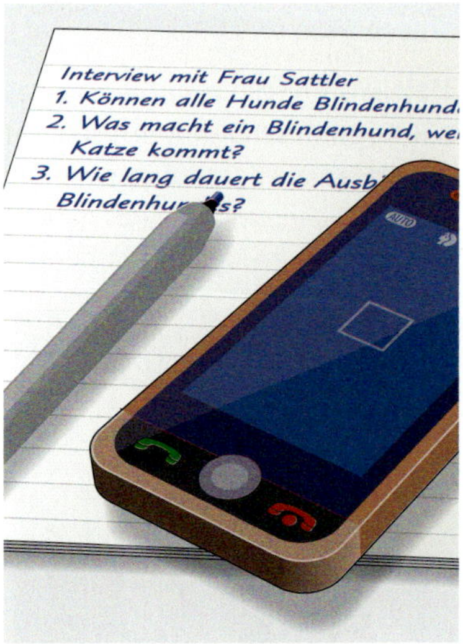

2 *Nützliche Hilfsmittel*

Grundlagen Erfahrungen mit Hunden

Welpen Nach der Paarung mit dem Rüden entwickeln sich im Leib der Hündin 4 bis 10 Junge (Welpen). Bei der Geburt sind sie noch blind, taub und hilflos. Sie werden mit Milch gesäugt. Hunde sind Säugetiere. ▸3

Körperbau Am Skelettbau erkennt man, weshalb der Hund schnell und ausdauernd ist. ▸4 Die kräftigen Beine sind über Schulter- und Beckenknochen mit der Wirbelsäule verbunden. Beim Laufen treten die Hunde nur mit den Zehen auf. Ihre stumpfen Krallen können sie nicht einziehen.

Sinne Der Hund hat einen ausgezeichneten Geruchssinn. In seiner Nase befinden sich viele Sinneszellen. Hunde hören auch hervorragend. Selbst hohe Töne, die der Mensch nicht mehr hören kann (Ultraschall), nehmen sie noch wahr.

Gebiss Beutetiere fängt der Hund mit seinen Eckzähnen (Fangzähnen). ▸5 Mit den größten Backenzähnen reißt er die Beute (Reißzähne). Er zerkleinert das Fleisch mit allen Backenzähnen. Fleischreste an den Knochen zupft und schabt er mit den Schneidezähnen ab.

Verständigung Der ganze Körper des Hundes gibt Hinweise auf seine Stimmung. Man erkennt sie an Schwanzhaltung, Ohrenstellung, Lautäußerungen und Gesichtsausdruck. ▸6 Hunderüden markieren immer wieder mit Harnspritzern an Pfosten und Bäumen ihr Revier. So kennzeichnen sie durch Duftmarken ihren Aufenthaltsort.

Partner Hund Viele Menschen sehen in ihrem Haustier ein Schmusetier oder sogar Ersatz für fehlende Freunde. Schon vor Tausenden von Jahren begannen Menschen damit, Hunde zu halten. Deshalb gilt der Hund als unser ältestes Haustier. Alle Haushunde stammen vom Wolf ab. Wölfe leben in Rudeln. Im Rudel lernen junge Wölfe, wie man sich untereinander verständigt. Und sie lernen sich unterzuordnen. Dem Haushund fehlt die Erziehung durch das Rudel. Deshalb beginnt man im Alter von 4 bis 6 Monaten mit seiner Erziehung.
Hund und Katze, die mit uns Menschen gemeinsam in der Wohnung leben, nennt man *Heimtiere*. Haustiere, die der Mensch nutzt, um Fleisch, Milch, Haut oder Wolle zu gewinnen, bezeichnet man als *Nutztiere*.

Hunde sind Fleischfresser und Zehengänger. Sie verständigen sich durch Körperhaltung, Gesichtsausdruck, Duftmarken und Laute.

3 *Hündin mit neugeborenen Welpen*

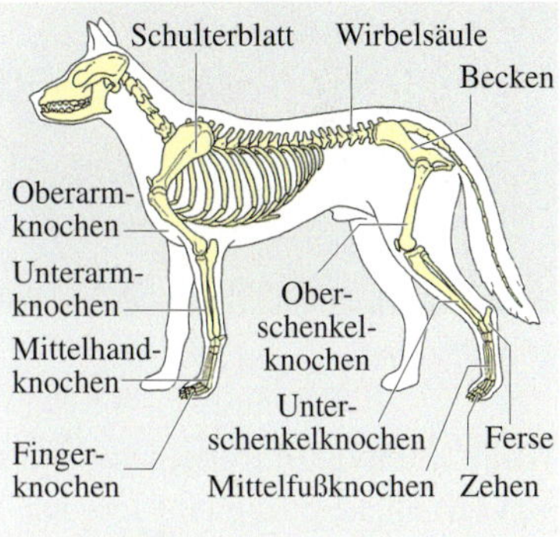

4 *Skelett des Hundes*

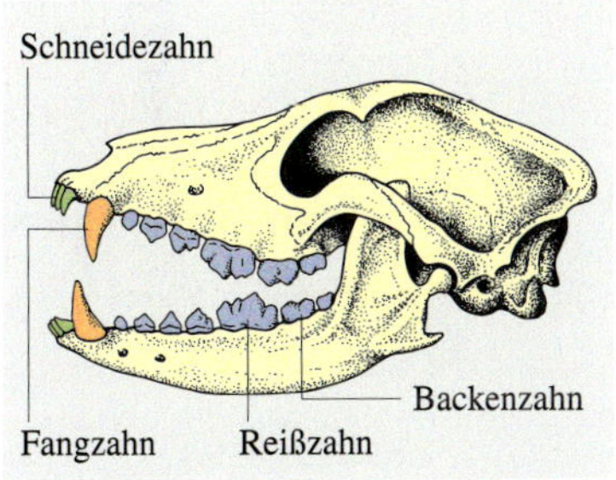

5 *Gebiss des Hundes*

6 *Drohender Hund*

Aufgaben

1 Hundewelpen sind Nesthocker. Erkläre, was das bedeutet.

2 Man bezeichnet Hunde auch als „Nasentiere" oder „Ohrentiere". Was will man damit ausdrücken?

3 Hunde hecheln manchmal. Was bedeutet das? Was wird damit erreicht?

4* Welche Bedürfnisse des Hundes sind zu beachten, wenn man Hundebesitzer werden möchte?

Grundlagen Der Wolf – Stammvater des Hundes

1 *Wolfsrudel*

Wölfe leben oft in Rudeln von 5 bis 10 Tieren. ▸1 Nur so können sie große Huftiere wie Hirsche, Elche und Rentiere jagen. Jedes Rudel hat ein eigenes Jagdgebiet. Die Tiere markieren es an bestimmten Stellen mit ihren Duftmarken. Der stärkste, ranghöchste Wolf ist das Leittier. Er führt das Rudel an.

Einige Wölfe hetzen die Beute über Kilometer hinweg. Andere greifen dann von der Seite an. Während der Jagd verständigen sie sich durch lautes Heulen. Ist die Beute gestellt, wird sie von allen Seiten angegriffen.

An der Spitze des Rudels stehen ein Männchen und ein Weibchen. Nur dieses eine Paar bekommt Junge. Innerhalb des Rudels herrscht eine strenge Rangordnung. Der Leitwolf zeigt seine Stellung durch den steil nach oben gehaltenen Schwanz. ▸2

Alle anderen Wölfe des Rudels ordnen sich ihm unter. Nur gelegentlich finden Kämpfe zwischen den Wölfen statt. Dabei wird die Rangordnung neu festgelegt. Meist werden solche Kämpfe jedoch nur mit Drohgebärden ausgefochten. Es kommt kaum zu Verletzungen.

Schon in der Steinzeit schloss sich der Wolf den Menschen an. Wenn die Steinzeitmenschen auf die Jagd gingen, folgten ihnen vermutlich hungrige Wölfe. An den Lagerplätzen fielen Fleischreste für sie ab. Dadurch wurden sie zutraulicher und gewöhnten sich an den Menschen. Vielleicht nahmen die Menschen Jungtiere mit in ihre Höhle und zogen sie auf. Aus diesen wurden zahme Wölfe.

Irgendwann bemerkten die Menschen, dass der Wolf ihnen nützlich sein konnte. Er half bei der Jagd, schlug Alarm vor Feinden und diente in kalten Winternächten als „Wärmekissen". Vielleicht waren Jungtiere auch Spielkameraden der Kinder. Besonders zahme und lernfähige Tiere wurden ausgewählt und miteinander verpaart. Im Lauf der Zeit unterschieden sich die zahmen Wölfe immer mehr von ihren Artgenossen in freier Wildbahn. So wurde das Wildtier Wolf in Tausenden von Jahren durch Zähmung und Züchtung zum Haustier Hund. Den Vorgang, bei dem aus einem Wildtier ein Haustier wird, nennt man *Domestikation*.

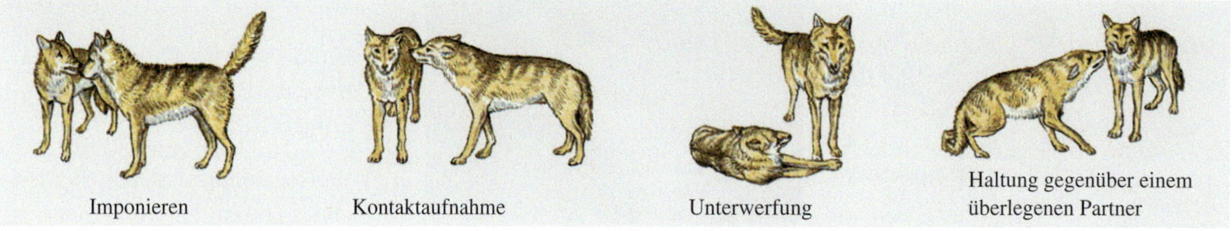

2 *Körpersprache des Wolfs (Beispiele)*

Methode So liest man einen Text

In dem Text auf der linken Seite erfährst du etwas über den Wolf als Stammvater des Hundes.

1. Lies den Text durch und verschaffe dir einen groben Überblick vom Inhalt.
2. Kläre dann unbekannte Begriffe: zunächst in deiner Arbeitsgruppe, bei Bedarf auch bei deiner Lehrerin oder deinem Lehrer.
3. Arbeite den Text gründlich durch. Überlege dir Überschriften zu den Abschnitten.
4. Fasse den Inhalt des Textes oder von Abschnitten aus dem Gedächtnis kurz zusammen und berichte deinem Tischnachbarn.

Grundlagen Züchten von Hunderassen

Im Lauf der Zeit hat der Mensch immer neue Hunderassen gezüchtet. Bei der Züchtung werden ein männliches und ein weibliches Tier mit den gewünschten Eigenschaften miteinander verpaart. Einige Nachkommen haben dann günstige Merkmale von beiden Eltern. Solche Tiere werden dann für die weitere Zucht ausgewählt.
So hat es der Mensch geschafft, unterschiedliche Rassen für seine Bedürfnisse zu züchten. Die Hunde werden für ihre Aufgaben erzogen und dienen z. B. als Polizeihund, Blindenführhund, Jagdhund, Hirtenhund, Wachhund oder Zugtier. Hunde werden für die Freizeitgestaltung gezüchtet, in einigen asiatischen Ländern auch als Pelz- und Fleischlieferant. Heute gibt es etwa 400 Hunderassen.
In manchen Fällen führt die Zucht zu Merkmalen, die für die Tiere nachteilig sind. Manche große Rassen leiden an Erkrankungen der Hüftgelenke. Bulldoggen haben extrem kurze Schädel mit verengten Nasenöffnungen und leiden unter Atemnot.
Obwohl die verschiedenen Rassen des Haushundes ganz unterschiedlich aussehen, können sie sich untereinander fortpflanzen. Alle Hunde gehören daher zu einer einzigen Art. Wenn sich Hunde verschiedener Rassen paaren, entstehen *Mischlinge*.

Aus dem Wildtier Wolf wurde in Jahrtausenden das älteste Haustier, der Hund (Domestikation). Der Mensch züchtete für seine Bedürfnisse verschiedene Hunderassen.

Aufgaben

1 Beantworte die folgenden Fragen:
a Wie jagen Wölfe?
b Wie ist die Rangordnung im Wolfsrudel?
c Wie haben die Steinzeitmenschen Wölfe gezähmt? Beschreibe die beiden Möglichkeiten, die im Text genannt sind. Welche hältst du für wahrscheinlicher? Begründe deine Antwort.

2 In dem Text geht es um das Leben im Wolfsrudel und die Entwicklung vom Wolf zum Hund.
Fasse die wichtigsten Aussagen des Textes in zwei Sätzen zusammen.

3 Der Mensch nutzte Eigenschaften des Wolfs, um aus ihm ein Haustier zu machen. Nenne diese Eigenschaften.

4 Vergleiche die Körpersprache von Hund und Wolf. ▸2–3

5 „Der Hund ist leichter zu erziehen als andere Haustiere." Begründe diese Aussage.

6* Informiere dich über Hunderassen.
Fertige ein Plakat mit Abbildungen und Eigenschaften von vier Rassen an.

7* Tierschützer protestieren gegen die Zucht mancher Rasse. Ein Beispiel ist der Chinesische Nackthund, der kaum Fell hat. Nenne mögliche Gründe, warum Tierschützer die Zucht dieser Rasse ablehnen.

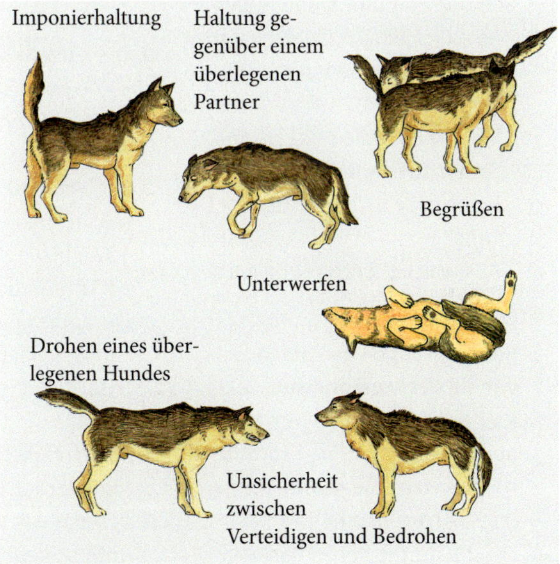

3 *Körpersprache des Hundes*

Die Katze – ein Schleichjäger

▷ Von „ihren" Menschen lässt sich die Katze gern streicheln und schmust mit ihnen. Einmal aus dem Haus, verwandelt sie sich aber von einem Moment auf den anderen in eine unbezähmbare Jägerin.

1

2

Beobachten Untersuchen

1 Beobachtungen an Katzen ... bei der Jagd
Vielleicht hast du Gelegenheit, eine Katze beim Jagen zu beobachten. Wenn nicht, dann wirf ihr ein Papierbällchen zu, das an einem Faden hängt.

a Beschreibe die Haltung der Katze. Achte auch auf die Stellung von Ohren und Augen.

b Wie schleicht sich die Katze an?
- In welcher Reihenfolge setzt sie die Beine?
- Welche Fußteile setzt sie auf?
- Siehst du ihre Krallen? Beschreibe deine Beobachtung.
- Aus welcher Entfernung setzt sie zum Sprung an?

2 Beobachtungen an Katzen ... wie sie sich verständigen
Katzen können mit ihrem Körper ausdrücken, wie ihnen zumute ist. Man sagt: Sie gebrauchen ihre „Katzensprache". ▸3

a Beschreibe die Körperhaltung der Katzen:
- Gib die Stellung der Haare, der Wirbelsäule und des Schwanzes an.
- Wie wehrt sich die Katze?

b Die Laute einer Katze:
- Wann hörst du sie schnurren?
- Wann faucht die Katze?
- Wann miaut sie?

3 Beobachtungen an Katzen ... im Haus

a Die Katze bei der Körperpflege:
- Wie putzt sich die Katze?
- Welche Körperteile werden geputzt?

b Beobachte die Katze beim Milchtrinken:
- Wie bewegt sie ihre Zunge?
- Prüft sie die Milch?

c Die Katze beim Schlafen:
- In welcher Stellung schläft sie?
- Hat sie einen festen Schlafplatz?
- Wie reagiert sie auf leise knisternde Geräusche?

d Betrachte ihre Augen bei unterschiedlicher Helligkeit. Wie verändert sich die Pupille? ▸4

3 *Drohgebärde*

4 *Pupille bei Dunkelheit*

Grundlagen Erfahrungen mit Katzen

Die Katze als Haustier Im Unterschied zum Hund lebt die Katze als Einzelgänger. Sie gewöhnt sich zwar an den Menschen, geht aber keine feste Bindung zu ihm ein. Viel eher noch ist sie mit der Wohnung verbunden, in der sie lebt.

Katzen sind Säugetiere Im Frühjahr und Herbst ist Paarungszeit. Die Kater kämpfen fauchend und kreischend um ein Weibchen. Nicht immer ist es der Sieger, der sich der Katze nähern darf, um sich zu paaren: Die Katze sucht sich ihren Partner selbst aus. Acht Wochen nach der Paarung bringt die Katze in einem Versteck vier bis sechs Junge zur Welt. Die Jungen sind Nesthocker und werden mit Muttermilch versorgt. ▸5

5 *Katzenmutter säugt ihre Jungen.*

Auf Schleichjagd Bei Dämmerung sieht die Katze mit ihren scharfen Augen viel besser als der Mensch. Im Dunkeln orientiert sie sich mit ihrem feinen Gehör. Mit den Schnurrhaaren der Oberlippe kann sie Hindernisse abtasten. So entdeckt die Katze ihre Beute. Lautlos schleicht sie sich an. Plötzlich schnellt sie mit gestreckten Vorderbeinen nach vorn. Sie schlägt ihre scharfen Krallen in das Beutetier und tötet es mit einem Biss in den Nacken. ▸6

Die Katze ist ein Schleichjäger. Sie hat eine biegsame Wirbelsäule und starke Muskeln. Das macht ihr das Anschleichen und das Springen leicht. Ihre Krallen kann sie einziehen. Die weichen Ballen an den Pfoten machen den Schritt fast unhörbar. Ihr Gebiss ist ein Fleischfressergebiss.

6 *Beutefang der Hauskatze*

Die drei Katzensprachen Katzen verständigen sich durch die Haltung ihres Körpers, mit ihrer Stimme und mit Duftmarken. Wird eine Katze angegriffen, macht sie einen Buckel und faucht. ▸7 Andere Katzen verstehen das. Fühlt sich die Katze wohl, schnurrt sie. Hin und wieder verspritzt sie Harn, um damit ihre Anwesenheit anzuzeigen.

Die Katze ist ein Einzelgänger und Schleichjäger. Sie hat hoch entwickelte Sinne und eine ausgeprägte Laut- und Körpersprache.

7 *Körpersprache der Katze*

Grundlagen Wie Katzen zu Haustieren wurden

Als die Menschen sesshaft wurden, schlossen sich die Katzen ihnen an. Katzen lebten am Rand der Siedlungen von Abfällen der Menschen.
Vor rund 6000 Jahren wurden in Ägypten wild lebende *Falbkatzen* mit in die Häuser genommen. ▸1 Sie sollten Mäuse fangen und bei der Jagd auf Wasservögel helfen. Zu wirklichen Haustieren wurden sie dann in Tausenden von Jahren. Katzen sind an Wänden von Pyramiden dargestellt. Man hat Katzenfiguren mit Halsband gefunden und Katzenmumien in Gräbern von Pharaonen. Katzen wurden sogar als Göttinnen verehrt. ▸2–3 Das Töten einer Katze galt in Ägypten als schweres Verbrechen und konnte mit dem Tod bestraft werden.
Die Falbkatze ist nicht aggressiv und daher gut für das Zusammenleben mit dem Menschen geeignet. Heute ist die Falbkatze in ganz Afrika verbreitet. Sie kommt dort in Halbwüsten und Savannen vor, nicht aber in Wüsten und tropischen Regenwäldern.
Römische Legionäre brachten die Falbkatze von ihren Feldzügen aus Ägypten nach Europa mit. Dort paarten sich die Falbkatzen mit einheimischen Wildkatzen. Daraus entstand unsere Hauskatze. Auch heute noch wird sie als Mäuse- und Rattenfänger von Menschen sehr geschätzt.

1 *Falbkatze*

2 *Mumie einer Katze*

3 *Göttin Bastet*

4 *Fellmusterung: getigert*

Im Lauf der Zeit war es dem Menschen nicht genug, die Katze nur zum Mäusefangen zu halten. Er fand Gefallen an ihrer Sanftmut, ihrem weichen Fell und ihrem schönen Aussehen. Aus der Hauskatze wurden im Laufe der Zeit viele verschiedene Rassekatzen gezüchtet.
Über Generationen hinweg wurden männliche und weibliche Tiere nach ihrem Aussehen, Fellmuster und Verhalten hin ausgewählt und miteinander verpaart.
Bei der Katzenzucht muss man geduldig sein und sich gut mit den Tieren auskennen. Außerdem muss man wissen, wie Eigenschaften weitervererbt werden. Jede Katze hat zum Beispiel eine typische Fellmusterung. Das Fell kann getigert, gestreift oder einfarbig sein. ▸4 Um Katzen mit einer bestimmten Fellmusterung zu züchten, werden die Tiere ausgewählt und miteinander verpaart. Nur Tiere mit der gewünschte Fellmusterung werden zur weiteren Zucht verwendet. ▸5

Bereits um das Jahr 1800 gab es viele Katzenliebhaber. Sie veranstalteten Ausstellungen, auf denen die schönsten Tiere ausgezeichnet wurden. Heute gibt es über 100 verschiedene Rassen: ▸6–8 Die Rassen sehen einander allerdings ähnlicher als die verschiedenen Hunderassen. Denn im Gegensatz zum Hund hat die Katze nur zwei Aufgaben: das Jagen von Mäusen und den Einsatz als Heimtier.
Bei der Zucht muss auf die Gesundheit der Rassekatzen geachtet werden. Extreme Züchtungen wirken sich auf das Wohlbefinden der Tiere aus: Perserkatzen haben verkürzte Nasen. Weiße Zuchtformen sind oft taub.

Aus der ägyptischen Falbkatze entstand die Hauskatze, die heute in vielen Rassen gezüchtet wird.

5 *Zuchtergebnis: dreifarbige Katze*

6 *Kartäuserkatze*

7 *Siamkatze (Kurzhaarkatze)*

8 *Perserkatze (Langhaarkatze)*

Aufgaben

1 Bearbeite den Text *Wie Katzen zu Haustieren wurden* nach der Methode „So liest man einen Text".

2 Die Katze ist ein Schleichjäger. Bestimmte Merkmale ihres Körpers geben ihr diese Fähigkeit. Man sagt: Die Katze ist an die Schleichjagd angepasst. Erläutere, welche Körpermerkmale die Katze zur Schleichjagd befähigen. ▸9

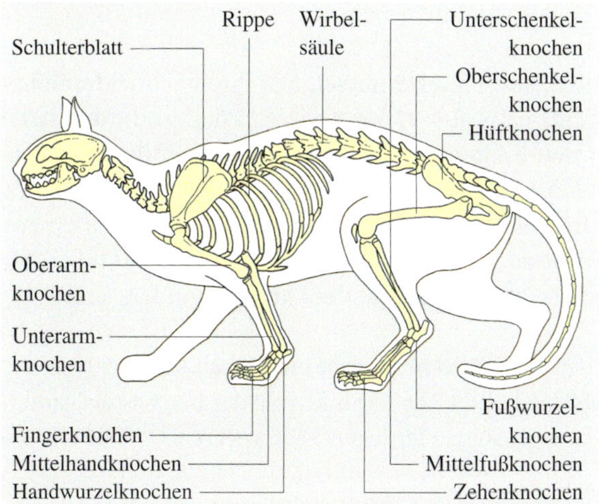

9 *Skelett der Hauskatze*

3 Beschreibe, wie eine Katze eine Maus fängt. Bild 6 der vorhergehenden Doppelseite hilft dir.

4 Auch wenn die Jungen noch gesäugt werden, bringt die Mutter ihnen ab und zu eine halbtote Maus. Finde eine Erklärung.

5 Vergleiche Hund und Katze. Lege dazu in deinem Heft eine Tabelle an.

	Hund	Katze
Stammform	?	?
Art des Beutefangs	?	?
Wichtigste Sinnesorgane	?	?
Verständigung mit Artgenossen	?	?
Aufzucht der Jungen	?	?
Besonderheiten des Skeletts	?	?

6* In 5000 Jahren ist es den Menschen nicht gelungen, Katzen für eine Aufgabe ähnlich wie die Hunde abzurichten. Nenne mögliche Gründe dafür.

Das Pferd – ein Tier der Steppe

▷ Die letzte frei lebende „Wildpferd"-Herde in Europa lebt in Dülmen, im südlichen Münsterland. Es sind keine echten Wildpferde, weil sie sich im Lauf der Jahrhunderte immer wieder mit verwilderten Hauspferden vermischt haben.

▷ Was ist das Besondere an Pferden, das viele so begeistert?

1 *Herde wild lebender Pferde*

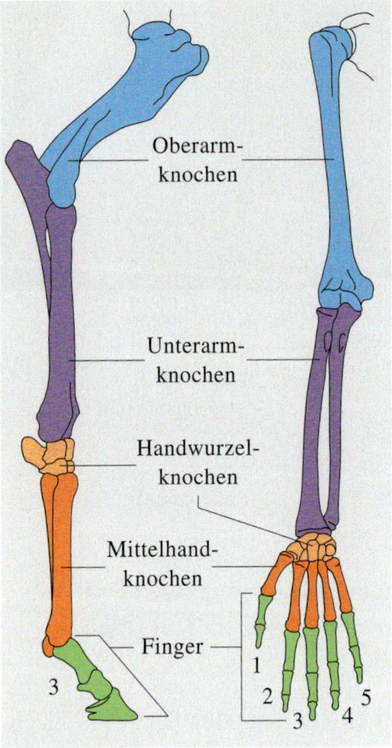

2 *Vorderbein des Pferdes und Arm des Menschen im Vergleich*

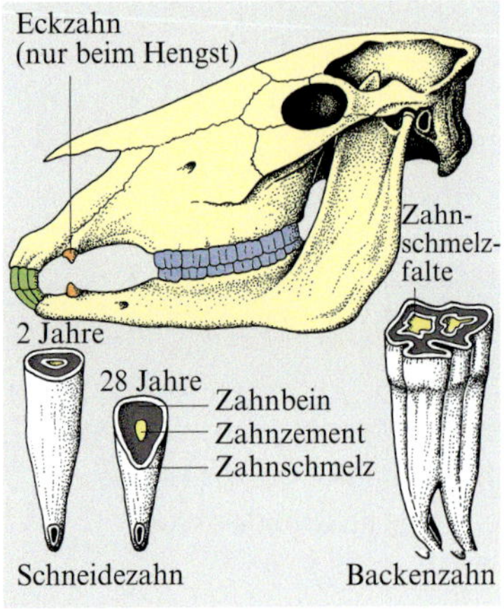

3 *Pflanzenfressergebiss*

Grundlagen Wissenswertes über Pferde

Das Pferd – ein Herdentier Ursprünglich lebten Pferde in weiten Steppenlandschaften in Herden. Sie können schnell laufen und fliehen bei Gefahr. Ein Leithengst führt die Herde.

Körperbau Der Körperbau ist auf schnelles Laufen eingerichtet. Deutlich wird das am Beinskelett. ▸2 An jedem Fuß besitzt das Pferd nur eine Zehe. Diese ist von einem Huf aus Horn umgeben. Dadurch ist sie vor Verletzungen geschützt. Der Fuß des Pferdes berührt nur mit der Zehenspitze den Boden.

Sinne Geruchssinn und Gehörsinn sind gut ausgebildet. Deshalb kann das Pferd Gefahren rechtzeitig erkennen. Pferde sehen nicht sehr scharf. Ihre Augen sprechen aber auf Bewegtes stark an. Da die Augen seitlich stehen, können Pferde fast rundum sehen.

Pflanzenfresser Pferde sind Pflanzenfresser. Mit ihren Schneidezähnen rupfen sie auf der Weide Gras ab. ▸3 Bei längeren Pflanzen helfen dabei die Lippen mit. Mit den breiten Backenzähnen zerkauen die Tiere das Gras gründlich, bevor sie es schlucken. Beim Zerreiben des harten Grases nutzen sich die Backenzähne stark ab. Durch die harten Falten aus Zahnschmelz bleiben sie aber rau wie eine Raspel.
Der Magen der Pferde ist klein. Dafür ist der Darm besonders lang.

Fohlen Nach der Paarung mit dem Hengst entwickelt sich im Leib der Stute 11 Monate lang das Fohlen. Es kann kurz nach der Geburt laufen und wird 6 Monate lang gesäugt. Pferde sind Säugetiere.

Pferde sind Steppentiere. Sie sind Pflanzenfresser und Zehenspitzengänger mit gut ausgebildetem Geruchs- und Gehörsinn.

Grundlagen Pferde für verschiedene Aufgaben

Vor über 5000 Jahren begann der Mensch das Wildpferd zu zähmen. Das brachte den Menschen wichtige Vorteile: Sie konnten nun weite Strecken in viel kürzerer Zeit überwinden, hatten einen wertvollen Helfer für schwere Arbeiten und zusätzlich einen guten Fleischlieferanten. Später züchteten die Menschen verschiedene Pferderassen, die ihnen für unterschiedliche Zwecke dienten. ▸4

Die Pferderassen fasst man zu mehreren Gruppen zusammen: Kaltblut-, Warmblut- und Vollblutpferde. Diese Bezeichnungen haben nichts mit der Körpertemperatur zu tun. Sie beziehen sich auf das Temperament der Pferde:

- Kaltblutpferde (z. B. das Schwarzwälder Kaltblut) besitzen ein ruhiges Temperament. Sie haben einen kräftigen Körper und sind gut zum Arbeiten geeignet, z. B. zum Holzrücken im Wald. ▸5
- Warmblutpferde (z. B. Trakehner) werden gerne als Dressur-, Reit- und Springpferde eingesetzt. ▸6
- Vollblutpferde (z. B. Araber) sind am temperamentvollsten; sie sind besonders schnell. Man bevorzugt diese Pferde bei Pferderennen. ▸7

Kleinwüchsige Pferderassen (kleiner als 1,50 m) nennt man Ponys. ▸8

4 *Eine Stute säugt ihr Fohlen.*

5 *Kaltblüter bei der Arbeit im Wald*

6 *Warmblüter beim Dressurreiten*

7 *Vollblüter beim Pferderennen*

8 *Pony*

Aufgaben

1 Erkläre, weshalb Hauspferde viel Bewegung brauchen.

2 Beschreibe den Bau des Vorderbeins eines Pferdes. Vergleiche mit dem Armskelett beim Menschen. Wo ist das Hand-, wo das Ellenbogengelenk? ▸2

3 Erkläre, was ein Zehenspitzengänger ist.

4* Ein Sprichwort sagt: „Einem geschenkten Gaul schaut man nicht ins Maul." Was kann man an einem Pferdegebiss erkennen?

5 Beobachte Pferde auf einer Koppel. Nenne Verhaltensweisen von Pferden, die an das Leben ihrer wilden Vorfahren erinnern.

Vom Auerochsen zum Hausrind

▷ Alle europäischen Hausrinder stammen vom Auerochsen ab, der als Herdentier in Graslandschaften und offenen Wäldern lebte. Heute gibt es diese Wildform nicht mehr, sie ist im Mittelalter ausgestorben.

▷ Die Domestikation der Rinder begann schon vor 8000 Jahren. Die Menschen verfolgten bei der Züchtung verschiedene Ziele. Was macht das Rind für den Menschen so wertvoll?

1 *Auerochse (Nachzucht)*

2 *Rinder auf der Weide*

Beobachten Untersuchen

1 Milchproben verkosten Kauft frische homogenisierte Bio-Vollmilch mit 3,8 % Fettgehalt, H-Vollmilch mit 3,5 % Fettgehalt, fettarme H-Milch mit 1,5 % Fettgehalt, entrahmte H-Milch mit 0,3 % Fettgehalt, Buttermilch und Rohmilch.

a Füllt von jeder Milch etwas in verschiedene Gläser, die ihr entsprechend beschriftet.

b Erstellt eine Tabelle über Aussehen, Geruch und Geschmack.

c Verkostet anschließend Molke und vergleicht sie mit den Trinkmilchsorten.

2 Joghurt – selbst hergestellt! Besorgt nicht pasteurisierten reinen Joghurt (z. B. in einem Bio-Laden), einen Liter H-Milch und mehrere kleine, saubere Gläser mit Schraubverschluss.

a Füllt nun die H-Milch in die Schraubgläser. Achtet darauf, dass der Rand nicht verschmiert ist.

b Gebt in jedes Glas einen Teelöffel des nicht pasteurisierten Joghurts hinzu. ▸**3**

c Verschließt dann die Gläser mit dem Schraubverschluss.
Stellt die verschlossenen Gläser 24 Stunden lang bei 30 bis 35 °C in Heizungsnähe oder in einen Wärmeschrank.
Der fertige Joghurt ist im Kühlschrank mehrere Tage haltbar.
Guten Appetit!

3 *Joghurtherstellung*

3 Eine Gesichtsmaske aus Quark *Ihr braucht:* Magerquark, flüssigen Honig, ein Gefäß, Löffel und ein Handtuch.

a Verrührt 2 Esslöffel Magerquark und 1 Esslöffel Honig, bis sich eine gleichmäßige Masse gebildet hat.
Tragt die Maske auf eure gereinigten Gesichter auf. ▸**4**
Beschreibt eure Empfindungen.

b Wascht die Quarkmaske nach 5 Minuten mit lauwarmem Wasser ab.
Wie fühlt sich die Haut an?

4 *Gesichtsmaske*

Grundlagen Das Rind – ein Pflanzenfresser

Wiederkäuer Stundenlang grast das Rind. Wenn es sich niedergelegt hat, kaut es noch immer. Denn nach dem Fressen stößt es immer wieder auf. Dabei gelangt verschlucktes Gras vom Magen in das Maul zurück. Jetzt erst wird es ausgiebig zerkaut und mit Speichel vermischt (Wiederkäuer). Rinder haben einen sehr großen Magen. Er besteht aus vier Teilen. ▸5 Die Pflanzennahrung gelangt aus der Speiseröhre zuerst in den *Pansen* und dann in den *Netzmagen*. Von dort werden kleine Nahrungsballen ins Maul zurückbefördert. Nach dem zweiten Verschlucken gelangt die Nahrung über den *Blättermagen* in den *Labmagen* und den langen Darm.
Das Gebiss ist für Pflanzennahrung bestens geeignet (Pflanzenfressergebiss). ▸6 Die Backenzähne stehen dicht beieinander und haben eine raue Kaufläche, mit der die Pflanzen zerrieben werden.

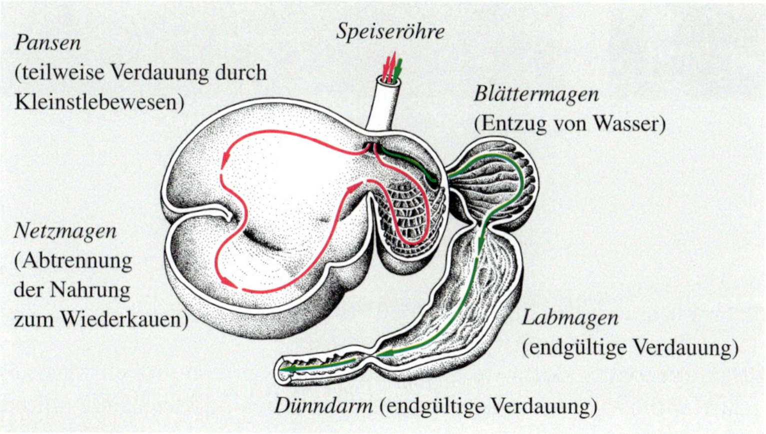

5 *Der Weg der Nahrung beim Rind*

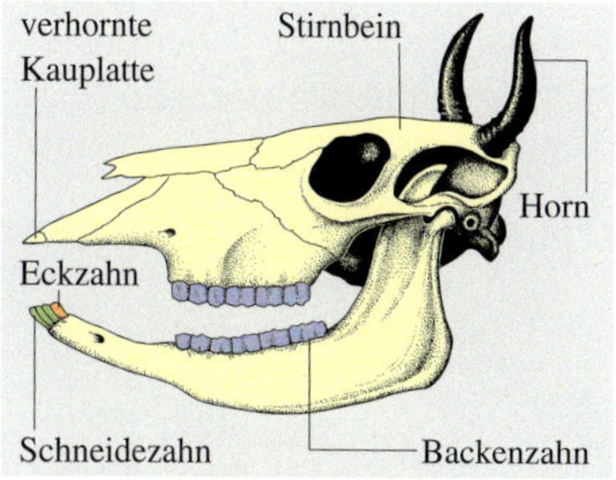

6 *Schädel und Gebiss*

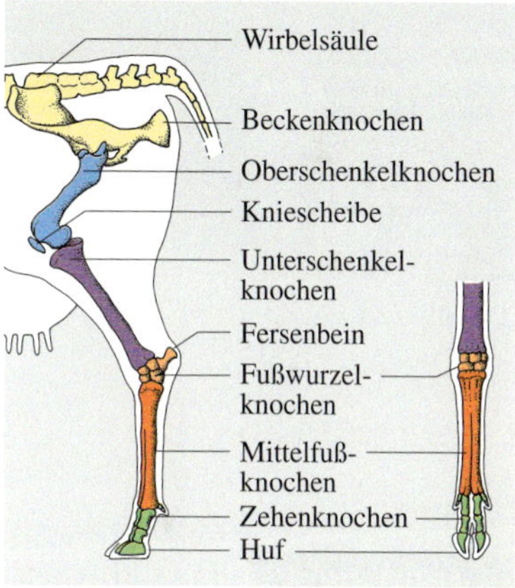

7 *Hinterbein*

Huftier Beim Grasen treten die Rinder nur mit den Endgliedern zweier Zehen eines jeden Fußes auf. Sie gehen also auf Zehenspitzen. ▸7 Die Endglieder der Zehen sind zur Verstärkung und zum Schutz mit Horn überzogen. Weil das Rind an jedem Fuß zwei behufte Zehen hat, nennt man es *paarzehiges Huftier (Paarhufer)*.

Fortpflanzung Das männliche Rind heißt *Bulle* oder *Stier*, das weibliche *Kuh*. Mit etwa eineinhalb Jahren bringt die Kuh ihr erstes Kalb zur Welt, nachdem sie von einem Stier befruchtet wurde. Danach kann sie jährlich ein Kalb gebären. Die Kuh bildet von nun an Milch in den Milchdrüsen ihres Euters. Zwei Monate lang saugt das Kalb. Danach kann die Kuh zur Milchgewinnung weitergemolken werden.

Ziele der Rinderzüchtung Für die Rinderzucht gab es vor allem zwei Ziele: hohe Milchleistung oder viel hochwertiges Fleisch. Daher sind reine Milchrassen und Fleischrassen gezüchtet worden. Daneben gibt es Rassen, die eine hohe Milchleistung haben und viel Fleisch liefern. Mit über 4 Millionen Milchkühen ist Deutschland der größte Milcherzeuger Europas.

Das Rind ist ein Pflanzenfresser und gehört zu den Wiederkäuern. Es stammt vom Auerochsen ab und liefert Milch und Fleisch.

Aufgaben

1 Beschreibe den Weg der Nahrung durch den Rindermagen.

2 Weshalb ist das Gebiss des Rinds für einen Pflanzenfresser gut geeignet?
Welche Besonderheiten erkennst du am Fuß des Rinds?

3 Begründe folgende Begriffe für das Rind: Wirbeltier, Säugetier, Nutztier, Haustier, Pflanzenfresser, Wiederkäuer, Zehenspitzengänger, Paarhufer, Hornträger.

4* Das Rind ist unser wichtigstes Nutztier. Erstelle eine übersichtliche Tabelle mit den „Rohstoffen“ und den Produkten. Recherchiere dazu im Internet.

5* Fertige eine Bildleiste an: „Vom Gras zur Milch“.

Das Hausschwein

▷ Unterschiedliche Lebensbedingungen: Schweine in engen Boxen in einem Maststall und in Freilandhaltung auf der Weide

1 *Schweine im Maststall ...*

2 *... oder auf der Weide*

Grundlagen Das Hausschwein – Fleischlieferant Nummer eins

Auf der Weide stehen die Muttersauen zusammen mit ihren Ferkeln. Mit ihrer kräftigen Schnauze wühlen sie in der Erde nach Nahrung. Sie fressen Gräser, Kräuter und Wurzeln, aber auch Schnecken, Würmer und Insektenlarven. Schweine sind *Allesfresser*.
Wo eine Schlammpfütze ist, wälzen und suhlen sie sich. Anschließend legen sie sich in den Schatten der Bäume. Die Nacht verbringen die Hausschweine im Stall.

Meistens werden aber Schweine in großen Mastställen untergebracht. Hier leben oft viele Tiere auf engem Raum zusammen. Die Fütterung und Ausmistung erfolgt automatisch. Zweimal täglich bekommen die Tiere Kraftfutter. Da sie sich wenig bewegen, haben sie nach 5 bis 7 Monaten ihr Schlachtgewicht erreicht (ca. 110 kg). Durch die Massenhaltung ist das Schweinefleisch recht preisgünstig. Im Durchschnitt isst bei uns jeder pro Jahr 50 kg Schweinefleisch. Die meiste Wurst, die wir essen, enthält Schweinefleisch.

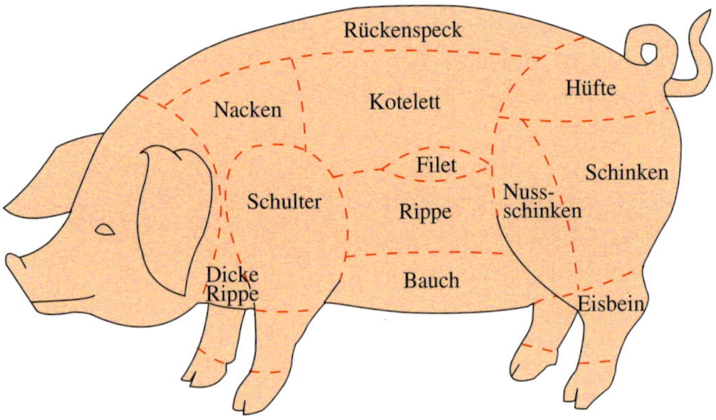

3 *Das Hausschwein als Fleischlieferant*

Aufgaben

1 Vergleiche die Lebensbedingungen für das Hausschwein bei der Massentierhaltung und bei der Freilandhaltung. Lege dazu in deinem Heft eine Tabelle an.

2 Das Hausschwein ist ein ergiebiger Fleischlieferant. ▸3
Zu welchen Fleisch- und Wurstwaren wird Schweinefleisch verarbeitet? Erkundige dich dazu bei einem Fleischer.

Grundlagen Vom Wildschwein zum Hausschwein

4 *Bache mit ihren Frischlingen*

5 *Das Schwäbisch-Hällesche Schwein*

Lebensweise des Wildschweins In freier Natur sind Wildschweine sehr scheu. Im Wildgehege aber lassen sie sich gut beobachten. ▸4 Oft wälzen sie sich im Schlamm, um das Ungeziefer in ihrem Fell loszuwerden. Mit ihrem langen, kräftigen Rüssel durchwühlen sie den Boden. Wildschweine haben einen feinen Geruchssinn; ihnen entgeht kaum etwas Fressbares.
Ein Wildschwein frisst fast alles, was es auf und im Boden findet: Wurzeln, Knollen, Insekten, Würmer und Schnecken. Es frisst auch junge Säugetiere wie z. B. Ratten, Kaninchen und Mäuse. Selbst tote Tiere dienen als Nahrung. Das Gebiss des Wildschweins kann pflanzliche und tierische Nahrung zerkleinern *(Allesfressergebiss).* ▸6
Das männliche Wildschwein, den *Keiler*, erkennst du an seinen mächtigen Eckzähnen. Das weibliche Tier, die *Bache*, ist immer etwas kleiner. Anfang April bringt sie in einem nestartigen Wurfkessel ihre Jungen, die *Frischlinge*, zur Welt.
Wildschweine leben in Familienverbänden *(Rotten).*

Das Hausschwein Das Hausschwein stammt vom Wildschwein ab. Vor mehr als 6000 Jahren wurde es aus Wildschweinen gezüchtet.
Im Aussehen unterscheiden sich Hausschwein und Wildschwein beträchtlich. Das Hausschwein hat z. B. kürzere Beine als das Wildschwein. Es bildet außerdem eine starke Fettschicht aus.
Im Freien zeigen Hausschweine noch Verhaltensweisen, die denen des Wildschweins ähnlich sind.

Züchten von Hausschweinrassen Bei der Züchtung wählt man Tiere aus, die für den Menschen vorteilhafte Eigenschaften besitzen. Man sorgt dafür, dass sich Tiere mit diesen Eigenschaften paaren: Man *kreuzt* sie. Durch Züchtung lassen sich zahlreiche Körpermerkmale verändern. ▸5 So entstehen unterschiedliche Rassen.
Beispiele: Die Rasse „Deutsches Edelschwein“ wächst schnell heran und hat fettarmes Fleisch. Eine andere Rasse hat 16 statt 12 Rippen. So lassen sich pro Schlachtschwein 8 Koteletts mehr verkaufen.

Das Hausschwein wurde vor mehr als 6000 Jahren aus dem Wildschwein gezüchtet. Es ist ein Allesfresser mit einem feinen Geruchssinn und dient dem Menschen als Fleischlieferant.

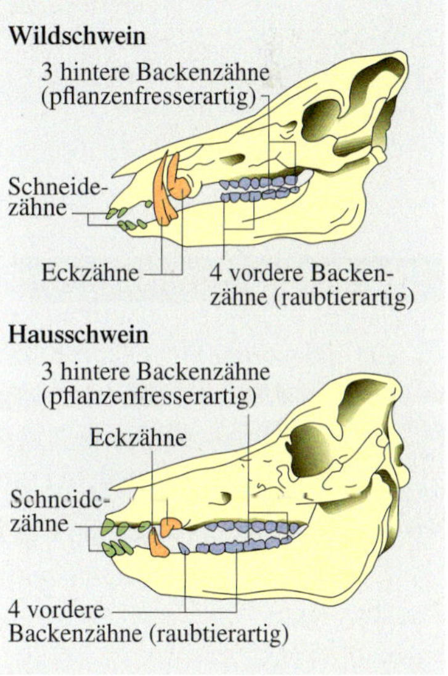

6 *Gebiss von Haus- und Wildschwein*

Aufgaben

1 Welche Verhaltensweisen des Wildschweins zeigen Hausschweine bei Freilandhaltung ebenfalls?

2 Trage Unterschiede und Gemeinsamkeiten von Haus- und Wildschwein in eine Tabelle ein.

3* Haltung von Hausschweinen
a Welches sind typische Verhaltensweisen des Wildschweins?
b Leite daraus Ansprüche an eine artgerechte Tierhaltung ab.
c Welche dieser Ansprüche können im Schweinemaststall nicht erfüllt werden?

Pflanzen für unsere Ernährung: Getreide

▷ Beim Bäcker gibt es zahlreiche Brotsorten und dunkle oder helle Brötchen. Jede Sorte sieht anders aus und schmeckt auch ein wenig anders. Aus welchen Getreidearten werden sie hergestellt?

▷ Welche Rolle spielt Getreide für unsere Ernährung? Wie sind die Menschen darauf gekommen, Getreide zu essen und anzubauen?

1

Beobachten Untersuchen

1 Getreidekörner im Vollkornbrot Betrachte verschiedene Sorten von grobem Vollkornbrot mit der Lupe. Versuche unterschiedliche Getreidekörner zu erkennen. Vergleiche mit den abgebildeten Getreidekörnern. ▸2 Vergleiche dein Ergebnis mit dem deines Tischnachbarn.

2 Wie viel Getreide essen wir? Schreibe eine Woche lang jeden Tag auf, was du isst. Schätze ab, wie groß der Anteil an Getreideprodukten in etwa ist.

3 Getreide in Lebensmitteln Sammle Verpackungen von Getreideprodukten. Fertige eine Tabelle mit zwei Spalten an und trage ein: „Name des Lebensmittels“ und „Getreideart“.

4 Keimung von Getreidekörnern Legt jeweils 10 Hafer-, Roggen-, Gersten- und Weizenkörner auf feuchte Watte. Lasst sie eine Woche lang keimen und wachsen. Stellt sie erst am zweiten Tag ins Licht. Spült sie täglich unter fließendem Wasser ab. Achtet darauf, dass sie nicht verschimmeln oder austrocknen.

2 *Getreidekörner*

3 *Weizen (Ähre)*

4 *Roggen (Ähre)*

5 *Gerste (Ähre)*

6 *Hafer (Rispe)*

Grundlagen Weizen – eine Getreidepflanze

Der runde Stängel der Weizenpflanze, der *Halm*, ist sehr dünn, biegsam und hohl. ▸9 Verdickungen am Stängel, die *Knoten*, erhöhen seine Festigkeit. Oberhalb der Knoten kann der Stängel in die Länge wachsen. Hier bilden sich auch die schmalen *Blätter*.
An der Spitze des Halms entwickeln sich die Blüten. Viele unscheinbare Einzelblüten bilden einen Blütenstand, die *Ähre*. ▸7 Aus jeder Einzelblüte entwickelt sich als Frucht ein *Weizenkorn*. ▸8

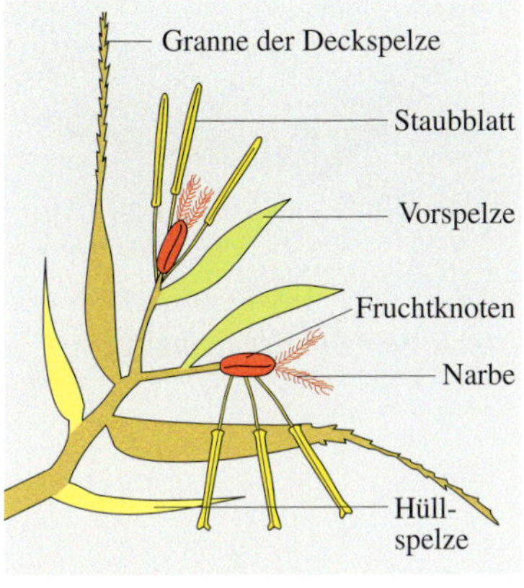

7 *Ährchen mit zwei Blüten*

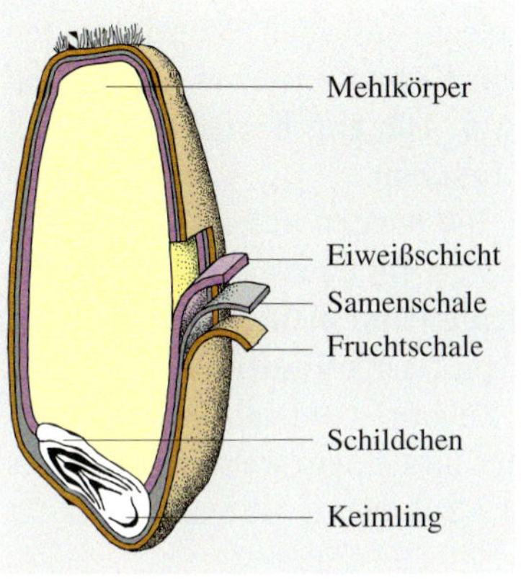

8 *Schnitt durch ein Weizenkorn*

Verwendung von Getreide Getreide ist aus unserer Ernährung nicht wegzudenken. Nicht nur Brot und anderes Gebäck wird aus Getreide hergestellt, sondern eine Vielzahl weiterer Lebensmittel. Darüber hinaus wird Getreide als Viehfutter verwendet.

Verwendung der verschiedenen Getreidesorten	
Weizen	Brot, Backwaren, Grieß, Graupen, Bier, Nudeln, Hühnerfutter
Roggen	Brot- und Backwaren, Schnaps
Gerste	Brot- und Backwaren, Bier, Viehfutter
Hafer	Brot- und Backwaren, Haferflocken, Müsli, Pferdefutter
Mais	Cornflakes, Erdnussflips, Viehfutter

Inhaltsstoffe von Getreide Das Getreidekorn ist von einer harten Schale umgeben. Sie besteht aus Samenschale und Fruchtschale, die miteinander verwachsen sind. Hauptbestandteil von Getreidekörnern ist Stärke. Weitere Inhaltsstoffe sind Eiweiß, Fett, Ballaststoffe, Vitamine und Mineralstoffe. Vollkornprodukte sind aus dem ganzen Getreidekorn hergestellt, also aus dem Keimling, der Schale und dem Mehlkörper. Sie sind ein wichtiger Beitrag zur gesunden Ernährung. Im weißen Mehl fehlen die Schalen und damit die für unsere Verdauung wichtigen Ballaststoffe.

Weizen, Roggen, Gerste, Hafer und Mais sind bei uns die häufigsten Getreidepflanzen. Produkte aus Getreide sind ein wichtiger Bestandteil unserer Ernährung. Getreidekörner enthalten viel Stärke, aber auch Eiweiß, Fett, Ballaststoffe, Vitamine und Mineralstoffe.

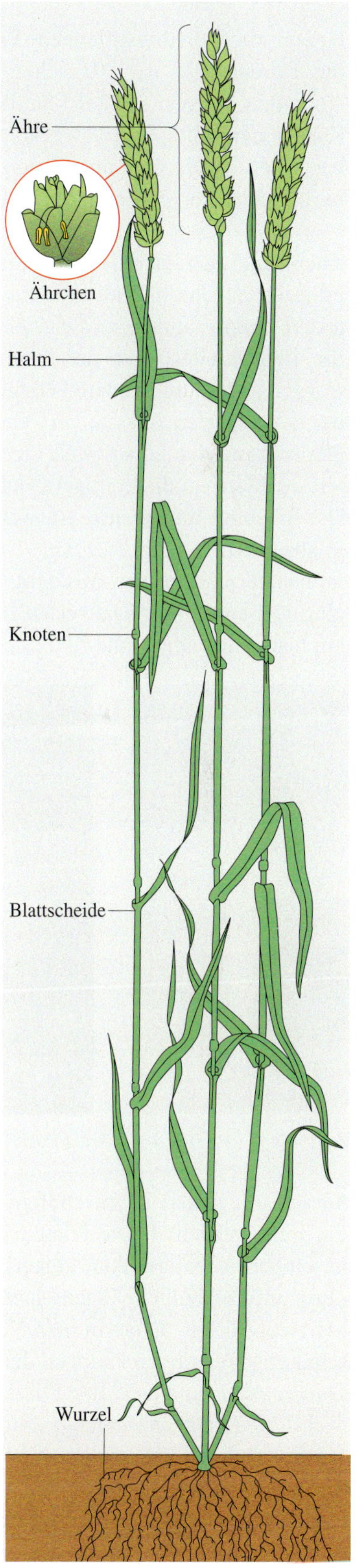

9 *Weizenpflanze*

Grundlagen Vom Wildgras zum Getreide

Gräser als Nahrungspflanzen Vor etwa 10 000 Jahren veränderte sich die Lebensweise der Menschen grundlegend. Die umherziehenden Nomaden wurden sesshaft. Sie hatten herausgefunden, dass man die Körner der Wildgräser essen konnte. Sie bauten feste Siedlungen und begannen Wildgräser anzubauen. Der aus den gemahlenen Körnern hergestellte Brei wurde ihr wichtigstes Nahrungsmittel. ▸1

1 *Mahlstein aus der Steinzeit*

Züchtung von Getreide Die frühen Ackerbauern stellten fest, dass die Pflanzen auf ihren Feldern nicht alle gleich aussahen. Manche hatten festere Halme, andere größere oder mehr Körner pro Ähre. Der Grund für die Veränderungen der Pflanzen war: Die angebauten Wildgräser wurden auch durch andere Wildgräser bestäubt.
Bei der nächsten Aussaat verwendeten die Bauern nur die Körner der Pflanzen mit den günstigsten Eigenschaften. Im Lauf vieler Jahre erhielten sie Pflanzen, die kräftigere Halme hatten und mehr Ertrag brachten. Das Erzeugen und gezielte Auswählen von Nachkommen verschiedener Pflanzen nennt man *Züchtung*. Durch Züchtung entstand das Einkorn und später der Emmer. Aus dem Emmer und einem weiteren Wildgras ging viel später der Saatweizen hervor. ▸2–4 Heute ist Saatweizen die am häufigsten angebaute Getreideart.

2 *Einkorn*

3 *Emmer*

4 *Saatweizen*

Sorten mit neuen Eigenschaften Getreide wird auch heutzutage ständig weitergezüchtet. Die Pflanzen werden an die Bedingungen in den jeweiligen Anbaugebieten angepasst. Außerdem sind je nach Verwendung unterschiedliche Eigenschaften gewünscht. Auf diese Weise entstehen neue Sorten. So nennt man Nutzpflanzen, die sich durch ihre Eigenschaften von anderen Pflanzen der gleichen Art unterscheiden.
Vom Saatweizen entstanden durch Züchtung viele Tausend Sorten. Das wichtigste Zuchtziel war lange Zeit ein hoher Ertrag. Dazu sollten an den Ähren möglichst viele und große Körner sitzen. Die Halme wurden kürzer und fester, damit sie standfest und mit Maschinen abzuernten waren. Die Pflanzen sollten Mineralstoffe gut verwerten können, damit man durch Düngung das Wachstum beschleunigen konnte. Mit solchen Sorten gelang es, die Erträge enorm zu steigern.

Erweiterung Nachteile der Ertragssteigerung

Um hohe Erträge zu gewährleisten, müssen Getreidefelder mit Mineralstoffen gedüngt und mit Unkraut- und Schädlingsvernichtungsmitteln behandelt werden. ▸5 Das kann aber zu einer Belastung des Ackerbodens und des Grundwassers führen. Es können Rückstände der Gifte über die Pflanzen in unsere Nahrung gelangen. Daher züchtet man seit einiger Zeit vermehrt Sorten, die widerstandsfähig gegen Schädlinge und Krankheiten sind.

Erträge bei Saatweizen in den letzten 500 Jahren

Jahr	1500	1800	1900	1950	1970	1990	2008
Kilogramm je Hektar	0,5	1,0	2,0	2,6	4,1	6,0	8,1

5 *Ausbringen von Schädlingsvernichtungsmitteln*

Alle Getreidearten wurden aus Wildgräsern gezüchtet. Bei der Züchtung werden Pflanzen mit gewünschten Eigenschaften ausgewählt und weitervermehrt. Neue Getreidesorten sollen hohe Erträge liefern, aber auch widerstandsfähig gegen Krankheiten und Schädlinge sein.

Zur Diskussion Bio oder nicht Bio

Beim biologischen oder ökologischen Landbau gelten strenge Regeln für den Anbau von Pflanzen. Zum Beispiel darf Getreide nicht mit chemischen Mitteln gegen Pilze oder Krankheitserreger gespritzt werden. Es darf auch kein künstlicher Dünger verwendet werden. In der herkömmlichen Landwirtschaft werden Pflanzenschutzmittel und Kunstdünger verwendet.

BIO nach EG-Öko-Verordnung

6 *Zeichen für Produkte aus dem Biolandbau*

Im ökologischen Landbau werden andere Sorten verwendet als in der gewöhnlichen Landwirtschaft, da die Hochertragssorten nicht ohne Dünger und chemische Behandlung auskommen. Pflanzensorten für den Biolandbau müssen widerstandsfähig gegen Schädlinge und Krankheitserreger sein. Biobauern bemühen sich daher auch, alte Sorten wieder anzubauen. Diese sind meist anspruchsloser und unempfindlicher.
Weil Biobauern so strenge Regeln einhalten, fallen die Erträge niedriger aus. Außerdem macht Biolandbau mehr Arbeit. Aus diesen Gründen sind Bioprodukte meist etwas teurer als normal erzeugte Produkte.

Aufgaben

1 Beschreibe die Blütenstände von Weizen, Roggen, Gerste und Hafer (▸3–6 auf der vorigen Doppelseite). Nenne die wichtigsten Unterscheidungsmerkmale.

2 Erkläre, wie es den frühen Ackerbauern gelang, von Jahr zu Jahr widerstandsfähigere und kräftigere Getreidepflanzen zu erhalten.

3 Erläutere die Begriffe Wildpflanze und Kulturpflanze. Nenne Beispiele.

4 Vergleiche Einkorn, Emmer und Saatweizen. ▸2–4 Nenne Gemeinsamkeiten und Unterschiede.

5 Welche außer den in den Grundlagen genannten Eigenschaften könnten für die Züchtung von Getreide noch wichtig sein?

6* Schau dir die Tabelle oben an. Beschreibe die Entwicklung der Weizenerträge. Erkläre, wie es möglich war, den Ertrag so stark zu steigern.

7 Vergleiche herkömmliche und biologische Landwirtschaft. Notiere die Unterschiede.
Nenne Vor- und Nachteile der beiden Anbaumethoden.

Kartoffel – die „tolle Knolle“

Eine Ausstellung über Kartoffeln? ▸1 Das würde sich lohnen – man kann die Kartoffel nach vielen Gesichtspunkten untersuchen:

▷ Lebensmittel aus Kartoffeln (Im Supermarkt findet ihr viele. Lest die jeweilige Zutatenliste. Überlegt, welche Rolle die Erzeugnisse bei der Ernährung spielen.)

▷ Von der Knolle zu Kartoffelchips (oder anderen Produkten)

▷ Kartoffeln als Viehfutter (Wie werden sie dazu aufbereitet? Welche Tiere bekommen sie? …)

▷ Die Kartoffel als nachwachsender Rohstoff (Welche Rolle spielt Kartoffelstärke als Verpackungsmaterial? …)

1 *Auch ein solches Plakat – eine Wandzeitung – gehört zur Kartoffel-Ausstellung.*

▷ Geschichte der Kartoffel

▷ Kartoffelanbau

Beobachten Untersuchen

1 Nährstoffe in Kartoffelprodukten In frischen Kartoffeln sind viele Nährstoffe enthalten. ▸2 Vergleiche diese Werte für frische Kartoffeln mit denen der Fertigprodukte.

2 Untersuchen einer Kartoffel
Tipp: Eine Lupe hilft dir beim genauen Beobachten.

a An deiner Kartoffel wirst du kleine Vertiefungen erkennen – die „Augen“. Welche Organe der Pflanze entwickeln sich wohl aus ihnen?

b Betrachte eine austreibende Kartoffelknolle. Was stellst du fest?

c Zeichne eine Kartoffelknolle.

d Aus welchen Kartoffelteilen werden die Knollen der Kartoffel gebildet? (Der Grundlagentext und die Bilder auf der rechten Seite helfen dir.)

3 Nachweis von Vitamin C und Stärke in der Kartoffel

a Teste eine aufgeschnittene Kartoffel sowie Kartoffelprodukte (vorher anfeuchten) auf Vitamin C. ▸3 Vergleiche mit „vitaminhaltigem“ Orangensaft.

b Stärkenachweis: Gib einen Tropfen lugolsche Lösung auf Stücke von Kartoffeln, Äpfeln oder auf Würfelzucker. Vergleiche deine Beobachtungen. ▸4

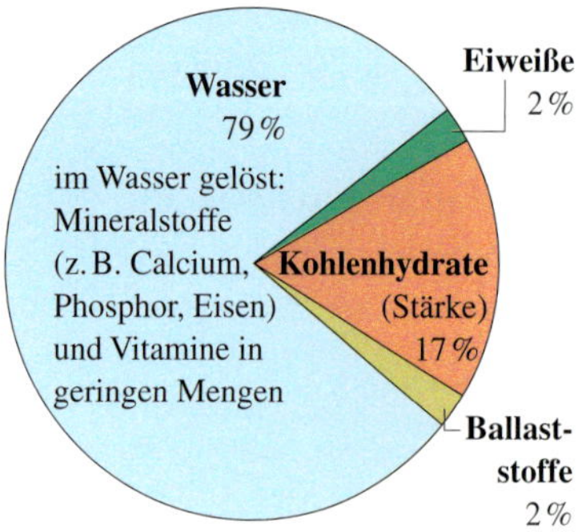

2

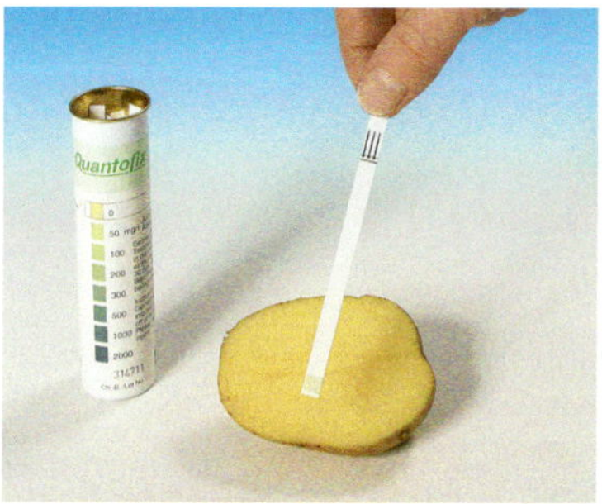

3 *Nachweis von Vitamin C*

4 *Nachweis von Stärke*

Grundlagen Die Nutzpflanze Kartoffel

Aus einer Mutterknolle, einer gereiften Kartoffel, entwickelt sich die Kartoffelpflanze. ▸5 Nach drei bis vier Monaten sterben alle ihre oberirdischen Teile ab. Blätter und Stängel der Pflanze sind giftig. Aus den Blüten entwickeln sich giftige grüne Früchte. ▸6–7
Die Kartoffelpflanze bildet unter der Erde farblose Ausläufer. Im Frühsommer verdicken sich die Enden dieser Ausläufer und werden zu Knollen. ▸8 Kartoffeln sind umgewandelte, verdickte Sprosse ohne Blätter. Die Vertiefungen in der Kartoffelknolle nennt man „Augen". Das sind die Knospen. ▸9 In der Knolle sind alle Nährstoffe für die Überwinterung gespeichert. Die gespeicherten Nährstoffe reichen dann im nächsten Frühjahr so lange, bis sich die junge Pflanze selbst ernährt.

Nur die Knollen an den Enden der unterirdischen Ausläufer sind essbar. Die Kartoffel gehört zu den wichtigsten Nahrungsmitteln. Sie enthält viele lebensnotwendige Nährstoffe, vor allem die Stärke.

5 *Kartoffelpflanze*

6 *Blüten*

7 *Früchte*

8 *Knollen*

9 *Keimende Knolle*

Methode Vorbereiten einer Ausstellung

Erste Überlegungen
- Wo soll die Ausstellung aufgebaut werden?
- Auf welche Weise kann man die Kartoffelpflanze am besten vorstellen?
- Wie wird in der Schule auf die Ausstellung hingewiesen?
- Wer betreut die fertige Ausstellung?

Los geht's!
Jeder erwirbt Kenntnisse über die Kartoffelpflanze. Gemeinsam wird überlegt, welche Teilthemen sich für die Ausstellung eignen würden. Zu den Themen werden Gruppen gebildet. In ihnen wird beraten,
- wer Grafiken oder Texte anfertigt;
- wie man lebende Pflanzen ausstellen kann;
- wo man Informationen erhalten könnte.

Zu klären ist z. B.:
- Wie wird ein Kartoffelprodukt hergestellt?
- Welche Speisen lassen sich daraus zubereiten?
- Welche Nährstoffe enthält das jeweilige Essen?
- Enthält es auch Vitamine und Mineralstoffe?

Aus der Geschichte / Als die Kartoffel zu uns kam

Die Heimat der Kartoffel ist das Hochland von Peru und Bolivien (Südamerika). ▸1 Mit der Eroberung des Inkareichs durch die Spanier kam sie nach Europa (Anfang des 16.Jahrhunderts). ▸2 In Deutschland wurde die Kartoffel erst ab 1621 angepflanzt.
Wegen ihrer schönen Blüten und der vielen Blätter schätzte man sie aber zunächst nur als Zierpflanze. Die Knollen blieben unbeachtet. Es war aber schon bekannt, dass die Kartoffel ein wertvolles Nahrungsmittel ist. Also lud Friedrich II. von Preußen – der „Alte Fritz" – 1745 seine Hofbeamten zum Kartoffelessen ins Schloss. Er wollte so die Kartoffel als Nahrungsmittel bekannt machen. Die Bauern waren nämlich noch gar nicht vom Wert der Kartoffel überzeugt. Sie fürchteten die Giftigkeit der Pflanze.
Der König ließ den Kartoffelanbau überwachen. Doch die Bauern warfen die geernteten Knollen nur den Schweinen vor. Im Siebenjährigen Krieg (1756–1763) wurde die Kartoffel aber eine bedeutende Hilfe für die hungernde Bevölkerung. Von nun an nahm ihr Anbau auch in unserem Land zu. Bald war die Kartoffel als Nahrungspflanze so wichtig, dass Missernten bei ihrem Anbau zu Hungersnöten führten.
Heute ist die Kartoffel ein wichtiges Grundnahrungsmittel. Darüber hinaus wird sie vielfach als Rohstoff verwendet. ▸3
Sie wird in verschiedenen Sorten gezüchtet, die zu verschiedenen Zeiten reif werden. Es gibt festkochende, vorwiegend festkochende und mehligkochende Kartoffeln, ja sogar violette und rötliche Kartoffeln.

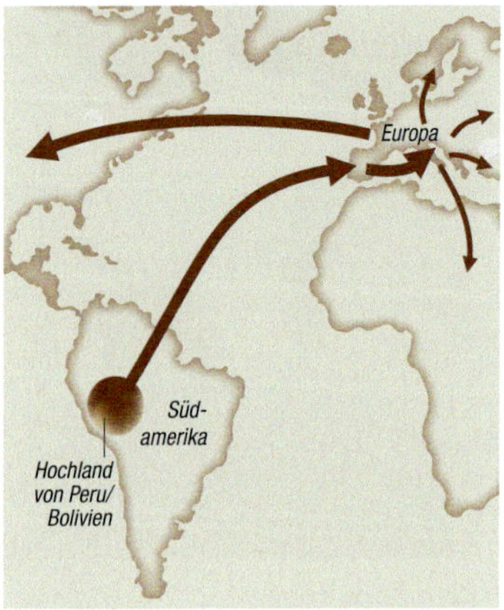

1 Von Südamerika nach Europa

2 Inkas beim Pflanzen von Kartoffeln

Stärkeprodukte	Alkoholprodukte	Trockenprodukte
Kartoffelmehl Sago Sirup Stärke Puddingmehl Textilstärke	Liköre Essig Treibstoff Kosmetikerzeugnisse Brennspiritus verschiedene chemische Produkte	Kartoffelflocken und -schnitzel Püreepulver Kartoffelchips Pommes frites Backhilfsmittel Kartoffelkloßmehl

3 *Die Kartoffel als Rohstoff – vielseitig verwendbar*

Aufgaben

1 Erzähle, wie die Kartoffel in Europa zur Nutzpflanze wurde.

2 Berichte von den Schwierigkeiten bei der Einführung der Kartoffel als Nahrungsmittel.
Was bezweckte Friedrich II. mit dem öffentlichen Kartoffelessen?

3 Woher rührten wohl die Bedenken der Bauern?

4 Kortoffeln sind nicht nur zum Essen da. Erläutere die Tabelle. ▸3

Überblick

Haustiere – Nutztiere – Heimtiere
Der Mensch hat einige wild lebende Tiere zunächst durch Zähmung, dann durch gezielte Züchtung zu Haustieren gemacht.
Tiere, die der Mensch nutzt, um Fleisch, Milch, Haut oder Wolle zu gewinnen, bezeichnet man als Nutztiere. Hund und Katze zählt man zu den Heimtieren. Sie leben meist mit uns in der Wohnung.

Verantwortung des Menschen
Haustiere haben Anspruch auf eine artgerechte Haltung. Dabei nimmt der Mensch so weit wie möglich Rücksicht auf die Lebensbedürfnisse der Tiere. Außerdem berücksichtigt er das natürliche Verhalten der Tiere.

Nutzpflanzen
Nutzpflanzen baut der Mensch für seine Ernährung, als Tierfutter und für technische und medizinische Zwecke an. Alle Nutzpflanzen sind aus Wildpflanzen gezüchtet worden.

Züchtung von Pflanzen und Tieren
Bei der Züchtung sollen gewünschte Eigenschaften verstärkt und ungewünschte Eigenschaften unterdrückt werden. Pflanzen und Tiere werden dazu ausgewählt. Tiere mit gewünschten Eigenschaften werden miteinander verpaart, Pflanzen werden miteinander gekreuzt. Bei der Züchtung von Tieren muss der Mensch darauf achten, dass die Tiere keine gesundheitlichen Beeinträchtigungen aufweisen.

Alles klar?

1 Nenne die Vorfahren von zwei Haustieren und erstelle einen Steckbrief von einer der Wildformen.

2 Pferde sind perfekt an das Leben in weiten Steppen angepasst.
a Benenne die Teile des Pferdeskeletts.
b Erkäutere die Angepasstheit anhand des Beinskeletts.
c Nenne weitere Angepasstheiten.

3 Du hast den Begriff Züchtung kennengelernt. Beschreibe anhand eines Beispiels, wie die Menschen aus Wildformen nutzbare Pflanzen gezüchtet haben.

4 Ordne den Zeichnungen a–e die Getreidearten zu: ▸5 Saatweizen, Hafer, Gerste, Mais, Roggen.

5* Schlachttiere werden innerhalb Europas oft über weite Strecken transportiert. Es gibt Vorschriften, wie lange die Transporte höchstens dauern dürfen. Außerdem müssen die Tiere getränkt werden.
a Nenne mögliche Gründe für Tiertransporte.
b Tierschützer fordern ein Verbot von Tiertransporten über weite Entfernungen. Nenne Argumente, die sie anführen könnten.

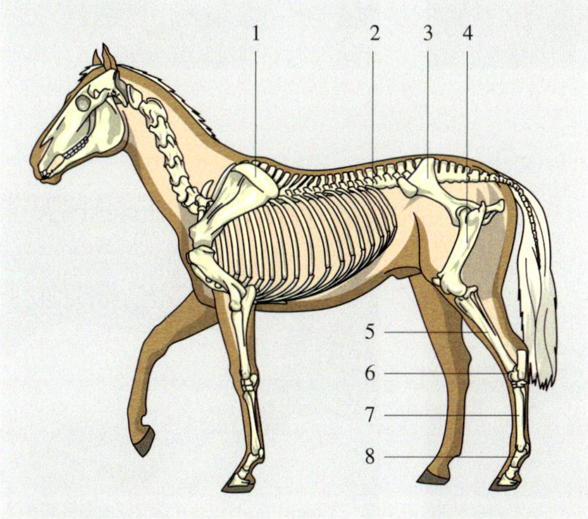

4 *Skelett des Pferdes*

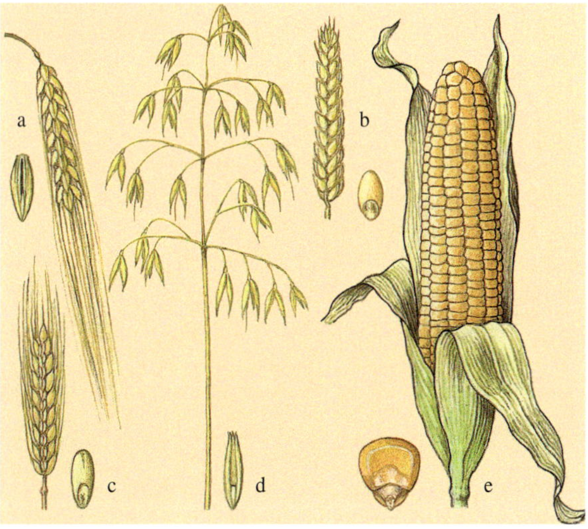

5 *Getreidearten*

Projekt: Der Bauernhof

▷ Nico besucht mit seinen Eltern einen Bauernhof. Neugierig erkundet er das Gelände.

1 *Auf dem Bauernhof*

Aufgaben

1 Welche Tiere hat Nico entdeckt? Trage in eine Tabelle ein:

a Welche dieser Tiere sind Haustiere?

b Welche Tiere sind Säugetiere?

2 Auf dem Bauernhof werden auch Hühner gehalten. Vergleiche die Ernährung der Küken mit der der Kälber.

3 Welche Tätigkeiten führen die Personen in den Bildern auf der rechten Seite aus? Welche weiteren Tätigkeiten fallen in der Landwirtschaft an? Nenne Beispiele.

2

3

4

5

6

7

8

9

10

11

12

13

14

15

16

Projektauftrag

1 Einen landwirtschaftlichen Betrieb erkunden

a *Erste Überlegungen:*
Gibt es in eurer Nähe einen landwirtschaftlichen Betrieb? Wie kommt man dahin?
Fragt an, ob eure Klasse den Betrieb besichtigen darf.
Vereinbart einen Termin, an dem euch jemand für Fragen zur Verfügung steht.

b *Bildung von Arbeitsgruppen:*
Der Besuch des Betriebs ist etwas Besonderes.
Fertigt darüber gemeinsam eine Wandzeitung an.
Sie könnte überschrieben sein: „Besuch bei einem Landwirt“.
Dafür solltet ihr Gruppen bilden. Jede übernimmt ein Teilthema, das sie bearbeitet.
Mögliche Teilthemen:
- Aufbau des Betriebs
- Arbeitsweisen in der Landwirtschaft früher und heute
- Vom Erzeuger zum Verbraucher
- Nutztiere in der Landwirtschaft

c *Vorbereitung von Fragen:*
Vor der Erkundung solltet ihr euch Fragen überlegen.
Schreibt sie dann auf einem Fragebogen auf. Einige Beispiele dazu seht ihr unten.

Gruppe A

Zum Betrieb
- Wie groß ist der Betrieb?
  Wie viel davon ist Ackerland, Grünland, Wald?
  Welche Gebäude gehören dazu?
- Wer arbeitet im Betrieb?
- Welche Ausbildung braucht man dafür?

Gruppe B

Zur Tierhaltung
- Welche Tiere werden gehalten?
- Wie werden sie gehalten?
  Welche Arbeiten sind dafür nötig?
- Womit werden die Tiere gefüttert?
- Wie werden die Erzeugnisse der Tiere vermarktet?
- Wer kauft die Tiere?
  Wie läuft der Verkauf ab?

Gruppe C

Zu den angebauten Pflanzen
- Welche Pflanzen werden angebaut?
- Wozu wird die Ernte verwendet?
- Welche Arbeiten sind von der Aussaat bis zur Ernte nötig?
- An wen wird die Ernte verkauft?

Gruppe D

Zum Arbeitsalltag
- Wie sieht der Tagesablauf eines Landwirts aus?
- Welchen Anteil an der Arbeitszeit hat die Verwaltung des Betriebs?
- Wie sieht es mit der Freizeit aus?

Gruppe E

Zur Tierzüchtung
- Findet die Tierzüchtung im Betrieb statt?
- Gibt es eine natürliche oder eine künstliche Besamung?
- Wie funktioniert die künstliche Besamung? Woher stammen die Samen? Was kosten sie?
- Nach welchen Kriterien wird gezüchtet (z. B. Leistung, Widerstandsfähigkeit)?

Gruppe F

Zur Energiegewinnung
- Woher stammt die Energie (Wind, Sonne, Biogas)?
- Welcher Anteil an den Einnahmen stammt aus dem Verkauf von Energie?

1 *Biogasanlage*

Methode Eine Wandzeitung gestalten

Bei eurem Besuch in einem landwirtschaftlichen Betrieb sammelt ihr viele Informationen. Auf einer Wandzeitung könnt ihr sie an andere weitergeben.

1 Vorbereiten
Eine Wandzeitung soll schön aussehen. Sie soll den Betrachter aber auch anregen. ►2
Ein solches Plakat kann ein Einzelner kaum erstellen. Ihr müsst also die Arbeit – vor dem Besuch des landwirtschaftlichen Betriebs – unter euch absprechen und aufteilen.

2 Informationen beschaffen
Zunächst müssen Informationen gesammelt werden. Manches findet ihr in diesem Buch. Anderes steht im Lexikon, in Büchern, in Informationsschriften, Zeitungen oder im Internet. ►3
Wer einen Landwirt kennt, sollte ihn um Auskunft bitten.

3 Material beschaffen
Gleichzeitig versucht ihr Bilder für euer Teilthema zu sammeln. Wer Bilder zu einem anderen Thema hat, bietet sie denjenigen an, die es bearbeiten. ►4
Manches kann man auch während des Besuchs zeichnen, fotografieren oder aufschreiben.

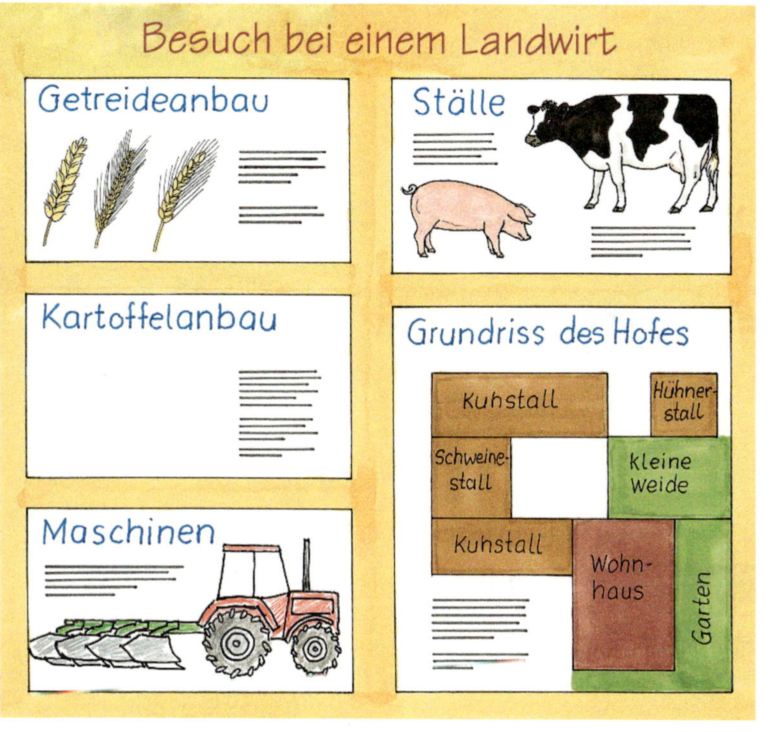

2 *Beispiel einer Wandzeitung*

4 Fertigstellung
Besorgt euch Packpapier, ein Papiertischtuch oder Tapeten, Stifte, Scheren, Klebstoff und farbiges Band.
Gemeinsam entscheidet ihr:
- Welches Material soll auf dem Plakat veröffentlicht werden? In welcher Form soll das jeweils geschehen?
- Wie werden die Materialien übersichtlich angeordnet? Prüft nach, ob die Zeitung aus der Nähe und auch aus der Ferne wirkt.
- Denkt an die Beschriftung der Bilder: Achtet auf Größe und Lesbarkeit der Schrift. Verwendet verschiedene Schriftgrößen.

5 Präsentation
Nach der Fertigstellung erläutert jede Gruppe vor der Klasse den eigenen Teil der Arbeit. Die fertige Wandzeitung soll zeigen, wie heute Landwirtschaft betrieben wird.

3 *Suche im Internet*

4 *„Das wäre gut für dein Thema."*

Was lebt in meiner Nachbarschaft?

Lebensräume am Schulweg

▷ Vielleicht verlässt du eure Wohnung durch einen Vorgarten, gehst an einer Hecke, an Rasenflächen, unter Bäumen oder an einem Bach entlang oder du durchquerst einen Park. Egal, ob du eher in einer städtischen oder ländlichen Gegend wohnst, ganz bestimmt streifst du unterschiedliche Lebensräume, bis du die Schule erreichst.

▷ Welches sind die Lebensräume, an denen du vorbeikommst?

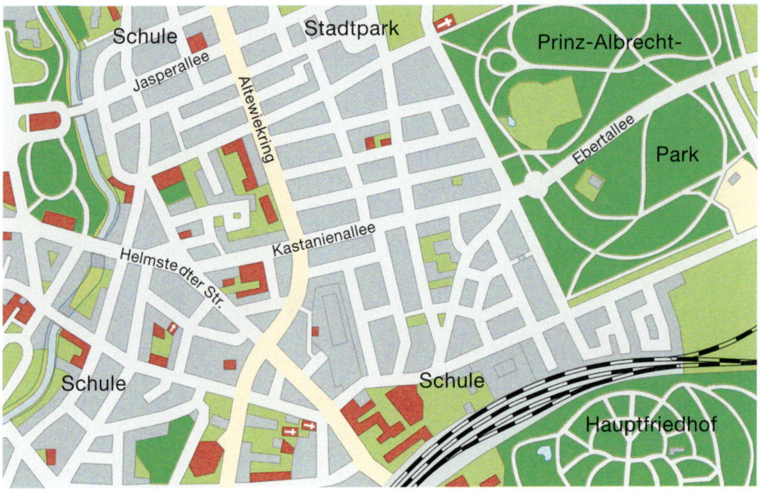

1 *Stadtplanausschnitt*

Grundlagen / Was ist ein Lebensraum?

Pflanzen und Tiere bewohnen für sie geeignete Lebensräume. Eine Hecke oder eine Wiese ist ein Lebensraum, aber auch ein einzelner Baum oder ein Wegrand. ▸2 Man spricht von artenreichen Lebensräumen, wenn in ihnen viele verschiedene Tier- und Pflanzenarten vorkommen. Kommen nur wenige Arten vor, spricht man von einem artenarmen Lebensraum. ▸3

Verschiedene Lebensräume	
Acker	landwirtschaftlich genutzte Fläche
Baum	besonders großer, alter Baum
Feldgehölz	kleines Wäldchen oder große Hecke auf landwirtschaftlicher Fläche
Feuchtgebiet	große Pfütze, Tümpel, nasse Wiese, Überschwemmungsgebiet
Garten	vom Menschen mehr oder weniger naturnah angelegte Fläche
Gewässer	Bach, Teich, See, Fluss
Grüne Fassade	mit Kletterpflanzen begrünte Gebäudewand
Hecke	Kräuter, Sträucher und Bäume, in einer Reihe wachsend
Rasen	Fläche, die hauptsächlich aus Gräsern besteht; wird in kurzen Abständen gemäht und auch gedüngt
Trockenmauer	Mauer aus Natursteinen, die ohne Zement errichtet wurde
Wald	Laub-, Nadel- oder Mischwald

3 *Lebensraum Schulteich – artenreich oder artenarm?*

Standortbedingungen Jeder Lebensraum ist von ganz bestimmten Umweltbedingungen geprägt. Man bezeichnet sie als *Standortbedingungen.* Dazu gehören Bodenbeschaffenheit, Licht, Bodenfeuchtigkeit und Luftfeuchtigkeit, Windverhältnisse, Luft- und Bodentemperatur. ▸4 Pflanzen und Tiere haben unterschiedliche Ansprüche an die Standortbedingungen. Die einen bevorzugen einen trockenen, der Sonne zugewandten Standort, die anderen eher feuchte und schattige Plätze. So braucht in Grasfrosch eine hohe Luftfeuchtigkeit und Schatten, sonst würde seine empfindliche feuchte Haut austrocknen.
Unterschiedliche Lebensräume werden daher von verschiedenen Lebewesen besiedelt.

Lebensräume sind gekennzeichnet durch ganz bestimmte Standortbedingungen wie Bodenbeschaffenheit, Feuchtigkeit, Temperatur, Licht- und Windstärke. Pflanzen und Tiere sind an diese Standortbedingungen angepasst.

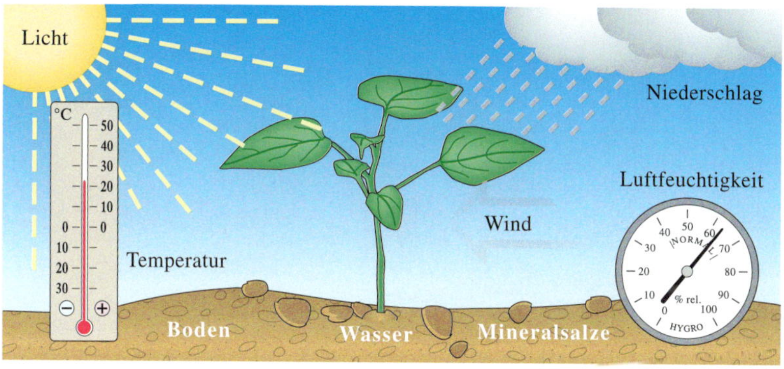

4 *Standortbedinqungen*

Aufgaben

1 Vergleiche die abgebildeten Lebensräume. ▸3, 5, 6

2 In so unterschiedlichen Lebensräumen wie Feuchtgebiet und Trockenmauer wirst du selten die gleichen Pflanzen und Tiere finden. Begründe!

3 Nenne Standortbedingungen, die auf eine Zimmerpflanze wirken. Nimm die Grafik zu Hilfe. ▸4

5 *Lebensraum Schulgarten*

6 *Lebensraum Trockenmauer*

Lebensraum Schulgelände

▷ Das Schulgelände soll nach Pflanzen und Tieren abgesucht werden. Dabei kommt es auf jede Art an, egal, ob ihr sie kennt oder nicht. Ihr werdet selbst an Orten, die kahl und unbewohnbar erscheinen, Pflanzen- und Tierarten entdecken.

▷ Lebewesen suchen sich den Ort aus, an dem sie alles haben, was sie zum Leben brauchen.

▷ An geeigneten Orten können so Gemeinschaften mit erstaunlich vielen Pflanzen- und Tierarten entstehen. Man spricht von *Artenvielfalt.*

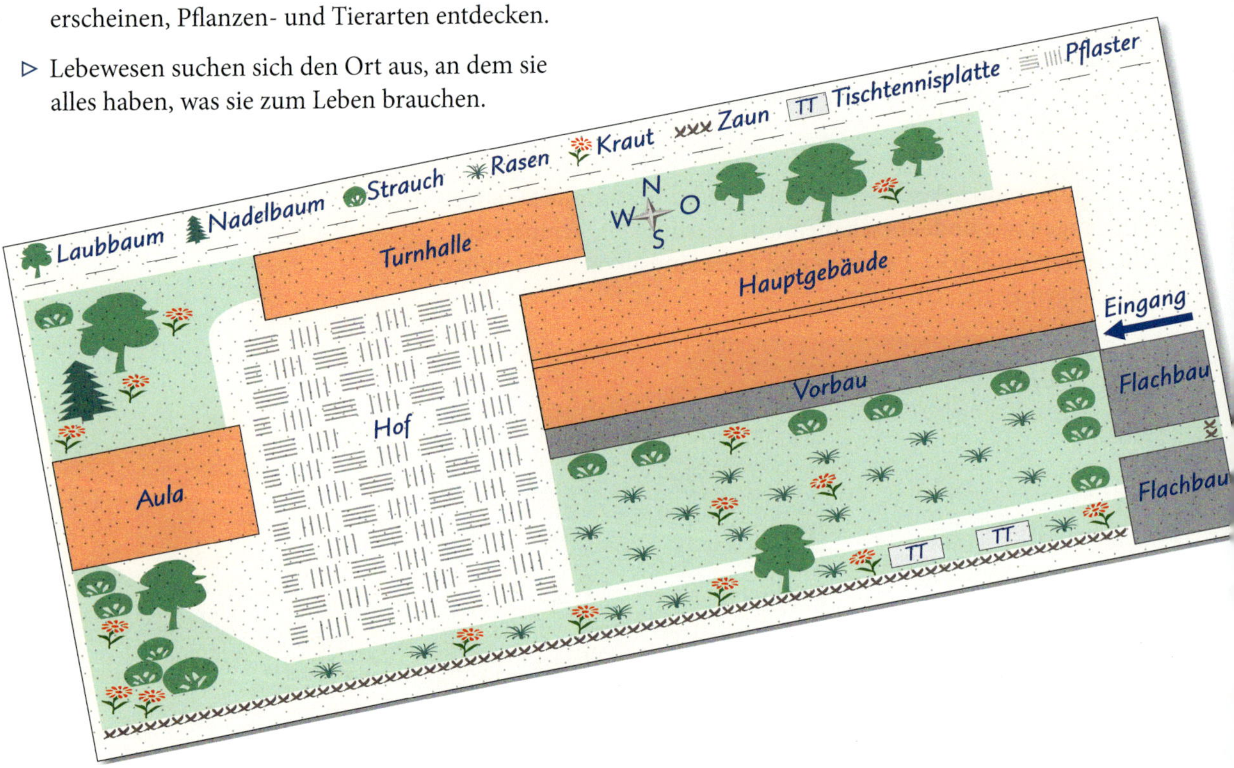

1 *Lebensraum Schulgelände*

2 *Löwenzahn*

3 *Pflanzen in Pflasterritzen*

4 *Spitzahorn*

5 *Hausrotschwanz*

6 *Kleiner Fuchs*

7 *Marienkäfer*

Projektauftrag

1 Wir erfassen den Lebensraum „Schulgelände“

a Verabredet ein Thema und legt es schriftlich fest.

b Erstellt einen Zeitplan von Beginn bis zum Abschluss der Projektarbeit. ►**8**

c Bildet Arbeitsgruppen mit drei oder vier Mitgliedern. Jede Gruppe übernimmt einen Teilbereich des Schulgeländes. Welche Teilthemen und Aufgaben wollt ihr in eurer Arbeitsgruppe übernehmen? Überprüft, ob die selbst gewählten Aufgaben dem Projektziel entsprechen. *Beispiele:* „Pflanzen zwischen Steinplatten“, „Tiere in Rasenflächen“, „Kleintiere in der Rinde“. ►**9**

Datum	Uhrzeit	Aufgabe
5.5.201...	8.45	Wir einigen uns auf eine Projektidee.
9.5.201...	9.30	Tiere fangen.
...	...	...

8 *Muster für einen Zeitplan*

d Trefft euch in regelmäßigen Abständen. Informiert jeweils die anderen Gruppen über den Stand eurer Arbeit. ►**10**

e Am Ende eurer Projektarbeit soll ein „Produkt“ entstehen, das eure Erkenntnisse enthält. Wie wäre es mit einem Plakat? ►**11** Jeder Einzelne soll sich darin mit seinem Beitrag wiederfinden. Das „Produkt“ stellt ihr anschließend in der Schule oder beim Elternabend vor. Ihr könnt auch ein Verzeichnis aller gefundenen Arten des Lebensraums „Schulgelände“ (mit Bildern) auf einer CD zusammenstellen.

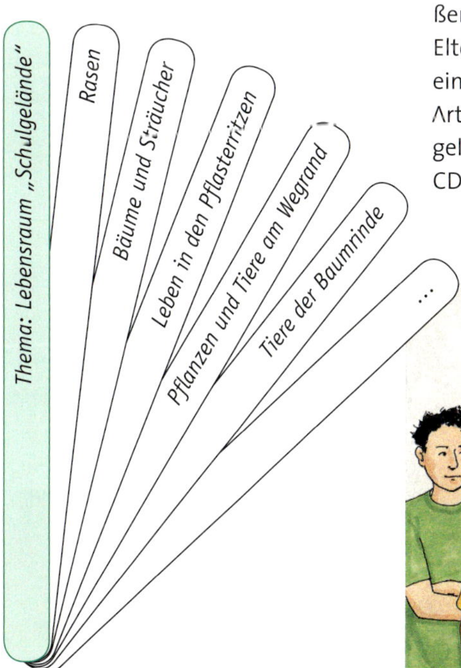

9 *Themenfächer*

10 *Austausch von Informationen*

11 *Die Ergebnisse werden dargestellt und erläutert.*

Welche Tiere leben hier?

▷ Tiere können klein und groß oder schnell und langsam sein. Sie können sich an unterschiedlichen Orten aufhalten und am Tag oder bei Nacht unterwegs sein. Wer sie fangen will, braucht eine Ausrüstung.

Tiere sind Lebewesen. Lasst alle gefangenen Tiere nach der Untersuchung wieder frei!

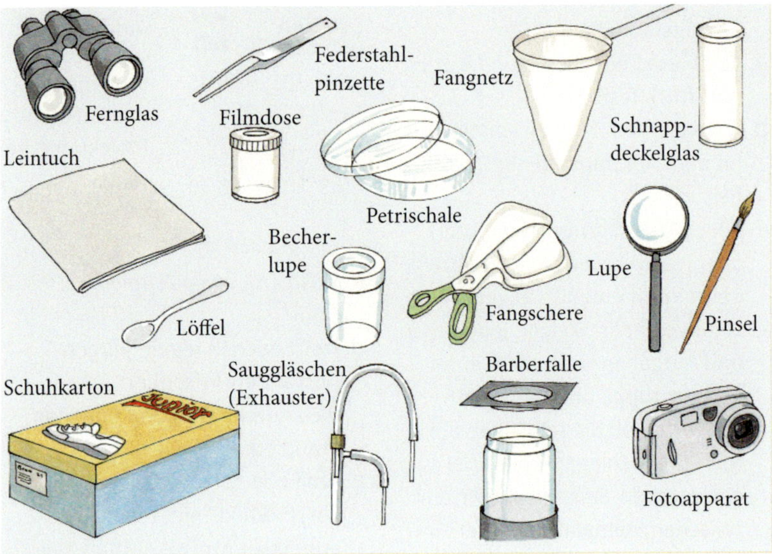

1 *Geräte zum Finden und Fangen*

Beobachten Untersuchen

1 Tiere fangen

- Viele Kleintiere versuchen sich vor ihren Feinden zu verbergen. Spüre sie auf und fange sie vorsichtig ein. ▸**2–3** Stülpe ein Fangglas über sie oder lass sie vorsichtig hineinkriechen und schließe den Deckel.
- Sammle Raupen, Käfer oder Wanzen in Schnappdeckelgläsern. Gib jeweils etwas vom Fundort dazu, z. B. ein Blatt des Strauchs.
- Sauge sehr kleine Tiere ein ▸**3** oder nimm sie mit Löffel oder Pinsel auf.
- Fange Blütenbesucher am besten mit der Fangschere.
- Nimm Gliedertiere mit weicher Außenhülle mit der Federstahlpinzette auf.

2 Tiere beobachten Nicht alle Tiere lassen sich einfach fangen.

- Beobachte Vögel mit einem Fernglas und vergleiche sie mit den Abbildungen eines Bestimmungsbuchs. Notiere die Namen.
- Andere Tiere hinterlassen Reste ihrer Mahlzeiten oder andere Spuren. Zeichne oder fotografiere die Reste und Spuren.

Lurche (Frösche und Kröten) und Kriechtiere (Eidechsen, Ringelnattern …) sind geschützt und dürfen nicht gefangen werden! Manche Tiere sind zart und verletzlich. Achte darauf, dass sie nicht zu Schaden kommen. Schmetterlinge solltest du deshalb nicht einfangen, sondern an Ort und Stelle bestimmen oder zeichnen bzw. fotografieren.

2 *Barberfalle*

3 *Kleintiere vorsichtig einsaugen*

4 *Zweige über Leintuch abklopfen*

Methode Kartieren

Um den Fundort von Tieren festzuhalten, braucht man einen Plan des Lebensraums. In diesen Plan kann man die Funde genau eintragen. Das nennt man kartieren.

Kartiert euer Schulgelände:
- Ihr braucht kariertes Papier, Schreibunterlage, Bleistift, Radiergummi.
- Stellt euch auf den Schulhof und fangt bei eurer Zeichnung mit dem Schulgebäude an. Achtet darauf, dass ihr groß genug zeichnet. Schulhof, Gebäude, Mauern, Zäune, Rasenflächen, Bäume und Sträucher sollen in ihrer Größe und Lage ungefähr stimmen.
- Die Grünflächen könnt ihr mit Buntstiften färben.
- Markiert die Einzelheiten mit einem Buchstaben oder Zeichen und schreibt eine Erklärung dazu. ▸5
- Teilt den Plan dann so auf, dass gleich große Teile für die Arbeitsgruppen entstehen. Mit dem Fotokopierer könnt ihr die Teilpläne vergrößern. Jede Arbeitsgruppe trägt nun ihre Tierfunde am Fundort in ihren Teilplan ein. ▸6
- Setzt die Teilpläne anschließend wieder zu einem Gesamtplan zusammen. Klebt ihn auf Karton oder Packpapier. Jetzt habt ihr eine genaue Übersicht über die Tiervorkommen auf eurem Schulgelände. Als Nächstes müsst ihr eure Funde bestimmen. Benutzt dazu ein Bestimmungsbuch mit Bildern.

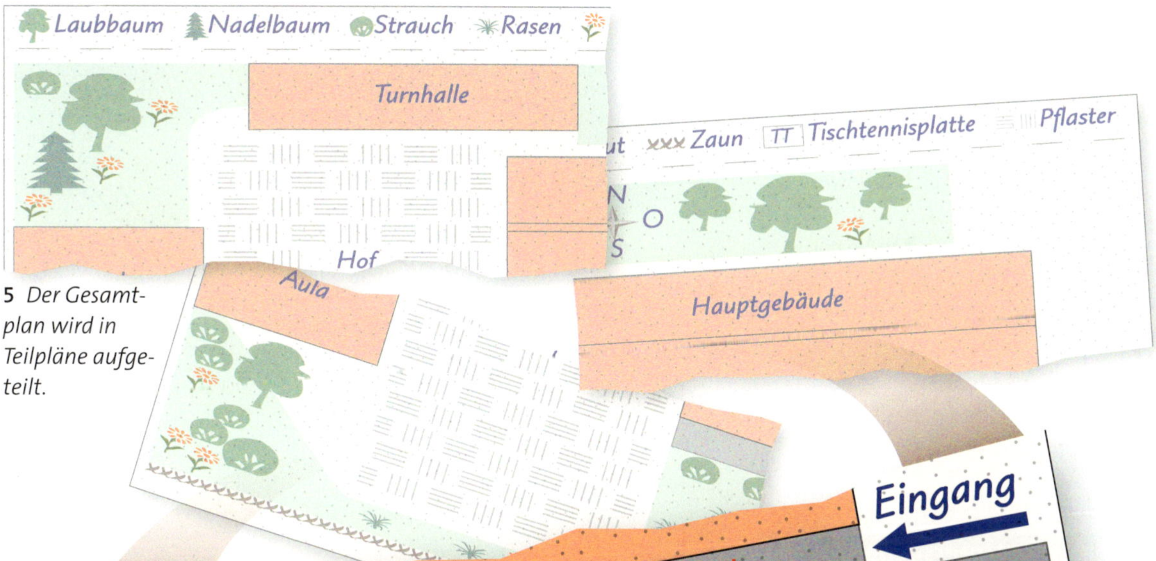

5 Der Gesamtplan wird in Teilpläne aufgeteilt.

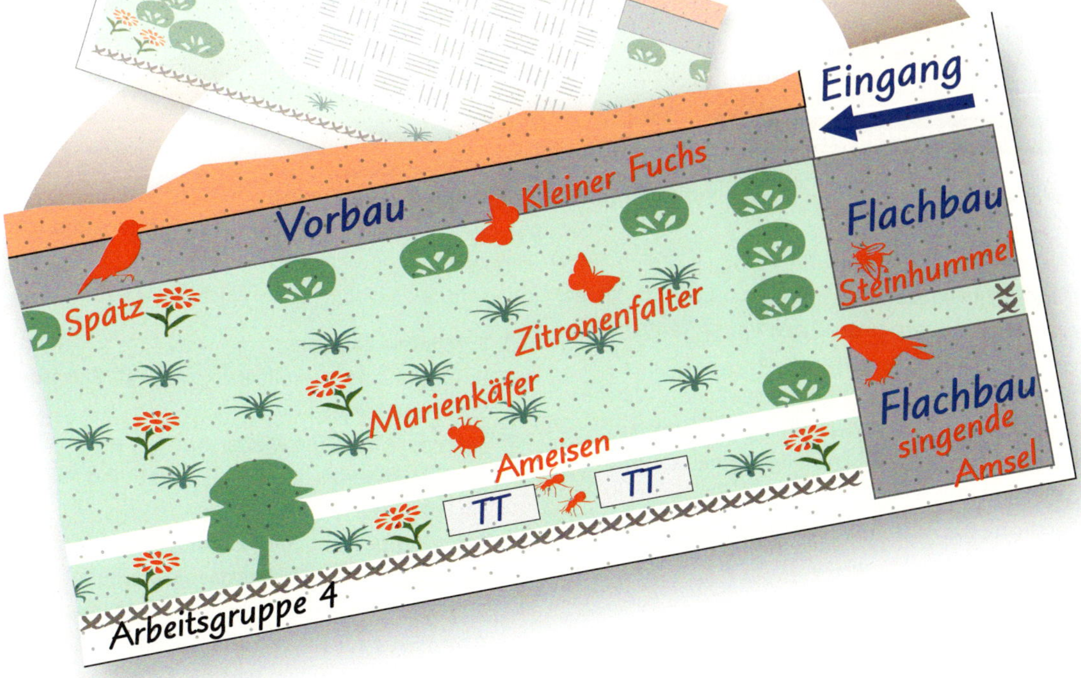

6 In ihren Teilplan trägt die jeweilige Arbeitsgruppe ihre Funde ein.

Auswerten und präsentieren

- Du hast einen Käfer gefangen. Beim Betrachten mit der Becherlupe fallen dir viele Besonderheiten auf: Kopf mit Fühlern, die in winzige Abschnitte aufgeteilt sind; sechs rotbraune Beine, die aus mehreren Gliedern und einem starken „Schenkel“ bestehen; zwei dunkelbraune Flügeldecken mit parallel verlaufenden Rillen … Wenn du deinen Blick abwendest, vergisst du schon die ersten Merkmale.
- Du sollst dir die Gestalt des Tiers merken. Konzentriere dich daher auf den Körperumriss. Alle anderen Merkmale musst du zunächst übersehen. Dein Gehirn übersetzt die Körperform des Tiers in Zeichenbewegungen deiner Hand. So entsteht eine Strichzeichnung. Du lernst, dass ein Käfer aus drei Abschnitten (Kopf, Brust, Hinterleib) und drei Beinpaaren besteht. Du kannst Käfer nun von anderen Gliedertieren unterscheiden.

1 *Unterscheide das Wichtige vom Unwichtigen!*

Beobachten Untersuchen

1 Tiere zeichnen Wählt in der Klasse ein Tier aus, das ihr zeichnen möchtet.

a Zeichne das Tier mit Bleistift so groß wie deine Hand. Achte darauf, dass klare, durchgehende Linien entstehen. Die fertige Strichzeichnung kannst du vielleicht schraffieren.

b Vergleicht eure Zeichnungen in der Klasse. Welche Gemeinsamkeiten entdeckt ihr? Schaut noch einmal das Tier an und korrigiert Ungenauigkeiten oder Fehler.

c Beschrifte die Zeichnung: Tiername, Datum und Fundort.

2 Tiere bestimmen

a Nehmt eure Funde mit ins Klassenzimmer. Versucht die Pflanzen und Tiere mithilfe von Bestimmungsbüchern zu bestimmen.

b In den Bestimmungsbüchern, im Internet sowie in zusätzlicher Literatur findet ihr weitere Informationen zu den Lebewesen: Nahrung, Feinde, Standort. Schreibt sie neben eure Zeichnungen.

3 Ergebnisse vorstellen

a Besorgt euch eine Rolle Packpapier als Plakatunterlage, Stifte und Klebstoff.

b Setzt eure Teilpläne wieder zum Gesamtplan des Schulgeländes zusammen und klebt ihn auf das Packpapier.

c Jede Gruppe klebt zu ihrem ursprünglichen Teilplan das ganze Material dazu, das sie erarbeitet hat. Ihr habt nun einen Überblick über die Pflanzen und Tiere, die es auf eurem Schulgelände gibt.

d Stellt euer Poster dem Rest der Klasse in einem Kurzreferat vor.

Lebensraum und Nahrungsnetze

1 *Häufige Bewohner des Schulgeländes: Einjähriges Rispengras, Braune Prunella, Raupe (Kleiner Fuchs), Amsel*

Aufgaben

1 Nahrungsketten

a Zeichnet eine Ansicht eures Schulgeländes mit Pflastersteinen, Rasen, Betonflächen, Gehölzen ... auf ein großes Plakat.

b Zeichnet eure Pflanzen- und Tierfunde mit Bleistift und Buntstiften auf runde Papierscheiben (Durchmesser rund 7 cm). Klebt die Scheiben auf das Plakat jeweils an den Ort, wo ihr sie gefunden habt.

c Sucht nach *Nahrungsketten* und kennzeichnet sie durch rote Pfeile. Die Pfeile müssen in die Richtung zeigen, in der die Nahrung aufgenommen wird. Da sich die Nahrungsketten verzweigen, erhaltet ihr ein *Nahrungsnetz* eures Schulgeländes. ▸2

d In diesem Kapitel findet ihr Bilder von weiteren Tieren des Schulgeländes. Sucht heraus, welche Nahrung sie brauchen. Fügt sie ins Nahrungsnetz ein.

Grundlagen Lebensgemeinschaft

Pflanzen brauchen in ihrem Lebensraum Licht, Kohlenstoffdioxid aus der Luft sowie Wasser und Mineralsalze aus dem Boden. Daraus produzieren die Pflanzen mehr Nährstoffe, als sie selbst benötigen. Pflanzen sind in einem Lebensraum die *Produzenten*. Sie verankern sich in der Regel durch ihre Wurzeln. An ihrem Standort müssen sie mit dort Hitze, Kälte und Trockenheit zurechtkommen.

Tiere können dagegen ihren Standort wechseln und teilweise große Strecken zurücklegen. Meist sind sie dort anzutreffen, wo sie Nahrung und Unterschlupf oder einen Nistplatz finden. Tiere sind in ihrem Lebensraum die Verbraucher, die *Konsumenten*:

- Die meisten Tiere sind *Pflanzenfresser*. Sie ernähren sich von allem, was Pflanzen im Jahreslauf bilden.
- *Fleischfresser* oder *Räuber* ernähren sich von anderen Tieren. Oft werden die Räuber selbst das Opfer von anderen Fleischfressern.

Pflanze, Pflanzenfresser und Fleischfresser bilden eine *Nahrungskette*. Die meisten Tiere haben mehrere Nahrungsquellen. Nahrungsketten sind also miteinander verknüpft. So entsteht ein *Nahrungsnetz*. ▸2 Die Pflanzen und Tiere eines Lebensraums sind eng miteinander verbunden. Sie bilden eine *Lebensgemeinschaft*.

Tiere und Pflanzen einer Lebensgemeinschaft sind über Nahrungsbeziehungen verbunden. Dabei dient eine Art der anderen als Nahrung. Da sich die meisten Tiere von mehr als einer Art ernähren, ergeben sich für jeden Lebensraum bestimmte Nahrungsnetze.

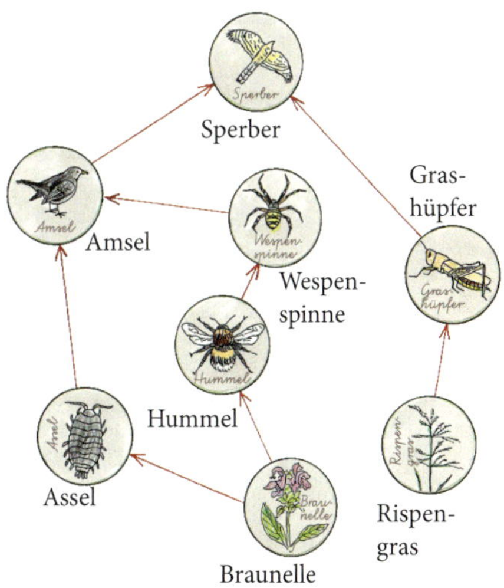

2 *Nahrungsnetz*
(„→“ bedeutet „wird gefressen von“.)

Kennübung Tiere des Schulgeländes

1 *Bänderschnecke: Gehäuse 20 mm breit und 15 mm hoch, mit braunen Längsbändern; frisst grüne Blätter von Kräutern und Gehölzen; Nahrung der Singdrossel, sie schlägt das Gehäuse auf.*

2 *Mauerassel: 3–18 mm groß; gegliederter Körper, Rückenschilder grau oder hell gezeichnet; 7 sichtbare Beinpaare; auffällig gewinkeltes Fühlerpaar; ernährt sich von welken Pflanzenresten.*

3 *Streifenwanze: 9–11 mm groß; auffallend rot-schwarze Färbung; saugt an blühenden Kräutern und Gräsern, indem sie mit ihrem Saugrüssel die Leitungsbahnen ansticht.*

4 *Kreuzspinne: bis 12 mm groß; weißes Kreuz auf dem Hinterleibsrücken; ernährt sich von Fluginsekten wie Fliegen und Hummeln.*

5 *Steinkriecher: bis 30 mm groß; kräftig dunkelrotbraun; mit 15 Paar Laufbeinen; am Kopf ein Paar schnurförmige Fühler; ernährt sich von lebenden Kleinsttieren.*

6 *Ohrwurm: bis 17 mm lang; glänzend braun mit Zangen am Hinterleib; besitzt drei Beinpaare; frisst pflanzliche und tierische Nahrung.*

7 *Grashüpfer: bis 24 mm lang; grünlich, bräunlich oder rötlich; Flügel beim Weibchen kürzer als beim Männchen; flugunfähig; ernährt sich von Pflanzen, vor allem von Gräsern.*

8 *Wegameise: bis 10 mm lang; dunkelbraun bis schwarz; nistet in Erde, Holz und Mauerritzen; ernährt sich vorwiegend vom Honigtau der Blattläuse.*

9 *Rüsselkäfer: bis 9 mm lang; braunschwarz, manche schillernd grün; saugt Pflanzensäfte aus Brennnesseln und anderen krautigen Pflanzen.*

Kennübung Pflanzen des Schulgeländes

10 *Weißklee: Schmetterlingsblütengewächs; bis 30 cm hoch; Einzelblüten weiß oder rötlich weiß, bis 13 cm lang; Blättchen abgerundet, leicht gezahnt; verbreitet auf Wiesen und Rasen.*

11 *Breitwegerich: Wegerichgewächs; bis 30 cm hoch; flache Rosette aus kräftigen, gerippten Blättern; Blüte grünlich gelb, klein, Staubblätter hervorstehend; häufig an Fußwegen.*

12 *Gänseblümchen: Korbblütengewächs; bis 10 cm hoch; Zungenblüten weiß, Röhrenblüten gelb; Rosette aus löffelförmigen, gekerbten Blättern; weltweit verbreitet.*

13 *Löwenzahn: Korbblütengewächs; bis 50 cm hoch; gelbe Zungenblüten; Stängel mit Milchsaft; Rosette mit länglichen, unregelmäßig gesägten Blättern; auf Wiesen.*

14 *Vogelmiere: Nelkengewächs; bis 40 cm lang; Blüte weiß, klein; Blätter oval; untere Blätter gestielt, obere sitzend; weltweit verbreitete Pflanze auf Wiesen.*

15 *Vogel-Knöterich: Knöterichgewächs; niederliegend und stark verzweigt; Blüten hellrot bis weiß; Blätter länglich, zugespitzt; an Wegen und auf Wiesen häufig.*

16 *Hirtentäschelkraut: Kreuzblütengewächs; bis 40 cm hoch; Blüten weiß; Blätter unten in einer Rosette, oben stängelumfassend; weltweit verbreitet auf Wiesen und an Wegen.*

17 *Strahlenlose Kamille: Korbblütengewächs; bis 40 cm hoch; nur gelbgrüne Röhrenblüten; Blätter fein gefiedert; süßlicher Duft; häufig an Wegen und Wiesen.*

18 *Einjähriges Rispengras: Süßgräser; bis 90 cm hoch; rauer, aufrechter Stängel; Blüten in einer Rispe; Blätter dunkelgrün, bis 20 cm lang; häufiges Wiesengras.*

Überblick

Lebensräume
Entscheidend für Pflanzen- und Tiervorkommen sind die Bedingungen am Standort: Licht, Luft- und Bodenbeschaffenheit, Temperatur, Wasser und Luftfeuchte ... Das Schulgelände ist wie unsere Städte und Dörfer stark durch die menschliche Nutzung geprägt. Manche Bereiche sind lebensfeindlich.

Standortbedingungen für Pflanzen
Damit sich Pflanzen ansiedeln, muss Platz für Wurzeln vorhanden sein. Nur so können sie sich mit Wasser und Mineralsalzen versorgen. Eine Pflanze ist an ihren Standort gebunden. Sie muss an die bestehenden Bedingungen angepasst sein. Jeder Lebensraum hat spezielle Standortbedingungen. Die Pflanzenvielfalt wird von ihnen bestimmt.

Standortbedingungen für Tiere
Den Pflanzen folgen Tiere, die sich von ihnen ernähren oder die Unterschlupf suchen. Die Zahl der Pflanzenfresser hängt von der Vielfalt der Pflanzenarten ab. Fleischfresser ernähren sich von den vielen Pflanzenfressern oder von anderen Fleischfressern.

Nahrungsnetze
Pflanzen, Pflanzenfresser und Fleischfresser sind über Nahrungsbeziehungen verknüpft. Viele Tierarten nutzen mehrere Nahrungsquellen.
Zwischen Pflanzen und Tieren besteht ein Netz von Nahrungsbeziehungen, ein Nahrungsnetz. Je mehr Nahrungsquellen vorhanden sind, desto sicherer ist das Überleben von Tier- und Pflanzenarten.

1 *Dieser Schulhof bietet wenige Lebensräume für Pflanzen und Tiere.*

2 *Lebensraum Pflasterritze*

3 *Standortbedingung Bodentemperatur*

4 *Hummel sammelt Nektar.*

5 *Amsel frisst Assel.*

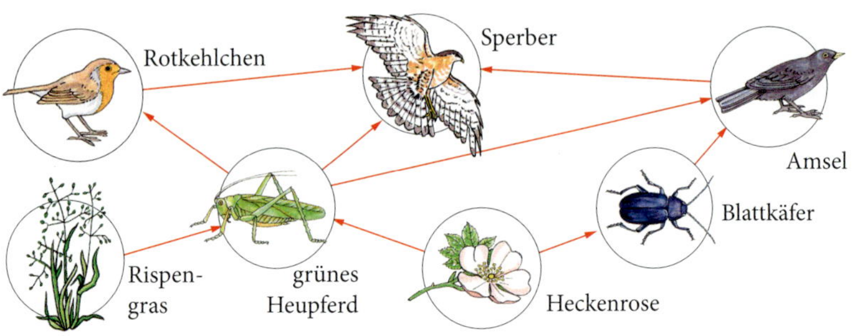

6 *Nahrungsnetz*

Vielfalt von Lebensräumen
Die Vielfalt von Lebensräumen mit unterschiedlichen Standortbedingungen ist Voraussetzung für die Pflanzenvielfalt. Diese ermöglicht ein reiches Tiervorkommen und stabile Lebensgemeinschaften, in denen keine Arten aussterben müssen.

7 *Dieses Schulgelände ermöglicht Artenvielfalt.*

Alles klar?

1 Wie organisiert man ein Klassenprojekt? Entwickle ein übersichtliches Schaubild, in dem alle wichtigen Vorgehensschritte zu erkennen sind.

2 Was sind Standortbedingungen und wovon hängen sie ab?

3 Wähle eine Pflanze aus und nenne günstige Standortbedingungen für diese Pflanze.

4 Nenne günstige Standortbedingungen für das Beispiel eines Tiers.

5 Wähle eine Standortbedingung und erläutere, wie und womit man sie misst und wie man die Messung auswertet.

6 Ordne die Tiere nach Pflanzen- und Fleischfressern. ▸8 *Tipp:* Beobachtungen der Tiere auf dem Schulgelände helfen dir sicher bei der Einteilung.

7 Erläutere den Begriff Nahrungsnetz an einem Beispiel.

8 Angenommen, im Nahrungsnetz fehlt die Amsel. Beschreibe die Folgen. ▸6

9 Du hast ein solches Tier gefangen. ▸9 Fertige eine Bleistiftzeichnung an.

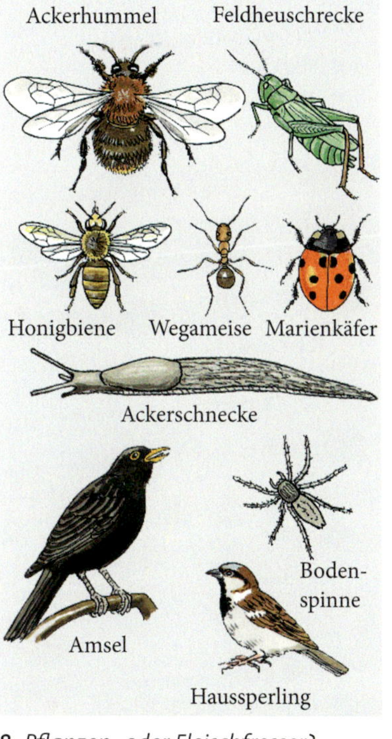

8 *Pflanzen- oder Fleischfresser?*

9

Lebensraum Park

▷ Besonders in großen Städten findet man oft großzügig angelegte Parks. Sie bieten Lebensraum nicht nur für Pflanzen und Tiere …

1

Beobachten Untersuchen

1 Der Park in unserer Stadt

a Besorgt euch Informationen vom Grünflächenamt der Stadt:
- Wann und von wem wurde der Park angelegt?
- Wie groß ist der Park?
- Wie wird er gepflegt?
- Wer nutzt den Park?

b Kopiert den Grundriss des Parks aus dem Stadtplan heraus und vergrößert ihn. Pläne und Satellitenaufnahmen sind auch im Internet zu finden. Zeichnet nach dem Grundriss eine Karte des Parks und beschriftet sie.

c Erkundet, wie der Park gestaltet ist, und tragt eure Entdeckungen in die Skizze ein. ▸2

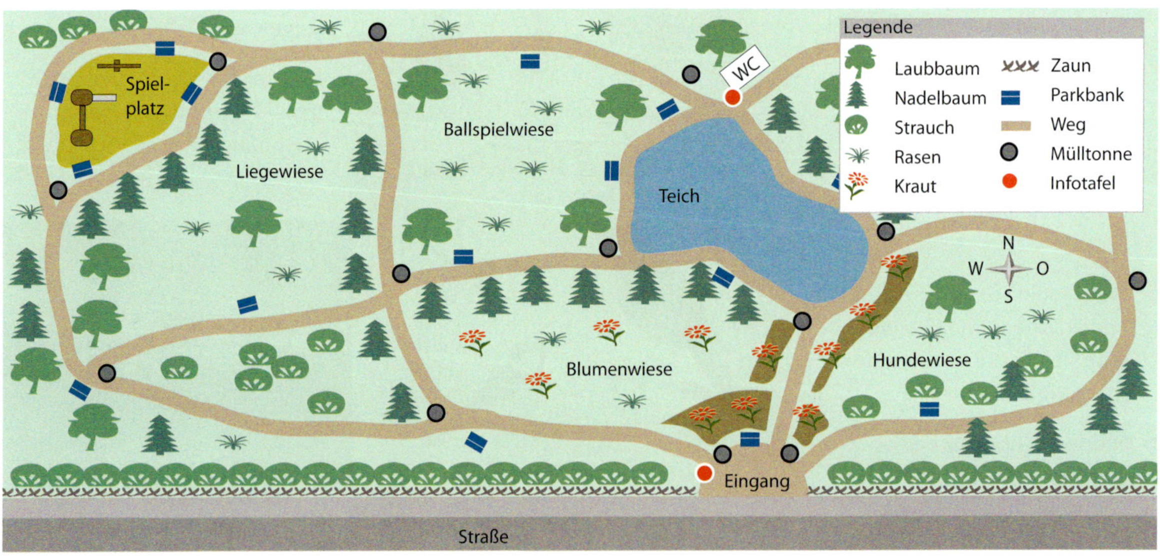

2

d Ist es sauber im Park? Welchen Eindruck habt ihr?

e Interviewt Besucher des Parks. *Tipps:* Informationen zum Führen eines Interviews findet ihr auf Seite 10 dieses Buchs. Führt die Interviews nie alleine, sondern wenigstens zu zweit. Stellt mindestens folgende Fragen:
- Wie oft und warum nutzen Sie den Park?
- Was gefällt Ihnen am Park, was nicht?

Überlegt euch noch drei oder vier weitere Fragen. Haltet die Antworten fest und fasst die Ergebnisse zusammen.

2* Erfassen des Lebensraums Park

a Führt ein Klassenprojekt zum Thema „Park“ durch. Versucht es in Teilthemen aufzufächern. ▸3

b Bildet Arbeitsgruppen von drei oder vier Mitgliedern. Jede Gruppe untersucht einen Teilbereich des Parks. Oder jede Gruppe beschäftigt sich mit einem der Teilthemen.

3* Welchen Nutzen haben Parks für die Menschen?

a *Temperatur im Park* Messt an einem heißen Sommertag die Lufttemperaturen im Innern des Parks und auf einer Straße in der Stadt. Gebt Gründe für den Unterschied an. ▸4

b *Lärm im Park* Untersucht, ob Bäume und Sträucher Lärm mindern: Stellt ein Radio so laut, dass ihr es auf einer Wiese in 100 m Entfernung gerade noch hört.
Hört man es bei gleicher Einstellung und Entfernung auch, wenn Bäume und Sträucher dazwischen sind?

c *Luft im Park* Staub aus der Luft setzt sich auf den Blättern ab. Mit einem durchsichtigen Klebestreifen könnt ihr den

Teilthema A

Bäume und Sträucher
- Welche Gehölzarten kommen vor?
- Sind es heimische Arten?
- Welche Standortansprüche haben sie?

Teilthema B

Krautige Pflanzen
- Welche Pflanzen, die nicht verholzen, sind angepflanzt worden?
- Lieben sie eher schattige oder sonnige Standorte?

Teilthema C

Vögel
- Welche Vögel kommen im Park vor?
- Welche Bereiche des Parks bevorzugen sie?

Teilthema D

Säugetiere
- Welche Säugetiere kann man beobachten?
- Wo halten sie sich gerne auf?

Teilthema E

Insekten
- Welche Insekten lassen sich entdecken?
- Wo leben sie?

Teilthema F

Standortbedingungen
- Wie sieht es mit den Umweltbedingungen Temperatur, Licht und Wasser aus?

Teilthema G

Wegenetz, Bänke, Mülltonnen
- Sind die Wege sinnvoll angelegt?
- Gibt es genügend Sitzbänke und Mülltonnen?

3 *Mögliche Teilthemen für das Klassenprojekt*

4 *Lufttemperatur messen*

5 *Untersuchung auf Staub*

Staub abnehmen. ▸5 Vergleicht die Staubschichten auf Blättern im Park mit anderen Standorten.

d Welche Bedeutung hat der Park für die Menschen? Fasst eure Ergebnisse zusammen.

4* „Parkführer gefällig?“

Eure Untersuchungsergebnisse solltet ihr einer breiteren Öffentlichkeit zugänglich machen. Wie wäre es mit der Gestaltung eines Parkführers? Vielleicht erstellt ihr eine Broschüre oder eine Hinweistafel für den Park.

Kennübung Häufige Tiere in unseren Parks und Gärten

1 *Eichhörnchen: mit Schwanz bis zu 40 cm lang; rotes bis schwarzes Fell; Ohren mit Haarpinsel; tagaktiv; ernährt sich von Samen und Nüssen; in allen bewaldeten Zonen Europas.*

2 *Star: 21 cm lang; im Sommer schwärzlich, mit purpurgrünlichem Glanz; im Winter schwarz, dicht weiß getüpfelt; übernachtet auf Bäumen; kommt überall im Kulturland vor.*

3 *Hausmaus: mit Schwanz 19 cm lang; braungraues Fell, auf der Bauchseite etwas heller; Augen groß; meist nachtaktiv; ernährt sich vor allem von Körnern; kommt weltweit als Kulturfolger vor.*

4 *Kohlmeise: 14 cm lang; rundlich; gelbe Unterseite mit schwarzem Längsband; ernährt sich von Insekten, Knospen und Samen; Höhlenbrüter mit 4–5 Eiern pro Gelege; im Winter oft in Schwärmen.*

5 *Große Wegschnecke: bis 15 cm lang; grau, braun, schwarz oder orangerot; Haut grob höckerig und stark schleimig; große Atemöffnung rechts; ist in Mittel- und Westeuropa häufig.*

6 *Kleiber: 14 cm lang; blaugrauer Rücken, kurzer Schwanz; sehr beweglich mit kräftigem Schnabel, große Füße; klettert an Bäumen auf und ab; ernährt sich von Insekten der Baumrinde.*

7 *Maulwurf: 12–15 cm lang; kurzer Schwanz; Fell dunkelgrau bis schwarz, lässt sich in alle Richtungen streichen; lebt in unterirdischen Röhrensystemen; ernährt sich von Würmern.*

8 *Ringeltaube: 41 cm lang; rundlicher Körper mit kleinem Kopf, kurze Beine; hintere Rückenpartie grau, weiße Halszeichnung, weißes Flügelband; ernährt sich von Blättern, Samen und Früchten.*

9 *Igel: bis 27 cm lang; Unterseite mattgelbbraun; Kopfstacheln mit schmalem Scheitel; nachtaktiv; überwintert von Oktober bis April; ernährt sich von Insekten, Würmern, Schnecken.*

Kennübung Pflanzen in unseren Parks und Gärten

10 *Stechpalme: spitz gezähnte, immergrüne Blätter; wächst langsam und wird bis zu 250 Jahre alt; rote, giftige Früchte. Heimat: West- und Mitteleuropa.*

11 *Sommerflieder: Die zierlichen Blüten dieses Strauches duften stark und locken Schmetterlinge in den Garten. Blütezeit: August. Heimat: China.*

12 *Ginkgo: auffallender Parkbaum mit fächerförmigen, gelappten Blättern, die in Büscheln stehen; wird bis zu 30 m hoch. Heimat: China.*

13 *Zeder: auffälliger Nadelbaum mit weit ausladenden Zweigen; kleine, tonnenförmige Zapfen; Nadeln stehen in Büscheln. Heimat: Nordafrika und Asien.*

14 *Rosskastanie: in Anlagen häufig; kerzenförmige Blütenstände; Früchte stachlig; reagiert empfindlich auf Luftverunreinigung. Heimat: Südosteuropa.*

15 *Magnolie: große, einzeln stehende Blüten. Die vielen weiß bis rosa gefärbten Blütenblätter sind sehr frostempfindlich. Heimat: Ostasien und Nordamerika.*

16 *Platane: robuster, bis zu 35 m hoher Baum mit weit ausladender Krone; in Städten häufig; Blüten unscheinbar in Blütenständen. Rinde löst sich in Platten. Heimat: Nordamerika.*

17 *Japanische Zaubernuss: 50–150 cm hoher Strauch; blüht bei milder Witterung bereits im Januar; Blüten mit gelben Kron- und braunen Kelchblättern. Heimat: Japan.*

18 *Rhododendron: beliebter, bis zu mehrere Meter hoher Zierstrauch in Gärten und Parks. Die meisten der über 700 Wildformen sind Bergwaldpflanzen. Heimat: Europa und Asien.*

Blütenpflanzen unserer Heimat

1 *Traubenkirsche*

2 *Wiesenschaumkraut*

3 *Baldrian*

Grundlagen Bestimmungsmerkmale von Blütenpflanzen

Alle Blütenpflanzen haben denselben Grundaufbau. Die *Wurzel* verankert die Pflanze im Erdboden und versorgt sie mit Wasser. Zum *Spross* gehören der *Stängel*, die *Laubblätter* und die *Blüten*. ▸5 Wurzel, Laubblätter, Stängel … sind die *Organe* der Pflanze.

Jede Pflanze hat bestimmte Merkmale, durch die sie sich von anderen Pflanzen unterscheidet. Bei den Blüten können die Blütenblätter frei stehend oder miteinander verwachsen sein. Man unterscheidet glockige, röhrenförmige oder trichterförmige Blüten. Oft sind mehrere Blüten zu einem Blütenstand vereinigt. Die Blätter haben unterschiedliche Formen. ▸4–6

Blütenpflanzen haben Wurzeln und einen Spross, der aus Stängel, Laubblättern und Blüten besteht. Sie unterscheiden sich im Aufbau ihrer Blüten und der Form ihrer Laubblätter.

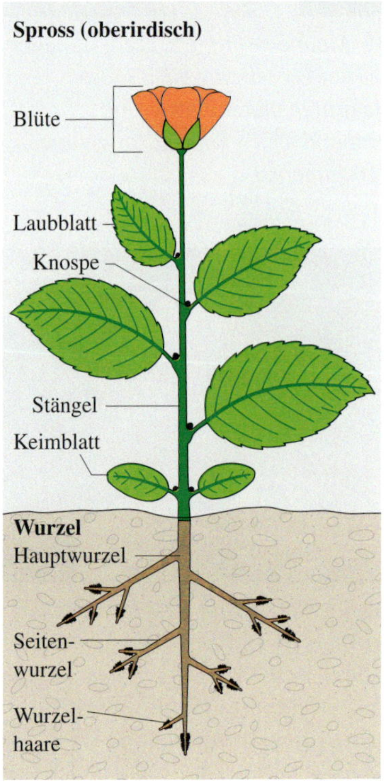

4 *Grundaufbau einer Blütenpflanze*

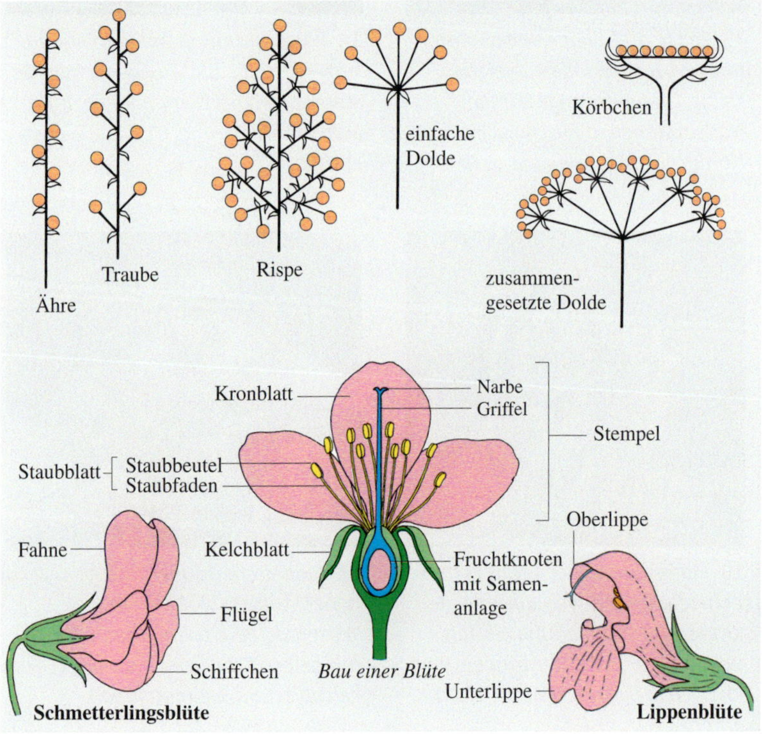

5 *Merkmale von Blüten*

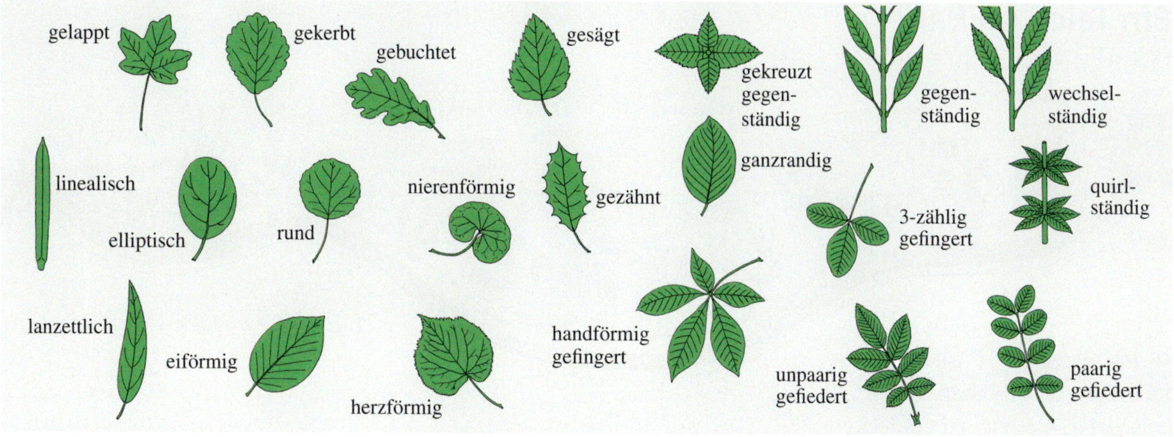

6 *Merkmale von Blättern*

Methode Anlegen einer Blattsammlung

Eine Sammlung von Laubblättern hilft dir, Bäume und Sträucher besser kennenzulernen.

1. **Sammeln** Sammle verschiedene Laubblätter und ermittle den Namen der Pflanzenart mit einem Bestimmungsbuch.
2. **Notieren** Notiere Namen, Fundort und Funddatum.
3. **Pressen und trocknen** ▸7 Lege jedes Blatt zwischen mehrere Lagen Zeitungspapier. Bedecke den Stapel mit Büchern oder flachen Steinen. Lass die Blätter zwei bis vier Wochen lang trocknen.
4. **Aufkleben und beschriften** ▸8 Klebe jedes Blatt mit Klebeband auf einen Bogen Zeichenkarton. Schreibe Artnamen, Fundort und Datum dazu. Notiere auch Blattmerkmale und Besonderheiten der Pflanzenart auf. ▸9
5. **Rinde aufkleben** Du kannst auch ein kleines Stück Rinde (Borke) des Baums aufkleben.
6. **Aufbewahren** Die Bögen bewahrst du am besten lose in einer Mappe auf.

7 *So kann man eine Blattsammlung anlegen.*

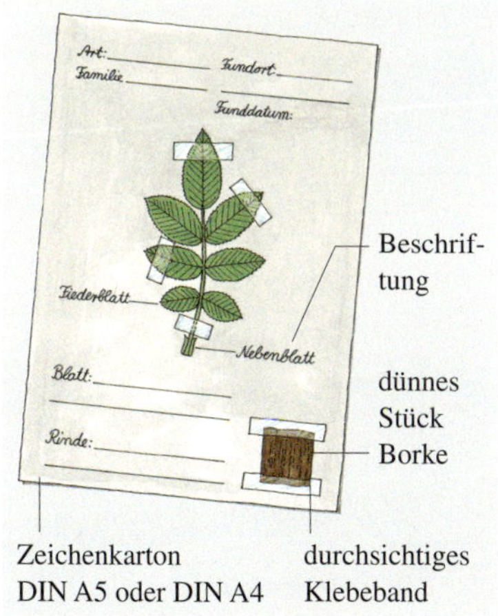

8 *Welche Pflanze ist das?*

Art:	*Stieleiche*
Fundort:	*Waldrand Krähenwald*
Datum:	*...*
Blatt:	*sehr kurzer Stiel, Rand unregelmäßig gelappt, Oberseite glänzend dunkelgrün, Unterseite mattblaugrün*
Frucht:	*Eichel in napfförmigem Becher mit langem Stiel*
Rinde:	*tief eingerissene braunschwarze Rinde (bei älterem Baum)*

9 *Steckbrief Stieleiche*

Ein Teich im Park

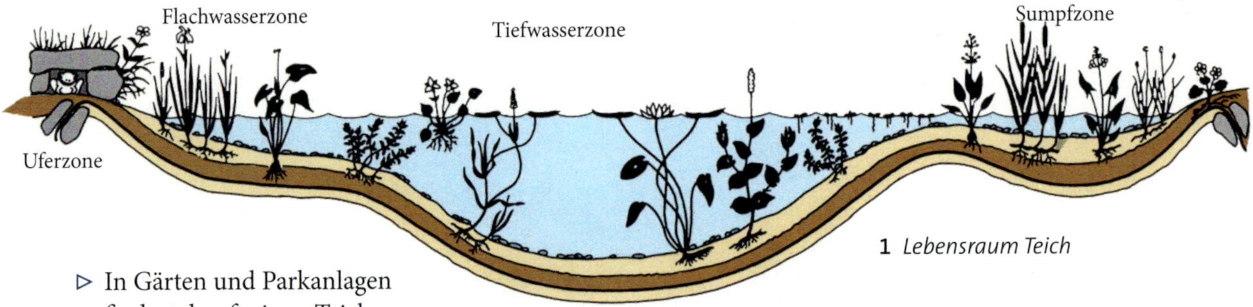

1 *Lebensraum Teich*

▷ In Gärten und Parkanlagen findest du oft einen Teich. Dort gibt es viel zu entdecken: Teichrosen, Rohrkolben und Schilfrohr bereichern die Landschaft. Libellen, Frösche und Enten sorgen für ein buntes Treiben. Es lohnt sich, einen Teich genauer zu untersuchen.

Beobachten Untersuchen

1 Pflanzen bestimmen

Bestimmt die Pflanzen in den verschiedenen Randzonen des Teichs. Ihr benötigt kleine Holzpflöcke, Schnur, Notizblock, Stifte, Schreibunterlage, Maßband, Bestimmungsbücher und Fotoapparat. Richtet euch bei der Durchführung nach den Abbildungen. ▸2–3

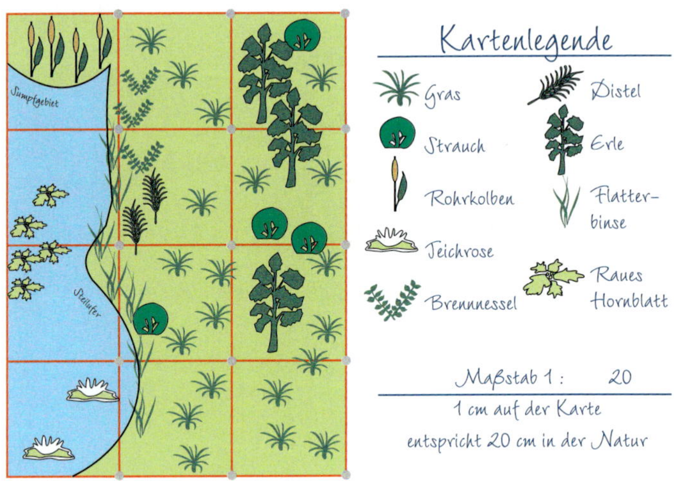

2 *Kartieren*

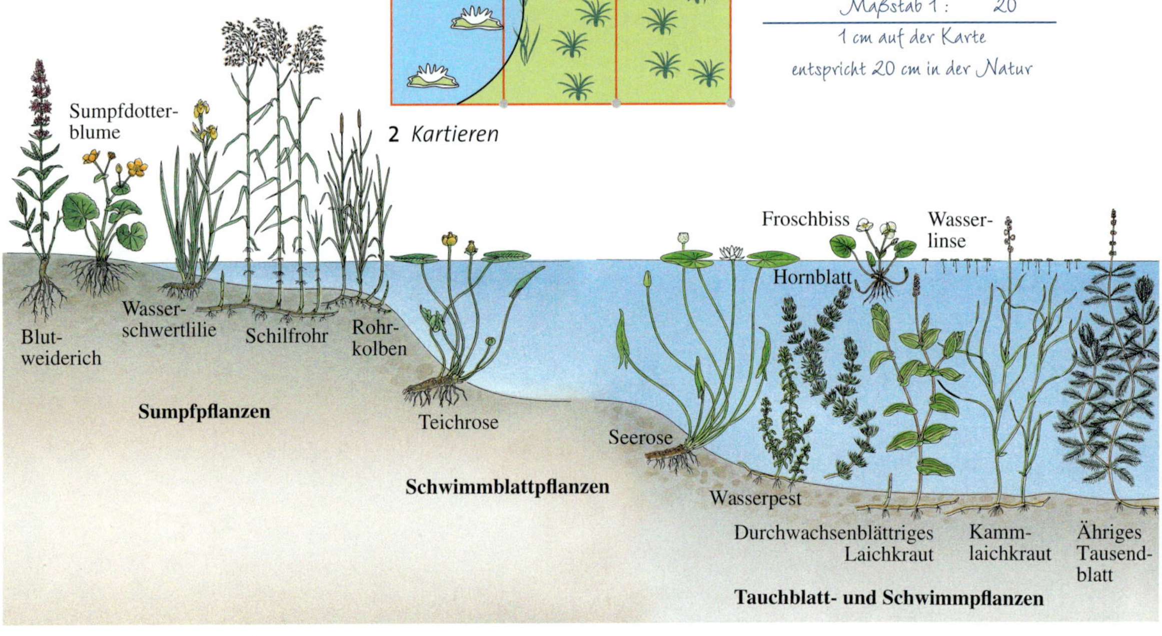

3 *Pflanzen an und im Teich*

2 Wasser: Geruch und Trübung

a Füllt je einen Standzylinder mit Wasser aus einem Teich, einem Brunnen, einer Badeanstalt und einer Regentonne. Vergleicht den Geruch.

b Füllt zusätzlich einen Standzylinder mit Leitungswasser. Stellt alle Zylinder auf weißes Papier. Schaut von oben auf die Zylinder. Gießt von den Wasserproben so viel ab, bis sie so klar wie das Leitungswasser erscheinen. Je weniger Wasser abgegossen wird, desto klarer ist die Probe.

3 Enten beobachten am Teich

Ihr benötigt Bestimmungsbücher, Schreibmaterial, Fernglas, Stoppuhr.

a Beschreibt Aussehen und Körperform. Zeichnet die Enten auf ein Blatt Papier.

b Beobachtet, wie die Enten fliegen, schwimmen und tauchen.

c Wie nehmen sie Nahrung auf? Vergleicht mit der Zeichnung. ▸6

d Erstellt den Steckbrief einer Entenart. ▸4

e Erläutert, wie die Stockente an das Leben im und am Wasser angepasst ist.

Steckbrief
Ort: … Datum: … Zeit: …
Zeichnung:
Beschreibung: …
Name: …
Schwimmverhalten: …
Flugverhalten: …
Nahrungsaufnahme: …
Besonderheiten: …

4

Grundlagen Entenvögel

Schnell fliegt ein Stockentenpaar durch die Luft heran und landet auf dem Parkteich. ▸5 Mit ihrem Schnabel durchwühlen sie den Schlamm am Grund des Teichs nach Würmern, Schnecken, Kleinkrebsen und Wasserpflanzen. ▸6 Als Nistplatz wählt das Weibchen an Land eine versteckte Stelle. Es watschelt wenig geschickt. Nach 28 Tagen Brutzeit schlüpfen die Küken. Als Nestflüchter verlassen sie sofort das Nest und folgen der Mutter zum Wasser. Sie können gleich schwimmen und sich selbstständig ernähren.
Die Zeichnung zeigt verschiedene Entenvögel. ▸7

5 *Stockentenpaar*

6 *Ans Leben im Wasser angepasst*

7 *Entenvögel auf Nahrungssuche*

Kennübung Vögel

1 *Haussperling: Weibchen (oben) und Männchen (14 cm)*

2 *Zaunkönig (9 cm)*

3 *Singdrossel (23 cm)*

4 *Hausrotschwanz (15 cm)*

5 *Amsel, links männlich (24 cm)*

6 *Buchfink, männlich (15 cm)*

7 *Nebelkrähe (50 cm)*

8 *Blaumeise (11 cm)*

9 *Dompfaff, männlich (17 cm)*

Methode Vögel erkennen und bestimmen

Oft wirst du Vögel entdecken, die du noch nicht kennst. Dann benötigst du ein Bestimmungsbuch und etwas Übung.
Zur Vogelbestimmung brauchst du: Notizbuch, Schreibzeug, Fernglas, Vogelbestimmungsbuch, eventuell MP3-Player und Aufnahmen von Vogelstimmen zum Vergleich.

1 **Bestimmungsbuch anschauen** Mache dich mit dem Bestimmungsbuch vertraut. Meist sind die Vögel dort nach ihrer Verwandschaft geordnet. Ähnlich aussehende Vögel sind auf den gleichen Seiten abgebildet. Um mit dem Bestimmungsbuch zurechtzukommen, benötigst du einige Fachausdrücke. ►10

2 **Beobachtung vorbereiten** In Parks und Gärten kannst du Vögeln recht nahe kommen. Du brauchst dazu etwas Geduld und solltest dich möglichst ruhig verhalten. Wenn du einen Vogel entdeckt hast, betrachte ihn möglichst mit dem Fernglas.

3 **Vögel beobachten** Achte auf folgende Merkmale:
- Größe: Vergleiche mit einer dir bekannten Vogelart (Amsel, Sperling, Taube).
- Gestalt: Ist der Vogel rundlich oder schlank? Welche Form und Länge haben Schnabel, Schwanz und Beine? ►10
- Färbung des Gefieders
- Bewegung: Hüpft, trippelt oder schreitet der Vogel? Fliegt er wellenförmig oder gerade?

4 **Im Bestimmungsbuch nachschlagen** Versuche den Vogel im Bestimmungsbuch wiederzufinden.

5 **Beobachtungstagebuch führen** Notiere die Namen der beobachteten Vogelarten. Schreibe den Beobachtungsort dazu. Lege Steckbriefe von den Arten an, die du sicher erkannt hast. ►11

Tipp: „Von der Amsel bis zum Zilpzalp – die häufigsten Gartenvögel auf einen Blick“ kannst du im Internet beim Naturschutzbund Deutschland kennenlernen.

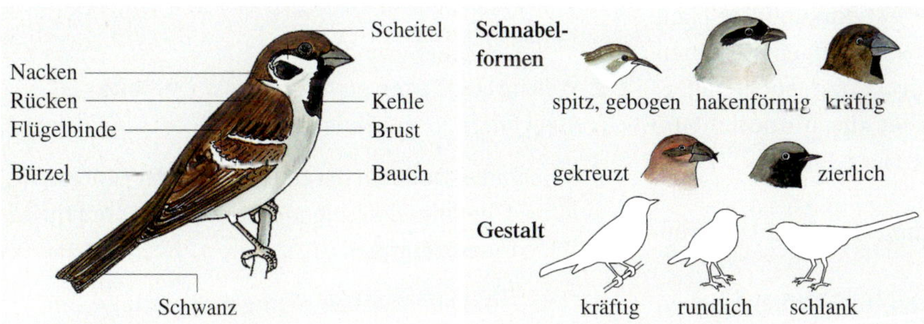

10

Rotkehlchen

Größe: etwas kleiner als ein Sperling
Gefiederfarbe: Kehle und Brust orangerot – Männchen auffälliger gefärbt, Bauchseite gräulich weiß, sonst olivbraun
Schnabel: spitz

11 *Steckbrief*

Aufgaben

1 Ordne die in diesem Kapitel abgebildeten Vögel nach ihrer ungefähren Größe in einer Tabelle mit drei Spalten:
Taubengröße (und größer) – Amselgröße – Sperlingsgröße (und kleiner).
Ergänze die Tabelle um weitere Vogelarten, die du kennst.

2 Wähle drei Vögel von der linken Seite aus. Notiere ihre Erkennungsmerkmale.

3* Die Jungvögel der Amsel sind nach dem Schlüpfen noch ziemlich hilflose „Nesthocker“. Bei anderen Vogelarten schlüpfen die Jungvögel als recht selbstständige „Nestflüchter“. Welche Vogelarten sind Nestflüchter, welche Nesthocker? Informiere dich im Lexikon.

Grundlagen Der Teichfrosch – ein Lurch

Lebensraum und Lebensweise Reglos sitzt ein Teichfrosch auf einem Seerosenblatt. Wegen seiner grünen Färbung, der dunklen Flecken und der hellen Streifen ist er kaum zu entdecken.
Frösche gehören zu den Lurchen (Amphibien). Das sind Feuchtlufttiere, die sowohl im Wasser als auch an Land leben. ▸1 Erwachsene Teichfrösche ernähren sich von Insekten und anderen Kleintieren. Die Beute wird mit der klebrigen Zunge gefangen. ▸2
Die Körpertemperatur des Teichfroschs ändert sich mit der Umgebungstemperatur.

1 *Weiblicher und männlicher Teichfrosch*

Fortbewegung und Körperbau Der Teichfrosch hat kräftige Hinterbeine und zwischen den langen Zehen Schwimmhäute. Er kann weit springen. An Land hüpft er. Im Wasser ist er ein guter Schwimmer. Seine großen Augen ragen etwas aus dem Kopf hervor. Dadurch kann der Frosch Beute, aber auch Feinde frühzeitig erkennen. Hinter den Augen liegen die Ohren (Trommelfelle). Mit ihnen nehmen Frösche das Quaken ihrer männlichen Artgenossen wahr.

Haut und Atmung Die dünne, gut durchblutete Haut ist nackt. Zahlreiche Drüsen sondern einen zähen Schleim ab, der den Körper bedeckt und feucht hält. Frösche nehmen Sauerstoff über die Mundschleimheit, die Lunge und die feuchte Haut auf.

Frösche gehören zu den Lurchen Es gibt zwei Gruppen von Lurchen:
- Froschlurche (Frösche, Unken und Kröten) haben einen gedrungenen Körper ohne Schwanz. Ihre Hinterbeine sind länger als ihre Vorderbeine.
- Schwanzlurche haben einen lang gestreckten Körper mit einem langen Schwanz. An Land bewegen sie sich kriechend fort. Zu ihnen gehören Molche und Salamander. ▸3

Ausgewachsene Lurche leben auf dem Land und atmen durch Lungen und Haut. Alle Lurche brauchen feuchte Lebensräume.

Aufgaben

1 „Der Frosch ist an das Leben im Wasser und an Land angepasst." Erläutere diese Aussage anhand seiner Körpermerkmale.

2 Welche Lurcharten gibt es bei uns? Erarbeite Steckbriefe zu einzelnen Arten.

3 Beschreibe, wodurch der Lebensraum der Lurche in Bild ▸4 gefährdet ist. Nenne weitere Gefahren für seine Lebensräume.

4 Eine Gemeinde plant eine Umgehungsstraße. Der Naturschutzverband wehrt sich, weil die Straße an einem Laichgewässer vorbeiführen soll.
Teilt die Klasse in zwei Parteien und sucht Argumente für und gegen die Umgehungsstraße. Jede Partei wählt zwei Sprecher, die miteinander über den Bau der Straße diskutieren.

2 *Nahrungsaufnahme*

3 *Feuersalamander*

4 *Gefährdeter Lebensraum*

Grundlagen Die Krötenwanderung

Ende März regt sich in den ersten warmen, regnerischen Frühlingsnächten etwas unter Laub und Steinen. Es kommt Bewegung in das Winterquartier der Erdkröten. Sie beginnen zum Uferbereich von Teichen und Seen zu wandern – zu denselben Gewässern, in denen sie aufgewachsen sind.
Unterwegs warten die Männchen auf Weibchen, um sich tragen zu lassen. Am Gewässer legt das Weibchen bis zu 6000 schwarze Eier ab. ▸5 Diese schalenlosen Eier heißen *Laich*. Das Männchen besamt sie. Danach wandern die Kröten ins Sommerquartier, meist kühle, feuchte Wälder oder Parks. Aus dem Laich schlüpfen nach 12 bis 18 Tagen fischähnliche Kaulquappen. ▸6 Sie atmen durch Kiemen, haben einen Ruderschwanz und ernähren sich von Algen. Nach drei bis vier Monaten bilden sich bei ihnen Lungen und Beine. ▸7 Die Kaulquappen verwandeln sich zu Kröten, die zum Landleben übergehen. ▸8

5 *Die Erdkröte hat abgelaicht.*

6 *Kaulquappe erst ohne ...*

7 *... dann mit vier Beinen*

9 *Rettet die Lurche!*

Zur Zeit der Krötenwanderung überqueren häufig Lurche die Straßen. Langsame Arten brauchen für eine 7 m breite Straße 20 Minuten. Zu ihrem Schutz dienen kleine Schutzzäune am Straßenrand. Sie leiten sie zu Auffangbehältern. ▸9 Helfer tragen jeden Abend die gefangenen Tiere über die Straße. Oft leiten Zäune die Tiere in kleine Tunnel unter der Straße. Auch die fingernagelgroßen Jungtiere sind durch die Autos gefährdet.

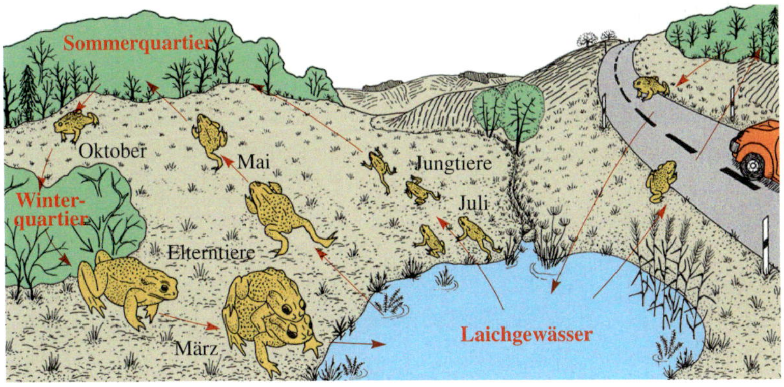

8 *Wanderungen der Erdkröte im Jahreslauf*

Lurche wandern im Frühjahr zur Paarung an ihr Geburtsgewässer und legen dort ihre Eier ab. Die Larven atmen zunächst durch Kiemen. Sie entwickeln sich zu ausgewachsenen Tieren. Lurche sind stark gefährdet. Daher müssen die Tiere und ihr Lebensraum geschützt werden.

Aufgaben

1 Beschreibe das Leben der Erdkröte im Jahreslauf. ▸8

2 Vergleiche Kaulquappe und ausgewachsene Erdkröte in einer Tabelle. Berücksichtige folgende Aspekte: Lebensraum, Körperform, Atmung, Fortbewegung, Nahrung.

3 Zeichne, wie Kröten bei der Wanderung geschützt werden.

Grundlagen / Aus dem Leben der Ringelnatter

Schlangen sieht man bei uns nur selten. Sie sind sehr scheu und lassen sich kaum beobachten. Wichtige Abschnitte aus dem Leben einer Ringelnatter zeigt die Bildfolge. ▸1–8

Schlangen gehören wie Eidechsen, Schildkröten und Krokodile zu den *Kriechtieren (Reptilien)*. Kriechtiere sind an das Leben auf dem Land angepasst. Ihr Körper ist mit einem Schuppenkleid aus Horn vor Wasserverlust geschützt.

Kriechtiere legen ihre Eier immer an Land ab. Die Eischale verhindert das Austrocknen.

1 *Lebensraum der Ringelnatter*

2 *Kriechende Ringelnatter*

3 *Kopf der Ringelnatter*

4 *Sonnenbad*

5 *Züngelnde Ringelnatter*

6 *Ein Frosch wird gefangen.*

7 *Ein Feind: der Mäusebussard*

8 *Eine Ringelnatter schlüpft.*

Aufgaben

1 Schaut euch den Film „Die Ringelnatter“ an. Vorher solltet ihr euch Gedanken machen, welche Themen euch besonders interessieren. Am besten übernehmen verschiedene Schülerinnen und Schüler die Beantwortung unterschiedlicher Fragen.
- Einigt euch, wer zu welchen Fragen die Antworten aufschreibt.
- Merkt euch „eure“ Fragen.
- Macht euch beim Film oder gleich danach Stichworte. Später macht ihr ausführlichere Notizen.
- Tragt die Antworten vor und besprecht sie.
- Fasst schließlich die wichtigsten Szenen aus dem Leben der Ringelnatter schriftlich zusammen.

Beispiele für Fragen zum Film:

a Wo lebt die Ringelnatter?
b Welche Form und Farbe hat sie? Woran kann man sie erkennen?
c Sind alle Hornschuppen gleich?
d Wie bewegt sich die Schlange fort?
e Warum sonnt sie sich?
f Welche Beute jagt die Ringelnatter? Wie spürt sie die Beute auf? Wie bekommt sie die Beute in ihr kleines Maul? Zerkaut sie ihre Beute?
g Warum häutet sich die Ringelnatter?
h Welche natürlichen Feinde hat sie?
i Wo werden die Eier abgelegt? Wie viele Eier sind es? Was kann man über die Eischale sagen?
j Wie sehen die geschlüpften Jungtiere aus? Kümmert sich die Mutter um ihre Jungen?
k Wo überwintert die Ringelnatter?

2 Hast du weitere Fragen zur Ringelnatter? Überlege, wo du Informationen über sie beschaffen kannst.

3* Wie unterscheidet sich die Ringelnatter von anderen einheimischen Schlangen? Stelle andere einheimische Schlangen in kurzen Steckbriefen vor.

Grundlagen Fische im Teich – der Karpfen

Lebensraum und Lebensweise
Träge schwimmt ein Karpfen im Teich. ▸9 Mit dem Maul betastet er Pflanzen und Steine. Ab und zu schnappt er nach einer Pflanze, einem Wurm oder einer Insektenlarve. Karpfen leben in stehenden oder langsam fließenden Gewässern. Sie können bis zu 1,20 m lang und 20 kg schwer werden. Ihr Höchstalter liegt bei über 70 Jahren. Fische haben die gleiche Temperatur wie ihre Umgebung.

Körperbau und Fortbewegung
Der Körper ist stromlinienförmig: Er ist seitlich zusammengedrückt und an Kopf und Schwanz zugespitzt. Die Schwanzflosse treibt den Karpfen an, die Brustflossen steuern und die Rückenflosse hält seine Lage im Wasser stabil.

Orientierung Fische nutzen den Geruchssinn, den Sehsinn sowie den Tast- und Geschmackssinn. Mit dem Seitenlinienorgan nehmen sie Erschütterungen und Wasserbewegungen wahr. Beim Karpfen kannst du es als dunkle Linie seitlich am Körper sehen.

Haut In der Haut von Rumpf und Schwanz liegen knöcherne Schuppen wie Dachziegel übereinander. Die dünne Oberhaut ist von Schleim überzogen.

Atmung Fische atmen mit Kiemen. Sie nehmen Sauerstoff aus dem Wasser direkt ins Blut auf. Kohlenstoffdioxid aus dem Blut geben sie ins Wasser ab. ▸10

Die Körperform der Fische ist an den Lebensraum Wasser angepasst. Sie atmen durch Kiemen und benutzen die Flossen zur Fortbewegung.

9 *Karpfen*

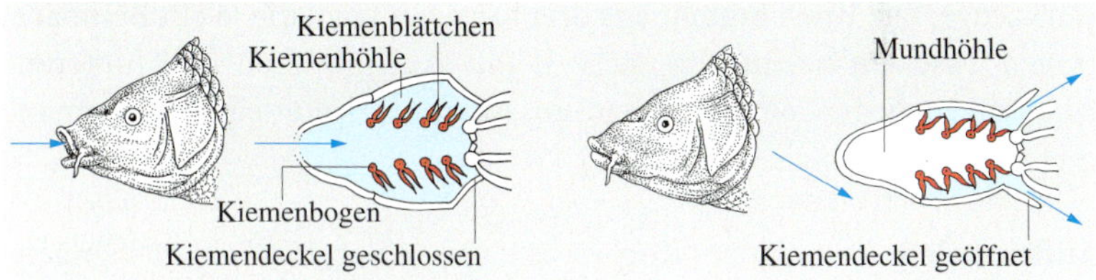

10 *Weg des Wassers beim Ein- und Ausatmen*

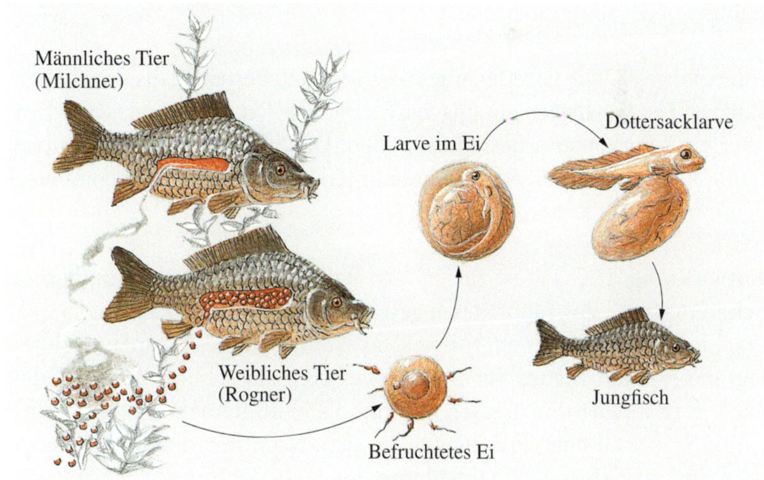

11 *Fortpflanzung und Entwicklung des Karpfens*

Aufgaben

1 „Der Karpfen gehört zu den Wirbeltieren." Begründe diese Aussage.

2 Beschreibe Fortpflanzung und Entwicklung des Karpfens. ▸11

3 Beschreibe den Weg des Wassers beim Ein- und Ausatmen. ▸10 Gehe dabei auch auf die Stellung der Kiemendeckel ein.

4 Durch welche Merkmale ist der Karpfen an das Leben im Wasser angepasst? Erläutere deine Antwort.

5* Informiere dich darüber, wie Karpfen den Winter überstehen.

Grundlagen Insekten sind wirbellose Tiere

Über 90 Prozent aller heute bekannten Tierarten sind wirbellose Tiere. Sie haben eines gemeinsam: Sie besitzen keine Wirbelsäule.
Wirbellose haben alle Lebensräume erobert. Muscheln, Schnecken und Tintenfische leben im Meer oder in feuchten Gebieten an Land. Auch Krebstiere wie Garnelen und Asseln leben im oder am Wasser. Spinnentiere leben an Land.
Die größte Gruppe unter den Wirbellosen mit über einer Million Arten sind die Insekten. Dazu gehören so unterschiedliche Tiere wie Käfer und Schmetterlinge, Bienen und Flöhe, Heuschrecken und Libellen. Sie haben alle Lebensräume außer den Ozeanen besiedelt.

Körpergliederung Der Insektenkörper ist in drei Teile gegliedert: Kopf, Brust und Hinterleib. Am Kopf sitzen zwei Antennen und die Mundwerkzeuge. Die Brust besteht aus drei Körperringen, die je ein Beinpaar tragen. Insekten haben also sechs Beine. Am mittleren und hinteren Ring setzen die beiden Flügelpaare an. Auch am Hinterleib erkennt man mehrere Körperringe.

1 *Manche Insekten wie diese Wespe zeigen die typische Dreiteilung des Körpers besonders deutlich.*

Außenskelett Der ganze Körper ist von einer widerstandsfähigen Außenschicht aus Chitin umgeben. Sie schützt das Insekt und dient als Außenskelett. Da es nicht mitwächst, muss das Insekt sich regelmäßig häuten, bis es ausgewachsen ist.

Sinnesorgane Die Facettenaugen der Insekten bestehen aus unzähligen Einzelaugen. Sie liefern ein unscharfes Bild der Umgebung, ermöglichen aber ein sehr genaues Bewegungssehen. Die Stubenfliege zum Beispiel kann 300 Einzelbilder pro Sekunde unterscheiden, unsere Augen dagegen nur 30.

2 *Das Facettenauge besteht aus vielen Einzelaugen.*

Entwicklung Die Fotos zeigen als Beispiel die Entwicklung eines Schmetterlings, des Tagpfauenauges. Sie beginnt mit der Paarung zweier geschlechtsreifer Schmetterlinge. Das Weibchen des Tagpfauenauges legt die Eier auf Blätter der Brennnessel ab. Bald schlüpfen daraus die Larven (Raupen). Sie fressen unermüdlich und wachsen. Wenn ihr Chitinpanzer zu eng wird, häuten sie sich. Nach mehreren Häutungen wird die Larve zur scheinbar leblosen Puppe. In der Puppe vollzieht sich die Verwandlung zum geschlechtsreifen, ausgewachsenen Insekt. Die

3–6 *Tagpfauenauge: Eier, Larven (Raupen), Puppe, ausgewachsener Schmetterling*

Entwicklung vom Ei über die Larve und die Puppe zum ausgewachsenen Insekt durchlaufen auch Wespen, Bienen, Ameisen, Käfer, Mücken und viele andere Insekten.

Die Insekten haben keine Wirbelsäule. Sie gehören zu den Wirbellosen und haben folgende Merkmale: Ihr Körper ist in Kopf, Brust und Hinterleib gegliedert. Am Brustabschnitt sitzen drei Beinpaare und meist zwei Flügelpaare. Viele Insekten entwickeln sich vom Ei über die Larve und Puppe zum voll entwickelten Tier.

Aufgaben

1 Du kennst Wirbeltiere und Wirbellose. Nenne jeweils einige Beispiele.

2 Die Katze ist ein Säugetier und gehört damit zu den Wirbeltieren. Der Kohlweißling ist ein Schmetterling und gehört zu den Insekten. ▸7
a Vergleiche den Körperbau von Säugetier und Insekt.
b Vergleiche die Skelette und beschreibe die Unterschiede.
c Vergleiche die Entwicklung von Säugetier ▸8 und Insekt ▸3–6.

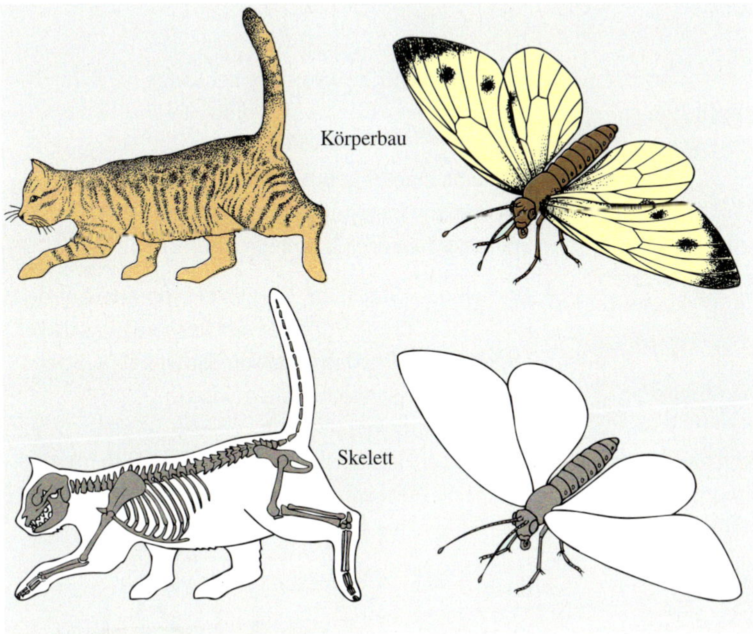

7 *Vergleich Säugetier – Insekt*

8 *Katze mit Jungtier*

3 Die Beine der Insekten haben alle den gleichen Grundbauplan, sind aber unterschiedlich gebaut. ▸9
a Beschreibe die Unterschiede.
b Welches Bein könnte zu welchem Insekt gehören? Begründe deine Antwort.

4* Die Entwicklung der Feuerwanze unterscheidet sich von der des Schmetterlings. Recherchiere und berichte darüber.

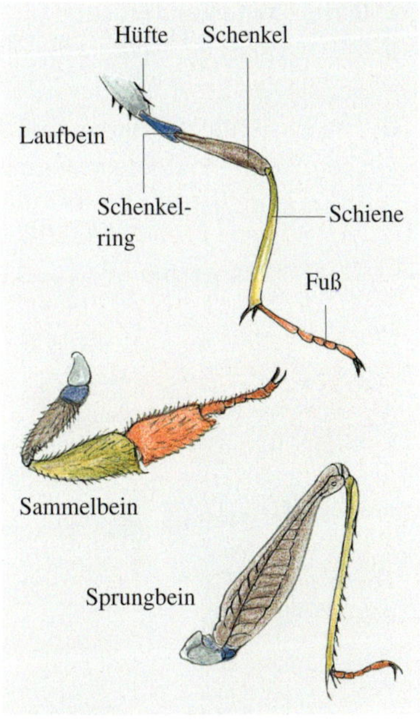

9 *Insektenbein: Grundbau und Abwandlungen*

Die Heckenrose und ihre Verwandten

▷ An Waldrändern findet man häufig einen sehr schönen Strauch: die Heckenrose. Dieser Strauch ist auch als Hecke sehr beliebt, weil er so gut wie undurchdringlich ist. Seine besonderen Kennzeichen sind zahlreiche rötliche Blüten, rote Früchte (Hagebutten genannt), gefiederte Blätter und Stacheln an verholzten Stängeln.

1 *Heckenrosenstrauch und Hagebutten*

Beobachten Untersuchen

1 Heckenrosenstrauch

a Der Strauch besitzt junge Triebe, aber auch Zweige aus dem Vorjahr. Worin unterscheiden sie sich? Welche tragen Blüten?

b Beobachte die Blüten der Heckenrose am Abend, am frühen Morgen und an einem sonnigen Mittag. Wie sehen sie aus, wenn am Mittag feuchtes Wetter herrscht? Welche Insekten besuchen die Blüten?

2 Blätter, Blüten und Früchte

a Löse ein Blatt der Heckenrose direkt am Stängel ab. Skizziere es. Beschrifte deine Zeichnung.

b Löse eine Blüte der Heckenrose ab. Betrachte sie von oben. Welche Blütenteile aus der Zeichnung erkennst du dabei? ▸2

c Schneide die Blüte vorsichtig der Länge nach durch. Zeichne dann einen Längsschnitt. Beschrifte die Zeichnung.

d Schneide eine Hagebutte der Länge nach durch. Zeichne und benenne die Bestandteile. Erkläre den Begriff Sammelfrucht. ▸2

4 Dornen oder Stacheln? Dornen entspringen aus dem Holz eines Stängels und können deshalb nur schwer abgebrochen werden. Stacheln bilden sich aus der Rinde und lassen sich leicht ablösen.

a Schneide mit einem Messer vorsichtig einen Stängel der Heckenrose der Länge nach durch. ▸3

b Besitzt die Heckenrose nun Dornen oder Stacheln? Begründe deine Antwort.

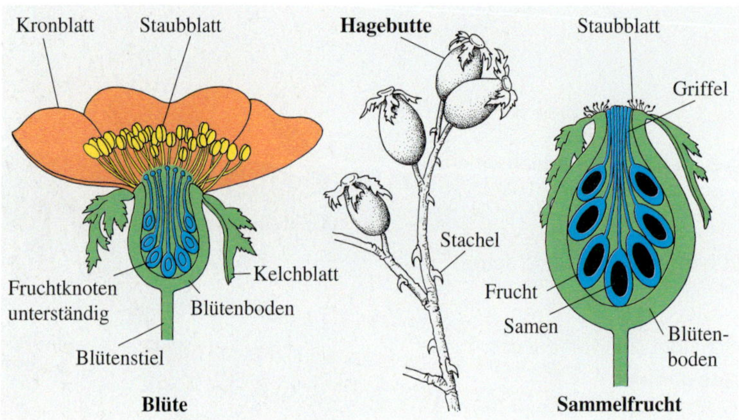

2

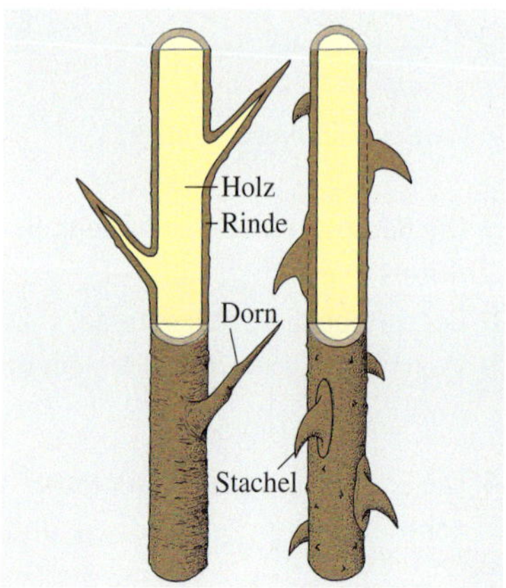

3

Grundlagen Ordnung in der Pflanzenwelt

Familie – Gattung – Art ▸4 Manche Pflanzen sind einander grundsätzlich ähnlich. So können z. B. ihre Blüten den gleichen Grundbauplan haben. Man fasst solche Pflanzen zu *Familien* zusammen.
Bei den Pflanzen einer Familie gibt es auch Unterschiede, etwa bei den Früchten. Man unterteilt sie deshalb in *Gattungen*.
Sind Pflanzen einander so ähnlich, dass sie sich untereinander fortpflanzen können, gehören sie zu einer *Art*.

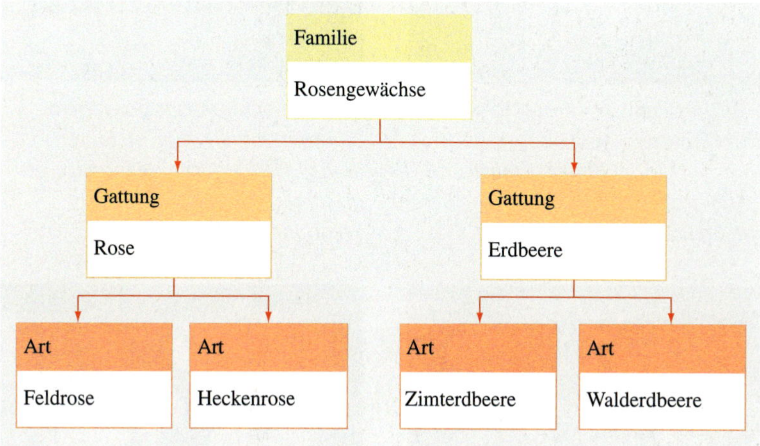

4 *Ordnungsschema für Rosengewächse*

Die Familie der Rosengewächse Die Blüten dieser Familie haben fünf Kelchblätter, fünf freie Kronblätter und einen Kranz von Staubblättern. ▸5–8 Zu ihr gehören z. B. alle Rosenarten sowie einige Obstarten und die Beispiele der folgenden Seite.

Ein wichtiges Merkmal für die Unterscheidung von Blütenpflanzen ist der Blütenbau. Alle Pflanzen mit gleichem Grundbauplan der Blüte werden zu einer Pflanzenfamilie zusammengefasst. Die Blüten der Rosengewächse haben fünf Kelchblätter, fünf freie Kronblätter und viele Staubblätter.

Aufgaben

1 „Die Heckenrose ist für viele Tiere doppelt nützlich." Erkläre diese Aussage.

2 Vergleiche die Blüten. ▸5–8 Welche gemeinsamen Merkmale erkennst du?

3 Hagebutte nennt man die Frucht der Heckenrose.
a Erkundige dich, wozu Hagebutten verarbeitet werden.
b Sieh im Lexikon oder im Internet nach, was *Hag* und *Butte* bedeuten.

4* Die Heckenrose kommt in Märchen und Volksliedern oft vor. Nenne Beispiele dafür.

Blüten: 5 Kelchblätter, 5 weiße Kronblätter, viele Staubblätter, 1 Stempel
Früchte: Sammelfrucht mit vielen Samen
Blätter: gefiedert

5 *Feldrose (Kriechende Rose)*

Blüten: 2-mal 5 Kelchblätter, 5 weiße Kronblätter, viele Staubblätter und Stempel
Früchte: Aus jedem Fruchtknoten wird ein Nüsschen. Der Blütenboden bildet rotes Fruchtfleisch (Sammelnussfrucht).
Blätter: dreigeteilt, grob gesägt

6 *Erdbeere*

Blüten: 5 grüne Kelchblätter, 5 weiße Kronblätter, viele Staubblätter, 1 Stempel
Früchte: Der Fruchtknoten bildet meist eine rote, außen fleischige Frucht. Im Fruchtfleisch liegt der Samen mit hartem Gehäuse (Steinobst).
Blätter: eiförmig, gesägt

7 *Kirsche*

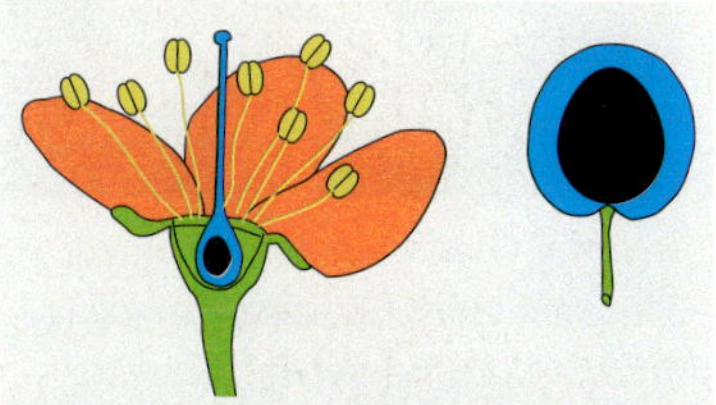

Blüten: 5 grüne Kelchblätter, 5 weiße Kronblätter, viele Staubblätter, 1 Stempel
Früchte: Im Fruchtknoten entsteht eine schwarzblaue Steinfrucht (Steinobst).
Blätter: eiförmig, gesägter Rand

8 *Schwarzdorn*

Kennübung Von der Vielfalt der Rosengewächse

Zur Familie der Rosengewächse gehören die Rosen, verschiedene Obstsorten, viele Wildkräuter und Heilpflanzen. ▸**1–8**

Aufgaben

1 Nenne die familiären Gemeinsamkeiten der Rosengewächse.

2 Überprüfe diese Gemeinsamkeiten – soweit möglich – anhand der Bilder auf dieser Doppelseite.

1 *Bachnelkenwurz: Kraut, 30–50 cm hoch; Blütezeit: April bis Juni; nach unten nickender Blütenstängel; alte Heilpflanze; wächst auf nassen Wiesen und an Bächen.*

2 *Odermennig: Kraut, 30–130 cm; Blütezeit: Juni bis August; Blüten in langen Trauben; alte Heilpflanze, die an sonnigen Waldrändern und Wegrainen wächst.*

3 *Kartoffelrose: bis zu 2,5 m hoher Strauch; Blütezeit: Juni/Juli; Blüten einzeln an Blütenstielen; wächst an sonnigen Standorten.*

4 *Traubenkirsche: Baum, 3–15 m hoch; Blütezeit: Mai; Blüten in hängenden Trauben; wächst an Bachufern.*

5 *Himbeere: Strauch, 50–120 cm hoch; Blütezeit: Mai bis August; rote Stacheln; wächst in lichten Wäldern; Früchte reich an Vitamin C.*

6 *Apfel: Obstbaum bis 6 m hoch; Blütezeit: April bis Juni (rosaweiße Trauben); Wildapfel mit kleinen, säuerlichen Früchten; wächst in Auwäldern und Gebüschen.*

7 *Wildbirne: Obstbaum, bis 20 m hoch; rote Staubblätter; Stammform der Kulturbirne; der Baum wächst in Laubwäldern.*

8 *Pflaume: Baum, bis 8 m hoch; Blütezeit: April bis Juni; Frucht: aus dem Fruchtknoten wird eine Steinfrucht; kommt in verschiedenen Kulturformen vor (z. B. Mirabelle, Reneklode).*

Methode Botaniker arbeiten mit Bestimmungsschlüsseln

Nr.	Beschreibung	Bestimmung
1	Die Pflanze hat rote, gelbe oder grünliche Blüten.	gehe zu 2
1*	Die Pflanze hat weiße Blüten.	gehe zu 4
2	Die Pflanze hat rote Blüten. *Die Blüten der krautigen Pflanze stehen in länglichen Blütenköpfchen, die Einzelblüten sind dunkelrot. Die Laubblätter sind unpaarig gefiedert. Die Pflanze wird bis zu 150 cm hoch und wächst auf feuchten Wiesen.*	**Großer Wiesenknopf**
2*	Die Pflanze hat gelbe oder grünliche Blüten.	gehe zu 3
3	Die Pflanze hat gelbe Blüten. *Die Blüten dieser krautigen Pflanze stehen einzeln und sind langstielig. Die Laubblätter sind gefiedert, die Teilblättchen sind tief gesägt. Die Pflanze wird bis zu 50 cm hoch und kommt an Wegen, Bahndämmen, Schuttplätzen und auf Wiesen vor.*	**Gänsefingerkraut**
3*	Die Pflanze hat grünliche Blüten. *Die kleinen Blüten der krautigen Pflanze sind unscheinbar grünlich. Die Laubblätter sind im Umriss rundlich nierenförmig. Die Pflanze wird bis zu 50 cm hoch und wächst an feuchten Stellen in offenem Grünland.*	**Gemeiner Frauenmantel**
4	Die Laubblätter der Pflanze sind gefiedert oder tief gelappt.	gehe zu 5
4*	Die Blätter der Pflanze sind anders geformt.	gehe zu 6
5	Die Laubblätter der Pflanze sind gefiedert. *Die Blüten sind klein und weiß. Die Laubblätter sind gefiedert mit 9–15 Teilblättchen, die kurz gestielt, länglich und spitz gezähnt sind. Die holzige Pflanze wird bis zu 15 m hoch und kommt in feuchten Laubwäldern vor.*	**Wilde Vogelbeere (Eberesche)**
5*	Die Laubblätter der Pflanze sind tief gebuchtet. *Die Blüten des Holzgewächses sind weiß und haben nur einen Griffel. Die Laubblätter sind meist drei- bis fünflappig. Die Lappen sind vorn gesägt und spitz. Der dornige Strauch wird bis 8 m hoch und wächst an Wegen und auf Steinhalden.*	**Eingriffeliger Weißdorn**
6	Die Laubblätter sind eher länglich.	gehe zu 7
6*	Die Laubblätter sind eher breit.	gehe zu 8
7	Die Laubblätter sind länglich und haben die Form einer Lanzenspitze. *Die Blüten sind weiß. Der Strauch kann bis zu 6 m hoch werden. Er kommt in Gebüschen und Wäldern an warmen Standorten vor.*	**Mispel**
7*	Die Laubblätter sind elliptisch. *Die Blüten dieser holzigen Pflanze sind weiß. Die Laubblätter sind elliptisch, kurz gestielt und scharf gesägt. Die Pflanze kommt in Gebüschen und Waldrändern vor.*	**Schwarzdorn (Schlehe)**
8	Die Laubblätter sind verkehrt einförmig. *Die Blüten dieses Holzgewächses sind weiß. Die Pflanze kommt in Laubwäldern und Mischwäldern vor. Sie ist die Wildform der Kulturkirsche.*	**Gemeine Vogelkirsche**
8*	Die Laubblätter sind handförmig. *Die Blüten der krautigen, oft im unteren Bereich auch verholzten Pflanze sind weiß. Die Pflanze kommt an Waldrändern, Äckern, in Gärten und auf Lichtungen vor.*	**Echte Brombeere**

Zu welcher Art eine Pflanze gehört, findest du mit einem Bestimmungsbuch heraus. Das Vorgehen lernst du an einem Beispiel: Die abgebildete Pflanze ist ein Rosengewächs. ▸9 Im Bestimmungsschlüssel links sind Merkmale beschrieben. Du musst schrittweise überprüfen, welche von zwei Möglichkeiten auf die Pflanze zutrifft.

1. Schau dir die Pflanze genau an und entscheide dann, welche der beiden Möglichkeiten passt.
2. Lies die Beschreibung immer genau durch. Manchmal kommt es nämlich auf Einzelheiten oder Besonderheiten an.
3. Am Ende der Zeile steht dann, wohin du weitergehen musst.

Wenn du diesen Arbeitsweg einhältst, kannst du am Ende des Bestimmungsvorgangs den Namen des Rosengewächses lesen.

1 Bestimme die folgenden Rosengewächse mithilfe des Bestimmungsschlüssels. ▸**9–10**

9 *Ein Rosengewächs – aber welches?*

10 *Noch ein Rosengewächs*

Kreuzblütengewächse

Familie: Kreuzblütengewächse

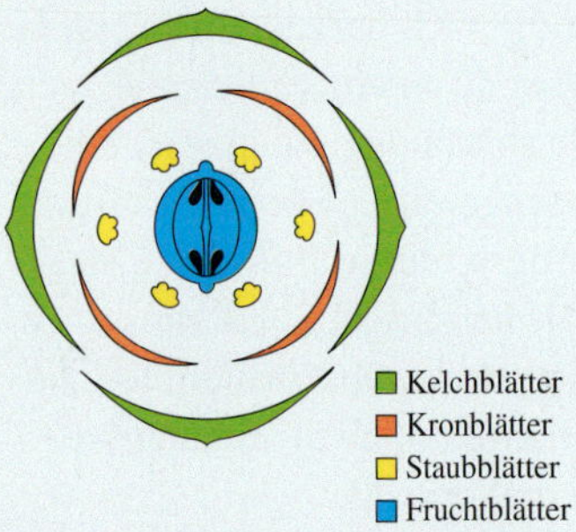

Blüte: 4 Kelchblätter, 4 Kronblätter, 4 lange Staubblätter – jeweils kreuzförmig angeordnet; 2 kurze Staubblätter, 1 Stempel
Blütenstand: Traube
Frucht: Schote aus 2 Fruchtblättern

1

Die Rapspflanze gehört zur Familie der *Kreuzblütengewächse.* ▸1–2 Sie ist ein Lieferant für Speiseöl und Biodiesel sowie eine Futterpflanze.
Du erkennst die typischen Familienmerkmale: Die Blütenteile (4 Kelchblätter, 4 Kronblätter, 6 Staubblätter) sind kreuzförmig angeordnet. Die Früchte entstehen aus den beiden miteinander verwachsenen Fruchtblättern des Fruchtknotens. Eine Scheidewand trennt diese Schote in zwei Fächer. An ihr hängen die ölhaltigen Samen links und rechts in vier Reihen.
Nicht nur Raps, sondern auch viele andere Blütenpflanzen besitzen Kreuzblüten und haben Schoten als Früchte. ▸3–6 Sie gehören also ebenfalls zu den „Kreuzblütlern". Von dieser Familie gibt es in Mitteleuropa etwa 200 Arten.

1 Untersuchen einer Rapsschote
Öffne mit der Pinzette eine Rapsschote. Untersuche die Anordnung der Samen an der Scheidewand und zähle die Samen. Zeichne und beschrifte.

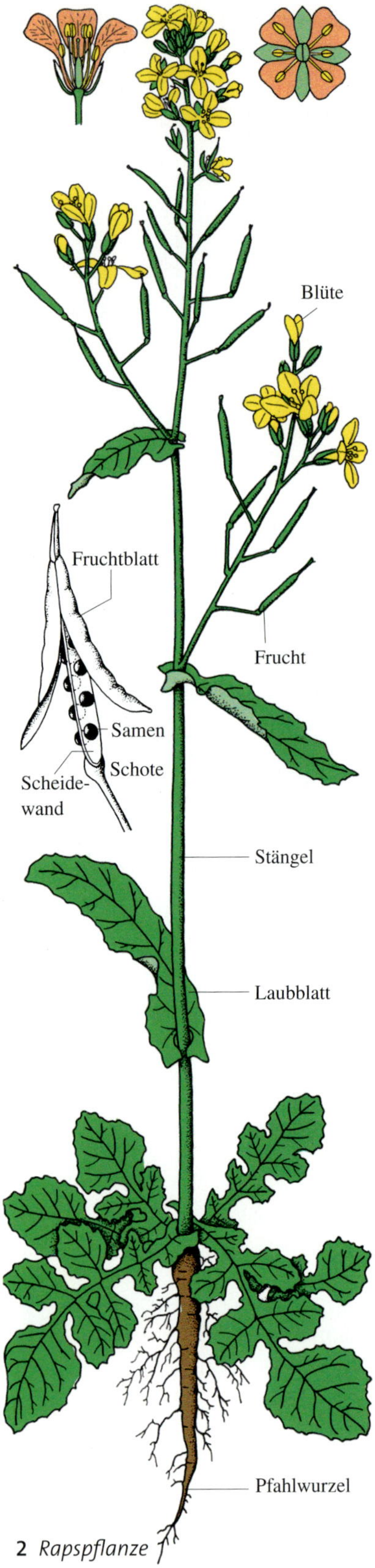

2 *Rapspflanze*

3 *Wiesenschaumkraut*

4 *Gartenrettich*

5 *Goldlack*

6 *Hirtentäschel*

Korbblütengewächse

Familie: Korbblütengewächse

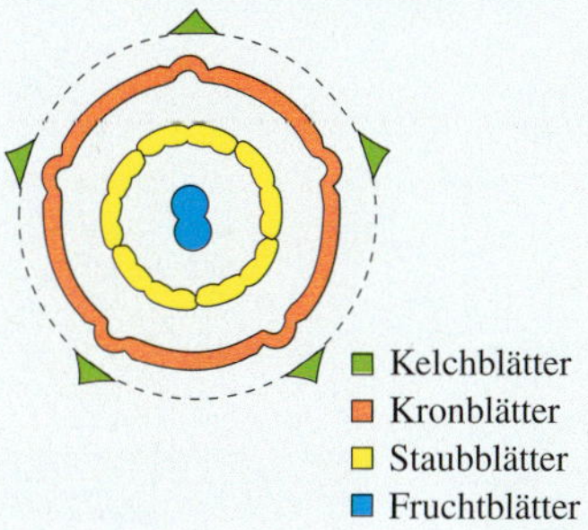

Viele Einzelblüten bilden körbchenartige Blütenstände. Je nach Art enthalten die Blütenstände Röhrenblüten, Zungenblüten oder beide zugleich. *Beispiele:* Beim Löwenzahn gibt es nur Zungenblüten, bei der Kornblume nur Röhrenblüten, beim Gänseblümchen beides.

1

Bekannte Vertreter der *Korbblütengewächse* sind die Sonnenblume und der Löwenzahn. ▸1–4 Bei beiden sind die Blütenstände aus vielen Einzelblüten zusammengesetzt. Der Löwenzahn hat fast ausschließlich Zungenblüten.
Die Familie der Korbblütengewächse ist mit etwa 20 000 Arten außerordentlich groß. Fast alle „Korbblütler" sind Kräuter. ▸5–6
Einige Korbblütengewächse sind geschützt, z. B. das Edelweiß, einige Distelsorten und Arnika.

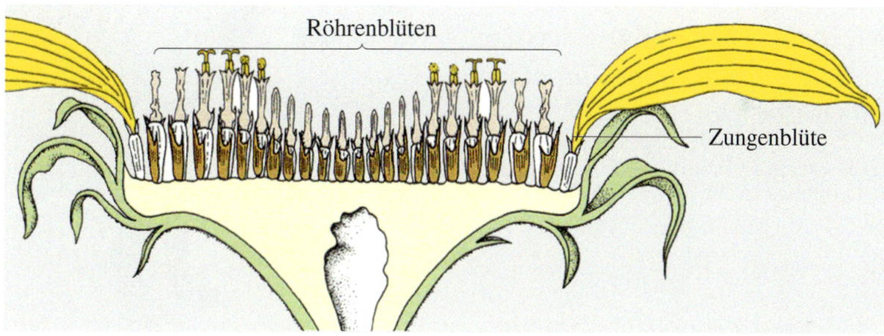

2 *Sonnenblume*

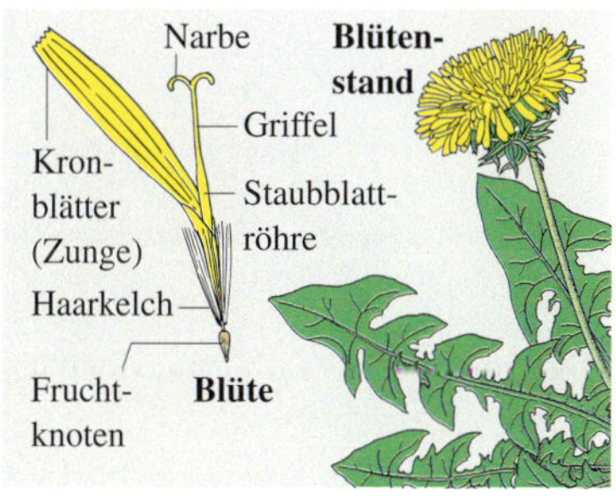

3 *Blütenstand des Löwenzahns*

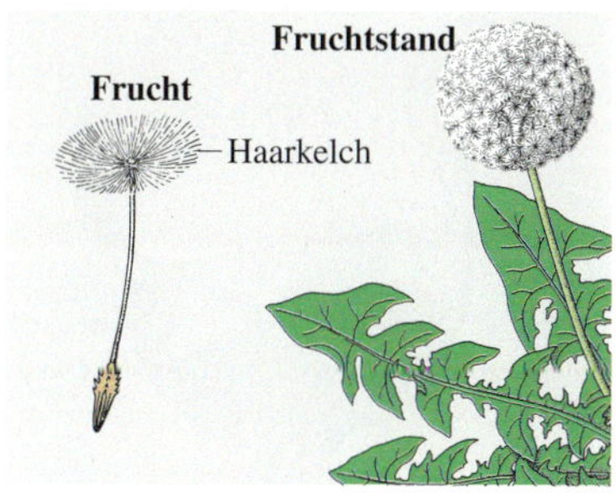

4 *Fruchtstand des Löwenzahns*

1 Untersuchen einer Sonnenblume

a Zupfe Blüten der Sonnenblume aus dem Korbinnern und vom Rand. ▸7–8 Betrachte die Einzelblüten mit der Lupe.

b Vergleiche deine Blüten mit der Grafik der Blütenkorbhälfte. ▸2 Was unterscheidet die Einzelblüten aus der Korbmitte von den anderen?
Welche Blütenblätter erkennst du?

c Beide Formen der Einzelblüten ergänzen einander:
- Welche Blüten locken Insekten zur Bestäubung an?
- In welchen Blüten kann es zur Befruchtung kommen?

5 *Kamille*

6 *Kornblume*

7 *Sonnenblume*

8 *Sonnenblumenkorb*

Überblick

Wirbeltiere
Alle Wirbeltiere haben ein kennzeichnendes Merkmal: die Wirbelsäule. Die Wirbeltiere unterteilt man in fünf *Klassen*: Säugetiere, Vögel, Fische, Lurche und Kriechtiere.

Säugetiere ▸1
Säugetiere werden nach der Geburt von der Mutter mit Milch gesäugt.
Sie besitzen zwei Paar Gliedmaßen zur Fortbewegung. Säugetiere atmen mit Lungen. Ihr Körper ist mit Haaren bedeckt.

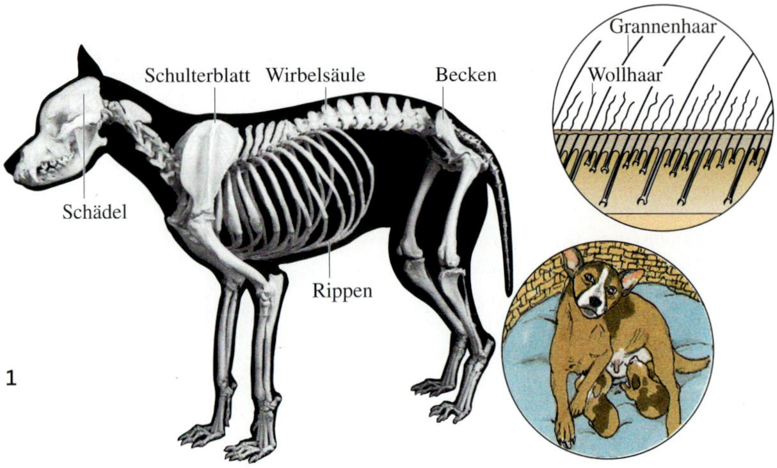

1

Vögel ▸2
Vögel sind an das Fliegen angepasst: Als Vordergliedmaßen haben sie Flügel; ihr Körper ist mit Federn bedeckt.
Vögel besitzen einen Schnabel. Sie atmen mit Lungen. Vögel legen Eier. Die Jungen werden nach dem Schlüpfen von ihren Eltern betreut.

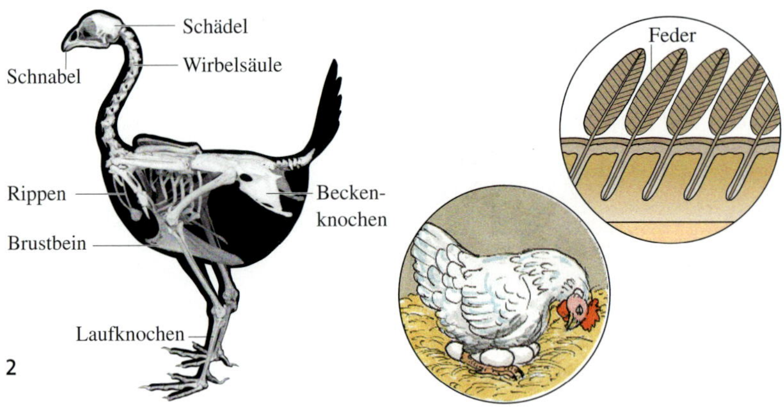

2

Kriechtiere (Reptilien) ▸3
Kriechtiere (Echsen, Schlangen, Krokodile, Schildkröten) haben vier Gliedmaßen, mit denen sie kriechen.
Ihr Körper ist durch Hornschuppen vor Austrocknung geschützt. Ihre Temperatur hängt von der Umgebung ab. Das Weibchen legt nach der Befruchtung Eier in den Boden. Die nötige Brutwärme liefert die Sonne. Nach dem Schlüpfen sind die Jungen selbstständig.

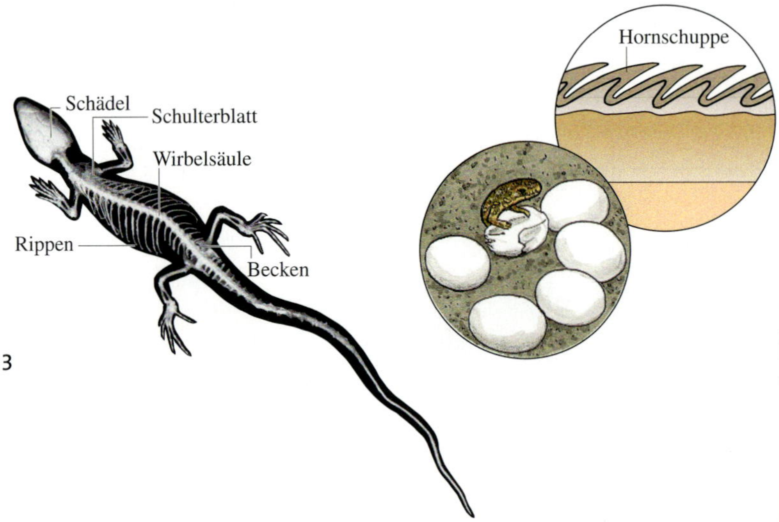

3

Lurche (Amphibien) ▸4
Lurche sind Landwirbeltiere, die nur in feuchten Gebieten leben. Larven der Lurche schlüpfen als Kaulquappen aus dem Laich, der im Wasser abgelegt wurde. Sie atmen mit Kiemen.
Aus wasserlebenden Kaulquappen werden landlebende Lurche. Diese atmen durch Lungen und über die Haut, die ständig feucht sein muss.

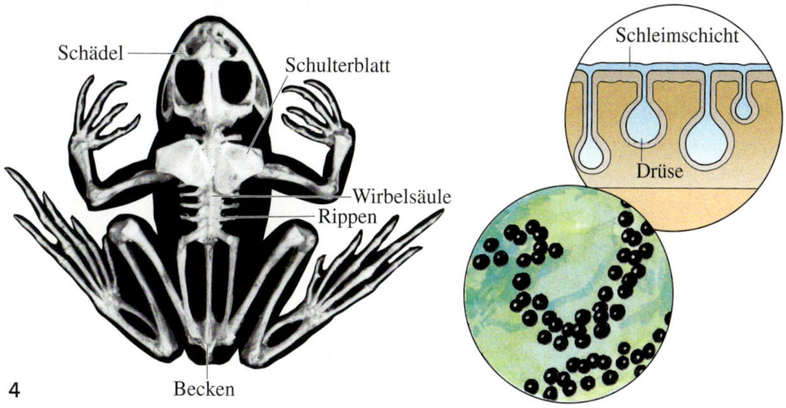

4

Fische ▸5
Fische sind Wassertiere. Sie haben eine strömungsgünstige Form. Ihre Flossen entsprechen Armen und Beinen anderer Wirbeltiere und treiben den Körper im Wasser voran.
Die Haut mit ihren Knochenschuppen ist von einer Schleimschicht überzogen.
Fische atmen mit Kiemen. Ihre Körpertemperatur ist von der Temperatur des Wassers abhängig. Aus dem Laich entwickeln sich Larven. Nach dem Schlüpfen ernähren diese sich vom Eidotter.

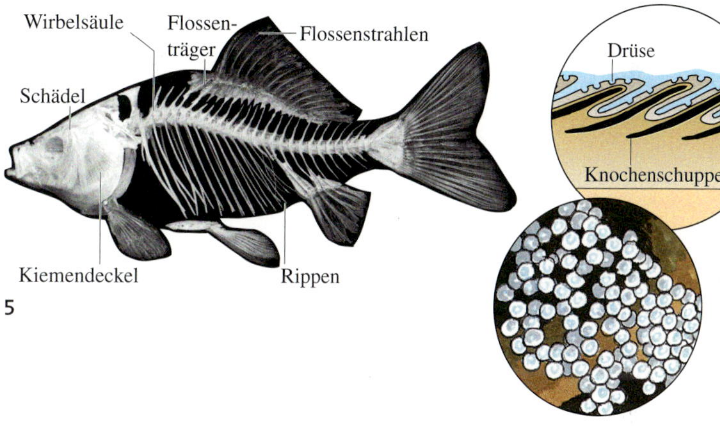

5

Wirbellose Tiere ▸6
Neben den Wirbeltieren gibt es verschiedene Gruppen von wirbellosen Tieren. Wirbellose Tiere besitzen keine Wirbelsäule.
Die größte Gruppe der Wirbellosen bilden die Insekten. Ihr Körper besitzt ein Außenskelett. Er besteht aus Kopf, Brust und Hinterleib und sie haben drei Beinpaare.
Die Entwicklung vieler Insekten verläuft vom Ei über ein Larven- und Puppenstadium zum Vollinsekt.

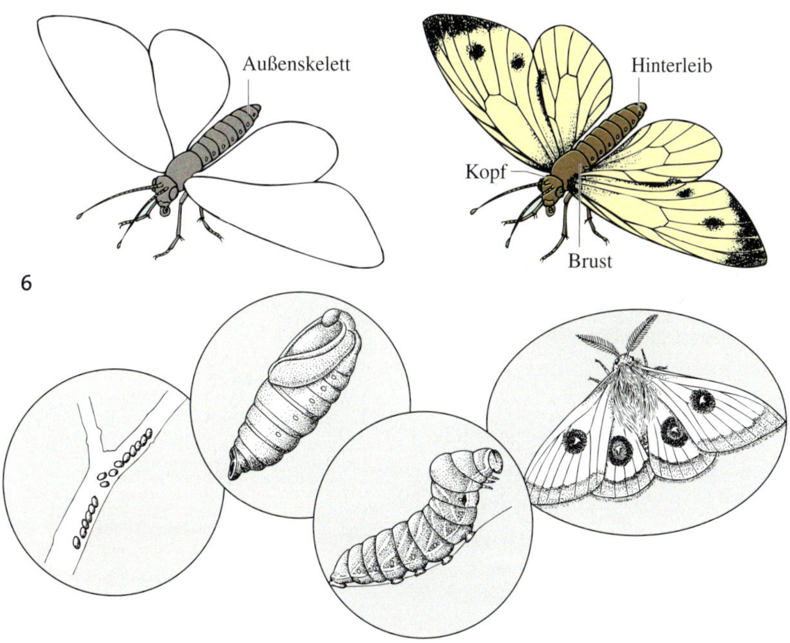

6

Überblick

Vom Aufbau der Blütenpflanzen
Alle Blütenpflanzen sind ähnlich aufgebaut: ►1
Sie haben Wurzeln und einen Spross. Dieser besteht aus Stängel, Laubblättern und Blüten.
Blüten setzen sich aus Kelchblättern, Kronblättern, Staubblättern und Fruchtblättern zusammen.

Die Aufgaben der Pflanzenteile
Die Teile der Blütenpflanze haben unterschiedliche Aufgaben:
- Die Wurzel verankert die Pflanze im Boden. Von dort nimmt sie Wasser mit gelösten Mineralstoffen auf.
- Der Stängel enthält viele Leitgefäße. In ihnen wird das Wasser mit den Mineralstoffen aus den Wurzeln in die Blätter und Blüten transportiert.
- Mithilfe der grünen Blätter bildet die Pflanze die zum Leben nötigen Nährstoffe. Dazu braucht sie Licht.

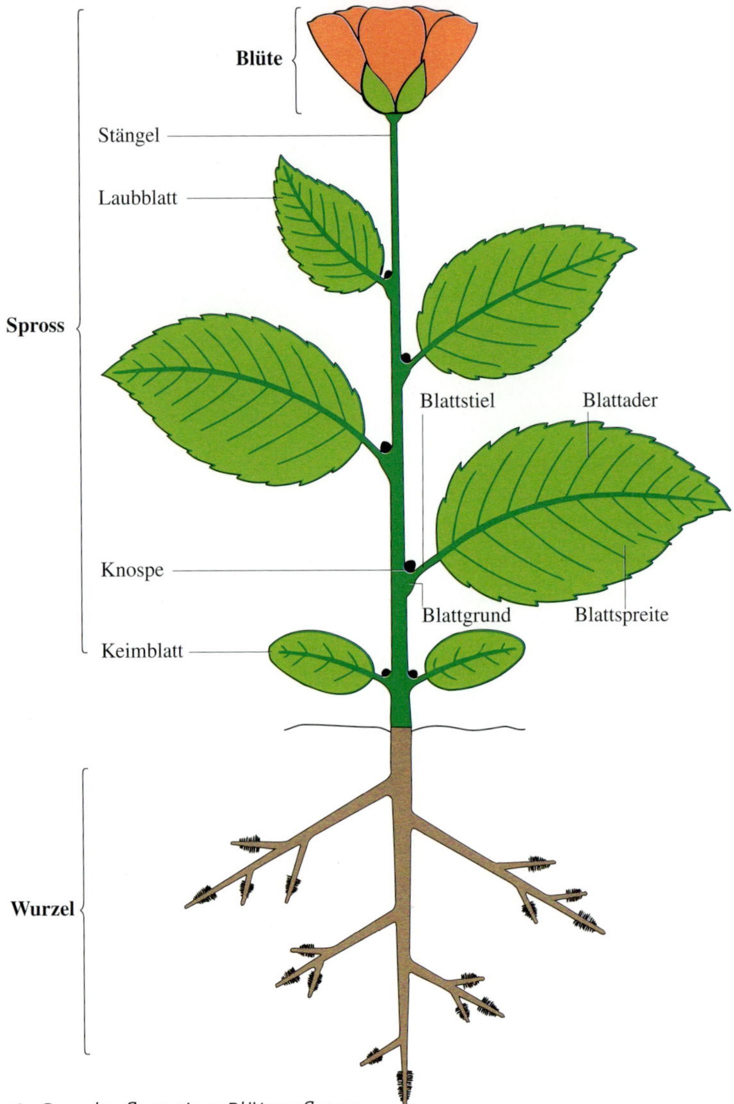

1 *Grundaufbau einer Blütenpflanze*

Ordnung in der Pflanzenwelt
Um die Vielfalt der Blütenpflanzen zu ordnen, stellt man die miteinander verwandten Pflanzen zu Familien zusammen. Verwandtschaft lässt sich bei Pflanzen am besten am Bau der Blüten feststellen.
Pflanzen, die einander so ähnlich sind, dass sie sich untereinander fortpflanzen können, gehören zu einer *Art*. Ähnliche Arten fasst man zu *Gattungen* zusammen, ähnliche Gattungen zu einer *Familie*. ►2

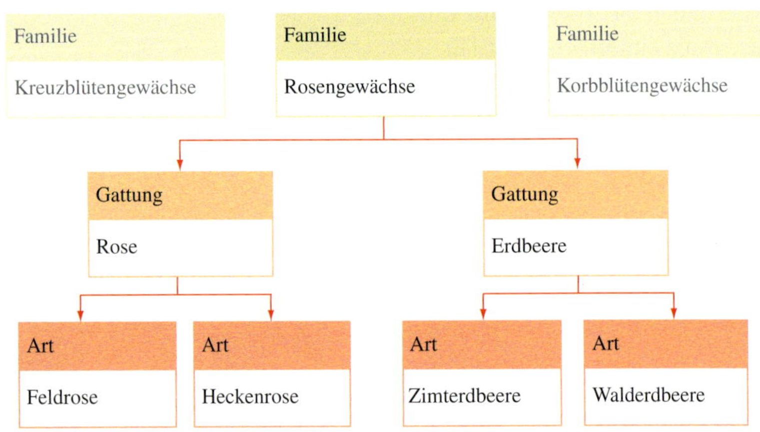

2

Beispiel: Zur Familie der Rosengewächse gehören außer der Heckenrose und den Zierrosen auch viele Nutzpflanzen. Ihr gemeinsames Merkmal sind Blüten mit fünf Kelchblättern, fünf freien Kronblättern sowie ein Kranz von Staubblättern.

3 *Kirsche*

4 *Erdbeere*

Alles klar?

1 Was haben alle Wirbeltiere gemeinsam? Warum gehören Insekten, Schnecken und Regenwürmer nicht zu den Wirbeltieren?

2 Wirbeltiere bewohnen verschiedene Lebensräume. Nenne spezielle Anpassungen an den Lebensraum bei verschiedenen Wirbeltierklassen.

3 Beispiele für Wirbeltiere sind: Rennmaus, Katze, Pferd, Karpfen, Dromedar, Wellensittich, Hausschwein, Ente.
a Welche Bedeutung haben diese Tierarten für den Menschen?
b Ordne den Tierarten die Begriffe Fisch, Lurch, Kriechtier, Vogel, Säugetier zu. Aus welchen Klassen sind keine Arten angeführt?

4 Tiere sind an ihren Lebensraum angepasst.
a Bestätige diesen Satz durch einen Vergleich von Eisbär und Dromedar.
b Nenne die Hauptlebensräume der fünf Wirbeltierklassen.
c Welche Körpermerkmale und Eigenschaften sind dabei jeweils entscheidend?

5 Lies den Pflanzensteckbrief. ▸5
a Ist die Gartenerbse eine Nutzpflanze? Erläutere deine Antwort.
b Die Erbse gehört nicht zu den Rosengewächsen. Begründe!
c* Recherchiere: Zu welcher Familie gehört die Gartenerbse? Kennst du weitere Arten aus dieser Familie?

6 Beschreibe Fortpflanzung und Entwicklung bei Säugetieren, Vögeln, Fischen, Lurchen und Kriechtieren.

7 Kirsche und Birne sind Rosengewächse. Woran kann man das erkennen?

8 Nenne Nutzpflanzen unter den Rosengewächsen.

9 Zeichne den Blütenbau einer Kirschblüte und einer Rapsblüte. Vergleiche beide Blüten.

10* Löwenzahn wächst auf Wiesen.
a Die „Blüte" des Löwenzahns ist eigentlich ein Blütenstand. Erkläre diese Aussage.
b Zu welcher Pflanzenfamilie gehört der Löwenzahn?
c Nenne weitere Arten aus dieser Familie.

Steckbrief: Gartenerbse

Blütenfarben: weiß bis blasslila
Blütenaufbau: 5 Kronblätter, davon sind zwei zusammengewachsen; Blüte sieht wie Schmetterlingsflügel aus; 5 verwachsene Kelchblätter, 10 Staubblätter
Größe: bis 2 m
Stängel: kantig, liegt auf dem Boden oder klettert an Stangen empor
Blätter: große, leicht gezahnte Blätter am Stängel, außerdem kleine Blätter mit Ranken
Früchte: 3 bis 12 cm lang, 1 bis 2 cm dick, gelblich oder bräunlich, enthalten 3 bis 9 mm große Samen

5

Lebensraum Wald

▷ Im Wald könnt ihr einen „Tag der Vielfalt“ durchführen.

1 *Unterwegs mit dem Revierförster*

Beobachten Untersuchen

1* **Klassenprojekt Wald** Versucht das Thema „Wald“ ähnlich wie beim Schulgelände aufzufächern: Tiere im Boden, Baumarten, Sträucher, Kräuter, Höhlenbrüter, Tiere in Baumstümpfen ... Ihr könnt die gleichen Fangmethoden anwenden.
Messt auch Standortbedingungen und vergleicht sie mit anderen Standorten.

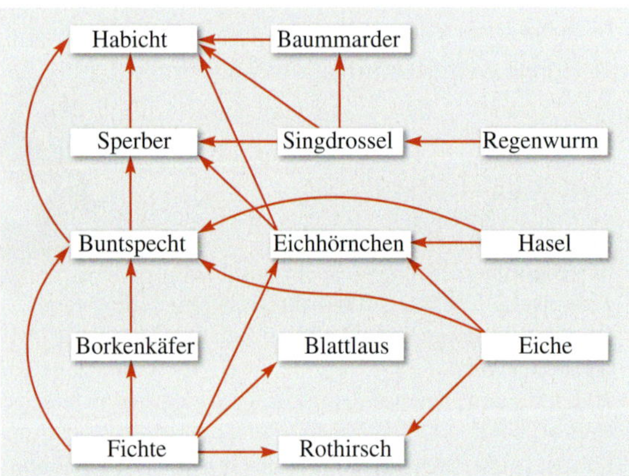

2 *Nahrungsnetz*

Tiere werden gezeichnet, Pflanzen herbarisiert. Haltet die Ergebnisse aller Arbeitsgruppen auf Plakaten fest. Stellt sie beim Elternabend, im Schulhaus oder beim Schulfest vor.

2* **Im Wald** Vereinbart mit dem zuständigen Revierförster einen Termin im Wald. Vielleicht ist er bereit, euch durch seinen Wald zu führen.
Sicher wird er euch Fragen beantworten, die ihr zu diesem Thema habt.

3 **Nahrungsnetz im Wald** Zeichnet einen Ausschnitt eures Walds auf ein großes Plakat.
Stellt eure Tier- und Pflanzenfunde auf runden Papierscheiben mit einem Durchmesser von 7 cm mit Bleistift und Buntstiften dar. Klebt sie auf dem Plakat jeweils an den Ort, wo ihr sie gefunden habt. Wenn ihr durch Pfeile die Richtung angebt, in der die Nahrung aufgenommen wird, erhaltet ihr ein Nahrungsnetz. ▸2 Bezieht auch die Tiere von der folgenden Doppelseite mit ein.

Grundlagen Waldwirtschaft und Lebensraum Wald

Waldgeschichte Mitteleuropa war ursprünglich eine Waldlandschaft. Waldfreie Gebiete gab es nur dort, wo Gehölze nicht wurzeln konnten. Die Menschen haben den Wald teilweise gerodet. Es entstanden Siedlungen und landwirtschaftlich genutzte Flächen. Aus den verbliebenen Wäldern wurde Bau- und Brennholz gewonnen. Im Mittelalter trieb man sogar das Vieh in die „Waldweide". Die unkontrollierte Nutzung führte gegen Ende des Mittelalters zu Holzmangel. Damit auch künftige Generationen genug Holz haben, darf in einem Jahr nur so viel Holz geschlagen werden, wie im gleichen Zeitraum nachwachsen kann.

Waldwirtschaft Für die Bewirtschaftung des Walds sind Förster oder Waldbauern zuständig. Bedarf und Bodenverhältnisse entscheiden darüber, welche Baumarten gepflanzt werden. Der Förster oder Bauer kann das Holz nicht ernten, das er gepflanzt hat. Bis eine Fichte gefällt werden kann, vergehen 70 bis 80 Jahre. Für Buchen oder Eichen muss mit 120 bis 150 Jahren gerechnet werden.
In den letzten Jahrzehnten sind die Holzpreise gefallen. Die Luftverschmutzung hat Bäume erkranken lassen. Daher sind die Erträge in der Waldwirtschaft gesunken.

Lebensraum Wald Laubmischwälder sind Lebensräume mit einer hohen Vielfalt. ▸3–4 Durch ihre Gliederung in Moos-, Kraut-, Strauch- und Baumschichten haben viele verschiedene Pflanzenarten ausreichend Licht. Zahlreiche Insekten und andere Kleintiere ernähren sich von ihnen und dienen ihrerseits räuberischen Arten als Nahrung.
Besonders artenreich sind Bannwälder, in denen die absterbenden Bäume einfach umfallen und liegen bleiben. ▸5 Von dem modernden Holz ernähren sich Insektenlarven, z. B. die des Hirschkäfers.
Reine Fichtenwälder sind artenarm. ▸6 Das Licht, das durch die dichten Baumkronen der Nadelbäume auf den Boden fällt, reicht gerade einigen Moosen zum Überleben. Kräuter und Sträucher können nicht gedeihen.

4 *Laubmischwald*

5 *Bannwald*

6 *Fichtenwald*

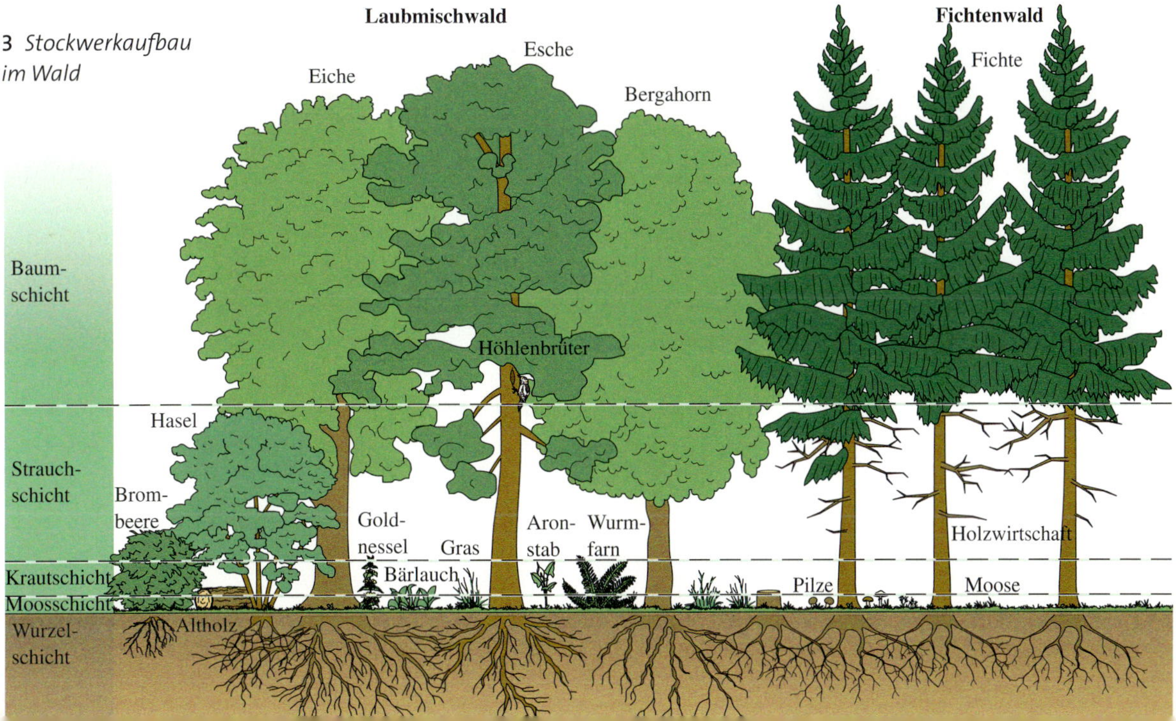

3 *Stockwerkaufbau im Wald*

Kennübung Einige Pflanzen und Tiere des Waldes

1 *Buche: bis 30 m hoher Laubbaum; dient Insekten und anderen Tieren als Nahrungsquelle; in alten Buchen baut der Schwarzspecht seine Bruthöhle, später ziehen dort Fledermaus oder Waldkauz ein.*

2 *Buchenbockkäfer: bis 30 mm lang; dunkelbraun gefärbt; Fühler auffallend lang; Weibchen legen ihre Eier in die Rinde abgestorbener Bäume und Larven fressen vom Holz unter der Rinde.*

3 *Fichtenborkenkäfer: 4–5 mm langer, kurzbeiniger Käfer, dunkelbrauner Glanz; Larven legen ihre Fraßgänge in der Fichtenrinde an; bei Massenvermehrung kann er große Schäden anrichten.*

4 *Buntspecht: bis 23 cm groß; weißer Bauch, Rücken schwarz und weiß gefleckt, Schwanzunterseite rot; frisst vorwiegend Insekten und deren Larven, die im Holz wohnen.*

5 *Haubenmeise: bis 12 cm groß; mit Federhaube; Nest in verlassenen Spechthöhlen; ernährt sich von Samen, Spinnen und Kleininsekten wie der Fichtengalllaus.*

6 *Fichtengalllaus: bis 2 mm groß; die Larven leben in Gallen an jungen Fichtentrieben; sie trinken die nährstoffreichen Säfte der Fichtentriebe.*

7 *Rote Waldameise: 6–11 mm groß; rötlich gefärbter Brustabschnitt; pflanzliche und tierische Nahrung; große Bedeutung durch die Vernichtung von Schädlingslarven.*

8 *Waldkauz: bis 38 cm groß; nistet in Schwarzspechthöhlen; jagt nachts Vögel, Mäuse, Insekten; auf alte Buchenbestände angewiesen, weil es nur dort genügend Schwarzspechthöhlen gibt.*

9 *Gelbhalsmaus: bis 116 mm groß; weit hervortretende Augen, große Ohren, weiße Füße; frisst Samen wie die der Buchen und Eichen, junge Triebe, Wurzeln und Insekten.*

10 *Blätter von Bäumen*

11 *Blätter von Sträuchern*

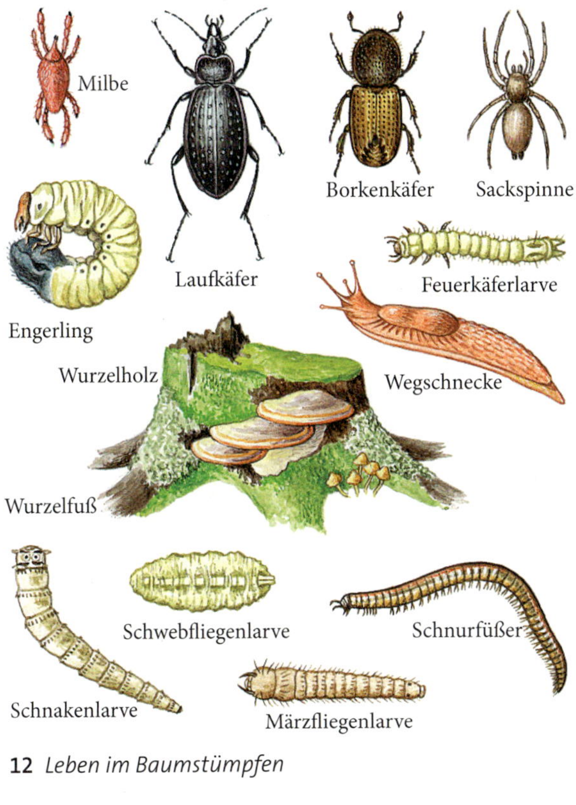

12 *Leben im Baumstümpfen*

13 *Tiere des Waldes*

Tiere aus extremen Lebensräumen

▷ Als „Wüstenschiff" ist das Dromedar für Menschen der Wüste unentbehrlich. Im Zoo erfreuen wir uns an den fremdländisch aussehenden Tieren.

▷ Eisbären leben im Eis des Polarmeers, aber auch bei uns im Zoogehege.

1 *Dromedare (Einhöckrige Kamele)*

2 *Eisbären*

Grundlagen Ein Leben in der Trockenheit

Die heißen Wüsten Nordafrikas und Arabiens sind der Lebensraum des Dromedars. Dort wachsen nur wenige Pflanzen. Die Tagestemperaturen steigen oft bis auf 50 °C. Nachts wird es kalt.
In den Wüsten wird das Dromedar als Reit- und Tragtier eingesetzt. Außerdem liefert es den Menschen Milch, Wolle, Leder und Fleisch.

Eine Woche ohne zu trinken! Das Dromedar geht mit dem Wasser im Körper äußerst sparsam um: Es scheidet wenig Urin aus und schwitzt viel weniger als ein Mensch. Selbst wenn es ein Viertel seines Körperwassers verliert, gerät es nicht in Lebensgefahr. So kann es ohne zu trinken 6 bis 8 Tage in der heißen Wüste überleben. Wenn das Dromedar in einer Oase ans Wasser kommt, kann es auf einmal bis zu 100 Liter Wasser trinken. So gleicht es die großen Wasserverluste wieder aus.

Anpassungen im Körperbau Auffallend am Dromedar sind die langen Beine, der Rückenhöcker und der hoch aufgerichtete Kopf.
Die langen Beine heben den Körper weit ab vom heißen Wüstenboden. Die Hufe haben eine polsterartige Lauffläche. Beim Auftreten verbreitert sie sich noch. Das trägt dazu bei, dass das schwere Tier nicht im Wüstensand einsinkt.
Der hoch aufgerichtete Kopf ermöglicht eine gute Weitsicht. Bei einem Sandsturm schließt das Dromedar einfach seine Nasenlöcher. Lange Wimpern und viel Tränenfluss schützen die Augen vor Flugsand. Die Ohren sind im Fell versteckt.
Im Rückenhöcker des Dromedars ist Fett gespeichert. Bei gesunden Tieren sind die Höcker prall und aufrecht stehend.
Das filzige Fell hält die Tageshitze der Umgebung ab. Und bei Nacht schützt es vor Auskühlung.

Aufgaben

1 Fasse zusammen, wie das Dromedar an seinen Lebensraum angepasst ist.

2 In Wüstenländern ist das Dromedar ein wichtiges Haustier. Nenne Gründe dafür.

3 Zur Gruppe der Kamele zählen auch Trampeltiere und Lamas.
a Nenne Unterschiede und Gemeinsamkeiten zum Dromedar.
b Welche dieser Tierarten lässt sich in einem Zoo in unserer Klimaregion gut halten? Begründe!

4 Informiere dich über weitere Tiere, die in Wüstenregionen leben. Gestalte ein Plakat.

Grundlagen Ein Leben in der Kälte

Der Lebensraum der Eisbären ist das ewige Eis am Nordpol. Dort liegen die Sommertemperaturen kaum über dem Gefrierpunkt. Im Winter ist es oft –40 °C kalt. Die Sonne geht monatelang nicht auf und eiskalte Schneestürme fegen über das Eis. Wenn es so kalt ist, lässt sich der Eisbär einfach mit Schnee zuwehen. Im Sommer gelangt er auf Treibeisschollen oft weit nach Süden. Da er ein guter und ausdauernder Schwimmer ist, legt er den Rückweg im Wasser zurück.

Der Eisbär – ein Raubtier Mit bis zu 500 Kilogramm Körpergewicht ist der Eisbär das größte Landraubtier der Erde. Er hat sich auf Fleischnahrung spezialisiert, vor allem auf Robben. ▸3 Das weiße Fell tarnt den Eisbären, wenn er sich an die auf dem Eis ruhenden Robben anschleicht. Oft lauert er ihnen an Eislöchern auf – da, wo sie zum Atmen auftauchen. Der Eisbär ist ein Einzelgänger. Er legt täglich viele Kilometer alleine auf dem Eis zurück.

3 *Eisbär auf der Jagd*

Fell und Fett als Kälteschutz Der Eisbär ist an kaltes Wasser und ein Leben auf dem Eis angepasst. Auf dem Eis stellt sein dichtes Fell einen wirksamen Kälteschutz dar. ▸4 Die feine, dichte Unterwolle wird von Talgdrüsen wasserfest eingefettet.
Im Eiswasser schützt das dicke, zottige Fell nicht vor Wärmeverlust. Unter der Haut befindet sich aber eine dicke Fettschicht. Sie verhindert die Auskühlung im Wasser.

4 *Fell und Speckschicht als Kälteschutz*

Geburt in der Schneehöhle Die Eisbärin lässt sich zu Beginn des Winters vom Schnee zuwehen. Sie zehrt dann von dem Körperfett, das sie sich vorher angefressen hat. Im Dezember bringt sie zwei Eisbärenjunge zur Welt. Diese sind kaum behaart, hilflos, taub und blind. Ernährt werden sie von der fettreichen Milch der Bärin.

Auch in extremen Lebensräumen gibt es Tiere. Verhalten und Körperbau sind an die Temperaturen sowie das Wasser- und Nahrungsangebot angepasst.

Aufgaben

1 Einige Merkmale im Körperbau kennzeichnen den Eisbären als Tier der Eiswüste.
a Beschreibe, wie sein Fell beschaffen ist.
b Vergleiche die Größe seiner Ohren mit der anderer Bären. Erkläre den Unterschied.
c* Informiere dich über seine Fußsohlen.

2 Der Eisbär hat eine Fettschicht unter der Haut. Wo speichern die Kamele ihr Körperfett?

3 Durch den Klimawandel wird das Packeis in der Arktis immer weniger. Welche Folgen hat dieser Rückgang für den Eisbären? Begründe!

4* Der Eisfuchs hat ein sehr dichtes Fell, besitzt aber nur wenig Körperfett. Die Robbe hat nur ein kurzes Fell, dafür aber eine mächtige Speckschicht.
Der Eisbär hat sowohl ein dichtes Fell als auch eine mächtige Speckschicht. Warum braucht er das alles?

5* Informiere dich über weitere Tiere, die in einer Eiswüste leben. Bereite einen Vortrag vor.

6* Beim Zoobesuch: Vergleiche die Umweltbedingungen im Lebensraum des Eisbären mit denen im Gehege: Welche Verhältnisse findet der Eisbär im Zoo vor und welche nicht?

Schlangen aus aller Welt

▷ Schlangen werden vom Menschen wegen der Giftigkeit einiger Arten zu Unrecht verfolgt und getötet.
Im Zoo sind sie ein schaurig-schöner Anziehungspunkt.

1 *Königskobra im Reptilienhaus ...*

2 *... und in ihrem Lebensraum*

Grundlagen Ein Leben in der Wärme

Die Königskobra oder Brillenschlange lebt in Wäldern Südostasiens. ▸1–2 Sie wird bis zu 4 m lang und ernährt sich von anderen Schlangen und Eidechsen. Ihr Biss kann für einen Menschen tödlich enden.
Riesenschlangen wie der in Südostasien lebende Tigerpython erwürgen Beutetiere durch Umwinden. ▸3 Er wird bis zu 6 m lang und 90 kg schwer.
Schlangen verschlingen ihre Beute im Ganzen. Ihren sehr guten Geruchssinn nutzen sie beim Züngeln. Auch über Erschütterungen des Untergrunds nehmen sie ihre Beute wahr. Ansonsten sind sie fast blind und taub.

Körperbau Schlangen haben eine Wirbelsäule und gehören zu den Kriechtieren (Reptilien). Ihre Haut ist trocken und hat Hornschuppen. Beim Häuten streifen sie ihre Haut als Ganzes ab. ▸4
Schlangen haben keine Beine – sie kriechen auf ihren Rippen! ▸5

Schutz der Schlangen Schlangenleder ist sehr beliebt. Viele Menschen halten sich exotische Schlangen auch als Haustiere. So werden diese Tiere in ihrem natürlichen Lebensraum immer seltener. Nicht nur viele exotische Schlangen stehen unter Naturschutz, sondern auch heimische Schlangen wie die Kreuzotter.

Aufgaben

1 Besuche im Zoo das Reptilienhaus und informiere dich über Aussehen, Lebensweise und Vorkommen von mindestens drei verschiedenen Schlangenarten. Stelle eine Tabelle auf.

2 Haben Schlangeneier eine harte Schale wie Hühnereier? Informiere dich.

3 Auch in unserer Heimat gibt es Schlangen. Finde mehr darüber heraus.

4 Welche bei uns vorkommenden Tiere sind im Washingtoner Artenschutzabkommen verzeichnet?

3 *Tigerpython*

4 *Bei der Häutung abgestoßene Haut*

5 *Fortbewegung einer Schlange*

Zur Diskussion Artenschutz geht jeden an

Nach den Sommerferien besucht Murat seinen Freund Tim zu Hause. Geheimnisvoll zeigt dieser ihm in einem Karton eine kleine Schildkröte. „Die habe ich aus der Türkei mitgebracht, als Erinnerung an unseren Urlaub." Er nimmt sie auf seine Hand. „Willst du auch mal?" ▸6
Murat weiß von seiner Mutter, dass es verboten ist, Schildkröten und andere Tiere als Urlaubsmitbringsel mitzunehmen. Warum ist das so?

Artenvielfalt Eine *Art* ist eine Gruppe von Lebewesen, die sich untereinander fortpflanzen können. Durch menschliche Eingriffe verschwinden jeden Tag bis zu 70 Pflanzen- und Tierarten von der Erde. Die Artenvielfalt ist unentbehrlich, denn sie ist auch Lebensgrundlage der Menschen.
Stellt euch vor, es gäbe nur noch eine Eidechsenart. Alle würden das Gleiche fressen, die gleichen Reviere aufsuchen, die gleichen Feinde haben. Die Folgen für die Natur wären kaum auszudenken.

Artenrückgang Weltweit geht die Artenvielfalt zurück: Menschen zerstören Lebensräume durch Rodung von Wäldern, Entwässerung und Verschmutzung von Boden und Luft. Tierarten werden ausgerottet, indem Tiere gesammelt und als Andenken an Urlauber oder direkt ins Ausland verkauft werden. ▸7
Das Einführen von Arten in fremde Lebensräume kann ungeahnte Folgen haben. Ein Beispiel dafür sind die Kaninchen in Australien. ▸8 Da sie dort keine natürlichen Feinde haben, können sie sich unbegrenzt vermehren. Die großen Herden verwüsten ganze Landstriche.

Schildkrötenhaltung zu Hause Die Rotwangenschmuckschildkröte von Tim ist im Süden der USA zu Hause. Sie unterliegt der EU-Artenschutzverordnung und ist unter besonderen Schutz gestellt. In deutschen Tierhandlungen werden Nachzüchtungen zum Verkauf angeboten. Die Jungtiere sind nicht größer als ein 2-Euro-Stück und werden wegen ihres niedlichen Aussehens gern gekauft. Die Weibchen werden allerdings fast 30 cm und die Männchen 20 cm groß. Oft wollen sich die Besitzer dann von ihnen trennen. Da sie aber kaum jemand haben will, werden sie in Teichen ausgesetzt. Dort fressen sie bedrohte Fische und Lurche und übertragen Krankheiten auf andere Tiere.

Artenschutzabkommen Bedrohte Tiere und Pflanzen werden durch das weltweit gültige Washingtoner Artenschutzabkommen geschützt. Wenn der Zoll im Gepäck von Reisenden geschützte Tiere oder Pflanzen oder Produkte daraus findet, droht eine hohe Geldstrafe. *Es ist verboten, geschützte, gefährdete oder ausgestorbene Tier- und Pflanzenarten oder Teile von ihnen mitzunehmen oder ihre Lebensräume zu zerstören.*

6 *Rotwangenschmuckschildkröte*

7 *Ungeeignete Souvenirs: Produkte aus Krokodilleder*

8 *Kaninchen in Australien*

Aufgaben

1 Zähle auf, wodurch die Artenvielfalt bedroht ist.

2 Stell dir vor, du bist in der Situation von Murat. Was hättest du an seiner Stelle zu Tim gesagt?

3* Unter der Adresse www.artenschutz-online.de erfährst du, welche geschützten Tiere in den Urlaubsländern zum Verkauf angeboten werden. Erstelle ein Plakat von exotischen Pflanzen und Tieren, die aus diesen Ländern nicht ausgeführt werden dürfen.

Großkatzen – wie bringe ich Ordnung in die Vielfalt?

▷ Im Zoo stehen die Namen der Großkatzen auf Schildern am Gehege. Stell dir aber vor, du hättest kein Schild und auch niemanden, den du fragen könntest. Was würdest du tun?

1

2

3

4

5

6

Aufgaben

1 Einen Bestimmungsschlüssel erstellen Um Tiere und Pflanzen zu bestimmen, benutzen Naturwissenschaftler Bestimmungsschlüssel. Dabei führen typische Merkmale zu einem sicheren Ergebnis.

a Entwickle selbst einen Bestimmungsschlüssel für Großkatzen. Überlege, wie du dabei vorgehen willst. *Tipp:* Sieh dir unter anderem die Fellzeichnung der oben abgebildeten Großkatzen an und beschreibe sie ganz genau (Streifen, Flecken, groß und klein, in Gruppen). Schreibe diese Merkmale für jedes Tier auf.

b Nun suche nach auffälligen Unterschieden in der Fellzeichnung.

c Bestimmungsschlüssel sind so gestaltet, dass bei jedem Schritt stets nur ein Unterscheidungsmerkmal geprüft wird. Unten siehst du, wie die ersten Schritte eines Bestimmungsschlüssels aussehen könnten. ▸7 Führe ihn fort.

2 Steckbriefe von Großkatzen Fertige für mindestens zwei Großkatzen einen Steckbrief an.

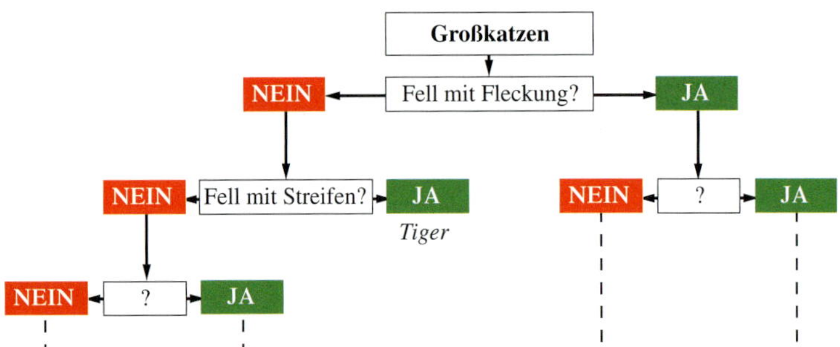

7 *Muster für einen Bestimmungsschlüssel – erste Schritte*

Teste dich!

▷ Die Lösungen findest du im Anhang.

1 Du sollst die Frage klären: „Wie viel Futter frisst eine erwachsene Rennmaus in einer Woche?“

a Schreibe Vorschläge auf, wie du diese Frage beantworten könntest.

b Entwirf einen Plan, wie du das Problem experimentell lösen könntest.

c Welche naturwissenschaftlichen Arbeitsweisen setzt du dabei ein?

d Welche Angaben muss ein Protokoll deiner Beobachtungen enthalten?

e Bei einer erwachsenen Rennmaus wird das Körpergewicht in einer Woche nicht zunehmen. Warum nicht?

2 Viele Menschen halten sich einen Hund als treuen Freund. Wahrscheinlich stammen alle Hunde vom Wolf ab. Durch langjährige Züchtung entstanden viele verschiedene Hunderassen.

a An Körperbau und Verhalten kann man erkennen, dass Hund und Wolf miteinander verwandt sind. Zähle vier Gemeinsamkeiten auf.

b Hunde sind viel einfacher abzurichten als Katzen. Erkläre diesen Unterschied. *Tipp:* Denke daran, wie die Wildtier-Vorfahren der beiden Haustiere leben.

c Der Mensch hält Haustiere zu verschiedenen Zwecken. Nenne mehrere Beispiele.

d Du wünschst dir einen Hund als Spielgefährten. Was musst du vor dem Kauf bedenken?

3 Bei den Wirbeltieren unterscheiden wir Säugetiere, Vögel, Fische, Lurche und Kriechtiere.

a Ordne die abgebildeten Wirbeltiere zu. ▸**8**

b Notiere in einer Tabelle Atmung und Hautbeschaffenheit bei den fünf Wirbeltierklassen.

c Beschreibe am Beispiel des Froschs die Fortpflanzung von Lurchen.

8

9–11

4 Die Abbildungen zeigen drei Pflanzen. ▸**9–11**

a Wiesenschaumkraut und Ackersenf sind Kreuzblütengewächse. Woran erkennt man das in der Grafik?

b Begründe, dass der Löwenzahn zu einer anderen Pflanzenfamilie gehört. Wie heißt diese Pflanzenfamilie?

Ein Baum in vier Jahreszeiten

Wie kann man sich vor Kälte schützen?

Düsseldorf
Wetter morgen

	6 Uhr	12 Uhr	18 Uhr
Temperatur	–4 °C	3 °C	1 °C
(gefühlt)	(–4 °C)	(1 °C)	(–3 °C)
Windricht.			
Windgeschw.	4 $\frac{km}{h}$	13 $\frac{km}{h}$	15 $\frac{km}{h}$
in Böen	6 $\frac{km}{h}$	26 $\frac{km}{h}$	30 $\frac{km}{h}$
Niederschlagswahrsch.	10 %	30 %	20 %

Wie wird das Wetter?

Nichts als Wasser?

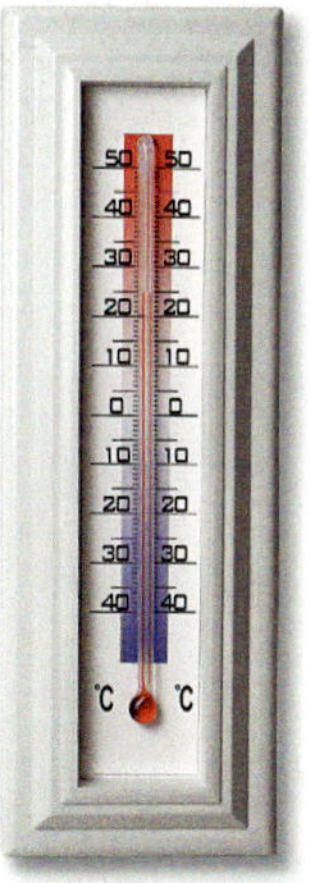

Wie funktioniert ein Thermometer?

Sonne – Wetter – Jahreszeiten

- Klirrende Kälte im Winter, tropische Hitze im Sommer – wir erhalten im Sommer viel mehr Sonnenstrahlung als im Winter. Die Temperaturen und das Wetter in den Jahreszeiten unterscheiden sich stark.
- Pflanzen stellen sich auf die Jahreszeiten ein. Sie brauchen die Sonne zum Wachsen und Gedeihen.
- Tiere überstehen den Winter auf ganz verschiedene Weise. Auch wir Menschen passen uns an die unterschiedlichen Temperaturen durch unsere Kleidung an. Im Winter heizen wir unsere Häuser.
- Auf dem See, in dem du im Sommer badest, kannst du im Winter vielleicht Schlittschuh laufen. Im Winter gefriert das Wasser, das ist die Ursache dafür, dass Felsen im Laufe der Zeit zerbröckeln. Wegen der Temperaturunterschiede zwischen Sommer und Winter besitzen viele Bauwerke Dehnungsfugen.

Die Sonne bestimmt unseren Lebensrhythmus

Tag und Nacht – Sommer und Winter

▷ Die Erde ist dauernd in Bewegung. Ihre Bewegungen bestimmen Tag und Nacht, die Jahreszeiten und das Leben der Pflanzen und Tiere.

1 *Tag und Nacht auf der Erde*

2 *Seerose am Mittag*

3 *Seerose am Abend*

Beobachten Untersuchen

1 Pflanzen zu verschiedenen Tageszeiten Erstelle eine Fotogalerie. ▸**2–3**

2 Wie entstehen Tag und Nacht? Die Erdachse verläuft vom Nord- zum Südpol – schräg zur Sonne geneigt.

a Probiere mit einem Globus und einer hellen Lampe aus, wie Tag und Nacht entstehen. ▸**4**

b Befestige einen Aufkleber auf dem Globus, wo Deutschland liegt. Wie muss der Globus stehen, damit in Deutschland Mittag, Mitternacht, Morgen oder Sonnenuntergang ist?

3 Sonnenuhr für die Fensterbank Wenn diese „Sonnenuhr" von der Sonne beschienen wird, wirft ihr Rand einen bogenförmigen Schatten. ▸**5**

a Markiere die tiefste Stelle des Schattens zu unterschiedlichen Zeiten. Ergänze die Markierung zu einem „Stundenring" und schreibe die Uhrzeiten daran.

b Prüfe die Genauigkeit der Sonnenuhr am folgenden Tag.

4* Schattenlänge als Zeitangabe „Wir treffen uns auf dem Marktplatz, wenn dein Schatten 10 Fuß lang ist." ▸**6** So etwa verabredete man sich, als es noch keine Uhren gab. Was hat die Schattenlänge mit der Uhrzeit zu tun? Plane einen Versuch dazu.

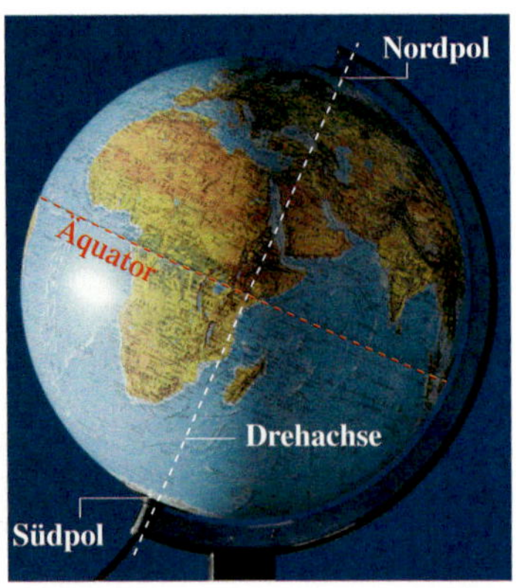

4 *Von der Seite beleuchteter Globus*

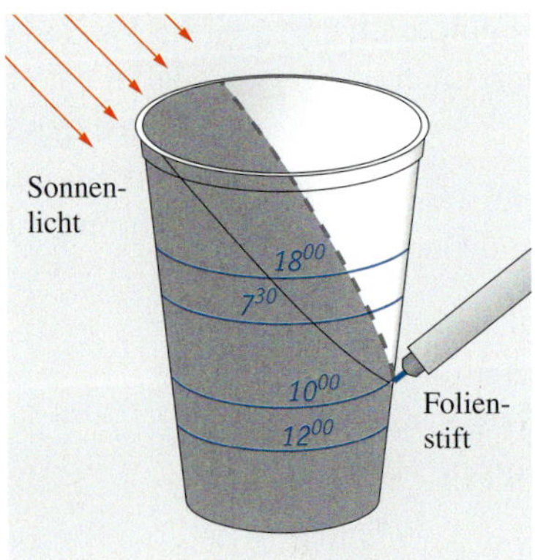

5 *Ein Joghurtbecher als Sonnenuhr*

6 *Die Schattenlänge*

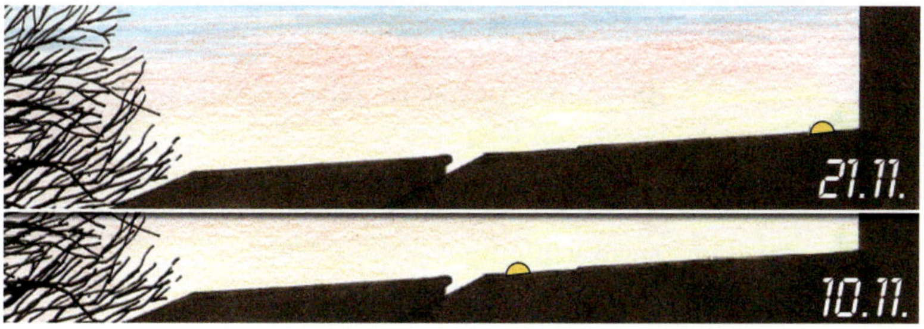

7 *An dieser Stelle geht die Sonne über dem Dach auf (Foto und Wandzeitung)*

5* Sonnenaufgang und - untergang beobachten Hier werdet ihr die Sonne beobachten. Aber Vorsicht: *Auch mit einer Sonnenbrille dürft ihr nie direkt in die Sonne schauen, weil ihr sonst eure Augen schädigt. Lasst euch vor dem Versuch Stücke von einem schwarzen Diafilm geben. Auch eine Folienbrille ist geeignet.*

a Beobachtet im Abstand von einigen Tagen (Wochen, Monaten), an welchem Punkt morgens die Sonne aufgeht und wo sie abends untergeht. Stellt euch dazu immer an denselben Platz.
Fotografiert eure Beobachtungen. Stellt sie als Wandzeitung dar. ▸7

b In welcher Himmelsrichtung wandert der Punkt des Sonnenaufgangs oder -untergangs im Lauf der Zeit?

c Überprüft die Zeiten für den Sonnenaufgang und Sonnenuntergang aus der Zeitung.

6 Welchen Einfluss hat der Sonnenstand auf die Erwärmung der Erde? Im Sommer steht die Sonne hoch am Himmel. Im Winter dagegen steht sie viel flacher am Horizont. Im Physikraum könnt ihr die unterschiedliche Einstrahlung mit einer hellen Lampe nachstellen. ▸8

a Führt den Versuch mit zwei Lampenstellungen durch. Schaltet die „Sonne" jeweils 5 min an. Lest nach jeder Minute die Temperatur ab und tragt die Ergebnisse in eine Tabelle ein.

Temperatur	Sonne hoch	Sonne flach
zu Beginn	? °C	? °C
nach 1 min	? °C	? °C
...	...	...

b Errechnet die Temperaturunterschiede nach 5 min Bestrahlung.

c Sucht nach einer Erklärung für euer Ergebnis.

7* Wie hoch steht die Sonne?

a Untersuche, unter welchem Winkel die Sonne über dem Horizont steht:
- Halte ein Geodreieck mit Winkelmesser so auf eine sonnenbeschienene Fensterbank, dass sein Schatten in der gleichen Richtung verläuft wie seine Grundkante.
- Halte dann einen langen Nagel waagerecht an die schräge Kante, die zur Sonne zeigt. ▸9
- Verschiebe ihn, bis sein Schatten durch den Nullpunkt verläuft. Jetzt kannst du den Winkel ablesen.

b Den Sonnenstandswinkel für deinen Wohnort findest du auch im Internet: Suche nach „Stadtklima Stuttgart Sonnenstand". Vergleiche die Angabe aus dem Internet mit deiner Messung.

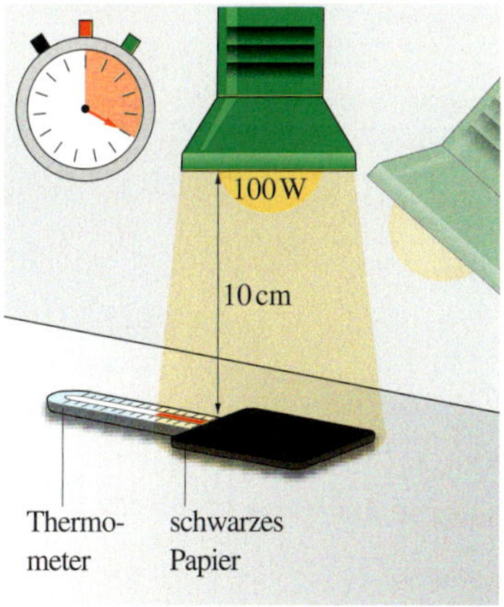

8 *Unterschiedliche Einstrahlung*

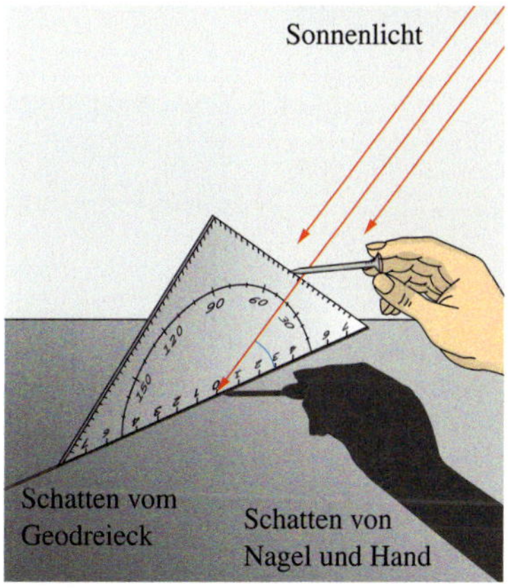

9 *Sonnenstandswinkel messen*

Grundlagen Wie Tag und Nacht entstehen

Jeden Morgen geht die Sonne in östlicher Richtung auf; sie steigt am Himmel empor. Wenn sie den höchsten Punkt über dem Horizont erreicht hat, ist es Mittag. Die Sonne steht dann genau im Süden. Danach sinkt sie wieder zum Horizont und geht in westlicher Richtung unter. Diese Beschreibung entspricht unseren Beobachtungen. Doch in Wirklichkeit bewegt sich die Sonne gar nicht um die Erde. ▸1

Die Erde dreht sich in 24 Stunden einmal um sich selbst – und wir mit ihr. Wenn wir dabei ins Sonnenlicht kommen, ist es bei uns Tag. Die „Reisezeit“ im Schatten der Erde nennen wir Nacht.

Auf der „Tagseite“ werfen alle Körper, die von der Sonne beschienen werden, einen Schatten. Seine Länge und Richtung ändern sich langsam. ▸2 Das nutzten Menschen schon immer zum Bau von Sonnenuhren. ▸3

Aufgaben

1 Wie entstehen Tag und Nacht? Beschreibe es mithilfe eines Globus in wenigen Sätzen.

2 Wann ist der Schatten eines Gegenstands am kürzesten?

3* Jeden Tag drehen wir uns in Deutschland mit der Erde mehr als 24 000 km weit im Kreis herum. Wir sind dabei schneller als ein Airbus. Wieso merken wir nichts davon?

4* „Im Osten geht die Sonne auf …“
a Wie kommt das?
b Wie geht der Spruch weiter?

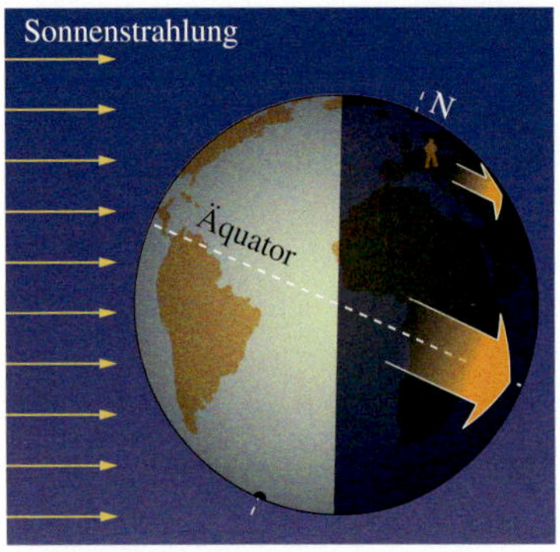

1 *Eine Erdumdrehung ist ein Tag.*

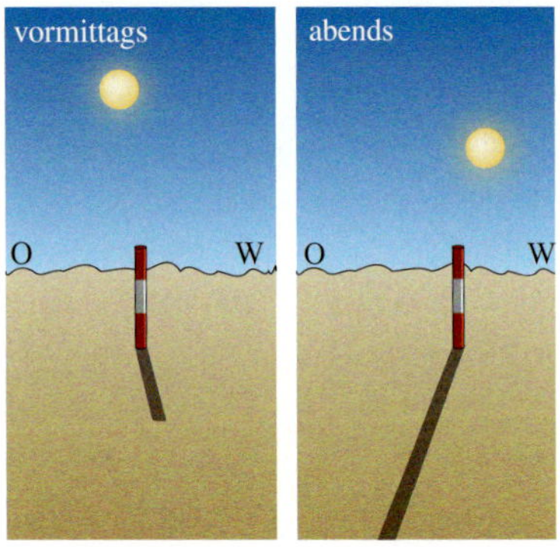

2 *Der Schatten ändert sich.*

3 *Sonnenuhr*

Grundlagen Sonnenstand und Erwärmung

Im Sommer steht die Sonne höher am Horizont als im Winter. ▸4–5 In beiden Fällen fällt zwar gleich viel Sonnenstrahlung auf die Erde, im Winter verteilt sie sich aber auf eine viel größere Fläche.

Die Erdoberfläche erwärmt sich im Sommer stärker als im Winter, weil die Sonnenstrahlung steiler auf die Erde trifft.

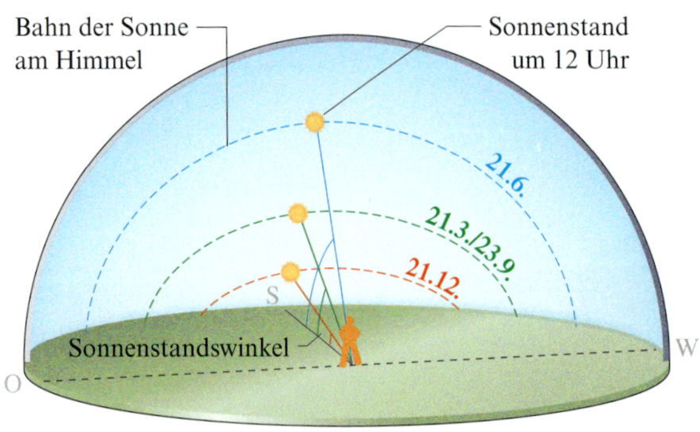

4 *Tageslauf der Sonne*

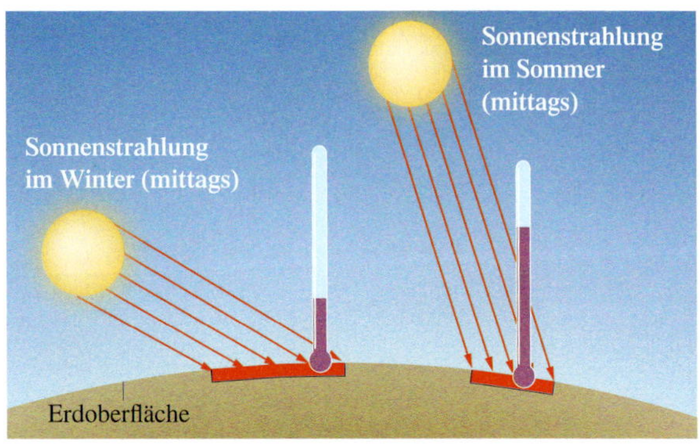

5 *Unterschiedliche Einstrahlung*

Grundlagen Wie die Jahreszeiten entstehen

Im Sommer ist es bei uns viel wärmer, obwohl die Erde weiter von der Sonne entfernt ist als im Winter. Wie kommt das?
Die Erde dreht sich nicht nur um sich selbst. Sie umrundet im Lauf eines Jahrs (etwas länger als 365 Tage) auch einmal die Sonne. Und das Wichtigste: Die Erdachse steht nicht gerade, sondern etwas schräg.

- Im Frühling und Sommer ist die nördliche Erdhälfte zur Sonne hin geneigt. ▸6 Die Bahn, auf der sich Deutschland um die Erdachse dreht, liegt länger im Hellen als im Dunkeln. Die Tage sind lang, die Nächte kurz.
- Im Herbst und Winter ist es umgekehrt. Deutschland liegt länger im Dunkeln als im Hellen. Die Tage sind kürzer als Nächte.

Die Jahreszeiten entstehen, weil die Erde um die Sonne kreist und die Erdachse etwas schräg steht.

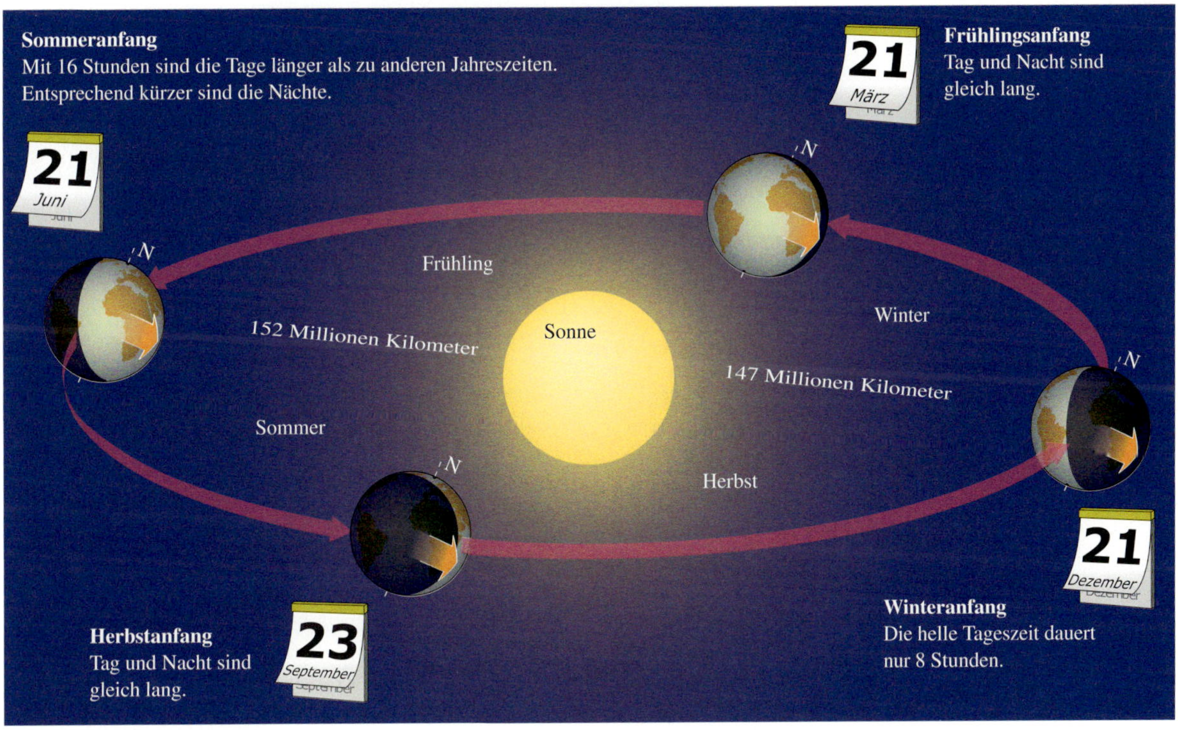

6 *Ein Umlauf um die Sonne ist ein Jahr.*

Aufgaben

1 Die Erde macht zwei Bewegungen gleichzeitig. Beschreibe sie und gib die Umdrehungszeiten an.

2 Erkläre, warum die Tage im Sommer länger dauern als im Winter.

3 Marvin sagt: „Heute dauert der Tag 16 Stunden, die Nacht 8 Stunden." Sandra erwidert: „Unsinn, jeder Tag dauert 24 Stunden."
a Welches Datum hat der Tag?
b Wer hat recht – Marvin oder Sandra?

4* Welche Jahreszeit herrscht bei Bild ▸1 in Deutschland? Zeichne ein ähnliches Bild für 6 Monate später.

5* Sind die Tage am 21. März und am 23. September auf der ganzen Erde gleich lang? *Tipp:* Ein Globus und eine Lampe helfen dir bei der Antwort.

Wetter beobachten und protokollieren

▷ Die Aussichten: Heute ist es zunehmend bewölkt, aber trocken. Höchsttemperaturen: 15 bis 19 °C. Am Samstag regnerisch, am Sonntag vorübergehend freundlich. Am Montag wieder regnerisch und kühler.

▷ Wie lässt sich das Wetter beobachten und vorhersagen?

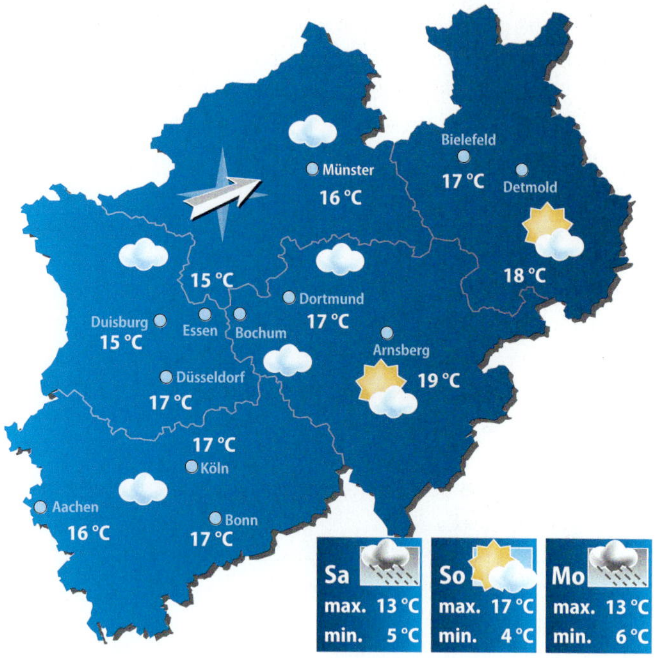

1

Beobachten Untersuchen

1 Wie ändert sich das Wetter über längere Zeit?
Zum „Wetter“ gehören viele Einzelheiten, die ihr beobachten, messen und protokollieren könnt. Genaueres zu den Wetterwerten und Messgeräten findet ihr auf den Folgeseiten. Hier zunächst ein Überblick, bevor ihr die Aufgaben zur Wetterbeobachtung in eurer Klasse verteilt. ▸2

a Sammelt ab jetzt Wetterkarten aus der Zeitung.

b Beobachtet selbst das Wetter. Ihr müsst täglich immer zur gleichen Zeit beobachten und sorgfältig protokollieren. ▸3
Auch Beobachtungen in der Natur gehören zum Wetterprotokoll. Sie zeigen, wie sich das Wetter auf die Natur auswirkt, z. B. welche Blüten aufgehen, welche Früchte reifen oder welche Blätter abfallen.

Die *Bewölkung* gibt an, wie stark der Himmel bedeckt ist.

Die *Windrichtung* ist einfach zu bestimmen. Die *Windstärke* kann man anhand einer Tabelle schätzen, wenn man kein Messgerät hat

Zur Bestimmung der *Lufttemperatur* braucht man ein Thermometer. Gemessen wird im Schatten, etwa in Augenhöhe über dem Boden und wenigstens 10 m von einer Hauswand entfernt.

Es gibt unterschiedliche Arten von *Niederschlag*: Regen, Schnee und Hagel. Ein Messgerät dafür könnt ihr selbst basteln.

Den *Luftdruck* misst man mit einem Barometer. Es zeigt den Druck in hPa (Hektopascal) an. Das Barometer kann im Zimmer stehen.

2

Methode Langzeitprotokoll

Wetterprotokoll September	Name: Uhrzeit, zu der abgelesen wurde:					Klasse:		
Datum	Bewölkung	Luftdruck in hPa	Windrichtung	Windstärke	Lufttemperatur in °C	Niederschlag Art	Menge in cm^3	Beobachtungen in der Natur
1. September								
...								

3 *Wetterprotokoll (Mustertabelle)*

1 Anlegen des Wetterprotokolls
Legt die Tabelle des Wetterprotokolls an. ▸3 Ihr müsst für jeden Tag des Monats eine eigene Zeile vorsehen. Das Protokoll soll auch an schulfreien Tagen weitergeführt werden.
Beobachtet das Wetter jeden Tag möglichst zur gleichen Zeit. Tragt die gemessenen Wetterwerte bzw. die beobachteten Wettererscheinungen in das Protokoll ein. ▸4

2 Auswerten des Wetterprotokolls
Stellt für jeden Monat Folgendes fest:
– die durchschnittliche Temperatur
– die Niederschlagsmenge und -art
Stellt fest, welche Monate besonders trocken bzw. feucht waren. Ermittelt auch, welche Monate besonders warm bzw. kalt waren.
Wann fiel der erste Schnee? Wann gab es den ersten Frost? Wann und wie oft stieg die Temperatur über 30 °C?
Ermittelt, in welchen Monaten es besonders lange hell ist und wann die Tage besonders kurz sind. Vergleicht dazu eure Aufzeichnungen in der Spalte „Beobachtungen in der Natur".
Vergleicht die Wetterkarten und -vorhersagen aus der Zeitung, dem Radio und Internet mit eurem Protokoll. Hatte der Wetterbericht immer recht?

3 Auswertung von Wetterdaten mit Diagrammen
Man kann die Daten für die Temperatur und die Niederschlagsmengen auch grafisch (zeichnerisch) auswerten. ▸5–6 Mithilfe der Diagramme kann man schnell erkennen, wann es warm war oder wann es viel geregnet hat.
Stellt in einem ähnlichen Diagramm die gemessenen Luftdruckwerte dar. Ergänzt über jeder „Säule" das an dem Tag aufgezeichnete Bewölkungssymbol. Gibt es einen Zusammenhang?

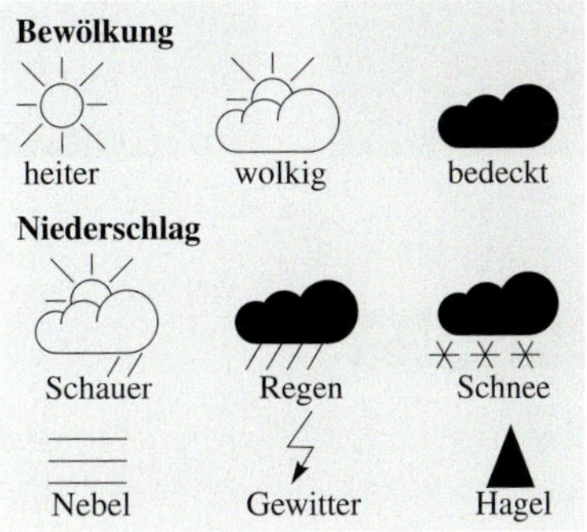

4 *Wettersymbole*

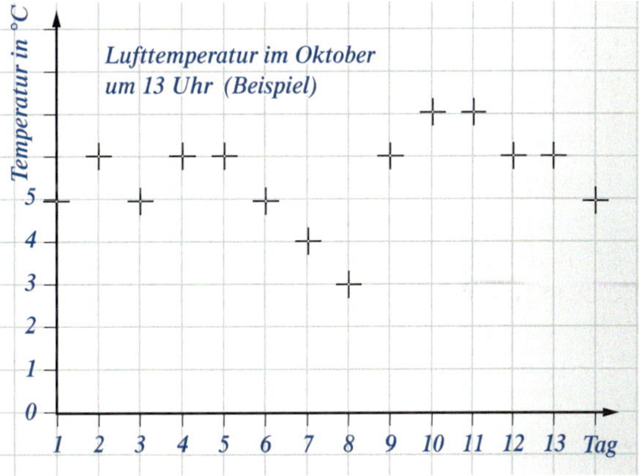

5 *Diagramm Lufttemperatur*

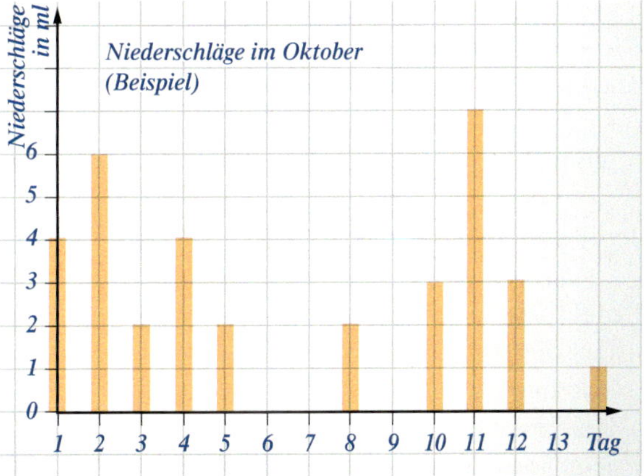

6 *Diagramm Niederschlagsmenge*

Temperaturen messen

1 *Temperatur messen im Teich*

2 *Thermometer ablesen*

Temperaturen in °C	Datum		
	2.11.	3.11.	4.11.
Luft (morgens)	4	-2	0
Luft (mittags)	6	10	7
Boden	6	4	5
Wasser	8	7	6

3 *Temperaturen protokollieren*

Beobachten Untersuchen

1 Temperatur messen Lest euch die *Regeln zu Temperaturmessung* durch. Messt an verschiedenen Stellen die Lufttemperatur: im Klassenraum in 10 cm Höhe und in 2 m Höhe, über dem Heizkörper, im Flur, auf dem Schulhof.
Messt auch die Temperaturen von Wasser: Leitungswasser, Sprudel aus dem Kühlschrank, Wasser von Zimmertemperatur.

2 Luft-, Boden- und Wassertemperaturen messen Messt über einen längeren Zeitraum. Die Messergebnisse tragt ihr in eine Tabelle ein. ▸3
a Lufttemperatur: Messt zweimal täglich, möglichst am gleichen Ort und jeweils zur gleichen Zeit (z. B. vor Beginn und am Ende des Unterrichts).
b Temperatur im Boden: Messt einmal täglich in 10 cm Tiefe.
c Wassertemperatur: Messt einmal täglich in 10 cm Wassertiefe (z. B. im Schulteich).

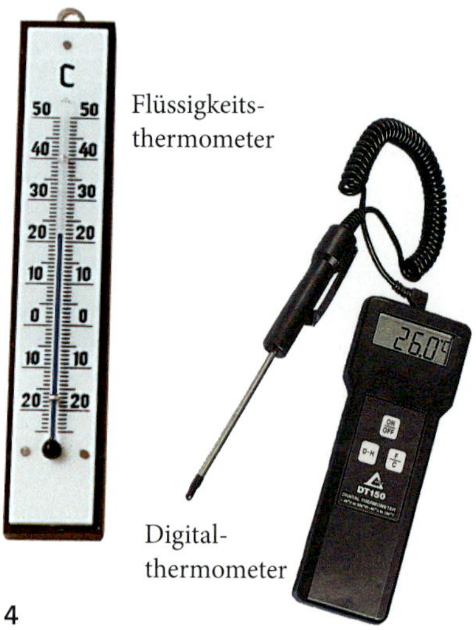

4

Grundlagen Temperaturen und Thermometer

Die Temperatur gibt an, wie warm oder kalt etwas ist. Als Messgerät benutzt man ein Thermometer. ▸4

Temperaturen werden in der Einheit 1 Grad Celsius (1 °C) gemessen.

Temperaturen unter 0 °C erhalten ein Minuszeichen.

Regeln zur Temperaturmessung
- Lies die Temperatur erst ab, wenn sich die Anzeige nicht mehr ändert. Das kann ein bis zwei Minuten dauern.
- Beim Messen der Lufttemperatur muss der Temperaturfühler trocken sein. Sonst wird eine zu niedrige Temperatur angezeigt.
- Miss die Lufttemperatur im Schatten ungefähr 2 m über dem Boden.

Wie hoch war die durchschnittliche Wassertemperatur? ▸3
Um sie zu berechnen, zählst du die Temperaturen zusammen und teilst sie dann durch die Zahl der Tage:
8 °C + 7 °C + 6 °C = 21 °C
$\frac{21\,°C}{3} = 7\,°C$

5 *Durchschnittstemperatur berechnen*

Methode Messwerte im Diagramm darstellen

Anna und Markus haben Temperaturen gemessen. Sie wollen die Messwerte in einem Diagramm aufzeichnen.

Wochentag	Mo	Di	Mi	Do	Fr	Sa	So
Temperatur in °C	7	8	5	4	1	–1	2

Markus zeichnet für jeden Tag ein Thermometer. ▸6 Weil es zu mühsam ist, zeichnet er bald nur noch die Flüssigkeitssäule.

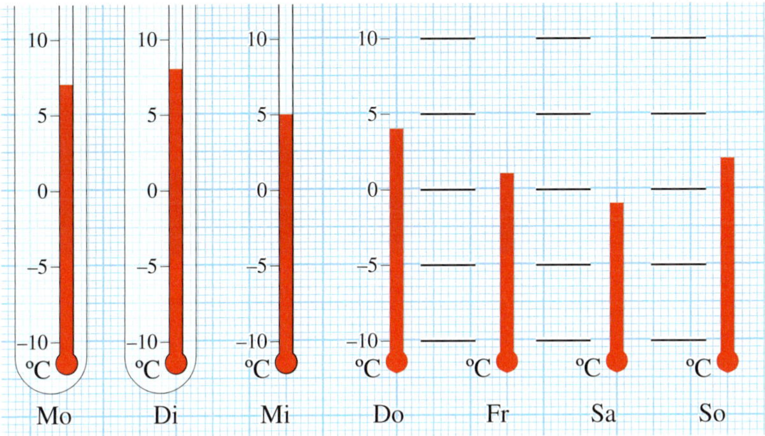

6

„Noch einfacher ist es, nur mit einem kleinen Kreuz einzuzeichnen, wie hoch die Flüssigkeit steht", meint Anna. Und so geht es: ▸7

1. Suche die gemessene Temperatur auf der Temperaturachse. Von dort aus zeichnest du mit Bleistift und Lineal eine dünne waagerechte Linie.
2. Auf der Zeitachse suchst du den zugehörigen Wochentag und ziehst eine senkrechte Linie.
3. Am Schnittpunkt der beiden Linien zeichnest du ein Kreuz.

Auf dieselbe Weise findest du die anderen Punkte. Das geht sogar, ohne jedes Mal Linien zu zeichnen.

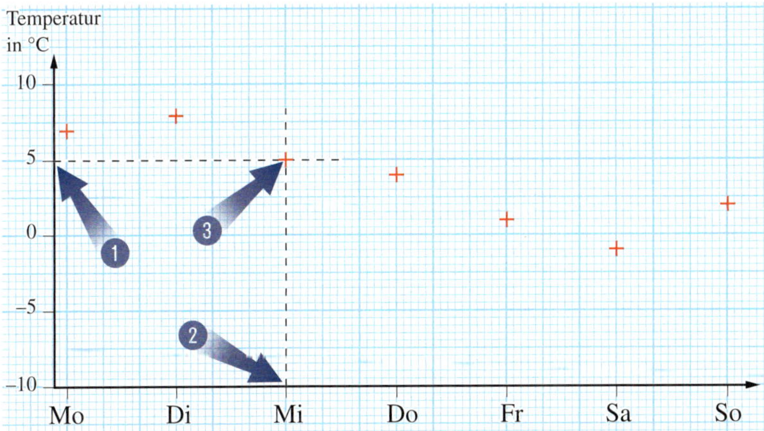

7

Aufgaben

1 Zeichne ein Diagramm mit den Lufttemperaturen (mittags), die ihr gemessen habt.
Zeichne im selben Diagramm mit anderen Farben die Boden- und Wassertemperaturen ein. Was fällt dir auf?

2* Das Diagramm zeigt die Durchschnittstemperaturen für alle Monate eines Jahrs. ▸8

a Ermittle aus dem Diagramm die Temperatur im März (August).

b Wo könnten solche Temperaturen auf der Erde gemessen werden?

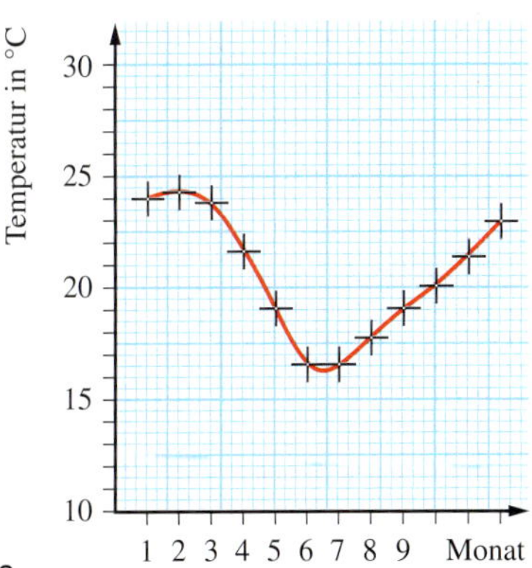

8

Bewölkung und Niederschläge

▷ Im Wetterbericht heißt es: „Die Niederschlagsmenge betrug zwei Millimeter." Was bedeutet das? Wäre der Regen auf ein Kuchenblech gefallen, so stünde das Wasser darin 2 mm hoch.
Ein Regenmesser zeigt an, dass auf jeden Quadratmeter Bodenfläche genau 2 Liter Wasser gefallen sind.

▷ Bringt ein Gewitterschauer 20 Liter Regen pro Quadratmeter, so steigt der Wasserspiegel in einem Schwimmbecken um 20 mm an.

1 *Wie viel da wohl runterkommt?*

Beobachten Untersuchen

1 Niederschläge messen Ihr braucht einen Regenmesser. ▸2–3 Leert ihn nach jeder Messung.

a Schreibt nach jedem Regen die Niederschlagshöhe auf.

b Rechnet die Messwerte für eine Woche zusammen.

2 Wolken beobachten

a Schreibt auf, was der Wetterbericht im Radio und in der Tageszeitung zu Bewölkung und Niederschlag vorhersagt. Notiert, wie das Wetter tatsächlich wird.

b Beobachtet an verschiedenen Tagen wenigstens 10 Minuten lang, wie sich eine Wolke verändert.

c Fotografiert Wolken und notiert gleichzeitig die Wetterentwicklung an diesem und dem folgenden Tag.

d Versucht aus der Art der Bewölkung vorherzusagen, ob es bald regnen wird.

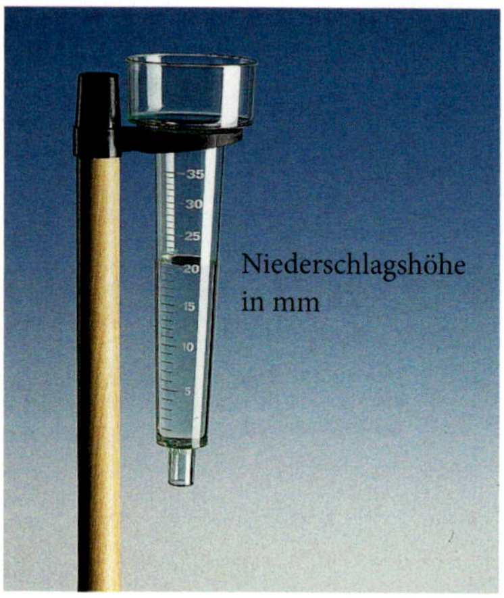

2 *Regenmesser (gekauft)*

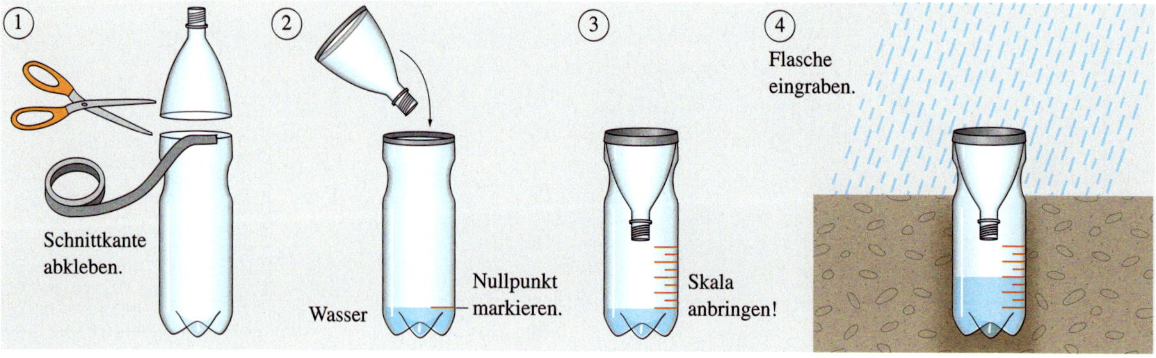

3 *Regenmesser (selbst gebaut)*

Luftfeuchtigkeit und Wolkenbildung

▷ Wenn die Wolkenränder „ausfransen", kannst du den Regenschirm zu Hause lassen. ▸1
Die Wolke wird sich in der trockenen Umgebungsluft bald auflösen.

▷ Die Ränder dieser Wolken sind scharf begrenzt. ▸2
An den Oberseiten quellen immer neue Wolkenhügel hervor.
Bald wird es regnen.
Aber warum?

1 *Wolke löst sich langsam auf.*

2 *Wolke wächst rasch.*

Beobachten Untersuchen

1 **Aus Wasserdampf wird Wasser** Du brauchst eine leere Saftflasche mit weiter Öffnung.

a Trockne die Flasche sorgfältig innen und außen ab. Lege sie geöffnet mehrere Stunden lang in den Kühlschrank. So kühlt die Luft in der Flasche stark ab.

b Hole die Flasche aus dem Kühlschrank und hauche zwei- oder dreimal in sie hinein.
Die Feuchtigkeit deines Atems bildet an der Innenwand der Flasche Nebel. Du siehst ihn deutlich, wenn du die Flasche gegen das Licht hältst.

c Verschließe die Flasche mit einem passenden Deckel. Stelle sie dann an einen sonnigen, warmen Platz. Was ist nach einiger Zeit zu sehen?

d Lege die verschlossene Flasche zurück in den Kühlschrank.

e Erkläre deine Beobachtungen.

Grundlagen Wenn Luftfeuchtigkeit zu Wolken wird

Wenn Wasser zu Wasserdampf wird, wird die Luft immer feuchter. In jedem Kubikmeter kann sich aber nur eine begrenzte Menge Wasserdampf befinden. Wie groß diese Menge ist, hängt von der Temperatur ab. Bei 24 °C können sich höchstens 22 g Wasserdampf in einem Kubikmeter Luft befinden. Die Luft ist dann mit Wasserdampf „gesättigt". Man sagt, sie ist zu 100 % feucht.
Sehen kann man Wasserdampf zwar nicht, aber man spürt ihn. In so feuchter Luft fühlen wir uns nämlich nicht wohl. Es ist dann wie in einem Treibhaus: Der Schweiß auf unserem Körper bleibt auf der Haut liegen und die nasse Kleidung klebt am Körper.
Wenn 100 % feuchte Luft abkühlt (z. B. in Aufwinden), wird der Wasserdampf wieder zu flüssigem Wasser. Es bilden sich winzige Wassertröpfchen. Eine weiße Wolke entsteht. Wenn die Wolke so tief hängt, dass du in ihr spazieren gehen kannst, nennt man sie Nebel.

Werden die Wolkentröpfchen größer und schwerer, beginnt es zu regnen. Ist die Wolke sehr kalt, gefrieren die Tropfen zu Graupeln oder Hagelkörnern. Wolken und Niederschläge entstehen also immer dann, wenn feuchte, warme Luft abkühlt. ▸3

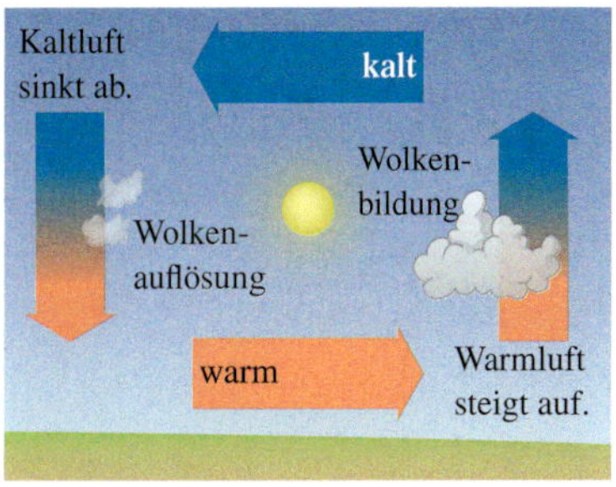

3

Aufgaben

1 Wieso kann man in Wolken spazieren gehen?

2 Morgens hängen an den Gräsern oft Tautropfen. Wieso lösen sie sich meist rasch auf?

Aus der Umwelt / Nebel, Wolken, Regen, Hagel, Schnee

1 *Großer Baum – rund 200 Liter Wasser werden an einem Sommertag zu Wasserdampf.*

2 *Kleine Wolke – 600 t Wasserdampf sind zu Tröpfchen geworden.*

Überall auf der Erde wird flüssiges Wasser zu Wasserdampf. ▸1 Die Luft enthält stets Wasserdampf. Sehen kann man ihn nicht. Wenn der Wasserdampf abkühlt, entstehen Wolken oder Nebel.

Wolken Wolken entstehen, wenn der Wasserdampf mit erwärmter Luft hochsteigt, in kältere Luftschichten gelangt und dort wieder zu Tröpfchen wird. Es bilden sich winzige Wassertröpfchen und in größeren Höhen auch kleine Eiskristalle. Sie fallen nicht zur Erde, obwohl Wasser schwerer als Luft ist; denn sie werden von der aufsteigenden Luft in der Schwebe gehalten. Wir sehen sie als Wolken. ▸2

Nebel Besonders oft tritt Nebel im Frühjahr und Herbst in Flusstälern auf. ▸3 Dort wird dauernd viel Wasser zu Wasserdampf. Wenn er dann in der kühlen Abend- oder Morgenluft abkühlt, entstehen kleine Wassertröpfchen. Wir sehen sie als Nebel.

Regentropfen Sie entstehen erst, wenn viele der winzigen Tröpfchen einer Wolke zu einem großen Tropfen „zusammenfließen" – wie Fettaugen auf der Suppe. Die Tropfen werden dann so schwer, dass sie als Regen zur Erde fallen. ▸4
Dicke Regentropfen können sich nur bilden, wenn in der Wolke neben den Wassertröpfchen auch Eiskristalle vorhanden sind. Die Wassertröpfchen schrumpfen und geben Wasserdampf ab. Die Eiskristalle nehmen ihn auf und wachsen zu Hagelkörnern an. ▸5 Auf ihrem tiefen Fall zur Erde tauen sie in wärmeren Luftschichten und gelangen als dicke Regentropfen auf die Erde.

3 *Nebel im Flusstal*

4 *Regen*

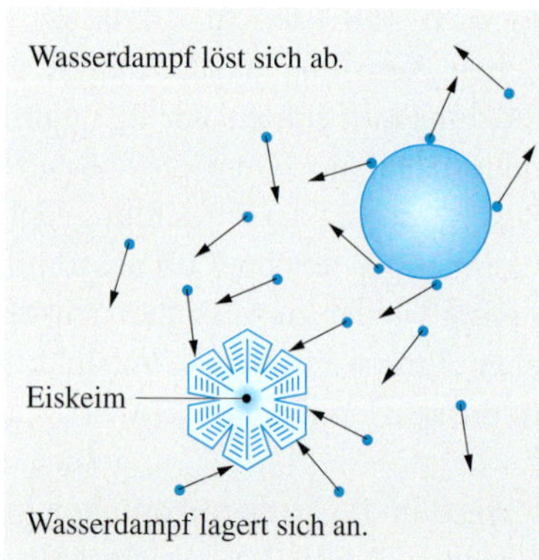

5 *Das Wolkentröpfchen schrumpft, der Eiskristall wächst.*

Hagel Als Hagel prasseln die Körner auf uns herab, wenn sie sehr dick sind und auf dem Weg zur Erde nicht ganz auftauen. In Gewitterwolken werden Hagelkörner durch die starken Aufwinde immer wieder hochgerissen und wachsen so immer weiter, weil sich immer mehr Wasser anlagert. Hagelkörner können so groß wie Tennisbälle sein und großen Schaden anrichten.

Schnee In großen Höhen liegen die Lufttemperaturen meist weit unter 0 °C. Dort bilden sich dann aus dem Wasserdampf keine Wassertröpfchen, sondern Eiskristalle – ohne zwischendurch flüssig zu werden. Die Eiskristalle haben viele unterschiedliche Formen. ▶6 Sie vereinen sich schließlich zu Schneeflocken. Wenn sie schwer genug sind, rieseln sie als Schnee zur Erde nieder – wenn sie nicht in tieferen Luftschichten tauen.

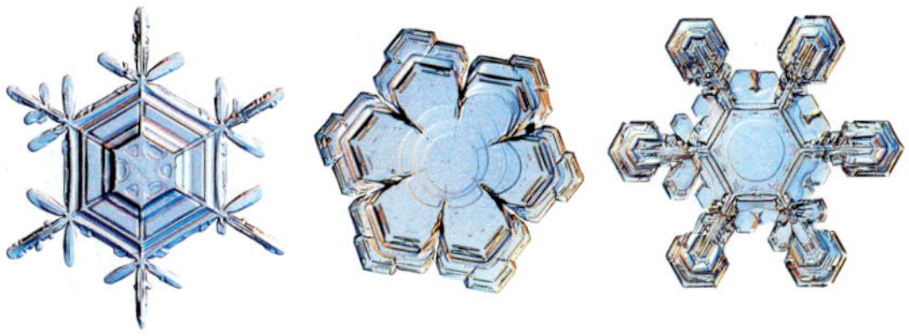

6 *Eiskristalle in verschiedenen Formen*

Aufgaben

1 Beschreibe, was ein Baum mit der Bildung von Wolken zu tun hat. ▶1

2 Wasserdampf ist unsichtbar! Warum sehen wir dann aber die Wolken?

3 Wie bildet sich Schnee? Suche eine Erklärung.

4* Flugzeuge fliegen meist über den Wolken. Informiere dich über die Flughöhe und die Lufttemperatur dort.

Aus der Umwelt Der Wasserkreislauf

Wasser ist für Pflanzen, Tiere und uns Menschen unentbehrlich. Ohne Nahrung kann ein Mensch zwei Wochen auskommen, ohne Wasser höchstens zwei bis drei Tage.
Der allergrößte Teil des Wassers auf der Erde füllt die Ozeane. Über den Ozeanen wird ständig Wasser zu Wasserdampf (Verdunstung). Die dafür nötige Wärme liefert die Sonne. Damit beginnt für das Wasser ein Kreislauf, der wieder im Meer endet. ▶7
Die aufsteigende Luft kühlt ab. Dabei wird der Wasserdampf wieder zu winzigen Tröpfchen. Es entstehen Wolken. Mit dem Wind werden die Wolken über weite Strecken transportiert. Aus den Wolken fällt Regen und Schnee.
An Land bilden sich Rinnsale, Bäche und Ströme, die das Wasser wieder ins Meer bringen.
Ein Teil des Wassers versickert, wird als Grundwasser gespeichert und fließt ebenfalls ins Meer.

Angetrieben wird dieser gewaltige Wasserkreislauf durch die Sonne. Er stellt ständig sauberes Wasser für das Leben auf der Erde bereit. Der Mensch nutzt den Wasserkreislauf auch mit Wasserkraftwerken und erhält so elektrische Energie.

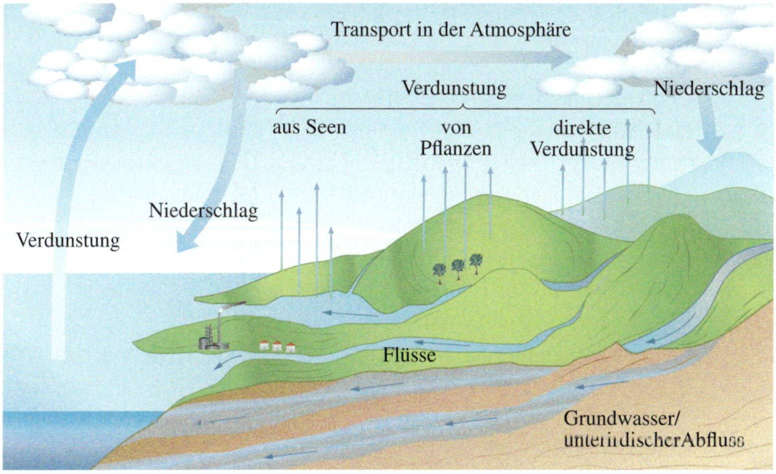

7 *Wasserkreislauf*

Aufgabe

1 Beschreibe, wie das Wasser auf die Berge kommt.

Windrichtung und Windstärke

▷ Wer Wetterhahn schaut immer genau in die Richtung, aus der gerade der Wind weht. Schaut der Hahn nach Westen, dann weht der Wind aus Westen in Richtung Osten.

▷ Der Windsack zeigt in die Richtung, in die der Wind weht.

▷ Ob man aus der Windrichtung und -stärke bereits abschätzen kann, wie morgen das Wetter wird?

1 *Wetterhahn*

2 *Sturmschaden*

Beobachten Untersuchen

1 Windrichtung und Windstärke beobachten

a Übt, wie man mit einem Windstärkemesser umgeht. Schätzt Windstärken anhand der Tabelle ab. ▸3

b Messt mit dem Windstärkemesser möglichst in freiem Gelände. Mit einem langen Streifen Kreppband und einem Kompass könnt ihr die Windrichtung bestimmen. Das ist die Richtung, aus der der Wind kommt. Protokolliert im Abstand mehrerer Tage die vorherrschende Windrichtung. Schreibt auf, wie sich das Wetter entwickelt.

2 Stimmt die Windvorhersage? Im Wetterbericht der Tageszeitung werden Windrichtungen und -stärken vorhergesagt. Überprüft, ob die Vorhersagen eintreffen.

3* Wirkungen des Winds Fotografiert z. B. Rauchfahnen über Schornsteinen, krumm gewachsene Bäume, Schneewehen, Sturmschäden ...

4* Wind und Bauernregeln „Ziehn hohe Wolken dem Wind entgegen, gibt's am nächsten Tag schon Regen." – „Ostwind im Winter ist ein rauer Vetter, doch bringt er uns beständig Wetter." Informiert euch über solche „Bauernregeln". Prüft, ob ihre Vorhersagen zutreffen.

Windstärke	Bezeichnung	Geschwindigkeit in $\frac{km}{h}$	Auswirkungen des Winds
0	Windstille	0 bis 1	Rauch steigt senkrecht nach oben; auf See gibt es keine Wellen.
1	leichter Zug	1 bis 5	Rauch steigt schräg empor; Blätter bewegen sich nicht.
2	leichte Brise	6 bis 11	Wind im Gesicht spürbar; Blätter säuseln; Windfahne bewegt sich.
3	schwache Brise	12 bis 19	Blätter und dünne Zweige bewegen sich; Wimpel wird gestreckt.
4	mäßige Brise	20 bis 28	Wind bewegt Zweige und Äste, hebt Staub und loses Papier hoch.
5	frische Brise	29 bis 38	Kleine Bäumchen schwanken; weiße Schaumkronen auf See.
6	starker Wind	39 bis 49	Starke Äste bewegen sich; Regenschirme kaum zu halten.
7	steifer Wind	50 bis 61	Bäume bewegen sich; Gehen gegen den Wind wird schwieriger.
8	stürmischer Wind	62 bis 74	Zweige brechen von Bäumen; das Gehen wird stark behindert.
9	Sturm	75 bis 88	Kleine Schäden an Häusern; Dachziegel lösen sich; Äste brechen.
10	schwerer Sturm	89 bis 102	Bäume entwurzelt; Autos fortgewirbelt; große Schäden an Häusern.
11	orkanartiger Sturm	103 bis 117	Überall große Schäden; außergewöhnlich hohe Wellen auf See.
12	Orkan	ab 118	Schwere Verwüstungen; die See ist aufgewühlt und vollständig weiß.

3 *Windstärke*

Der Luftdruck

▷ Ankes Mutter schaut aufs Barometer und sagt dann: „Morgen gibt es schlechtes Wetter." ▸1

1 *Barometer*

Beobachten Untersuchen

1 Luftdruck messen

a *Vorversuch:* Legt ein Barometer in ein großes Glas. Verschließt das Glas ganz dicht mit einer Folie. Drückt auf die Folie. Wieso ändert sich dadurch die Barometeranzeige?

b Lest das Barometer eine Woche lang täglich zur gleichen Zeit ab. Protokolliert die Messwerte und eure Wetterbeobachtungen.

c Lest an einem besonders stürmischen Tag das Barometer jede Stunde ab. Notiert die Messwerte.

2 Schön – Veränderlich – Regen Diese Worte stehen auf manchen Barometern. Prüft, ob das mit dem Wetter übereinstimmt.

Grundlagen Der Luftdruck

Wir leben auf dem Grund eines „Luftmeers". Über uns befindet sich eine viele Kilometer dicke Luftschicht. ▸2

Je tiefer du in einem Meer aus Wasser tauchst, desto mehr spürst du, wie das Wasser von allen Seiten auf deinen Körper drückt. Fische im tiefen Ozean sind auf diesen Wasserdruck eingestellt und spüren ihn nicht.

Im „Luftmeer" ist es ähnlich. Der Luftdruck ist auf dem Grund am größten. Du merkst von ihm nichts, weil du daran gewöhnt bist.

Gemessen wird der Luftdruck mit einem Barometer. Der normale Luftdruck beträgt 1013 hPa (sprich: Hektopascal).

Je nach Wetterlage kann der Luftdruck höher oder niedriger sein. Auf Satellitenfotos erkennt man Gebiete mit niedrigem Luftdruck („Tief") an den vielen Wolken. Wolkenwirbel verraten ein Sturmtief. ▸3 Hochdruckgebiete („Hoch") sind meist wolkenfrei.

2 *Die Lufthülle der Erde, aus dem Weltall fotografiert*

3 *Europa, vom Wettersatelliten aus fotografiert*

Aufgaben

1 Das Barometer hat zwei Zeiger: ▸1 Der dicke zeigt den aktuellen Luftdruck an, der dünne den Luftdruck vom Vortag. Lies beide Werte ab. Wie hat sich der Luftdruck verändert?

2 Beschreibe den Himmel über Deutschland und England an dem Tag, als das Satellitenbild aufgenommen wurde. ▸3

Aus der Umwelt Wie Wind entsteht

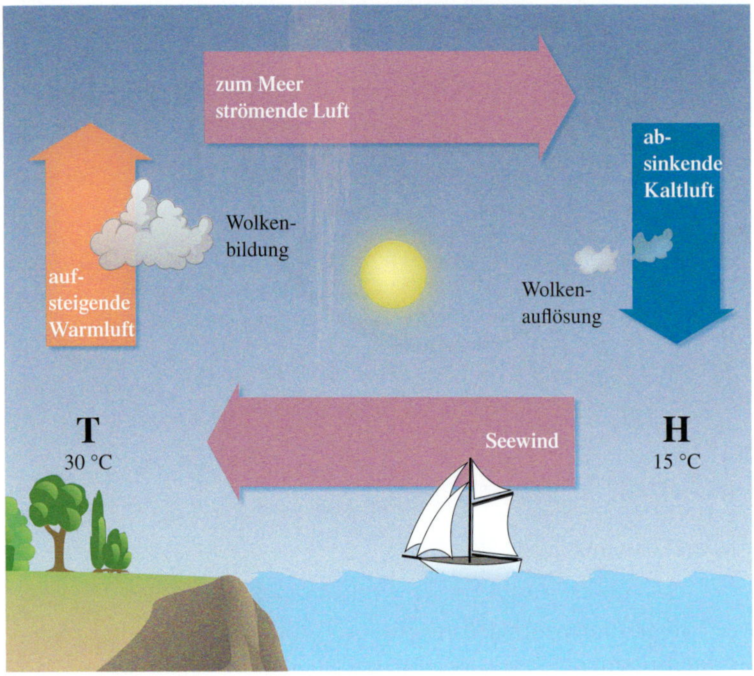

1 *Entstehung von Seewind*

Wenn die Sonne auf die Erde scheint, erwärmt sich diese nicht überall gleich: Die Luft über den Landflächen wird heißer als die über den Meeresflächen.

Beim Erhitzen über dem Land dehnt sich die Luft aus: Sie steigt nach oben. Dadurch wird die Luftsäule über dem Land höher. In großer Höhe fließt dann die Luft in Richtung Meer ab. ▸1 Durch dieses Abfließen von Luft ändert sich der Luftdruck über dem Land. Er verringert sich (T: Tiefdruckgebiet, „Tief").

Anders ist es draußen über dem Meer. Hier fließt die Luft vom Land über die kühlere Meeresluft. Dadurch steigt der Luftdruck an der Meeresoberfläche. Es entsteht ein Gebiet mit höherem Luftdruck (H: Hochdruckgebiet, „Hoch").

Der Wind, der diesen Druckunterschied wieder ausgleicht, weht vom Meer zum Land. Man spricht von *Seewind*.

Wind also hat seine Ursache in Luftdruckunterschieden. Diese werden durch die Sonnenstrahlung hervorgerufen. Man kann sagen: Die Sonne treibt den Wind an.

Nachts kühlt sich die Luft über dem Meer weniger stark ab als die Luft über dem Land. Die Folge ist ein umgekehrter Kreislauf der Luftmassen. Es weht nun ein *Landwind* vom Land hinaus in Richtung Meer. ▸2

Merkwürdig ist, dass der Wind vom Hochdruckgebiet niemals schnurgerade zum Tiefdruckgebiet weht. Er weht immer auf gebogenen, spiralförmigen Bahnen. Das hängt mit der Drehung der Erde zusammen. Auf Satellitenfotos ist das gut zu erkennen.

Aufgaben

1 In einem Buch zur Wetterkunde steht: „Die Sonne treibt den Wind an." Ist das wirklich so? Erkläre den Satz.

2 Bei Wetteransagen wird von „Hochdruckgebieten" gesprochen. Was verstehst du darunter?

3* Viele Duschen haben einen Duschvorhang. Wenn man warm duscht, klebt einem der Vorhang an den Beinen.
Erkläre das mit den Begriffen Hoch- und Tiefdruckgebiet.

2 *Landwind*

Beobachten Untersuchen

Rund um die Uhr sammelt der Deutsche Wetterdienst (DWD) Millionen von Wetterdaten. Daraus erstellt ein Supercomputer die Wetterkarten für einzelne Länder. Andere Firmen kaufen diese beim DWD und ihre eigenen Meteorologen erstellen daraus vereinfachte Wettervorhersagen für jede Stadt oder Region. ▸3

Sonntag, 20.02.2011	Morgens	Mittags	Abends	Nachts
	leichter Regen	leichter Regen	wolkig	wolkig
Temperaturen:	2 / 4 °C	5 / 7 °C	3 / 4 °C	1 / 2 °C
Niederschlag:	1.6 mm 85 % Risiko	0.2 mm 75 % Risiko	< 0.1 mm 30 % Risiko	< 0.1 mm 20 % Risiko

Sonntag, 20.02.2011	
Morgens 6.00 Uhr	
Temperatur	4 °C
Mittags 12.00 Uhr	
Temperatur	7 °C
Abends 18.00 Uhr	
Temperatur	6 °C
Niederschlagsmenge	0–1 Liter/m²
Niederschlagsrisiko	38 %

Sonntag, 20.02.2011	
Tiefsttemperatur	4 °C
Höchsttemperatur	8 °C
Vormittag	
Nachmittag	
Abend	

Sonntag, 20.02.2011								
Ortszeit	1:00 Uhr	4:00 Uhr	7:00 Uhr	10:00 Uhr	13:00 Uhr	16:00 Uhr	19:00 Uhr	22:00 Uhr
Wetterzustand								
Temperatur (°C)	5	5	5	5	7	6	5	5
Niederschlagswahrscheinlichkeit (%)	66		61		23		25	

3 *Wettervorhersagen für die gleiche Stadt am gleichen Tag*

1 Vorhersagen vergleichen

a Oben siehst du vereinfachte Vorhersagen für die gleiche Stadt am gleichen Tag. ▸3 Benenne die Gemeinsamkeiten und die Unterschiede. Was könnte der Grund für die Differenzen sein?

b Wer ein Barometer hat, kann die einfachen Wetterregeln überprüfen. ▸4

Änderung am Barometer	Einfache Wetterregel
Luftdruck sinkt schnell.	Wind und Sturm
Luftdruck sinkt langsam.	Schönes Wetter endet bald.
Luftdruck bleibt gleich.	Keine Wetteränderung
Luftdruck steigt langsam.	Schönes Wetter für längere Zeit
Der Luftdruck steigt schnell.	Kurzfristige Wetterbesserung

4 *Wetterregeln für das Barometer*

c Überlege für deinen Wohnort: Wenn der Wind gleichmäßig aus einer Richtung weht, dann könntest du morgen das Wetter haben, das heute noch im Ort … herrscht. Stelle die augenblickliche Windrichtung fest. Schau im Internet nach, welches Wetter heute an jenem Ort herrscht. Notiere die Symbole und Werte. Vergleiche sie morgen mit dem Wetter bei dir.

2 Vorhersagen beurteilen

a Gib im Internet in eine Suchmaschine den Begriff „Wettervorhersage“ ein. Öffne nur Seiten, die ihren Dienst kostenfrei anbieten. Notiere die Vorhersagen von verschiedenen Anbietern für deinen Wohnort – und nur für einen Tag im Voraus.

b Vergleiche später mit der Realität. Versuche geringe Abweichungen selbst zu erklären. Bei großen Abweichungen kannst du beim Anbieter nach dem möglichen Grund fragen. Die Kontaktadresse findest du bestimmt auf seiner Homepage.

Überblick

Die Sonne bestimmt unsere Zeit

Die Erde ist immer in Bewegung:

- Sie dreht sich um sich selbst und wir drehen uns mit ihr. Es wird nur immer eine Hälfte der Erde von der Sonne beschienen. Die andere Hälfte liegt im Schatten. Dadurch gibt es bei uns *Tag und Nacht*.
- Gleichzeitig bewegt sich die Erde auch noch in riesigem Abstand um die Sonne herum. Weil die Erdachse etwas schief steht, wird mal die Nord- und mal die Südhälfte der Erde stärker beleuchtet. Dadurch gibt es vier *Jahreszeiten*.

Die Erde wird selbst ständig vom Mond umkreist.

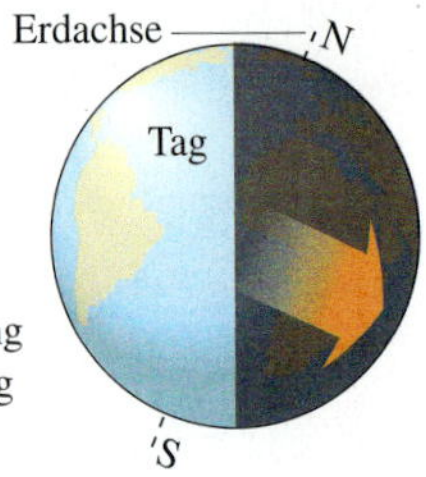

Eine Umdrehung dauert einen Tag (24 Stunden).

1 *Drehung um die Erdachse*

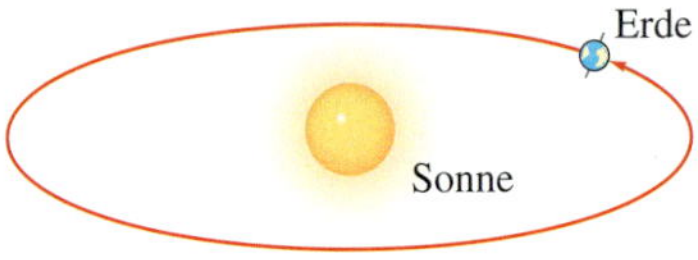

Ein Umlauf dauert ein Jahr (365 Tage).

2 *Umlauf der Erde um die Sonne*

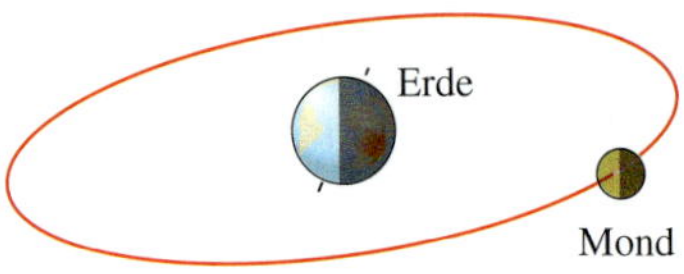

Ein Umlauf dauert 29,5 Tage.

3 *Umlauf des Mondes um die Erde*

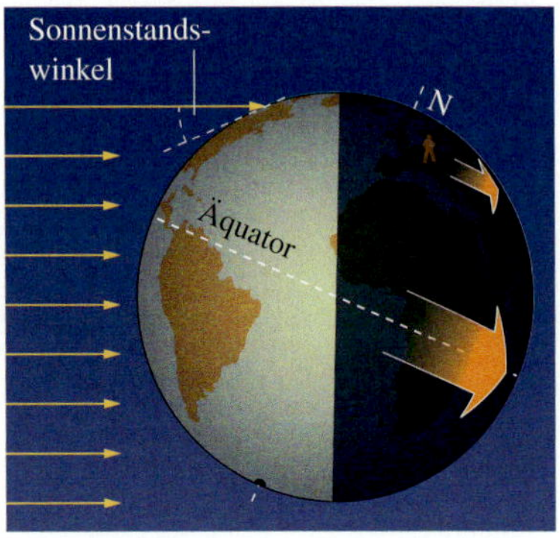

4

Der Erdboden wird durch die Sonne erwärmt

Die Sonne beleuchtet und erwärmt die Erde im Lauf eines Tags und Jahrs unterschiedlich stark. Je höher die Sonne am Himmel steht, desto mehr kann sich der Erdboden erwärmen.

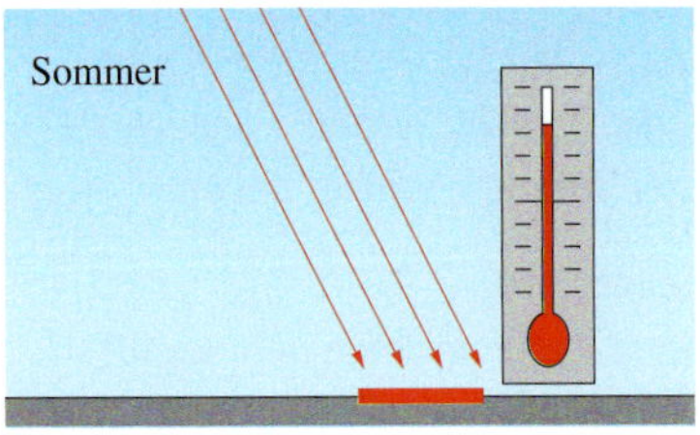

5

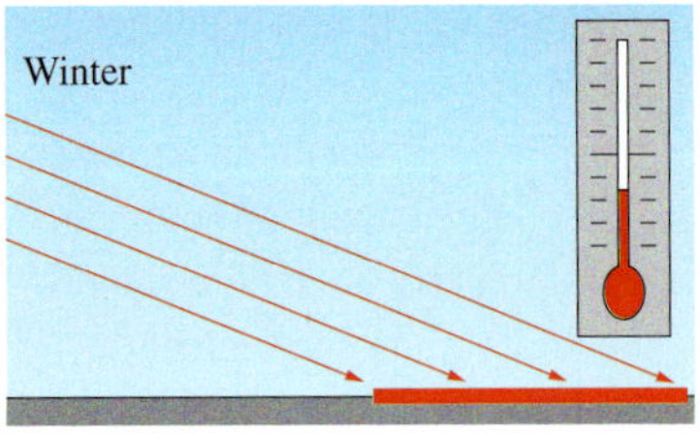

6

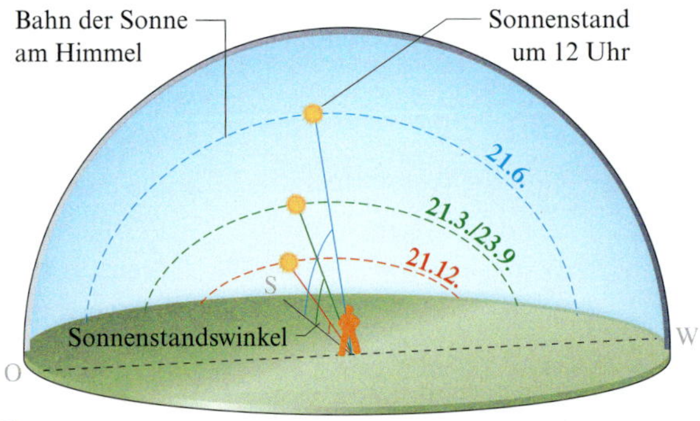

7

Die Sonne macht unser Wetter

Die Ursache für unser Wetter ist die Sonne: Sie erwärmt Luft, Erdboden und Wasser unterschiedlich und erzeugt dabei Hoch- und Tiefdruckgebiete. Der Wind weht dann vom Hoch zum Tief. Die Sonnenwärme lässt Wasser zu Wasserdampf werden und erzeugt so Wolken und Niederschläge.
Das tägliche Wetter wird bestimmt durch:
- die Lufttemperatur (gemessen in Grad Celsius)
- den Luftdruck (gemessen in Hektopascal)
- Windrichtung und Windstärke
- die Luftfeuchtigkeit
- Bewölkung, Niederschlag

Das Barometer zeigt den Luftdruck an. Der Luftdruck entsteht, weil wir am Grund eines „Luftmeers“ wohnen. Die Änderungen des Luftdrucks verraten ziemlich genau, ob ein sonniger oder regenreicher Tag folgt.

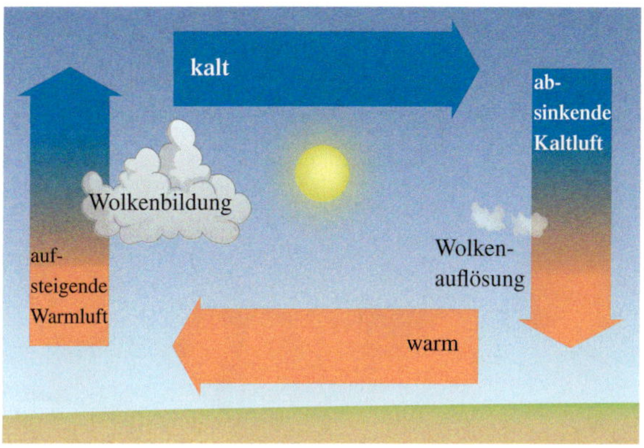

8

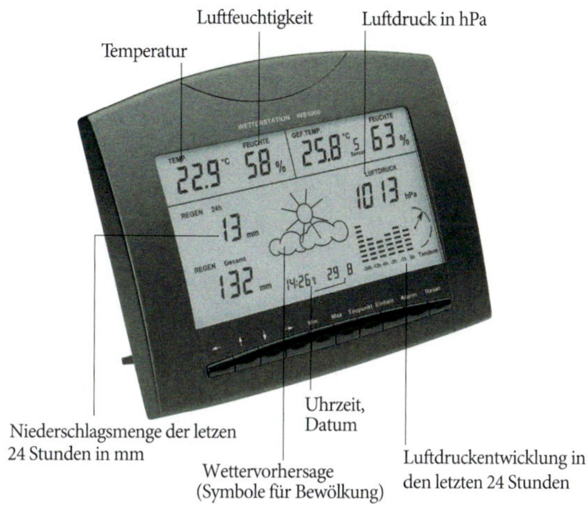

9

Alles klar?

1 Ergänze: „Ein Umlauf der Erde um die Sonne dauert genau ...“ Was folgt daraus?

2* Welche Jahreszeit herrscht in Deutschland, wenn die Erde so wie in der Zeichnung zur Sonne steht? ▸4

3 An welchem Datum sind bei uns Tag und Nacht jeweils genau 12 Stunden lang?

4 „Wenn die Erdachse nicht schräg stünde, gäbe es keine Jahreszeiten.“ Begründe diese Behauptung.

5* Berechne, wie oft sich der Mond in einem Jahr um die Erde dreht. Was bedeutet das für unsere Monate?

6 Sonnenstandswinkel
a Was versteht man unter dem Sonnenstandswinkel?
b An welchem Tag und zu welcher Zeit ist der Sonnenstandswinkel bei uns am größten?
c Erkläre, wieso der Sonnenstandswinkel am Bodensee größer ist als zur gleichen Zeit an der Nordsee.
d* Ermittle mithilfe des Internets den höchsten Sonnenstandswinkel am Sommer- und Winteranfang für deinen Wohnort.

7 Erklare durch eine einfache Skizze, wieso sich bei uns der Boden im Winter weniger erwärmt als im Sommer.

8 Nenne die Bedingungen, die unser Wetter bestimmen.

9* Wie entsteht am Meer nachts der Landwind? Erkläre anhand einer Skizze.

10* Nenne Berufe oder Freizeitbeschäftigungen, die stark vom Wetter abhängig sind.

11 „Die Sonne ist weit weg, trotzdem macht sie unser Wetter.“ Erkläre diese Aussage.

12 Woraus bestehen Wolken? Nenne den Grund für die Wolkenbildung im Bild ▸8.

13 Deine Wetterstation zeigt Werte wie im Bild ▸9. Musst du einen Regenschirm zum Ausflug mitnehmen? Begründe deine Entscheidung.

Pflanzen in den Jahreszeiten

Von der Blüte zur Frucht

▷ Ein Kirschbaum im Jahreslauf
▸1–4

1

2

3

4

Beobachten Untersuchen

1 Eine Kirschblüte untersuchen Betrachte eine Kirschblüte mit einer Lupe. ▸5

a Welche Blütenteile erkennst du?

b Stelle mit einer Rasierklinge einen Längsschnitt der Blüte her. Vergleiche mit der Abbildung. ▸6
Streife mit dem Finger über ein Staubblatt. Welche Eigenschaft hat der Pollen?

c Sieh dir Kirschblüten am Zweig an: Wie lange bleiben die Blüten am Zweig? Welche Blütenblätter fallen zuerst? Wie verändert sich der Fruchtknoten?

2 Bienen auf der Kirschblüte Beobachte eine Biene, die eine Kirschblüte besucht.

a Wie verhält sich die Biene?

b An welchen Körperteilen ist die Biene mit Pollen bedeckt?

c Wie lange bleibt sie an einer Blüte?

d Wohin fliegt sie anschließend?

5 *Kirschzweig mit Kirschblüte*

Grundlagen Von der Kirschblüte zur Kirsche

Aufbau der Blüte ▸6 Eine Kirschblüte besteht aus fünf *Kelchblättern*, fünf *Kronblättern*, vielen *Staubblättern* und einem *Fruchtblatt* oder *Stempel* (aus Narbe, Fruchtknoten und Fruchtblatt).
Jedes Staubblatt besteht aus einem *Staubfaden* und zwei *Staubbeuteln*. Diese enthalten den Blütenstaub oder *Pollen*. Im Fruchtblatt sitzt die Samenanlage mit einer *Eizelle*.

Aus der Blüte entsteht die Frucht Die Kirschblüte bildet eine zuckerhaltige Flüssigkeit, den *Nektar*. Dieser stellt für viele Insekten eine wichtige Nahrung dar.
Auf der Suche nach eiweißreichem Pollen und süßem Nektar fliegen Insekten von Blüte zu Blüte. Dabei übertragen sie Pollen einer Blüte auf die Narbe einer anderen Blüte. Dieser Vorgang heißt *Bestäubung*.
Nach der Bestäubung wachsen die Pollen zu *Pollenschläuchen* aus. ▸7 In den Pollenschläuchen entwickeln sich männliche *Geschlechtszellen*. Im Fruchtknoten verschmilzt dann die männliche Geschlechtszelle *(Pollen)* mit der weiblichen Eizelle. Dieser Vorgang heißt *Befruchtung*.

Bestäubung und Befruchtung sind Voraussetzungen dafür, dass sich aus Samenanlagen Samen entwickeln.

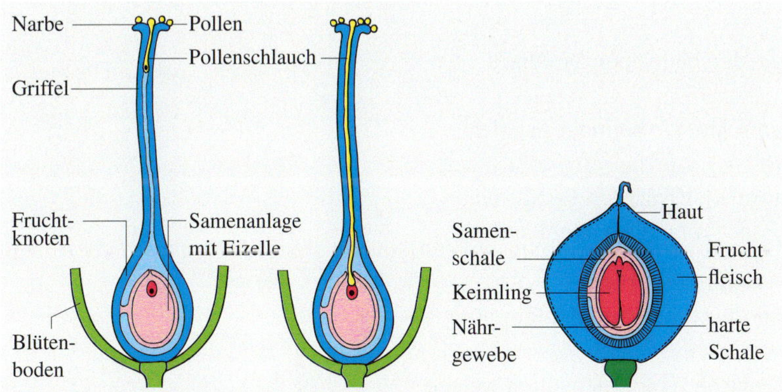

7 *Befruchtung und Bildung der Frucht bei der Kirsche*

Aus dem Fruchtknoten kann nun die Kirschfrucht entstehen: Aus der befruchteten Eizelle bildet sich der Samen. Die innere Schicht des Fruchtknotens bildet den harten Kirschkern, die mittlere das süße Fruchtfleisch. Die äußere Schicht wird zur Kirschenhaut.
Aus dem Samen entwickelt sich dann ein neuer Kirschbaum. Diesen Vorgang von der Bestäubung bis zur Entstehung eines Nachkommens bezeichnet man als *geschlechtliche Fortpflanzung*.

Windbestäubung Der Pollen des Haselstrauchs ist sehr leicht. Schon beim geringsten Windhauch entlassen die männlichen Staubblätter gelbe Wolken davon in die Luft. ▸8 Am gleichen Strauch sitzen – von den männlichen Blüten getrennt – auch die weiblichen Blüten: Aus kleinen Knospen ragen die Narben als rote, klebrige Faden heraus. Pollenkorner bleiben daran hängen. So ist eine Befruchtung möglich.

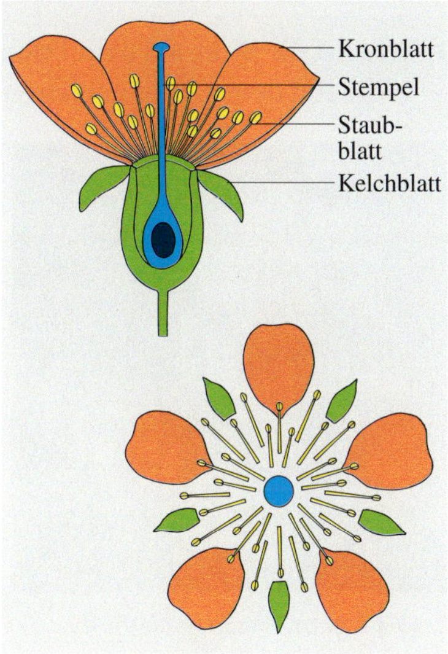

6 *Kirschblüte (Längsschnitt, Legebild)*

Aufgaben

1 Die Narbe des Fruchtblatts ist mit einer klebrigen Flüssigkeit bedeckt. Wozu dient sie?

2 Von der Blüte zur Frucht. Beschreibe diesen Vorgang.

3 Vergleiche die geschlechtliche Fortpflanzung von Pflanzen mit der von Tieren.

4 Ein Kirschzweig wurde mit einem Gazetuch umhüllt:
a Werden sich an diesem Zweig Kirschen bilden? Begründe!
b* Warum muss der Zweig umhüllt werden, bevor die Blüten aufblühen?

8 *Haselkätzchen mit Blütenstaub*

Die Verbreitung von Samen und Früchten

▷ Was hat die Birke auf dem Dach mit dem Löwenzahn und dem Ahorn gemeinsam?

1 *Wie kommt die Birke hierhin?*

2 *Samen des Löwenzahns …*

3 *… und des Ahorns unterwegs*

Beobachten Untersuchen

1 Früchte untersuchen

a Betrachte eine Hagebutte. Wodurch werden Vögel zur Verbreitung der Samen angelockt?
Schneide die Hagebutte durch. Versuche den hellgelben Samen zu zerdrücken. Was stellst du fest?

b Betrachte mit der Lupe eine Löwenzahnfrucht. Wo befindet sich der Samen? Wozu dient der weiße Schirm?

c Betrachte mit der Lupe die Oberfläche von Klettfrüchten. Fertige eine Skizze an. Vergleiche mit Klettverschlüssen an Textilien oder Bändern.

2 Flugfrüchte fliegen lassen Sammle im Herbst Flugfrüchte.

a Lass sie jeweils aus gleicher Höhe fliegen. Bestimme mit der Stoppuhr die Flugdauer.

b Welche Früchte sind Schraubenflieger, welche Schirmflieger und welche Gleitflieger?

c Entferne die Flugeinrichtungen an den Früchten. Bestimme wieder die Flugzeit bei gleicher Starthöhe.

d Von welcher Bedeutung ist eine lange Flugzeit für die Pflanzen?

3 Einen Ahornrotor bauen

a Schneide von einem Bogen Zeichenblattpapier einen Streifen ab (21 cm lang, 10 cm breit). Schräge eine Seite ab. ▸4

b Falte an der Längsseite einen 2 cm breiten Streifen. Klebe in den Falz ein Holzstäbchen (Schaschlikspieß).

c Klebe unten auf die schmale Seite einen kleinen Klebehaken, wie man ihn im Bad benutzt.

d Auf die Rückseite kommt an die gleiche Stelle eine 2-Cent-Münze (als Ballast).

e Halte den Rotor beim Start an der abgerundeten oberen Ecke fest. Hänge ein dünnes Gummiband am Haken ein und schieße den Rotor senkrecht nach oben.

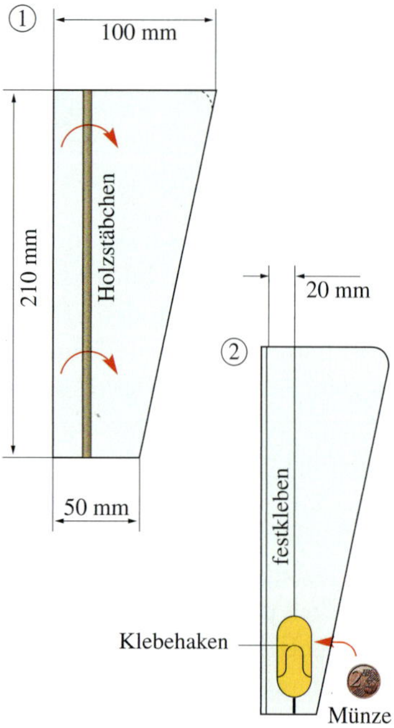

4 *Bauanleitung „Ahornrotor“*

Grundlagen Wie Pflanzen neue Lebensräume besiedeln

Verbreitung durch den Wind Manche Früchte und Samen werden vom Wind verbreitet. Man nennt sie Flugfrüchte. Bei ihnen erleichtern Anhänge und Fortsätze das Schweben und Fliegen im Wind. ▸2–3
Nach dem Bau der Flugeinrichtungen unterscheidet man die Flugtypen Schirmflieger, Gleitflieger und Schraubenflieger.

Selbstverbreitung Manche Pflanzen schleudern ihre Samen selbst weg oder verstreuen sie. ▸5

Verbreitung durch Tiere Viele Tiere verschleppen Samen und Früchte und sorgen so für deren Verbreitung. Einige Pflanzen locken mit süßen, farbenprächtigen Früchten die Tiere an. Vor allem Vögel fressen solche Früchte. ▸6 Bucheckern, Eicheln und Haselnüsse dienen den Eichhörnchen, den Eichelhähern und den Siebenschläfern als Nahrung. Klettfrüchte werden oft unbeabsichtigt als „blinde Passagiere" mitgetragen.

Verbreitung durch Wasser Die Samen vieler Wasser- und Uferpflanzen (Seerose, Schwertlilie …) enthalten Luft und können schwimmen. Wenn die Luft entweicht, sinken die Samen zu Boden und keimen dort.

Die Verbreitung von Samen und Früchten erfolgt durch die Pflanzen selbst, durch Tiere, Wind, Wasser und durch den Menschen. So können Pflanzen neue Standorte besiedeln.

5 *Springkraut – aufgeplatzt*

6 *Amsel an einer Vogelbeere*

Aufgaben

1 Vergleiche den Samen von Löwenzahn, Birke und Ahorn. Welchem Flugtyp sind sie zuzuordnen?

2 Alle Pflanzen, die vom Wind verbreitet werden, erzeugen viele Samen. Warum ist dies für diese Pflanzenarten wichtig?

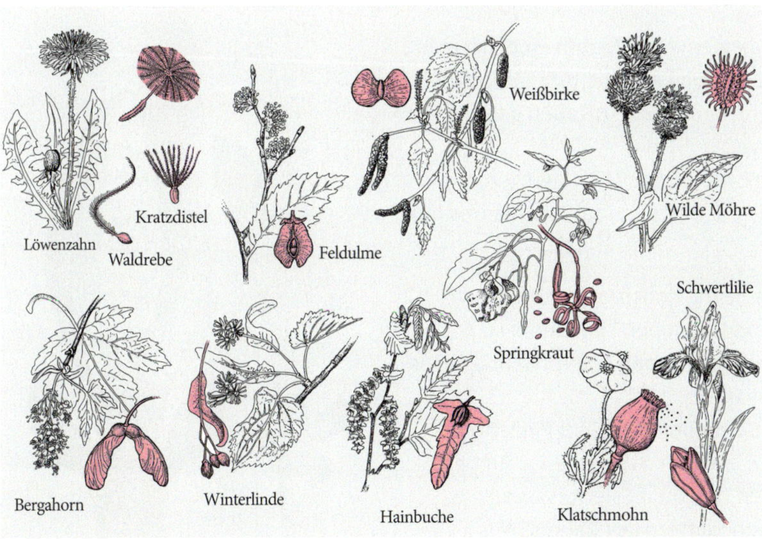

7 *Früchte- und Samenarten*

3 Springkraut findet man oft an Waldwegen. Wie ist es wohl zu seinem Namen gekommen?

4 Amseln fressen Vogelbeeren. ▸6 Warum ist es wichtig, dass deren Samenkörner unverdaulich sind?

5 Samen hoher Bäume werden meist vom Wind verbreitet, bei niedrigen Sträuchern findet man meistens Lockfrüchte. Warum?

6 Hier siehst du Früchte und Samen verschiedener Pflanzenarten. ▸7 Gruppiere die Früchte und Samen nach Verbreitung durch Wind, Tiere und Selbstverbreitung.

7* Auf neu entstandenen Vulkaninseln in tropischen Meeren wachsen nach vielen Jahren Kokospalmen. Wie ist die Besiedlung solcher Inseln durch Kokospalmen möglich?

Wie Pflanzen den Winter überstehen

1 *Schneeglöckchen*

2 *Bäume im Winter*

Beobachten Untersuchen

1 Untersuchung einer Blumenzwiebel: Schneeglöckchen

a Betrachte die Zwiebel von außen möglichst genau (äußere Hüllblätter, Zwiebelscheibe, vereinzelte kleine Wurzeln).

b Halbiere die Zwiebel der Länge nach und untersuche sie. Finde die Teile des Schneeglöckchensprosses, die in der Zeichnung enthalten sind. ▸5

c Zeichne deine Schneeglöckchenzwiebel von außen und den Schnitt.

2 Verfolge den Frühlingsanfang!

a Protokolliere die Tageslänge, Temperatur, Sonnenscheindauer. Notiere, wie sich die Pflanzen um dich herum verändern (in Garten, Park, Wald).

b Bestimme die Frühblüher, die nacheinander oder gleichzeitig blühen. Notiere die Blühzeit der Pflanzen (Kalenderdaten).

3 Laub- und Nadelbäume ▸2

a Schneide jeweils von einem Laub- und einem Nadelbaum einen kleinen Zweig ab. Gib jeden in einen Gefrierbeutel und lege sie für mindestens einen Tag in ein Tiefkühlfach. Vergleiche nach dem Auftauen das Aussehen und die Festigkeit der Zweige.

b Bei Nadelbäumen brechen auch ohne Laubfall kaum Zweige durch Schneelast ab. Erkläre! *Tipp:* Vergleiche die Gestalt eines Laubbaums mit der eines Nadelbaums.

4 Untersuchung einer Knospe Untersuche die Knospe des Seitentriebs einer Rosskastanie. ▸3 *Tipp:* Die Knospenschuppen sind durch Harz verklebt. Um sie zu entfernen, legst du die Knospen einen Tag in Spiritus mit etwas Wasser.

a Entferne die äußeren harten Knospenschuppen mit einer Pinzette und einem Federmesser. Vergleiche äußere und innere Knospenschuppen.

b Entferne die inneren Knospenschuppen und breite sie vorsichtig aus. Vergleiche sie mit den ausgewachsenen Blättern des Baums. Was kannst du innerhalb der Blättchen noch erkennen? Beschreibe!

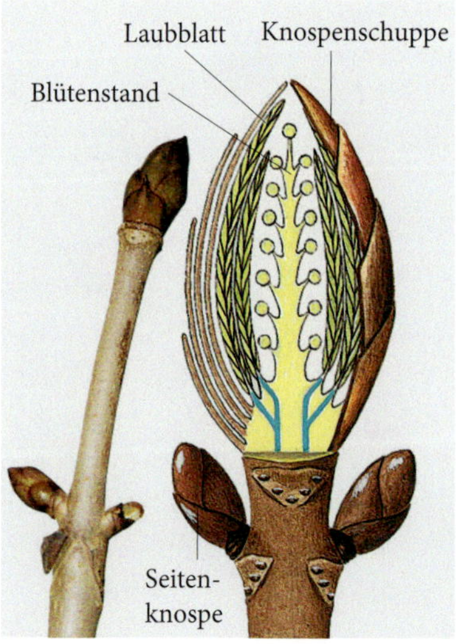

3 *Rosskastanie*

Grundlagen Pflanzen im Winter

Im Herbst verfärben sich die Blätter der Laubbäume und fallen ab. Die Nährstoffe werden aus den Blättern in die Äste, den Stamm und die Wurzeln transportiert und dort gespeichert. Wenn die vielen dünnen Blätter an den Bäumen blieben, würden sie bei Frost erfrieren oder austrocknen, der Baum würde absterben. Außerdem könnten durch den Schnee auf den Blättern die Zweige zu schwer werden und abbrechen.
Die meisten Bäume und Sträucher bilden im Herbst *Knospen* zur Überwinterung. In ihnen sind die Blüten- oder Blatttriebe für das nächste Jahr angelegt. Die Knospen sind von harten und klebrigen Schuppen umgeben. Sie schützen die Knospe vor Austrocknung, Frost und Tieren.
Viele andere Pflanzen sterben nach der Samenreife ab und überwintern als *Samen* (Bohne, Sonnenblume).

Von anderen Pflanzen überwintern bestimmte Teile geschützt in der Erde, z. B. Zwiebeln (Schneeglöckchen, Tulpe). Sie enthalten die Nährstoffe, die die Pflanze im Frühjahr zum Wachsen braucht. ▸4

4 *Die Schlüsselblume speichert zur Überwinterung Nährstoffe in einem unterirdischen Stängel (Erdspross).*

Durch den herbstlichen Laubfall sind die Laubbäume im Winter vor Austrocknung und Erfrierungen geschützt. Knospen sind die Überwinterungsorgane vieler Bäume und Sträucher. Andere Pflanzen überwintern mithilfe von Samen oder Speicherorganen.

Erweiterung Das Schneeglöckchen – der erste Frühlingsbote

Das Schneeglöckchen ist die erste blühende Pflanze nach der langen Winterzeit. Es verbringt den Winter geschützt in der Blumenzwiebel im gefrorenen Boden. Im Februar oder März erwärmt die kräftiger werdende Sonnenstrahlung den Boden. Dann schiebt sich der Spross aus der Zwiebel heraus: zwei lange, schmale Laubblätter und ein Blütenstängel mit der glockenförmigen Blütenknospe.
Während noch eine dünne Schneedecke den Boden überzieht, blühen schon die Schneeglöckchen. Sie bieten mit ihrem Pollen und Nektar den Bienen die erste Nahrung. Sobald die Sonne stärker wird, verblüht das Schneeglöckchen. Zurück bleibt die grüne Fruchtkapsel. In ihr reift der Samen heran. Ameisen verschleppen ihn und verbreiten so die Schneeglöckchen weiter. Die Laubblätter des verblühten Schneeglöckchens vertrocknen und werden gelb. Die Zwiebel unter der Erde zieht die Nährstoffe zurück. Sie speichert einen ausreichenden Vorrat für das Aufblühen im nächsten Frühjahr. ▸5

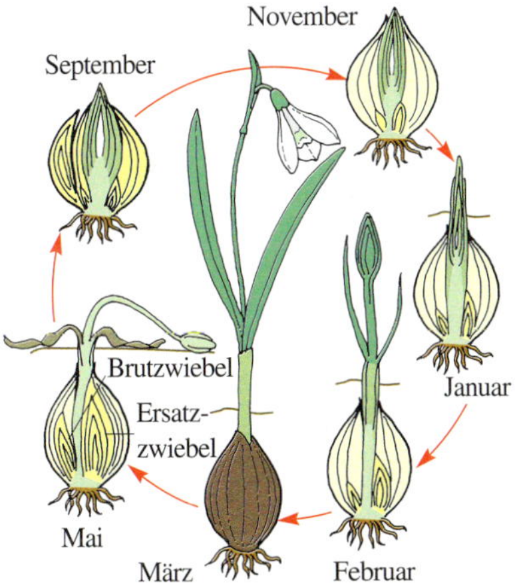

5 *Das Schneeglöckchen im Jahreslauf*

Die Zwiebel Die Pflanzenzwiebel ist ein Nährstoff- und Vorratsspeicher. Junge Pflanzen sind in der Zwiebel schon als kurzer Stängel und Blütenknospe zu erkennen. Um die Jungpflanze herum sind saftige Blätter schalenartig angeordnet, sie liefern die Energie zum Austreiben. Die Jungpflanze verbreitert sich zur Zwiebelscheibe, an ihr setzen die Wurzeln an. In der Zwiebel sind schon die Ersatz- und die Brutzwiebel zu erkennen, die im folgenden Jahr austreiben werden.

Pflanzen, die zeitig im Jahr blühen, nennt man Frühblüher. Alle Frühblüher besitzen unterirdische Speicherorgane (Zwiebeln, Knollen, Erdsprosse).

Durch die Speicherorgane haben Frühblüher einen lebenswichtigen Vorteil: Sie blühen und entwickeln sich, bevor die Laubbäume ihre Blätter entfaltet haben und den Waldboden abdunkeln.

Wie aus einem Samen eine neue Pflanze entsteht

▷ Die Entwicklung einer 50 m hohen Buche aus einem Samen dauert etwa 100 Jahre.

▷ Unter welchen Umständen wächst aus einem Samen überhaupt eine große Pflanze heran?

1 *Aus Buchensamen entstehen Jungpflanzen und später Bäume.*

Beobachten Untersuchen

1 Wir untersuchen den Samen der Feuerbohne Die Samen müssen einen Tag lang in einer Schale mit Wasser quellen.

a Entferne die Samenschale vorsichtig mit dem Fingernagel. Klappe die beiden Bohnenhälften auseinander und untersuche sie mit der Lupe:
- Findest du die Keimwurzel?
- Wo liegen die Keimblätter? Wie viele sind es? Welche Farbe haben sie?
- Fertige eine Skizze an. Beschrifte sie mithilfe der Bilder. ▸2–3

b Wiege einen trockenen Samen der Feuerbohne ab; miss auch seine Länge. Mache dasselbe mit einem gequollenen Samen. Was fällt dir auf? Erkläre!

2 Die Keimung der „Superfeuerbohne" Ihr könnt den Versuch als Wettbewerb durchführen: Wer zieht aus einem Samenkorn die größte Feuerbohnenpflanze heran?

a Lasst die Samen der Feuerbohne einen Tag lang in Wasser quellen.

b Fülle ein Einmachglas mit angefeuchteter Watte. Um das Glas herum wickelst du schwarzen Karton. Drücke einige gequollene Samenkörner ein wenig in die Watte hinein.
Halte die Watte während des Versuchs immer feucht. Stelle das Gefäß an einen warmen und hellen Ort.

c Erstelle in deinem Heft ein Wachstumsprotokoll. ▸4 Miss dazu 3 Wochen lang täglich die Länge des Keimstängels und der Keimwurzel. Trage die Messwerte in eine Tabelle und das Diagramm ein.

d Fertige immer dann eine Zeichnung des Keimlings an, wenn sich etwas verändert hat. Notiere an jeder Zeichnung das Datum.

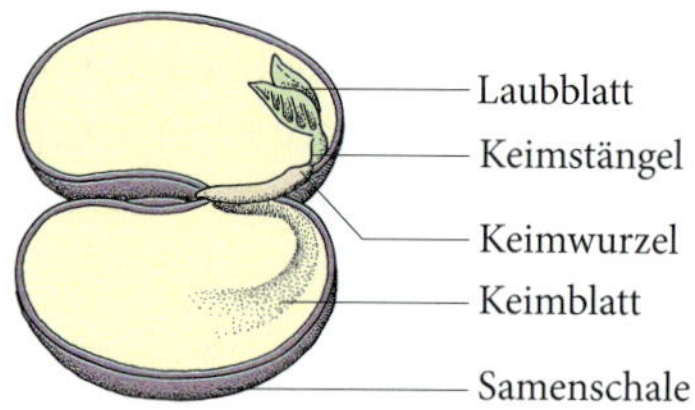

2 *Samen der Feuerbohne*

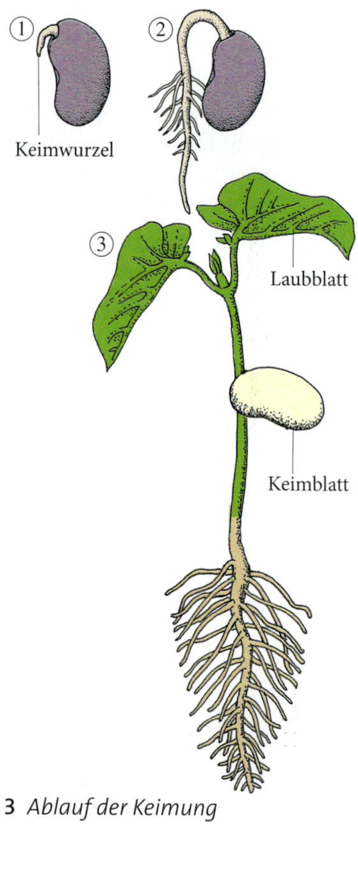

3 *Ablauf der Keimung*

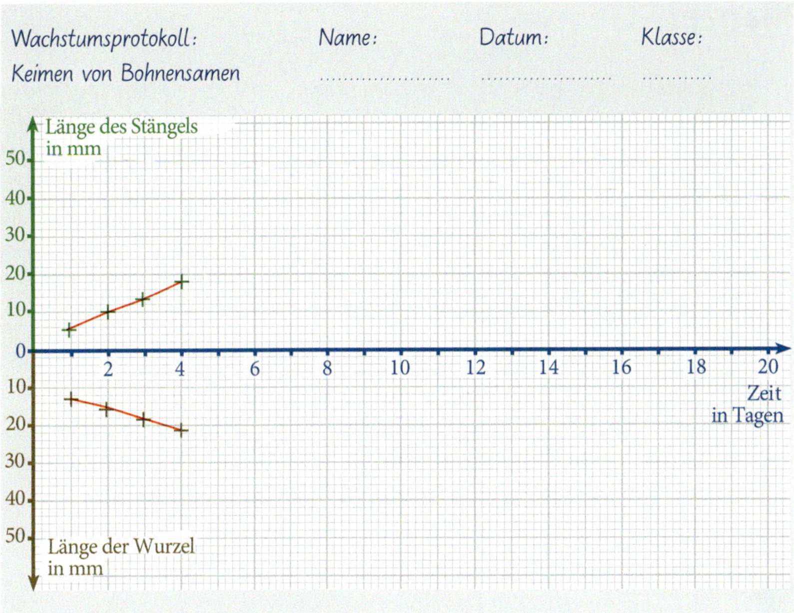

4 *Wachstumsprotokoll (Feuerbohne)*

3 Was brauchen Samen zum Keimen? Die Bedingungen für das Keimen kannst du mit Kressesamen herausfinden. ▸5

a Gib je 15 Samenkörner in fünf Petrischalen (oder Untertassen). Lege die Samen:
- in Schale 1 auf trockene Erde
- in Schale 2 auf feuchte Erde
- in Schale 3 auf feuchte Erde; verschließe die Schale mit ihrem Deckel und verklebe den Rand mit Klebeband
- in Schale 4 auf feuchte Erde; stelle die Schale in den Kühlschrank
- in Schale 5 auf ein angefeuchtetes Küchentuch
- in Schale 6 auf feuchte Erde; stelle die Schale ins Dunkle

Du darfst die Samen der Schalen 2–6 nicht austrocknen lassen!

b Stelle Vermutungen an, welches die besten Wachstumsbedingungen sind. Begründe!

c Erstelle ein Versuchsprotokoll. ▸6 Notiere jeden Tag, wie viele Samen in den unterschiedlichen Schalen gekeimt sind.

d Was brauchen Kressesamen zum Keimen? Bedenke, welche Lebensbedingungen die Samen in den verschiedenen Schalen hatten.

5 *Kresse wird zum Keimen gebracht.*

Versuchsprotokoll: Keimen von Kressesamen — Name: .... Datum: .... Klasse: ....

Schale Nr.	ohne ...?	Wie viele Samen sind am ... schon gekeimt? 1. Tag	2. Tag	3. Tag	4. Tag	5. Tag	6. Tag
1	Wasser	0	0	0	0	0	0
2	...	...	...	...	...	...	...
3	...	...	...	...	...	...	...
4	...	...	...	...	...	...	...

6 *Versuchsprotokoll (Kressesamen)*

Was geschieht in der Pflanze?

▷ Zimmerpflanzen verbessern die Raumluft. Die Blätter geben Wasserdampf ab und befeuchten so die Luft. Die meisten Menschen empfinden die feuchte Luft beim Atmen als angenehm.

▷ Wie kommt das Wasser in die Blätter?

1 *Der Wasserdampf schlägt sich an der kalten Fensterscheibe nieder.*

Untersuchen Experimentieren

1 **Wasserleitung in den Pflanzen** Du benötigst zwei Fleißige Lieschen oder Buntnesseln. Schneide die Wurzeln mit einem scharfen Messer unter Wasser frisch ab. Stelle die eine Pflanze in ein Becherglas mit roter Farblösung (rote Tinte oder Lebensmittelfarbe), die andere zur Kontrolle in ein Glas mit Wasser. ▸2
Schneide von jedem Spross nach einer Stunde ein 2 cm langes unteres Stück des Stängels ab. Spüle es unter Wasser kurz ab. Betrachte mit einer Lupe die frischen Schnittflächen.
Wodurch wird das Wasser in der Pflanze nach oben geleitet? Deute die Beobachtungsergebnisse.

2 **Durchziehen die Leitungsröhren alle Pflanzenteile?** Schneide den unteren Teil des Stiels einer weißen Blüte (z. B. Nelke) bis zur Hälfte auf. Lege ein Klebeband um das obere Schnittende, damit sich der Stiel nicht weiter spreizt. Stelle die eine Stängelhälfte in Farbstofflösung, die andere in Wasser. ▸3
Formuliere eine Vermutung über die Verfärbung der Blüte.
Beobachte nach ein bis zwei Stunden die Veränderungen der Blüte.
Warum war deine Vermutung zutreffend bzw. unzutreffend? Begründe!

3 **Wasseraufnahme durch die Wurzeln** Stelle ein Fleißiges Lieschen mit Wurzeln in einen Messzylinder mit Leitungswasser. Fülle zur Kontrolle einen zweiten Messzylinder bis zur gleichen Höhe mit Wasser und markiere den Wasserstand. ▸4
Vergleiche alle zwei Stunden den Wasserstand in den Zylindern und notiere den jeweiligen Wasserverlust.
Zeichne den Aufbau am Anfang und am Ende des Versuchs. Erkläre den Wasserverlust.

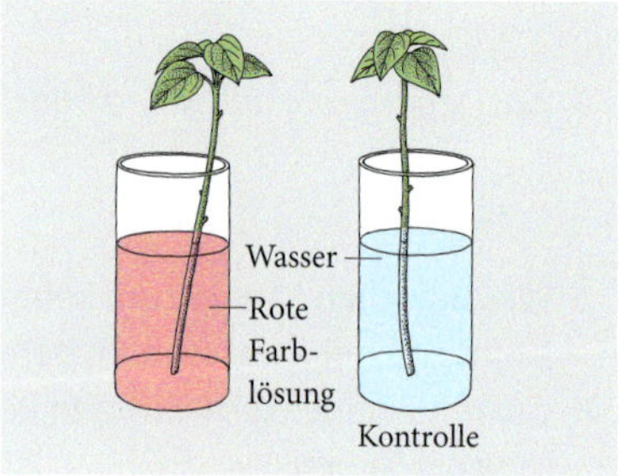

2

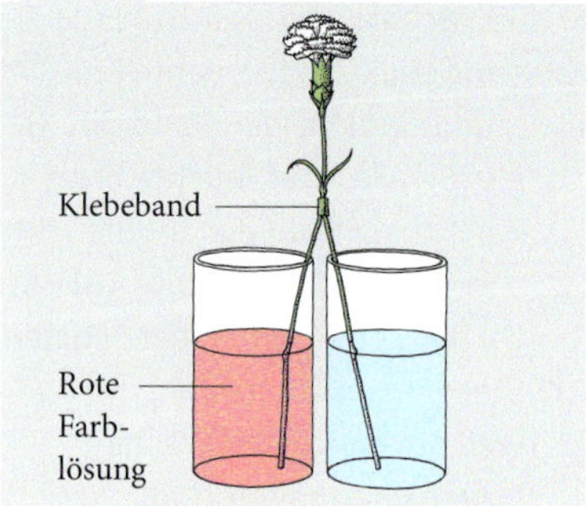

3

4

Grundlagen Was Pflanzen zum Leben brauchen

Vom Samen zum Keimling Alle Blütenpflanzen entwickeln sich aus Samen, die in der Blüte gebildet werden. Der Samen enthält den Keimling der Pflanze.
Zum Keimen braucht der Keimling Nährstoffe. Während der Keimung ernährt er sich von den Nährstoffen, die in seinen Keimblättern gespeichert sind.
Samen keimen nur, wenn ihnen ausreichend Wasser, Wärme und Luft zur Verfügung stehen. Erst dann wächst die Keimwurzel, die den Samen fest verankert. Gleichzeitig durchbricht der Keimstängel die feste Samenschale, wächst zum Licht hin und treibt bald Blätter aus. Die neue Pflanze entsteht.

Die Rolle des Wassers Im Wasser sind Mineralstoffe aus dem Boden gelöst. Wasser und Mineralstoffe nimmt dann die Pflanze mithilfe ihrer feinen Wurzelhaare auf. Der Stängel leitet das Wasser in die Blätter. Dort verdunstet es an der Blattunterseite.
Fehlen lebenswichtige Mineralstoffe im Wasser, ist die Entwicklung der Pflanze gestört.

Die Rolle von Licht und Luft Tiere und Menschen müssen essen, um leben zu können. Ähnlich geht es den grünen Pflanzen – aber natürlich können sie nicht essen.

Die Pflanzen stellen Zucker, Stärke, Fett und Eiweiß selbst her. Aus Wasser und einem Bestandteil der Luft (Kohlenstoffdioxid) bauen sich grüne Pflanzen die Nährstoffe auf, die sie brauchen. Dafür ist es unbedingt nötig, dass sie im Licht stehen. Gleichzeitig geben die Pflanzen den für uns lebenswichtigen Sauerstoff ab. Der gesamte Vorgang wird *Fotosynthese* genannt. ▸5

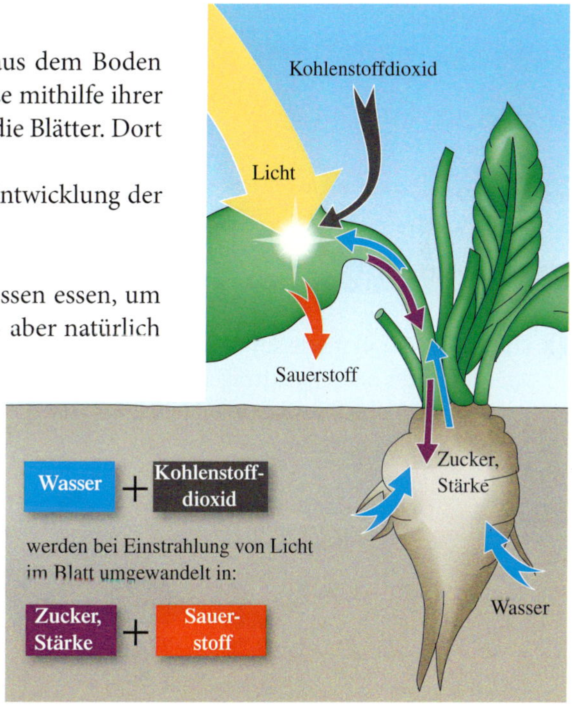

5 *Fotosynthese bei der Zuckerrübe*

Aufgaben

1 Nenne die verschiedenen Teile einer Blütenpflanze und ihre Aufgaben.

2 Zeichne einen Querschnitt durch einen Feuerbohnensamen und beschrifte ihn.

3 Beschreibe, wie eine Feuerbohne keimt. Was benötigen Samen zum Keimen?

4* Plane ein Experiment, mit dem du herausfinden kannst, dass Pflanzen Mineralstoffe für ihr Wachstum benötigen.

5* Die Pflanze im rechten Bild zeigt eine Mangelerscheinung. Was fehlte ihr? ▸6–7

6

7

Pflanzen – genauer betrachtet

▷ Pflanzen nutzen Sonnenlicht, um Nährstoffe mithilfe von Sonnenlicht herzustellen. Wo geschieht das?

1–2 *Wasserpest, mit dem bloßen Auge und mit der Lupe (20-fach) betrachtet*

Methode Mikroskopieren

❶ Drehe den Objekttisch am Grobtrieb so weit wie möglich nach unten. Lege nun den Objektträger mit deinem Objekt auf den Objekttisch und schiebe ihn unter die Halteklammern. Schalte die Beleuchtung ein.

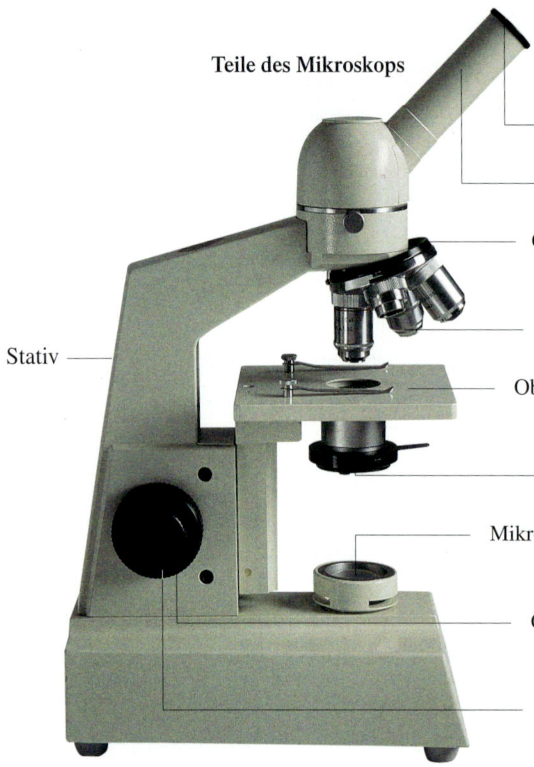

Teile des Mikroskops	Aufgaben
Okular	Vergrößert wie eine Lupe.
Tubus	Verbindet Okular und Objektiv.
Objektiv-revolver	Durch Drehen wird ein anderes Objektiv eingestellt.
Objektiv	Vergrößert das Objekt.
Objekttisch	Hier wird der Objektträger mit dem Objekt aufgelegt und befestigt.
Blende	Reguliert Helligkeit und Bildschärfe.
Mikroskopier-leuchte	Liefert Licht zur Durchleuchtung des Objekts.
Grobtrieb	Dient der ersten Scharfeinstellung des Bildes.
Feintrieb	Dient der genauen Scharfeinstellung des Bildes.

3 *Aufbau eines Lichtmikroskops*

2 Um dein Objekt richtig betrachten zu können, beginne immer mit der kleinsten Vergrößerung, also dem kürzesten Objektiv. Drehe dazu immer am Objektivrevolver, nie am Objektiv selbst.

3 Drehe unter seitlicher Beobachtung den Objekttisch langsam nach oben, bis sich Deckglas und Objektiv gerade noch nicht berühren. ▸5 Gehe dabei sehr vorsichtig vor. *Achtung: Wenn du zu weit nach oben drehst, können Objektiv und Objekt beschädigt werden!* Schaue durch das Okular und bewege den Objekttisch mit dem Grobtrieb langsam nach unten, bis das Bild scharf ist. ▸6 Stelle mit dem Feintrieb vollends die Schärfe ein.
Halte beim Mikroskopieren immer beide Augen offen.

4 Schließe die Blende, während du durch das Okular schaust. Du siehst, wie sich das ausgeleuchtete Feld verkleinert. Den besten Kontrast erreichst du, wenn du die Blende so weit öffnest, dass die Ränder gerade aus dem Sichtfeld verschwinden.

5 Beim Einstellen der nächsthöheren Vergrößerung wiederholst du die Schritte 2 bis 4.

6 Du beendest das Mikroskopieren, indem du das Objekt vom Tisch nimmst. Stelle das kleinste Objektiv ein und schalte die Lampe aus. Stelle das Mikroskop an seinen Aufbewahrungsort zurück.

Umgang mit dem Mikroskop Fasse das Mikroskop immer nur am Stativ an und trage es aufrecht. Berühre die Glaslinsen nie mit den Fingern. Entferne Schmutz immer mit einem weichen Reinigungstuch.

Vergrößerung berechnen Auf dem Okular und den Objektiven steht, wievielmal sie vergrößern. ▸4 Die Gesamtvergrößerung ergibt sich, wenn man die Objektivvergrößerung mit der Okularvergrößerung multipliziert. *Beispiel:* $10 \cdot 50 = 500$, also 500-fache Vergrößerung

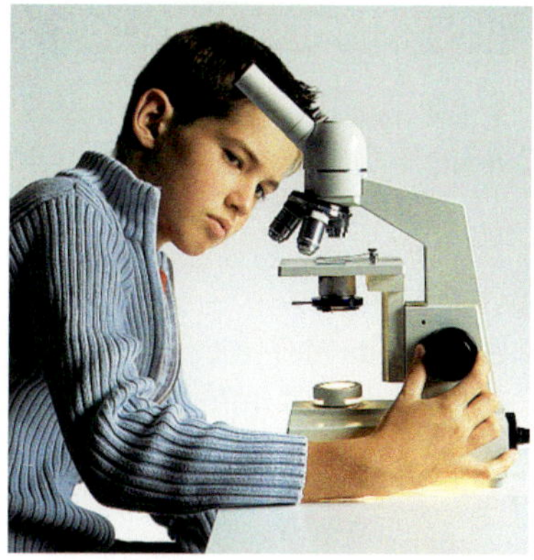

5 *Objekttisch vorsichtig hochdrehen!*

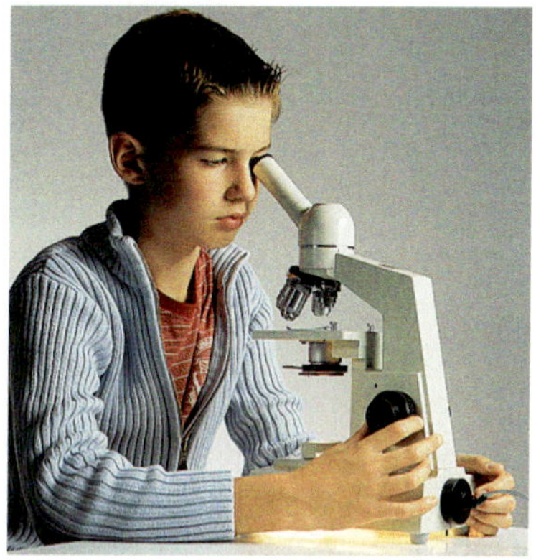

6 *Einstellen der Schärfe*

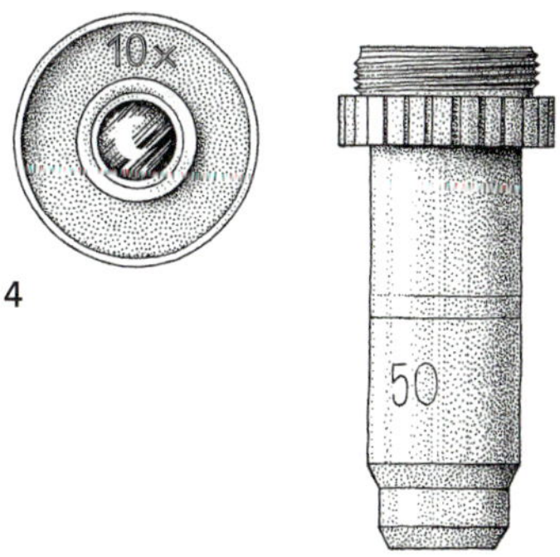

4

Beobachten Untersuchen

1 Lerne das Mikroskop kennen Vergleiche die einzelnen Teile deines Schulmikroskops mit dem Mikroskop, das links abgebildet ist. ▸3

2 Verschiedene Vergrößerungen

a Millimeterpapier gibt es auch als Folie. Mikroskopiere ein Stück solcher Folie bei kleinster Vergrößerung. Wie viele Millimeterkästchen kannst du zählen?

b Betrachte die Folie nacheinander bei den nächsthöheren Vergrößerungen. Zähle wiederum die Kästchen. Vergleiche deine Ergebnisse.

3 Zeitungsbuchstaben mikroskopieren Schneide einen Buchstaben aus einer Zeitung aus. Lege ihn auf einen Objektträger und decke ihn mit einem Deckgläschen ab. ▸7 Mikroskopiere bei verschiedenen Vergrößerungen.

4* Zeitungsbilder – genauer betrachtet
Schneide aus einer Zeitung ein Stückchen einer farbigen Abbildung aus. Sieh es dir bei verschiedenen Vergrößerungen an.

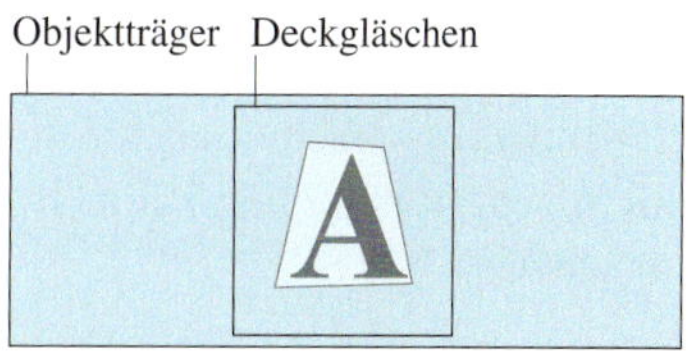

7

Beobachten Untersuchen

1 Die Haut einer Zwiebelschuppe – genauer betrachtet Das Häutchen an der Innenseite einer Zwiebelschuppe eignet sich gut zum Mikroskopieren. ▸1

Achtung: Sei vorsichtig beim Umgang mit dem Skalpell oder der Rasierklinge!

a Schau dir die Haut erst mit bloßem Auge an und dann mit der Lupe. Was erkennst du?

b Gib auf einen sauberen Objektträger einen Tropfen Wasser und lege das Stückchen Zwiebelhaut hinein. Achte darauf, dass es sich nicht zusammenrollt. Decke mit einem Deckgläschen ab. ▸4

c Mikroskopiere mit kleinster Vergrößerung, danach mit etwa 100-facher Vergrößerung. Was erkennst du?

d Zeichne einen Ausschnitt von zwei bis drei „Zellen" auf ein DIN-A4-Blatt. ▸6 Notiere die Vergrößerung. Welche Bestandteile kannst du entdecken? Beschrifte die gefundenen Bestandteile.

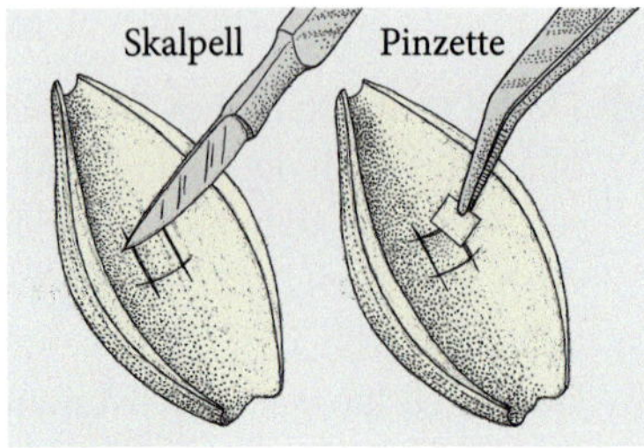

1 *Zwiebel*

2 Wasserpest mikroskopieren Die Wasserpest ist eine beliebte Pflanze für Aquarien. ▸2

a Betrachte die Wasserpest zunächst mit der Lupe. Zeichne eine Pflanze. Beschrifte deine Zeichnung.

b Zupfe mit einer Pinzette ein Blättchen ab. Gib es auf den Objektträger in einen Wassertropfen. Decke mit einem Deckgläschen vorsichtig ab. ▸4

c Stelle bei schwächster Vergrößerung scharf und vergrößere dann stärker. Was erkennst du? Hast du so etwas Ähnliches schon einmal gesehen? Tauscht eure Beobachtungen aus. Informiert euch im Grundlagentext.

d Zeichne einen Ausschnitt mit Bleistift so groß wie deine Hand. Achte darauf, dass klare und durchgehende Linien entstehen! Gib die Vergrößerung an.

2 *Wasserpest*

Grundlagen Zellen – die Bausteine der Pflanzen

Das Muster, das du bei der Wasserpest durch das Mikroskop siehst, erinnert an eine Mauer aus Steinen. ▸3 Jeder Stein ist zwar etwa gleich lang und dick, aber die Form ist jeweils unterschiedlich. Den Raum zwischen den Steinen könnte man als Mörtelfuge ansehen.

Tatsächlich hast du den kleinsten Baustein aller Lebewesen entdeckt. Wir bezeichnen ihn als *Zelle*. Das, was du als Stein erkennst, ist in Wirklichkeit ein Hohlraum, der mit einer zähflüssigen Masse angefüllt ist. In diesem Hohlraum sind der Zellkern und zahlreiche andere kleine Körnchen eingelagert. ▸6 Der Hohlraum ist von einer Zellwand umgeben, die der Zelle ihre feste Gestalt verleiht.

Im Mikroskop erscheinen sie flach, weil man nur eine ganz dünne Schicht scharf einstellen kann. In Wirklichkeit aber sind Zellen räumliche Gebilde.

3 *Die Zellen der Wasserpest*

Pflanzen sind aus Zellen aufgebaut.

Methode Ein Präparat für das Mikroskop herstellen

Nicht alle Objekte sind für das Mikroskop geeignet. Ein grünes Laubblatt lässt nicht genug Licht durch. Im Mikroskop bleibt es zu dunkel. Um das Blatt zu untersuchen, musst du es vorher in hauchdünne Schichten schneiden. Es gibt aber auch Objekte, die von Natur aus in dünnen Schichten vorliegen. Beispiele hierfür sind das Blatt der Wasserpest, die Zwiebelhaut oder deine Mundschleimhaut.

1 **Präparieren** Präparieren bedeutet vorbereiten: Gib mit einer Tropfpipette einen Tropfen Wasser auf einen Objektträger. Lege eine hauchdünne Schicht des Objekts mit einer Pinzette in den Wassertropfen. Setze ein Deckgläschen mit einer Seitenkante schräg an den Wassertropfen und lass es vorsichtig fallen. ▸4

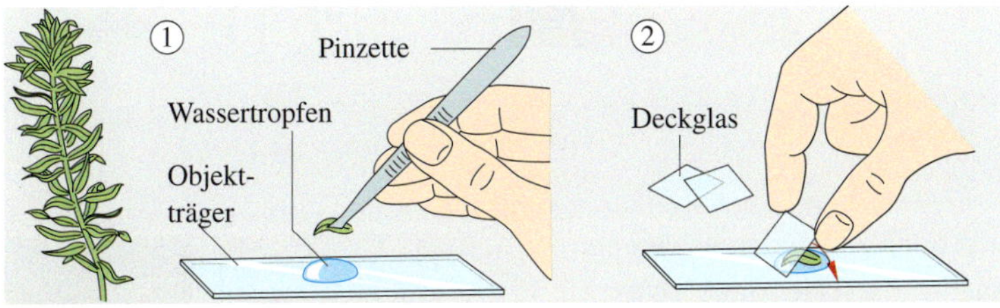

4 *Präparieren*

Manche Objekte enthalten zu wenig Farbstoffe oder sind zu kontrastarm. In diesen Fällen solltest du die mikroskopischen Präparate anfärben. ▸5

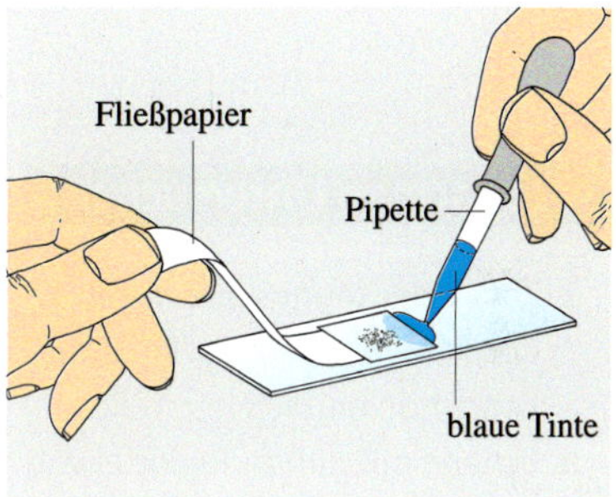

5 *Anfärben*

2 **Anfärben** Gib einen Tropfen Farbstofflösung neben das Deckglas. Sauge mit einem Fließpapier auf der anderen Seite des Deckglases das Wasser ab. Auf diese Weise fließt die Farbstofflösung unter das Deckglas und kommt mit dem Objekt in Berührung.

Methode Eine mikroskopische Zeichnung anfertigen

Eine Zeichnung nach einem mikroskopischen Bild anzufertigen ist nicht einfach. ▸6 Du solltest dabei Folgendes beachten:

1 Verwende für deine mikroskopische Zeichnung weißes DIN-A4-Papier. Zeichne und beschrifte stets mit einem Bleistift mittlerer Stärke (2B) und drücke beim Zeichnen nicht so fest auf. Deine Zeichnung sollte nicht zu klein sein. Nutze das gesamte DIN-A4-Blatt.

2 Notiere auf dem DIN-A4-Papier deinen Namen, das Datum und die Bezeichnung des Untersuchungsobjekts. Gib auch die von dir gewählte Vergrößerung an.

3 Durchmustere nun dein Präparat und suche nach einem geeigneten Bildausschnitt.

4 Lege das DIN-A4-Blatt direkt neben dein Mikroskop. Halte beim Zeichnen wie beim Mikroskopieren beide Augen geöffnet. Schaue, ohne den Kopf zu drehen, abwechselnd durch das Mikroskop und auf deine Zeichnung. Zeichne nur das, was du wirklich siehst.

5 Beschrifte alle gezeichneten Teile deines Untersuchungsobjekts.

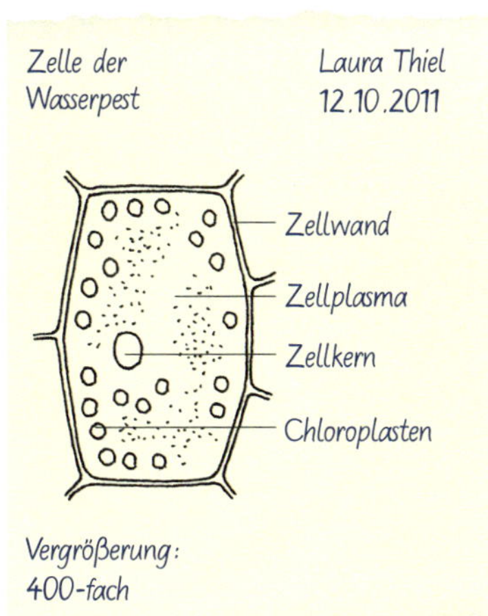

6

Alle Lebewesen bestehen aus Zellen

▷ Dass Pflanzen, Tiere und Menschen aus kleinen Bausteinen, den Zellen, aufgebaut sind, weiß man seit etwa 150 Jahren.

▷ Sind die Zellen dieser verschiedenen Lebewesen gleich aufgebaut oder unterscheiden sie sich?

1

Beobachten Untersuchen

1 **Zellen der Mundschleimhaut** Du kannst auch Zellen deines eigenen Körpers untersuchen. Ein Präparat deiner Mundschleimhautzellen kannst du einfach herstellen.

a Schabe mit einem Teelöffel von der Innenseite deiner Wange etwas Mundschleimhaut ab. ▸2 Bringe diese dann in einen Wassertropfen auf deinem Objektträger. Lege das Deckgläschen auf.

b Damit du die Feinheiten der Zellen besser sehen kannst, musst du das Präparat mit Methylenblaulösung anfärben. Mikroskopiere.

c Zeichne die Mundschleimhautzellen bei 400-facher Vergrößerung (Länge: ca. 5 cm) mit einem Bleistift.

d Versuche anhand des Grundlagentextes die Bestandteile der Zelle zu entdecken. Beschrifte die Bauteile.

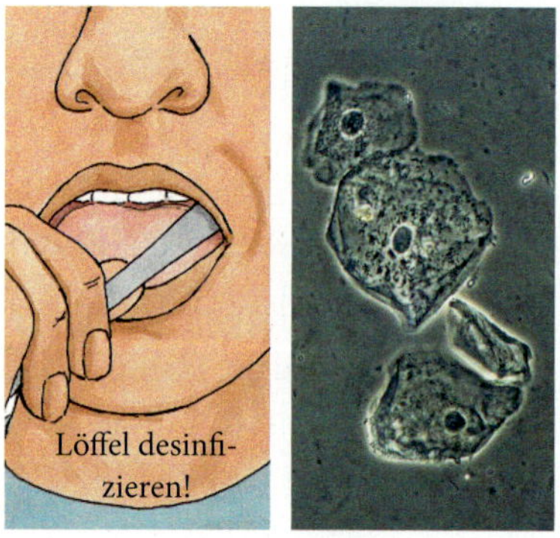

2 *Mundschleimhautzellen*

2 **Eine Zelle – selbst gebaut** Wie Pflanzen- oder Tierzellen aufgebaut sind, kannst du mit Gegenständen aus dem Alltag veranschaulichen.

a Überlege dir zunächst, welche Teile deine „Zelle" enthalten muss. Wähle dann geeignete Materialien aus. Die Abbildung zeigt dir Beispiele. ▸3 Deiner Fantasie sind aber keine Grenzen gesetzt.

b Was veranschaulicht deine „Zelle" besser als eine Zeichnung?

c* Wie könntest du deine „Zelle" verbessern, sodass sie noch mehr Eigenschaften einer wirklichen Zelle zeigt?

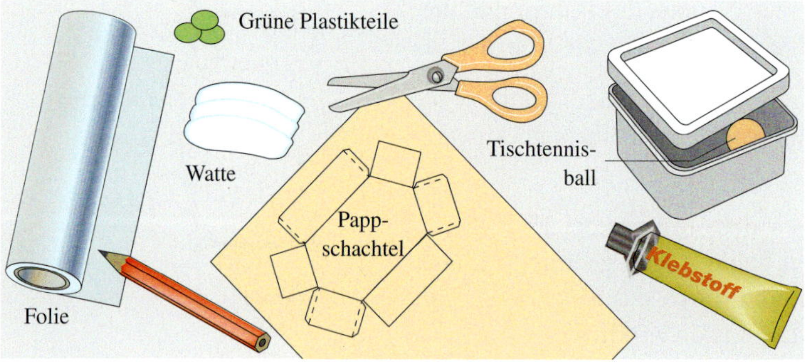

3 *Material für deine „Zelle"?*

Grundlagen Zellen – Grundbausteine aller Lebewesen

Die Grundbausteine aller Lebewesen heißen Zellen. Alle Pflanzen und Tiere sind daraus aufgebaut. ▸4

Pflanzenzellen Sie bestehen aus verschiedenen Teilen: ▸5
- Gut erkennbar sind die *Zellwände*. Sie geben den Zellen von Pflanzen ihre feste Gestalt.
- Die Zellen sind ausgefüllt mit dem durchsichtigen, zähen Flüssigkeit, dem *Zellplasma*.
- Das Zellplasma wird von einer sehr dünnen Haut umgrenzt, der *Zellmembran*. Sie liegt ganz dicht an der Zellwand. Daher kann man sie im Mikroskop nicht sehen.
- Im Zellplasma befindet sich der *Zellkern*. Auch ein *Zellsaftraum (Vakuole)* ist vorhanden.
- Die Zellen von grünen Pflanzenteilen enthalten *Blattgrünkörner (Chloroplasten)*. In ihnen befindet sich das *Blattgrün (Chlorophyll)*. Mithilfe des Blattgrüns nutzen Pflanzen die Sonnenenergie, um Nährstoffe aufzubauen.

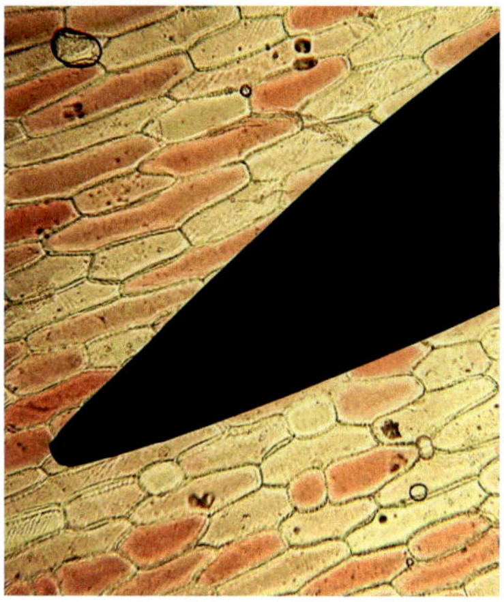

4 *Zwiebelzellen – und zum Vergleich eine Stecknadelspitze*

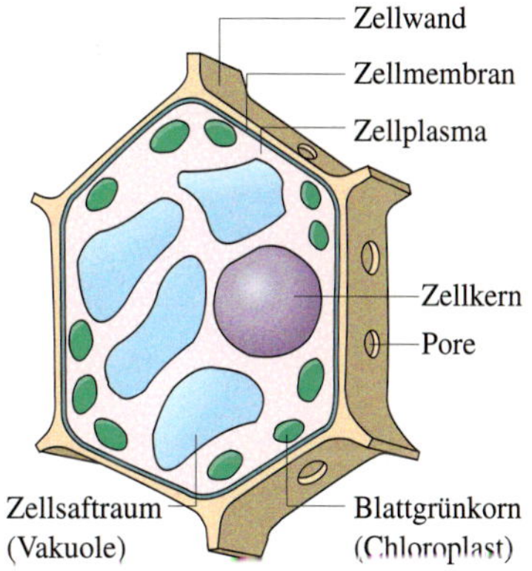

5 *Pflanzenzelle*

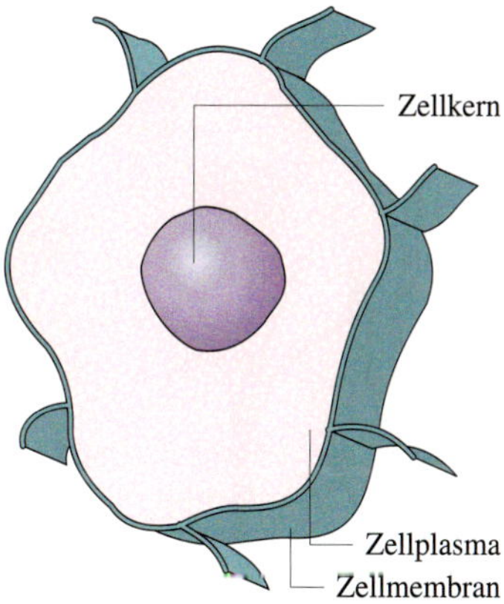

6 *Tierzelle*

Tierzellen Die Zellen von Tieren und Menschen haben wie die Pflanzenzellen eine Zellmembran, Zellplasma und einen Zellkern. ▸6 Sie besitzen aber keinen Zellsaftraum und keine Blattgrünkörner. Auch die festen Zellwände fehlen. Bei den Zellen deiner Mundschleimhaut kannst du daher die dünne Zellmembran erkennen, die das Zellplasma umschließt. Um auch Zellkerne und Zellplasma gut sichtbar zu machen, können die Zellen angefärbt werden.

Alle Zellen besitzen eine Zellmembran, einen Zellkern und Zellplasma. Pflanzenzellen sind von einer Zellwand umgeben und können einen Zellsaftraum und Blattgrünkörner enthalten.

Aufgabe

1 Vergleiche Pflanzen- und Tierzelle. Fertige eine Tabelle an.

Erweiterung

Von der Zelle zum Lebewesen

Menschen besitzen Organe wie Auge, Magen oder Herz. Auch Pflanzen haben Organe wie Blätter, Blüten und Wurzeln. Die Organe haben ganz unterschiedliche Aufgaben: Das Herz pumpt Blut durch den Körper, die Wurzeln verankern die Pflanze im Boden. Erst durch das Zusammenspiel der verschiedenen Organe wird der Organismus lebensfähig. Man sagt: Der Organismus ist ein Beispiel für ein *System*. Systeme bestehen aus mehreren Teilen, die zusammenwirken.
Die Organe selbst sind aus Zellen aufgebaut. Die Zellen sind nicht gleich, sondern unterscheiden sich nach ihren Aufgaben.

Überblick

Aus Blüten werden Früchte

Die Blüten besitzen Staubblätter. Diese liefern den (männlichen) Blütenstaub oder Pollen.
Die Fruchtblätter der Blüten enthalten die (weiblichen) Eizellen.
Bei der *Bestäubung* gelangt Pollen durch Insekten oder den Wind auf die Narbe des Fruchtblatts einer Blüte. Er wächst zum Pollenschlauch aus.
Bei der *Befruchtung* verschmilzt eine männliche Geschlechtszelle aus dem Pollenkorn mit einer weiblichen Eizelle. Nach der Befruchtung entwickelt sich der Samen.

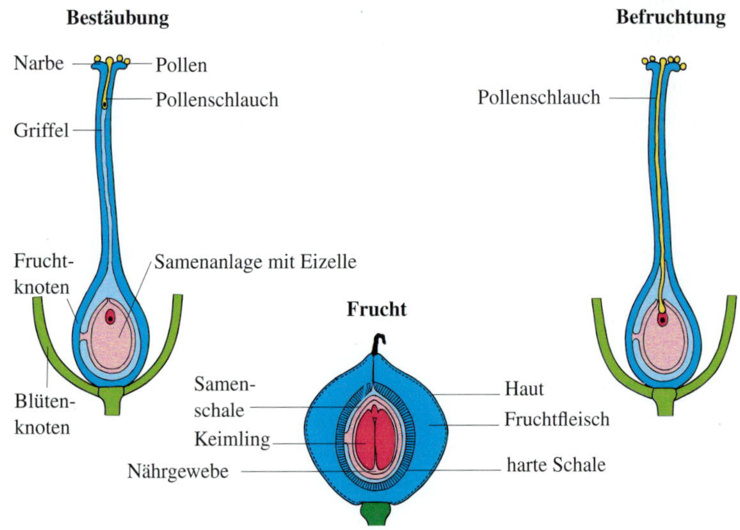

1 *Bestäubung und Befruchtung einer Blüte – Frucht*

Wie Pflanzen über den Winter kommen

Viele Pflanzen sterben im Winter ab. Nur ihre Samen überstehen die kalte Jahreszeit.
Bei anderen Pflanzen überwintern Teile. Zwiebeln oder Knollen enthalten die Nährstoffe, die die Pflanze im Frühjahr zum Wachsen braucht.
Laubbäume und Sträucher werfen im Herbst das Laub ab. Sie sind so vor Erfrierungen und Austrocknung im Winter geschützt. Die Knospen stellen die Überwinterungsorgane dar.

2 *Zwiebel, Knolle, Knospe, Samen*

Vom Samen zur Pflanze

Pflanzen entstehen aus *Samen*. Zum Keimen benötigen die Samen Wasser, Wärme und Luft. Bei der Keimung wächst der *Keimling* zu einer jungen Pflanze heran. Die nötigen Nährstoffe erhält er aus den Keimblättern.

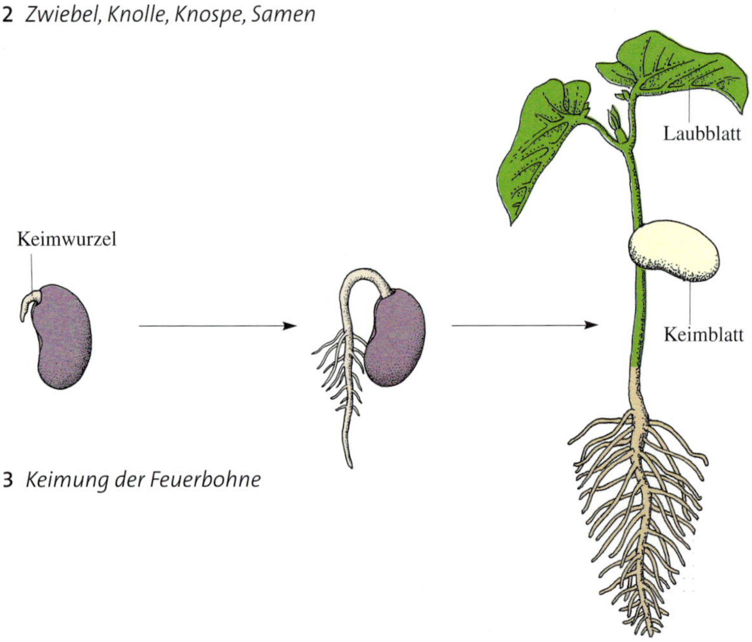

3 *Keimung der Feuerbohne*

Aufbau von Blütenpflanzen

Blütenpflanzen haben Wurzeln und einen Spross. Der Spross besteht aus Stängel, Laubblättern und Blüten. Die Teile (Organe) der Blütenpflanze haben verschiedene Aufgaben:

- Die *Wurzel* verankert die Pflanze im Boden. Von dort nimmt sie Wasser mit gelösten Mineralstoffen auf.
- Durch den *Stängel* wird das Wasser mit den Mineralstoffen aus den Wurzeln in die Blätter und Blüten transportiert.
- Mithilfe der grünen *Blätter* bildet die Pflanze die zum Leben nötigen Nährstoffe (Stärke, Zucker, Fette). Dazu braucht sie Licht, Luft (Kohlenstoffdioxid) und Wasser.
- Die *Blüten* dienen der Fortpflanzung.

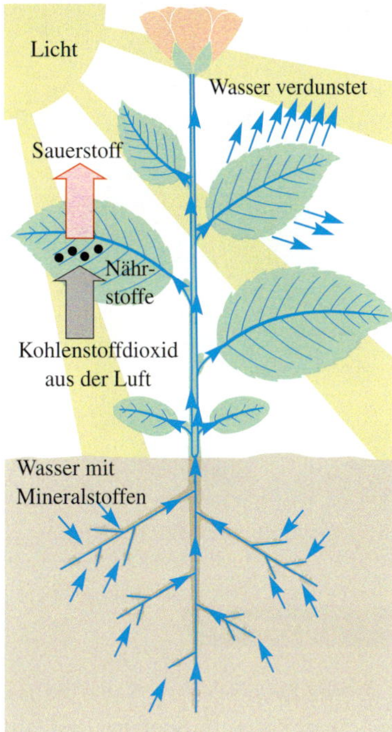

4 *Blütenpflanze*

Grundbaustein aller Lebewesen

Alle Pflanzen und Tiere sind aus *Zellen* aufgebaut. Zellen sind sehr klein: Nebeneinandergelegt passen hundert bis tausend Zellen auf 1 mm. Alle Zellen besitzen eine *Zellhaut (Zellmembran)*, einen *Zellkern* und *Zellplasma*. Nur Pflanzenzellen weisen *Zellwände* und *Blattgrünkörner (Chloroplasten)* auf.

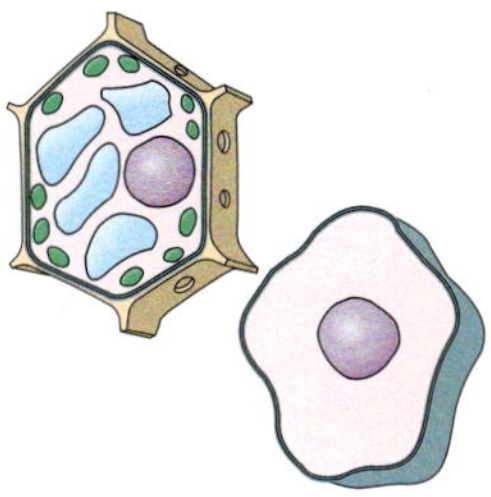

5 *Pflanzen- und Tierzelle*

Alles klar?

1 Nenne Möglichkeiten der Bestäubung.

2 Erkläre den Unterschied zwischen Bestäubung und Befruchtung.

3 Beschreibe, wie Frucht und Samen entstehen. Beginne bei der Blüte.

4 Wie werden Früchte und Samen verbreitet? Nenne Beispiele. Welchen Vorteil hat die Verbreitung für eine Pflanzenart?

5 Wovon hängt der Wasserverbrauch einer Pflanze ab?

6 Aus einem Samen ist eine Feuerbohne herangewachsen.
a Was braucht ein Samen zum Keimen?
b Beschreibe die Entwicklungsstufen vom Samen zur blühenden Pflanze.
c Wohin wächst die Pflanze, wenn Licht von der Seite einfällt? Plane dazu ein Experiment.

7 Das Mikroskop ist ein empfindliches Untersuchungsgerät.
a Nenne die Teile des Mikroskops und ihre Funktion.
b Beurteile den Umgang der Schüler mit dem Mikroskop. ▸6 Warum sollst du das Mikroskop beim Transport immer am Griff tragen?

8 „Die Zelle ist der Grundbaustein der Lebewesen."
a Erläutere diese Aussage.
b* Die menschliche Eizelle ist 0,1 mm lang. ▸7 Wie viele Zellen dieser Größe müssen aneinandergelegt werden, um deine Körperlänge zu erreichen?

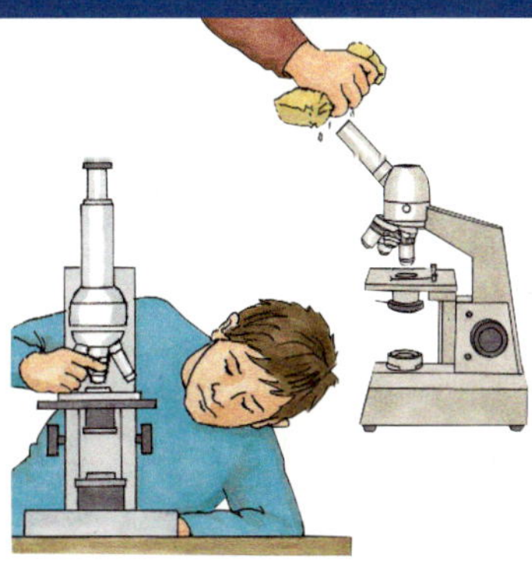

6 *Sachgemäßer Umgang?*

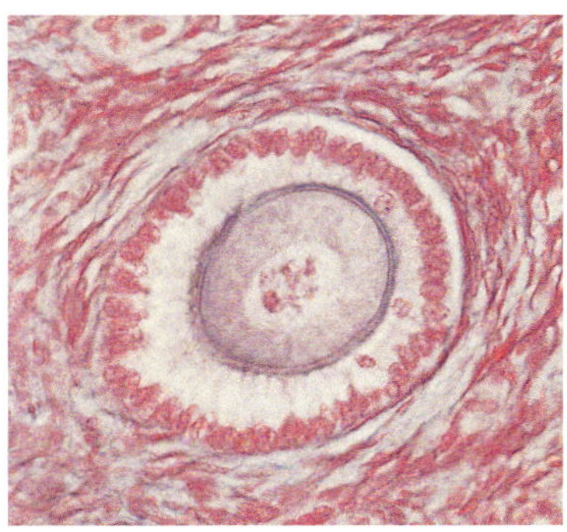

7 *Eizelle*

Wie Tiere überwintern

1 *Fledermaus beim Winterschlaf*

2 *Zauneidechsen in frostsicherer Erdhöhle*

3 *Dachs im Winter*

Untersuchen

1 Wie Zauneidechse, Fledermaus und Dachs überwintern Die Tabelle zeigt Körpertemperatur und Puls der Tiere. ▸4

Jahreszeit		Zauneidechse		Fledermaus		Dachs	
	Außentemperatur	Körpertemperatur	Herzschläge (pro Minute)	Körpertemperatur	Herzschläge (pro Minute)	Körpertemperatur	Herzschläge (pro Minute)
Frühling	15 °C	15 °C	20	39 °C	270	37 °C	130
Sommer	25 °C	25 °C	45	39 °C	270	37 °C	160
Herbst	5 °C	5 °C	12	39 °C	270	37 °C	140
Winter	2 °C	2 °C	weniger als 1	5 °C	10	37 °C	150

4 *Zauneidechse, Fledermaus und Dachs in den verschiedenen Jahreszeiten*

a Übertrage die Diagramme für die Zauneidechse ins Heft und fertige weitere Diagramme für Fledermaus und Dachs an. ▸5

b Was fällt dir auf, wenn du die Werte bei der Zauneidechse vergleichst?

c Was fällt dir an den Werten der Fledermaus auf, was beim Dachs?

d Vergleiche die Diagramme für Eidechse, Fledermaus und Dachs. Welchen Unterschied stellst du fest?

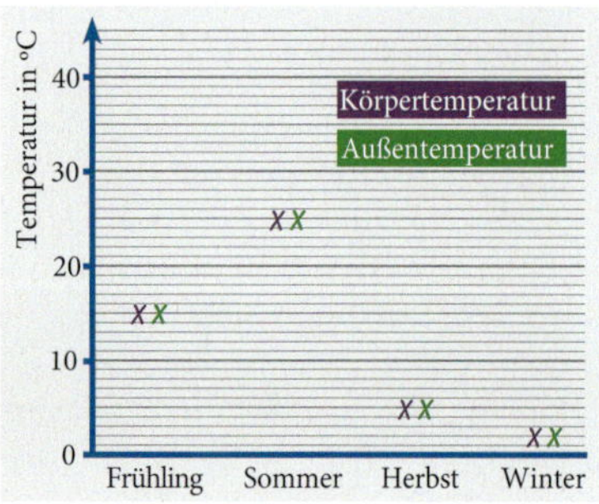

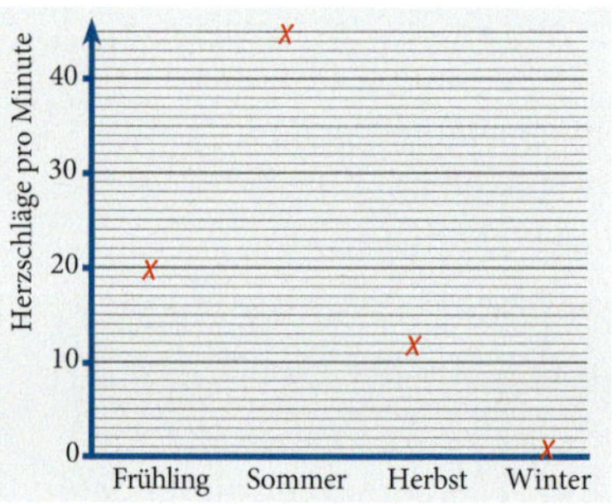

5 *Musterdiagramme Zauneidechse*

Grundlagen Wie Tiere überwintern

Wechselwarme Tiere Die Körpertemperatur von Kriechtieren, Lurchen und Fischen wechselt mit der Temperatur ihrer Umgebung. Wenn die Tiere in der Sonne liegen, steigt ihre Körpertemperatur. Sie sinkt im Schatten oder in kühlen Erdhöhlen. Man sagt, die Tiere sind *wechselwarm*. Im Winter werden sie starr und steif; sie verfallen in die Winterstarre. Um zu überleben, brauchen sie einen frostsicheren Platz.

Fische	Lurche	Kriechtiere
Winterstarre – Fische überwintern an tiefen Stellen. – Ihre Körpertemperatur entspricht der Wassertemperatur. – Atmung und Herzschlag werden langsamer. – Die Fische bewegen sich kaum noch.	*Winterstarre* – Die Tiere brauchen weder Fettpolster noch Vorräte. – Sie verstecken sich an geschützten, frostsicheren Stellen, z. B. im Schlamm eines Teichs. – Atmung und Herzschlag werden stark verlangsamt. – Die Tiere werden starr und können sich nicht bewegen.	

Gleichwarme Tiere Säugetiere und Vögel sind *gleichwarm*. Ihre Körpertemperatur bleibt immer gleich. Nur bei den Winterschläfern unter ihnen sinkt die Körpertemperatur im Winterschlaf auf 4 bis 6 °C ab.

Säugetiere	Vögel
Winteraktiv Katze, Hase, Reh, Wildschwein ... – sind das ganze Jahr über aktiv – bekommen ein dichtes Winterfell – fressen sich ein Fettpolster an *Winterschlaf* Igel, Haselmaus, Feldhamster, Murmeltier, Fledermaus ... – fressen sich im Spätsommer ein Fettpolster an – verschlafen den Winter in frostsicheren Verstecken (oft unter der Erde) – Atmung und Herzschlag sind stark verlangsamt. – Die Körpertemperatur sinkt stark ab. – Bei Temperaturen nahe 0 °C erhöht sich die Körpertemperatur, das Tier wacht auf. *Winterruhe* Eichhörnchen, Bär, Dachs ... – fressen sich Fettpolster an – Manche Arten legen Vorräte an, manche bekommen ein dickes Winterfell. – Die Tiere dösen, schlafen, ruhen in einem frostsicheren Bau. – Atmung und Herzschlag sinken kaum ab. – Die Tiere wachen bei günstiger Witterung auf und gehen an ihre Vorräte.	*Standvögel* Elster, Waldkauz ... – bleiben am Ort – schützen sich, indem sie das Gefieder aufplustern und sich eng aneinanderkuscheln *Zugvögel* Weißstorch, Kranich, Rauchschwalbe ... – fliegen in wärmere Gegenden, da sie hier im Winter keine Nahrung finden *Teilzieher* Buchfink, Rotkelchen, Amsel, Stockente ... – ein Teil der Vögel zieht im Winter nach Süden – ein Teil verbringt den Winter bei uns

Aufgaben

1 Wie überwintert die Zauneidechse? Was passiert, wenn die Temperatur in ihrem Versteck weit unter den Gefrierpunkt sinkt?

2 Welche Säugetiere halten einen Winterschlaf, welche eine Winterruhe? Recherchiere und nenne auch Tiere, die nicht in der Tabelle genannt sind.

3 Wie ernähren sich Standvögel im Winter? Nenne verschiedene Möglichkeiten.

7 *Winterfütterung von Rotwild*

8 *Haselmaus beim Winterschlaf*

9 *Weißstörche in Afrika*

Erweiterung Der Igel in den Jahreszeiten

Im August wirft die Igelin zwei bis zehn nackte Junge. ▸1 Jedes wiegt 20 g und ist 6 bis 10 cm lang. Die jungen Igel kommen mit rund 100 weichen Stacheln zur Welt. Sie fallen später aus und werden durch harte Stacheln ersetzt. In der zweiten Woche öffnen sich Augen und Ohren. Nach vier Wochen wiegen die Jungen bereits 160 g und nehmen von nun an feste Nahrung auf. Dennoch säugt sie die Igelin noch bis zu sechs Wochen. ▸2 Dann gehen sie eigene Wege, Igel sind Einzelgänger. Sie werden 25 bis 35 cm lang und 1000 g schwer.

In der Dämmerung erwacht der Igel und verlässt sein Versteck unter einer Hecke, am Waldrand oder im Garten. Er hält seine Schnauze dicht über den Boden und erschnüffelt mit seiner empfindlichen Nase seine Beute: Insekten, Würmer, Schnecken, aber auch tote Frösche, Mäuse und Jungvögel. Auch Bucheckern und Beeren stehen auf seinem Speiseplan.

Im Frühherbst frisst sich der Igel Fettreserven an. Im Oktober oder November zieht er sich mit einem zusätzlichen Gewicht von bis zu 400 g in sein Nest aus Moos, Laub oder Heu zurück. Wenn es dann kälter wird, senkt der Igel seine Körpertemperatur bis auf 6 °C und fällt in den Winterschlaf. Er atmet selten. Verdauung und Herztätigkeit sind eingeschränkt.

Fällt die Körpertemperatur unter 6 °C, so setzt der Weckreiz ein. Die Körpertemperatur steigt an. Der Igel atmet schneller. Mit dem zusätzlichen Sauerstoff wird ein Teil der Fettreserven zur Energieerzeugung genutzt. Bei Störungen oder in langen kalten Wintern werden die Fettreserven vorzeitig verbraucht. Dann überlebt der Igel den Winter nicht.

Mit zunehmender Tageslänge und steigenden Temperaturen erwachen die Igel im März oder April aus dem Winterschlaf. Sie haben ein Fünftel ihres Gewichts verloren und sind hungrig. Durch das reichliche Nahrungsangebot erreichen sie im Mai wieder ihr ursprüngliches Gewicht.

Im Juni und Juli ist Paarungszeit. Auf der Suche nach einem Weibchen wandern die Igelmännchen oft weite Strecken.

Bei Gefahr rollt sich der Igel zu einer Kugel zusammen und spreizt die Stacheln kreuz und quer ab. Nur Eulen und Greifvögel, Füchse, Dachse und Hunde können ihm gefährlich werden.

1 *Jungtier*

2 *Igelmutter mit Jungen*

Aufgaben

1 Stelle das „Igeljahr" dar. Schreibe zu jedem Monat auf eine Karteikarte, was der Igel tut. Überlege, wie du die 12 Karten an einer Plakatwand übersichtlich gestalten kannst. Ergänze durch weitere Texte, Bilder und Zeichnungen.

2 Lies den Text zum Igel durch. Verschaffe dir einen Überblick über den Inhalt. Kläre unbekannte Wörter. Finde zu jedem Abschnitt eine Überschrift. Fasse die Abschnitte zusammen und berichte deinem Tischnachbarn.

3 Veranschauliche die Tabelle ▸3 in einem Diagramm.

4* Ein Garten soll igelfreundlich gestaltet werden. Beachte die Ansprüche des Igels an die Umwelt. Zeichne einen Gartenplan (mit Beschriftung).

Nahrungstier	Anteil
Käfer	39 %
Raupen	24 %
Regenwürmer	19 %
Ohrwürmer	6 %
Käferlarven	5 %
Schnecken	4 %
Fliegenlarven	5 %
Tausendfüßer	1 %

3 *Nahrungstiere des Igels*

Erweiterung Das Eichhörnchen

Im Herbst suchen Eichhörnchen Eicheln und Nüsse und vergraben oder verstecken sie als Vorräte.

Eichhörnchen halten Winterruhe. Sie bleiben bei besonders kalter Witterung in ihrem Nest und schlafen. Bei wärmerer Witterung gehen sie auf die Suche nach ihren Vorräten. ▸4 Die Verstecke haben sie sich nicht gemerkt, sondern sie finden viele Verstecke durch Riechen wieder. Wenn das Nahrungsangebot im Herbst gering ist und ein strenger Winter folgt, sind die Vorräte schnell aufgebraucht und viele der Tiere verhungern.

Ihre kugelförmigen Baumnester bestehen aus Reisig und Heu. Innen sind sie mit Gras, Bast, Moos, Federn und Wolle gepolstert. Die Nester sind wasserdicht und die dicke Wandung schützt vor der Kälte.

Eichhörnchen sind Nagetiere und gehören zu den Allesfressern. Auf dem Speiseplan stehen je nach Jahreszeit Knospen und junge Triebe, Nüsse, Bucheckern, Eicheln und Kastanien, Samen aus Tannen- und Fichtenzapfen, Beeren, Körner und Obst. Sie fressen auch Insekten, Schnecken und Larven.

4 *Eichhörnchen*

Aufgabe

1 Lies den Text zum Eichhörnchen durch und verschaffe dir einen Überblick über den Inhalt. Kläre unbekannte Wörter. Finde zu jedem Abschnitt eine Überschrift. Fasse die Abschnitte zusammen und berichte deinem Tischnachbarn.

Aus der Geschichte Aktion Eichhörnchen – der Mensch sorgt für den Winter vor

Supermärkte halten für uns das ganze Jahr hindurch ein großes Angebot bereit. Selbst im Winter gibt es frisches Obst und Gemüse zu kaufen. Es stammt aus Gewächshäusern oder aus fernen Ländern. Wenn etwas nicht frisch zu erhalten ist, gibt es noch die Tiefkühltruhe.

Das war nicht immer so: Früher stammte die Nahrung aus der näheren Umgebung und wurde oft selbst angebaut. Für den Winter mussten die Menschen vorsorgen, um nicht zu hungern. Heute sind es vor allem Landwirte und Kleingärtner, die noch Nahrungsvorräte für den Winter selbst anlegen.

- Kartoffeln und Rüben lassen sich einkellern oder in Mieten frostgeschützt aufbewahren. ▸5
- Äpfel kann man im Keller lagern oder in Ringe schneiden und trocknen.
- Marmelade oder Gelee aus Beeren und anderem Obst eignet sich als Wintervorrat.
- Eingekochtes Obst ist viele Monate lang haltbar. Es wird dazu in Gläsern mit Wasser und Zucker erhitzt. Dann verschließt man die Gläser luftdicht mit einem Deckel und einem Gummiring. ▸6
- Gurken und Kürbis kann man in Essigwasser aufbewahren.
- Weißkohl wird geschnitten, gesalzen und gestampft. Durch Bakterien entsteht daraus haltbares Sauerkraut.
- Fleisch konserviert man durch Räuchern oder durch Salz (Pökelfleisch).

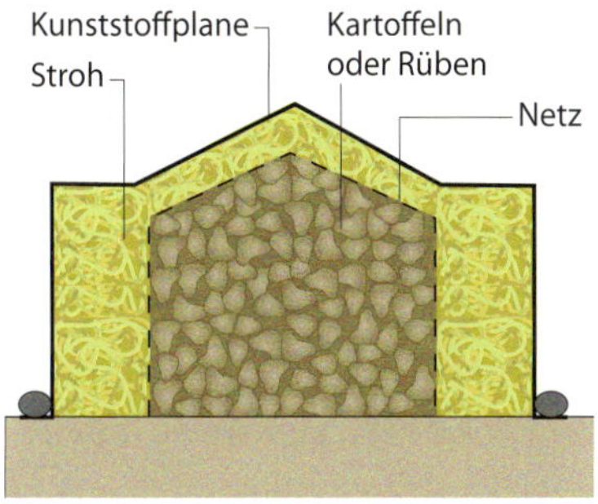

5 *Miete*

6 *Eingekochtes Obst*

Methode Informationen suchen im Internet

Im Herbst verlassen viele Vögel ihre Brutgebiete. Manchmal kann man beobachten, wie die Tiere sich sammeln, bevor sie gemeinsam in den Süden fliegen. Warum fliegen die Vögel im Herbst überhaupt von uns weg? Wohin fliegen sie? Welchen Weg nehmen sie?
Im Internet kann man bequem nach Informationen suchen. Texte und Bilder sind oft aktueller als in Sachbüchern oder Lexika. Allerdings findet man meist eine Fülle an Seiten zu einem Thema. Man muss sorgfältig auswählen und prüfen, welche Informationen hilfreich sind.

1 *Weißstörche sammeln sich.*

1. Überlege genau, was du herausfinden möchtest, und schreibe deine Fragen auf. *Beispiel:* Warum ziehen Weißstörche? Wohin fliegen sie und auf welchem Weg?

2. Suchmaschinen können dich zu geeigneten Internetseiten führen: www.google.de, www.altavista.de, www.bing.com oder www.yahoo.de. Seiten speziell für Kinder und Jugendliche findet die Suchmaschine www.blinde-kuh.de.
Du kannst auch bei Institutionen suchen, die etwas mit deinem Thema zu tun haben. Informationen zu Naturschutz oder zu Vögeln findest du beim NABU, bei Euronatur oder bei den Naturdetektiven (www.nabu.de, www.euronatur.org, www.naturdetektive.de).

3. Gib ein Suchwort ein. Das Suchwort „Storch" ergibt sehr viele Treffer. Besser sind ein genauerer Begriff oder mehrere Suchbegriffe, zum Beispiel „Weißstorch" und „Zugweg".

4. Bewerte die Suchergebnisse kritisch: Viele Internetseiten enthalten keine verlässlichen Informationen. Drucke geeignete Seiten aus oder speichere sie in einer Textdatei zum späteren Bearbeiten. Denke daran, als Quelle die Internetadresse anzugeben.

5. Überfliege die gefundenen Informationen. Markiere die Textstellen, die deine Fragen beantworten. *Beispiel:* Suche nach Gründen für den Storchenzug, nach Flugzielen und Zugwegen.
Kennzeichne Abschnitte, die weitere interessante Angaben enthalten, mit einer anderen Farbe und schreibe das Thema an den Rand (*Beispiel:* Flugdauer, Gefahren beim Flug).

6. Fasse die Aussagen der Textstellen mit eigenen Worten zusammen. Du kannst deine Texte durch Zeichnungen oder ausgedruckte Bilder ergänzen.

2

Grundlagen Zugvögel

3 *Schwalben brechen im August auf.*

4 *Flugformation von Graugänsen*

5 *Weißstorch in Afrika*

Schon im Spätsommer sammeln sich bei uns Zugvögel zum Abflug in ihre Winterquartiere am Mittelmeer oder in Afrika. Die Vögel fliegen oft Tausende von Kilometern weit. Im nächsten Frühling kehren sie in ihre Brutgebiete zurück. ▸3–6

Viele Graugänse aus Nordeuropa sind Wintergäste bei uns oder in den Niederlanden und Frankreich.

Ob ein Vogel zieht, wann er zum Aufbruch bereit ist, und in welche Richtung er fliegt, ist ihm angeboren. Unterwegs orientieren sich Zugvögel am Stand der Sonne und der Sterne, an auffälligen Geländemerkmalen und an den Magnetpolen der Erde.

Der weite Flug ins Winterquartier kostet die Vögel viel Energie. Daher fressen sie sich vorher Fettreserven an. Wenn diese aufgebraucht sind, werden sogar innere Organe abgebaut, um weitere Energie zu gewinnen. Vor allem große Vögel wie Störche nutzen warme Aufwinde, die über Landflächen entstehen. So können sie im Segelflug Energie sparen.

Viele Vögel überleben den Zug nicht. Sie sterben an Entkräftung, werden Opfer von Greifvögeln oder Jägern oder verletzen sich an Hochspannungsleitungen. Sogar Zusammenstöße mit Flugzeugen kommen immer wieder vor.

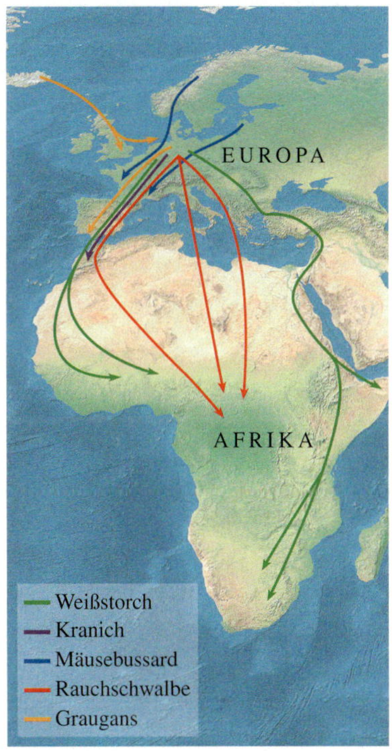

6 *Zugwege verschiedener Zugvögel*

Aufgaben

1 „Der Vogelzug hängt mit dem Nahrungsmangel zusammen." Erläutere diesen Satz am Beispiel des Weißstorchs.

2 Beschreibe die Zugwege von Mäusebussard, Kranich und Rauchschwalbe. Nimm deinen Atlas zu Hilfe und nenne die Länder, die diese Vögel überfliegen. Gib an, wo sie überwintern.

3 Erkläre, warum Störche nicht auf direktem Weg nach Afrika fliegen.

4* Finde heraus, warum Zugvögel beringt werden. ▸7 Schlage in einem Lexikon nach oder recherchiere im Internet.

5* Störche werden heute nicht mehr beringt. Recherchiere und notiere den Grund für den Verzicht auf die Beringung.

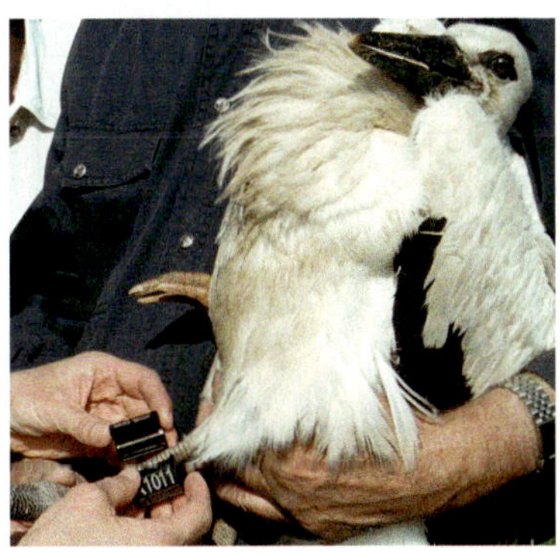

7 *Ein Storch wird beringt.*

Wie schützen sich Menschen und Tiere vor Kälte?

1 *Quietschvergnügt in Eis und Schnee ...*

2 *Winterkleidung schützt.*

3 *Das Dach wird wärmeisoliert.*

Untersuchen Experimentieren

1 Können Kleidung und Fell wärmen?
Als Ersatz für das Eisbärenfell oder für Winterkleidung verwenden wir Wolle oder Watte.

a Fülle zwei kleine Plastikdosen mit heißem Wasser und verschließe sie. Wickle eines der Gefäße in Watte ein, das andere bleibt auf dem Tisch stehen. ▸4

b Nach 30 Minuten prüfst du die Temperatur beider Gefäße, indem du sie an die Wange hältst. Was stellst du fest?

c Wickle das Gefäß wieder ein und prüfe beide Gefäße Stunden später.

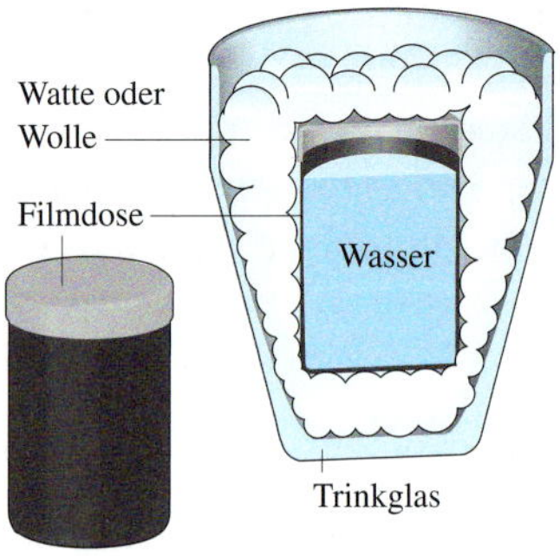

4

2* Wie Wohnungen uns vor Kälte schützen Bastle dir ein Versuchshaus aus einem Schuhkarton. ▸5 Als „Ofen" soll eine Blechdose mit 50 °C heißem Wasser hineinkommen.

a Das „Haus" stellst du in einen kühlen Raum. Miss die Anfangstemperatur im „Haus". Um wie viel ist die Temperatur nach einer halben Stunde gesunken?

b Probiere aus, wie du es schaffst, das Haus länger warm zu halten.

c Beschreibe deine Versuchsergebnisse und erkläre sie.

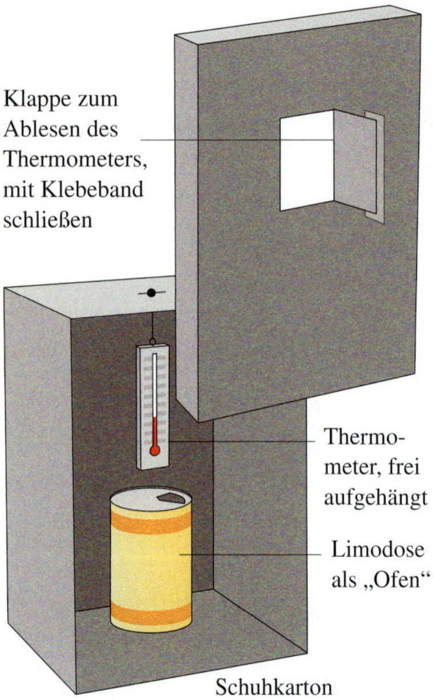

5 *Versuchshaus (Bastelanleitung)*

3* **Doppelt hält besser** Den Vorteil einer Doppelverglasung sollst du in einer Versuchsreihe herausfinden: Von einer Seite her wird das Fenster mit einem Haartrockner erwärmt. Auf der anderen Seite wird mit einem elektronischen Thermometer gemessen. ▸6

a Worin unterscheiden sich die drei Versuchsanordnungen?

b Plane selbst diese Versuchsreihe. (*Tipp:* Es wird eine Uhr benötigt.)

c Bevor du zu experimentieren beginnst: Überlege, welche Ergebnisse herauskommen könnten.

d Wenn die Ergebnisse feststehen, vergleicht sie miteinander. Versucht sie zu erklären.

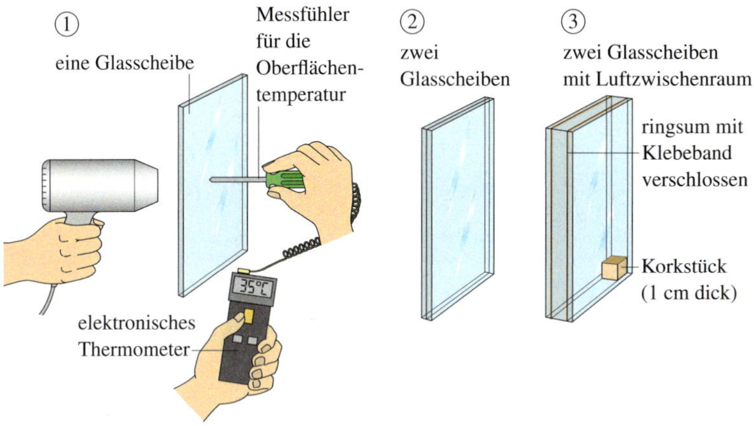

6 *Wärmedämmung durch Fenster*

In den folgenden Versuchen kannst du herausfinden, welche Stoffe Wärme schnell weiterleiten und welche nicht.

4 Münze oder Zündholz? Erhitze den Rand einer Münze. ▸7

a Wirst du zuerst die Münze loslassen (weil sie zu heiß ist) oder das Zündholz (weil du dir die Finger verbrennst)? *Gefahrenhinweis: Wenn's zu heiß wird, lass los!*

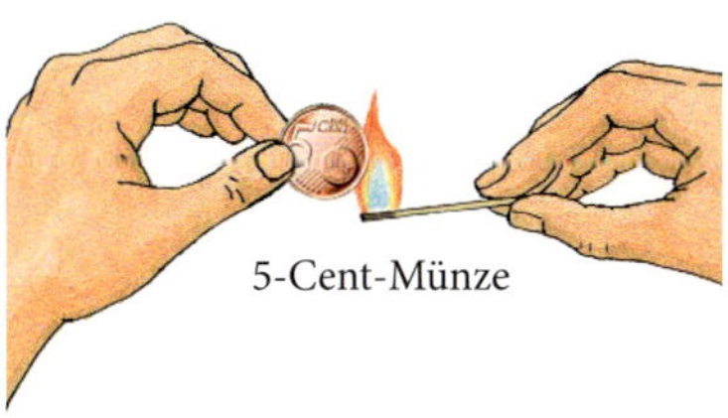

7

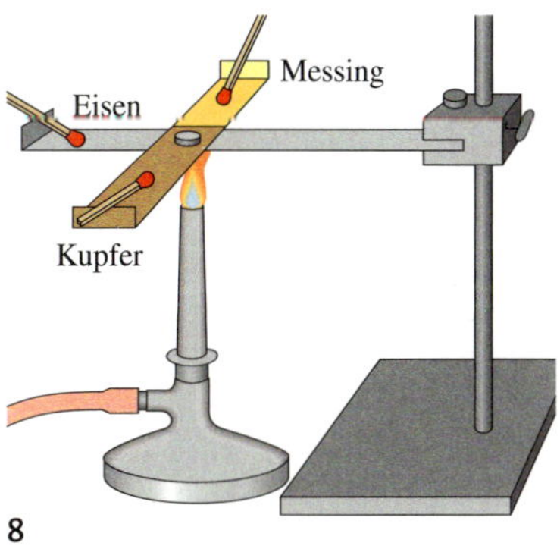

8

5 Was wird schneller heiß? Stelle einen hölzernen Kochlöffel und eine Suppenkelle aus Metall in heißes Wasser. Fasse sie nach einigen Minuten oben an.

a Was stellst du fest?

b Schreibe das Versuchsergebnis in einem Satz auf. Verwende dabei die Worte „Metall" und „Wärmeleitung".

6 Metalle im Test Drei gleich lange Streifen aus verschiedenen Metallen werden an einem Ende mit einer Flamme erhitzt. ▸8

a Welches Versuchsergebnis vermutest du?

b Suche nach einer Erklärung für deine Beobachtungen.

7 Ist Wasser ein guter oder ein schlechter Wärmeleiter?

a Erhitze das Wasser im oberen Teil des Becherglases. ▸9 Wie lange kannst du das Glas unten anfassen?

b Beantworte jetzt die Frage nach dem Wasser als Wärmeleiter.

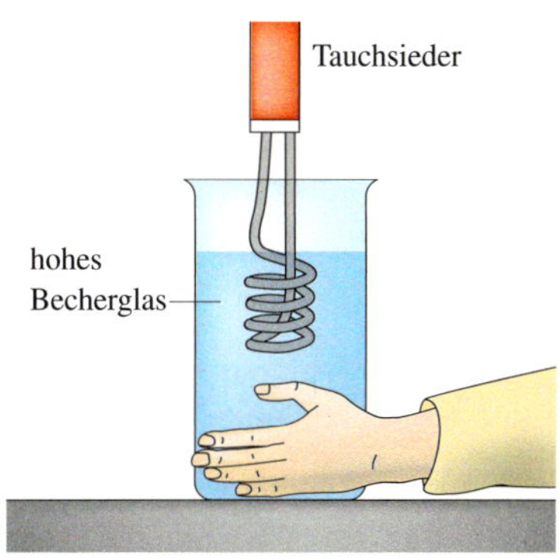

9

Methode Wie schreibe ich ein Versuchsprotokoll?

Versuche helfen uns, Naturerscheinungen planmäßig zu beobachten. Du kannst z. B. untersuchen, welche Stoffe die Wärme gut weiterleiten.

Bei Versuchen und Beobachtungen solltest du immer ein Protokoll anfertigen. Auch Wissenschaftler schreiben auf, was sie beobachtet, getan und gemessen haben. Solche Protokolle sind die Grundlage, um mit anderen über Beobachtungen und Experimente zu sprechen oder Versuchsergebnisse zu vergleichen. Die Protokolle unterstützen uns dabei, Regeln und Gesetze zu erkennen, die in der Natur gelten.

- Schreibe zuerst die Frage auf, die mit dem Versuch gelöst werden soll.
- Plane den Versuch: Skizziere den Versuchsaufbau und beschreibe, wie du vorgehst.
- Notiere deine Beobachtungen. Die Messwerte trägst du in eine Tabelle ein.
- Werte den Versuch aus. Formuliere das Ergebnis, z. B. die Antwort auf die Versuchsfrage.

Oft entstehen durch einen Versuch neue Fragen und Probleme, die zu weiteren Experimenten führen.

VERSUCHSPROTOKOLL

Name ...

Datum ...

Versuchsfrage:
Wie gut wärmen Kleidung und Fell?

Versuchsplan:
Ich untersuche an einer Dose mit warmem Wasser, wie gut Kleidung warm hält.

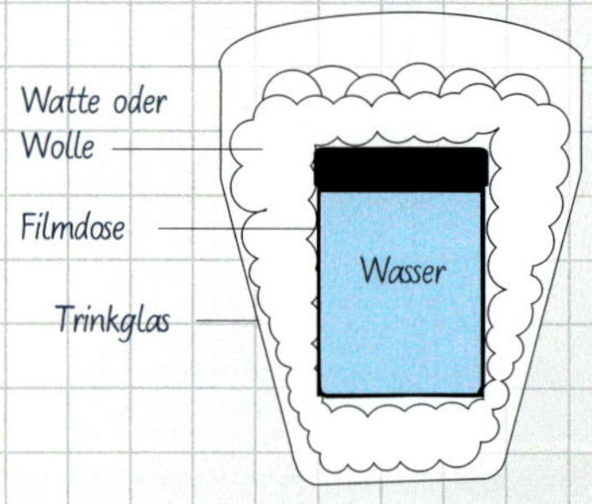

Durchführung:
1. Ich fülle 40 Grad Celsius warmes Wasser in zwei Filmdosen.
2. Ich umwickle eine der Filmdosen mit Watte.
3. Nach 30 Minuten prüfe ich die Temperatur in beiden Dosen.

Beobachtung:
In der Dose mit Watteumhüllung war die Wassertemperatur nach 30 Minuten noch 36 Grad Celsius. In der Dose ohne Isolierung war die Wassertemperatur nach 30 Minuten nur noch 28 Grad Celsius.

Auswertung:
Das Wasser in der mit Watte umwickelten Dose wird in 30 Minuten kaum kälter.
Watte isoliert gut.

VERSUCHSPROTOKOLL

Name: ...

Datum: ....

Versuchsfrage:
Welche Stoffe transportieren die Wärme gut?

Versuchsplan:
Ich untersuche, wie gut Metalle, Kunststoff und Holz die Wärme transportieren.

Material:
gleich lange und gleich dicke Stäbe aus Eisen, Kupfer, Plexiglas und Holz; Margarine, Becherglas, Wasser von 80 Grad Celsius

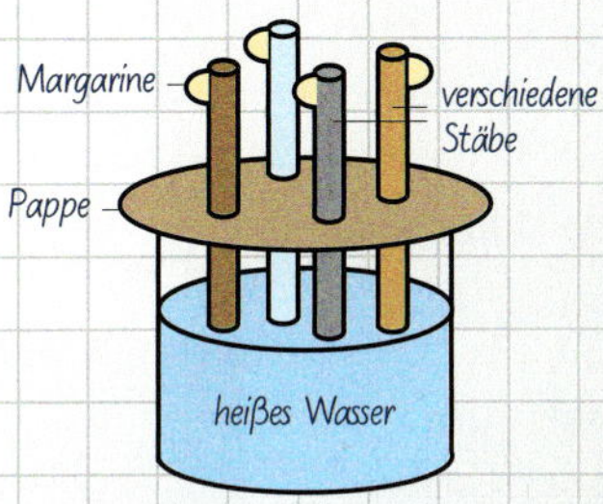

Durchführung:
1. Ich fülle ein Becherglas zur Hälfte mit ca. 80 Grad Celsius warmem Wasser.
2. Je einen Stab aus Eisen, Kupfer, Plexiglas und Holz führe ich durch eine durchlöcherte Pappe. Dann klebe ich an die Enden der Stäbe einen kleinen Klumpen Margarine.
3. Die Pappe mit den Stäben kommt dann auf das Becherglas, sodass alle Stäbe im warmen Wasser stehen.

Beobachtung:
Nach einer Minute fällt der Margarineklumpen von dem Kupferstab. Kurze Zeit später fällt der Klumpen von dem Eisenstab. Dann passiert lange Zeit nichts. Der Klumpen am Plexiglasstab verrutscht etwas.

Auswertung:
Kupfer und Eisen transportieren die Wärme gut. Holz transportiert die Wärme schlecht.

Name (Namen)

Datum/Uhrzeit

Frage oder Thema des Versuchs

Versuchsplan:
Beschreibe, wie du die Untersuchung durchführen willst. Skizziere die Versuchsgeräte und den Versuchsaufbau.

Durchführung:
Beschreibe, was du gemacht hast.

Beobachtung:
Beschreibe genau, was du gesehen, gehört, gerochen, gefühlt oder gemessen hast.
Manchmal hilft es, den Versuch mehrmals durchzuführen, um möglichst genau beobachten zu können.

Auswertung (Ergebnis):
Beantworte die Versuchsfrage und formuliere eine Regel.

Grundlagen / Wärmeleitung und Wärmedämmung

Wärme Wasser wird nicht von alleine warm. Seine Temperatur steigt nicht von selbst:

- Um Wasser zu erhitzen, stellst du es im Topf auf die heiße Herdplatte.
- Das Wasser im Planschbecken wird im Sommer von der Sonne erwärmt.

Zum Erwärmen muss dem Wasser immer etwas von außen zugeführt werden. Wir nennen es *Wärme (Energie)*. ▸1

Hast du schon einmal Wasser für einen Tee aufgesetzt? Wenn es nur eine Tasse sein soll, ist das wenige Wasser im Nu heiß. Für eine große Kanne Tee dauert es viel länger. In beiden Fällen wird zwar die gleiche Temperatur erreicht (100 °C). Aber je mehr Wasser kochen soll, desto mehr Wärme muss man ihm zuführen.

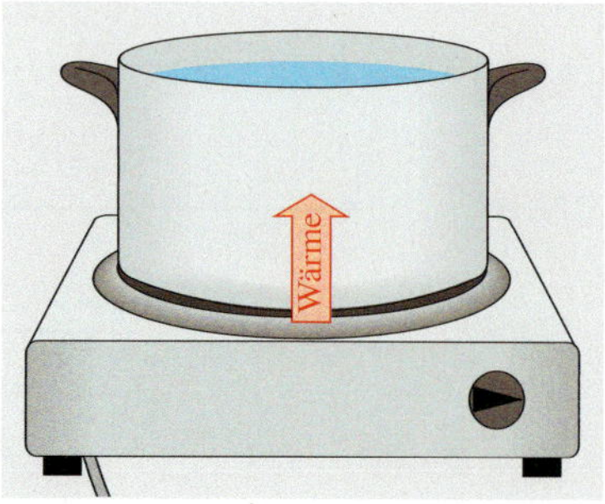

1

Wärmeleitung Der Eisenstab wird an einem Ende erwärmt. ▸2 Das andere Ende taucht in Wasser ein. Man beobachtet, dass die Temperatur des Wassers steigt. Es strömt also Wärme von der Flamme durch den Stab ins Wasser. Sie wird im Eisenstab weitergeleitet. Dabei bewegt sich das Eisen selbst nicht.

Beim Kochtopf wird die Wärme von der heißen Herdplatte durch den Topfboden ins Wasser geleitet. ▸3

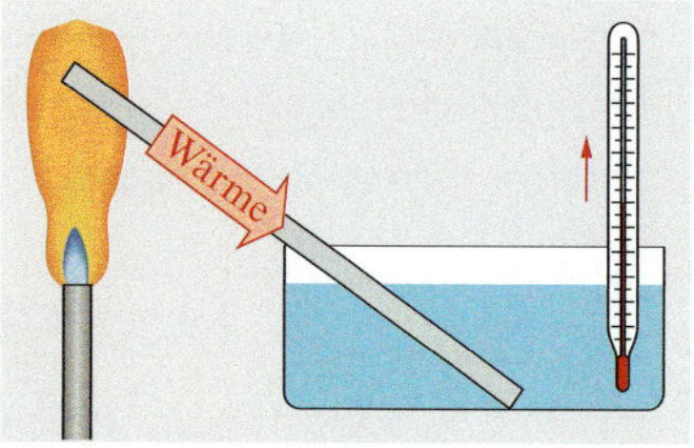

2 *Wärmeleitung in einem Eisenstab*

Wärme strömt immer vom heißen Ende eines Gegenstands zum kalten Ende. Dabei bewegt sich der Stoff nicht, aus dem der Gegenstand besteht. Dieser Vorgang heißt Wärmeleitung.

3 *Kochtopf mit Kupferboden*

Wärmeleiter Ein Kupferstab leitet Wärme viel besser als ein Glasstab. Unter den Stoffen gibt es gute und schlechte *Wärmeleiter*:

- Metalle wie Eisen, Aluminium und Kupfer sind sehr gute Wärmeleiter.
- Wasser, Glas, Stein und Beton sind keine guten Wärmeleiter.
- Luft und alle anderen Gase, Wolle, Glaswolle, Mineralwolle, trockenes Holz gehören zu den sehr schlechten Wärmeleitern (Isolatoren).

Wärmedämmung Als Kälteschutz besitzt der Eisbär ein dickes Fell und eine Speckschicht. Wir Menschen schützen uns durch bauschige Kleidung. Kleidung, Fell und Speckschicht dienen der *Wärmedämmung*. Sie verhindern, dass unser Körper rasch Wärme an die Umgebung abgibt und so auskühlt. Auch bei Häusern ist die Wärmedämmung wichtig, um die Energieabgabe an die Umgebung zu verringern. Zum Wärmedämmen nimmt man Materialien, die viel Luft enthalten. ▸4–5

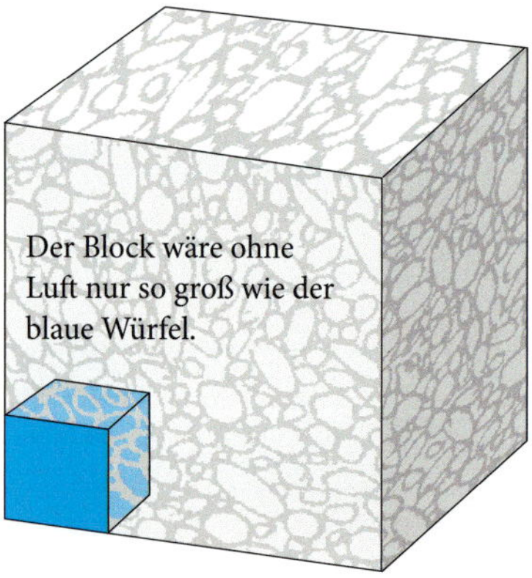

4 *Luft im Styroporblock*

5 *Winterjacke (Aufbau)*

Aus Natur und Umwelt Wärmedämmung bei Tieren

Säugetiere und Vögel sind *gleichwarme Tiere*. Ihre Körpertemperatur bleibt immer ziemlich gleich. Sie liegt zwischen 37 °C und 41 °C – auch bei Walross und Robbe in den Polargebieten oder bei Wasservögeln und Ponys im Winter. ▸**6–8**
Tiere erwärmen ihren Körper durch Bewegen und durch Muskelzittern. Die nötige Energie stammt aus der Nahrung. Damit die Körperwärme nicht nutzlos an die Umgebung abgegeben wird, besitzen Säugetiere und Vögel eine Wärmedämmung: ein Fell, eine Speckschicht oder ein Federkleid. Gefieder und Fell enthalten viel Luft, Fett oder Speck sind schlechte Wärmeleiter.
Das Winterfell der Tiere ist viel dichter als das Sommerfell. ▸**8** Damit sich das Gefieder nicht mit Wasser vollsaugt, wird es von Fettdrüsen immer wieder eingefettet. So können Wasservögel auch kalte Winter überstehen.

6 *Walross*

7 *Pony im Sommer*

8 *Pony im Winter*

Aufgaben

1 In einem kleinen Planschbecken ist das Wasser schon nach einem Tag angenehm warm. Bei einem Freischwimmbad kann es Wochen dauern, bis die gleiche Temperatur erreicht ist. Woran liegt das?

2 Ordne nach ihrer Fähigkeit, Wärme zu leiten: Eisen, Glas, Kupfer, Luft, Styropor.

3 „Zieh dir eine warme Jacke an!“ Beschreibe, worauf die Wirkung der Jacke beruht. Woher kommt die Wärme bei der „warmen Jacke“?

4 Das Gewebe einer Winterjacke wird wieder bauschig, wenn man es zusammendrückt und loslässt. Wieso ist das für die Wärmedämmung wichtig?

5 Bei strenger Kälte sehen Vögel dicker aus als normal. ▸**9–10** Wodurch sind sie dicker geworden? Welchen Nutzen hat das?

6* Sandra und Alex wollen einen Behälter bauen. Er soll im Sommer Getränke länger kalt und im Winter länger warm halten.

a Kann das ein und derselbe Behälter leisten? Begründe deine Antwort.
b Welche Stoffe könnten Sandra und Alex nehmen?
c Fertige eine Zeichnung an und benenne die Stoffe. Begründe, warum du gerade diese Stoffe vorschlägst.
d Du sollst nachweisen, dass der Behälter die gewünschte Wirkung hat. Plane dazu Versuche.
e Alex behauptet: „Unser Behälter wärmt Früchtetee.“ Hat er recht? Begründe deine Antwort. Wenn nötig, schreibe den Satz anders auf.

9 *Rotkehlchen im Winter*

10 *Rotkehlchen im Sommer*

Ein warmes Zimmer dank Heizung

▷ Wie kommt die Wärme ins Wohnzimmer?

1

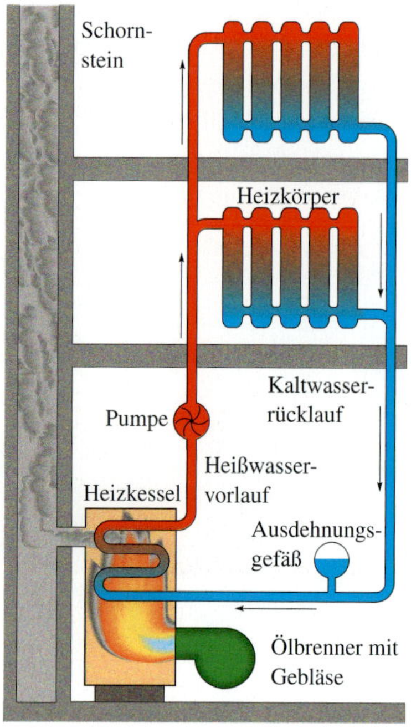

2 *Heizungsanlage*

Untersuchen Experimentieren

1 Wie funktioniert eine Heizungsanlage?

a Fühlt mit der Hand bei einem großen Heizkörper, wie heiß die beiden Zuleitungsrohre sind. Stellt ihr Unterschiede fest? Erklärt!

b Schaut euch die Heizung im Keller an oder lasst euch vom Hausmeister die Zentralheizung zeigen und erklären.

c Schau dir die Zeichnung oben an. ▸2 Beschreibe die mit Öl betriebene Heizungsanlage. Verwende dabei auch den Begriff Wärme (Energie). Beginne beim Brenner.

2 Eine „Heizungsanlage" ohne Pumpe Das Gefäß stellt eine Heizungsanlage dar. Der Bereich der Flamme ist der Heizkessel. Das übrige Gefäß ist Heizkörper und Zuleitungsrohr zugleich. ▸3 Was passiert, wenn das Wasser erwärmt wird? Erkläre!

3* Wie die Heizung die Luft im Zimmer erwärmt Schneide dir eine Papierspirale aus. Stecke an ihrem inneren Ende von unten her eine Stecknadel hindurch. So kann sich die Spirale drehen.
Halte deine Spirale einige Minuten über eine Wärmequelle. ▸4

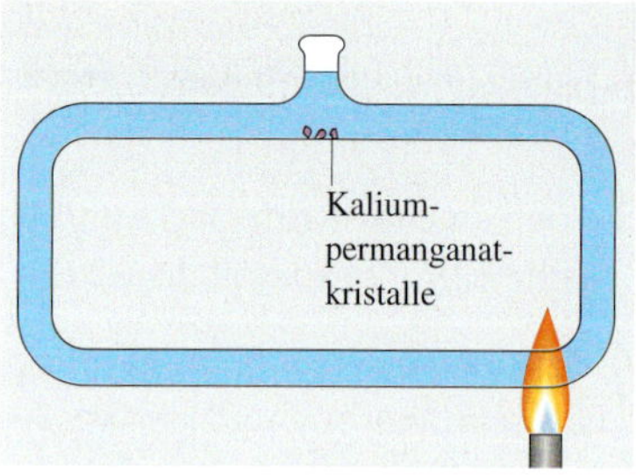

3 *Modell für die Heizungsanlage*

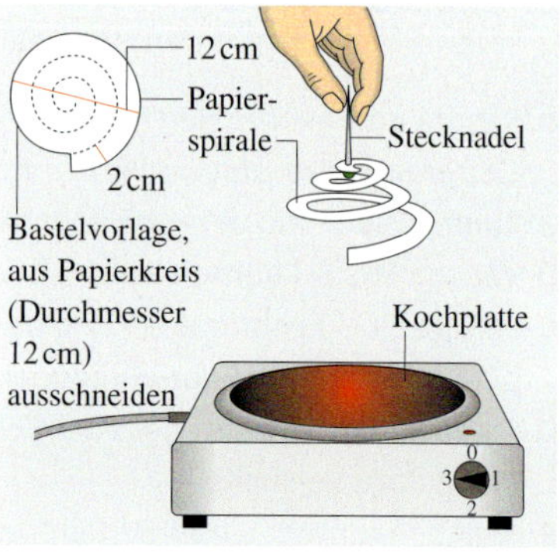

4

Grundlagen Wärmetransport durch Strömung von Stoffen

In einer Heizungsanlage fließt Wasser im Kreislauf. ▸5 Das Wasser wird im Heizkessel erhitzt und transportiert Wärme (Energie) zu den Heizkörpern. Dort gibt es sie an die Räume ab. Das abgekühlte Wasser strömt zurück zum Heizkessel. Eine Pumpe sorgt dafür, dass es durch Rohrleitungen und Heizkörper strömt.
Auch warme Luft kann Wärme transportieren.

In erhitztem Wasser oder warmer Luft ist Wärme (Energie) gespeichert. Zusammen mit dem Wasser oder der Luft kann die Wärme strömen. Man spricht von einem Wärmetransport durch Strömung.

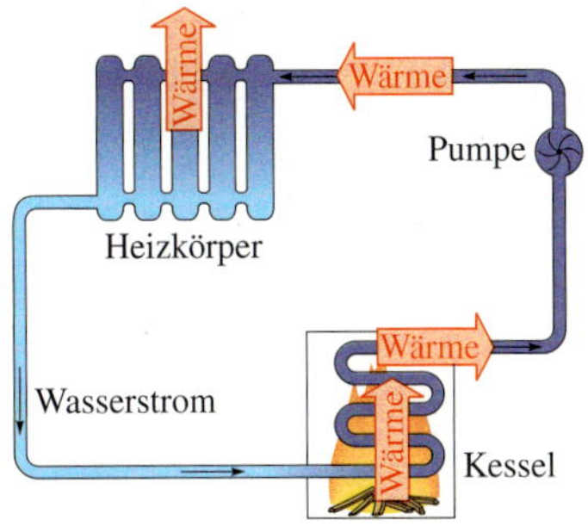

5 *Warmwasserkreislauf (mit Pumpe)*

Erweiterung Wärmetransport durch Strömung – ohne Pumpe

Über einer heißen Kochplatte oder einem Heizkörper wird Luft erwärmt. Sie steigt auf, weil sie von kalter Luft aus der Umgebung verdrängt wird. Beim Aufsteigen führt sie Wärme (Energie) mit. Oben strömt sie von der Heizung weg und gibt Wärme an Decke, Wand und Möbel ab. Die abgekühlte Luft sinkt wieder zum Boden und fließt zum Heizkörper zurück. ▸6
Ein ähnlicher Kreislauf kann auch in Wasser zustande kommen. ▸3

Strömungen von Stoffen können auch durch die Wärmequelle selbst angetrieben werden.

6 *Warmluftkreislauf (ohne Pumpe)*

Aus der Umwelt Der Golfstrom

Der Golfstrom ist eine der wichtigsten Meeresströmungen. Du kannst ihn dir als einen breiten, tiefen Strom von warmem Wasser mitten im Atlantischen Ozean vorstellen. Er führt 100-mal so viel Wasser wie alle Flüsse Europas zusammen!
Der Golfstrom ist Teil eines großen Wasserkreislaufs im Atlantik. Seinen Namen hat er vom Golf von Mexiko. Dort ist das Wasser durchschnittlich 25 °C warm. Auf seinem Weg durch den Atlantik nimmt der Golfstrom die in ihm gespeicherte Wärme mit. Er erreicht schließlich die Südspitze Englands. Von dort strömt das warme Wasser weiter zur Küste Norwegens. Selbst im kühlen Norden ist es immer noch um 2–3 °C wärmer als das ihn umgebende Atlantikwasser.
Die Luft über dem Wasser nimmt viel von der durch den Golfstrom mitgeführten Wärme auf. Sie gelangt als milder Westwind an die Küste. Das bewirkt, dass das Klima Nordwesteuropas milder ist als das anderer Gebiete, die genauso weit im Norden liegen.
Folgen dieser riesigen „Warmwasserheizung" sind:
Die Westküste Norwegens bleibt selbst in kalten Wintern eisfrei.
In Norwegen reifen im Sommer Erdbeeren und Kirschen.
An der Südwestküste Englands gedeihen sogar Palmen.

Aufgaben

1 Auch ein Wärmetransport … ▸7
Erläutere ihn.

2* Ein Bussard kann in höhere Luftschichten aufsteigen, ohne seine Flügel zu bewegen. Suche eine Erklärung dafür.

3* Verfolge im Atlas den Verlauf des Golfstroms. Kopiere die Landkarte und zeichne den Golfstrom ein. Wo beginnt und wo endet er? An welchen Ländern fließt das warme Wasser vorbei? Welchen Einfluss hat es auf das Klima dieser Länder?

7

Die Sonne wärmt uns auch im Winter

▷ Die Luft ist ziemlich kalt. Trotzdem fühlen sich die Urlauber in der Sonne wohl.

▷ Es ist nicht die Umgebungsluft, die hier wärmt!

1 *Sonnenbaden im Winter*

Untersuchen Experimentieren

1 Gefühlte Strahlung Halte deine Hand dicht vor deine Wange. Was fühlst du? Versuche zu erklären.
Halte deine Hand neben deine Schreibtischlampe. ▸**2** Bringe zwischen Lampe und Hand ein Blatt Papier. Was beobachtest du?

2 Strahlung umlenken Überziehe eine Postkarte glatt mit glänzender Aluminiumfolie. Als Wärmequelle dient ein Toaster.
a Stelle den Toaster neben dich. Schaffst du es, die Alufolie so zu halten, dass sie dein Gesicht erwärmt? Erkläre deine Beobachtung.
b Halte die Postkarte mit der Folie nahe an deine Wange. Halte dann deine Hand im gleichen Abstand an die Wange. Woher kommt die Wärme?

3 Strahlung überträgt Energie An kühlen Tagen kann man mit Heizstrahlern die nähere Umgebung erwärmen. ▸**3** Wo musst du dich vor einem solchen Strahler aufhalten? Wie kommt dabei die Energie zu dir?

4 Was wird heißer, Schwarz oder Weiß? Lege im Freien ein weißes und ein schwarzes Papier nebeneinander in die Sonne. Unter beide Blätter kommt als Isolierung eine Zeitung. ▸**4** Prüfe nach 15 Minuten mit der Wange die Temperatur der Oberfläche.

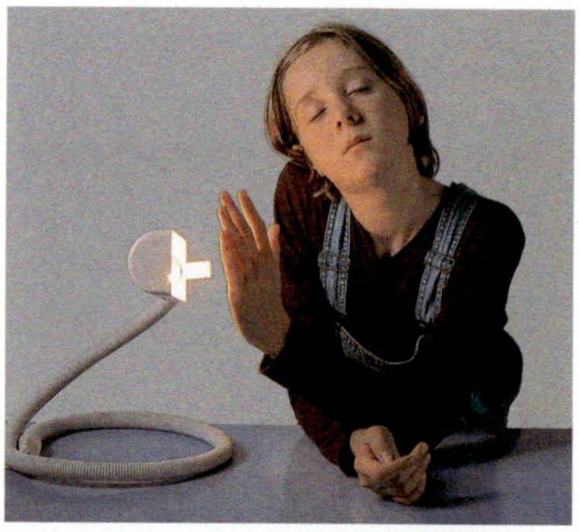
2 *Spürst du, ob die Lampe leuchtet?*

3 *Heizstrahler – wo wird es warm?*

4 *Was wird heißer?*

Grundlagen Strahlung und Energie

Sehr heiße Dinge, wie die Sonne, der Glühdraht einer Glühlampe oder eine Kerzenflamme, strahlen Energie zum großen Teil in Form von sichtbarem Licht ab. Ein warmer Heizkörper, eine warme Herdplatte oder deine Hand sind nicht so heiß. Sie geben unsichtbare Strahlung ab. Je wärmer ein Heizkörper ist, desto schneller wird die Stube warm. Ein heißer Heizkörper gibt also mehr Energie ab als ein warmer.

Je höher die Temperatur eines Gegenstands ist, desto mehr Energie strahlt er ab.

Die Strahlung der Sonne geht auch durch das luftleere Weltall. Sie breitet sich geradlinig aus.
Die Blätter eines Baums halten die sichtbare und unsichtbare Strahlung der Sonne ab. Das Glas eines Fensters oder eines Wintergartens dagegen ist für die Sonnenstrahlung weitgehend durchlässig. Hohlspiegel können die Strahlung bündeln.
Wenn die Strahlung auf einen Gegenstand trifft, nimmt er sie teilweise auf: Die Strahlung wird *absorbiert*. Dadurch wird der Gegenstand erwärmt. Dunkle Gegenstände oder der Erdboden absorbieren die Strahlung gut und erwärmen sich schnell. Helle oder farbige Gegenstände streuen die Strahlung. Spiegelnde Oberflächen wie z. B. Wasseroberflächen *reflektieren* einen Teil der Strahlung, sie werfen ihn zurück und erwärmen sich langsamer.

Wenn Strahlung auf einen Gegenstand trifft, kann sie aufgenommen (absorbiert), gestreut oder zurückgeworfen (reflektiert) werden. Die Sonnenstrahlung, die auf die Lufthülle der Erde trifft, wird zum größten Teil von der Erde und der Lufthülle aufgenommen. Der Rest wird ins Weltall zurückgestreut. ▸5

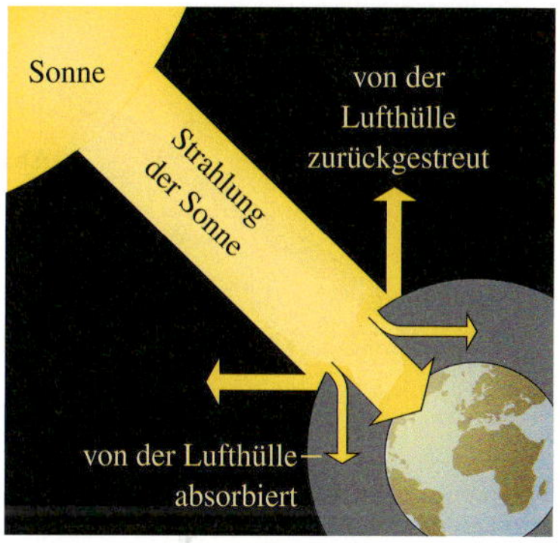

5 *Sonnenstrahlung trifft auf die Lufthülle der Erde.*

Aufgaben

1 Was bedeutet absorbieren und was reflektieren?

2 Astronauten tragen helle Anzüge, Rohre von Sonnenkollektoren sind schwarz. ▸6–7 Begründe!

3 Nenne einige Gegenstände, die Energie abstrahlen.

4* In den Verbandskästen liegt eine dünne „Wärmeschutzfolie“ aus Kunststoff. Die eine Seite ist mit einer glänzenden Metallschicht überzogen. Wie muss man einen Verletzten in die Folie einpacken, um ihn warm zu halten? Begründe das Vorgehen.

6 *Dunkle Sonnenkollektoren*

7 *Helle Astronautenkleidung*

Aus Umwelt und Technik Solaranlagen für warmes Wasser

Manche Häuser sind auf ihrer Südseite mit Solaranlagen oder Sonnenkollektoren ausgestattet. In ihnen wird Wasser durch die Sonnenstrahlung erwärmt.
Und so funktioniert ein Sonnenkollektor: ▸1

- Die Sonnenstrahlung dringt durch die Glasscheiben und trifft auf die schwarze Absorberplatte aus Metall; dort wird die Strahlung absorbiert. Die Temperatur der Platte steigt daraufhin an.
- Hinter der Absorberplatte wird eine Flüssigkeit in Rohrleitungen vorbeigepumpt. Diese Flüssigkeit kann Wärme sehr gut speichern; sie gefriert auch erst bei viel tieferen Temperaturen als Wasser. Die Flüssigkeit in den Rohren wird von der Absorberplatte erwärmt.
- Dann wird sie in den Wärmetauscher geleitet. ▸2 Im Wärmetauscher gibt die Flüssigkeit die Energie an das kalte Leitungswasser ab.

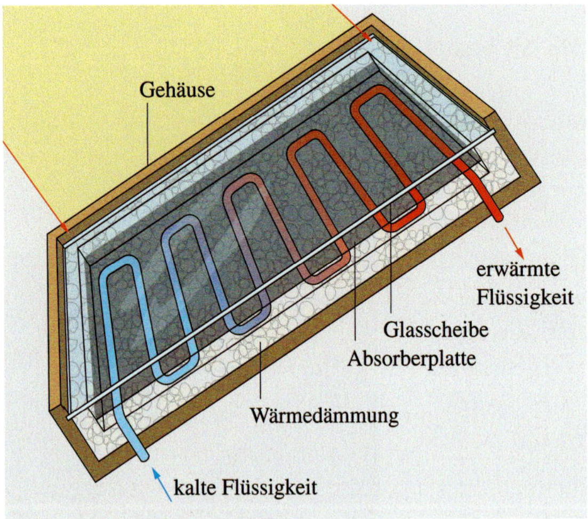

1 *Sonnenkollektor (Aufbau)*

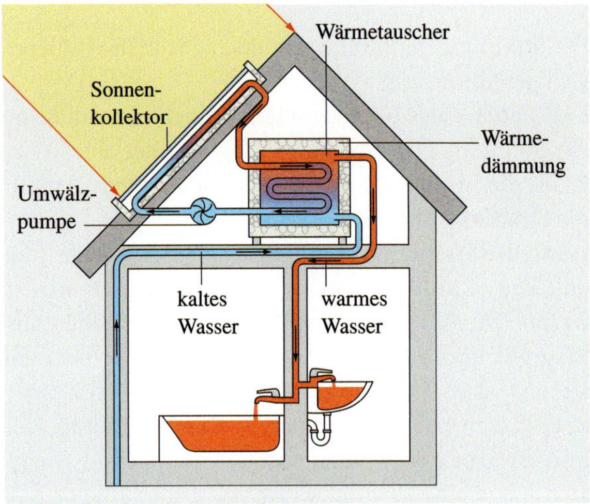

2 *Warmwasserversorgung mit Sonnenkollektoren*

Aufgaben

1 Wie wird das Leitungswasser im Sonnenkollektor erwärmt? Beschreibe den Vorgang. Welche Aufgabe hat ein Wärmetauscher?

2* Bauanleitung für einen Sonnenkollektor

a *Benötigt werden:* Spanplatte (50 cm · 50 cm), Dachlatte (2 m lang), Klarsichtfolie, 5 m Gartenschlauch, Nägel, Holzleim, Dachnägel, schwarzer Karton oder schwarze Wandfarbe.
Aufbau: Befestigt die Latten hochkant auf der Grundplatte mit Leim und Nägeln. ▸3 Lasst bei A und E Platz für den Schlauch. Er wird mit Dachnägeln auf der Platte befestigt. Beklebt ihn mit schwarzem Karton oder streicht ihn schwarz an.
Stellt den Kollektor senkrecht zum Sonnenlicht auf. ▸4 Verbindet ihn über einen Schlauch mit dem Wasserhahn und lasst ihn volllaufen.

b Untersucht, wie stark und wie schnell sich das Wasser im Kollektor erwärmt. Messt alle 30 Minuten. Notiert die Messwerte in einer Tabelle.

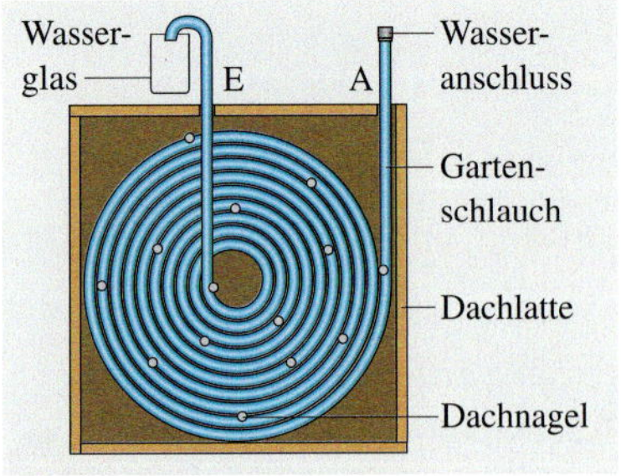

3

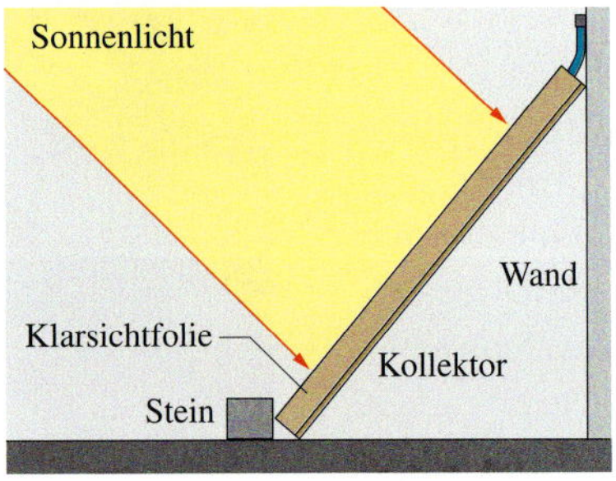

4

Überblick

Wie Tiere überwintern
Tiere sind an den Wechsel der Jahreszeiten angepasst. Sie überstehen den Winter auf verschiedene Weise: *Wechselwarme Tiere* (Kriechtiere, Lurche, Fische) fallen an frostsicheren Orten in die Winterstarre.
Gleichwarme Tiere (Säugetiere und Vögel) schützen sich durch ein dickes Fell, Gefieder oder ein Fettpolster. Viele Säugetiere halten Winterschlaf oder Winterruhe.
Gefieder und Fell (Skianorak und Winterpulli) sorgen dafür, dass der warme Körper nur langsam Energie an die kältere Umgebung abgibt. Zur Wärmeisolierung sind Materialien gut geeignet, die viel Luft enthalten.

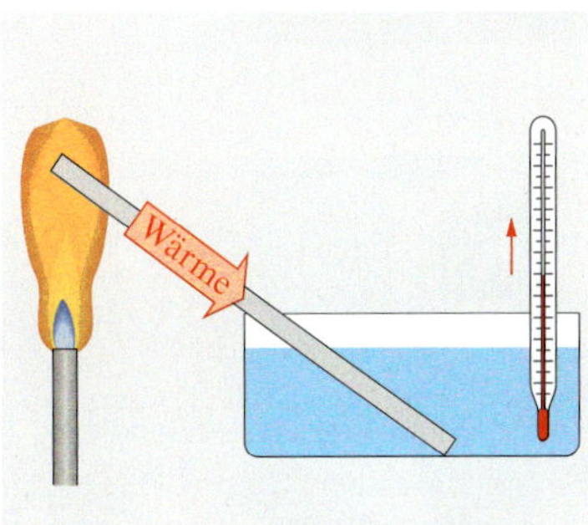

5

Wärmeleitung
Wärmeleitung erfolgt in Stoffen, ohne dass sich der Stoff bewegt. Die Wärme (Energie) wird vom heißen zum kalten Teil des Körpers geleitet.
Gute Wärmeleiter sind alle Metalle. Sehr *schlechte Wärmeleiter* wie Luft und Styropor benutzt man zur Wärmedämmung.

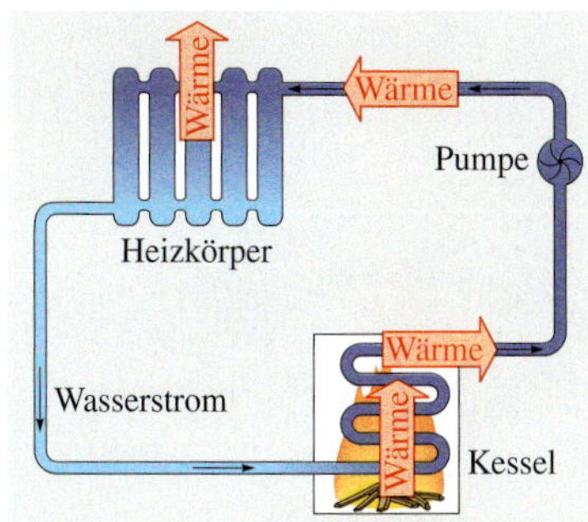

6

Strömung
Wenn sich ein erwärmter Stoff bewegt, wird die in ihm gespeicherte Wärme (Energie) mitbewegt.
Diesen Energietransport durch Strömung gibt es nur bei Flüssigkeiten und Gasen.

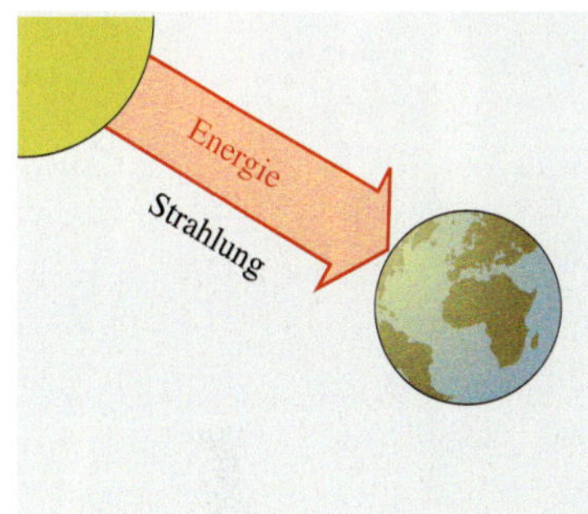

7

Strahlung
Sonnenenergie erhalten wir durch Strahlung. Dabei ist kein Stoff als „Transportmittel" nötig.
Auch alle anderen heißen Körper strahlen Energie ab.

Alles klar?

1 Warum werden nur die Außenmauern eines Hauses gut wärmeisoliert? Welche Isolierstoffe kennst du?

2 Eine dünne Styroporwand isoliert besser als eine dicke Betonmauer. Woran liegt das?

3 Gib jeweils an, ob es sich um Wärmeleitung, Strömung oder Strahlung handelt. Versuche deine Antwort zu begründen.
a Den Kuchen holt man mit Topflappen aus dem Ofen.
b Über Heizkörpern werden weiße Wände schmutzig.
c Sonnenkollektoren sind unter der Glasabdeckung schwarz gefärbt.
d Heißen Tee trinkt man nicht aus einfachen Metallbechern.
e Die Sonne erwärmt die Erde, obwohl der Weltraum leer ist.

4 In einer Thermoskanne ▸8 bleiben Getränke stundenlang warm (oder kalt). Wie wird die Energieabgabe an die Umgebung verhindert?

5* In Polargebieten können zwar Eisbären und Pinguine leben, aber keine Schlangen und Echsen. Erkläre!

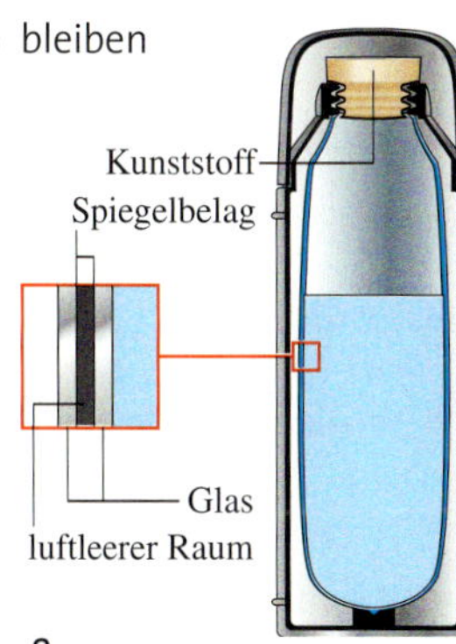

8

Schnee und Eis, alles nur Wasser

▷ Viermal Wasser, das seinen Zustand ändert oder gleich ändern wird …

1 2

3

4

Untersuchen Experimentieren

1 Wasser und Wasserdampf beim Kartoffelkochen

a Miss mit einem Messbecher, wie viel Wasser du zum Kartoffelkochen nimmst. Notiere den Wert.

b Warum hebt sich der Deckel, wenn die Kartoffeln kochen?

c Halte einen kühlen Spiegel oder Deckel über den Topf.

d Warte, bis die Kartoffeln gar sind. Gieße dann das Wasser vorsichtig in einen anderen Topf ab. *Achtung: Das Wasser ist heiß! Nimm Topflappen und den Deckel zu Hilfe.*

e Miss, wie viel Wasser übrig geblieben ist. Wo könnte das restliche Wasser geblieben sein?

2 Wo bleibt das Wasser? Gib einen Esslöffel Wasser auf eine Untertasse. Stelle das Ganze an einen warmen Platz. Wie lange dauert es, bis alles Wasser verschwunden ist? Was ist mit dem Wasser geschehen?

3 Wie heiß kann Wasser werden? Erhitze Wasser, bis es siedet. ▸5 Nach dem Sieden erhitzt du es noch zwei Minuten weiter.

a Lies alle 30 Sekunden die Temperatur ab. Trage die Messwerte in eine Tabelle ein. Was fällt dir auf?

b Stelle die Werte in einem Diagramm dar und zeichne die Messkurve ein.

4 Wie kalt kann Wasser werden? Ein Becherglas wird mit einer Mischung aus zerstoßenem Eis und Kochsalz gefüllt. In das Becherglas wird ein Reagenzglas mit Wasser gestellt. ▸6 Miss alle 30 Sekunden die Temperatur und rühre hin und wieder um. Notiere deine Messwerte in einer Tabelle. Was fällt dir auf?

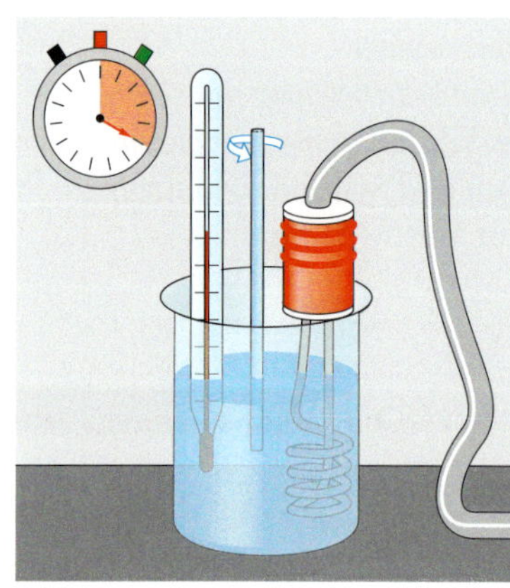

5 *Erhitzen von Wasser*

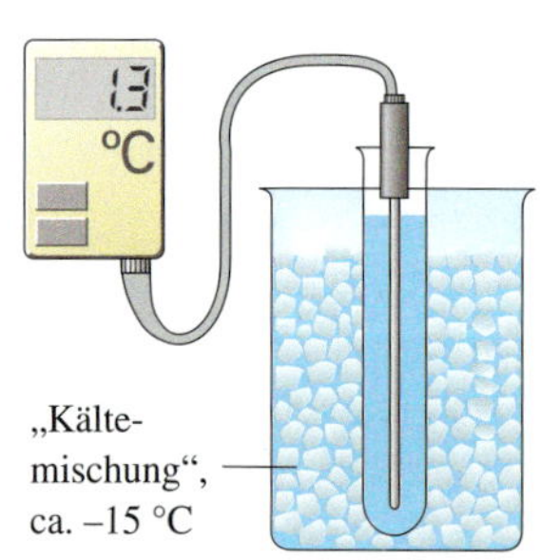

6 *Abkühlen in einer Kältemischung*

Methode Messkurven zeichnen

Wenn die Messwerte im Diagramm eingetragen sind, kannst du die Messkurve zeichnen. ▸6

Verbindest du die Messpunkte direkt miteinander, ergibt sich eine Zickzacklinie (schwarze Linie im Bild). Besser ist es, eine glatte „Idealkurve" zu zeichnen, die ungefähr die Messpunkte trifft (rote Kurve).

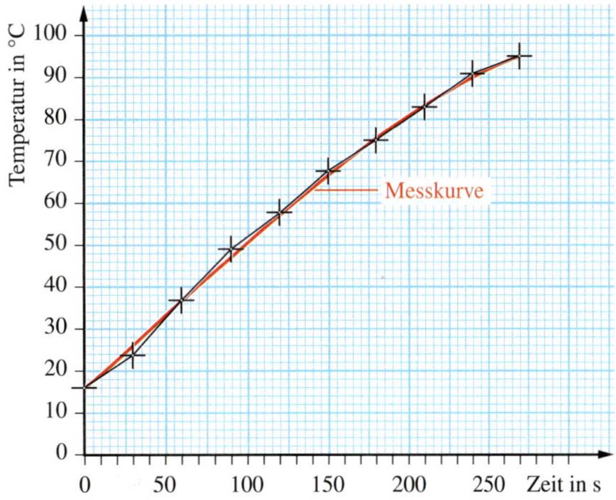

6 *Zeit-Temperatur-Diagramm*

Aufgaben

1 Die Tabelle, nach der das Diagramm gezeichnet wurde, ist unvollständig. ▸7

a Lies die fehlenden Werte aus dem Diagramm ab.

b*Lies aus der Messkurve ab: Welche Temperaturen wurden nach 50 s, 100 s und 200 s erreicht?

Zeit in s	0	30	60	90	120	150	?	210	240	?
Temperatur in °C	16	24	37	?	58	68	75	83	91	?

7

Grundlagen Fest – flüssig – gasförmig

Zustandsformen Wasser kommt als festes Eis, flüssiges Wasser oder gasförmiger Wasserdampf vor. Sein Zustand hängt von der Temperatur ab. ▸8

Schmelzen und Erstarren Wenn man Eis erwärmt, *schmilzt* es bei 0 °C. Das Wasser geht vom festen in den flüssigen Zustand über. Man sagt: Die *Schmelztemperatur* von Wasser beträgt 0 °C.
Beim Abkühlen *erstarrt* das Wasser bei der gleichen Temperatur. Aus flüssigem Wasser wird festes Eis.

Verdampfen und Kondensieren Bei 100 °C siedet Wasser. Im Innern der Flüssigkeit bilden sich Dampfblasen. Das flüssige Wasser geht in den gasförmigen Zustand über, es *verdampft*. Die *Siedetemperatur* von Wasser beträgt 100 °C.

Das Regenwasser in einer Pfütze wird auch unterhalb seiner Siedetemperatur zu Wasserdampf. Das Wasser *verdunstet*.
Beim Abkühlen geht Wasserdampf wieder in den flüssigen Zustand über. Der Dampf *kondensiert*.

Energie zum Schmelzen und Verdampfen Beim Sieden steigt die Temperatur des Wassers trotz Energiezufuhr nicht an. Die Energie ist nötig, um das Wasser zu verdampfen. Auch zum Schmelzen von Eis braucht man Energie.

Eis wird flüssig, wenn es die Schmelztemperatur (0 °C) erreicht. Bei der Siedetemperatur (100 °C) siedet das Wasser. Es entsteht Wasserdampf.

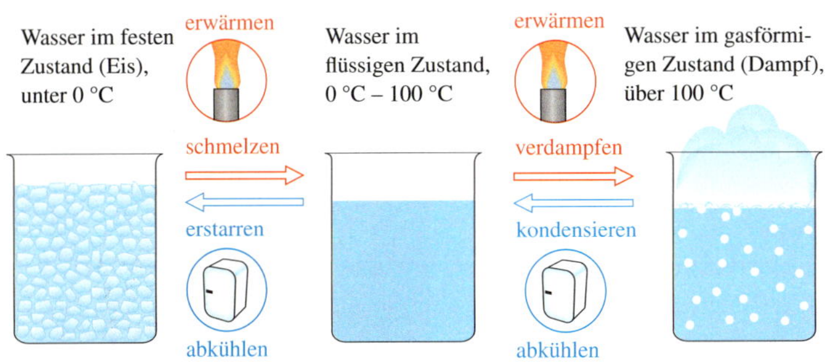

8 *Zustandsänderungen von Wasser*

Aufgaben

1 Wenn man als Brillenträger im Winter von draußen in eine warme Wohnung kommt, beschlägt die Brille. Warum?

2 Der Zustand von Alkohol ändert sich bei –115 °C und bei 78 °C. Wie heißen diese Temperaturen? Welche Zustandsänderungen treten bei diesen Temperaturen ein?

Vom inneren Aufbau der Stoffe

▷ Ein und derselbe Stoff, z. B. Wasser, kann in verschiedenen Zustandsformen auftreten. Er kann fest, flüssig oder gasförmig sein, bleibt aber immer derselbe Stoff. Wie ist das möglich?

▷ Wie kann man sich den inneren Aufbau von Stoffen vorstellen?

1

Beobachten Untersuchen

1 Kann man Salzkristalle immer weiter zerlegen?

a Zerschlage ein Salzkristall. Betrachte die Bruchstücke. Zerkleinere ihn immer weiter. Benutze eine Lupe. Was stellst du fest?

b Löse Salz in Wasser auf. Das Salz ist nicht mehr zu sehen, aber zu schmecken. Versuche zu erklären.

2 Fein verteilte Düfte Versprühe ein wenig Parfüm. Prüfe, ob du es im ganzen Raum riechen kannst.

Grundlagen Das Teilchenmodell

Salzbrocken lassen sich durch Zerstoßen oder Zerschlagen in kleine Bruchstücke zerlegen. Gibt man Salz in Wasser, so löst es sich auf und ist für das Auge nicht mehr sichtbar. Das Salz muss aber noch vorhanden sein, da wir es schmecken. Um solche Beobachtungen zu erklären, müssen wir Vorstellungen vom inneren Aufbau der Stoffe entwickeln.

2

Wir stellen uns vor, dass alle Gegenstände aus kleinsten Teilchen aufgebaut sind.

In festen Gegenständen haben die Teilchen einen starken Zusammenhalt wie Legosteine in einem „Bauwerk“. ▸2 In Flüssigkeiten können wir leicht mit einem Löffel rühren. Eine offene Wasserpfütze verschwindet „von selbst“. Die Teilchen in Flüssigkeiten sind also leicht voneinander trennbar. Sie haben keinen so festen Zusammenhalt. In einer Flüssigkeit sieht es aus wie auf einer sehr vollen Tanzfläche. ▸3
Der Duft von Parfüm ist überall im Zimmer zu riechen. Wasserdampf verteilt sich in der Küche. In Gasen haben die Teilchen keinen festen Zusammenhang. Sie verteilen sich wie ein Mückenschwarm im ganzen Raum.

3

Methode Zustandsformen im Teilchenmodell

Ein und derselbe Stoff kann fest, flüssig oder gasförmig sein. Im Teilchenmodell können wir uns die Zustandsformen so vorstellen:

Stoffe im festen Zustand

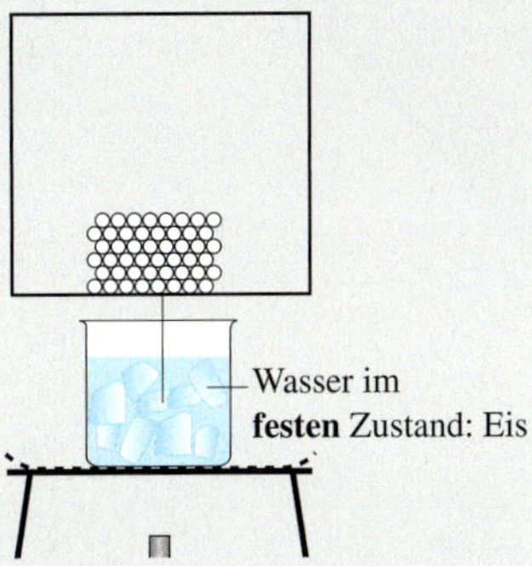

4

Bei einem Stoff in *festem* Zustand liegen die Teilchen, aus denen er besteht, dicht zusammen.
Die Teilchen haben einen starken Zusammenhalt. Sie können ihren Platz nicht verlassen.

Stoffe in flüssigem Zustand

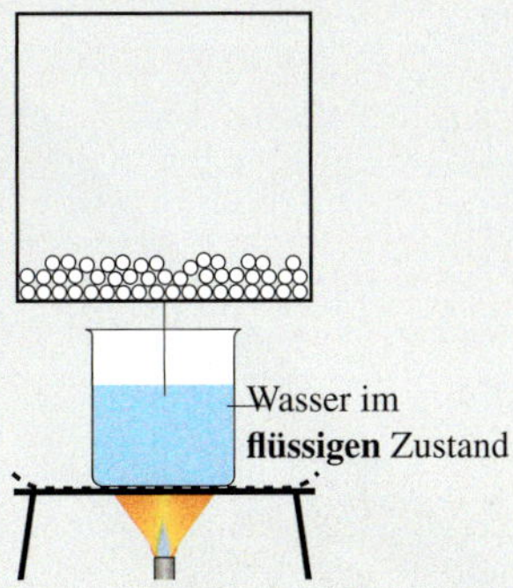

5

Auch im *flüssigen* Zustand besitzen die Teilchen einen Zusammenhalt.
Er ist aber nicht so groß wie im festen Zustand. Die Teilchen haben nun keine festen Plätze mehr. Sie können sich gegeneinander verschieben.

Stoffe in gasförmigem Zustand

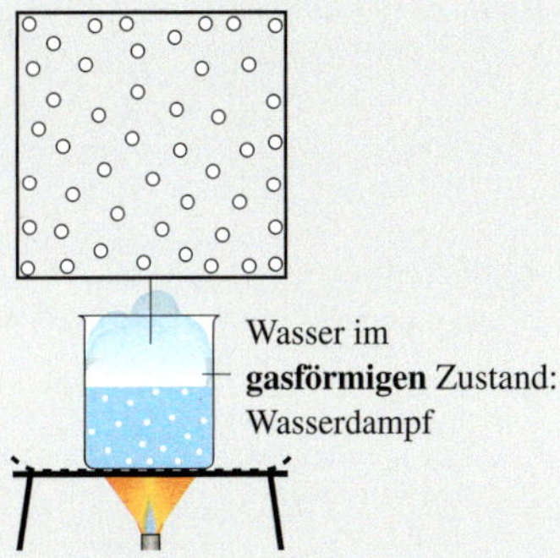

6

Bei einem Stoff im *gasförmigen* Zustand besitzen die Teilchen keinen Zusammenhalt mehr.
Sie verteilen sich auf den ganzen Raum, der ihnen zur Verfügung steht.

Modelle helfen verstehen Du kennst Spielzeugmodelle von Autos. Solch ein Modellauto zeigt, wie ein Kraftfahrzeug aussieht. Trotzdem ist es nur ein Modell. Die Karosserie ist nicht aus Blech, das Modell besitzt weder Motor noch Bremsen. Es gibt nur Teile der Wirklichkeit wieder, in diesem Fall Farbe und Form.
Mit dem Teilchenmodell machen wir uns von unsichtbaren Dingen und Vorgängen eine Vorstellung. Das Teilchenmodell hat sich in der Physik bewährt. Obwohl es eine einfache Vorstellung vom Aufbau der Stoffe ist, kann man mit ihm viele Eigenschaften der Stoffe erklären.
Wir werden das Teilchenmodell nach und nach durch neue Erkenntnisse erweitern und so immer besser verstehen, wie die Körper im Innern aufgebaut sind.

Die Teilchen verschiedener Stoffe sind unterschiedlich groß. Aber alle sind winzig klein: Auf dem Lineal siehst du, wie groß 1 Millimeter ist. Stell dir im Vergleich dazu eine Strecke von 1 Kilometer vor. Dasselbe Größenverhältnis besteht zwischen einem Wasserteilchen und einem Millimeter! Die Teilchen sind etwa 1 millionstel Millimeter groß.

7 *Wie groß sind die Teilchen?*

Aufgaben

1 Das „Teilchenspiel": Einige Schülerinnen und Schüler sollen die verschiedenen Zustandsformen eines Stoffes spielen. Jeder stellt ein Teilchen dar. Sie sammeln sich an einer freien Stelle des Klassenzimmers.

a Macht Vorschläge, wie sie den festen Zustand spielen können. (Lest euch den Text unter den Bildern durch.)

b Jetzt sollen der flüssige und der gasförmige Zustand gespielt werden. Was muss sich ändern?

2* „Ein Haus sieht anders aus als die Steine, aus denen es gebaut ist." Diskutiert, ob diese Aussage auch auf Gegenstände und die Teilchen passt, aus denen sie bestehen.

Wie das Thermometer zu einer Skala kommt

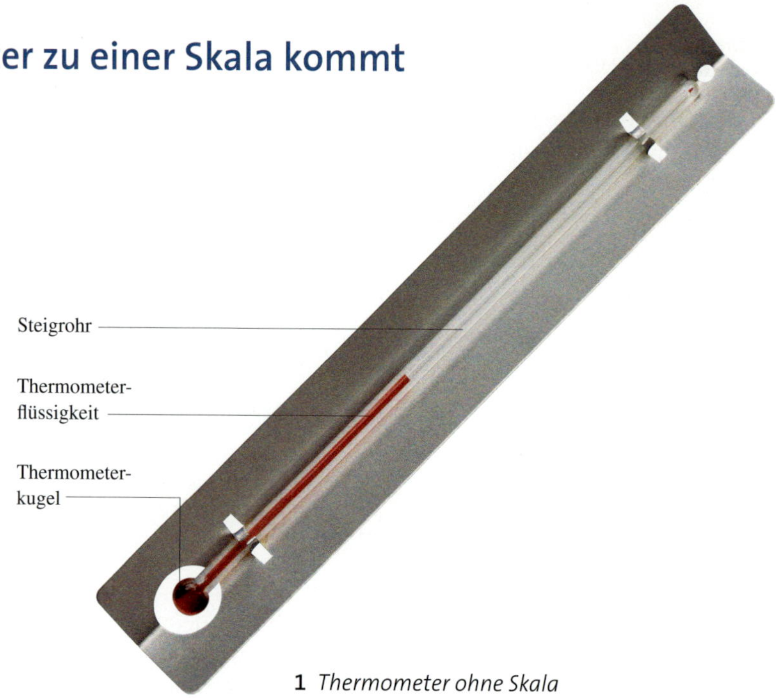

1 *Thermometer ohne Skala*

Experimentieren

1 **Zwei „Fixpunkte" für die Thermometerskala** Wasser siedet immer bei einer bestimmten Temperatur und Eis schmilzt immer bei einer bestimmten Temperatur (unter gleichen Bedingungen). Diese beiden Temperaturen stehen fest und eignen sich als Fixpunkte der Skala (lat. *fixus*: fest).

a *Schmelztemperatur von Eis* Ein Thermometer ohne Skala steht in zerkleinertem Eis. ▸2
Beobachte die Thermometerflüssigkeit, während das Eis schmilzt. Markiere den Stand der Thermometerflüssigkeit. ▸3

b *Siedetemperatur von Wasser* Das Thermometer steht im Wasser. ▸4 Das Wasser wird bis zum Sieden erhitzt. Beobachte die Thermometerflüssigkeit. Das Wasser im Glas siedet bereits eine Zeit lang. Markiere die Stelle, an der die Thermometerflüssigkeit zum Stehen gekommen ist. ▸5

c *Wie entsteht daraus die Skala?* Du hast jetzt zwei Temperaturen auf deiner Skala: die Schmelztemperatur von Eis (0 °C) und die Siedetemperatur von Wasser (100 °C). Wie kannst du die Skala weiter unterteilen? Überlege dir Lösungsmöglichkeiten. *Tipps:* Probiere die Möglichkeiten auf Papierstreifen aus. Miss am Thermometer den Abstand zwischen Schmelztemperatur und Siedetemperatur; übertrage ihn dann auf den Papierstreifen. Wie geht's weiter?

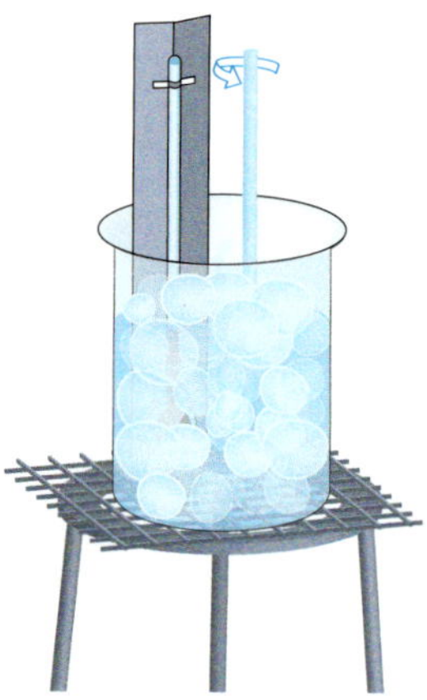

2

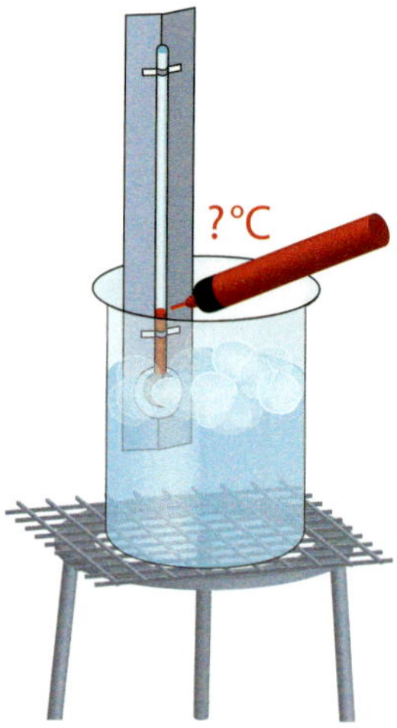

3

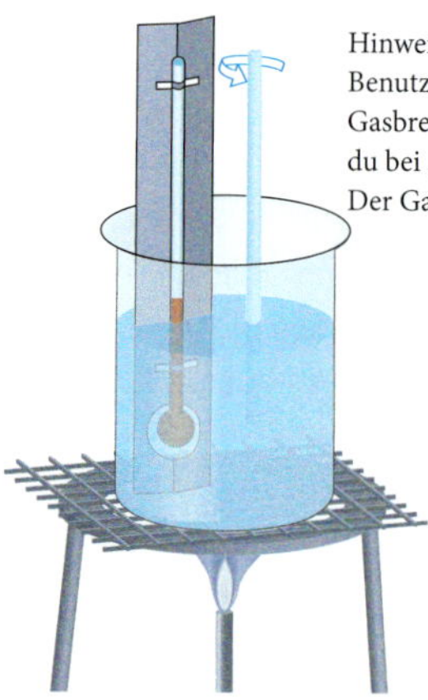

4

Hinweise zur Benutzung des Gasbrenners findest du bei „Methode: Der Gasbrenner".

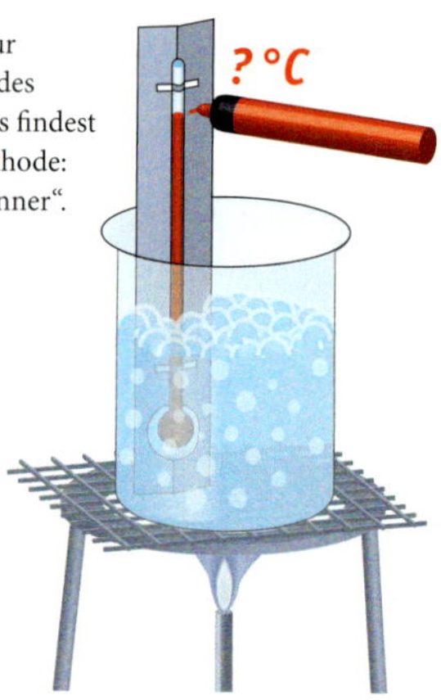

5

Aus der Geschichte — So entstand die Thermometerskala

Rechts siehst du ein sehr langes, ungewöhnliches Thermometer. Es wurde vor etwa 300 Jahren in Florenz (Italien) hergestellt. ▸6 Die Glaskugel an seinem unteren Ende entspricht der Thermometerkugel. Sie enthält Alkohol. Das dünne Steigrohr ist fast einen Meter lang. Auf das Rohr sind viele kleine Glasperlen aufgeschmolzen; sie stellen die Skala dar.

Das Thermometer von Celsius Viele Bemühungen gab es, ein „allgemein verwendbares" Thermometer zu erfinden. Den Durchbruch schaffte schließlich der Schwede *Anders Celsius* (1701–1744).
Celsius wählte zwei Fixpunkte für seine Skala:
1. die Schmelztemperatur von Eis,
2. die Siedetemperatur von Wasser.

Diese Fixpunkte konnte man überall auf der Welt ermitteln. Der erste Fixpunkt wurde 0 Grad genannt, der zweite 100 Grad. Den Abstand zwischen den beiden Fixpunkten teilte Celsius in 100 gleiche Teile ein. ▸7 Mit gleichen Abständen konnte er die Skala nach unten fortsetzen (z.B. bis −10 Grad). Genauso konnte er sie nach oben verlängern (z.B. 120 Grad).
Seit jener Zeit erinnert auf den meisten Thermometern ein „C" an Celsius. Außerdem werden Temperaturen in „Grad Celsius" (°C) angegeben.

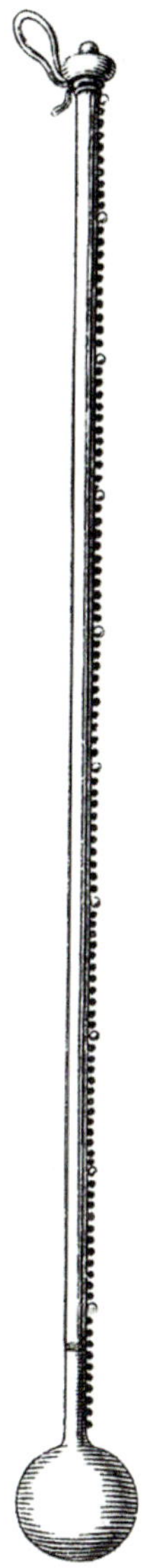
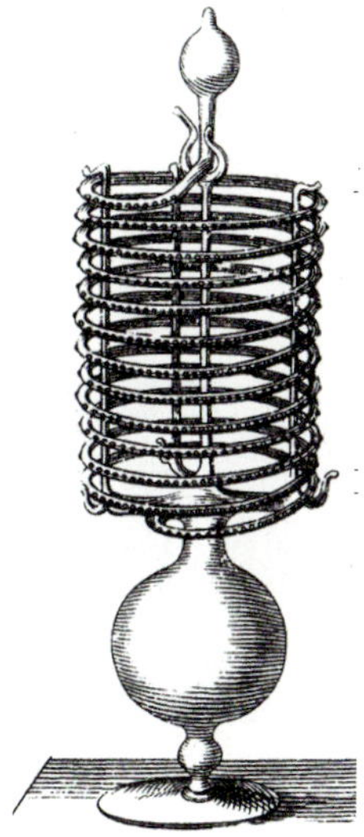

6 *Kunstvolle Thermometer aus Florenz*

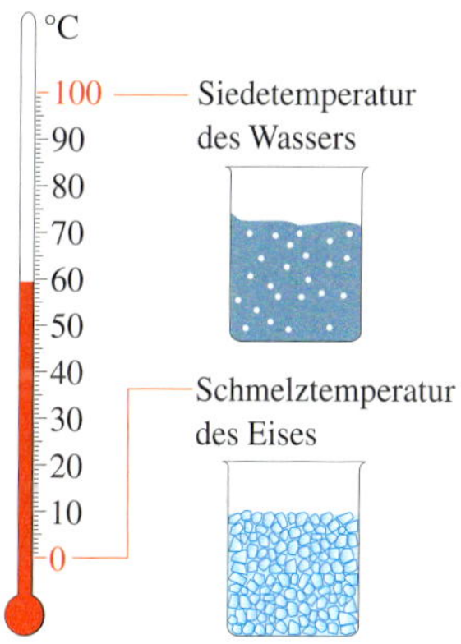

7 *Die Celsiusskala*

Aufgaben

1 Auf der Thermometerskala spielen zwei Temperaturen eine besondere Rolle. Welche sind das?

2 In dem Versuch oben wird das Wort „Fixpunkt" erwähnt.
a Was versteht man darunter?
b* Warum eignen sich die Schmelztemperatur von Eis und die Siedetemperatur von Wasser als Fixpunkte?

3* Angenommen, man würde die Körpertemperatur des Menschen als Fixpunkt wählen. Schreibe auf, welche Probleme dadurch entstehen würden.

4 Den Auftrag, eine Thermometerskala zu entwickeln, erledigt Alex so: Er nimmt ein Thermometer mit Skala und überträgt dessen Skala einfach auf das Thermometer ohne Skala. ▸8
a Hältst du das für eine gute Methode? Begründe deine Antwort.
b Anja hat eine andere Idee: Sie stellt das Thermometer ohne Skala zunächst in Schmelzwasser. Sie markiert den Stand der Flüssigkeitssäule und schreibt „0 °C" daran.
Dann trägt sie jeweils 1 cm darüber die Werte 10 °C, 20 °C usw. ein. Was hältst du davon?

5* Eine Strecke von 0 m hat keine Ausdehnung. Wenn der Zeiger einer Waage auf „0 g" steht, ist nichts in der Waagschale. Wie ist das bei der Thermometerskala?

8

Verbogene Schienen, platzende Rohre

▷ Warum können sich Schienen im Sommer verbiegen?

▷ Wie funktioniert die Feuerlöschanlage (Sprinkleranlage)?

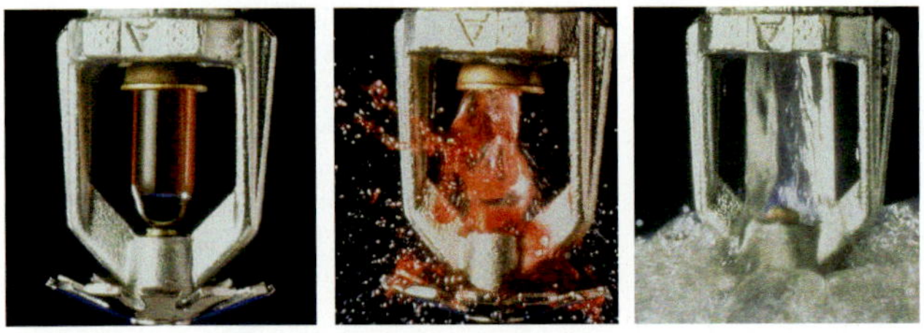

1 *Platzender Glasverschluss einer Sprinkleranlage*

2 *Durch Hitze verbogene Schienen*

Untersuchen Experimentieren

Eisen, Wasser, Luft ... werden erwärmt oder abgekühlt. Wie sie sich dabei verändern, sollst du herausfinden.

1 Wasser in der Getränkedose Fülle eine Getränkedose mit Wasser. Es soll bis an das Trinkloch reichen. Trockne die Dose oben ab. Stelle sie dann in einen Topf mit heißem Wasser. ▸3

a Was geschieht, wenn sich das Wasser in der Dose allmählich erwärmt?

b* Unter welcher Bedingung wäre beim Erwärmen das Gegenteil möglich?

2 Der eingezwängte Topfdeckel In ein Brett sind zwei Nägel eingeschlagen. Ein Topfdeckel aus Metall (nicht lackiert) passt gerade noch hindurch.

a Lege den Deckel auf eine Kochplatte und schalte sie ein. Nimm ihn nach 2 Minuten vom Herd (Topflappen!). ▸4 Passt er noch zwischen die Nägel?

b Kühle den Deckel mit Wasser ab. Passt er jetzt?

3 Luft in der Flasche mit der Münze Hokuspokus mit einer Flasche. ▸5 Sicher kannst du das auch ... *Tipp:* Die Flaschenöffnung anfeuchten.

4* Bimetallstreifen Bei einem Bimetallstreifen sind zwei Metallbleche aus unterschiedlichen Materialien fest miteinander verbunden. ▸6 Was geschieht, wenn du den Bimetallsteifen erhitzt? Begründe deine Vermutung und überprüfe sie.

5

3

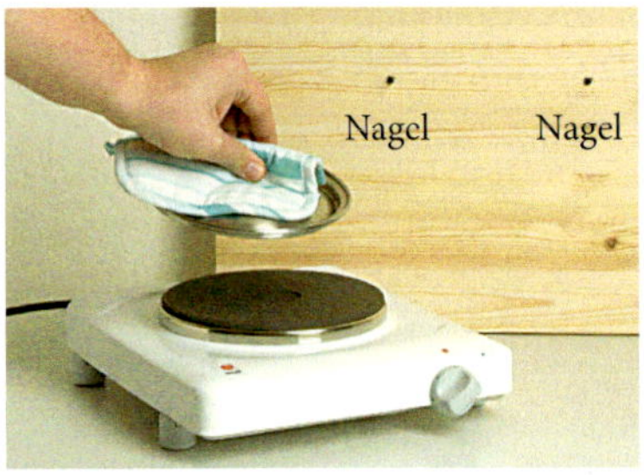

4

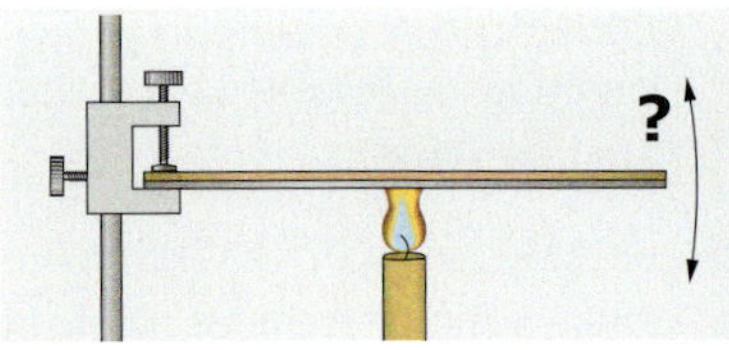

6

Grundlagen Ausdehnung beim Erwärmen

Gegenstände, die erwärmt werden, dehnen sich nach allen Richtungen aus – egal, ob sie fest, flüssig oder gasförmig sind. Ihr Volumen nimmt mit der Temperatur zu. Bei Stäben spielt vor allem die Längenzunahme eine Rolle.

Dabei spielt auch der *Stoff*, aus dem sie bestehen, eine Rolle: Aluminium dehnt sich stärker aus als Eisen ▸7 und Spiritus stärker als Wasser. Gase dagegen dehnen sich alle gleich stark aus (bei gleicher Temperaturerhöhung). Luft dehnt sich also so stark aus wie Sauerstoff oder Gas aus der Sprudelflasche (Kohlenstoffdioxid).

Wie ist die Ausdehnung zu erklären? Mit dem Teilchenmodell kann man die Ausdehnung bei Erwärmung erklären. Die Teilchen eines festen Gegenstands sitzen nicht still an ihren Plätzen, sondern schwingen hin und her. Je höher die Temperatur ist, desto stärker ist diese Bewegung. Bei stärkerer Bewegung brauchen die Teilchen mehr Platz. Das bedeutet, dass sich der Gegenstand ausdehnt.
Dazu ein Modellversuch: Kinder stehen dicht beieinander und bewegen sich kaum. ▸8 Dann beginnen sie sich stärker zu bewegen …

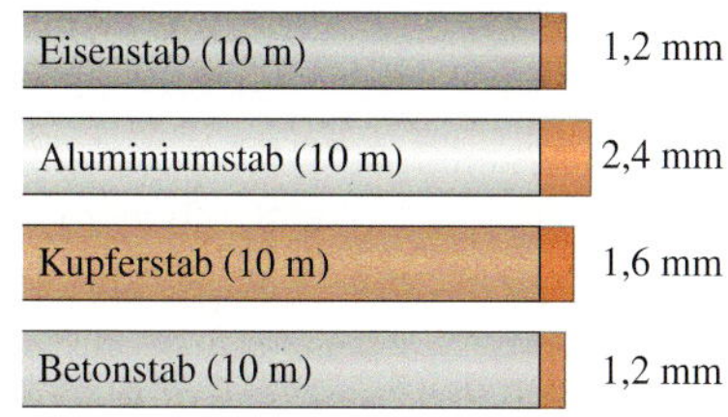

7 *Ausdehnung bei Erwärmung um 10 °C*

8 *Modellversuch zur Wärmeausdehnung*

Aufgaben

1 Wovon hängt es ab, ob sich ein Körper stark oder weniger stark ausdehnt?

2 Ein Luftballon wird mit Atemluft (ca. 30 °C) aufgeblasen. Gleich darauf wird er in den Kühlschrank gelegt. Dort herrscht eine Temperatur von 8 °C. Was wird man wohl nach einer Stunde sehen können? Probiere es aus.

3 Weshalb werden Brücken auf Rollen gelagert? ▸9

4 Warum geht der „Zaubertrick" mit der Münze und der Flasche besser, wenn die Flasche vorher einige Zeit im Kühlschrank lag? ▸5 Begründe und probiere es aus.

5 Warum steigt die Flüssigkeit in einem Thermometer, wenn man es in warmes Wasser hält?

6* Bei Flüssigkeitsthermometern sind die Stoffe Glas und Wasser kombiniert. Was wäre, wenn diese Stoffe sich gleich stark ausdehnen würden? Begründe!

7* Ein Bimetallstreifen wird erhitzt. Die untere Seite besteht aus Kupfer, die obere aus Eisen. Nach welcher Seite biegt sich der Streifen? ▸7

9 *Brücke auf Rollen*

Lernstationen: Ausdehnung beim Erwärmen

▷ Was sind Lernstationen?

▷ Das Arbeiten an Lernstationen läuft so ab: Jede Gruppe durchläuft jede Station und führt dort die entsprechenden Aufgaben durch – an jeder Station also eine andere.

▷ Die gleichen Stationen können auch zweimal aufgebaut werden. Um einen Stau zu vermeiden, sollte immer eine Lernstation mehr vorhanden sein, als Gruppen gebildet werden.

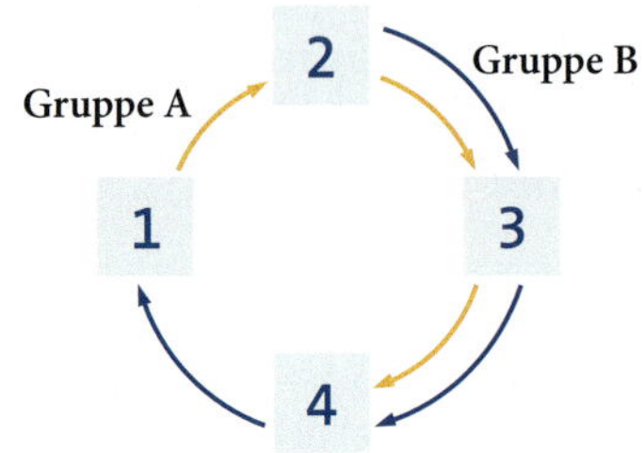

1 Wie stark dehnt sich Eisen aus?

Versuchsgeräte und -aufbau:

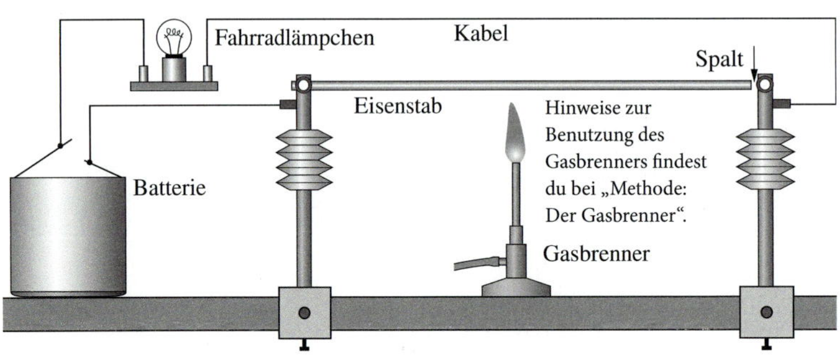

Durchführung:

a Schiebt den rechten Ständer so an den Eisenstab heran, dass er ihn berührt. Die Lampe muss leuchten.
Der Spalt wird 5 mm breit eingestellt. Erhitzt nun den ganzen Eisenstab. Dehnt er sich so weit aus, dass der Spalt geschlossen wird und die Lampe leuchtet?

b Kühlt den Stab in kaltem Wasser ab. Macht den Spalt dann so schmal, dass gerade noch eine Postkarte hindurchpasst. (Eine Postkarte ist nur 0,25 mm dick.) Erhitzt nun den Stab von Neuem. Wird der Spalt diesmal geschlossen?

Auswertung:

Beschreibt in kurzen Sätzen, was ihr beobachtet habt.
Findet (schriftlich) eine Erklärung für das Verhalten des Eisenstabs.

2 Wird eine Eisenkugel durch Erhitzen dicker und schwerer?

Versuchsgeräte und -aufbau:

Durchführung:

a Vor dem Erhitzen: Stellt fest, wie viel die kalte Eisenkugel wiegt. Schreibt den Betrag auf. Probiert, ob die Kugel durch den Ring passt.
Erhitzt die Kugel nun mit dem Brenner.

b Nach dem Erhitzen: Wie viel wiegt die Kugel jetzt? Passt die heiße Kugel noch durch den Ring?

c Kühlt die Kugel in kaltem Wasser. Passt sie nun durch den Ring?

Auswertung:

Schreibt ein kurzes Versuchsprotokoll und beantwortet die Versuchsfrage.

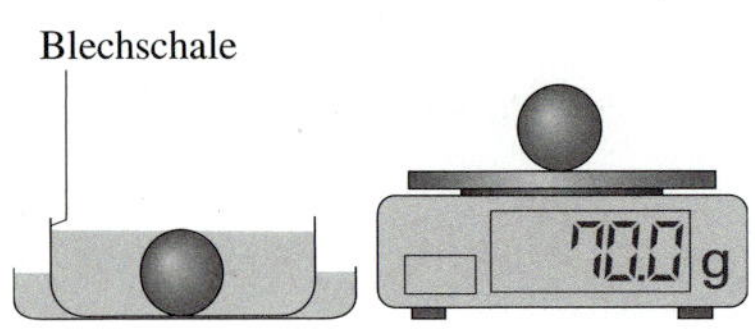

„Spielregeln" für die Arbeit an den Lernstationen

1. Jede Gruppe sollte höchstens vier Teilnehmer haben.
2. An den Stationen findet ihr die Aufgabenstellungen und Anweisungen.
3. Nach der Arbeit an einer Station säubert ihr alle Geräte.
4. Dann räumt ihr alles wieder so auf, wie ihr es vorgefunden habt. Die nächste Gruppe soll ja ihren Versuch alleine aufbauen.
5. Schreibt die Ergebnisse für jede Station in eure Hefte.
6. Danach wechselt ihr zur nächsten freien Station, an der ihr noch nicht gearbeitet habt.

3 Flüssigkeiten werden erwärmt

Versuchsgeräte und -aufbau:

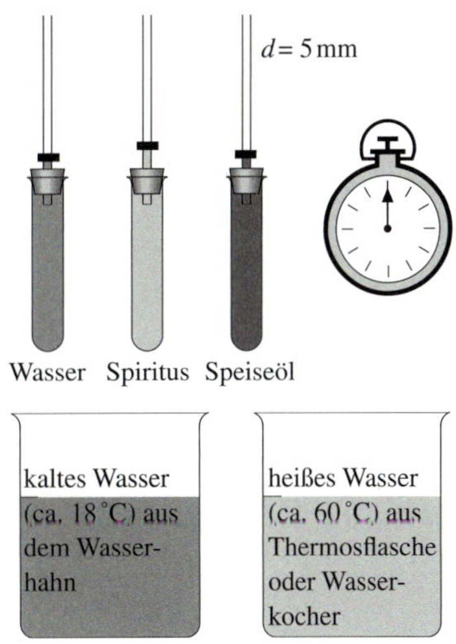

Durchführung:

a Stellt die Reagenzgläser in ein Becherglas mit kaltem Wasser. Markiert jeweils mit einer Pappmarke, wie hoch die Flüssigkeiten in den Reagenzgläsern stehen.

b Stellt nun die Reagenzgläser in ein Becherglas mit heißem Wasser. Nach 3 Minuten markiert ihr mit weiteren Pappmarken den neuen Flüssigkeitsstand. Messt nach, um wie viel die Flüssigkeitssäulen jeweils gestiegen sind.

c Die Reagenzgläser werden nun wieder in ein Becherglas mit kaltem Wasser gestellt. Was geschieht?

Auswertung:

Legt eine Tabelle an und tragt die Messergebnisse ein.
Formuliert die Ergebnisse der Versuche.

4 Dehnt sich auch Luft aus?

Versuchsgeräte und -aufbau:

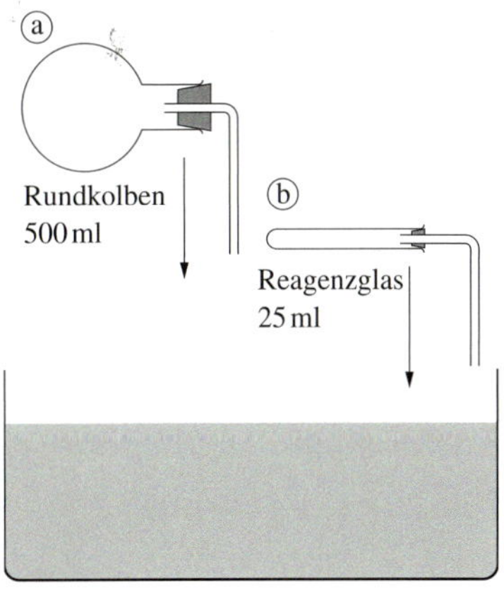

Durchführung:

Hinweis: Führt die beiden Versuchsteile mehrmals durch. Kühlt nach jedem Versuch den Glaskolben und das Reagenzglas in kaltem Wasser ab. Trocknet außerdem die Gläser.

a Umschließt den Glaskolben fest mit beiden Händen und haltet das Winkelröhrchen sofort ins Wasser. Zählt die Luftbläschen, die hochsteigen. Wer schafft die meisten Bläschen?

b Macht dann dasselbe mit dem Reagenzglas.

Auswertung:

Schreibt ein kurzes Versuchsprotokoll. Erklärt eure Beobachtungen.

Aus der Technik Ausdehnung beim Erwärmen

Große Wirkung Wenn man Saft kocht und heiß in dicke Glasflaschen füllt, kann es sein, dass diese zerspringen. Zwischen Innen- und Außenseite des Glases wurde der Temperaturunterschied auf einmal zu groß. Schon winzige Unterschiede in der Ausdehnung können ein Zerspringen bewirken.

Dass Glas zerspringt, ist nicht überraschend. Doch sogar Eisenbahnschienen können durch Hitze Schaden nehmen, sodass Züge entgleisen. Bei großer Hitze dehnt sich der Stahl der Schienen stark aus. Bei der Ausdehnung treten so große Kräfte auf, dass sich die Schienen verbiegen können. Ein Lehrerversuch zeigt, wie groß die Kräfte sind, die bei Temperaturänderungen auftreten können: ▸1

Das Rohr in der Mitte wird erhitzt und dehnt sich aus. Deshalb kann man den Keil immer tiefer in den Spalt hineinschieben. Dann wird kaltes Wasser auf das Rohr gegossen – und der Eisenbolzen zerspringt.

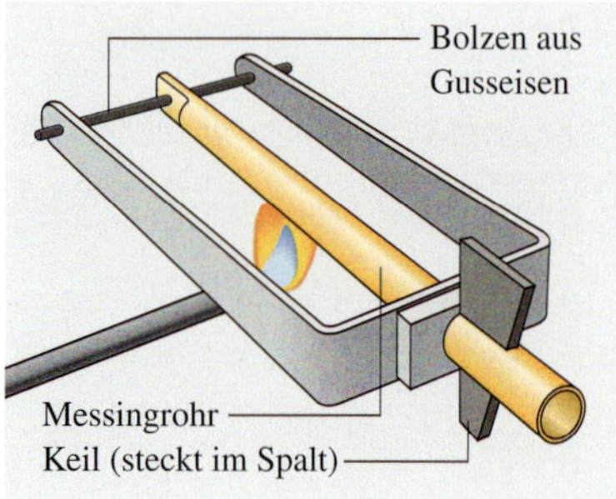

1 *Lehrerversuch mit Bolzensprenger – Splitterschutz erforderlich!*

Stahlbeton Die Außenmauern und Decken vieler Häuser werden aus Beton hergestellt, einem Gemisch aus Kies, Zement und Wasser. Man verstärkt den Beton dadurch, dass man Stahlmatten oder Stahlgeflechte einfügt; erst darauf wird dann der zunächst noch flüssige Beton gegossen. ▸2 Dieser „kombinierte" Baustoff heißt *Stahlbeton*.

Wenn zwei Baustoffe so eng miteinander verbunden werden, besteht normalerweise ein Problem: Bei Temperaturänderungen könnten sich die Baustoffe unterschiedlich stark zusammenziehen oder ausdehnen. Das würde zu Rissen und Schäden am Bauwerk führen.

Bei Stahlbeton besteht diese Gefahr aber nicht: Beton und Stahl (gehärtetes Eisen) dehnen sich nämlich bei Erwärmung gleich stark aus. Das ist z. B. im Sommer der Fall. Und bei Abkühlung – im Winter – ziehen sich die beiden Materialien gleich stark zusammen.

2 *Kombinierter Baustoff: Stahlbeton*

Glaskeramik Herdplatten aus Glaskeramik werden nur an den eingeschalteten Kochstellen erhitzt. ▸3 Die restliche Fläche bleibt kalt. Die Temperaturunterschiede in der Platte sind beträchtlich. „Normales" Glas würde sich an den erhitzten Stellen stark ausdehnen. Die Platte würde zerbersten. Glaskeramik ist ein Werkstoff, der sich beim Erwärmen praktisch nicht ausdehnt.

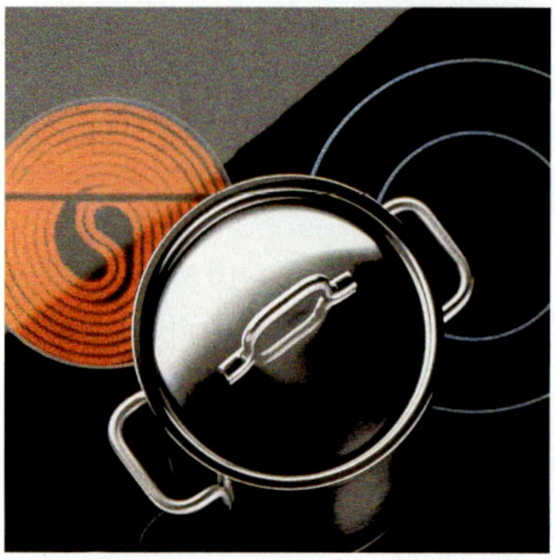

3 *Herdplatte aus Glaskeramik*

Aufgaben

1 Schreibe ein Versuchsprotokoll zum Lehrerversuch mit dem Bolzensprenger. Erkläre, warum der Eisenbolzen zerspringt.

2 Eisen und Beton kann man als Baustoffe miteinander verbinden. Glas und Aluminium aber nicht. Erkläre!

3 Getränkeflaschen oder Dosen sind nie bis zum Deckel gefüllt.
Was könnte geschehen, wenn zwischen dem Deckel und der Flüssigkeit kein Platz wäre?

Aus der Technik So funktionieren Sprinkleranlagen

Viele Lagerräume, Theatersäle und Kaufhäuser sind mit automatischen Löschanlagen ausgestattet. An der Decke dieser Räume befinden sich (meistens für uns verborgen) Löschwasserleitungen. Das Wasser in den Leitungen steht unter Druck – wie in jeder anderen Wasserleitung auch. Die Leitungen enden in den Sprüheinrichtungen, die wir an den Decken sehen, den *Sprinklern*. ▸**4–5**

In den Sprinklern sind die Wasserleitungen durch bauchige Glasröhrchen verschlossen. Diese Röhrchen wurden mit einer speziellen Flüssigkeit gefüllt.

Bei einem Brand steigt die Lufttemperatur im Raum an – vor allem über dem Brandherd. Dort befinden sich die Sprinkler. Die Flüssigkeit im Glasröhrchen erwärmt sich und dehnt sich dadurch aus. Das bedeutet: Die Flüssigkeit im Röhrchen benötigt jetzt mehr Platz als vorher. Sie „sprengt" das Glasröhrchen und gibt den Weg für das Löschwasser frei. Ein dicker Wasserstrahl trifft nun auf die sternförmige Metallplatte am Boden des Sprinklers. Dadurch verwandelt sich der Strahl in einen sprühenden Regen, der das Feuer löschen soll.

4 *Sprinkler an der Decke*

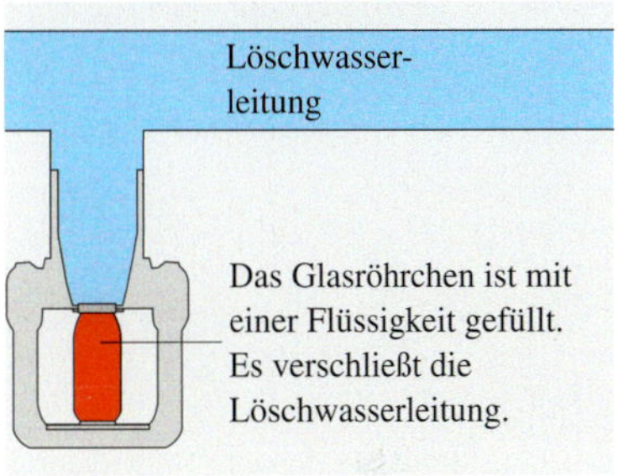

5 *Aufbau des Sprinklers*

Aus der Technik Bimetallstreifen als Temperaturwächter

Ein Bimetallstreifen kann als temperaturabhängiger Schalter (Thermostat) eingesetzt werden. Bild ▸**6** zeigt die Funktionsweise eines solchen Schalters im Bügeleisen. Der elektrische Strom durch die rot gezeichneten Teile heizt die Sohle des Bügeleisens auf. Das Bimetall biegt sich über der heißen Sohle nach oben und unterbricht den Stromkreis am Kontakt K. Mit der Stellschraube kann man den Abstand zwischen Kontaktblech und Bimetall verändern. Bei größerem Abstand muss sich der Bimetallstreifen stärker verbiegen, damit der Stromkreis unterbrochen wird. Dies geschieht dann erst, wenn das Bügeleisen eine höhere Temperatur hat.

An den Heizungskörpern wird am Thermostatventil die gewünschte Raumtemperatur eingestellt. Solange die Temperatur darunterliegt, öffnet ein Bimetallstreifen das Ventil. Heißes Wasser strömt in den Heizkörper. Wenn die eingestellte Temperatur erreicht ist, wird das Ventil geschlossen.

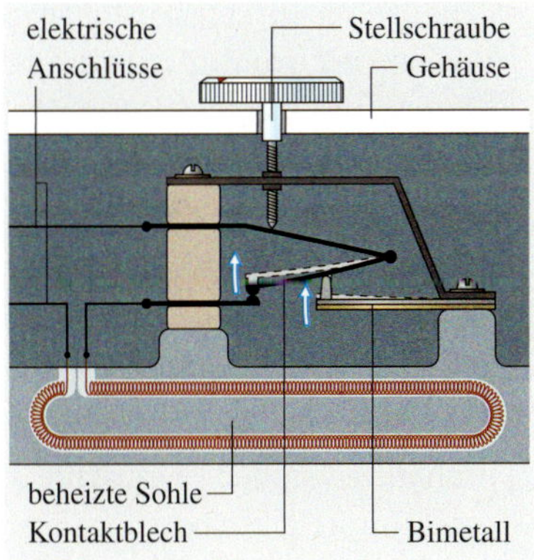

6 *Bügeleisen*

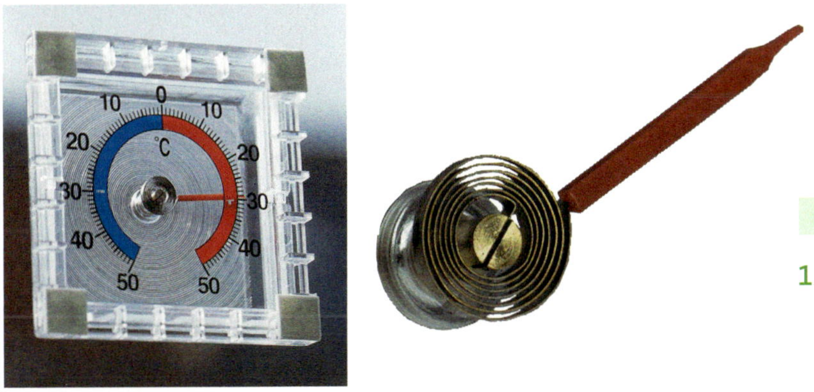

7 *Bimetallthermometer*

Aufgabe

1 Dieses Thermometer besitzt eine Bimetallspirale. ▸**7** Erkläre die Wirkungsweise. Aus welchem Metallpaar könnte eine solche Spirale gefertigt sein?

Wasser verhält sich sonderbar

▷ Eisige Kälte – Lufttemperatur: –10 °C. Trotzdem ist das Wasser im See unter dem Eis nicht gefroren. Dort leben sogar Fische!

▷ Wie warm ist das Wasser im zugefrorenen See?

1

Untersuchen Experimentieren

1 Temperaturen in unterschiedlichen Wassertiefen
Für den Versuch brauchst du einen hohen Standzylinder. ▸2 Wo wird man die niedrigste Wassertemperatur messen? Wo im Standzylinder ist die Temperatur am höchsten?

2 Wie verhält sich kaltes Wasser beim Erwärmen?
Ein Kolben mit Thermometer und Steigrohr wird vollständig mit abgekochtem Wasser gefüllt und im Kühlschrank in Eiswasser auf 0 °C bis 1 °C gekühlt. Dann wird das Wasser langsam erwärmt. (Magnetrührer verwenden.) Beobachte die Volumenänderung im Steigrohr bei steigender Temperatur.

3 Schwimmen oder sinken?
a Schwimmt Eis auf Wasser? Probiere es mit einem Eiswürfel aus.
b Schwimmt festes Wachs auf flüssigem Wachs? Stelle ein Teelicht in einer Blechdose auf die Herdplatte. Wenn das Wachs geschmolzen ist, schaltest du den Herd aus und stellst die Dose auf eine Unterlage. Lege Wachsbrocken auf das flüssige Wachs. Schwimmen sie?

4 Erstarren von Wachs und Wasser
a Stelle eine Blechdose mit einem Teelicht auf die Herdplatte. *Kein offenes Feuer verwenden!* Gib in das flüssige Wachs so viele Wachsbrocken, bis das Teelicht randvoll ist. Nimm die Dose vom Herd und lass das Wachs erstarren. Beschreibe die Oberfläche.
b Untersuche, ob die Oberfläche von erstarrtem Wasser genauso aussieht.

5 Die gesprengte Eisenkugel ▸3 Wasser kann eine Eisenkugel sprengen? Die Kugel wird vollständig mit Wasser gefüllt und unter 0 °C abgekühlt.

6 Wie stark ändert sich das Volumen von Wasser beim Gefrieren? Plane einen Versuch, mit dem du diese Frage beantworten kannst. Das Bild hilft dir dabei. ▸4

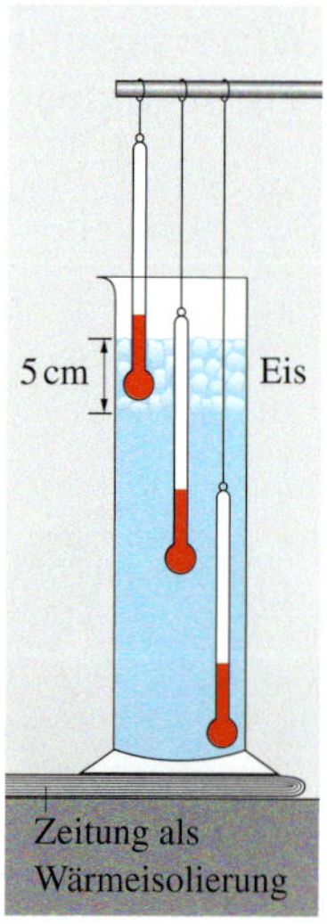

2

3

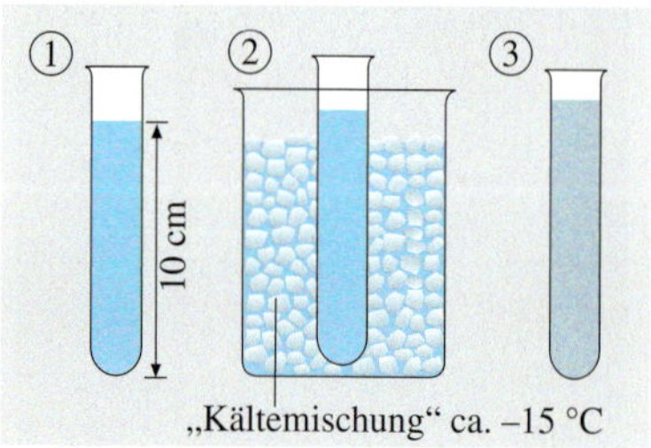

4

Grundlagen Wasser – eine ganz besondere Flüssigkeit

Wenn man warmes Wasser abkühlt, verhält es sich zunächst wie alle anderen Stoffe. Es zieht sich zusammen, sein Volumen wird kleiner. Wird das Wasser kälter als 4 °C, passiert aber etwas Ungewöhnliches: Sein Volumen wird wieder größer.

Bei 4 °C hat eine bestimmte Wassermenge ihr kleinstes Volumen. ▸5

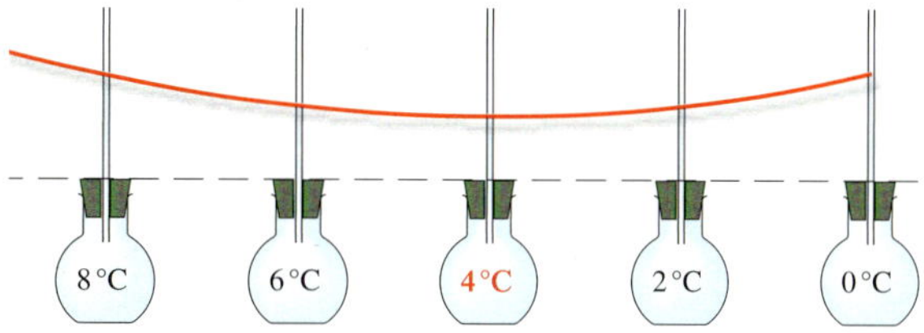

5 *Volumen von Wasser bei 4 °C (rote Kurve: Wasserstand im Steigrohr)*

Wasser von 0 °C ist also „leichter" als Wasser von 4 °C. In einem See schichtet sich also Wasser von 0 °C über Wasser von 4 °C. Das Wasser am Grund ist dann wärmer als das an der Oberfläche.
Entzieht man dem Wasser von 0 °C weiterhin Wärme, so gefriert es. Auch beim Erstarren verhält sich Wasser anders als die meisten Stoffe. Normalerweise wird nämlich das Volumen eines Körpers beim Erstarren kleiner.

Wenn Wasser gefriert, hat das Eis bei 0 °C ein größeres Volumen als das flüssige Wasser bei 0 °C.

Aus 1 Liter Wasser werden 1,1 Liter Eis! ▸6 Bei dieser sprunghaften Volumenvergrößerung ändert sich die Temperatur des Wassers nicht. Sie bleibt bei 0 °C. Erst das feste Eis kann wieder kälter als 0 °C werden.
Weil Eis mehr Raum einnimmt als Wasser, schwimmt Eis auf Wasser: 1 Liter Eis ist leichter als 1 Liter Wasser.

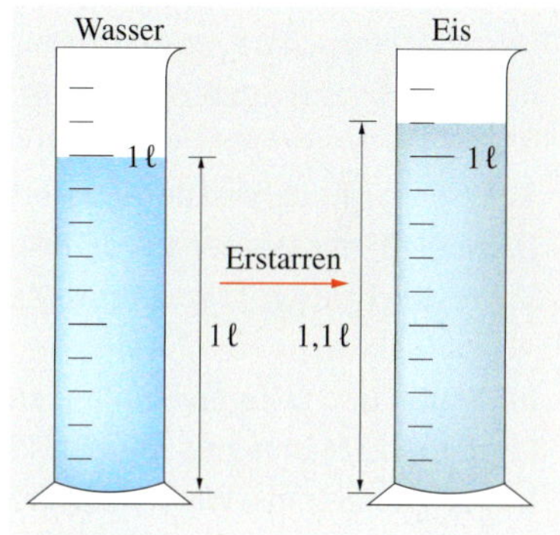

6

Grundlagen Wassertemperaturen in einem See

Vielleicht hast du diese Erfahrung auch schon im Sommer gemacht: Beim Baden und Tauchen in einem See wird das Wasser immer kälter, je tiefer du dich unter der Oberfläche befindest. ▸7
Wenn dann im Herbst und im Winter die Lufttemperatur sinkt, kühlt das Wasser an der Oberfläche ab. Es wird dadurch schwerer und sinkt nach unten. Schließlich hat das ganze Wasser im See eine Temperatur von 4 °C.
Wenn das Wasser an der Oberfläche noch weiter abkühlt (auf 3 °C oder 2 °C), sinkt dieses kühlere Wasser nicht. Es schwimmt auf dem Wasser von 4 °C. Also nimmt die Wassertemperatur nur noch in den oberen Wasserschichten ab und an der Oberfläche erstarrt das Wasser zu Eis. Im See nimmt die Wassertemperatur mit zunehmender Tiefe jetzt bis auf 4 °C zu. ▸8 Wenn der Frost anhält, kühlt auch das unmittelbar darunterliegende Wasser weiter ab – die Eisschicht auf dem See wird immer dicker.
Wenn der See tief genug ist, friert er nicht bis zum Boden durch. Dadurch überleben Wasserpflanzen und Wassertiere im Winter im Tiefenbereich des Sees.

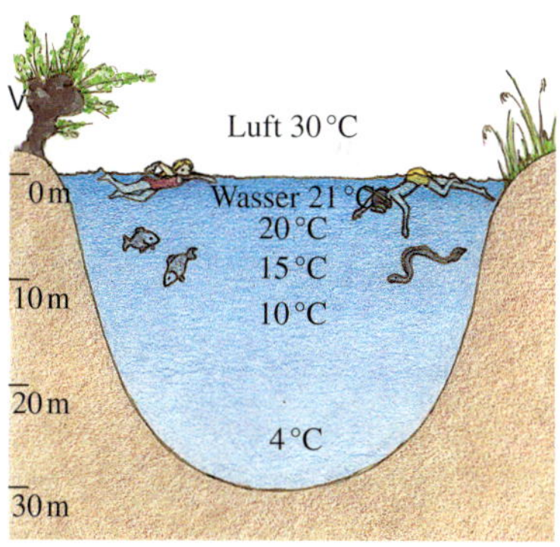

7 *See im Sommer*

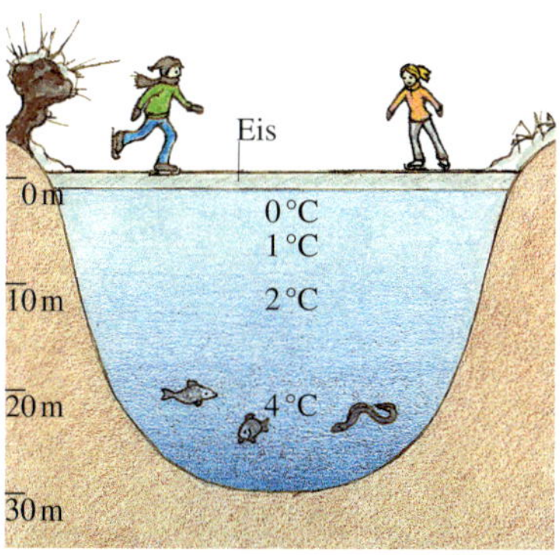

8 *See im Winter*

Aus Umwelt und Technik Schäden durch gefrierendes Wasser

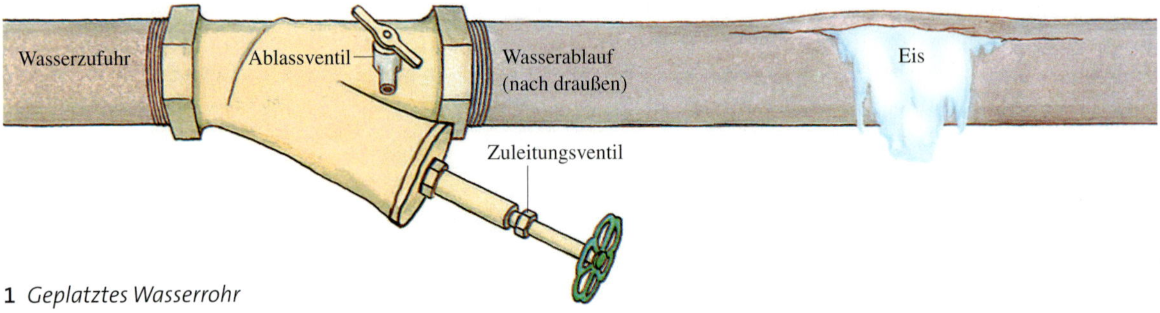

1 *Geplatztes Wasserrohr*

Wasserrohre werden bei uns mindestens 1 m tief im Erdboden verlegt. So tief gefriert in Deutschland der Boden fast nie. Und damit gefriert auch nicht das Wasser, das sich in den Rohren befindet.
Der Wasseranschluss im Garten ragt ein Stück weit aus dem Erdboden heraus. Bei solch ungeschützten Rohren muss man – wenn Frost erwartet wird – das Wasser ablassen. Dazu schließt man den Zuleitungshahn. Außerdem öffnet man den Wasserhahn im Garten und das Ablassventil. Dann fließt das Wasser aus dem Rohr. Wenn das versäumt wird, können die Rohre durch das gefrierende Wasser gesprengt werden. ▸1

Im Winter und zeitigen Frühjahr entstehen Schlaglöcher oder Risse auf den Straßen. ▸2 Man nennt diese Straßenschäden Frostaufbrüche. Auch sie haben gefrierendes Wasser zur Ursache. ▸3

2 *Frostaufbrüche*

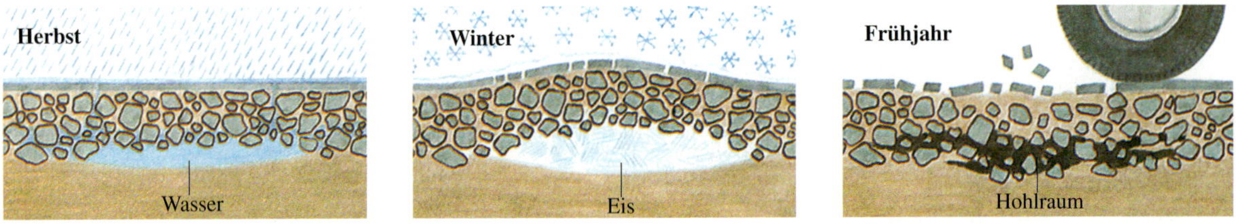

3 *Entstehung des Frostaufbruchs*

Gefrierendes Wasser gestaltet Landschaften
Gewaltig ist die Wirkung von gefrierendem Wasser im Gebirge. Das zeigen die dortigen Schotter- und Geröllfelder. ▸4
Gefrierendes Regenwasser kann sogar mächtige Felsen sprengen. In Hunderttausenden von Jahren trägt die Verwitterung zur Veränderung ganzer Landschaften bei.

4 *Geröllfeld im Gebirge*

Aus Umwelt und Technik Druckluft gegen Eis

In manchen Wintern sind Gewässer eine längere Zeit lang zugefroren. Das Eis kann dann an z. B. an Schleusentoren Schäden anrichten. Deshalb hält man die Umgebung der Tore oft eisfrei. Dazu wird Druckluft eingesetzt. ▸5
Vor dem Schleusentor werden auf dem Boden des Sees Schläuche mit kleinen Löchern verlegt. Wenn der Winter kommt und der Frost beginnt, pumpt eine Motorluftpumpe (ein Kompressor) Druckluft in die Schläuche. Die Luft entweicht aus den Löchern und steigt nach oben. Dabei reißt die aufsteigende Luft Wasser vom Grund des Sees mit nach oben – und dieses aufsteigende Wasser hat eine Temperatur von 4 °C.
Das wärmere Wasser, das durch Druckluft nach oben befördert wird, verhindert also das Zufrieren.
Auch Fahrrinnen und Schiffsanleger werden so eisfrei gehalten.

5 *Druckluft reißt 4 °C „warmes" Wasser nach oben.*

Aufgaben

1 „Das Verhalten von Wasser ist beim Abkühlen nicht normal." Erkläre, was damit gemeint ist.

2 Wie verändert Eis sein Volumen, wenn es schmilzt?

3 Die beiden Teelichter waren randvoll mit flüssigem Wachs und Wasser gefüllt. Dann standen sie einige Zeit im Kühlschrank. ▸6 In welchem ist Wasser, in welchem Wachs? Begründe!

4 Warum soll man im Winter keine gefüllten Flaschen im Freien stehen lassen?

5* Wenn der Garten schon im Herbst umgegraben wird, ist der Boden im folgenden Frühjahr besonders locker. Erkläre!

6* Warum ist Wasser als Thermometerflüssigkeit ungeeignet?

7 Im Winter ist das Wasser am Grund eines tiefen Sees mindestens 4 °C warm.
a Gib dafür eine Erklärung.
b Was würde geschehen, wenn das Wasser sich normal wie andere Flüssigkeiten verhalten würde?

8 Wasserrohrbruch im Garten
a Warum kann es bei Frost zu einem Wasserrohrbruch kommen? Warum bemerkt man den Schaden meist erst bei Tauwetter?
b Wie kann man Wasserrohrbrüche vermeiden?

6

Überblick

Fest – flüssig – gasförmig

Stoffe können in drei unterschiedlichen Zustandsformen vorkommen. Sie können fest, flüssig oder gasförmig sein. ▸1

Die Schmelz- und Siedetemperaturen sind bei jedem Stoff anders. Man kann deshalb mithilfe dieser Temperaturen Stoffe voneinander unterscheiden.

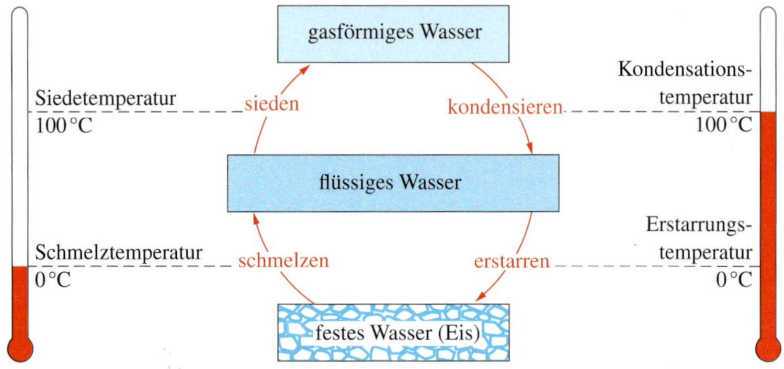

1 *Änderung des Zustands*

Die Celsiusskala

Die Thermometerskala wird nach einem Vorschlag von Celsius durch zwei Fixpunkte festgelegt: ▸2

- die Schmelztemperatur von Eis (0 °C)
- die Siedetemperatur von Wasser (100 °C)

Diese beiden Punkte markiert man. Der Abstand dazwischen wird in 100 gleiche Teile geteilt. Jedes Teil entspricht 1 °C.

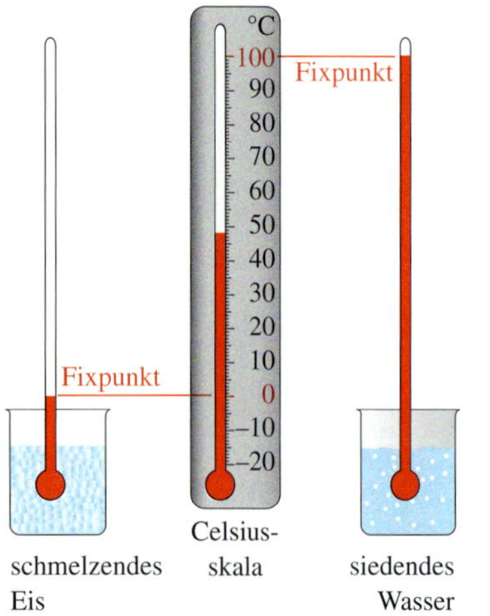

2 *Fixpunkte der Celsiusskala*

Das Teilchenmodell

Wir stellen uns vor, dass alle Körper aus kleinsten Teilchen aufgebaut sind:

- Bei festen Körpern gibt es einen starken Zusammenhalt und die Teilchen haben feste Plätze. Die Abstände sind gering.
- Bei Flüssigkeiten ist der Zusammenhalt geringer, die Teilchen können sich gegeneinander verschieben. Die Abstände sind gering.
- Bei Gasen gibt es keinen Zusammenhalt der Teilchen. Sie füllen den gesamten Raum aus, der zur Verfügung steht. Die Abstände zwischen den Teilchen sind groß.

Volumenänderung fester Körper

Die Eisenkugel passt nach dem Erwärmen nicht mehr durch das Loch. Nach dem Abkühlen passt sie wieder hindurch. ▸3

Ein fester Gegenstand dehnt sich beim Erwärmen nach allen Seiten aus. Sein Volumen wird größer. Beim Abkühlen zieht er sich zusammen. Sein Volumen wird geringer. Je größer die Temperaturänderung ist, desto stärker dehnt sich der Gegenstand aus. Die Volumenänderung hängt auch davon ab, woraus der Gegenstand besteht.

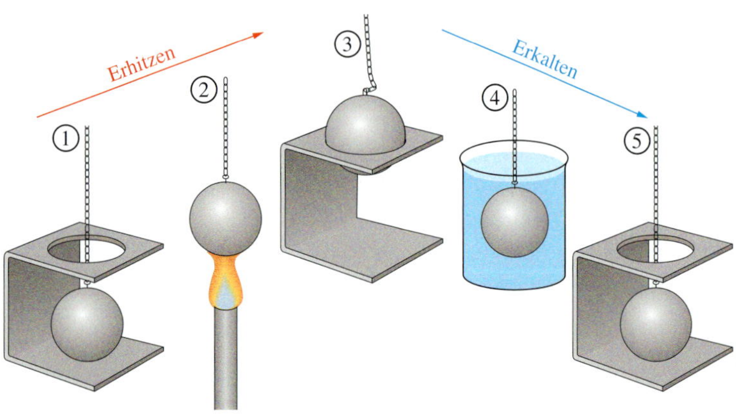

3 *Feste Gegenstände dehnen sich beim Erwärmen aus.*

Volumenänderung von Flüssigkeiten

Eine Flüssigkeit, die erwärmt wird, dehnt sich aus. Wenn sie abgekühlt wird, zieht sie sich zusammen.
Unterschiedliche Flüssigkeiten dehnen sich verschieden stark aus. ►4
Je größer die Temperaturänderung ist, desto stärker dehnt sich die Flüssigkeit aus. Die Volumenänderung hängt auch davon ab, um welche Flüssigkeit es sich handelt.

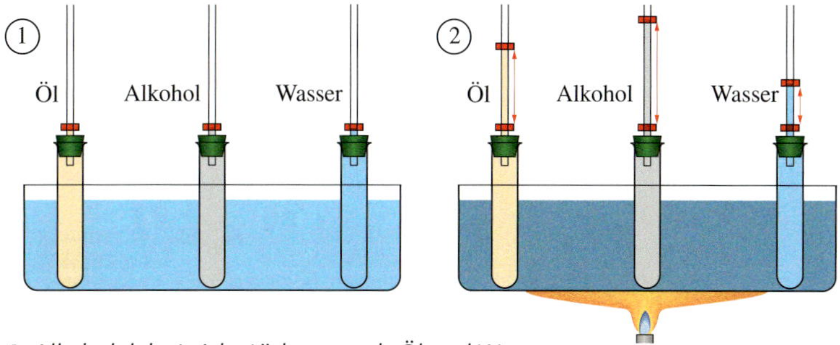

4 *Alkohol dehnt sich stärker aus als Öl und Wasser.*

Volumenänderung von Gasen

Ein Gas, das erwärmt wird, dehnt sich aus. Wenn es abgekühlt wird, zieht sich das Gas zusammen.
Je größer die Temperaturänderung ist, desto stärker dehnt sich das Gas aus. Die Ausdehnung der Gase hängt aber nicht von der Art des jeweiligen Gases ab. ►5

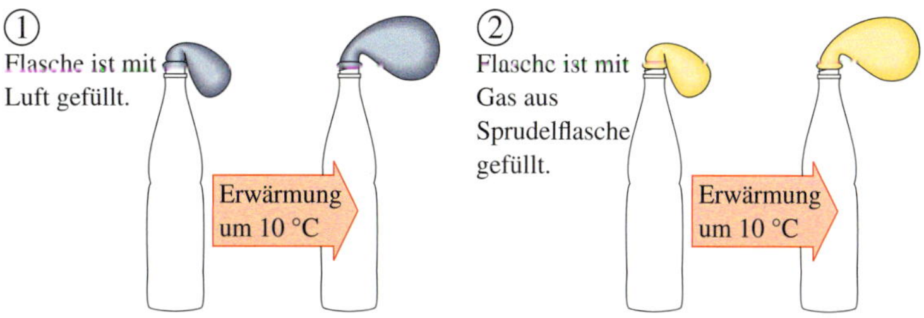

5 *Gase dehnen sich gleich stark aus (bei gleicher Erwärmung).*

Wasser verhält sich anders

Beim Abkühlen zieht sich Wasser zusammen – wie andere Stoffe auch. Aber sein kleinstes Volumen hat es nicht bei 0 °C, sondern bei 4 °C. Unterhalb von 4 °C dehnt es sich beim Abkühlen aus.
Beim Gefrieren nimmt das Volumen von Wasser stark zu.

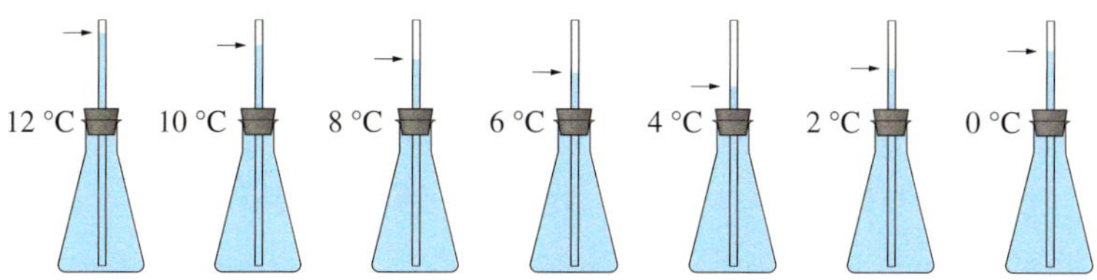

6

Alles klar?

1 Wenn man Kartoffeln im offenen Topf kocht, sollte das Wasser gerade noch sieden. Warum ist es nicht sinnvoll, auf eine höhere Heizstufe zu schalten?

2 Aus folgenden Materialien soll ein Thermometer gebaut werden: kleines Glas- oder Kunststoffgefäß mit Deckel, dünner, durchsichtiger Trinkhalm, Wasser, Tinte und Klebstoff.
Zeichne einen Entwurf. Beschreibe, wie du zu einer Skala kommen kannst.

3 In welchem Zustand ist der Zusammenhalt zwischen den Teilchen am größten? Wann ist der Abstand zwischen den Teilchen am größten?

4 In vier Thermometern stehen die Flüssigkeiten gleich hoch. ▸1 Zeigen die Thermometer auch die gleiche Temperatur an? Begründe deine Antwort.

5 Rohrleitungen (Pipelines) haben oft große Schleifen. ▸2 Warum?

6 Die Spalten in der Fahrbahn einer Brücke nennt man *Dehnungsfugen*.
a Erkläre diesen Namen.
b Die Bilder unten zeigen die Abdeckung einer Dehnungsfuge. ▸3 Welche dieser Aufnahmen wurde im Sommer gemacht, welche im Winter? Begründe deine Antwort.

7 Eine Flasche wird randvoll mit heißem Saft gefüllt und dann verschlossen. Nach einiger Zeit ist oben ein Teil der Flasche leer. Wie kommt das?

8 Berge im Hochgebirge werden im Laufe der Zeit niedriger. Man spricht von *Erosion* der Berge.
a Durch welche Vorgänge wird die Erosion bewirkt?
b In einem Wüstengebirge (z. B. auf der Insel Sinai in Ägypten) geht die Verwitterung langsamer vor sich als in den Alpen. Erkläre!

9 Auf ein Eisenbahnrad wird der Stahlreifen weder geschraubt noch geschweißt. Vielmehr wird er erhitzt und „aufgeschrumpft". ▸4 Warum hält der Reifen? Wie kann man ihn lösen?

10 Fahrdrähte der Bahn werden durch schwere Betonscheiben gespannt. ▸5 Bleiben die Scheiben immer im selben Abstand über der Erde? Begründe deine Antwort.

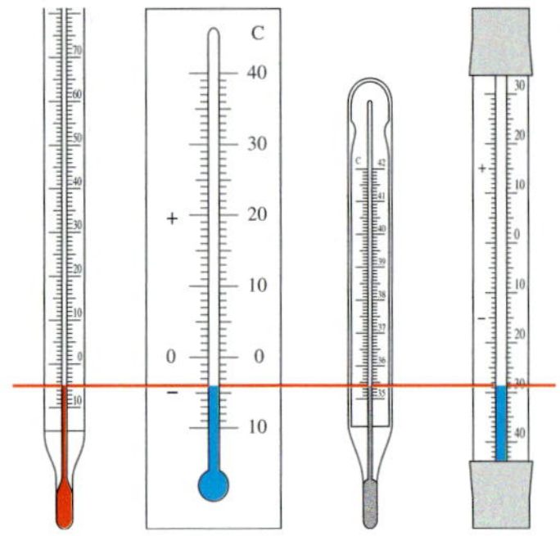

1

2 *Schleifen in Rohrleitungen*

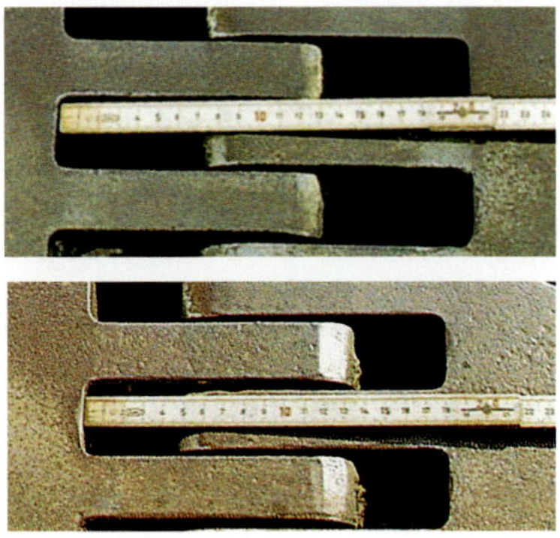
3 *Dehnungsfuge einer Brücke*

4 *Aufschrumpfen*

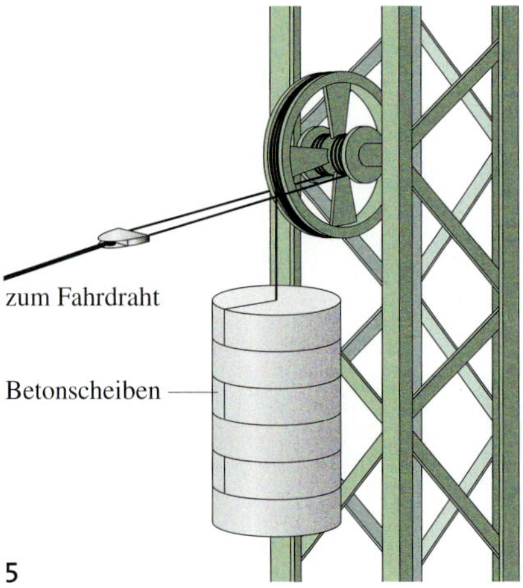

5

Teste dich!

▷ Die Lösungen findest du im Anhang.

1 Nach einem kühlen, stürmischen Frühling trägt der Kirschbaum im Sommer wenig Früchte. Beim Haselstrauch dagegen haben sich trotz des kalten Wetters viele Haselnüsse gebildet.
a Erkläre diesen Sachverhalt.
b Wie erfolgt die Bestäubung bei der Kirsche, wie bei der Hasel?
c Warum ist die Verbreitung der Samen für die an einem Ort wachsenden Pflanzen so wichtig?

2 Gib eine Begründung für folgende Sätze:
a Die Sonne ist der Motor für das Pflanzenwachstum.
b Die Sonne treibt als Motor den Wasserkreislauf an.
c Die Energie des Windes stammt von der Sonne.

3 Du füllst einen Topf randvoll mit kaltem Wasser und stellst ihn ins Gefrierfach. Am nächsten Tag nimmst du ihn heraus.
a Du wirst zwei Veränderungen feststellen. Beschreibe sie.
b Nenne Beispiele aus Natur und Technik, wo diese Veränderungen eine Rolle spielen.
c Wenn der Topf mit dem Eis einige Zeit draußen steht, schmilzt das Eis langsam. Welche Temperatur hat das Schmelzwasser?

4 Wasser kann in drei Zuständen vorkommen.
a Nenne die Zustände.
b Bei welchen Temperaturen finden die Zustandsänderungen statt?
c Beschreibe die drei Zustandsformen im Teilchenmodell.

5 Ein Topf wird über die heiße Herdplatte gehalten. ▶6
a Schon bevor der Topf auf der Platte steht, wird der Boden warm. Wieso?
b Aus welchem Material sollte der Topfboden bestehen, damit das Wasser darin möglichst schnell heiß wird?
c Das Wasser im Topf wird sich nach kurzer Zeit bewegen, obwohl du es nicht umrührst. Begründe!
d Wenn der Herd abgeschaltet wird, kühlt das Wasser allmählich ab. Wo bleibt die Energie? Wie könntest du das nachweisen?
e Wie könntest du die Abkühlung des Wassers möglichst lange verzögern? Plane dazu Versuche.
f Oft soll verhindert werden, dass Energie in die Umgebung entweicht. Nenne Beispiele aus Natur und Technik.

6

Wie „sehen" Fledermäuse bei Nacht?

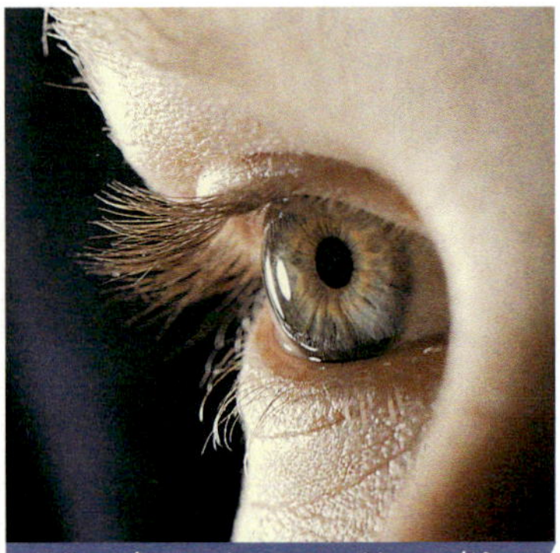

Wie sehen wir unsere Umwelt?

Kann Lärm krank machen?

Wie und was hören wir?

Ein Fest für die Sinne

Sinne und Wahrnehmung

- Wir Menschen haben verschiedene Sinnesorgane. Mit ihnen nehmen wir die Welt um uns herum wahr. Sie sind unser „Fenster zur Welt“ und bestimmen mit, wie wir sie erleben.
- Auge und Ohr sind unsere wichtigsten Sinnesorgane. Beim Sehen und Hören, aber auch beim Tasten, Schmecken und Riechen spielt unser Gehirn eine wichtige Rolle.
- Unsere Augen reagieren auf Licht. Auf sie verlassen wir uns im Straßenverkehr. Wir brauchen sie zum Lesen. Mit den Augen nehmen wir auch den Gesichtsausdruck unserer Mitmenschen wahr.
- Wir bewegen uns ständig in einem Meer von Geräuschen und Klängen. Dass wir sie hören, ist oft nützlich und angenehm – manchmal auch störend.
- Du wirst erfahren, wie wir sehen, und untersuchen, was wir hören. Du lernst auch den Aufbau und die Funktionsweise von Auge und Ohr kennen.

Wahrnehmen mit allen Sinnen

▷ Mit seinen Sinnen kann Marco Schritt für Schritt die verschiedenen Eigenschaften der Flaschen und schließlich ihren Inhalt herausfinden.

▷ Was tut er jeweils und welche Sinne setzt er dabei ein?

▷ Welche Eigenschaften der Flaschen und Getränke kann Marco wahrnehmen?

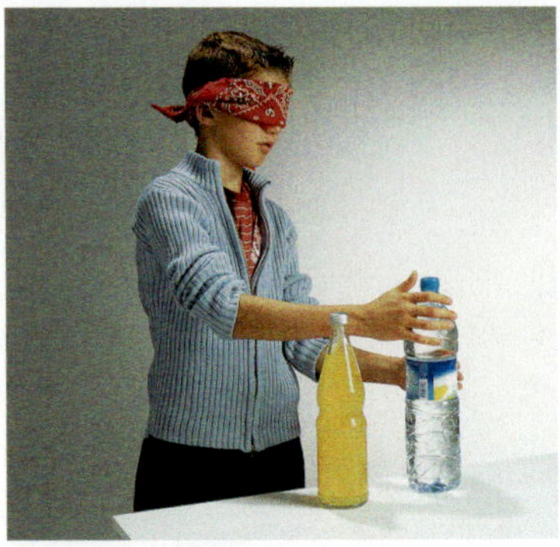

1

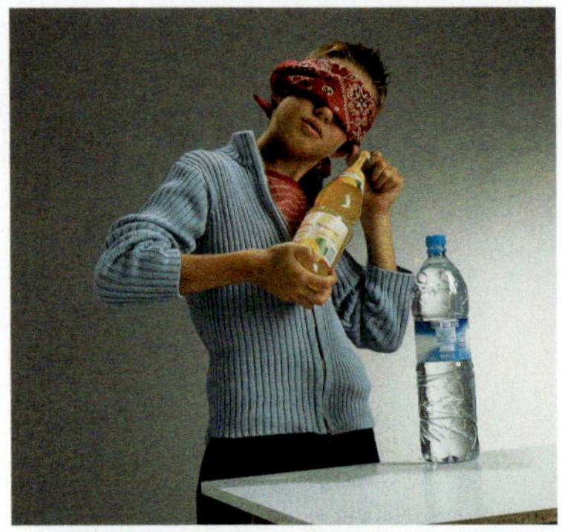

2

3

4

5

Beobachten Untersuchen

Lernen an Stationen

Wenn ihr eure Sinne testen wollt, solltet ihr zu zweit oder in kleinen Gruppen arbeiten. Als Arbeitsform eignet sich das Stationenlernen:

- Für jeden Versuch ist ein eigener Aufbau (Station) vorgesehen.
- Jede Gruppe fängt an einer beliebigen Station an. Seid ihr an einer Station fertig, wechselt ihr selbstständig zur nächsten freien Station.
- Lest die Arbeitsanweisungen vor Versuchsbeginn vollständig und gründlich durch.
- Beachtet unbedingt die Sicherheitshinweise.
- Haltet eure Beobachtungen auf einem Laufzettel (Ergebnisblatt) fest. ▸6
- Räumt und reinigt die bearbeiteten Stationen, damit die nächste Gruppe gleich weiterarbeiten kann.

Station	Was nehmen wir wahr?	Womit nehmen wir wahr?	Was machen wir damit?	Beispiele
Schnupperbox	Geruch	Nase	Riechen	fruchtig, nach Wald
Fühlbox	?	?	?	?
Schüttelbox	?	?	?	?

6 *Muster für einen Laufzettel*

1 Fühlbox

Material: Augenbinde, verschlossene Schachtel mit verschiedenen Gegenständen

Durchführung: Verbindet der Versuchsperson die Augen. Sie darf die Gegenstände vorher nicht sehen.

a Die Versuchsperson nimmt einen Gegenstand aus der Schachtel und beschreibt ihn möglichst genau.

b Notiert, welche Gegenstände schnell erkannt werden. Woran werden sie erkannt?

c Füllt die Zeile „Fühlbox“ auf dem Laufzettel aus.

2 Schüttelbox

Versuchsgeräte: undurchsichtige Filmdosen oder kleine Pappschachteln mit Deckel. Befüllt die Behälter vor dem Schließen mit verschiedenen Materialien (Sand, Kies, Nägel, Glaskügelchen, Reis ...). Überlegt, ob ihr eine Liste mit Materialien dazulegen wollt.

Durchführung:

a Schüttelt die Dosen vorsichtig. Findet anhand der Geräusche heraus, welches Material enthalten ist.

b Füllt die Zeile „Schüttelbox“ aus.

3 Schnupperbox

Versuchsgeräte: Filmdosen oder kleine PET-Flaschen, die ihr in undurchsichtige Tüten einpackt, Augenbinde. Überlegt, welche Speisen, Gewürze, Getränke oder weiteren Duftstoffe ihr auswählt. *Fragt vorher eure Lehrerin oder euren Lehrer, ob diese Dinge unbedenklich sind.*

Durchführung: Verbindet einem Mitglied eurer Gruppe die Augen. *Achtung: Fragt die Versuchsperson, ob sie eine Lebensmittelallergie hat!*

a Haltet der Versuchsperson die geöffneten Filmdosen an die Nase. Welche Materialien erkennt sie schnell, welche nur schwer?

b Bei Nahrungsmitteln könnt ihr die Versuchsperson auch probieren lassen. Achtet dabei auf Reinlichkeit.

c Füllt die Zeile „Schnupperbox“ aus.

4 Fühlen wir überall gleich gut?

Versuchsgeräte: Kämme, Zahnspachtel oder Pappschablonen mit unterschiedlichem Zackenabstand, Augenbinde, Lineal ►7

Durchführung:

a Messt den Zackenabstand. Notiert ihn in einer Tabelle auf einem Blatt Papier.

b Verbindet einem Mitglied eurer Gruppe die Augen. Berührt Stirn, Lippe, Fingerbeere, Oberarm und Nacken der Versuchsperson mit einem Kamm bzw. Zahnspachtel in unregelmäßiger Reihenfolge. Wenn die Versuchsperson die Spitzen einzeln spürt, notiert ihr ein „+“, sonst ein „–“.

c Füllt die Zeile „Fühlen wir überall gleich gut?“ aus.

5 Immer geradeaus

Versuchsgeräte: Augenbinde, Kreide

Durchführung: Zieht mit Kreide einen Strich auf dem Boden. Versucht unter verschiedenen Bedingungen mit verbundenen Augen möglichst geradeaus auf dem Kreidestrich zu laufen.

Achtet darauf, dass ihr die Person jederzeit auffangen könnt.

a Zuerst vorwärts, dann rückwärts auf dem Kreidestrich laufen.

b Wiederholt den Versuch auf einem Bein hüpfend.

c Dreht euch fünfmal um die eigene Achse und versucht dann, geradeaus zu gehen.

d Füllt die Zeile „Immer geradeaus“ aus.

6 Prüft euren Wärmesinn

Versuchsgeräte: 3 Thermoskannen mit Wasser unterschiedlicher Temperatur, elektronisches Thermometer. *Achtung: Die Wassertemperatur darf 40 °C nicht überschreiten!*

Durchführung:

a Unsere Körpertemperatur beträgt 37 °C. Messt die Temperatur an den Fingerspitzen mit dem Thermometer.

b Öffnet die Thermoskannen und prüft mit dem Mittelfinger: In welcher ist das Wasser nach eurem Empfinden am kältesten, in welchem am wärmsten? Tragt euren Eindruck in eine Tabelle auf einem Blatt Papier ein.

c Schätzt die Temperaturen und notiert eure Schätzungen. Messt dann mit dem Thermometer.

d Füllt die Zeile „Wir prüfen unseren Wärmesinn“ auf dem Laufzettel aus.

	Kanne 1	Kanne 2	Kanne 3
Temperatureindruck	?	?	?
Geschätzte Temperatur	? °C	? °C	? °C
Gefühlte Temperatur	? °C	? °C	? °C

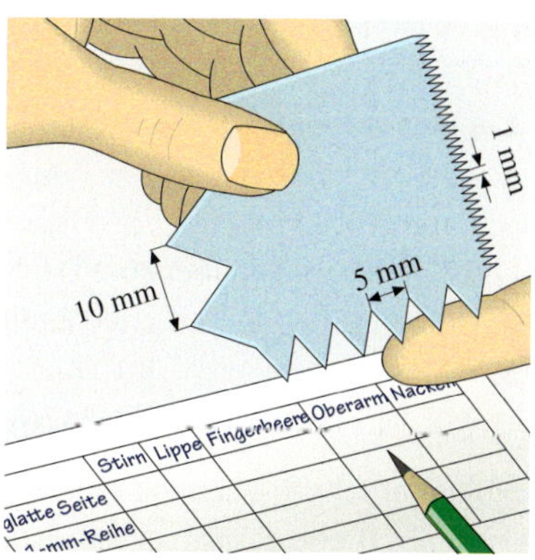

7

Grundlagen Mit unseren Sinnen erschließen wir die Welt

Wahrnehmung Über unsere Sinne nehmen wir die Umwelt wahr. Mit den Sinnesorganen können wir ganz unterschiedliche Informationen aufnehmen. ▸1 Ein Duft, der über die Nase aufgenommen wird, stellt einen ganz anderen Sinneseindruck dar als eine glatte und kalte Oberfläche, die über die Haut wahrgenommen wird.

Zusammenspiel der Sinne Die verschiedenen Sinnesorgane ergänzen sich gegenseitig. Ein weiches Fell kannst du fühlen, aber ob es sich dabei um das Fell einer Katze handelt, kannst du nur sehen.
Wenn ein Sinnesorgan ausfällt oder beeinträchtigt ist, können andere Sinne besonders empfindlich sein. Sie ersetzen so den geschädigten Sinn zum Teil.
Viele Sinnesleistungen von Tieren sind beim Menschen schwächer ausgeprägt oder gar nicht vorhanden. Umgekehrt hat aber auch der Mensch Sinnesleistungen, die bei Tieren nicht oder schwächer vorhanden sind.

1 *Die Sinne des Menschen*

Aufgaben

1 Erläutere die Abbildung. ▸1 Verwende die Begriffe aus der Abbildung.

2 Wähle aus der Abbildung ein Sinnesorgan mit dem dazugehörigen Sinn aus und erstelle dazu eine Mindmap in deinem Heft. Achte darauf, dass du die Begriffe sinnvoll ordnest.

3 Für Lebewesen haben ihre Sinnesorgane Bedeutung für Orientierung, Nahrungsaufnahme, Überleben und Fortpflanzung.
Nenne für jede Aufgabe mehrere Lebewesen, die unterschiedliche Sinnesorgane benutzen.

Untersuchen

1 **Wenn ein Sinn fehlt**

a Kennst du jemanden, der blind ist oder eine andere Beeinträchtigung der Sinne hat? Befrage ihn, wie er sich in seiner Umwelt zurechtfindet. Wie verhalten sich andere Menschen ihm gegenüber? Berichte in der Klasse darüber.

b Nenne und erläutere Beispiele dafür, wie sich Gehörlose in ihrer Umgebung zurechtfinden.

2 **Blind in einer sehenden Welt**

a Lasst euch mit verbundenen Augen und/oder mit Ohrstöpseln von einem Mitschüler über den Pausenhof oder durch die Fußgängerzone führen. Berichtet über eure Erfahrungen.

b Probiert unter den gleichen Bedingungen, euch mithilfe eines (Blinden-) Stocks zu orientieren. Auch hier müssen stets Mitschüler in der Nähe sein, falls Hilfe notwendig ist. Welche Erfahrungen macht ihr jetzt?

3* **Blindenschrift** Stich mit einer Nadel Lochmuster in Rechenkästchenpapier. Drehe das Papier um. Ertaste die kleinen Erhebungen um die Löcher. Kannst du mit geschlossenen Augen die Muster erfühlen?

Aus dem Alltag Tasten statt sehen – wenn ein Sinn fehlt

Manchmal kannst du Blinde mit einem Blindenhund sehen, der sie sicher durch den Straßenverkehr führt. ▸2 Beide müssen sich dabei sehr konzentrieren – also bitte den Hund nicht streicheln oder von seiner Aufgabe ablenken!
Für blinde oder stark sehbehinderte Fußgänger sind die Lichtsignale einer Ampel nicht zu erkennen. Damit sie dennoch wissen, wann sie ungefährdet die Straße überqueren können, ertönt ein Summton. Er signalisiert ihnen grünes Licht.
Viele Bahnhöfe und S-Bahn-Stationen sind mit einem Leitsystem für Blinde ausgestattet: Geriffelte Bodenplatten verlaufen parallel zur Bahnsteigkante und führen zu den Treppenaufgängen. Sie ermöglichen es Blinden, sich auch ohne fremde Hilfe auf dem Bahnsteig sicher zu bewegen. ▸3
Bei der Blindenschrift handelt es sich um punktförmige Erhöhungen. Blinde „lesen“ die Buchstaben tastend mit den Fingern. ▸4
Die kräftige Farbgebung und die mit dem Geldwert zunehmende Größe soll Sehbehinderten die Unterscheidung der Geldscheine erleichtern. Für Blinde wurden die Banknoten zudem mit verschiedenen Tastmerkmalen versehen. ▸5

2 *Blindenhund und hörbare Ampel*

3 *Geriffelte Bodenplatten*

4 *Blindenschrift*

5 *Ertastbare Markierungen*

Aufgabe

1 Welche Möglichkeiten erleichtern Blinden bei uns das Leben? Wie informieren sie sich über das Weltgeschehen oder die Angebote im nächsten Elektronikmarkt?

Aus der Umwelt Die Sinneswelt von Tieren

1 **Sehen im Dunkeln:** *Katzen sehen auch bei wenig Licht noch gut. Sie können daher in der Dämmerung auf die Jagd nach Beute gehen.*

2 **Meister im Scharfsehen:** *Greifvögel erspähen ihre Beute schon aus großer Höhe. Sprichwörtlich sind daher die „Adleraugen" der Greifvögel.*

3 **Mit dem „inneren Kompass" nach Hause:** *Tauben haben einen Magnetsinn. Durch ihn finden sie auch bei großen Entfernungen wieder in den heimischen Schlag zurück.*

4 **Ein Geruchsspezialist:** *Hunde können Düfte riechen, die für unsere Nase viel zu „dünn" sind. Es genügen geringste Mengen von Duftstoffen vom Schuh eines Menschen, um seine Fährte aufzunehmen.*

5 **Stumme Welt der Schlangen:** *Schlangen sind taub. Sie spüren aber die geringsten Erschütterungen des Bodens. Außerdem können sie feinste Temperaturunterschiede wahrnehmen.*

Pflanzen haben keine Sinnesorgane wie Tiere. Sie können aber z. B. auf Licht oder Berührung reagieren.

6 **Pflanzen auf Beutefang:** *Bei der Venusfliegenfalle klappen die Fangblätter sofort zusammen, wenn eine Fliege sie berührt.*

7 **Pflanzen reagieren auf Licht:** *Manche Pflanzen richten Blüten oder Blätter nach der Sonne aus. Gänseblümchen öffnen oder schließen die Blüten je nach Sonnenstand.*

Aufgaben

1 Kennst du außer der „Spürnase Hund" noch weitere Tiere mit besonderen Sinnesleistungen? Beschreibe diese Leistungen.

2 Welche Vorteile bringen ausgeprägte Sinneswahrnehmungen dem jeweiligen Tier? Nenne Beispiele.

3 Gibt es Sinnesleistungen von Tieren, die beim Menschen nicht zu finden sind? Erläutere deine Beispiele.

4 Kennst du weitere Beispiele für Pflanzen, die auf Licht oder Berührung reagieren? Beschreibe sie.

Aus der Technik Technische Geräte erweitern die Sinneswelt des Menschen

8 **Sehen im Dunkeln:** *Mit Nachtsichtgeräten können Rettungskräfte auch bei Dunkelheit sehen. Tierforscher beobachten damit Tiere, die nachts aktiv sind.*

9 **Sicher unterwegs im Gelände:** *Die Kompassnadel zeigt stets nach Norden. Die Erde ist ein riesiger Magnet, der sie ausrichtet. Bei Wanderungen leisten Karte und Kompass gute Dienste.*

10 **In die Ferne schweifen:** *Weit entfernte Dinge werden mit Ferngläsern „herangeholt“. Mit einem Fernrohr (Teleskop) kannst du z. B. den Mond betrachten.*

11 **Kostbare Schätze vor Verfall schützen:** *Mit einem Hygrometer wird die Luftfeuchtigkeit gemessen. In Museen müssen z. B. alte Bücher und Gemälde vor zu hoher Luftfeuchtigkeit geschützt werden.*

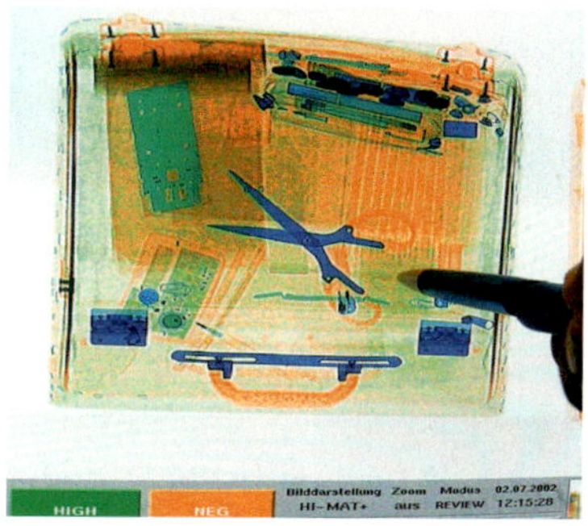

12 **Röntgenblick:** *Mit Röntgenstrahlung können Metallgegenstände in Koffern sichtbar gemacht werden. Dies geschieht bei den Sicherheitskontrollen auf Flughäfen.*

13 **Lauschen mit gespitzten Ohren:** *Richtmikrofone verstärken entfernte und sehr leise Geräusche (Stimmen, Tierlaute ...). Sie werden bei der Personenüberwachung und in der Forschung eingesetzt.*

14 **Ist da jemand?** *Bewegungsmelder reagieren auf Personen, die sich bewegen. Sie schalten z. B. Lampen, automatische Türen oder die Sirenen von Alarmanlagen ein.*

15 **Temperaturen sichtbar machen:** *Jeder Gegenstand sendet Strahlung aus, die jedoch für uns meist unsichtbar ist. Die Wärmebildkamera stellt die Temperaturen durch Farben dar.*

Aufgaben

1 In „Die Sinneswelt von Tieren“ sind Sinnesleistungen von Tieren beschrieben. Ordne ihnen jeweils ein technisches Gerät zu. Für welche Sinnesleistungen gibt es keine Entsprechungen?

2* Nenne Beispiele für technische Geräte, die die Sinneswelt des Menschen erweitern. Stelle die Geräte und ihre Funktion in einem Kurzvortrag vor.

Die Haut als Sinnesorgan

▷ Mit einer angewärmten Stricknadel von 60 °C (aus dem Trockenschrank oder einem Wasserbad) lassen sich „Wärmepunkte“ finden. Die Nadel wird ohne Druck auf die Haut aufgesetzt. Die Stellen, an denen die Versuchsperson statt eines Druckreizes einen Wärmereiz empfindet, werden mit einem roten Filzstift markiert.

▷ „Kältepunkte“ der Haut lassen sich mit Nadeln aus dem Eisschrank finden. Sie werden blau markiert.

▷ Sind für Wärme und Kälte verschiedene Sinneseinrichtungen zuständig? Wenn ja, welche sind häufiger?

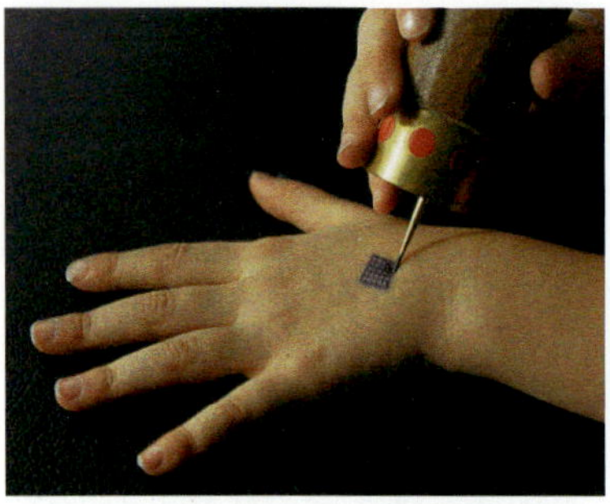

1 *Wo liegen Wärmepunkte?*

Grundlagen Die Haut – ein vielseitiges Sinnesorgan

Mit der Haut nehmen wir Druck, Wärme, Kälte und Verletzungen wahr. ▸2

Tastkörperchen in der Haut sprechen auf leichteste Berührungen an. Bei stärkerem Druck reagieren die tiefer liegenden Lamellenkörperchen.
„Warm“ und „kalt“ erkennen wir mit besonderen Kalt- und Warmsinneskörperchen. Sie melden dem Gehirn Temperaturunterschiede.
Freie Nervenenden sind gleichmäßig über die Haut verteilt. Sie sorgen für die Schmerzempfindung bei Verletzungen, die durch Stiche, Druck, Schläge oder Chemikalien hervorgerufen werden.
Die verschiedenen Sinneskörperchen sind unregelmäßig über die Haut verteilt. Je mehr vorhanden sind, desto empfindlicher ist ein Körperteil.

Verschiedene Sinneskörperchen in der Haut schicken bei Berührung, Druck, Wärme, Kälte oder Verletzung über die Nerven Signale zum Gehirn. Dort werden die Signale verarbeitet: Wir fühlen Druck, Wärme, Kälte oder Schmerz. ▸3

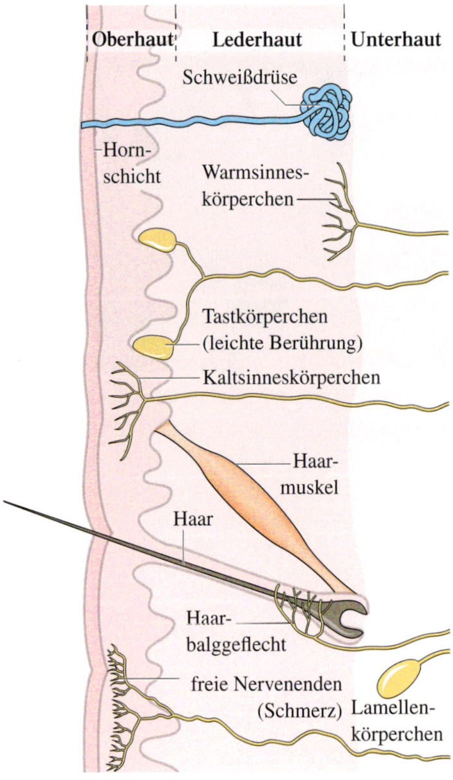

2 *Sinnesorgan Haut*

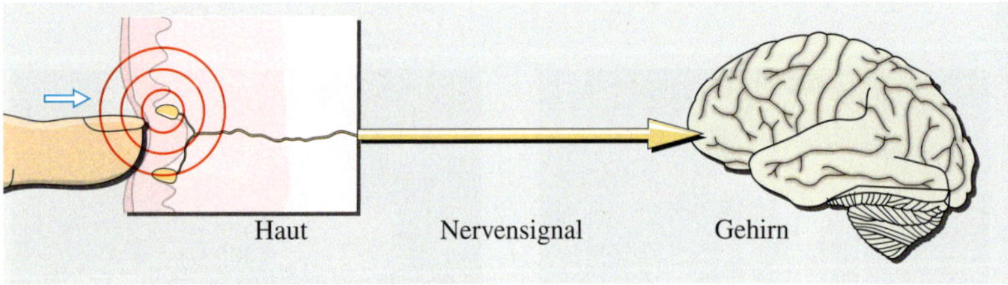

3 *Wahrnehmung eines Berührungsreizes*

Hautstelle	Abstand
Zungenspitze	1 mm
Fingerkuppe	2 mm
Lippen	4 mm
Unterarm	40 mm
Rücken	70 mm

4 *Druckreize*

Aufgaben

1 Fasse in einer Tabelle die Sinneskörperchen der Haut zusammen. Gib auch an, was du mit den Sinneskörperchen wahrnimmst.

2 Tabelle ▸4 zeigt, in welchem Abstand zwei gleich starke Druckreize noch getrennt wahrgenommen werden. Welchen Vorteil hat es, dass die Tastkörperchen an bestimmten Stellen besonders dicht liegen?

Aus dem Alltag Sonnenbrand – Sonnenschutz

Durch die Strahlung der Sonne gelangen nicht nur Wärme und Licht zu uns, sondern auch ultraviolette Strahlung (UV-Strahlung). Diese ist für unsere Augen unsichtbar.
UV-Strahlung kann in unsere Haut eindringen und dort Schäden anrichten. Es entstehen z.B. Runzeln und Falten. In manchen Fällen verursacht eine zu starke UV-Strahlung sogar Hautkrebs. Zunächst entstehen dunkle Flecken, die allmählich größer werden. Hautkrebs muss sofort behandelt werden. Bei hellhäutigen Europäern wird er immer häufiger.

Die Haut schützt sich selbst Gegen die schädliche UV-Strahlung schützt sich unser Körper selbst: In der Oberhaut bilden sich dunkle Farbstoffe. Sie hindern die UV-Strahlung daran, in tiefere Schichten der Haut einzudringen.
Von der Sonne beschienen, erzeugt die Haut mehr Farbstoffe als gewöhnlich. Sie wird dadurch braun.

Wir haben nicht alle gleich viele dunkle Farbstoffe in der Haut. Nach ihrer Menge unterscheidet man vier Hauttypen. ▸5–8
Je nachdem, zu welchem Hauttyp du gehörst, verträgst du die Sonne besser oder schlechter. Ein Maß dafür ist die Eigenschutzzeit. Sie sagt dir, wie lange du dich ungeschützt in der starken Mittagssonne aufhalten kannst, ohne dabei Schaden zu nehmen.

Vorbeugungsmaßnahmen Mit Sonnenschutzmitteln kann man seine Eigenschutzzeit verlängern. Es werden Mittel mit Lichtschutzfaktoren von 2 bis 50 angeboten. Wie viele Minuten du geschützt bist, berechnest du so:
Eigenschutzzeit · Lichtschutzfaktor = Schutzzeit.
Nutze aber die errechnete Zeit nie voll aus! Wenn du im Wasser warst oder geschwitzt hast, kann sie sich nämlich verkürzen. Das sicherste Mittel gegen Hautschäden ist das einfachste: Im Schatten bleiben!

Sehr helle Haut; zahlreiche Sommersprossen; blaue, selten auch braune Augen; rötliche Haare; Gefahr eines schmerzhaften Sonnenbrands
Eigenschutzzeit: 5–10 Minuten

5 *Hauttyp 1*

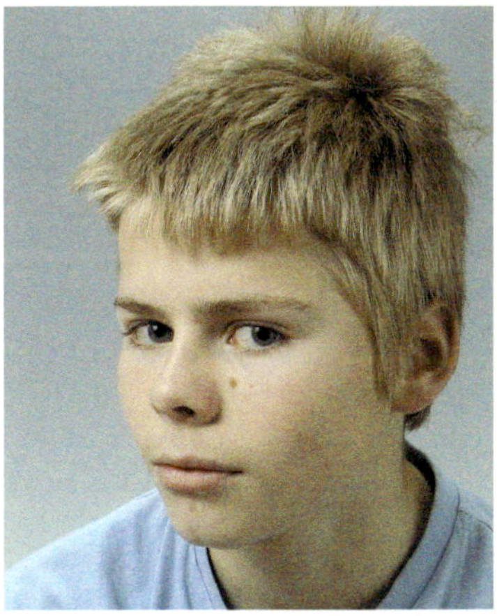

6 *Hauttyp 2*

Helle Haut; nur wenige Sommersprossen; grüne oder graue Augen; blonde oder braune Haare; Gefahr eines schmerzhaften Sonnenbrands
Eigenschutzzeit: 10–20 Minuten

Helle bis hellbraune Haut; keine Sommersprossen; graue oder braune Augen; dunkelblonde bis braune Haare; nur geringe Gefahr eines Sonnenbrands
Eigenschutzzeit: 20–30 Minuten

7 *Hauttyp 3*

8 *Hauttyp 4*

Hellbraune bis olivfarbene Haut; keine Sommersprossen; braune Augen; braune bis schwarze Haare; kaum Sonnenbrandgefahr
Eigenschutzzeit: 40 Minuten

Vom Schätzen zum Messen

▷ Beim Backen kann man die Zutaten „nach Gefühl" abschätzen – manchmal mit überraschenden Ergebnissen! Damit der Kuchen sicher gelingt, hält man sich besser ans Rezept. Die Zahl der Eier lässt sich ja leicht einhalten, aber einen Viertelliter Milch, 375 g Mehl oder 70 g Butter schätzt man nicht so leicht ab – es muss gemessen werden.

1

Beobachten Untersuchen

Wie gut das Abschätzen von Länge, Gewicht und Volumen klappt, kannst du in einigen Versuchen überprüfen. Sie eignen sich als Lernstationen. Führe bei allen Versuchen eine Tabelle, in der du die geschätzten und gemessenen Werte protokollierst.

1 Wie groß bist du? Schätze, wie groß dein Experimentierpartner ist. Trage die Körpergröße in cm in die Tabelle ein. Überprüfe deine Schätzung. ▸2

	Wert: geschätzt	gemessen
Körpergröße	145 cm	142 cm
Fußlänge	22 cm	23 cm
...	...	...

2 *Mustertabelle*

a Miss mit dem Geodreieck nach.
b Miss mit einem Zollstock.
c Überprüfe mit einem Messband.
d Erfinde eine weitere Überprüfungsmöglichkeit.
e Schätze und überprüfe ebenso die Länge von Bleistiften, Stecknadeln und Schulfluren. Welches Längenmessgerät liefert jeweils den genauesten Wert?

2* Elle ist nicht gleich Elle Noch vor 200 Jahren wurden Längen in *Ellen* gemessen. Eine Elle ist die Entfernung vom Ellenbogen zur Spitze des Mittelfingers. Der jeweilige Herrscher legte den Maßstab mit seinem Arm fest. So konnte es sein, dass die Elle in Braunschweig und die Elle im Rheinland nicht gleich lang waren.

a Schätze die Länge der Elle deines Partners und miss nach.
b Auch der Fuß galt lange Zeit als Längenmaß. Schätze die Fußlänge und überprüfe sie.
c In England ist noch heute die Daumenbreite als Maßstab gebräuchlich. Sie wird als 1 Inch oder 1 Zoll bezeichnet und entspricht 25 mm. Wäre dein Daumen zum Messen in Zoll geeignet? Prüfe es nach.

3* Kreise haben eine Länge Stelle dir vor, dein Fahrrad rollt so weit, dass sich das Vorderrad genau einmal ganz herumdreht. Die Strecke, die das Fahrrad dann vorwärtsgekommen ist, ist genauso groß wie der *Umfang* des Reifens.

a Schätze den Umfang eines Fahrradreifens und eines Trinkglases am oberen Rand ab.
b Miss die tatsächliche Länge mit einem Faden, den du um den Fahrradreifen und den oberen Rand des Glases legst.
c Erfinde eine andere Messmethode zur Überprüfung der Schätzwerte.

4 Gewichte vergleichen Versuche deine Hände als Waage zu benutzen: In eine Hand legst du eine Tafel Schokolade (100 g) oder eine Packung mit 1 l Milch (1 kg). Mit der anderen hältst du einen Gegenstand, dessen Gewicht du nicht kennst: Schultasche, Etui, Schwamm, Schuh, gefülltes Wasserglas ...

a Schätze jeweils das Gewicht durch Vergleichen. Welchen Vergleichsgegenstand benutzt du?
b Überprüfe deine Schätzung mit einer Personenwaage oder einer Küchenwaage.

5 Wie viel Saft ist im Glas? Flüssigkeitsmengen werden in Litern oder Millilitern (ml) angegeben: 1 l = 1000 ml.
In ein Trinkglas passen meist 0,2 l = 200 ml. In eine PET-Flasche 1,0 l oder 1,5 l.

a Fülle in ein Glas oder eine Flasche folgende Flüssigkeitsmengen: 100 ml; 0,5 l; 1,2 l; 50 ml.
b Überprüfe die Mengen mit einem Messzylinder. Benutze ihn mehrfach.

6* Tickt deine innere Uhr richtig? Ein Sechs-Minuten-Ei nach Gefühl kochen, geht das?
Auf ein Zeichen hin startet dein Partner die Stoppuhr und du legst das Ei ins siedende Wasser.

a Du schätzt die Zeit von 6 Minuten und gibst wieder ein Zeichen.
b Wiederholt die Zeitschätzungen für 5 Sekunden und 1 Minute.
c Vergleicht jeweils den Schätz- und Messwert. Funktioniert deine innere Uhr besser bei kurzen oder langen Zeiten?

Grundlagen Messen mit Messgeräten

Mit unseren Sinnen und unserer Erfahrung können wir Entfernungen, Gewichte und Zeiten abschätzen. Zum Nachmessen bietet unser Körper Hilfen: Mit Arm oder Fuß können wir Längen überprüfen, der Herzschlag kann als Takt für die Zeitmessung dienen und beide Arme zusammen bilden eine Hilfswaage. Auch Temperaturen können wir gut unterscheiden.

Um unsere Messungen mit anderen zu vergleichen, benutzen wir festgelegte, allgemeingültige Einheiten:
- **Wir messen Längen mit einem Messband in Metern oder mit einem Lineal in Zentimetern.** ▸3
- **Zeiten werden mit einer Uhr in Sekunden gemessen.**
- **Eine Waage gibt das Gewicht in Kilogramm oder in Gramm an. (Statt Gewicht sagt man in der Fachsprache Masse.)**
- **Das Volumen bestimmen wir mit einem Messzylinder.** ▸4–5 **Seine Skala gibt den Inhalt in Millilitern an.**

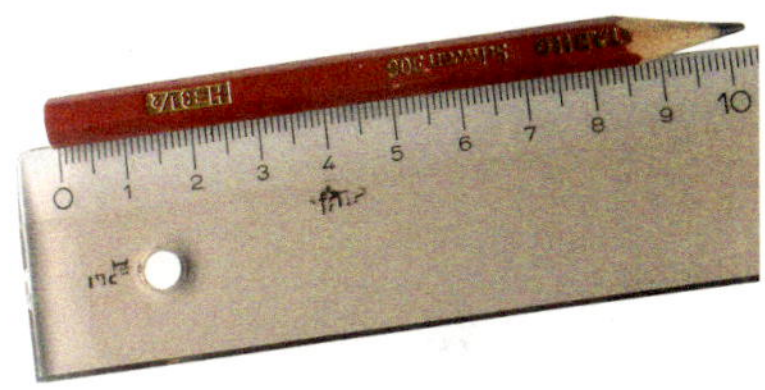

3 *Wenn du genau abliest, kannst du auch Zwischenwerte abschätzen.*

4 *In Augenhöhe ablesen!*

Richtig messen Für genaue Messwerte brauchst du das geeignete Messgerät. Und du musst richtig ablesen: Schaue immer gerade auf die Skala, wenn du einen Wert abliest. Schreibe den Messwert mit der Einheit auf, in der dein Messgerät misst. *Beipiele:* Auf dem Lineal kannst du Werte in Millimetern oder Zentimetern ablesen, auf einer Uhr die Zeit in Sekunden oder Minuten.

Was wird gemessen?	Angabe	Beziehung
Länge	Meter (m) Zentimeter (cm) Millimeter (mm)	1 m = 100 cm 1 cm = 10 mm
Zeit	Sekunde (s) Stunde (h)	1 h = 60 Minuten 1 h = 3600 s
Gewicht (Masse)	Kilogramm (kg) Gramm (g)	1 kg = 1000 g
Volumen	Liter (l) Milliliter (ml) Kubikzentimeter (cm^3)	1 l = 1000 ml 1 cm^3 = 1 ml
Temperatur	Grad Celsius (°C)	

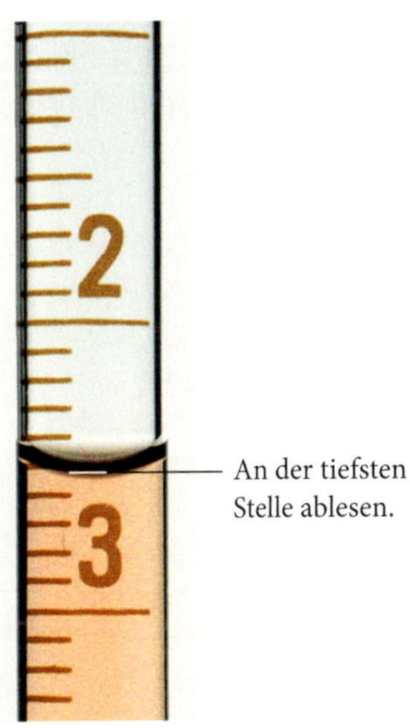

5

Untersuchen Experimentieren

Eure Aufgabe ist es nun, möglichst genaue Waagen zu bauen. Ihr sollt direkt ablesen können, wie schwer etwas ist. Hier sind einige Anregungen für einen Erfinderwettbewerb ...
Präsentiert eure Erfindungen im Klassenraum. Jede Gruppe darf die Waagen der anderen testen. Sieger ist die Gruppe, mit deren Waage man am genauesten messen kann. Kann man mit eurer Waage das Gewicht eines 2-Cent-Stücks bestimmen? Wie viel wiegt ein Radiergummi oder ein Bleistift?

1

2

1 Rundholz-Waage Baue aus einem Rundholz und einigen bekannten Wägestücken eine Waage. ▸3

2 Eine Wippe als Waage Diese Waage ▸4 funktioniert mit Wasser und den zu wiegenden Gegenständen. Du musst wissen, dass 10 ml Wasser 10 g wiegen ...
Wie viel wiegt ein Tennisball?

3 Eine Briefwaage Standardbriefe dürfen nicht mehr als 20 g wiegen. Folgende Eurocent-Münzen sind zusammen 20 g schwer:
1 ct + 5 ct + 5 ct + 10 ct + 20 ct.
In Frischhaltefolie gewickelt, ergeben sie ein Wägestück. Baue damit eine einfache, aber genaue Briefwaage. ▸5 Sie benötigt keine Skala, weil es nur auf den Grenzwert von 20 g ankommt. Überprüfe mit der Waage einen Briefumschlag mit drei DIN-A4-Blättern.

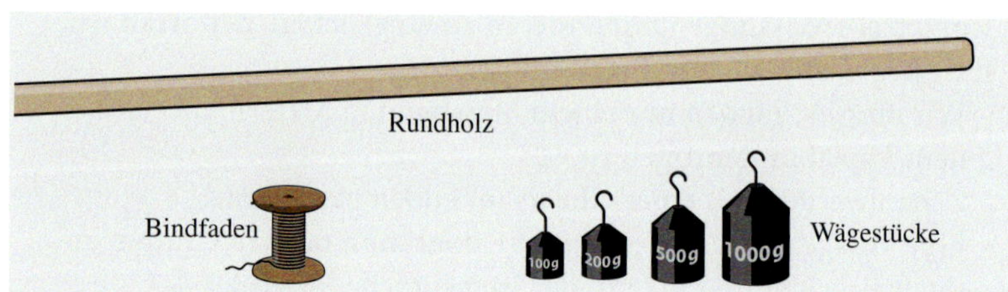

3

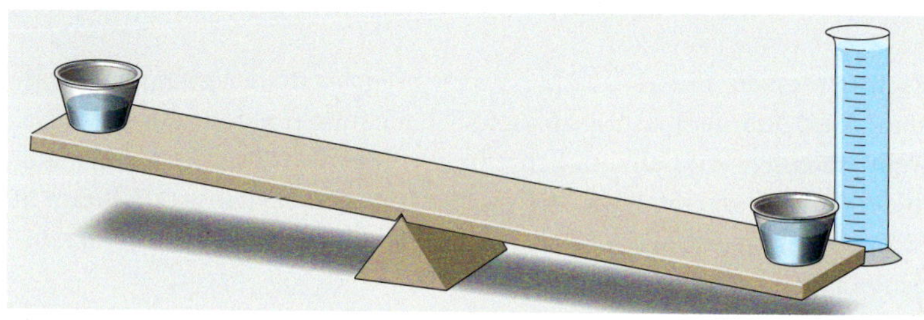

4

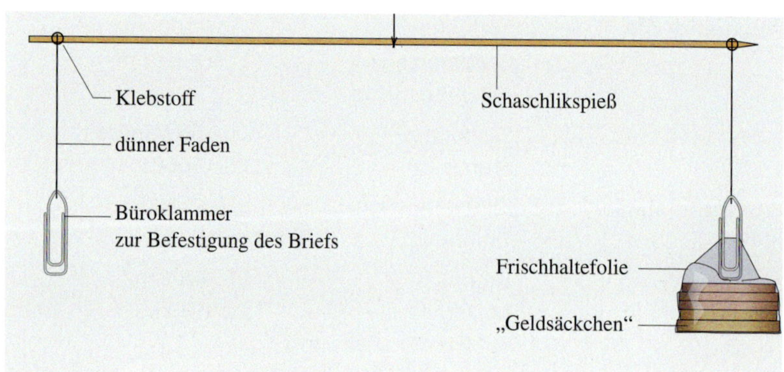

5

4 Mengen und Gewicht Überprüfe die Angaben eines Küchenmessbechers.

a Bestimme mit einer elektronischen Waage, wie schwer der leere Messbecher ist. Du musst das Leergewicht später von den Messwerten abziehen.

b Fülle abwechselnd 100 g Zucker, Reis und Mehl ab. Vergleiche die Füllhöhen.

c Überprüfe die abgefüllten Gewichte mit einer elektronischen Waage. ▸6 Bewerte die Genauigkeit des Messbechers.

d 100 ml Wasser wiegen 100 g. Überprüfe es. Vergleiche die Füllhöhen bei 100 g Zucker (Reis, Mehl) mit der von 100 ml Wasser. Erkläre die Unterschiede.

5 Messbecher Zum Abmessen von Flüssigkeiten kannst du den Messbecher aus der Küche, ein Becherglas oder einen Messzylinder benutzen. ▸7 Welches der drei Gefäße liefert die genauesten Ergebnisse?

a Bestimme zunächst die Gewichte der leeren Messgeräte.

b Fülle dann in jedes der drei Gefäße 100 ml, 70 ml und 20 ml Wasser. Überprüfe mit der elektronischen Waage (10 ml Wasser wiegen 10 g). Hast du immer genau die verlangte Menge eingefüllt? Gibt es Unterschiede?

c Bewerte die Genauigkeit der drei Messgeräte.

6 Volumen von festen Gegenständen messen

a Welches ist die „dickste" Kartoffel in einem Kartoffelsack? Überlege dir einen Versuch, mit dem du verschiedene Kartoffeln vergleichen kannst.
Vielleicht hilft dir dabei die Zeichnung. ▸8

b Miss jetzt das Volumen (den Rauminhalt) verschiedener fester Gegenstände: volle Zahnpastatube, Radiergummi, Legostein ... Halte deine Messergebnisse in einer Tabelle fest.

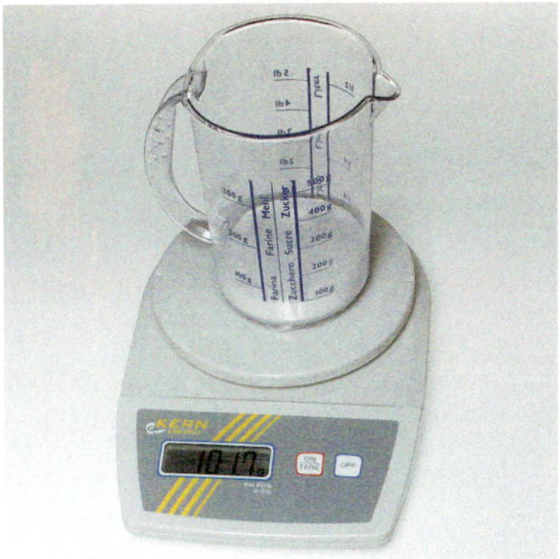

6

7

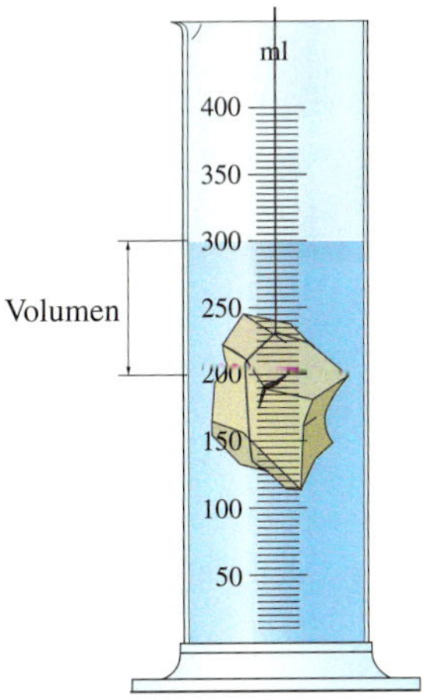

8

Grundlagen Masse und Volumen messen

Gewichte (Massen) messen wir mit Waagen. Sie geben das Gewicht in Kilogramm (kg) oder Gramm (g) an.
Das Gewicht wird durch Vergleich mit Wägestücken ermittelt.

Es gibt Brief-, Küchen-, Labor- und Personenwaagen, Lkw-Waagen ... Damit du genaue Messwerte erhältst, musst du die richtige Waage auswählen. Das Gewicht der Büroklammer zeigt eine Personenwaage nicht an. Genauso ist es beim Abfüllen von Flüssigkeitsmengen, die wir in Millilitern (ml) oder Litern (l) angeben: Genaue Messwerte kannst du mit speziellen Messzylindern erhalten. Für den Hausgebrauch reicht aber meist ein einfacher Messbecher. Das Kuchenrezept wird damit gelingen.

Aufgaben

1 „Waagen beruhen auf dem gleichen Prinzip: Vergleichen."

a Erkläre die Aussage.

b Gilt sie auch für Messbecher?

2 „Die Wahl des richtigen Messgeräts ist wichtig, damit du genaue Werte erhältst." Gib zu dieser Regel zwei Beispiele an.

Was brauchen wir zum Sehen?

▷ Harry sagt: „Wie ungerecht! Der Grottenolm ist blind, aber die Eule hat Superaugen."

▷ „Der Grottenolm wäre auch mit Superaugen nicht besser dran", entgegnet ihm Tina.

▷ Überlegt, welche Aussage richtig ist.

2 *Der Grottenolm lebt in Gewässern in dunklen Höhlen. Seine Augen bilden sich nach der Geburt vollständig zurück.*

1 *Nachtjäger haben große Augen. Eulen können bei Nacht sehr gut sehen.*

Untersuchen

1 Im Dunkeln sehen?

a Gehe in ein vollständig verdunkeltes Zimmer. Siehst du noch etwas?

b Kannst du vielleicht etwas sehen, wenn sich deine Augen nach einiger Zeit an die Dunkelheit gewöhnt haben? Überprüfe, ob wirklich kein Licht ins Zimmer dringt.

c Gibt es Gegenstände, die man im Dunkeln sehen kann? Probiere es mit einem Leuchtstift und einem Rückstrahler aus (Speichenreflektor fürs Fahrrad, Sicherheitsanhänger ...).

d Kannst du jetzt sagen, was man alles zum Sehen braucht?

2 Wie wird es hell genug zum Sehen? Gehe mit einer Taschenlampe in ein dunkles Zimmer. Halte nacheinander ein weißes und ein dunkles (schwarzes) Blatt Papier sowie ein Stück zerknitterte Alufolie an die Wand. Beleuchte die Flächen so mit der Taschenlampe, dass nur auf sie das Licht fällt.

a Beobachte, wie hell es im Raum wird. Kannst du auf einer Buchseite die Buchstaben erkennen, wenn die Seite nicht direkt von der Taschenlampe beleuchtet wird?

b Beschreibe deine Beobachtung und überlege dir dafür eine Erklärung.

Grundlagen Das Auge – ein Lichtempfänger

Wenn wir die Augen schließen oder wenn es ganz dunkel ist, sehen wir nichts. Zum Sehen muss Licht in unser Auge gelangen. Wenn das Licht einer Kerzenflamme ins Auge fällt, sehen wir die Flamme. Das Auge ist also ein *Lichtempfänger*.
Die Sterne, die Sonne, eine Leuchtstoffröhre, eine Glühlampe, ein brennendes Streichholz oder eine Kerzenflamme sind *Lichtquellen*. Sie erzeugen Licht und senden es aus. ▸3

Zum Sehen gehört zweierlei: die Lichtquelle und das Auge. Lichtquellen senden Licht, die Augen empfangen es. Wir sehen die Lichtquelle, wenn ihr Licht ins Auge fällt.

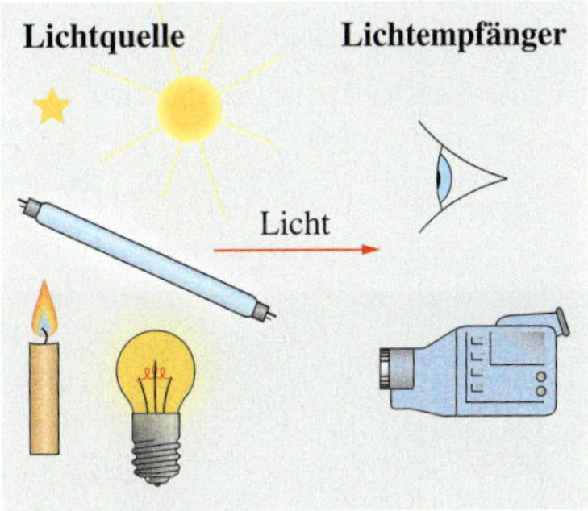

3 *Von der Lichtquelle zum Lichtempfänger*

Aus der Umwelt Lebendige Lichtquellen

Manche Lebewesen erzeugen Licht, um gesehen zu werden. Oft wird ein Partner angelockt – oder ein Beutetier.
Glühwürmchen oder Johanniskäfer sind bei uns heimisch. Im Körper bilden sie einen Stoff, den sie zum Leuchten bringen. ▸4
Der Tintenfisch hat viele Leuchtorgane. Sie können sogar in verschiedenen Farben leuchten. ▸5

Im Pazifik leben leuchtende Quallen. Ein Forscher übertrug ihre Fähigkeit zu leuchten auf andere Organismen. Dafür ist er 2008 mit dem Nobelpreis geehrt worden. ▸6
In der Dunkelheit der Tiefsee kann der Anglerfisch seine Beute nicht sehen. Er sorgt aber dafür, dass er gesehen wird: Mit dem Leuchtorgan an seinem Kopf lockt er die Beute vor sein Maul. ▸7

4 *Glühwürmchen (Johanniskäfer)*

5 *Leuchtender Tintenfisch*

6 *Leuchtende Qualle*

7 *Anglerfisch*

Aufgabe

1 Nenne zehn natürliche oder künstliche Lichtquellen.

Krumm oder gerade?

▷ Was sagen diese Bilder über die Ausbreitung des Lichts?

1

2

Untersuchen Experimentieren

1 Wie sich Licht ausbreitet Von einer Lampe fällt Licht durch ein Schlüsselloch. ▸3 Übertrage das Bild vergrößert in dein Heft. Zeichne dann ein, wie das Licht durch das Loch fällt.

2 Lichtausbreitung – sichtbar gemacht Bespanne ein Sieb mit Alufolie. Stülpe es dann über eine sehr helle Glühlampe. Stich einige Löcher in die Folie. ▸4

a Wie kannst du das austretende Licht sichtbar machen?

b Was zeigt dir dieser Versuch über das Licht?

3* Licht fällt durch ein Loch Das Licht einer Experimentierleuchte fällt durch das Loch in einer Blende. ▸5

a Bewege den Schirm (die Pappe) von der Blende weg und beobachte dabei den Lichtfleck.

b Zeichne die Anordnung ▸6 groß ab, dazu das Licht, das den Fleck erzeugt. (Gehe von der Lampenmitte aus.)
Zeichne die roten Strahlen für den „Rand" des Lichts mit dem Lineal. Welche Eigenschaft des Lichts wird damit ausgedrückt?

c Stelle eine zweite Blende zwischen Schirm und Blende (Lampe ausgeschaltet). Worauf musst du achten, damit auf dem Schirm wieder ein Lichtfleck erscheint? Begründe deine Antwort.
Schalte die Lampe ein: Entsteht ein Lichtfleck auf dem Schirm?

d Die Blende soll jetzt ein großes Loch haben. Stelle die Lampe dicht hinter die Blende. Entferne diesmal die Lampe langsam von der Blende. Wie ändert sich dabei der Lichtfleck?

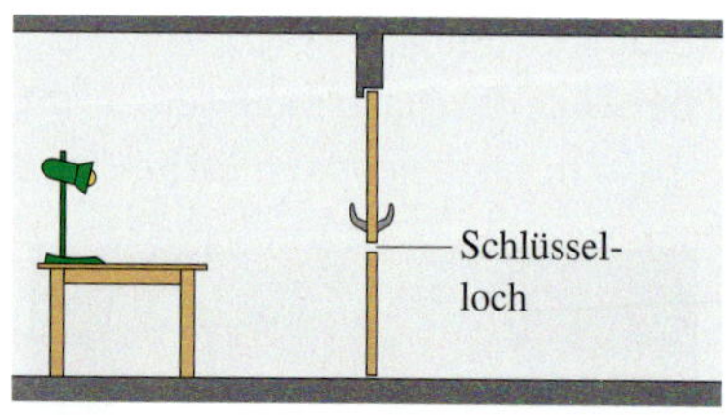

3

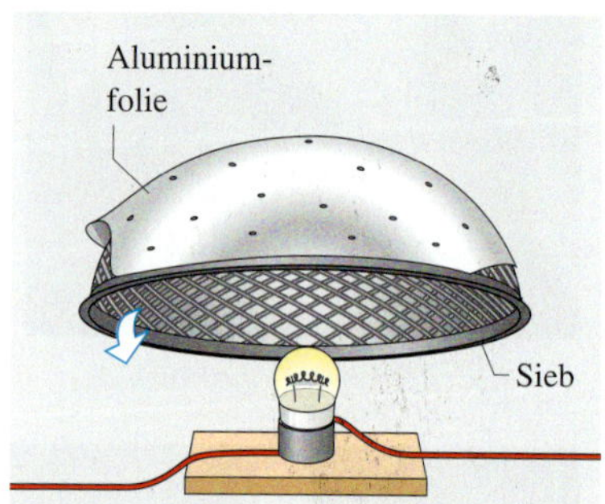

4

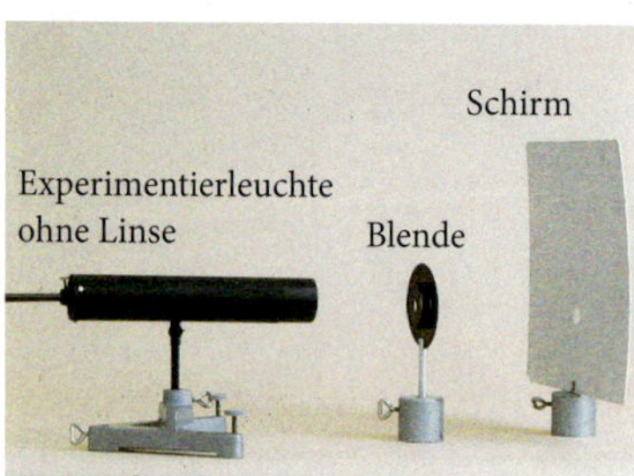

5

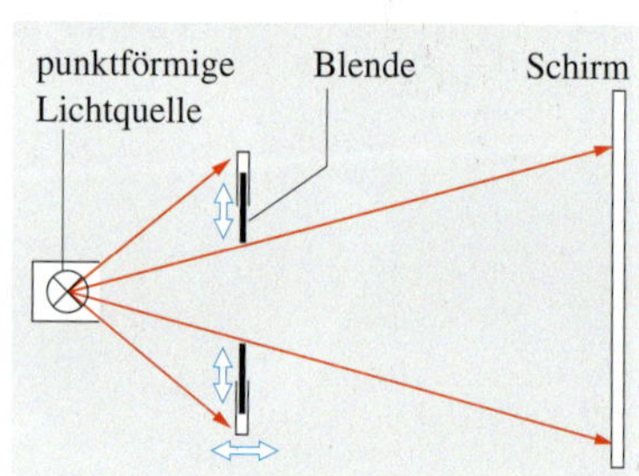

6

Grundlagen Wie sich Licht ausbreitet

Das Licht breitet sich nach allen Seiten hin geradlinig aus.

Ein Loch verändert die Ausbreitung: Hinter einem Loch entsteht ein Lichtbündel. ▸7 Zum Zeichnen von Lichtbündeln verwenden wir die Randstrahlen und den Mittelstrahl. ▸8

Lichtstrahlen sind gezeichnete Pfeile. Sie zeigen, in welche Richtungen sich das Licht ausbreitet.

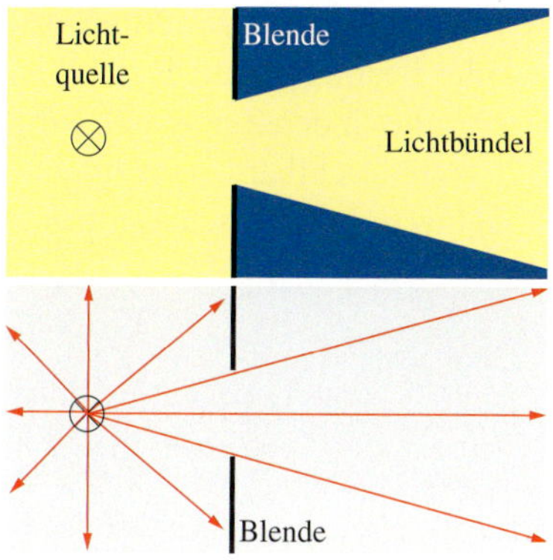

7 *Lichtbündel und Lichtstrahlen*

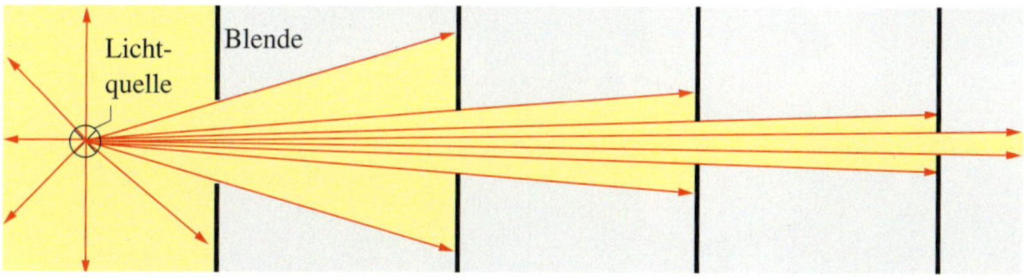

8 *Das Lichtbündel wird immer schmaler.*

Aufgaben

1 Was versteht man unter einem Lichtstrahl?

2 Vor einer Lochblende (Durchmesser: 5 mm) steht in 8 cm Abstand eine kleine (punktförmige) Lichtquelle.

a Fertige eine Zeichnung an und trage die Randstrahlen hinter der Blende ein.

b Wie ändert sich der Verlauf der Randstrahlen, wenn eine Blendenöffnung kleiner gewählt wird? Stelle das Lichtbündel in einer zweiten Zeichnung dar.

c* Die kleine Blendenöffnung wird beibehalten, die Lampe aber weiter von der Blende entfernt. Zeichne wieder.

Aus der Technik Gerader Tunnel – dank Laserstrahlen

In den Bergen und beim Bau von U-Bahnen müssen oft kilometerlange Tunnel gebaut werden. Riesige Maschinen bohren den Tunnel in einem einzigen Arbeitsgang durch das Erdreich.
Um die Richtung des geplanten Tunnels genau einzuhalten, setzt man „Laserstrahlen" ein. Das sind sehr schmale und helle Lichtbündel. ▸9
Die Maschine wird so gesteuert, dass das Licht immer auf den Lichtempfänger vorn am Bohrer fällt. ▸10

9 *Laserlicht zur Vermessung eines Tunnels*

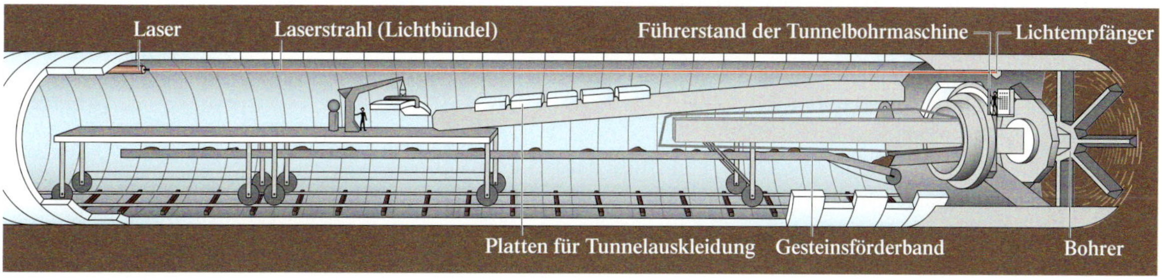

10 *Tunnelbau mit Laserlicht*

Wir sehen Gegenstände

▷ Das Lichtbündel des Projektors oder Beamers ist nicht zu sehen. Nur durch den Zeigestock wird das Bild sichtbar – ganz ohne Leinwand. Durchschaust du den Trick?

1

Untersuchen Experimentieren

1 Ist es hell genug zum Sehen? Verdunkle dein Zimmer so weit wie möglich (Nacht, Vorhänge zu, alle Lichter aus). Leuchte mit einer Taschenlampe auf eine weiße Wand, ein schwarzes Buch, einen Schrank ... Wann ist es im Zimmer am hellsten?

2 Mit Papier beleuchten Jemand stellt sich mit dem Rücken vor ein helles Fenster. Dann hält er sich ein Blatt weißes Papier vors Gesicht, als würde er lesen. Welche Veränderungen erkennst du?

3 Wie viel Licht werfen Gegenstände zurück? Schneide in weißen Karton ein großes Loch und stecke ihn auf eine Experimentierlampe. ▸2 So wird er nicht direkt beleuchtet. Untersuche seine Ausleuchtung, wenn weißes oder schwarzes Papier, zerknitterte Alufolie ... vor die Leuchte gehalten werden.

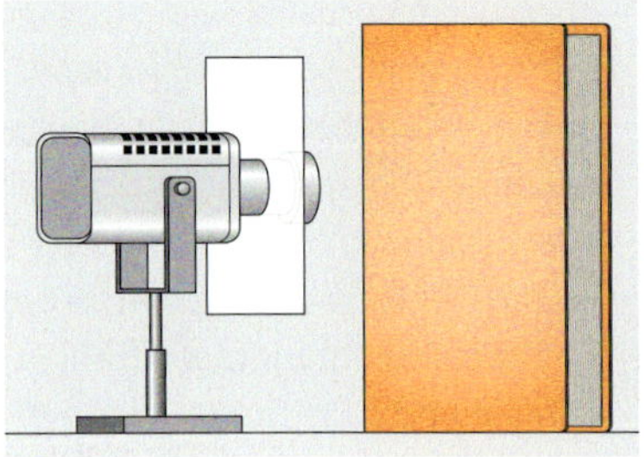

2

4 Unsichtbares Licht?

a Gehe bei Regen oder Nebel nachts mit einer Taschenlampe nach draußen. Richte deine Taschenlampe in den Himmel, auf nahe und ferne Gegenstände. Was beobachtest du?

b Leuchte mit der Taschenlampe im dunklen Badezimmer auf das Wasser in der Badewanne. Schütte nun etwas Milch in das Wasser. Beschreibe deine Beobachtungen.

c Richte einen Laserpointer auf eine Wand. Kannst du das Licht von der Seite her sehen? Dann schüttelst du einen staubigen Lappen aus ... Erkläre das Versuchsergebnis.

Achtung:
Mit dem Laser nicht in Augen leuchten! Nicht hineinblicken!

Grundlagen / Wenn Licht auf Gegenstände trifft ...

Wenn du eine weiße Wand mit der Taschenlampe beleuchtest, wird es im ganzen Raum heller. Die Wand verteilt das Licht der Taschenlampe in alle möglichen Richtungen. Dieser Vorgang heißt *Streuung.* ▸3–7

Wenn Licht auf einen hellen Gegenstand fällt, wird es in alle Richtungen zurückgeworfen. Es wird gestreut.

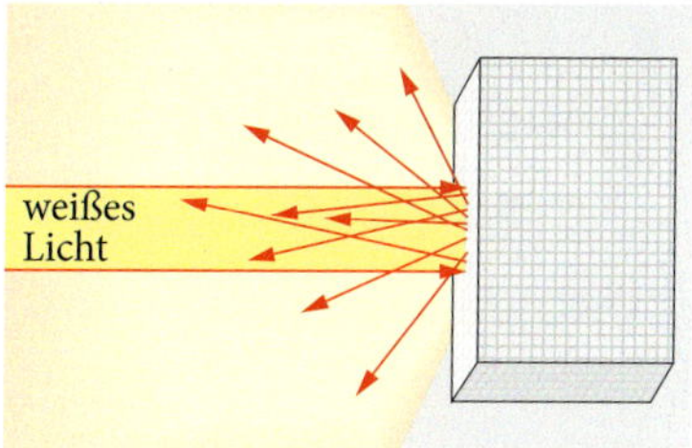

3 *Weiße Gegenstände streuen den größten Teil des Lichts unverändert zurück.*

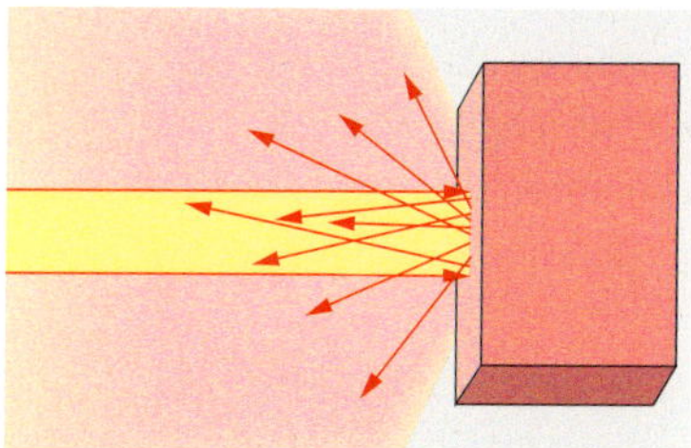

4 *Farbige Gegenstände streuen farbiges Licht zurück. Das auftreffende Licht wird also verändert.*

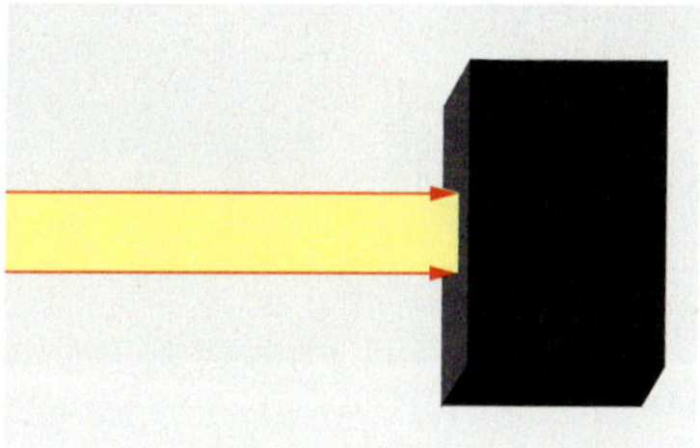

5 *Dunkle Gegenstände verschlucken (absorbieren) viel Licht. Nur ein kleiner Teil wird zurückgeworfen.*

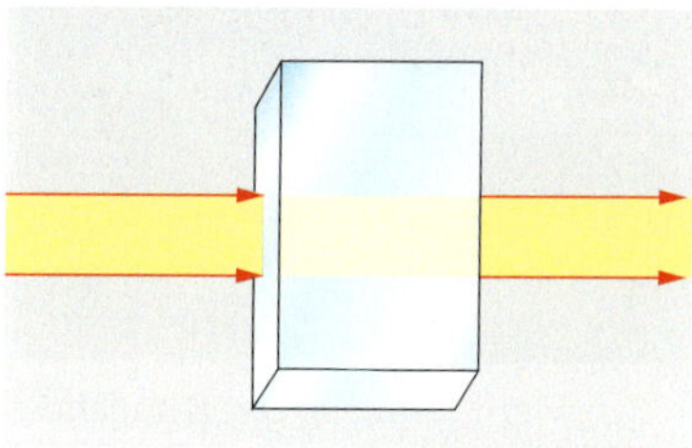

6 *Klare, farblose Gegenstände wie Glasplatten oder Flüssigkeiten lassen das Licht fast ungehindert durch.*

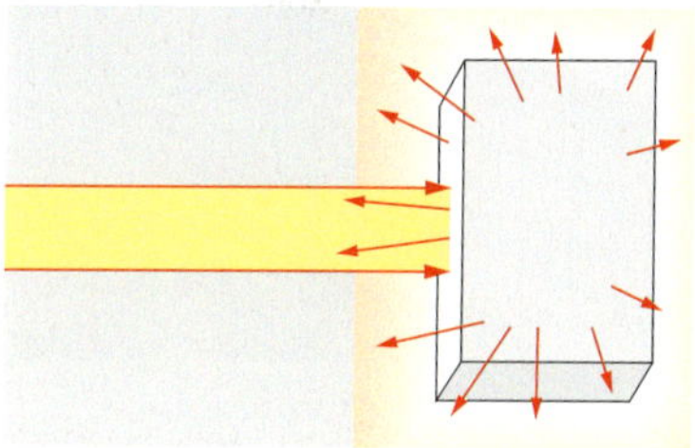

7 *Durchscheinende Gegenstände (Pergamentpapier, Milchglas) streuen Licht in alle Richtungen.*

Aufgabe

1 „Der Vollmond beleuchtet die Erde." Beurteile, ob diese Aussage stimmt.

Grundlagen / Streulicht ist wichtig fürs Sehen

Wir sehen nicht nur Lichtquellen. Menschen, Blumen, Bücher oder der Mond leuchten nicht selbst. Trotzdem können wir sie sehen. Sie müssen dazu von einer Lichtquelle beleuchtet werden. Die beleuchteten Gegenstände werfen das Licht ganz oder teilweise zurück. Sie streuen das Licht.

Wenn Streulicht von einem Gegenstand in unsere Augen fällt, können wir den Gegenstand sehen. ▸8

Von der Seite kann man das Licht einer Lichtquelle nicht sehen. Man sieht es nur, wenn das Licht durch Nebel oder Rauch gestreut wird und in unsere Augen gelangt.

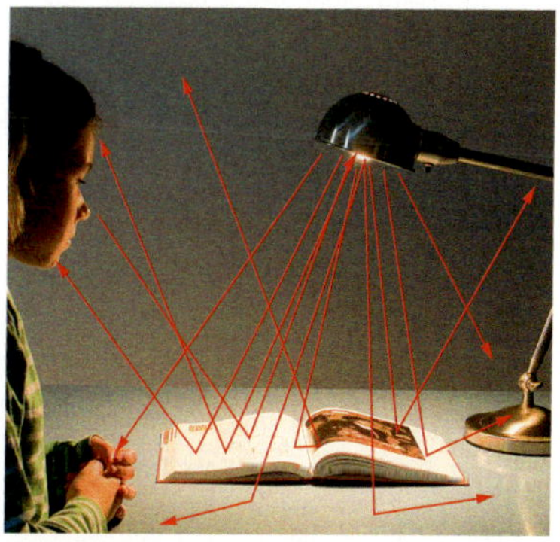

8 *Streulicht fällt ins Auge – wir sehen das Buch.*

Aus Natur und Technik Sehen und gesehen werden

Lichtquellen im Straßenverkehr

Beim Fahrrad musst du schon in der Dämmerung und sogar auf beleuchteten Straßen die Beleuchtung einschalten. Das Licht ist wichtig, auch wenn du ohne Scheinwerfer noch gut siehst. Scheinwerfer sind nämlich nicht nur dazu da, die Straße zu beleuchten.
Sie dienen auch der Information anderer Verkehrsteilnehmer. Es geht darum, nicht nur zu sehen, sondern auch gesehen zu werden!
Ein beleuchtetes Fahrzeug ist früher zu erkennen als ein unbeleuchtetes. Seine Lichter geben an, ob es bremsen oder abbiegen wird. ▸1
Auf der Straße dienen viele Lichtquellen der Information anderer Verkehrsteilnehmer. Auch die leuchtenden Signale an Straßenrändern dienen diesem Zweck. ▸2–4

1 *Achtung, hier wird gebremst!*

2 *Lichtquellen informieren.*

3 *Bei einem Fahrzeug mit Blaulicht heißt es, schnell Platz zu machen.*

4 *Baustellen werden durch blinkende Lichtsignale gesichert.*

Streulicht im Straßenverkehr

Im Straßenverkehr müssen Personen und Gegenstände auch dann gut zu sehen sein, wenn sie nicht selbst eine Lichtquelle haben: Dann ist zurückgeworfenes Licht wichtig. Fußgänger sollten nachts helle Kleidung tragen. Helle Kleidung streut nämlich mehr Licht als dunkle. Autofahrer können sie von Weitem erkennen. ▸5

5 *Mit heller Kleidung bist du sichtbar.*

Aufgaben

1 „Das Rücklicht am Fahrrad schützt dein Leben." Erkläre diesen Satz.

2 Welche Farben soll die Kleidung haben, wenn man bei Dunkelheit auf die Straße geht?

3* Überprüft im Versuch: Im verdunkelten Raum werden Personen mit hellen und dunklen Kleidungsstücken angeleuchtet. Vergleicht dabei, wie viel Streulicht auf die Wände des Raums fällt.

6 *Sichtbar im Scheinwerferlicht*

Leuchtstreifen
Leuchtstreifen an den Reifen sowie Reflektoren am Fahrrad und der Kleidung werfen das Scheinwerferlicht der Autos in die Richtung zurück, aus der es kommt – also zum Auto und in die Augen des Fahrers. ▸**6**

Auffallen
Auf der Bühne zu stehen, bewundert von Tausenden von Augenpaaren, davon hat wohl jeder schon geträumt. Im Licht der Spotlampen glitzert alles und scheint von Sternen übersät zu sein. ▸**7**
Bunt und grell, flackernd und bewegt – diese Werbung springt uns geradezu in die Augen, ob wir hinschauen oder nicht! Das wissen die Werbefachleute, die alle Lichttricks nutzen, um unsere Aufmerksamkeit zu erzwingen. ▸**8**

7 *Auf der Bühne*

8 *Werbung mit Lichtquellen*

9 *Morpho-Schmetterling*

Auch Tiere wollen gesehen werden
Der Morpho-Schmetterling ist so blau, dass er sogar im dichten Regenwald – seiner Heimat – aus einem halben Kilometer Entfernung zu sehen ist. ▸**9**
Er verwendet die gleichen Tricks wie die Werbefachleute: grelle, schillernde Farben, die je nach Blickrichtung von Blau über Türkis zu Grün wechseln.

Nicht tarnen, sondern warnen
Die leuchtende Farbe des Pfeilgiftfroschs signalisiert Giftigkeit. ▸**10** Hat ein Feind einmal schlechte Erfahrungen mit diesem Tier gemacht, so ist er gewarnt und wird in Zukunft Tiere mit diesen Leuchtfarben meiden. Das Gift in der Haut dieses Froschs ist eines der stärksten Gifte. Es ist auch für Menschen tödlich. Die Ureinwohner Kolumbiens haben damit die Pfeile für ihre Blasrohre vergiftet, mit denen sie auf Jagd gingen.

10 *Pfeilgiftfrosch*

Licht kann um die Ecke gehen

▷ Funkelnde Gläser, glänzende Sauberkeit im Bad, „spiegelblanke" Musikinstrumente – was passiert hier mit dem Licht?

1

2

3

Untersuchen Experimentieren

1 **Mit Licht ein Ziel treffen** Lege in einem dunklen Raum (Keller, Flur ...) einen Taschenspiegel flach auf den Boden.

a Leuchte den Spiegel mit einer Taschenlampe an. Was geschieht mit dem Licht, das auf den Spiegel trifft?

b Suche dir an der Wand oder an der Zimmerdecke „Ziele" aus. Sie sollen mit dem Licht, das vom Spiegel zurückgeworfen wird, getroffen werden. Überlege jeweils vorher, wie du die Taschenlampe halten musst.

2 **Wie wird das Licht vom Spiegel abgelenkt?** Für diesen einfachen Versuch brauchst du eine Taschenlampe mit einem Lichtspalt. Klebe deshalb ihre Öffnung mit Klebeband ab. ▸4

a Lege die Taschenlampe auf ein Blatt Papier (wie in Bild 5) und halte einen Taschenspiegel in den Lichtweg.
Sieh dir an, wie das Licht von dem Taschenspiegel zurückgeworfen wird.

b Verändere auch den Winkel, unter dem das Licht auf den Spiegel trifft (die Lampe oder den Spiegel bewegen!).

c Das Licht wird immer nach einer bestimmten Gesetzmäßigkeit abgelenkt. Versuche sie zu beschreiben und aufzuzeichnen.

3* **Schwierige Zielübungen** Ein Spiegel liegt geneigt auf dem Tisch. ▸5 Eine Leuchte befindet sich schräg oberhalb des Spiegels.

a Versuche vorherzusagen, wo genau das reflektierte Licht auf Wand oder Decke fallen wird.
Schalte dann die Lampe ein. Hast du getroffen?

b Stelle ein Stück Pappe so auf die Spiegelfläche, dass einfallendes und reflektiertes Lichtbündel an ihr entlangstreifen. Welchen Buchstaben schreibt das Licht auf der Pappe?

4

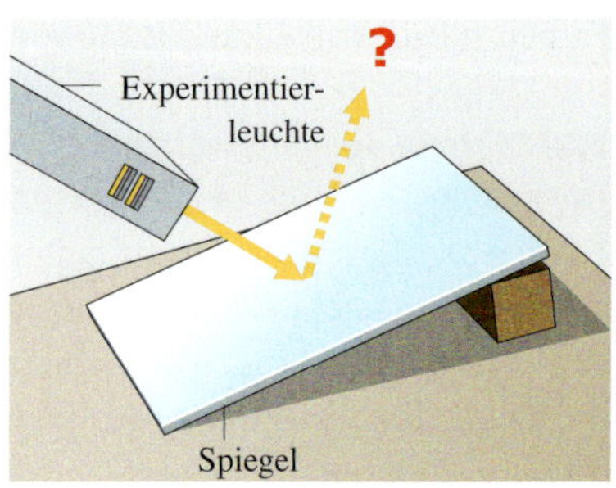

5

Grundlagen Reflexion von Licht

Licht wird am Spiegel umgelenkt. Man sagt: Es wird *reflektiert*. Auch an glatten Oberflächen (Metall, Glas, Wasser) tritt *Reflexion* von Licht auf. Einfallende und ausfallende Lichtstrahlen bilden immer ein „V", das genau senkrecht (= lotrecht) auf dem Spiegel steht. Die Senkrechte mitten im „V" bezeichnet man als Einfallslot.
In welche Richtung das Licht umgelenkt wird, kannst du mit dem Reflexionsgesetz vorhersagen:

Der Einfallswinkel und der Reflexionswinkel sind gleich groß: ▸6
Einfallswinkel = Reflexionswinkel.

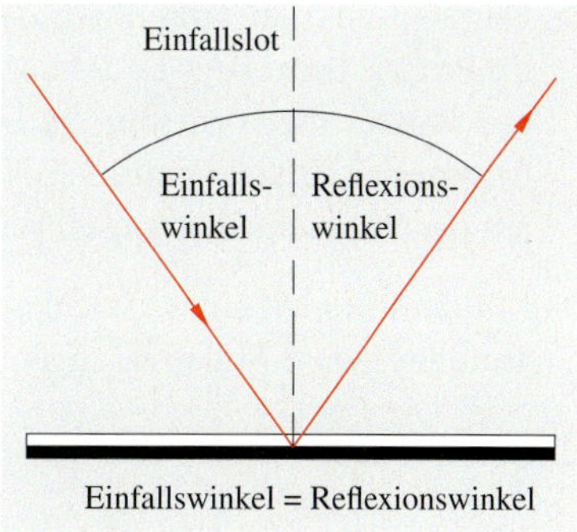

6 *Licht wird reflektiert.*

Aus der Technik Reflektoren und Spiegel für die Sicherheit

Reflektoren (Rückstrahler) sind für alle Fahrzeuge vorgeschrieben. Fahrräder müssen auch mit seitlichen Reflektoren ausgestattet sein. ▸7
Reflektoren werfen das Licht zurück – und zwar in die Richtung, aus der sie angestrahlt werden. Autofahrer können deshalb z. B. den Reflektor eines Fahrrads gut erkennen. Ein Reflektor, der von einem Autoscheinwerfer beleuchtet wird, ist heller als manches Fahrradrücklicht.
Der Reflektor besteht aus vielen kleinen Ecken. In jeder dieser Ecken stehen drei Spiegelflächen senkrecht zueinander. Die Wirkungsweise eines Reflektors kannst du dir am besten an einer Spiegelecke klarmachen. ▸8

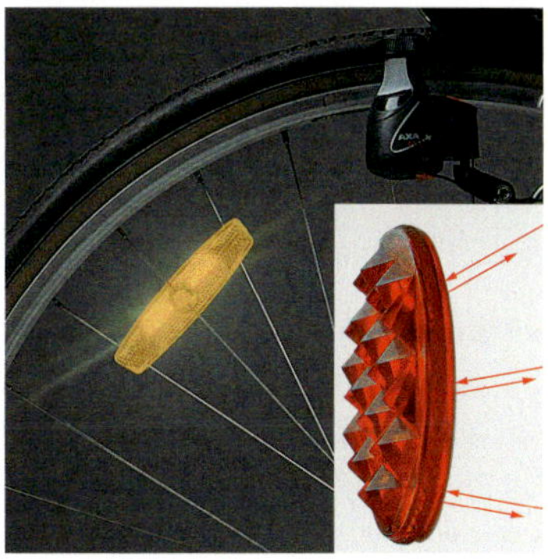

7 *Seitenreflektor*

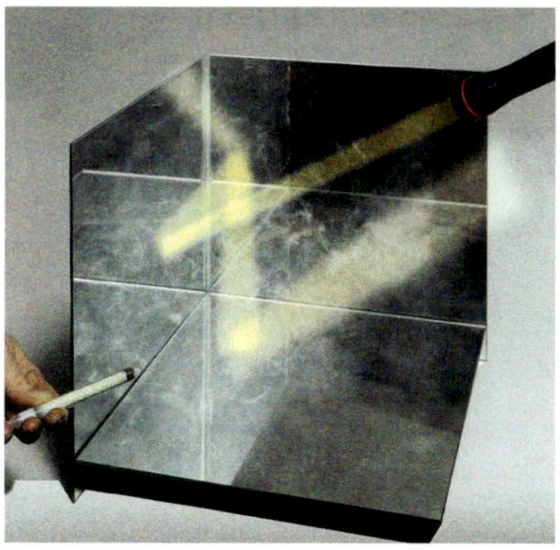

8 *Spiegelecke*

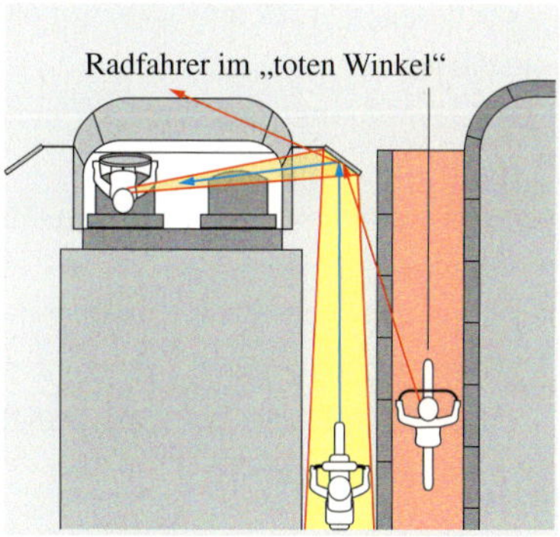

9 *„Toter Winkel"*

Diese Spiegelecke ist aus drei zusammengeklebten Spiegeln aufgebaut. Wenn Licht auf eine solche Spiegelecke trifft, wird es dreimal reflektiert. Dann fällt es genau in die Richtung zurück, aus der es kommt.
Rückspiegel helfen Autofahrern dabei, von hinten kommende andere Verkehrsteilnehmer zu sehen. Die Fahrer können aber nicht alles sehen, was sich hinter oder neben ihnen abspielt: ▸9 Der Radfahrer befindet sich im „toten Winkel"; er ist im Rückspiegel nicht zu sehen. Hoffentlich biegt der Lastwagen nicht nach rechts ab ... Daher solltest du in solchen Situationen rechtzeitig anhalten – und zwar hinter dem Lastwagen und nicht neben ihm.

Aufgabe

1 „Toter Winkel"

a Wen sieht der Lkw-Fahrer im Rückspiegel nicht? ▸9 Begründe deine Antwort.

b Wie lässt sich hier ein Unfall vermeiden?

Wie das Auge funktioniert

▷ Der Nautilus, ein Tintenfisch, lebt in 100 m Tiefe im Pazifik. Sein Auge besteht aus einer Kammer voll Wasser, die vorne nur ein Loch hat. Erstaunlicherweise entsteht damit ein Bild der Umgebung auf der Rückseite des Auges. Wie ist das möglich?

▷ Mit dem Modell eines „Lochauges" kannst du auf ähnliche Weise Bilder erzeugen.

1 *Der Nautilus und sein Auge*

Untersuchen Experimentieren

1 Sehen wie ein Regenwurm Blicke mit geschlossenen Augen in eine Lampe. Führe nahe vor den Augen deine Handfläche vorbei. „Siehst" du sie? Mehr „sehen" Regenwürmer niemals.

2 Sehen wie ein Nautilus ▸2 *Du brauchst:* Tennisball, Pergamentpapier, Säge, Schere, Stricknadel, Klebstoff.

a Säge den Tennisball an und schneide dann mit der Schere ein Stück ab. Achte auf eine gerade Schnittfläche.

b Stich mit einer heißen Stricknadel ein Loch gegenüber der abgeschnittenen Seite.

c Klebe auf die Schnittkante des Balls ein Stück Pergamentpapier.

d Beobachte mit diesem Modellauge eine von der Sonne beschienene Landschaft oder eine Kerzenflamme im dunklen Raum. Dunkle dazu den Schirm mit den Händen ab.

3 Bilder erzeugen mit einer Linse Hier brauchst du eine Sammellinse – du kennst sie vielleicht als Lupe oder „Brennglas".

a Stelle dich mit der Sammellinse in einigen Metern Abstand vor ein helles Fenster. Halte direkt hinter die Linse ein Blatt weißes Papier. ▸3

b Entferne das Blatt Papier langsam immer weiter von der Linse, bis du ein scharfes Bild des Fensters und der Landschaft erhältst. Beschreibe die Eigenschaften des Bilds.

4 Das Modellauge wird verbessert An der Bildentstehung in unserem Auge ist ein Loch beteiligt – und eine Sammellinse. Verbessere dein selbst gebautes Modellauge mit einer Sammellinse. ▸4

5 Das Rätsel der verschwundenen Münze Lege zwei Centmünzen im Abstand von 10 cm auf ein Blatt Papier. Schließe dann das linke Auge und sieh mit dem rechten auf das linke Geldstück. Nähere dein Auge langsam den Münzen. Was geschieht?

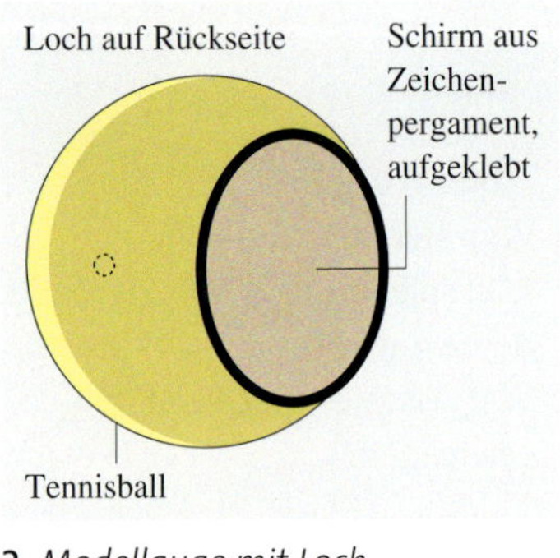

2 *Modellauge mit Loch*

3 *Bilderzeugung mit Linse*

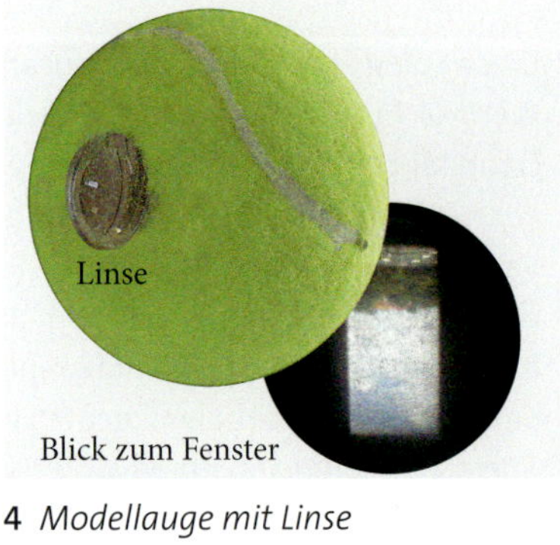

4 *Modellauge mit Linse*

6 Anpassung an die Helligkeit Blicke in einem abgedunkelten Raum jemand anderem ins Auge – oder im Spiegel dir selbst. Beschreibe deine Beobachtung, wenn in dem Raum Licht eingeschaltet wird.

7 Unsere Sehfähigkeit ist begrenzt Sehr kleine Gegenstände können wir ohne Hilfsmittel nicht unterscheiden. Das gilt auch für die Punkte, aus denen gedruckte Bilder zusammengesetzt sind.
Bei welcher Fläche kannst du die einzelnen Punkte noch aus einem Abstand von 30 cm unterscheiden? ▸5

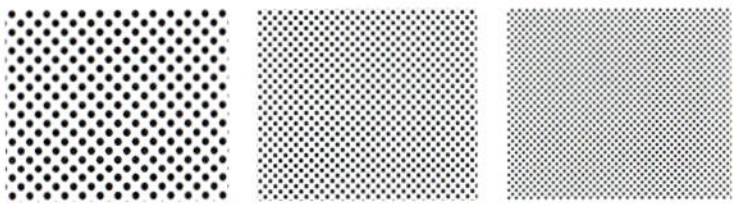

5

Grundlagen Das Auge – wie wir sehen

Unser Auge ist ein kompliziert aufgebautes Sinnesorgan. ▸6
Die Augenlider mit den Wimpern schützen es vor Fremdkörpern und wirken gleichzeitig als „Scheibenwischer".
Das Auge funktioniert ähnlich wie das „Modellauge" mit Linse. ▸4 Die Pupille ist das Loch. Hornhaut und Linse des Auges wirken wie die Linse beim „Modellauge". Auf der Netzhaut des Auges entstehen Bilder von Gegenständen. Die Netzhaut wird durch das auftreffende Licht gereizt und sendet Signale über den Sehnerv ans Gehirn.
Wo der Sehnerv das Auge verlässt, ist die Netzhaut lichtunempfindlich („blinder Fleck").

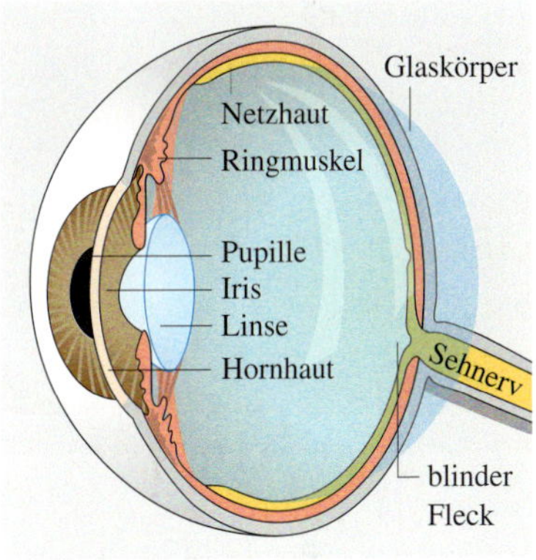

6 *Aufbau des Auges*

Erweiterung Sehen – mit Auge und Gehirn

Licht empfangen ist nur der erste Teil des Sehens. Das Gehirn verarbeitet anschließend die mit dem Licht aufgenommenen Informationen. Ein Beispiel dafür zeigen dir die folgenden Bilder:
- Im Bild ▸7 siehst du die von einem Fuß in Sand eingedrückte Spur.
- Im Bild ▸8 siehst du die gleiche Spur – aber nicht eingedrückt, sondern hochgewölbt.

Drehe nun das Bild auf den Kopf und lass dich überraschen! Aus Erfahrung denkt sich unser Gehirn die Sonne stets als Lichtquelle von oben. Erst das Gehirn sagt uns, was das Auge sieht.

7

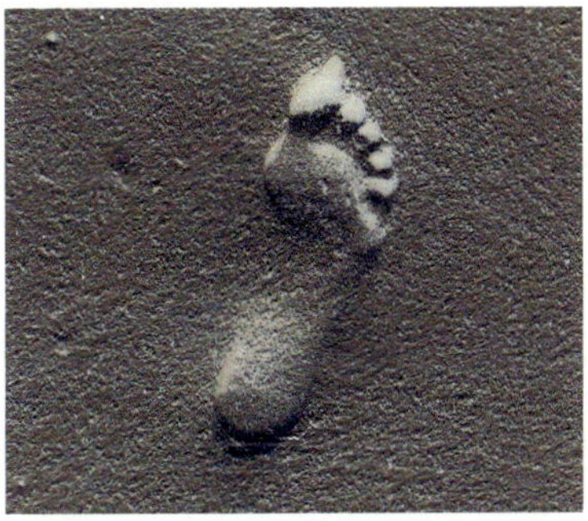

8

Aufgaben

1 Welche Teile des Auges ▸6 gibt es auch im Modellauge ▸4?

2 Beschreibe die Eigenschaften des Netzhautbilds.

3 „Sehen ist mehr als Licht empfangen." Spannende Beispiele dafür gibt es im Internet: Suche „optische Täuschungen bach" (Anführungszeichen nicht vergessen). Welche optische Täuschung findest du besonders überraschend? Stelle sie vor.

Gesundheit Schutz der Augen

Unsere Augen sind durch die Schädelknochen, die Augenlider und die Hornhaut geschützt. Dennoch gibt es Gefahren:
- Der Blick in die Sonne oder in eine grelle Schweißflamme führt zu Augenschäden. Schutz: Hände vor die Augen halten!
- Langes Arbeiten oder Spielen am Computer schadet den Augen. Schutz: Regelmäßige Pausen und 50 cm Abstand vom Bildschirm.
- In der Schule sind beim Arbeiten mit Chemikalien Schutzbrillen vorgeschrieben. Auch im Haushalt gibt es ätzende Reinigungsmittel. Schon kleinste Spritzer können die Hornhaut schädigen!
- Schutzbrillen müssen getragen werden, wenn Splitter ins Auge gelangen könnten, z. B. beim Bohren von Metall.
- In südlichen Ländern und im Gebirge droht Gefahr durch UV-Strahlung. Schutz: Sonnenbrille mit UV-Filter.

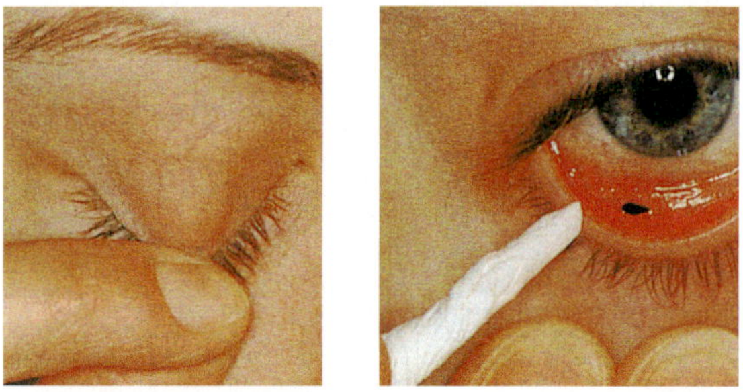

1 *Entfernen eines Fremdkörpers*

Erste Hilfe für die Augen

Entfernen von Fremdkörpern: Ziehe das obere Augenlid vorsichtig über das Auge nach unten. ▸1 Nun bewegst du die Augen nach allen Seiten, um den Fremdkörper an die Vorderseite des Auges zu befördern. Spürst du etwas am unteren Augenrand, ziehst du das untere Lid nach unten und blickst dabei nach oben. Ein Helfer tupft mit der Spitze eines sauberen Tuchs den Fremdkörper vorsichtig ab.

Augenspülung: Bei Verätzungen spülst du sofort und lange mit Leitungswasser beide Augen – auch das scheinbar nicht betroffene. Dann musst du zum Arzt gehen, möglichst zum Augenarzt.

Aus der Umwelt Lauter Augen

In der Natur gibt es ganz verschiedene Augentypen – jeweils angepasst an die Lebensräume und Fressgewohnheiten der Tiere. Mit ihren Augen können manche Tiere:
- sehen *und* fühlen (A)
- im Dunkeln besonders gut sehen (B)
- in zwei Richtungen gleichzeitig gucken (C)
- ferne Dinge besonders scharf sehen (D)
- rundum alles gleichzeitig wahrnehmen (E)
- Dinge gleichzeitig über und unter Wasser scharf sehen (F)

Aufgaben

1 Ordne die Eigenschaften A bis F den abgebildeten Tieren zu. ▸2–7

2 Suche im Internet nach: „augenbaukasten". Probiere ihn aus.

2 *Adler*

3 *Insekt*

4 *Chamäleon*

5 *Schnecke*

6 *Katze*

7 *Vieraugenfisch*

Überblick

8 *Geradlinige Lichtausbreitung*

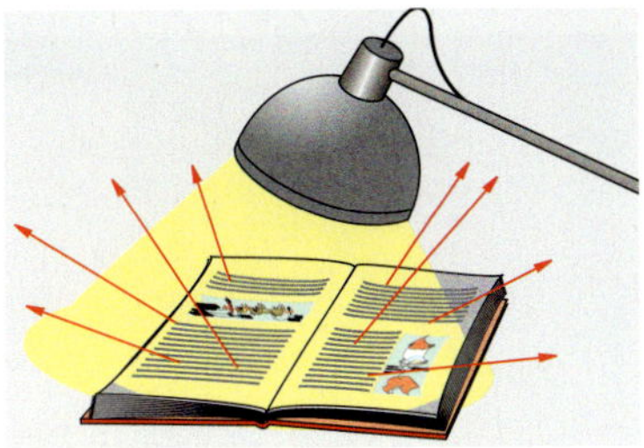

9 *Licht wird gestreut.*

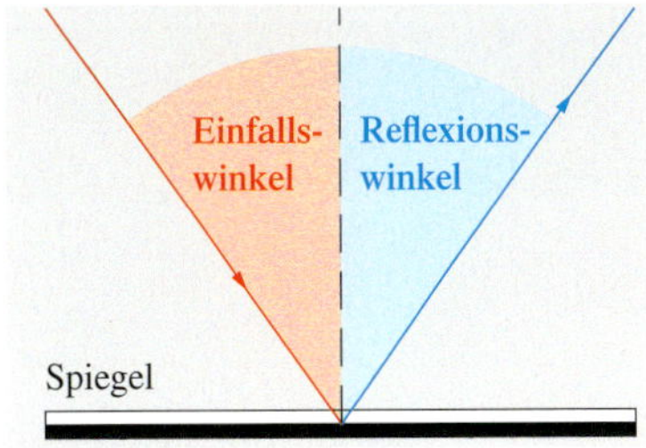

10 *Einfallswinkel = Reflexionswinkel*

Licht wird ausgesendet, zurückgeworfen, verschluckt
Lichtquellen erzeugen Licht. Das Licht breitet sich geradlinig nach allen Seiten hin aus. ▸8 *Lichtstrahlen* sind gezeichnete Pfeile: Sie zeigen, in welche Richtungen sich das Licht ausbreitet.
Wenn Licht auf einen Gegenstand fällt, kann es seine Richtung ändern oder verschluckt werden. ▸9 Bei der Reflexion an einem Spiegel sind Einfallswinkel und Reflexionswinkel gleich groß. ▸10

Licht empfangen – wie wir sehen
Wir sehen einen Gegenstand, wenn Licht von ihm ins Auge fällt. ▸11–12 Das Licht geht durch Hornhaut, Pupille und Linse. ▸13 Zum Schluss trifft es auf die Netzhaut. Auf ihr entsteht ein Bild des Gegenstands. Die Netzhaut wird durch das Licht gereizt und sendet über den Sehnerv Signale ans Gehirn. Das Gehirn wertet sie aus. Jetzt „sehen“ wir den Gegenstand.

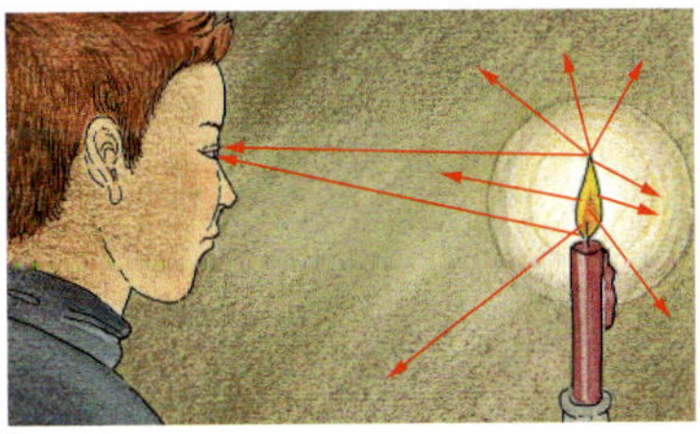

11 *Lichtquellen sehen wir, wenn ihr Licht direkt in unser Auge fällt.*

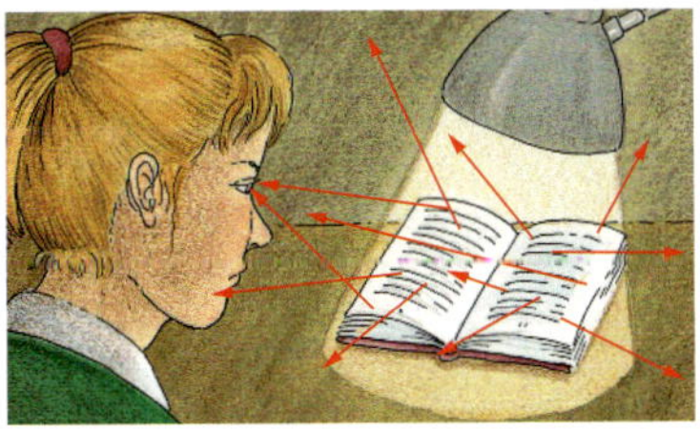

12 *Beleuchtete Gegenstände sehen wir, wenn sie Licht zum Auge streuen.*

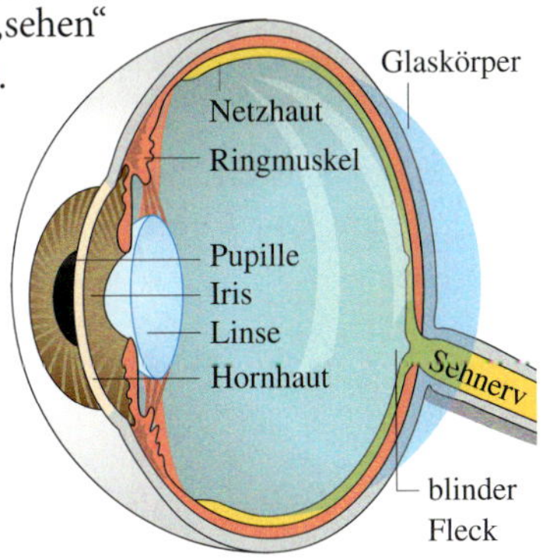

13 *Aufbau des Auges*

Alles klar?

1 Der Mond leuchtet nicht selbst. Wieso sehen wir ihn dennoch?

2 Kai behauptet: „Nebel verschlechtert die Sicht.“ Ulla entgegnet ihm: „... und manches macht er erst sichtbar.“ Was meint sie damit?

3 Jan läuft nachts nach Hause. Wie sollten die Farben seiner Kleidung sein? Begründe deine Antwort.

4 Nimm ein 30 cm langes Stück Gartenschlauch.
a Versuche durch den Schlauch hindurch diese Zeilen zu lesen. Worauf musst du achten?
b Welche Eigenschaft des Lichts spielt hier eine Rolle?

5 Spielkarten und ein Spiegel werden beleuchtet. ▸14
a Die Spielkarten erkennt man ganz „normal“. Warum sieht der Spiegel schwarz aus?
b Der Spiegel reflektiert das Licht. Wo müsste man stehen, um geblendet zu werden?

6 „Augen ohne Linse können nicht sehen.“ Beurteile diese Aussage.

7 Die Netzhaut hat einen „blinden Fleck“. Trotzdem nehmen wir einwandfreie Bilder wahr. Erkläre!

8* Wir sehen einen Gegenstand, wenn Licht von ihm in unsere Augen fällt. Manche Redewendung widerspricht dieser Erklärung des Sehens: „Er wirft einen prüfenden Blick auf ...“. Schreibe weitere Beispiele auf. Welche Vorstellung vom Sehen steckt dahinter?

14

Schatten und Finsternisse

Wie Schatten entstehen

▷ Das Schattenbild eines Menschen zu zeichnen ist gar nicht so schwer …

1

Untersuchen Experimentieren

1 Schattenbilder zeichnen

a Suche dir einen Partner oder eine Partnerin. Zeichnet eure Schattenbilder.

b Die Schattenbilder aller Mitschüler der Klasse werden mit einer Nummer versehen und ausgehängt. Ordnet den Nummern die Namen zu. Welches Bild wird von den meisten Lehrern erkannt?

2 Schattenspiele Mit den Händen kann man Schattenbilder erzeugen. ▸2 Probiere es aus.

3 Unterschiedliche Lichtquellen Wie verändert sich das Schattenbild, wenn du statt einer Kerze eine Schreibtischlampe verwendest?

4 Wo liegt das Schattenbild? Ein Brett wird 2 m vor der Wandtafel an einem Stativ befestigt. Davor wird in einigem Abstand eine Glühlampe gestellt. ▸3
Versuche die Lage des Schattenbildes genau vorherzusagen. Wie gehst du dazu vor?

5 Große Schatten – kleine Schatten Ein Stift wird zwischen eine Kerze oder Taschenlampe und eine Wand gehalten. Wo muss sich der Stift befinden, damit du ein großes (kleines) Schattenbild erhältst? Fertige dazu zwei Zeichnungen an.

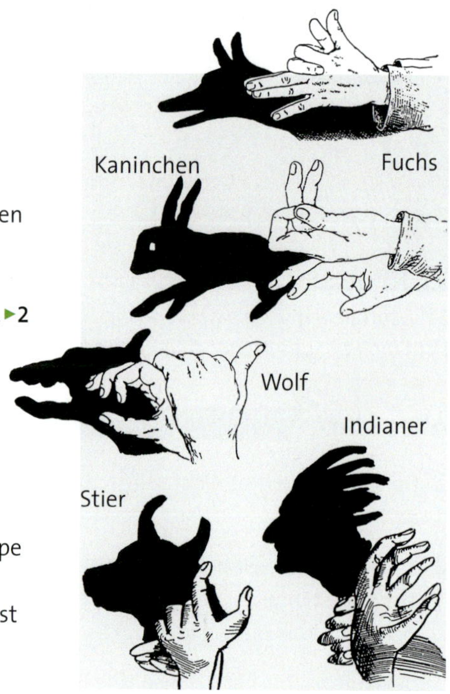

2

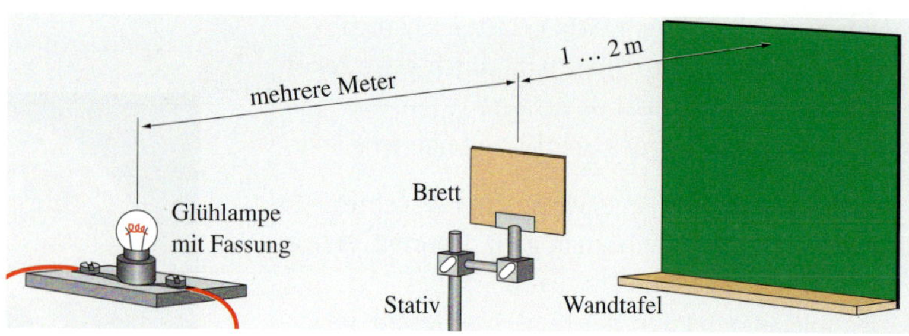

3

Grundlagen Schattenraum und Schattenbild

Licht breitet sich geradlinig aus. Wenn dem Licht ein Gegenstand im Weg steht, gelangt kein Licht in den Raum hinter dem Gegenstand. Dieser Raum heißt Schattenraum. ▸4
Auf einem Schirm hinter dem Gegenstand entsteht ein Schattenbild.

Der Schirm kann der Fußboden oder die Wand sein. ▸5 Wenn wir von Schatten sprechen, kann der Schattenraum oder das Schattenbild gemeint sein. Das Streulicht aus der Umgebung kann den Schattenraum erhellen.
Entfernt man den Schirm vom Gegenstand, so wird das Schattenbild größer.
Schattenbilder haben scharfe Ränder, wenn die Lichtquelle viel kleiner ist als der Körper, der den Schatten wirft. Man spricht von punktförmigen Lichtquellen. Bei großflächigen (ausgedehnten) Lichtquellen entstehen Schattenbilder mit unscharfen Rändern.

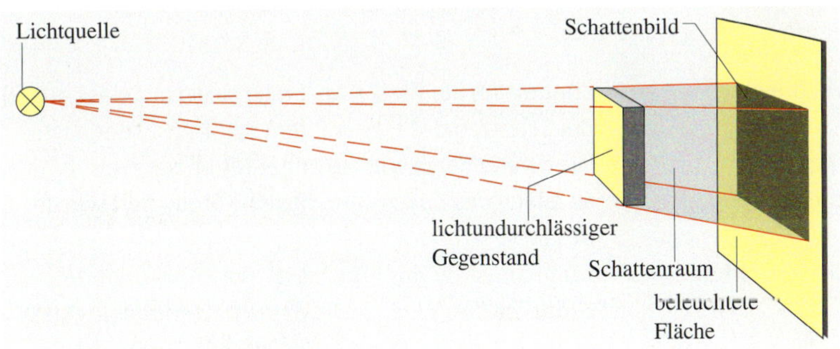

4 *Schattenraum – Schattenbild*

5 *Im Schatten des Sonnenschirms*

Aufgaben

1 Welche drei Dinge sind erforderlich, damit Schattenbilder entstehen können?

2 Mit welcher Art von Lichtquellen werden die Ränder eines Schattenbilds scharf (unscharf)?

3 Erkläre die Begriffe „Schattenraum“ und „Schattenbild“ an einem Sonnenschirm. ▸5

4* Mit dem Thema Schatten haben sich auch Comiczeichner beschäftigt. ▸6–8
a Gib an, was bei diesen Bildern nicht stimmt.
b Die Zeichnung ▸7 enthält eine lustige Geschichte. Schreibe sie in wenigen Sätzen auf.
c Wie kann man den Schatten auf der Wand wirklich verschwinden lassen? ▸8

6

7

8

Farbige Schattenbilder

▷ Schattenbilder sind nicht immer grau oder schwarz …

1

Untersuchen Experimentieren

1 Drei Schatten mit zwei Lampen? Beleuchte eine Streichholzschachtel mit zwei Kerzen.

a Beobachte die entstehenden Schatten genau.

b Sind alle Schatten gleich dunkel? Erkläre deine Beobachtung.

c Wie viele Schatten entstehen, wenn die Schachtel mit drei Kerzen beleuchtet wird?

2 Farbige Schatten Mit farbigen Spotlampen werden Schatten eines Gegenstands auf einer weißen Wand erzeugt. ▸1

a Die rote Lampe soll eingeschaltet werden. Überlege vorher: Welche Farbe bekommt der Schatten?

b Statt der roten wird nun die grüne Lampe eingeschaltet. Was ändert sich, was bleibt gleich?

c Die Wand wird mit beiden Lampen gleichzeitig beleuchtet. Sie sollen zunächst einen größeren Abstand voneinander haben (ca. 60 cm). Erläutere, wie die farbigen Schatten des Gegenstands entstehen.

d Die Lampen werden zusammengerückt, sodass sich die farbigen Schatten überlappen. Erkläre, wie das dunkle Schattengebiet entsteht.

3* Das Küken im Ei – ein Schattentrick zum Vorführen Schneide aus Pappe einen Rahmen zurecht (etwa 20 cm breit und 30 cm hoch). Klebe darauf Pergamentpapier.

Das Schattenbild des Kükens muss etwas kleiner sein als das Ei. Du schneidest das Küken aus Pappe aus und klebst es an das Holzstäbchen. Küken und Ei sollen 20 cm vor dem Schirm stehen. ▸2

Zünde eine der Kerzen an. Stelle sie so auf, dass nur der Schatten des Eies auf dem Schirm zu sehen ist. Die zweite Kerze wird so angeordnet, dass der Schatten des Kükens auf dieselbe Stelle fällt wie der des Eies.

Nun kannst du das Kunststück vorführen. Zünde zunächst die Kerze an, die das Schattenbild des Eies erzeugt. Um das Ei zu „durchleuchten", zündest du die zweite Kerze an. Der Schatten des Eies wird dadurch aufgehellt (Halbschatten). Im Ei erscheint das Küken dunkel – wie bei einem Röntgenbild.

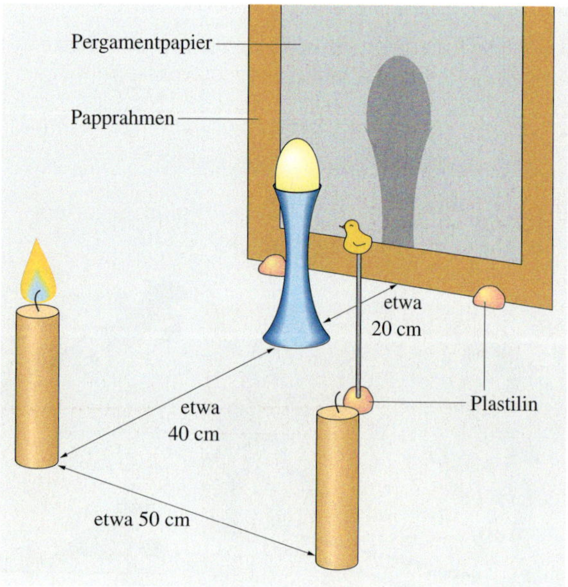

2

Grundlagen Kernschatten und Halbschatten

Oft wird ein Gegenstand von mehreren Lichtquellen beleuchtet. Dann überlappen sich die Schattenbilder. ▸3 In der Zeichnung fehlt im dunklen Bereich in der Mitte das Licht von beiden Lichtquellen. In den roten Bereich fällt nur das Licht der roten Lampe, dort fehlt das Licht der grünen Lampe. Im grünen Bereich fehlt das Licht der roten Lampe.

Hinter einem Gegenstand heißt der Bereich Kernschatten, in den kein Licht fällt.
Halbschatten nennt man die Bereiche, in die Licht von nur einer Lampe fällt.

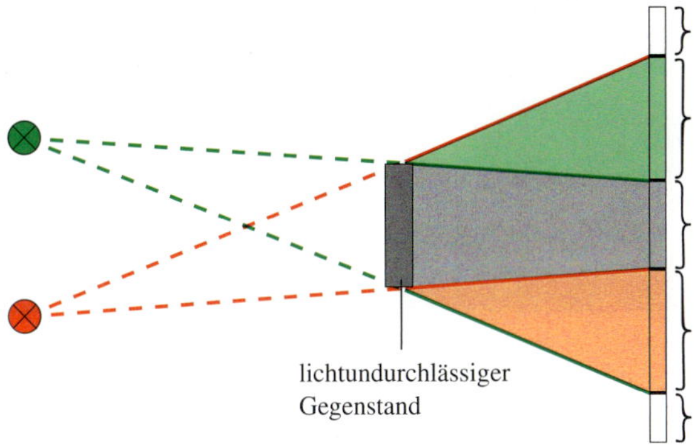

3 *Kernschatten – Halbschatten*

Aufgaben

1 Wie bekommst du möglichst scharfe Schattenränder?

2 Warum benutzt man in Klassenräumen und Büros Lichtleisten?

3* Im Wohnbereich wird oft eine indirekte Beleuchtung verwendet. Den Grund dafür erkennst du, wenn du die beiden Bilder vergleichst: ▸4–5
a Bei welchem Bild ist die rechte Wand indirekt beleuchtet?
b Was geschieht dabei mit dem Licht der Lampe?
c Worin liegt der Vorteil dieser Beleuchtungsart?

4 Beschreibe und erkläre die Schatten. ▸6 Wo müssen die Kerzen stehen, damit der Kernschatten möglichst lang (kurz) wird?

4

5

6

Mondfinsternis und Sonnenfinsternis

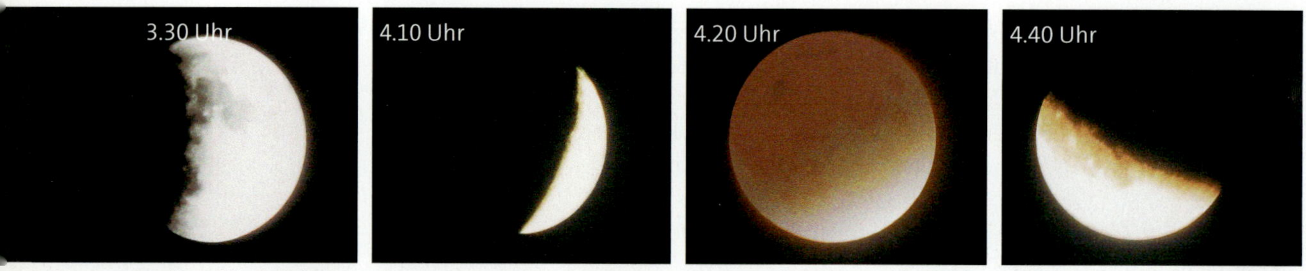

1 *Mondfinsternis*

2 *Sonnenfinsternis*

▷ Alle paar Jahre kannst du in einer klaren Vollmondnacht etwas Seltsames am Himmel erleben. Eben noch stand der Mond rund und strahlend am Himmel. Doch dann scheint sich etwas Dunkles, Braunes in ihn hineinzufressen. Er wird immer schmaler – bis er nur noch als schmale Sichel zu sehen ist. Dann ist er verschwunden. Nein, nicht völlig verschwunden. Wenn sich die Augen an die Dunkelheit gewöhnt haben, ist er in fahlem Braunrot zu sehen. Doch dann wird eine schmale Sichel wieder hell. Nach etwa zwei Stunden steht er wieder rund und voll am Himmel.

▷ Früher bekamen die Menschen Angst bei einer Mondfinsternis, weil sie dachten, der Mond wird von einer bösen Schlange oder einem riesigen Hund gefressen. Um das Untier zu verscheuchen, schrien sie und machten Lärm. Heute können wir uns dieses Schauspiel ohne Angst ansehen. Doch die Frage bleibt: Warum verschwindet der Vollmond manchmal für ein paar Stunden?

▷ Manchmal verfinstert sich sogar die Sonne. Wie ist das möglich?

Untersuchen Experimentieren

1 Modellversuch zur Sonnenfinsternis

a Stelle dich 2 m vor eine große, kugelförmige Glühlampe (Durchmesser: 12 cm, mattiert). Halte einen Tennisball so vor das Auge, dass er die Lampe gerade vollständig verdeckt. Bewege dann den Kopf hin und her. Was beobachtest du?

b In welchem Teil des Schattens befand sich dein Auge, als du die Lampe hinter dem Ball nicht mehr gesehen hast? Wo befand es sich, als die Lampe teilweise verdeckt war?

2 Mond- und Sonnenfinsternis darstellen Wie stehen Sonne, Mond und Erde bei einer Mond- oder Sonnenfinsternis? Die Experimentierleuchte stellt die Sonne dar, ein Globus die Erde und der Ball den Mond. ▸3

3

Grundlagen Wie kommen Finsternisse zustande?

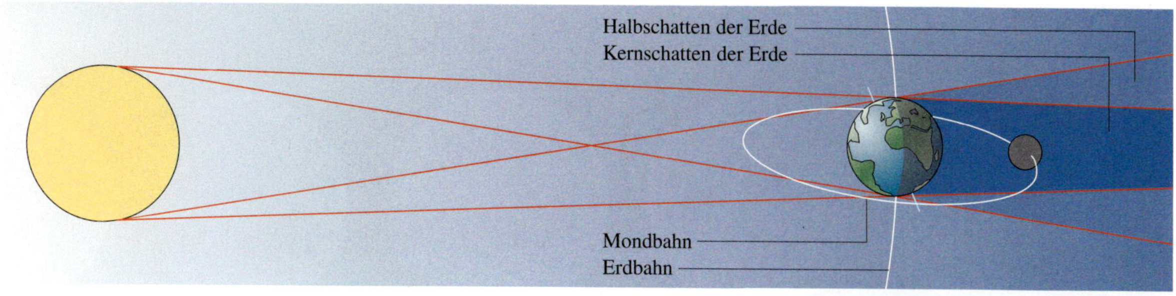

4 *Mondfinsternis*

Mondfinsternis Die Erdkugel wird ständig von der Sonne beschienen. Hinter der Erde ist stets ein Schattenraum vorhanden, der weit in den Weltraum reicht. Da die Sonne eine ausgedehnte Lichtquelle ist, entstehen hinter der Erde Kern- und Halbschatten. ▸4
Der Mond umkreist einmal im Monat die Erde – auf einer schief liegenden Bahn. In der Regel verläuft seine Bahn oberhalb oder unterhalb des Schattenraums der Erde. Bei einer Mondfinsternis streift oder durchquert der Mond den Kernschatten der Erde. Man sieht den Erdschatten auf dem Mond. Sonne, Erde und Mond liegen dann auf einer Geraden. Mondfinsternisse treten daher nur bei Vollmond auf, etwa zweimal im Jahr. ▸5

5 *Der verfinsterte Mond*

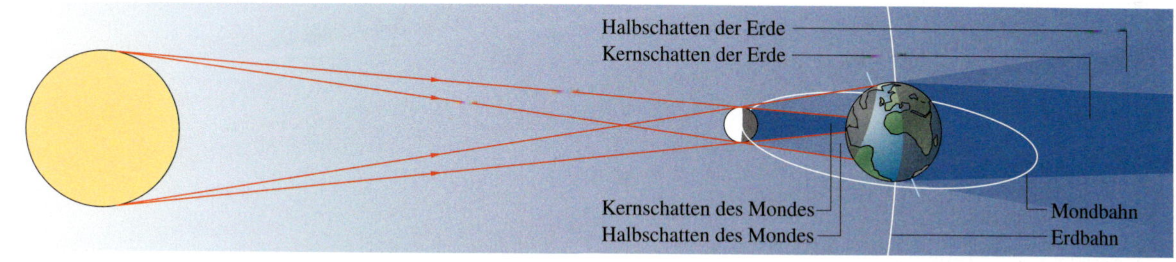

6 *Sonnenfinsternis*

Sonnenfinsternis Von der Sonne aus gesehen gibt es hinter dem Mond stets einen Schattenraum. ▸6 Meist geht der Schatten an der Erde vorbei. Bei einer Sonnenfinsternis steht der Mond zwischen Sonne und Erde. Sein Schatten fällt auf die Erde. Von der Erde aus sieht man, dass sich der Mond als schwarze Scheibe vor die Sonne schiebt. Wenn man sich im Kernschatten des Monds aufhält, sieht man die Sonne ganz verdeckt. ▸7
Im Bereich des Halbschattens sieht man die Sonne teilweise verdeckt. Sonnenfinsternisse sind selten zu beobachten, weil der Kernschatten auf der Erde nur einen Durchmesser von 200 km hat. Wo er entlangläuft, kann man die totale Sonnenfinsternis sehen. Mitten am Tag wird es dunkel und die Temperatur sinkt.

7 *Die verfinsterte Sonne*

Aufgaben

1 Warum gibt es nicht jeden Monat eine Mondfinsternis?

2 Eine totale Sonnenfinsternis gibt es in Deutschland nur sehr selten zu sehen. Woran liegt das?

Neumond – Halbmond – Vollmond

1 *Warum verändert der Mond von Tag zu Tag seine Form?*

Untersuchen Experimentieren

1 Beobachtung des Monds Schaue einen Monat lang täglich am Nacht- oder Taghimmel nach, ob der Mond zu sehen ist. Protokolliere seine Form und das Datum.
Manchmal sind Mond und Sonne gleichzeitig zu sehen. Zeige mit einem Arm zum Mond, mit dem anderen zur Sonne und schätze den Winkel. Fertige jeweils eine Zeichnung an. ▸2
Gestalte aus allen Bildern ein Plakat.

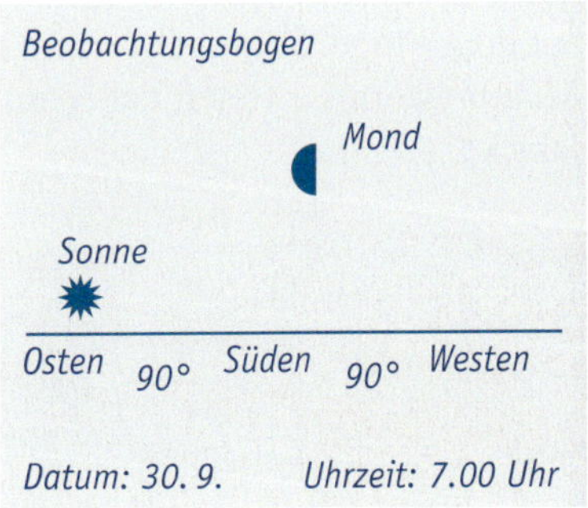

2 *Muster für eine Zeichnung*

2 Wie die Mondphasen entstehen Eine Schülergruppe stellt sich eng zusammen. Sie stellt die Beobachter auf der Erde dar. ▸3 Eine Styroporkugel oder ein weißer Ball stellt den Mond dar. Er wird von einer starken Lampe beleuchtet. Ein Schüler trägt den Ball um die Beobachter herum.

a Zeichnet die unbeleuchtete Kugel in verschiedenen Stellungen, wie ihr sie seht.

b Skizziert an der Tafel die Bahn des Monds um die Erde sowie die Sonne. Klebt die von euch gezeichneten „Mondphasen“ so an die Tafel, wie sie von der Erde aus zu sehen sind.

3 *„Mondphasen“ im Modell*

Grundlagen Die wechselnde Gestalt des Monds

Der Mond ist eine Kugel. Sein Durchmesser beträgt etwa ein Viertel des Erddurchmessers. Er erzeugt kein Licht, sondern wird von der Sonne beleuchtet. Immer ist eine Hälfte des Monds hell, die andere dunkel. ▸4
In etwa einem Monat umkreist der Mond einmal die Erde. Die Gestalt des Monds, die wir sehen, ändert sich von Tag zu Tag: zunehmende Sichel, zunehmender Halbmond, Vollmond, abnehmender Halbmond und abnehmende Sichel. ▸5 Bei Neumond wirst du ihn nicht sehen. Man bezeichnet die wechselnden Gestalten als *Mondphasen*.

Der Mond ist stets von der Sonne zur einen Hälfte beleuchtet. Wir sehen unterschiedlich viel von dieser beleuchteten Hälfte – je nachdem, wie Mond, Erde und Sonne gerade zueinander stehen.

Die Abbildung zeigt den zur Hälfte beleuchteten Mond auf seiner Bahn um die Erde. ▸6
Position 1: Wir sehen gleich große, beleuchtete und unbeleuchtete Teile des Monds (abnehmender Halbmond).
Position 2: Wir sehen einen kleinen Teil des beleuchteten Monds. Der größere Teil der unbeleuchteten Hälfte ist uns zugewandt.
Position 3: Von der Erde aus gesehen steht der Mond etwa in Richtung der Sonne. Wir sehen den unbeleuchteten, dunklen Teil des Monds (Neumond).
Position 7: Wir blicken auf die beleuchtete Halbkugel. Es ist Vollmond.

4 *Zur Hälfte beleuchtete Kugeln*

5 *Abnehmend – zunehmend*

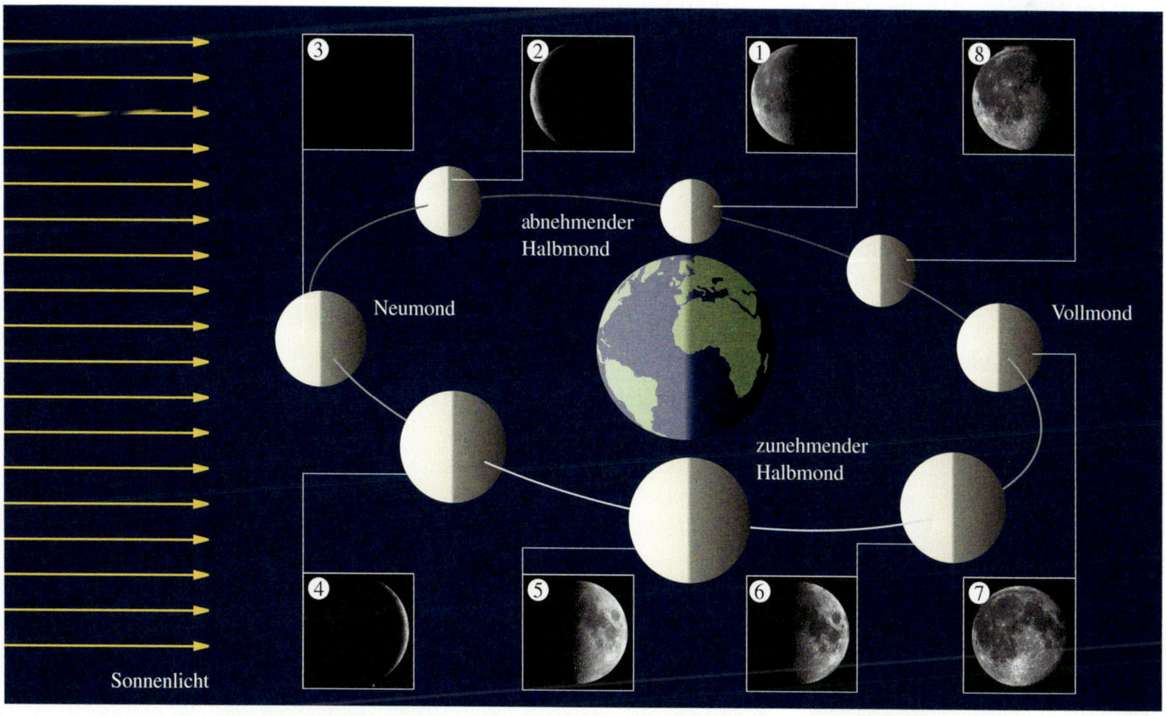

6 *So würde ein Raumfahrer aus großer Entfernung Erde und Mond sehen. Die Fotos zeigen, wie wir den Mond von der Erde aus sehen.*

Aufgabe

1 Beschreibe die Positionen 4–6 auf ähnliche Weise.

Überblick

Entstehung von Schatten

Schatten entstehen, wenn Licht auf einen Gegenstand trifft und ihn nicht durchdringen kann. Im Raum hinter dem Gegenstand fehlt dann das Licht. Diesen Raum nennt man *Schattenraum*. ▸1

Ein *Schattenbild* entsteht, wenn ein Schirm in den Schattenraum gehalten wird. Punktförmige Lichtquellen erzeugen scharf begrenzte Schattenbilder. Bei ausgedehnten Lichtquellen sind die Ränder der Schattenbilder unscharf.

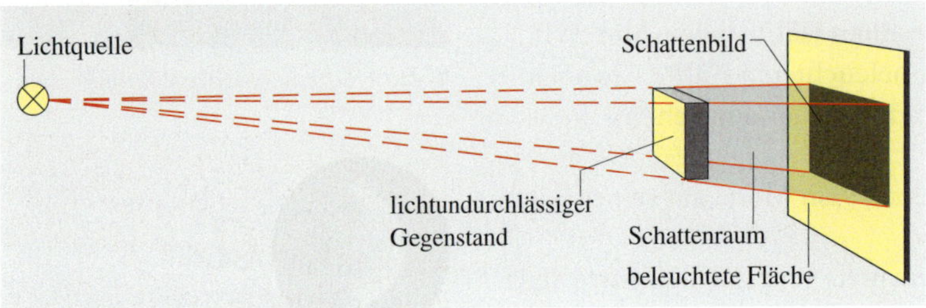

1 *Entstehung von Schatten*

Kernschatten und Halbschatten

Zwei punktförmige Lichtquellen erzeugen mehrere Schatten. ▸2

- *Halbschatten* nennt man den Bereich des Schattens, in dem das Licht einer Lichtquelle fehlt.
- Im *Kernschatten* fehlt das Licht beider Lichtquellen.

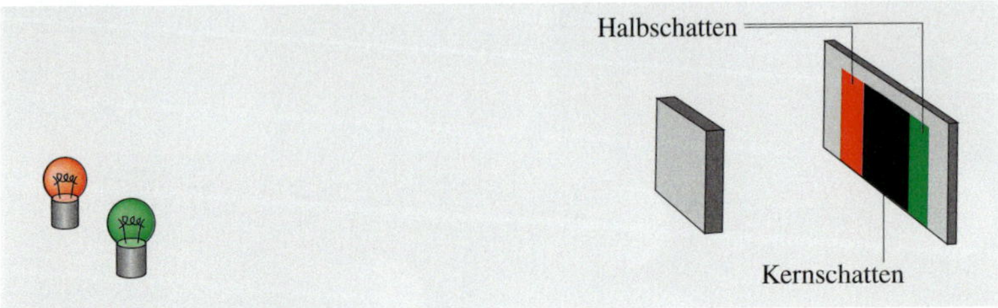

2 *Kern- und Halbschatten*

3 *Sonnenfinsternis*

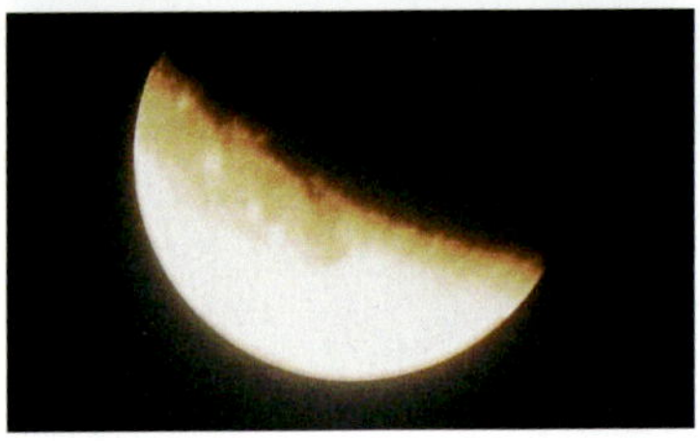

4 *Mondfinsternis (teilweise)*

Finsternisse

Wenn sich der Mond zwischen Erde und Sonne schiebt, fällt der Schatten des Monds auf die Erde. Wer in diesem Schattenbereich steht, sieht eine *Sonnenfinsternis*: Der Mond verdeckt die Sonne. ▸3

Befindet sich der Mond im Schattenbereich der Erde, sieht man eine *Mondfinsternis*. ▸4

Mondphasen

Der Mond ist ständig zur Hälfte von der Sonne beleuchtet. Er läuft einmal im Monat auf einer Kreisbahn um die Erde. Von der Erde aus sehen wir unterschiedlich viel von der beleuchteten Mondhälfte. ▸5

5 *Mondphasen: zunehmender Mond, Vollmond, abnehmender Mond*

Alles klar?

1 Tinas kleiner Bruder meint: „Schatten hängen von der Kleidung ab. Helle Kleidung macht helle Schatten – und dunkle Kleidung dunkle.“ Nimm Stellung dazu.

2 Ein Karton wirft einen Schatten. ▸6 Welche Form hatte wohl die Lichtquelle? Wie war sie angeordnet? Zeichne den Aufbau auf einem Blatt Papier.

3 „Schatten gibt's nur, wo Licht ist. In finsterer Nacht gibt es keine Schatten.“ – „Im Gegenteil, nachts gibt es nur Schatten!“ Erläutere beide Meinungen.

4 Überlege, wo die Lampe auf dem Tisch stehen sollte: ▸7
– bei einem Linkshänder
– bei einem Rechtshänder
Begründe jeweils deine Antwort.

7

5* Unter welchen Bedingungen können farbige Schattenbilder entstehen? ▸8

6

8

6 In manchen Nächten ist der Mond auch bei wolkenlosem Himmel nicht zu sehen. In welcher Phase befindet sich dann der Mond?

7 Wann entsteht eine Sonnenfinsternis (eine Mondfinsternis)? Zeichne die Lage von Sonne, Mond und Erde jeweils auf.

8 Wie entstehen Vollmond, abnehmender und zunehmender Halbmond? Zeige es mit einer Taschenlampe und einem Tennisball.

9* Mondfinsternisse gibt es nur bei Vollmond.
Sonnenfinsternisse treten nur bei Neumond auf.
Gib für beides eine Erklärung.

10* Ein Wettersatellit hat die Erde aus 36 000 km Höhe zu verschiedenen Zeiten fotografiert. ▸9 Die Aufnahmen wurden anschließend nebeneinandergestellt. Der Satellit befand sich immer über der angekreuzten Stelle.

a Wann stand die Sonne hinter dem Satelliten?

b Erkläre das unterschiedliche Aussehen der Erde.

9 *Satellitenaufnahmen der Erde*

Es singt und klingt – die Welt voller Schallquellen

▷ Hupen, Motoren, Stimmen, Musik, Blätter im Wind, Vögel, eine Biene … – alle erzeugen Schall.

1

2

Untersuchen Experimentieren

1 Wie kann man Schall erzeugen? Dir stehen verschiedene Gegenstände zur Verfügung:
- ein dünner Kunststoffstreifen oder ein Grashalm ▸3
- ein Luftballon
- ein Blatt Papier
- eine Wasserflasche (halb gefüllt)
- ein Kunststofflineal
- ein dünnwandiges Weinglas ▸4
- eine Glasscheibe und Styropor

Beschreibe oder skizziere jeweils, wie es dir gelingt, damit Töne oder Geräusche zu erzeugen.
Suche Begriffe für das, was du hörst (z. B. Quietschen).

2 Schallerzeugung beobachten Führe die folgenden Experimente durch. Schildere jeweils, was du hörst und siehst. Welche Gemeinsamkeiten erkennst du?

a Spanne eine Metallstricknadel an der Tischkante fest, sodass ein Ende frei ist. Zupfe am freien Ende.

b Schlage eine Stimmgabel an und halte ihre Enden in ein Glas Wasser.

c Spanne einen dünnen Draht von ca. 50 cm Länge an beiden Enden fest ein und zupfe daran.

d Streue auf ein Trommelfell etwas Sand oder einige Reiskörner. Schlage die Trommel an.

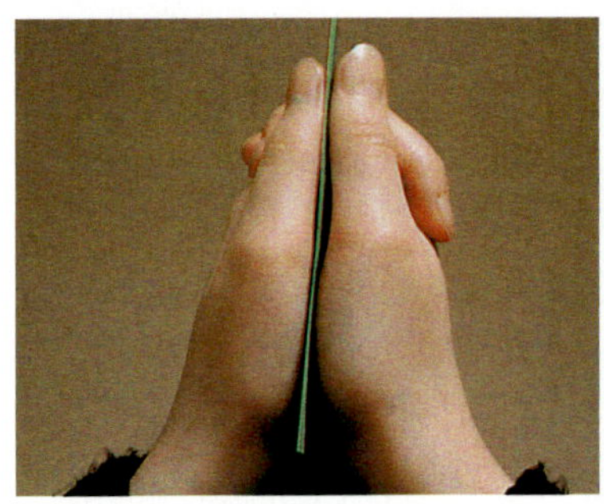

3 *Schall – mit einem Grashalm erzeugt*

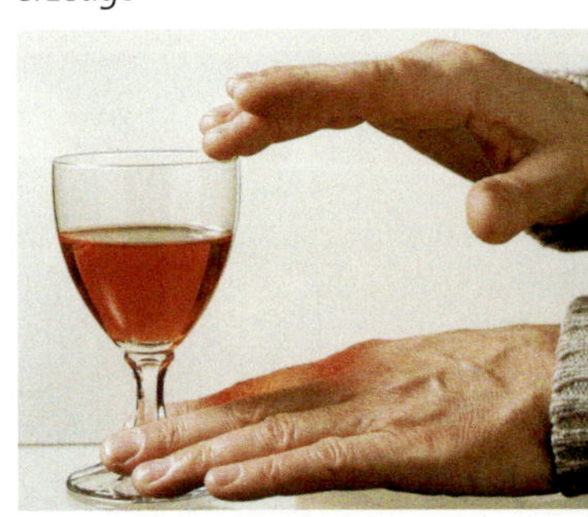

4 *Schall – mit einem Weinglas erzeugt*

5 *Laut ...*

6 *... und leise*

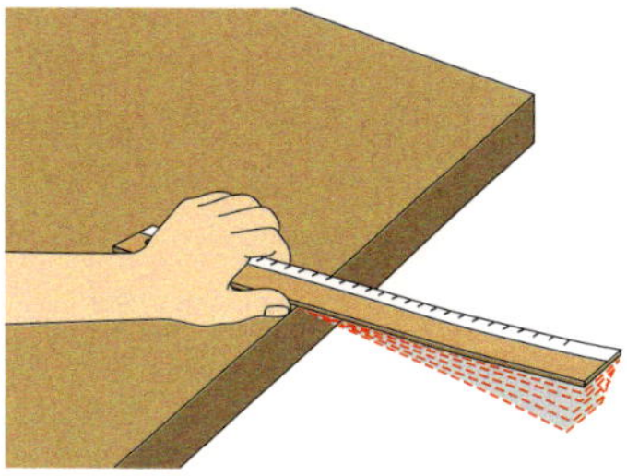

7

3 Laut und leise Töne können sehr unterschiedlich sein. ▸5–6 Erzeuge unterschiedlich laute Töne mit der gleichen Schallquelle, z. B. mit:
- einem gespannten Gummiband
- einer Stimmgabel
- einem Lineal, das an der Tischkante festgehalten wird ▸7

a Was musst du bei der Schallerzeugung beachten?
b Was ändert sich mit der Lautstärke an der Bewegung der Schallquelle?

4 Hoch und tief – mit der gleichen Schallquelle Erzeuge hohe und tiefe Töne mit:
- einem Lineal oder einer Metallstricknadel
- einem Gummiband
- einem gespannten Draht (Saite)
- einer teilweise mit Wasser gefüllten Flasche

Was musst du dazu jeweils an den Schallquellen verändern?

5 Aus Tönen wird Musik
a Untersuche eine Spieluhr und erkläre, wie sie hohe und tiefe Töne erzeugt.
b Versuche Tonfolgen aus tiefen und hohen Tönen mit Gegenständen aus dem Haushalt zu erzeugen (Blumentöpfe, Gläser, Besteck, Flaschen ...). ▸8 Vielleicht gelingt dir sogar eine kleine Melodie?
c Worin unterscheiden sich Lautsprecher für hohe und für tiefe Töne?

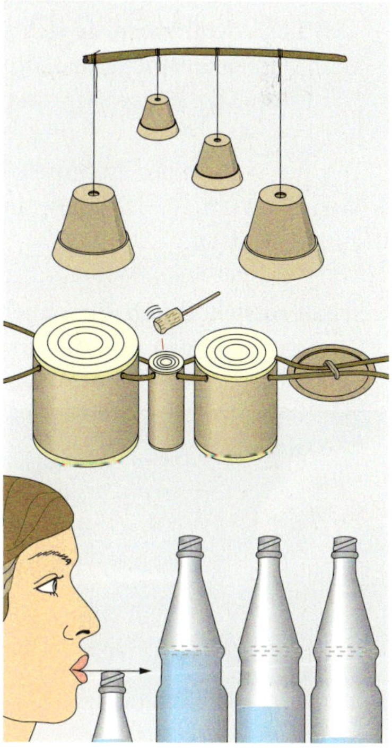

8

6* Wie kann man Schall verstärken? Spanne ein Gummiband und zupfe es an. Mit einer Backform oder einer Kunststoffdose kannst du den Ton verstärken. ▸9
Ähnlich kannst du auch bei einer Drahtsaite vorgehen: Zupfe die gespannte Drahtsaite zunächst allein an und verstärke dann den Ton mit verschiedenen Behältern.

7* Sind zwei Stimmgabeln doppelt so laut wie eine?
a Schlage eine Stimmgabel an der Tischkante leicht an. Merke dir, wie laut du den Ton empfindest. Schlage dann zwei gleiche Stimmgabeln leicht an. Ist der Ton jetzt doppelt so laut?
b Statt der Stimmgabeln kannst du auch schwingende Lineale, klingende Wasserflaschen oder brummende Elektromotoren nehmen.
c Wie viele elektrische Summer braucht man, bis man sie doppelt so laut hört?

9

Grundlagen Schall und Schwingungen

Der Klang einer Stimmgabel, Motorengeräusch, Hundegebell …

Schall ist alles, was wir hören.

Alle Dinge, mit denen du Schall erzeugst, sind *Schallquellen*. Sie senden Schall aus. ▸1 Unser Ohr ist ein *Schallempfänger*. Schallsender und Schallempfänger sind Teil eines Systems, mit dem z. B. Sprache und Musik übertragen werden.
Beim Erzeugen von Schall bewegt sich immer etwas an der Schallquelle hin und her. *Beispiele:*
- Beim Anzupfen wird die Stricknadel nach unten gebogen. ▸2 Nach dem Loslassen bewegt sie sich schnell auf und ab. Ähnliches passiert beim Zupfen an einer gespannten Saite.
- Die Enden der klingenden Stimmgabel bewegen sich rasch hin und her. ▸3
- Das Auf und Ab des Trommelfells lässt Reiskörner hüpfen. ▸4
- Wenn du eine Wasserflasche anbläst, wird die Luft darin in Schwingungen versetzt.

Schall entsteht durch die schnelle Schwingung eines Gegenstands. Die Schwingungen sind die Ursache dafür, dass wir etwas hören.

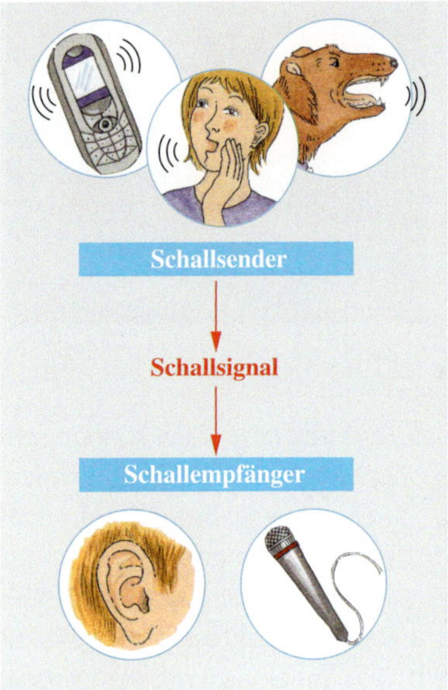

1 *Von der Schallquelle zum Empfänger*

2 *Angezupfte Stricknadel*

3 *Eintauchen der Stimmgabel*

4 *Reiskörner auf Trommel*

Aufgaben

1 Das Brummen einer fliegenden Hummel ist Schall. Wie wird er wohl erzeugt? Überlege, was bei der Hummel schwingt.

2 Nenne verschiedene Gegenstände, mit denen Schall erzeugt wird. Beschreibe jeweils, was bei ihnen schwingt.

3 Finde weitere Beispiele für „Schallsender – Schallsignal – Schallempfänger". Welche Bedeutung hat das Signal jeweils für den Empfänger? Schreibe deine Beispiele in einer Tabelle auf.

Schallsender	Schallsignal	Schallempfänger	Bedeutung
Hund	Bellen	Ohr des Spaziergängers	Warnung
...	...	...	...

Aus dem Alltag

Schallsignale auf der Straße

Du musst am Fahrrad eine Klingel haben, damit du anderen Verkehrsteilnehmern Schallsignale geben kannst. Gleiche Schallsignale können aber Unterschiedliches bedeuten: Du kannst mit dem Klingeln einen Freund grüßen oder einen Fußgänger auf dem Fahrradweg warnen.
Auch Polizei-, Feuerwehr- und Krankenwagen warnen im Einsatz mit Schallsignalen.

Grundlagen Lautstärke und Tonhöhe

Laut – leise Ein gespanntes Gummiband erzeugt einen lauten Ton, wenn du es kräftig anzupfst. Es schwingt dann weit hin und her. Das Gummiband hat einen großen „Schwingungsbauch". ▸5 Bei leisen Tönen ist er klein.

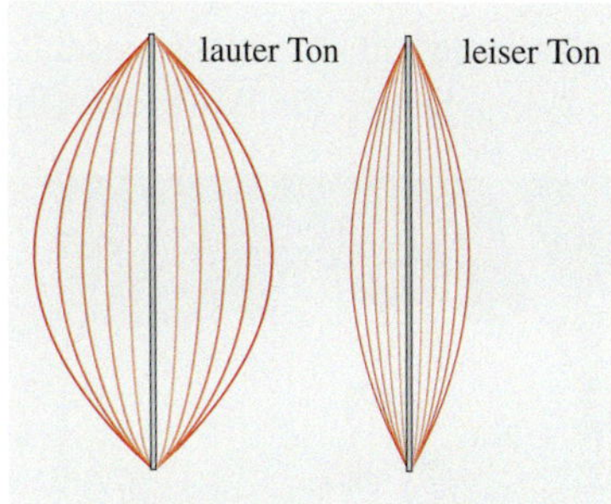

5 *Schwingendes Gummiband*

Je stärker eine Schallquelle schwingt, desto lauter ist der Schall, den wir hören.

Die Lautstärke wird in Dezibel A – kurz dB(A) – angegeben. 10 dB(A) empfinden wir als Stille, 100 dB(A) als sehr laut.

Hoch – tief Lässt du ein Lineal weniger an der Tischkante überstehen und zupfst es dann an, so schwingt es schneller. Es entstehen höhere Töne.

Je schneller eine Schallquelle schwingt, desto höher ist der Ton.

In einer angepusteten Wasserflasche schwingt die Luft schneller, wenn die Flasche höher gefüllt und der Luftraum kleiner ist.
Wie schnell eine Schallquelle schwingt, gibt man in Hertz (Hz) an. Bei 1 Hertz schwingt der Gegenstand einmal je Sekunde hin und her.
Die Bezeichnung erinnert an den deutschen Physiker *Heinrich Hertz* (1857–1894).
Ein Ton von 20 Hz ist sehr tief, ein Ton von 1000 Hz schon recht hoch.
Für sehr hohe Töne benutzt man auch die Angabe Kilohertz (kHz):
1 kHz = 1000 Hz.
Das gesunde menschliche Ohr eines Kindes kann Töne zwischen 16 Hz und 20 kHz hören. Schwingungen mit mehr als 20 kHz kann der Mensch nicht wahrnehmen, aber manche Tiere können es.

Aufgaben

1 Je voller eine Glasflasche gefüllt ist, desto tiefer ist der Ton beim Anschlagen und desto höher ist er beim Anblasen. Erkläre den Unterschied.

2* Erzeuge Schwingungsbilder: ▸6–8 mit einer Stimmgabel auf einer Glasplatte, einer angestrichenen Metallplatte oder mit Musikinstrumenten.

Aus der Technik Schallschwingungen – sichtbar gemacht

Die Schwingungen einer klingenden Stimmgabel werden sichtbar, wenn du die Stimmgabel über eine berußte, dünne Glasplatte führst. ▸6 Zum Berußen verwendest du eine Kerzenflamme.
Auch auf einer mit feinem Sand bestreuten Metallplatte kann man Schwingungsbilder erzeugen. ▸7 Mit dem Bogen eines Cellos streicht man an der Platte. Der Sand sammelt sich an ruhigen Punkten der Platte an.
Schallsignale werden auf dem Computermonitor sichtbar, wenn du ein Mikrofon an die Soundkarte anschließt. Programme, die zur Soundkarte gehören, liefern Schwingungsbilder. ▸8

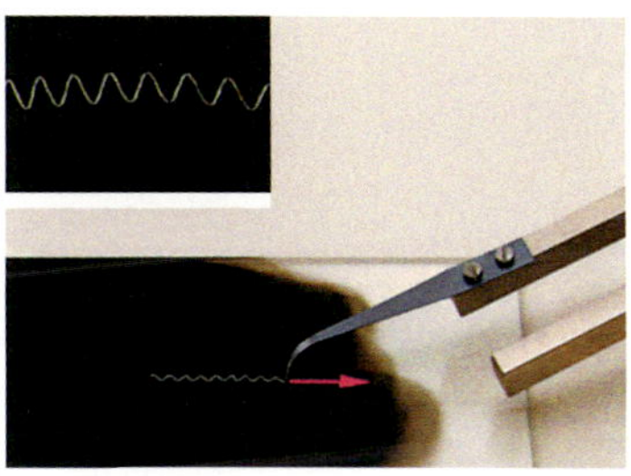
6 *Schwingungsbild (Stimmgabel)*

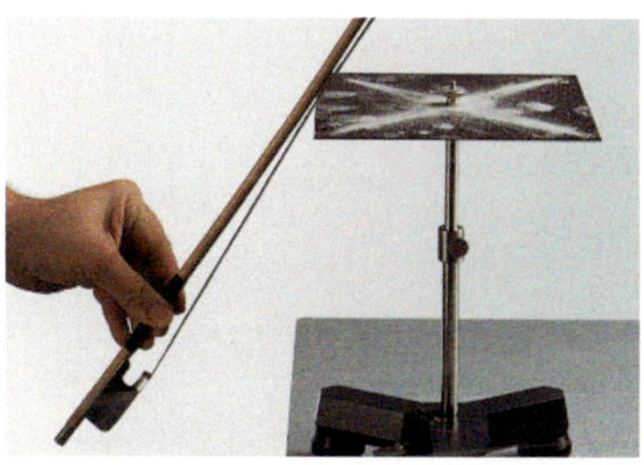
7 *Schwingungsbild (Metallplatte)*

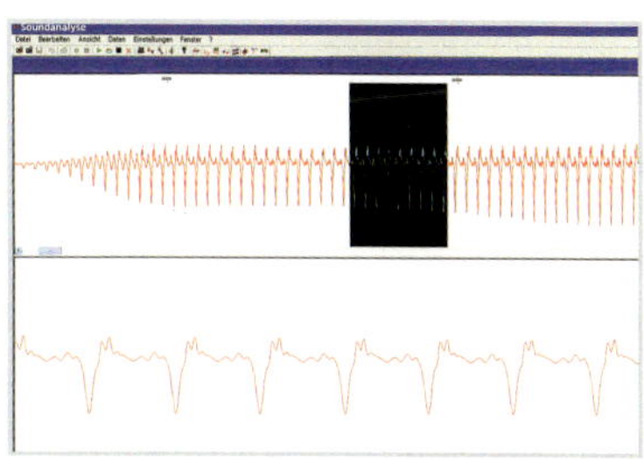
8 *Aufgezeichnete Schallsignale*

Schall unterwegs

▷ Ob man mit einem Gartenschlauch „telefonieren" kann?
Wie gelangen die Worte ans Ohr?

1

Untersuchen Experimentieren

1 Wie breitet sich Schall aus?

a Schlage das linke Tamburin an. ▸2 Beobachte, was passiert.

b Versuche zu erklären, wie der Schall vom linken Tamburin zum rechten gelangt.

2 Was macht der Schall mit der Kerzenflamme? ▸3

a Die Papprӧhre wird an einer Seite mit einem aufgeschnittenen Luftballon verschlossen. Schlage die Gummihaut an. Beobachte und erkläre.

b Eine „Schallkanone" kannst du aus einem Kunststoffeimer mit Deckel bauen. Wenn du kräftig auf den Eimerboden schlägst, wird eine Kerzenflamme noch in 1 m Abstand ausgeblasen.
Hinweise: In die Mitte des Deckels schneidest du ein 5 cm großes Loch – am besten mit einer Lochsäge.
Auch eine 1-l-Blechdose (z. B. für Waschbenzin) eignet sich. Du entfernst den Boden mit dem Dosenöffner und spannst einen Luftballon darüber.

3* Schall im luftleeren Raum? „Im Weltall ist alles ganz still. Im luftleeren Raum breitet sich Schall nicht aus."

a Plane einen Versuch, der die Behauptung bestätigt. ▸4
Statt des Weckers kann ein klingelndes Handy benutzt werden.

b Führe den Versuch durch und fertige ein Protokoll an.

4 Schall – nicht nur in Luft

a Lege deinen Kopf mit einem Ohr fest auf die Tischplatte. Lass einen Mitschüler leise Klopfzeichen geben.

b Schiebe nun einen Block aus Styropor® zwischen Tischplatte und Ohr. Hörst du die Klopfzeichen immer noch?

c Probiere aus, ob du durch eine Stativstange hindurch das Ticken einer Uhr hören kannst.

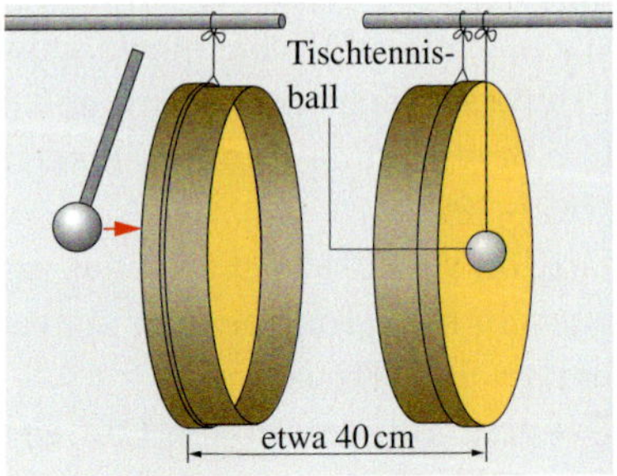

2

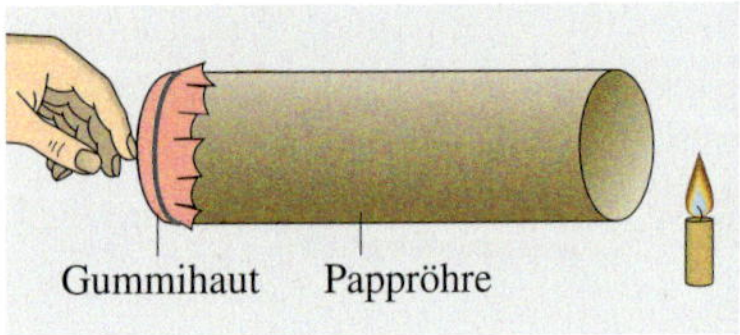

3

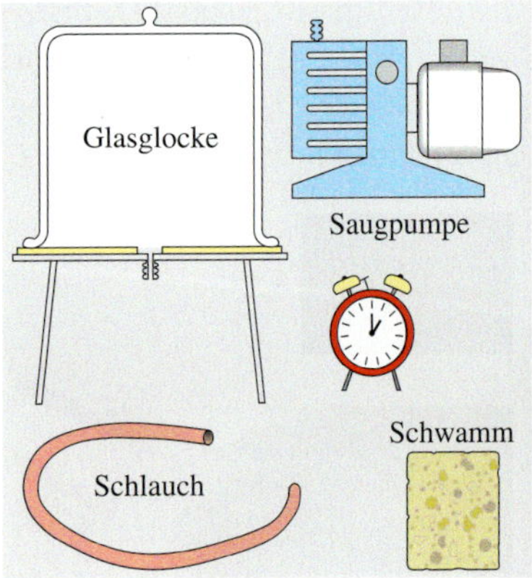

4

5*Das Fadentelefon

a Baue dir mit deinem Tischnachbarn ein Fadentelefon mit zwei Plastikbechern. ▸5 Führt die Schnur durch das Schlüsselloch einer Tür. Sie darf im Schlüsselloch nicht anliegen. Spannt die Schnur straff. Flüstere dann in den Becher. Kann man dich auf der anderen Seite hören?

b Ersetze den Faden durch einen dünnen Draht oder ein Nähgummi. Funktioniert das Telefon jetzt besser? Dokumentiere deine Untersuchung in einem Protokoll.

6*Hören unter Wasser? Versuche beim nächsten Besuch im Schwimmbad, unter Wasser mit einem Freund zu sprechen. Hast du schon Erfahrungen damit gesammelt?

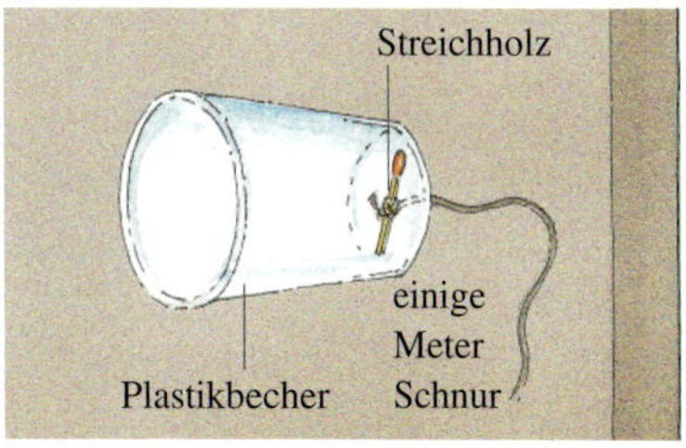

5

Grundlagen Schallwellen

Luft Wenn du das Fell eines Tamburins anschlägst, wird es zunächst rasch eingedrückt. ▸6 Die Luft hinter dem Fell kann nicht so schnell ausweichen und wird zusammengedrückt. Es entsteht eine *Luftverdichtung*. Gleich nach dem Anschlag schwingt das Fell zurück. Die Luft kann nicht so schnell folgen. Es entsteht eine *Luftverdünnung*.
Die Folge von Luftverdichtung und Luftverdünnung überträgt sich von einer Luftschicht auf die nächste. Sie „wandert" auf diese Weise von der Membran weg. Die Luft gerät ins Schwingen.

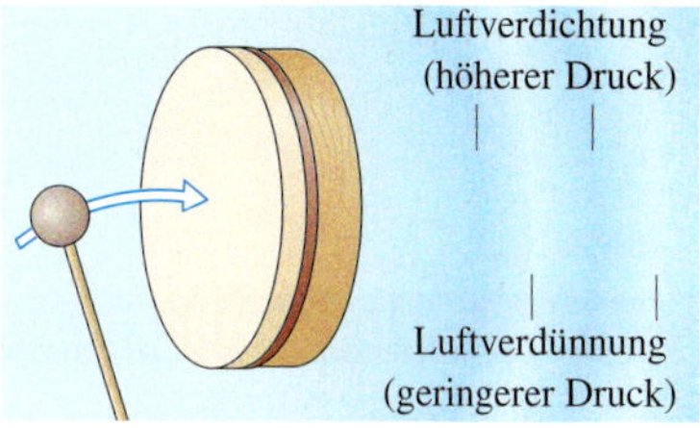

6 *Schallausbreitung in Luft*

Von der Schallquelle aus laufen Luftverdichtungen und Luftverdünnungen in den Raum. Eine *Schallwelle* breitet sich durch die Luft aus.

Beim Tamburin hören wir einen kurzen Schlag. Bei einer Gitarrensaite hören wir einen längeren Klang. Solange eine Schallquelle schwingt, sendet sie Schallwellen aus.
Die Schallwellen laufen von der Schallquelle in alle Richtungen auseinander. Dabei werden die Luftschichten mit zunehmender Entfernung immer weniger verdichtet und verdünnt. Die Lautstärke nimmt ab.

Feste und flüssige Stoffe Der Schall wird in Glas oder Eisen besser weitergeleitet als in der Luft. Zur Erklärung stellen wir uns vor, dass die Schallquelle die kleinsten Teilchen fester Stoffe zum Schwingen anregt. Ein Modell zeigt diese Art der Schallübertragung. ▸7 Die Teilchen geben ihre Schwingungen gut an Nachbarteilchen weiter.

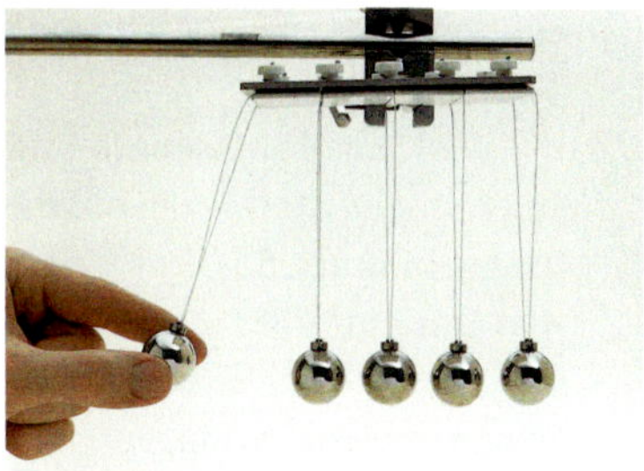

7 *Modell für die Schallausbreitung in festen Stoffen*

Schall breitet sich in festen und auch in flüssigen Stoffen gut aus. Im leeren Raum kann er sich nicht ausbreiten.

Aufgaben

1 Beschreibe, wie bei einer Gitarre die Schallwelle in der Luft entsteht.

2 „Im Weltraum ist es still. Morgens kann man nicht durch den Wecker geweckt werden." Erkläre diesen Satz aus einem Science-Fiction-Roman.

3 Eine Schallquelle schwingt mit 400 Hz, eine andere mit 800 Hz. Zeichne beide Schallwellen. Denke daran, was sich bei hohen Tönen ändert.

Schall braucht Zeit und kommt zurück

▷ Schall breitet sich von der Quelle in alle Richtungen aus. Wenn er auf einen Gegenstand trifft, wird er abgelenkt. Ähnliches kennst du von einem Ball, der von einer Wand zurückprallt.

1

Untersuchen Experimentieren

1 Wie schnell ist der Schall in der Luft?

a Messt im Freien mit einem Messband eine Strecke von mindestens 200 m ab, die gut zu überblicken ist. An einem Ende der Strecke schlägt eine Schülerin oder ein Schüler kräftig mit einem Hammer auf ein altes Kuchenblech. Am anderen Ende stoppt ein zweiter Schüler die Zeit zwischen „Hammerschlag sehen" und „Hammerschlag hören".
Tipp: Messt am besten mehrmals und notiert eure Werte in einer Tabelle. ▸2 Berechnet dann die Durchschnittszeit. Zufällige Abweichungen der gemessenen Zeiten nach oben oder unten werden auf diese Weise „herausgemittelt".

b Berechnet die Schallgeschwindigkeit. ▸3

2 Wie wird Schall abgelenkt? Stelle einen tickenden Wecker auf einem Stück Schaumstoff in ein hohes Glas. Du siehst den Wecker, denn das Licht geht durch das Glas hindurch. ▸4 Halte dein Ohr ungefähr 1 m vom Glas entfernt.

a Mit je einer Platte aus Glas, Holz, Eisen, Pappe und Kork soll der Schall so umgelenkt werden, dass er besser an dein Ohr gelangt. Wie müssen die Platten gehalten werden?

b Welche Materialien lenken den Schall besonders gut zu dir?

3 Wie entsteht ein Echo?

a Stelle dich vor eine Hauswand und rufe einen kurzen Namen (Anna, Otto ...). Ändere deinen Abstand zur Wand. Wo hörst du den ganzen Namen als Echo?

b Erkläre, wie das Echo entsteht.

Messung	Zeit zwischen Sehen und Hören
1	? s
2	? s
3	? s
4	? s
5	? s

2 *Mustertabelle*

Auswertung:
- Entfernung zur Schallquelle: 200 m
- Durchschnittszeit: ... s
- Schallgeschwindigkeit: Entfernung : Durchschnittszeit = ... m pro s

3 *Schallgeschwindigkeit*

4

4*Entfernungen messen mit Schall Ein elektronischer Entfernungsmesser misst Abstände mit Schall. ▸5 Der Ton ist so hoch, dass wir nichts hören.

a Vermiss mit dem Gerät die Größe des Klassenzimmers.

b Spanne eine Schnur in 2 m Höhe durch das Klassenzimmer und befestige das Messgerät beweglich an der Schnur. Führe es dann langsam durch den Raum, in dem Tische, Stühle und Kisten auf dem Boden stehen.
Miss alle 20 cm die Entfernung in Richtung Boden. Protokolliere die Messwerte in einer Tabelle. Zeichne aus den Entfernungsangaben ein Bild des Fußbodens. Wo stehen Tische, wo Stühle, wo Kisten?

c Miss die Entfernung einer Wand. Stelle eine Stativstange in den Bereich zwischen Gerät und Wand. Beschreibe, was passiert. Findest du eine Erklärung?

5*Mit den Ohren „sehen" Gelingt es dir, mit verbundenen Augen möglichst nah an die Tafel heranzugehen – nur mit Schall? Im Klassenraum muss es vollkommen still sein. ▸6
Die Tafel reflektiert die Schallwellen von der Glasflasche. Bei guter Konzentration kannst du das als Veränderung im Klangbild wahrnehmen und so die Nähe der Tafel „hören". Führt in der Klasse einen Wettbewerb durch. Gewonnen hat, wer der Tafel am nächsten kommt, ohne sie zu berühren.

5 *Elektronischer Entfernungsmesser*

6 *Orientieren mit Schall*

Aus der Umwelt Delfine jagen mit Schall

Delfine können unter Wasser sehr gut sehen. ▸7 Aber je tiefer sie tauchen, desto dunkler wird es. Bei schlechter Sicht orientieren sie sich mit Schall. In Wasser ist Schall viermal so schnell wie in Luft und hat eine 40-mal größere Reichweite.
Zur Jagd senden die Delfine kurze Klicklaute mit bis zu 150 kHz aus. Der Schall wird auch von kleinen Fischen reflektiert und kehrt als Echo zurück. ▸8 Daraus gewinnt der Delfin ein „Hörbild" seiner Umgebung.

7 *Delfin*

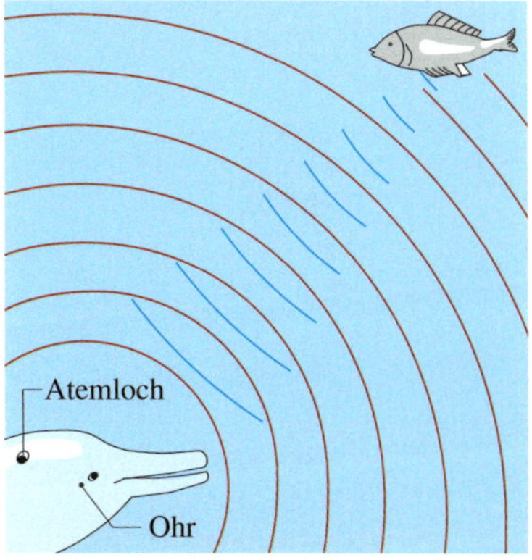

8 *„Echopeilung" bei Delfinen*

Aufgaben

1 Wievielmal schneller ist der Schall im Wasser als in der Luft?

2 Für Menschen sind die Jagdtöne der Delfine unhörbar. Sind die Töne für uns zu leise?

3* Erläutere die Gemeinsamkeiten zwischen dem Versuch „Mit den Ohren sehen" und der Orientierung des Delfins.

Grundlagen Entfernungen messen – mit Schall

Beim Gewitter siehst du erst den Blitz. Den Donner hörst du etwas später. Schall braucht Zeit, um sich auszubreiten.

In Luft breitet sich der Schall in 3 Sekunden 1 km weit aus.

Manchmal wird Schall an weit entfernten Wänden reflektiert. Dann kommt er mit einer hörbaren Verzögerung zurück. Wir hören ein *Echo*. In der Technik nutzt man das Echo, um Entfernungen zu bestimmen. Die Idee ist ganz einfach: In weiter Entfernung vor einer Hauswand lässt du eine aufgeblasene Papiertüte zerplatzen. Wenn das Echo genau eine Sekunde später zu hören ist, ist die Wand 170 m von dir entfernt. Denn der Schall legt in der Luft 340 m in einer Sekunde zurück: Er läuft 170 m zur Wand und von dort 170 m wieder zurück.
Diese Idee nutzen elektronische Entfernungsmesser, mit denen Maler Räume vermessen. ▸1 Die Geräte senden eine Folge von Schallsignalen aus, die wir nicht hören können: *Ultraschall* mit einer Tonhöhe von mehr als 20 000 Hz (20 kHz). An der Decke wird der Schall reflektiert und läuft zum Entfernungsmesser zurück, wo er von einem Mikrofon aufgenommen wird. Aus der Zeit zwischen Senden und Empfangen sowie der Schallgeschwindigkeit berechnet das Gerät die Entfernung.

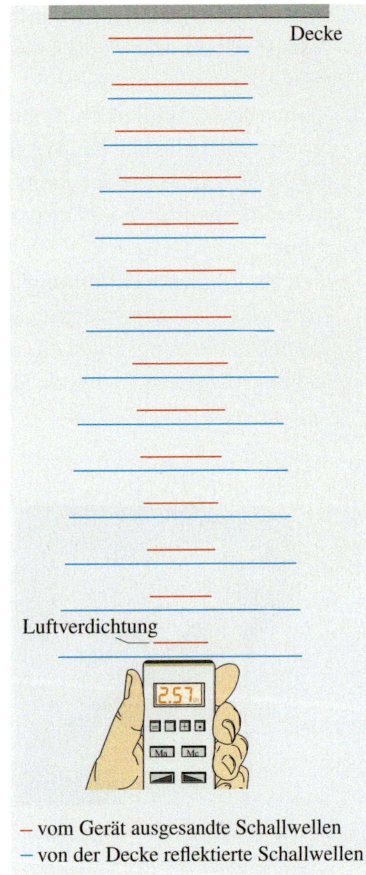

1 *Je länger der Schall braucht, desto weiter ist die Decke entfernt.*

Aufgaben

1 Dein Rufen im Gebirge kommt nach 3 s zurück. Wie weit ist die Bergwand von dir entfernt?

2 Ein elektronischer Entfernungsmesser zeigt eine Raumhöhe von 340 cm an. Wie lange war der Schall unterwegs?

3* Das Echolot eines Schiffs ▸2 misst zwei Sekunden zwischen Senden und Empfangen des Signals. Berechne die Meerestiefe.

Aus der Technik Das Echolot

Schiffe messen die Wassertiefe nach dem Echoverfahren. Ein Echolot sendet Schallsignale aus. Sie werden vom Meeresboden reflektiert und am Schiff wieder aufgefangen. ▸2
Je weiter der Meeresboden entfernt ist, desto länger braucht der Schall für Hin- und Rückweg. Die Laufzeit des Schalls wird gemessen. Daraus berechnet ein Computer die Wassertiefe – mit der bekannten Schallgeschwindigkeit in Wasser.

Mit dem Echolot lassen sich auch Fischschwärme orten. ▸3

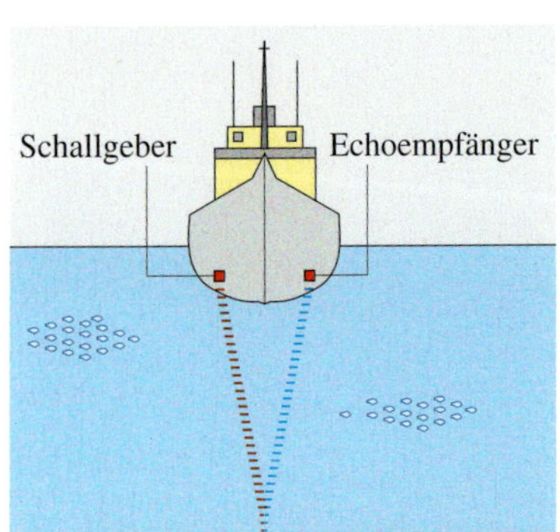

2 *Echolot zur Entfernungsmessung*

3 *Schirm eines Echolots*

Aus der Umwelt Fledermäuse – nächtliche Peilung mit Ultraschall

4 *Flug durch den nächtlichen Wald*

5 *Für Fledermäuse kein Hindernis ...*

Töne oberhalb von 20 kHz hören wir Menschen nicht mehr. Man spricht von *Ultraschall*.

Fledermäuse hören Ultraschall von mehr als 120 kHz. Sie erzeugen auch Ultraschall. Ihre Rufe werden von Hindernissen wie Wänden oder Gitterstäben reflektiert. Je weiter ein Gegenstand entfernt ist, desto länger dauert es, bis das Echo zu den Ohren der Fledermaus gelangt. Mit dieser „Echopeilung" können Fledermäuse bei absoluter Dunkelheit fliegen, ohne an Hindernisse zu stoßen. ▸**4–5** Für einen Versuch wurden mehrere dünne Drähte im Labor aufgehängt. Die Fledermaus flog im dunklen Raum umher, ohne ein einziges Mal anzustoßen!

Fledermäuse ernähren sich von Nachtfaltern und anderen Insekten. Auch bei der Jagd nutzen sie die Echopeilung: Sie senden Ultraschallrufe in Abständen von Hundertstelsekunden aus und orten so ihre Beute. ▸**6**

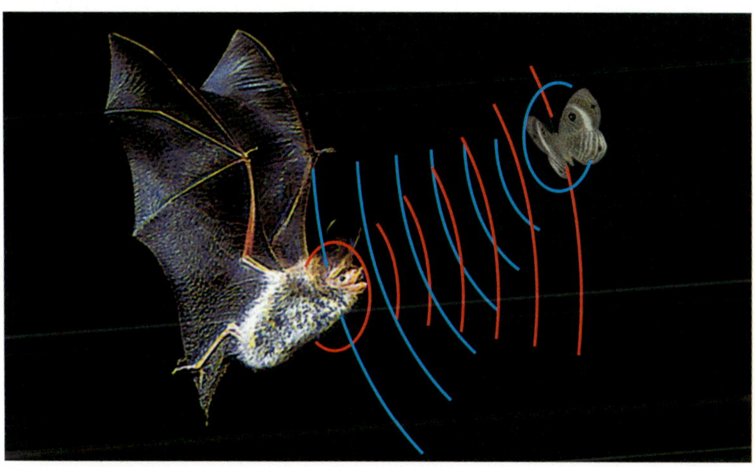

6 *Echopeilung bei Fledermäusen*

Aufgaben

1 Beschreibe, wie sich Fledermäuse im Dunkeln orientieren.

2 Vergleiche die Echopeilung der Fledermaus mit einem elektronischen Entfernungsmesser. Nenne Gemeinsamkeiten und Unterschiede.

3* Nachtschmetterlinge besitzen einen dichten Pelz. Er verschluckt auftreffende Ultraschallwellen. So sind sie vor der Echopeilung der Fledermäuse geschützt. Plane einen Versuch, der zeigt, wie der Schutz funktioniert. *Tipp:* Du kannst einen elektronischen Entfernungsmesser benutzen.

Wie wir hören

▷ Wie gut können wir die Richtung bestimmen, aus der ein Laut kommt?

▷ Was leistet unser Gehör sonst noch?

1 *Richtungshören*

Untersuchen

1 Was Geräusche verraten Setze dich mit geschlossenen Augen ans offene Fenster. Konzentriere dich auf die Geräusche von draußen.

a Beschreibe, welche Geräusche du erkennst. An welchen Merkmalen erkennst du sie?

b Kannst du sagen, wie weit die Schallquellen entfernt sind? Aus welcher Richtung kommt der Schall? Bewegen sich die Schallquellen?

c Sind dir die Geräusche schon zuvor aufgefallen? Falls sie schon früher da waren, erkläre, warum du sie erst jetzt bemerkst.

2 Die Bedeutung der Ohrmuscheln Im Zimmer wird ein laut tickender Wecker aufgestellt. Lausche auf das Geräusch.

- Drücke deine Ohrmuscheln mit den Fingern zurück an den Kopf.
- Dann biegst du sie nach vorne.
- Halte die Hände hinter die Ohrmuscheln und vergrößere sie so.
- Decke die Ohrmuscheln mit den Händen von vorne ab. Beschreibe jeweils den Höreindruck. Erkläre die Ergebnisse.

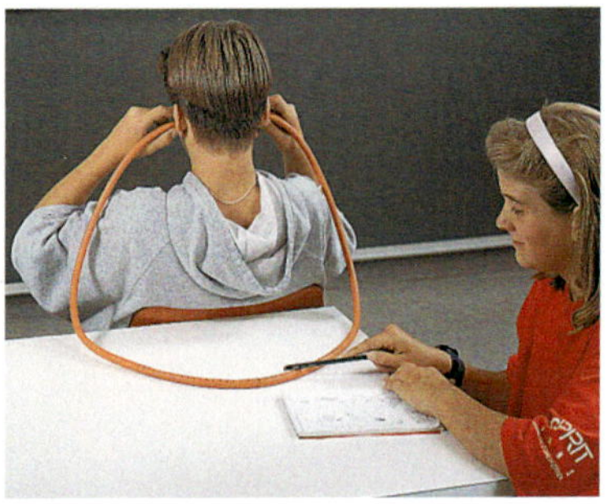

2 *Richtungshören mit einem Schlauch*

3 *„Vertauschte Ohren"*

3 Richtungshören erproben

a Bildet einen Kreis um eine Versuchsperson und klatscht einzeln. Kann die Person mit verbundenen Augen angeben, aus welcher Richtung das Klatschen kommt?

b Die Versuchsperson verschließt ein Ohr (Wattestöpsel). Wieder soll sie die Richtungen erkennen.

c Was zeigt dieser Versuch über das Richtungshören?

4 Wie wir Richtungen hören

a Markiere einen 1 m langen Gummischlauch genau in der Mitte. Dein Partner hält die beiden Schlauchenden in seine Ohren. ▸2 Klopfe mit einem Stift leicht auf den Schlauch. Kann dein Partner angeben, ob du links, rechts oder in der Mitte auf den Schlauch geklopft hast?

b Erkläre das Ergebnis.

5* „Vertauschte Ohren" Stecke auf zwei Gummischläuche jeweils einen Trichter. Befestige die Schläuche so wie in der Abbildung gezeigt. ▸3 Stelle dich nun in die Mitte des Klassenzimmers, schließe die Augen und halte die Enden der Schläuche in deine Ohren.

a Deine Mitschüler klatschen abwechselnd in die Hände. Kannst du die Richtung des Klatschenden eindeutig bestimmen?

b Vertausche nun die Schlauchenden. Was stellst du fest?

6 Tonhöhe

a Bis zu welcher Tonhöhe kannst du noch Töne hören? Prüfe es mit einem Tongenerator und einem Hochtonlautsprecher.

b Vergleicht eure Hörgrenzen.

7 Hörfähigkeit Die Versuchsperson sitzt mit verschlossenen Augen vorne im Unterrichtsraum. Flüstert ihr aus verschiedenen Entfernungen Worte zu. Dabei muss sie jeweils ein Ohr zuhalten.

8* Hören – bei geschlossenen Ohren

a Halte dir beide Ohren zu, sodass du nichts hörst. Ein Mitschüler hält dir nun eine angeschlagene Stimmgabel direkt ans Ohr. Dann setzt er sie direkt auf deinen Kopf – erst in die Mitte, dann rechts und links davon. Wann hörst du den Ton? Ändert sich der Höreindruck, wenn die Stimmgabel seitlich aufgesetzt wird?

b Warum kannst du hören, obwohl dein Gehörgang verschlossen ist?

Grundlagen Vom Ohr zum Hören

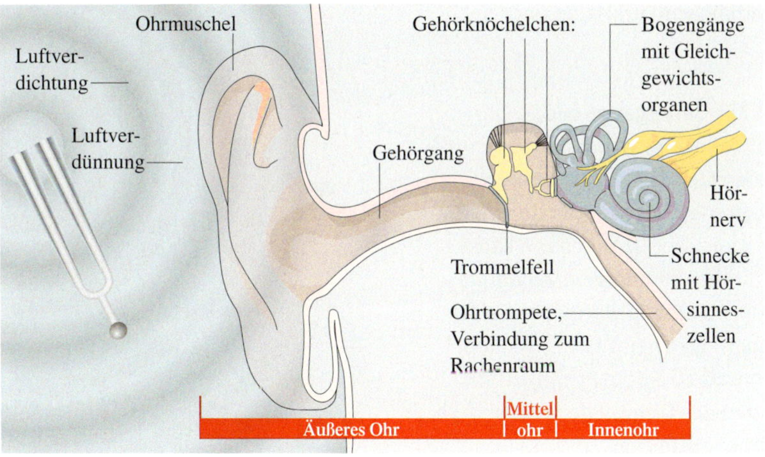

4 *Das menschliche Ohr*

5 *Sinneshärchen in der Schnecke*

Das Ohr ist unser Schallempfänger. Es ist recht kompliziert aufgebaut: ▸4

- Das Außenohr besteht aus Ohrmuschel, Gehörgang und Trommelfell.
- Im Mittelohr liegen die Gehörknöchelchen. Sie verbinden das Trommelfell mit dem Innenohr.
- Die Schnecke im Innenohr ist das eigentliche Hörorgan. Sie ist mit einer Flüssigkeit gefüllt. In ihrem Innern sitzen die Sinneshärchen. ▸5

Der Schall wird von den Ohrmuscheln aufgefangen und zum Trommelfell geleitet. Von dort wird er zur Schnecke übertragen. In der flüssigkeitsgefüllten Schnecke breiten sich Schallwellen aus und reizen die Sinneshärchen.

Über den Hörnerv schicken die gereizten Sinneshärchen elektrische Signale ans Gehirn. ▸6 Dieses wertet die Signale aus: Jetzt erst hörst du dein Lieblingslied, unterscheidest bekannte von unbekannten Stimmen und weißt, ob ein Geräusch weit entfernt oder bedrohlich ist.

Ohr und Gehirn arbeiten beim Hören zusammen. Dabei spielen neben dem Schall auch Wissen und Erfahrung eine wichtige Rolle.

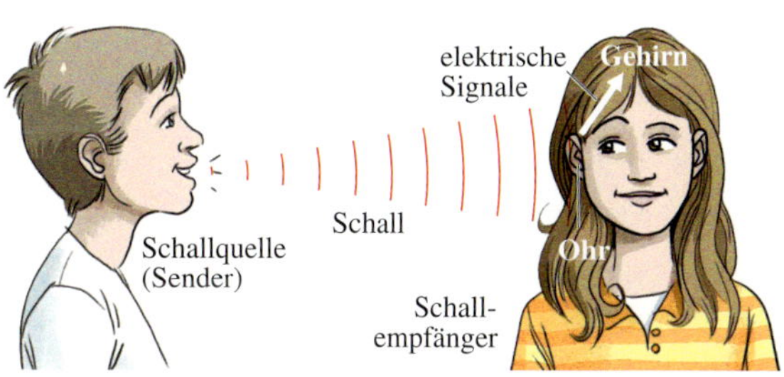

6 *Hörvorgang (schematisch)*

Gesundheit / Was das Ohr so alles kann

Leistungen des Gehörs Unser Gehör unterscheidet laut und leise, hoch und tief. Außerdem können wir die Richtung wahrnehmen, aus der Schall kommt: ▸1

- *Tonhöhe* Im vorderen Teil der Schnecke werden die Sinneshärchen durch die hohen Töne gereizt, weiter hinten durch die tiefen. So kann das Gehirn hohe und tiefe Töne unterscheiden.
- *Lautstärke* Je lauter Schall ist, desto stärker werden die Sinneshärchen im Innenohr gereizt und desto mehr Signale senden sie an das Gehirn. So nehmen wir die Lautstärke wahr.
- *Richtung* Der Zeitunterschied zwischen dem Eintreffen des Schalls in den beiden Ohren wird wahrgenommen. Aus dem winzigen Unterschied ermittelt das Gehirn die Richtung, aus welcher der Schall kommt.
- *Hörbereiche* Kinder können Töne bis zu 20 kHz hören. Manche Tiere können noch viel höhere Töne wahrnehmen. Bei Tönen zwischen 16 Hz und 20 kHz spricht man von Schall. Oberhalb von 20 kHz beginnt der Ultraschall. ▸2

Pflege des Ohres Drüsen in den Wänden des Gehörgangs bilden Ohrenschmalz. Es verklebt Staubteilchen, damit sie sich nicht vor dem Trommelfell ablagern. Durch Bewegungen der Kiefermuskulatur beim Kauen wird das Ohrenschmalz ständig nach außen befördert. Das kannst du spüren, wenn du deine Finger leicht in den Gehörgang steckst und dann kaust. Du brauchst deshalb deine Ohren nur äußerlich zu reinigen. Verwende am besten einen Tuchzipfel, sei dabei aber sehr vorsichtig. Bohre niemals in den Gehörgang hinein, auch nicht mit einem weichen Wattestäbchen. Dabei könntest du nämlich das Ohrenschmalz zu einem Pfropf zusammenschieben. Der würde die Schwingungen des Trommelfells behindern. Nur der Arzt kann dann einen solchen Pfropf entfernen.
Spitze Gegenstände gehören nie in den Gehörgang!

1

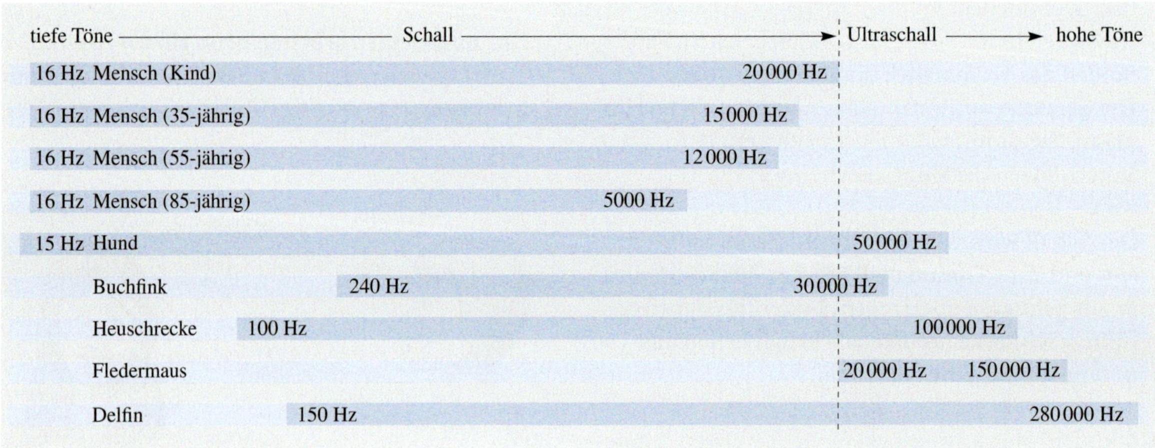

2 *Verschiedene Hörbereiche*

Überblick

Wie Schall entsteht Wenn ein Gegenstand (Lineal, Saite, Trommelfell …) schnell hin- und herschwingt, entsteht Schall. ▸3

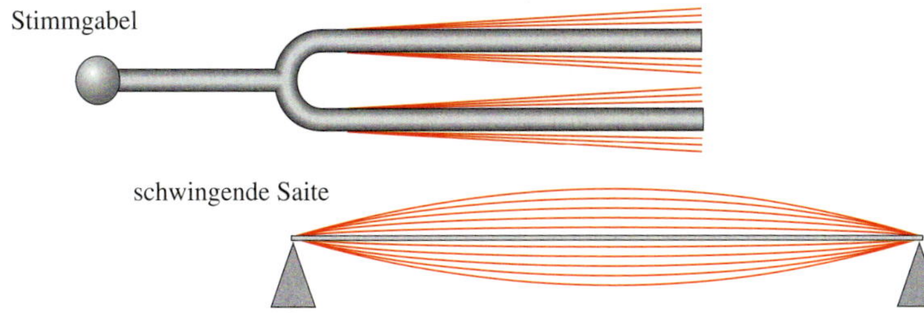

3 *Schnelle Schwingungen erzeugen Schall*

Laut und leise – hoch und tief Je weiter eine Schallquelle hin- und herschwingt, desto lauter ist der Schall, den wir hören. Je schneller eine Schallquelle schwingt, desto höher ist der Ton. Wir können Schwingungen von 16 bis 20 000 Hz hören. ▸4

4 *Tonhöhe*

Schallwellen Schallquellen erzeugen in Luft Verdichtungen und Verdünnungen. Diese breiten sich nach allen Seiten aus. In der Luft legt Schall in jeder Sekunde 340 m zurück. ▸5 Wenn Schall auf Wände trifft, wird er zurückgeworfen (reflektiert).

5 *Schallgeschwindigkeit*

Wie wir hören Das Signal einer Schallquelle gelangt über die Luft in unsere Ohren. Das Ohr empfängt den Schall. ▸6 Mit unseren zwei Ohren können wir die Richtung einer Schallquelle erkennen.

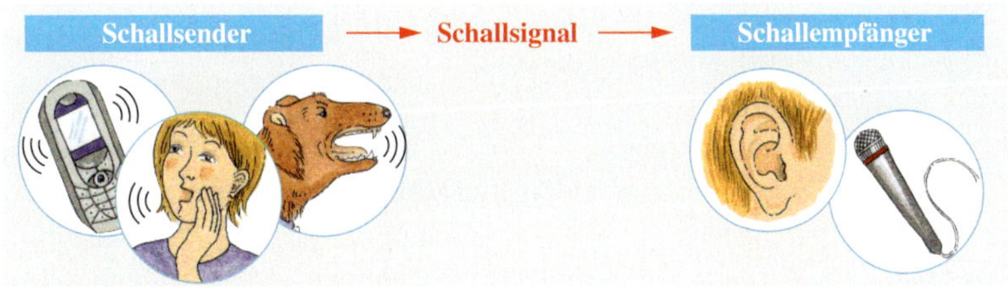

6 *Schallübertragung*

Alles klar?

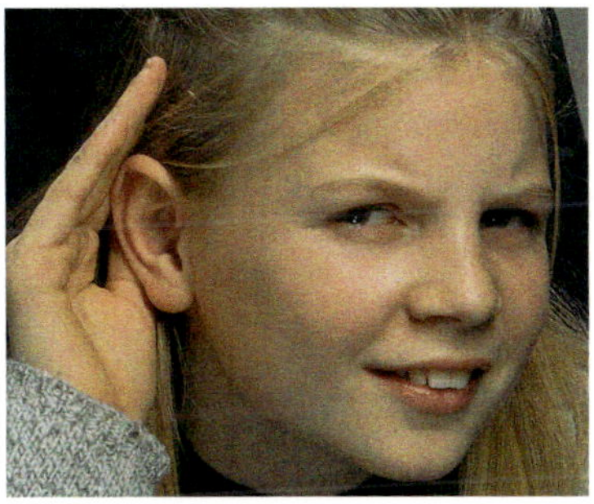

7

1 In der Musik unterscheidet man Schlag-, Blas-, Streich- und Zupfinstrumente. Nenne je ein Beispiel. Beschreibe, wie der Schall dort erzeugt wird.

2 Wie kann die Lautstärke einer Stimmgabel verändert werden?

3 Eine Hummel hat einen Flügelschlag von 240 Hz und eine Mücke von 600 Hz. Vergleiche die Tonhöhen.

4 Beschreibe, wie man die Entfernung eines Gewitters bestimmen kann.

5 Wieso ist es in einem befahrenen Autotunnel immer laut?

6 Warum halten Zuhörer hin und wieder eine Hand hinter ein Ohr? ▸7

Lärm macht krank

1

Untersuchen Experimentieren

1 Lärm bei Hausaufgaben

a Löse 25 Rechenaufgaben (z. B. 12 · 15) in ruhiger Umgebung. Stoppe die Zeit.

b Höre laute Störgeräusche. Wie lange brauchst du nun, um 25 weitere Aufgaben zu lösen?

2 Lautstärke messen Die Lautstärke wird gemessen und in Dezibel A oder kurz dB(A) angezeigt. ▸2

a Messt die Lautstärke:
- an verschiedenen Orten der Schule während der Pause
- direkt an einem Kopfhörer bei voller Musiklautstärke
- an einer Lautsprecherbox
- von Motorgeräuschen an Mofas und Motorrollern in 1 m Abstand ▸3

b Stellt die Messwerte auf einem Plakat zusammen. Vergleicht sie mit den Vorschriften am Arbeitsplatz und der Lärmskala. ▸5

3 Wie kann eine Schallquelle gedämpft werden?

a Miss die Lautstärke eines klingelnden Weckers mit dem Schallpegelmesser in 1 m Abstand.

b Miss dann die Lautstärke bei gleichem Abstand für folgende Anordnungen:
- Wecker im Schuhkarton
- Karton mit Styropor ausgekleidet
- Karton mit Watte ausgelegt
- Karton mit Teppich ausgelegt
- Karton mit Waben von Eierkartons ausgekleidet

Notiere deine Messwerte in einer Tabelle. Ermittle den besten Schalldämpfer.

4 Schall dämmen durch Umlenken Setze einen Lautsprecher in eine tiefe, mit Schaumstoff ausgekleidete Box. Schließe ihn an einen Tongenerator an und richte die offene Seite auf eine Spanplatte im Abstand von 0,5 m.

a Miss im gleichen Abstand hinter der Platte die Lautstärke in dB(A). Notiere den Wert.

b Miss auch die Lautstärke hinter Platten aus Glas, Styropor und Kork.

c Welche Platte dämmt den Schall am besten?

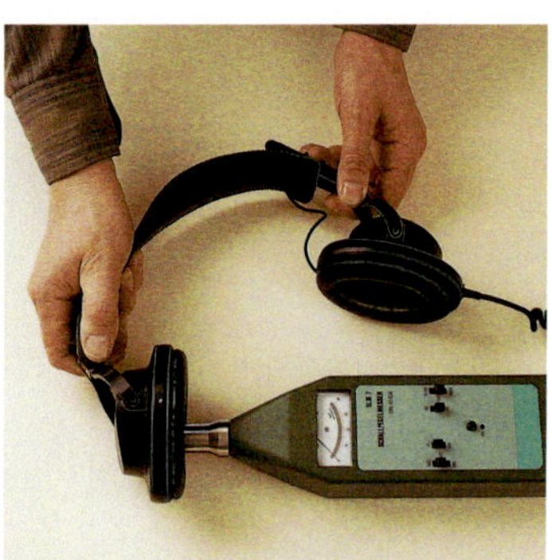

2 *Messung der Lautstärke*

3 *Betriebserlaubnis*

Grundlagen Lautstärke messen

Die Lautstärke Schall empfinden wir als laut oder leise. Wir hören ihn mit einer bestimmten *Lautstärke*. Sie hängt von der Schallquelle ab und vom Abstand zwischen Ohr und Schallquelle.
Bei zwei gleichen Schallquellen in gleicher Entfernung nimmt unser Ohr nicht die doppelte Lautstärke wahr. Erst zehn gleiche Schallquellen empfinden wir als doppelt so laut! ▸4

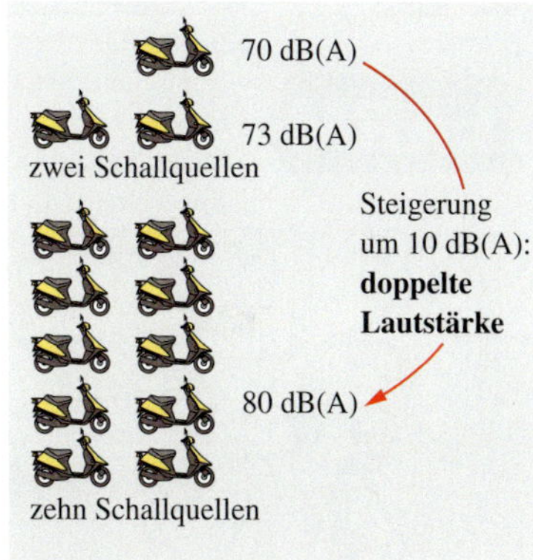

4 *Verdopplung der Lautstärke*

Lautstärke messen Um Lautstärken vergleichen zu können, misst man sie mit einem Schallpegelmesser. Er besitzt ein Mikrofon und eine Skala, die Werte in Dezibel A anzeigt.

Die Lautstärke wird in Dezibel A – kurz dB(A) – gemessen. Doppelte Lautstärke bedeutet eine Zunahme um 10 dB(A).

Bei 0 dB(A) hören wir nichts. Geräusche bis 30 dB(A) empfinden wir als leise. Nervliche Belastungen setzen bei Lautstärken ab 70 dB(A) ein. Dauernder Lärm über 85 dB(A) macht schwerhörig. ▸5

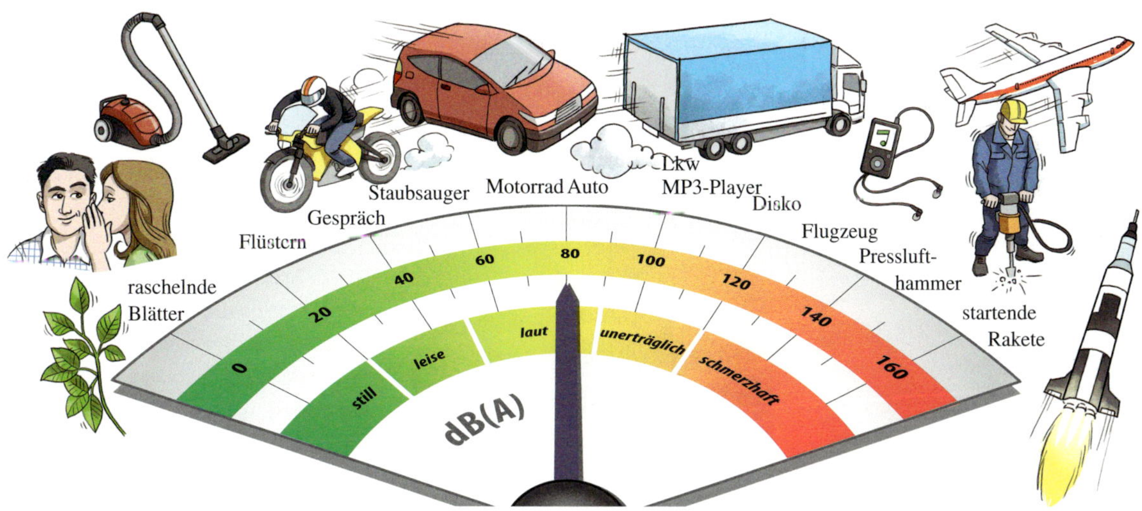

5 *Verschiedene Lautstärken – Lärmskala*

Gefahren für die Gesundheit Schall kann zerstören. Unser Ohr kann durch Schall schwer geschädigt werden.
Doppelte Lautstärke entspricht zehn gleichen Schallquellen, vierfache Lautstärke hundert Schallquellen, achtfache Lautstärke tausend Schallquellen. Zwar empfinden wir die laute Musik von 100 dB(A) aus dem MP3-Player „nur" achtmal so laut wie den Lärm von einem Mofa [70 dB(A)]. Auf unser Gehör trifft jedoch genauso viel Schall wie von 1000 Mofas. Die Ohren werden dabei geschädigt, wir können nicht mehr alle Töne hören. Darum solltest du dich nie auf Dauer bei zu starken Schallquellen aufhalten.

Aufgaben

1 Stelle eine Liste von Schallquellen zusammen, die das Gehör schädigen können.

2 Nenne Möglichkeiten, wie die Lautstärke einer Schallquelle vermindert werden kann.

3 „Doppelt so viele Schallquellen bedeutet doppelte Lautstärke." Bewerte diese Aussage.

Gesundheit Schutz vor Lärm

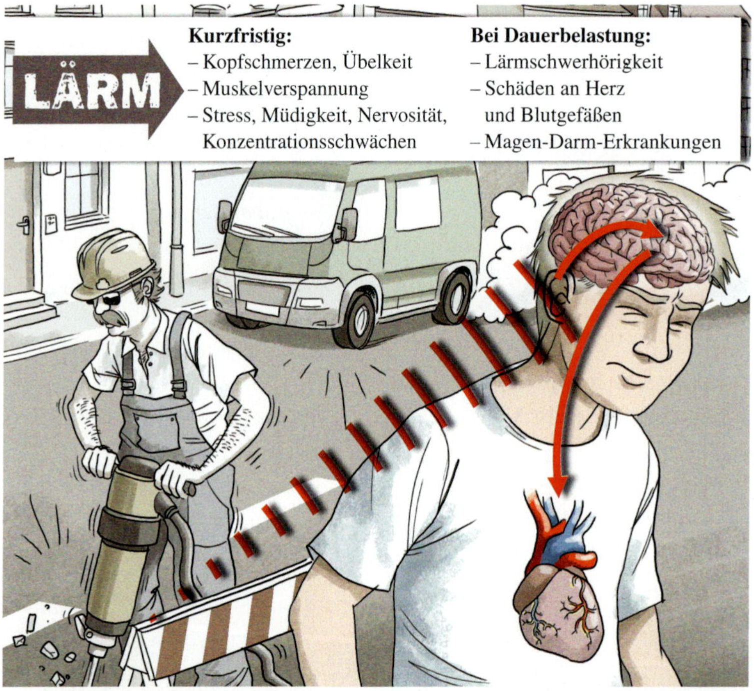

1 *Lärm und seine Wirkungen*

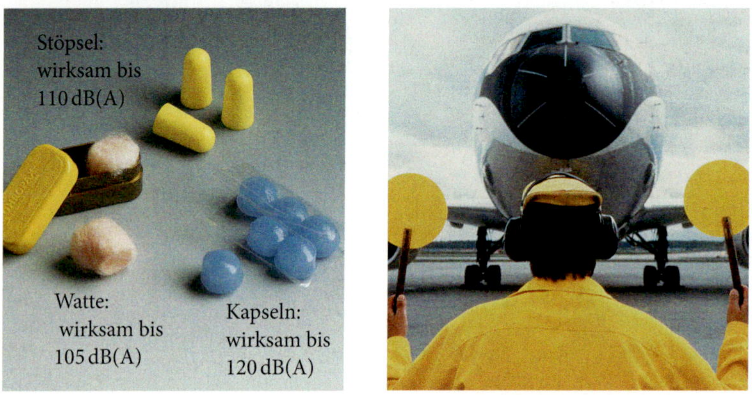

2 *Gehörschutz*

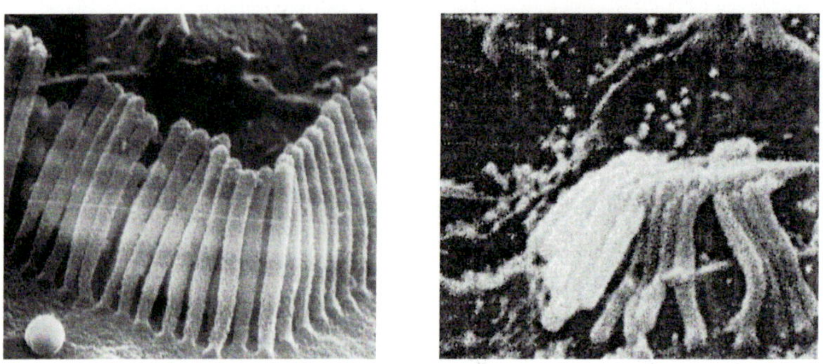

3 *Gesunde und geschädigte Sinneshärchen im Innern des Ohrs*

Lärm macht krank ▸1 Nicht nur der Lärm von Straßen, Baustellen und Fabriken führt zu Hörschäden und Krankheiten, sondern auch zu laute Musik aus Boxen und Kopfhörern.

Am Arbeitsplatz, in Fabriken oder Büros gilt die „Unfallverhütungsvorschrift Lärm", die Obergrenzen festlegt. In Büros darf es nicht lauter als 70 dB(A) sein. In Fabrikhallen muss bei Lautstärken ab 85 dB(A) den Beschäftigten ein Gehörschutz gestellt werden. An Arbeitsplätzen, an denen Lärm von 90 dB(A) und mehr auftritt, ist jeder verpflichtet, einen Gehörschutz zu tragen. ▸2 Als Schutz können Stöpsel aus Schaumstoff oder Silicon den Gehörgang verschließen. Man verwendet auch Kapseln, die wie Kopfhörer in die Ohrmuscheln gesetzt werden. Gehörschutzmittel sind dann geeignet, wenn sie eine „CE"-Kennzeichnung besitzen.

In der Arbeitswelt gibt es gesetzlich vorgeschriebene Lautstärkegrenzen – nicht aber im Privatbereich. Hier setzen sich Personen freiwillig Lautstärken von mehr als 100 dB(A) ohne Schutz aus. Bei einem „voll aufgedrehten" Walkman® muss dein Ohr Lautstärken wie bei einem Kompressorhammer aushalten. Dabei kommt es zu bleibenden Schädigungen des Gehörs. Geschädigte Sinneshärchen im Innenohr wachsen niemals nach! ▸3

Der ganze Körper leidet unter Lärm: Hoher Blutdruck, Magenschmerzen, Nervosität und Schlaflosigkeit sind die Folgen. Am Ende kann eine hohe Lärmbelastung zu Magenbeschwerden und Herz-Kreislauf-Erkrankungen führen.

Schall dämmen Du sitzt am offenen Fenster und musst eine schwierige Aufgabe lösen. Draußen dröhnt der Autoverkehr. Du kannst dich schlecht konzentrieren. Also schließt du das Fenster. Es tritt nun weniger Schall in das Zimmer, weil das Fensterglas einen Teil des Schalls reflektiert. Auch das Mauerwerk des Hauses reflektiert den Schall. Diese Art Schallschutz heißt *Schalldämmung*. Viel besser als eine einfache Glasscheibe dämmt ein Schallschutzfenster. ▸4
Bei der Schalldämmung wird ein Teil des Schalls durch Reflexion fortgelenkt und so die Lautstärke gemindert. Zur Dämmung kommen Betonplatten, Stein, Holz oder Glas zum Einsatz. Aus solchen Materialien baut man auch Lärmschutzwände an Straßen. ▸5

Schall dämpfen Bei der Schalldämpfung wird ein Teil des Schalls von geeigneten Materialien verschluckt. Wir sagen: Der Schall wird *absorbiert*.
Schallschluckende Materialien: Zur Schalldämpfung eignen sich Materialien mit einer lockeren, rauen Oberfläche oder vielen Poren, in denen Luft eingeschlossen ist. Hartschaumplatten, Teppiche oder Textilien wirken daher in Wohnräumen schalldämpfend. ▸6
Schalldämpfer: Der Schalldämpfer eines Motorrads oder Autos ist in mehrere Kammern aufgeteilt, in denen der Schall hin und her geworfen wird. Dadurch wird der Schall abgeschwächt und die Motorgeräusche werden gedämpft. ▸7

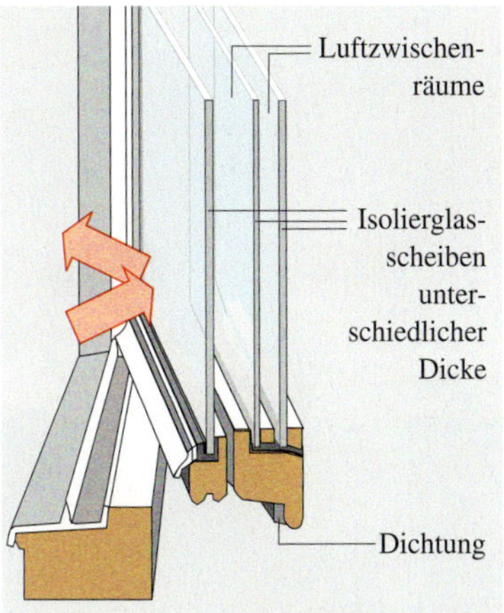

4 *Schallschutzfenster – Lärmminderung um 45 dB(A)*

5 *Schallschutzwand*

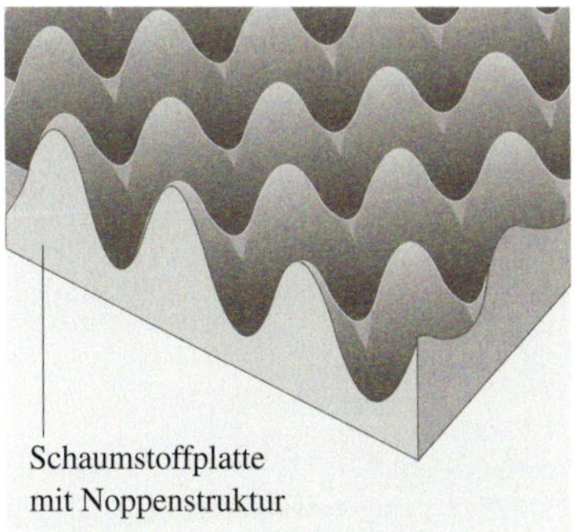

6 *Schalldämpfung*

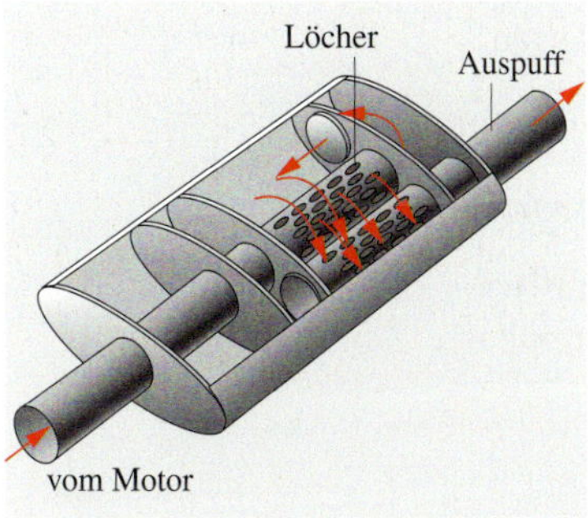

7 *Schalldämpfer eines Autos*

Tinnitus und Hörsturz Mehr als 3 Millionen Menschen in Deutschland empfinden ständig Geräusche in ihrem Ohr, obwohl von außen kein Schall ins Ohr dringt. Die Ärzte nennen diese Krankheit *Tinnitus*. Niemand außer dem Betroffenen hört die Geräusche. Für den Kranken ist das starke Ohrensausen aber sehr unangenehm und belastend. Er kann sich oft nur schwer konzentrieren und schläft auch schlecht. Bis jetzt ist die Krankheit nicht heilbar. Selbsthilfegruppen in vielen Orten wissen aber über Möglichkeiten Bescheid, wie man mit der Krankheit leben kann. Häufig werden Jugendliche nach dem Besuch eines Rockkonzerts von Tinnitus geplagt.

Wenn ein Mensch plötzlich auf einem Ohr – selten auf beiden – nicht mehr hören kann, ist ein *Hörsturz* eine mögliche Ursache. Zum Hörsturz kommt es, wenn jemand unter Stress steht, wenn er also „viel um die Ohren" hat. Nur rasche ärztliche Hilfe kann vielleicht verhindern, dass der Patient schwerhörig oder taub wird.

Aufgaben

1 Wie wirken große Lautstärken auf den menschlichen Körper? Erläutere, wie du dich schützen kannst.

2 Mache für deinen Klassenraum verschiedene Vorschläge zum Schallschutz. Der Schall, der im Raum entsteht, soll leiser werden und die Geräusche von draußen sollen weniger zu hören sein.

3 Der Schlagzeuger eurer Schülerband hat seit Wochen starke Magenschmerzen. Schreibe ihm deinen Ratschlag auf.

Mehr zum Thema: Lärm und seine Folgen

- ▷ Was wird als Lärm empfunden?
- ▷ Wie stark ist eine Gegend von Lärm belastet?
- ▷ Wie wirksam sind Lärmschutzmaßnahmen?
- ▷ Welche Hörstörungen gibt es? Wie kann man vorbeugen?

Das Thema „Lärm“ eignet sich gut zur Projektarbeit.

1

Methode Projektarbeit

1 Planung Nachdem ihr euch für ein Teilthema entschieden habt und Gruppen gebildet wurden, wird die Arbeit geplant. Haltet eure Planung schriftlich in einem Arbeitsplan fest:
- Notiert das Ziel eures Projekts.
- Welche Aufgaben sind zu bearbeiten?
- Wo erhaltet ihr Informationen zu eurem Thema?
- Welche Messungen und Versuche könnt ihr durchführen?
- Wer übernimmt welchen Auftrag oder welche Aufgabe? Wobei braucht ihr Lehrerhilfe?
- Wie viel Zeit ist für die Arbeitsschritte nötig (Zeitplan)?
- Wie stellt ihr die Ergebnisse eurer Arbeit vor?

Tipp zur Informationsbeschaffung: Büchereien und Schulbüchereien, Schulbücher, Stadt- oder Gemeindeverwaltungen, Internet, verschiedene Firmen, Organisationen und Ministerien …

2 Durchführung Die übernommenen Aufgaben bearbeitet ihr allein oder zu zweit.
- Zwischenergebnisse oder Fragen solltet ihr immer wieder in eurer Gruppe besprechen.
- Beachtet unbedingt, dass die vereinbarte Zeit eingehalten wird.

3 Präsentation Um eure Arbeitsergebnisse vorzustellen, gibt es verschiedene Möglichkeiten:
- Poster oder Wandzeitung
- Folien für den Tageslichtprojektor
- Ausstellung eurer Arbeitsergebnisse
- Bildschirmseiten, eventuell als Bestandteil der Homepage eurer Schule

Am Ende stellt ihr den Mitschülern die Ergebnisse eurer Gruppe vor – und zwar so anschaulich wie möglich. Übt auch das mündliche Vortragen in der Gruppe.

2 *Präsentieren*

Untersuchen

1* Empfindung von Schall – Lärm oder nicht Lärm?

a Mit dem MP3-Player wird Lärm aufgezeichnet: Verkehrslärm, Geräusche einer Bohrmaschine, Blasmusik, Musik von einer CD ... Dazu entwickelt ihr einen Fragebogen mit einer Skala für die Lärmempfindung. Die Skala soll von 0 für „keine Störung" bis 6 für „unerträglich" reichen.

b Mit dem Fragebogen werden nun Mitschüler und Erwachsene befragt, wie sie den Lärm beurteilen.

c Wertet die Fragebogen aus:
- Stimmen die Bewertungen der verschiedenen Personen überein oder gibt es große Unterschiede?
- Lassen sich die unterschiedlichen Einschätzungen erklären?

d Findet ihr weitere Beispiele für Schall, zu dem verschiedene Menschen unterschiedliche Einstellungen haben?

2 Lärmschutz

a Untersucht die Wirkung von Lärmschutzmaßnahmen. Messt mit dem Schallpegelmessgerät z. B.:
- auf einem Gehweg vor und hinter einem Lärmschutzwall
- an einer Durchgangsstraße und in einer Grünzone innerhalb der Stadt
- vor und hinter einem Lärmschutzfenster

Vergleicht die Ergebnisse.

b Welche Lärmschutzeinrichtungen gibt es sonst noch in eurem Wohnort? Sind weitere geplant?

c Wenn möglich, nehmt Fotos für eure Präsentation auf.

3 Erstellen einer „Lärmkarte"

a Fertigt für die Umgebung eurer Schule eine „Lärmkarte" an. ▸3 Zeichnet dazu Straßen und Kreuzungen als Grundriss auf. Messt an verschiedenen Stellen die Lautstärke. Ist die Lärmbelastung von der Tageszeit abhängig?

b Ihr könnt auch eine „Lärmkarte" der Schule erstellen. Messt dazu in Klassenräumen, in der Pausenhalle, im Pausenhof, in der Turnhalle, in der Küche.

c Überlegt, was man gegen den Lärm tun könnte.

4 Hörschäden und ihre Vermeidung

a Führt ein Interview mit einem Hörgeräte-Akustiker. Erstellt dafür zunächst einen Fragenkatalog. Danach bittet ihr telefonisch um einen Gesprächstermin. Mögliche Fragen:
- Welche Hörstörungen gibt es? Wie häufig kommen sie vor?
- Sind Hörschäden heilbar?
- Welche Personengruppe ist besonders betroffen?
- Welche Hilfsmittel werden Hörgeschädigten angeboten?

b Welche gesetzlichen Vorschriften zur Lärmvermeidung gibt es? Wie lässt sich Lärm wirkungsvoll bekämpfen?

c Welche Hilfen werden für Tinnitus-Geplagte angeboten? Sammelt Informationen zu diesem Thema.

5 Präsentation Erstellt ein Poster mit der Überschrift „Lärm, seine Folgen und Möglichkeiten zur Lärmbekämpfung". Jede Gruppe liefert dafür einen Beitrag mit ihren Arbeitsergebnissen. Gesammelte Zeitungsartikel und Abbildungen vervollständigen das Poster.

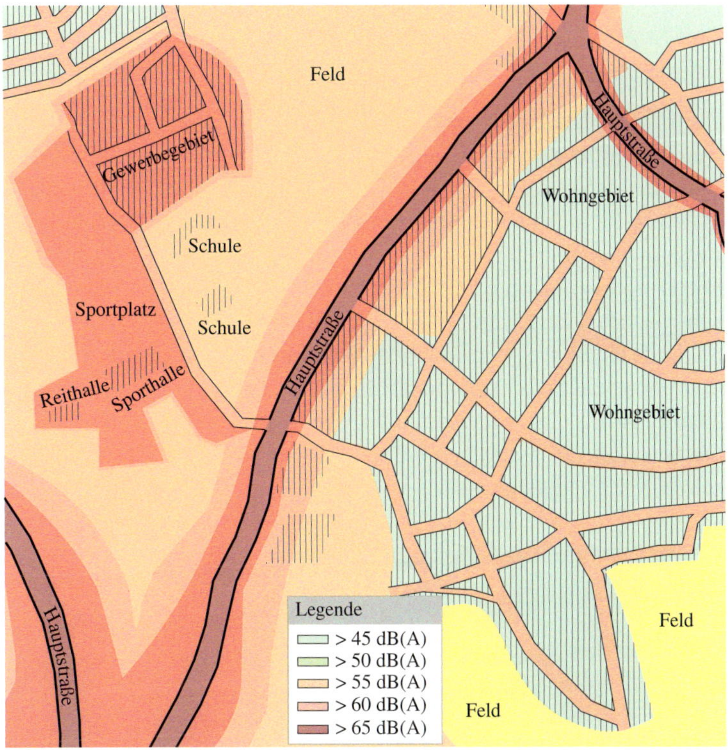

3 *„Lärmkarte"*

Überblick

Schall und … **… Licht haben vieles gemeinsam**

Sender und Empfänger

Immer wenn wir etwas hören, gibt es eine Schallquelle, die den Schall erzeugt. Das Schallsignal gelangt an unser Ohr, unseren Schallempfänger. Das Gehör leitet das Signal an unser Gehirn und wir können den Schall als Sprache, Musik oder Lärm erkennen.
Schallsignale können auch durch einen technischen Schallempfänger aufgezeichnet werden. Mit einem Mikrofon kannst du Schall aufnehmen und speichern. Die gespeicherten Schallsignale können dann wieder über einen Kopfhörer oder Lautsprecher (Schallquellen) hörbar gemacht werden.

Immer wenn wir etwas sehen, gibt es eine Lichtquelle, die das Licht erzeugt. Das Licht gelangt (direkt oder auf dem Umweg über einen streuenden Gegenstand) in unsere Augen; unser Gehirn hilft uns, etwas zu erkennen.
Es gibt auch technische Lichtempfänger: Solarzellen, Fotoapparate, Dämmerungssensoren. Das empfangene Licht wird weiterverarbeitet: zu elektrischer Energie, zu Bildern, zum Ein- und Ausschalten eines Stromkreises …

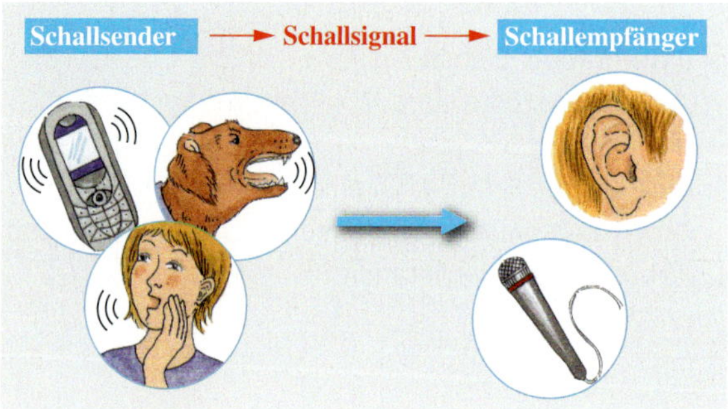

1

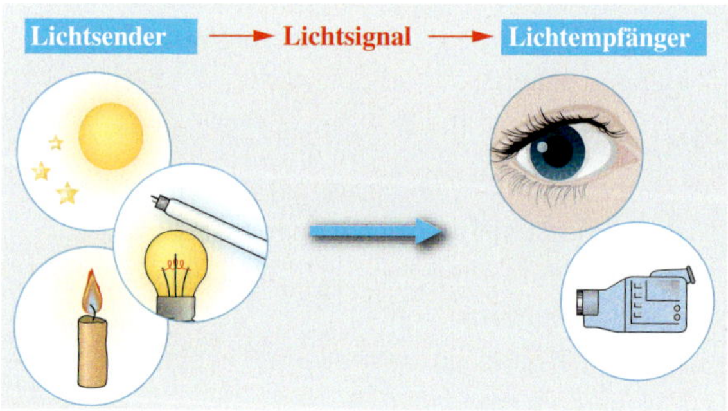

2

Ausbreitung

Damit sich Schall ausbreiten kann, muss es ein Übertragungsmittel geben. Oft gelangen Schallsignale über die *Luft* an unser Ohr. Die Luft wird durch eine Schallquelle in Schwingungen versetzt (Luftverdichtung und -verdünnung).
Die Luftschwingungen breiten sich mit Schallgeschwindigkeit im Raum aus. Der Schall legt in einer Sekunde einen Weg von 340 m zurück. Ein Donner, den wir 6 Sekunden nach dem Blitz hören, ist ca. 2 km (2040 m) entfernt entstanden. Im Wasser, in Steinen oder Eisenschienen breitet sich der Schall sehr viel schneller aus.

Licht gelangt auch von den fernsten Sternen zu uns – durch den leeren Weltraum. Ein Übertragungsmittel ist nicht nötig.
Licht ist unvorstellbar schnell: In einer Sekunde legt es 300 000 km zurück. Es könnte in einer Sekunde also siebenmal um die Erde laufen.
Von der Sonne braucht es trozdem mehr als 8 Minuten bis zur Erde. Wir sehen den Sonnenaufgang also immer verspätet. So wie wir auch beim Blick in den Nachthimmel in die Vergangenheit sehen. Denn das Sternenlicht erreicht uns erst Jahre, Jahrhunderte oder Jahrtausende, nachdem es ausgesandt wurde.

3

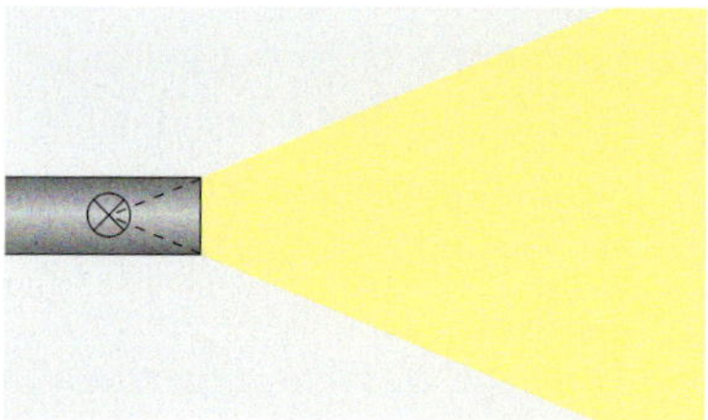

4

Reflexion – Absorption – Streuung

Gegenstände, die dem Schall „im Wege“ stehen, haben verschiedene Wirkungen:
- Schall kann an Wänden *zurückgeworfen* werden. Er ändert dabei seine Richtung. Wir hören ein Echo. Dichte Fenster oder Wände, die den Schall reflektieren, schützen uns vor Lärm. Zur Reflexion eignen sich glatte, harte Wände.
- Gardinen und Vorhänge *streuen* den Schall.
- Gegenstände mit weicher, löchriger Oberfläche (Schaumstoff, Wollstoffe) können uns vor zu lautem Schall schützen, denn sie *verschlucken (absorbieren)* Schall. Dabei werden sie unmerklich erwärmt.

Gegenstände, die dem Licht „im Wege“ stehen, haben verschiedene Wirkungen:
- Auch Licht kann beim Auftreffen auf einen Gegenstand seine Richtung ändern oder verschluckt werden. Stößt es auf einen Spiegel, dann wird es in eine bestimmte Richtung *zurückgeworfen (reflektiert)*.
- Eine weiße Fläche verteilt das Licht in alle Richtungen, sie *streut* das Licht.
- Eine schwarze Fläche *verschluckt (absorbiert)* das Licht. Dabei wird sie erwärmt.

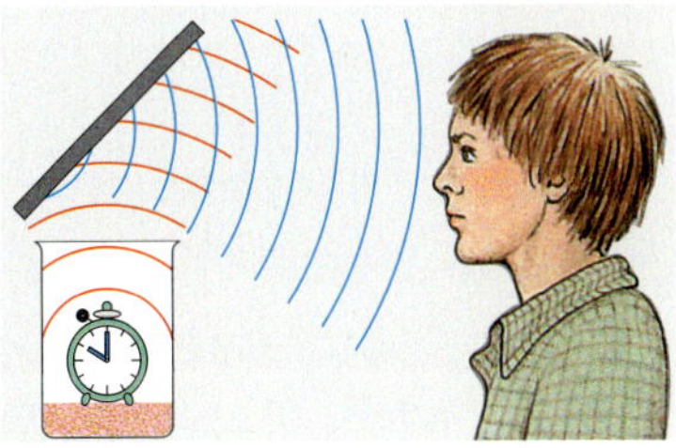
5

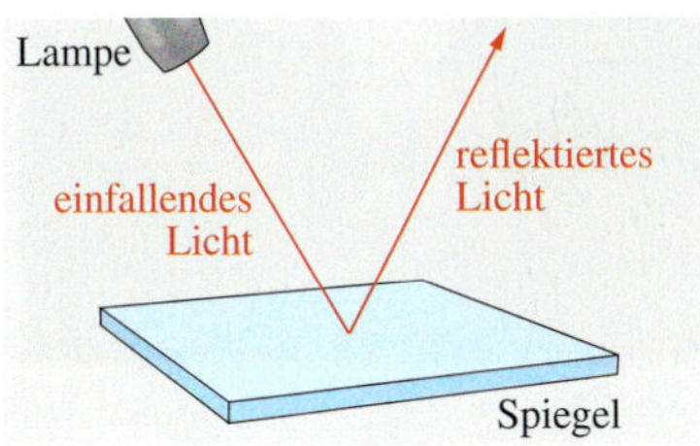

6

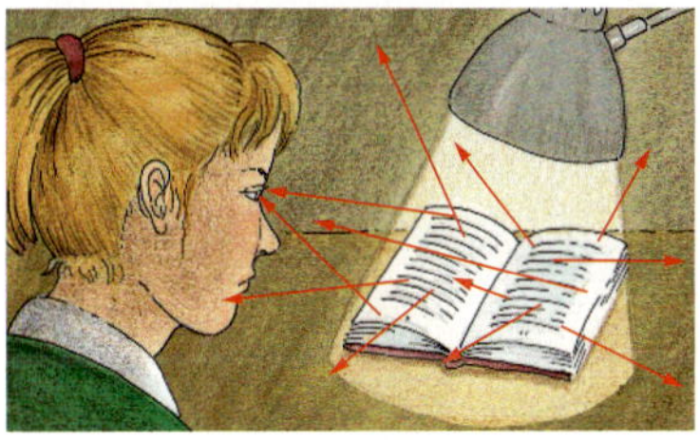
7

Wahrnehmung

Wir können Schall nur hören, wenn die Schallquelle in der Sekunde zwischen 20 und 20 000 Schwingungen erzeugt (20 Hz bis 20 kHz). Im Alter hören wir die hohen Töne schlechter.
Tiere hören oft viel höhere Töne, die Fledermaus bis zu 120 kHz *(Ultraschall)*. Es gibt auch sehr tiefe Töne, die wir nicht wahrnehmen. Blauwale und Elefanten können Schallsignale unter 15 Hz hören und erzeugen *(Infraschall)*.

Unsere Augen können Millionen verschiedener Farbtöne wahrnehmen. In jedem Regenbogen kommen die Farben Rot, Gelb, Grün, Blau, Violett und unzählige Zwischentöne vor.
Es gibt auch Strahlung, die unsere Augen nicht wahrnimmt: *Infrarote Strahlung* bemerken wir nur dadurch, dass sie wärmt. Bienen können die *ultraviolette Strahlung* sehen, dafür erkennen sie Rot nicht. Die Mohnblume erscheint ihnen schwarz.

Gefahren

Sehr laute Schallquellen wirken sich auf unsere Gesundheit aus: Kopfschmerzen, Muskelverspannungen und Konzentrationsstörungen. Dauerhafter Lärm führt zu bleibenden Gehörschäden. Auch Herz, Magen und Darm können geschädigt werden. Darum muss man sich vor Lärm schützen: Ohrstöpsel für die Disko, „halbe“ Lautstärke beim MP3-Player …

Auch Licht kann gefährlich werden. Der UV-Anteil der Sonnenstrahlung kann zu Sonnenbrand führen. Mit jedem Sonnenbrand steigt die Gefahr, an Hautkrebs zu erkranken. In eine starke Lichtquelle (Sonne, Schweißflamme …) nicht direkt hineinschauen: Deine Augen erleiden sonst einen dauerhaften Schaden. Dunkle Gläser schützen die Augen vor zu starken Lichtquellen.

Teste dich!

1 „Gesehen werden“ bringt mehr Sicherheit im Straßenverkehr.

a Beurteile das Verhalten der Fußgänger. ▸1 Was hätten sie noch besser machen können?

b Wodurch kann ein Radfahrer im Dunkeln seine Sicherheit erhöhen?

c „Wenn die Straßenlaternen leuchten, kann ich alles sehen. Da brauche ich doch kein Licht am Fahrrad.“ Bewerte diese Aussage.

1

2 Wenn du im Dunkeln an Straßenlaternen vorbeigehst, ändert sich dein Schattenbild.

a Wie entsteht ein Schatten?

b Wann ist der Schatten kurz, wann lang? Unter welchen Umständen hast du zwei Schatten? Fertige als Antwort drei Zeichnungen an.

c Man sieht keinen Schatten, wenn der Himmel bedeckt ist. Begründe diese Beobachtung.

3 Das Auge besteht aus vielen Teilen. ▸2

a Benenne die mit Ziffern versehenen Teile.

b Ordne den Bestandteilen eine Funktion zu.

c „Damit du einen Mitschüler sehen kannst, ist nicht nur das Auge wichtig.“ Verdeutliche diesen Satz an einem Beispiel.

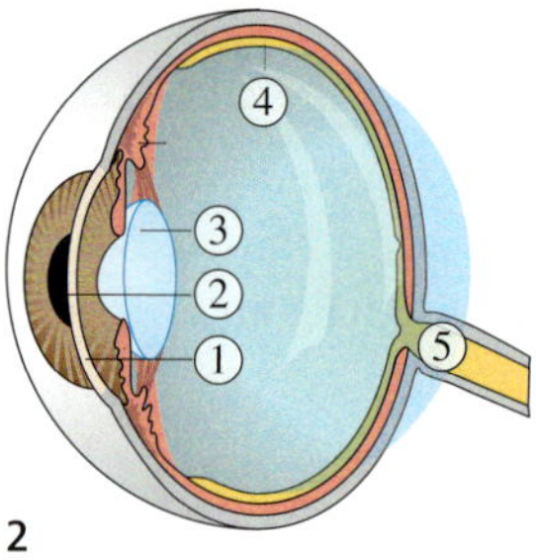

2

4 Insekten senden beim Fliegen Summtöne aus.

a Beschreibe, wie diese Töne entstehen.

b Erkläre den Unterschied in der Tonhöhe.

c Nenne weitere Schallquellen in Natur und Technik, die verschieden hohe Töne erzeugen.

d Plane einen Versuch: Mit einer Schallquelle sollen unterschiedliche Töne erzeugt werden.

5 „Fische sind stumm. Unter Wasser können sie ja sowieso nichts hören.“

a Was hältst von der Aussage?

b Wie kannst du selbst ausprobieren, ob man unter Wasser hören kann?

c Kennst du Meerestiere, die unter Wasser Töne aussenden? Wozu könnten diese Töne dienen?

▷ Die Lösungen findest du im Anhang.

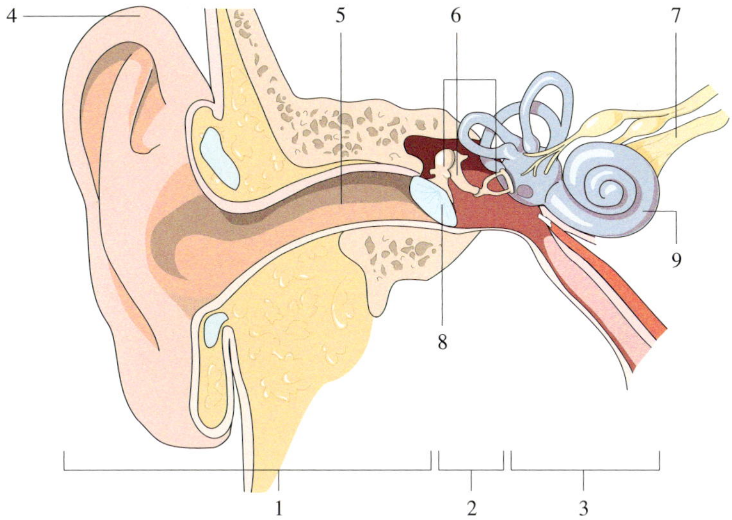

3

6 Jedes Ohr besteht aus drei Ohren!

a Stimmst du der Aussage zu? Begründe deine Antwort.

b Beschreibe den Aufbau des Ohrs und nenne die Bereiche des Ohrs mit ihren wichtigsten Teilen. ▸3 Beschreibe jeweils ihre Funktion.

7 „Der Rotorenlärm eines Hubschraubers zerstört Fensterscheiben." ▸4

a Bewerte diese Zeitungsmeldung.

b Erkläre, wie es möglich sein könnte.

c Gelingt es dir, ein Haus aus Spielkarten mit einer Schallquelle zum Einstürzen zu bringen? Beschreibe dein Vorgehen.

d Bereite eine Präsentation vor deiner Klasse vor, in der du die Schallausbreitung erklärst. Plane dazu einen Versuch, mit dem du zeigen kannst, wie sich Schall in der Luft ausbreitet.

4

8 In den Bergen kannst du mit einem Pfiff die Entfernung einer Felswand bestimmen.

a Beschreibe, wie du vorgehst und wie du die Entfernung berechnest.

b Nach 1 Sekunde hörst du das Echo deines Pfiffs. Wie weit ist die Felswand entfernt?

c Beschreibe Probleme bei dieser Art der Entfernungsbestimmung.

d Nenne Anwendungen dieser Methode zur Entfernungsmessung aus Natur und Technik.

9 Im Übungsraum der Schulband wird ein Schallpegel von 95 dB(A) gemessen. Das Mofa des Schlagzeugers erzeugt beim Nachhausefahren einen Schallpegel von 75 dB(A).

a Wievielmal höher ist die Belastung der Ohren im Übungsraum gegenüber der beim Mofafahren?

b Gib Verhaltensregeln für den Übungsraum an.

c Formuliere Vorschläge, wie der Raum gestaltet werden soll, damit wenig Lärm nach außen dringt.

d Präsentiere deine Vorschläge mit einem Modellversuch.

Nahrung – Treibstoff für Marathonläufer?

Erwachsen werden – alles ändert sich?

Wieso atmen wir manchmal schneller?

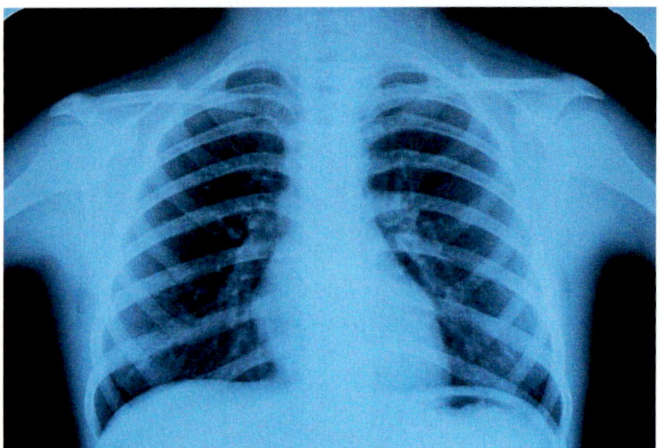
Wie arbeiten Herz und Lunge?

Wie viel kann ein Mensch heben?

Wie arbeiten die Körperteile bei der Bewegung zusammen?

Körper und Leistungsfähigkeit

- Wenn du deinen eigenen Körper kennst, kannst du besser auf deine Gesundheit achten und fit bleiben. Der menschliche Körper funktioniert wie ein Wunderwerk: Dein ganzes Leben lang schlägt dein Herz. Du musst ständig atmen und Tag für Tag essen und trinken. Du kannst laufen und springen, heben und schreiben. Was die einzelnen Teile des Körpers dabei leisten, ist erstaunlich. Noch viel erstaunlicher ist ihr perfektes Zusammenspiel.
- Wer sich richtig ernährt, bleibt gesund und fühlt sich wohl. Er kann in Schule, Beruf und Sport sein Bestes geben. Denn aus der Nahrung gewinnt dein Körper die nötige Energie.
- Unser Körper bleibt nicht ein Leben lang gleich. Er durchläuft verschiedene Phasen der Entwicklung. Mit der Pubertät beginnt eine aufregende, manchmal auch schwierige Zeit.

Wie Bewegung in unseren Körper kommt

▷ Wer ist der schnellste Sprinter? Gespannte Erwartung – und dann nichts wie weg! Beim Laufen sind nicht nur die Beine in Aktion …

1

2

Aufgaben

1 Eine Sportart, die du sicher gut kennst, ist das Fußballspielen.
a Überlege, auf welche verschiedenen Bewegungen es beim Fußballspielen ankommt.
b Welche Körperteile werden bei den jeweiligen Bewegungen besonders beansprucht?

2 Trage wenigstens drei Sportarten in eine Tabelle ein. Gib jeweils an, welche Bewegungen besonders wichtig sind und welche Körperteile vor allem beansprucht werden.

3 Lies den Text unten. Beschreibe, was in Jans Körper passiert.

Beim Hürdenlauf – ein Körper auf Hochtouren
Nur noch Sekunden bis zum Start. Jan kniet in Startposition. Seine Muskeln sind gespannt. Er wartet auf den Startschuss. Jetzt der Knall – der Reiz, der Jan reagieren lässt. Über die Nerven wird die Information von den Ohren zum Gehirn geleitet. Dieses gibt sofort Befehle über andere Nerven an die Muskeln.
Der Läufer schnellt aus dem Startblock hinaus. Vor sich sieht er die Bahn mit den Hindernissen. Seine Augen und sein Gehirn arbeiten zusammen, damit er rechtzeitig vor der Hürde zum Sprung ansetzt. Die Muskeln winkeln die Gelenke an: Jan schafft die erste Hürde. Bei der zweiten kommt er aber fast aus dem Gleichgewicht. Unbewusst macht sein Körper Ausgleichsbewegungen, vor allem mit den Armen. Sein Atem geht sehr schnell. Doch endlich ist Jan am Ziel. Noch beim Auslaufen schlägt sein Herz schnell und pumpt viel Blut durch den Körper. Der erhöhte Pulsschlag ist deutlich zu spüren. Bei den anstrengenden Muskelbewegungen hat sich im Körper sehr viel Wärme entwickelt. Der Schweiß auf der Stirn kühlt Jan ab. Er bekommt Durst …

Beobachten Untersuchen

1 Gehen Unser Gehen geschieht meist unbewusst. Lerne deinen Körper in Bewegung kennen:
a Gehe langsam Schritt für Schritt. ▸3 Achte auf deine Arme und Beine.
b Welche Muskeln bewegst du beim Gehen? Taste dabei deine Oberschenkel ab. ▸4
c Welche Gelenke sind beteiligt? ▸5
d Wie bewegen sich deine Füße? ▸6
e Geh auf Zehenspitzen. Welche Muskeln spannst du jetzt besonders an?
f Was ist anders, wenn du rennst?

3

4

5

6

2 Wie steht's mit dem Gleichgewicht? Zum Gehen brauchst du natürlich Beine und Füße. Und welche Rolle spielen dabei deine Arme?

a Lege beim Gehen beide Arme eng an den Körper an. Gehe so auf einer Linie oder Kante. ▸7

b Stell dich an eine Wand – und zwar so, dass eine Schulter und ein Fuß die Wand berühren. ▸8
Wie lange kannst du den anderen Fuß weghalten, ohne umzukippen?

c Stell dich auf einen Fuß und schließe die Augen. ▸9 Achte darauf, wodurch dein Körper das Umkippen vermeidet.

7

8

9

10

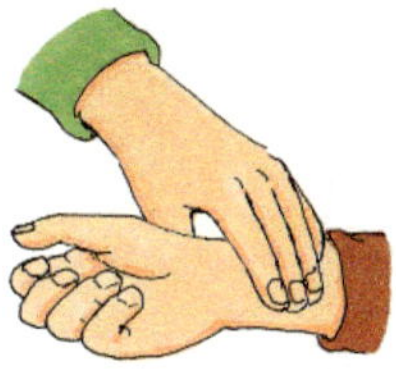
11

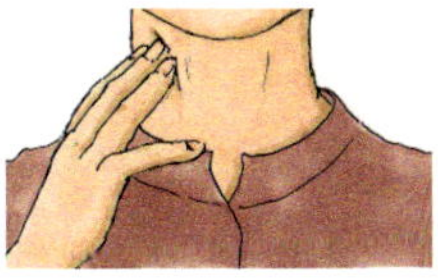
12

3 Was verändert sich im Körper durch Laufen?
Drei Untersuchungen für eine Gruppenarbeit:
- Jede Gruppe bestimmt eine Versuchsperson. Der Rest der Gruppe untersucht und protokolliert.
- Die Versuchspersonen sollen sich erst einmal ausruhen. Wie steht es jetzt um Atemzüge, Puls und Schwitzen?
- Dann rennen sie 3 Minuten lang über den Hof. Danach werden die Untersuchungen wiederholt.
- Vergleicht die Ergebnisse.

a Einatmen plus ausatmen: Wie viele solcher Atemzüge zählt ihr in einer Minute? ▸10

b Zählt die Pulsschläge pro Minute. Schaut euch genau an, wie man den Puls fühlt. ▸11
Den eigenen Puls fühlst du am besten an der Halsschlagader. Du findest sie neben dem Kehlkopf. ▸12

c Und wie steht's mit dem Schwitzen? Fragt die Versuchspersonen ...

Grundlagen So kommt es zu einer Bewegung

Fast der ganze Körper ist beteiligt, wenn wir uns in Bewegung setzen: Augen, Ohren, Gehirn, viele Muskeln, Knochen und Gelenke. ▸13
Beim Gehen macht unser Körper automatisch Gegenbewegungen. So schaffen wir es, das Gleichgewicht zu halten. Holpern und Stolpern vermeiden wir durch Ausgleichsbewegungen, die wir unbewusst ausführen.
Wenn sich unser Körper in Bewegung setzt, reagiert er mit schnellerem Atmen und vermehrten Pulsschlägen. Das Herz hat jetzt mehr zu arbeiten.

An einer Bewegung sind Muskeln, Gelenke und Knochen beteiligt. Ausgangspunkt für die Bewegung sind Sinnesorgane und Gehirn.

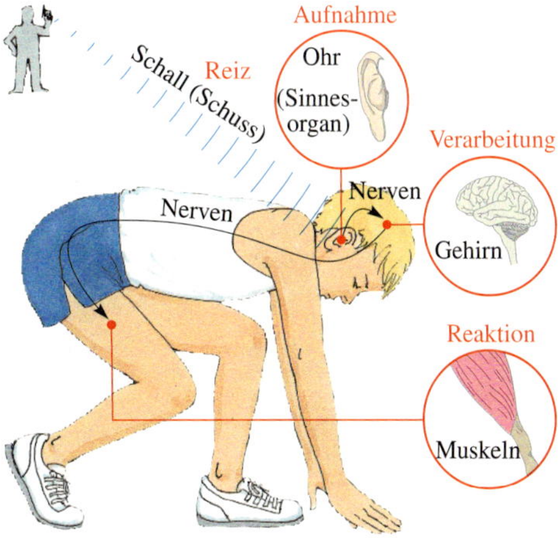

13

Gelenke, Sehnen und Skelett

▷ Was geschieht beim Bewegen?

1 2 3

Beobachten Untersuchen

1 Wo befinden sich die Gelenke deiner Hand?
Die Hand ist durch viele Gelenke besonders vielseitig beweglich.

a Zeichne den Umriss deiner Hand. Lege sie dazu mit der Handfläche nach unten flach auf ein Blatt Papier. Umfahre sie dann mit einem Farbstift. ▸4
Suche nach allen Stellen deiner Hand, die du bewegen kannst. Markiere sie in der Umrisszeichnung. Dort befinden sich die Gelenke der Hand.

b Wie viele Gelenke besitzt deine Hand – mehr als 10, mehr als 20, mehr als 30? Schätze zunächst und zähle sie anschließend. ▸5

2 Wo liegen Muskeln und Sehnen in deiner Hand?

a Umgreife deinen linken Unterarm mit der rechten Hand. Öffne und schließe deine linke Hand zur Faust. Wo liegen die Muskeln, die sich jetzt bewegen?

b Bewege mit ausgestreckter Hand die Finger auf und ab. Du erkennst dadurch den Verlauf der Sehnen auf dem Handrücken. Zeichne diese Sehnen mit einem Filzstift nach. ▸6

c Welche Bewegungen werden von den Muskeln deines Unterarms hervorgerufen? Welche von denen der Hand?

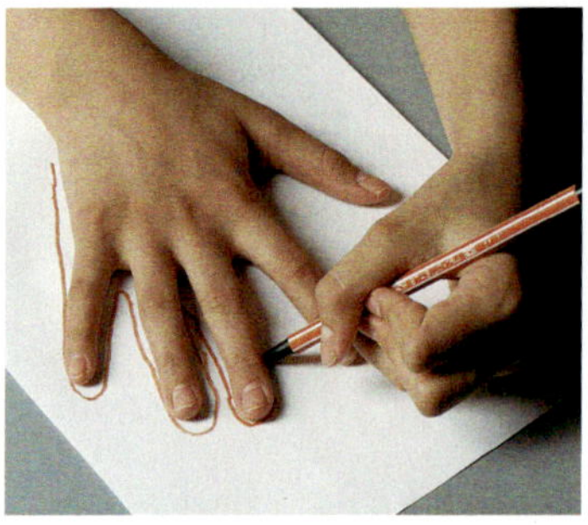

4 *So entsteht eine Umrisszeichnung.*

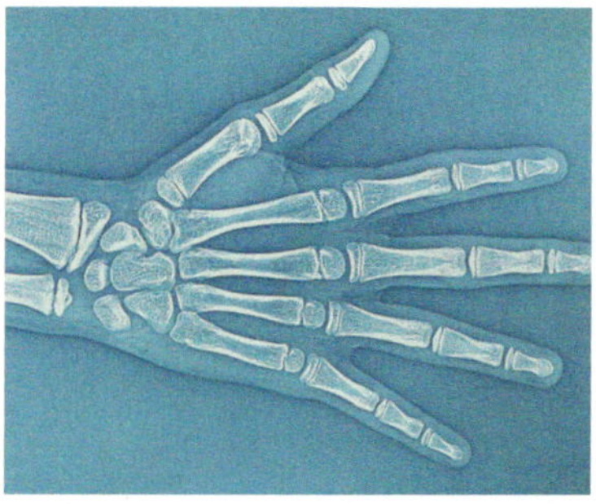

5 *Röntgenaufnahme einer Hand*

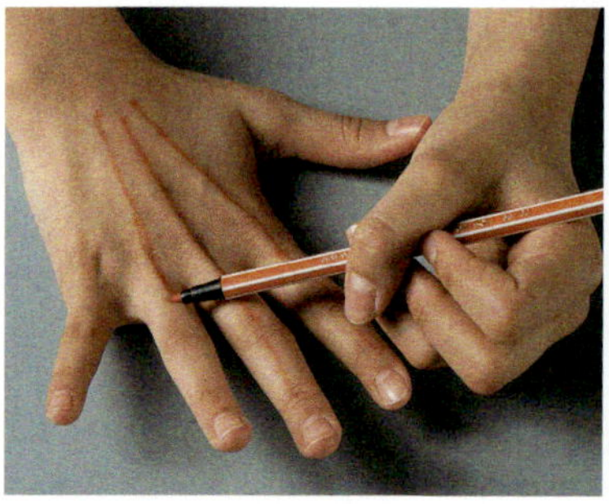

6 *Wo liegen die Sehnen?*

Grundlagen Beweglich durch Gelenke

Unsere Beweglichkeit verdanken wir Knochen, Muskeln und Sehnen – vor allem aber den Gelenken. Sie verbinden die Knochen beweglich miteinander.

Aufbau der Gelenke Alle Gelenke sind ähnlich aufgebaut. ▸7 Die beiden Knochenenden sind glatt und mit elastischen Knorpeln gepolstert. Gelenkschmiere vermindert die Reibung, sodass sich die Knochen leicht bewegen lassen. Eine zähe Hülle, die Gelenkkapsel, sichert die Festigkeit des Gelenks. Außerdem liegen außen auf der Gelenkkapsel feste Gelenkbänder. Sie erhöhen die Stabilität des Gelenks.

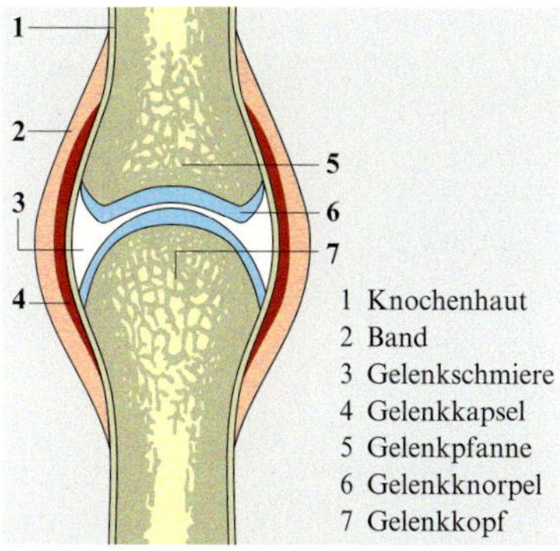

7 *Aufbau eines Gelenks*

Verschiedene Gelenkarten Die Form von Gelenkkopf und Gelenkpfanne bestimmt Art und Beweglichkeit des Gelenks. ▸8–11

- Für die seitliche Drehung des Kopfes ist ein Drehgelenk zwischen den Halswirbeln zuständig.
- Kugelgelenke ermöglichen kreisende Bewegungen nach allen Seiten. Das Schultergelenk und das Hüftgelenk sind solche Kugelgelenke.
- Zwischen Handwurzel und Daumen liegt ein Sattelgelenk. Mit ihm kannst du deinen Daumen in einer Ebene kreisen lassen.
- Beispiele für ein Scharniergelenk sind das Ellbogengelenk und die Gelenke zwischen den Fingergliedern. Sie lassen nur Bewegungen in zwei Richtungen zu: Beugen und Strecken.

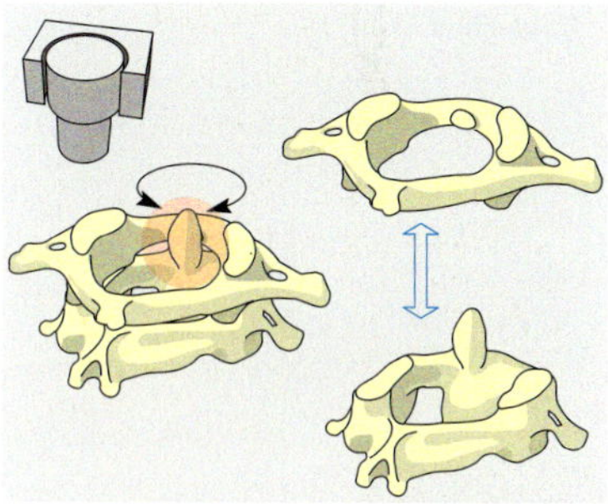

8 *1. und 2. Halswirbel: Drehgelenk*

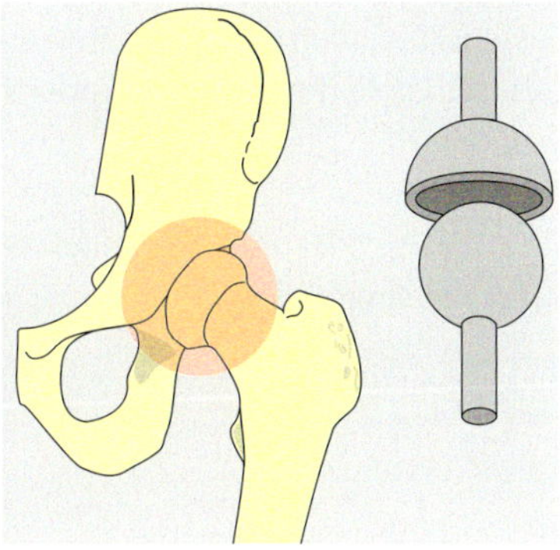

9 *Hüfte: Kugelgelenk*

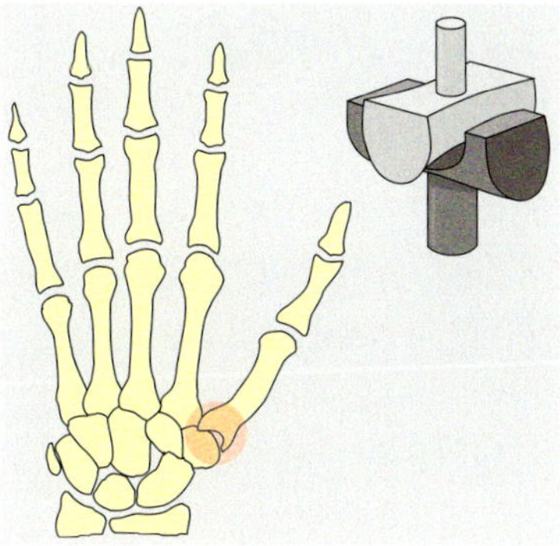

10 *Daumen: Sattelgelenk*

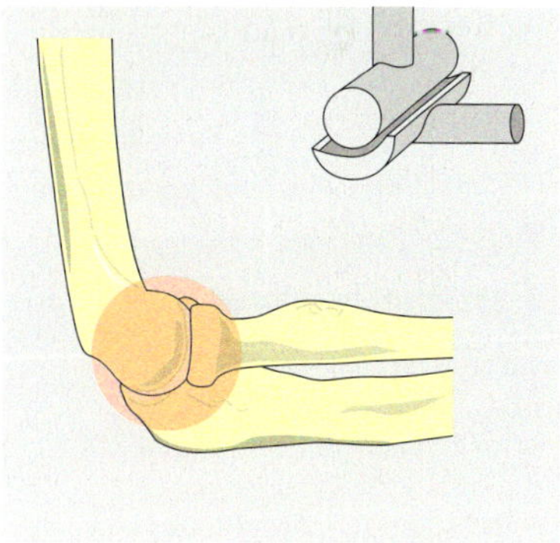

11 *Scharniergelenk am Ellenbogen*

Unsere erstaunliche Hand In einer Hand sind 27 Knochen beweglich miteinander verbunden. Sie werden von 40 einzelnen Muskeln bewegt. Eine Hand bietet nicht ausreichend Platz für alle Muskeln, durch die sie bewegt wird. Deshalb liegen 22 davon im Unterarm. Von dort aus steuern sie mithilfe von Sehnen die Fingerbewegungen.

Aufgaben

1 Welche Hauptaufgabe hat ein Gelenk? Beschreibe sie.

2 Es gibt mehrere Gelenkarten. Weshalb ist das vorteilhaft?

3 Sind alle Finger gleich gut beweglich? Kannst du jeden Finger für sich allein bewegen? Erkläre die Unterschiede.

Aus Umwelt und Technik Gelenke im Vergleich

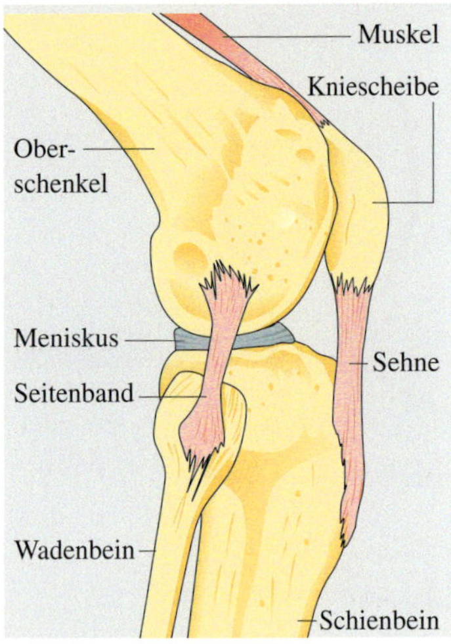

1 *Kniegelenk*

Unser Körper ist mit verschiedenen Gelenken ausgestattet. Von ihnen ist das Kniegelenk das größte. Es muss die Last des gesamten Körpers tragen. ▸1 An Werkzeugen und Maschinen sind zahlreiche technische Gelenke zu finden. Wie beim Skelett des Menschen sorgen sie für die Beweglichkeit. ▸2 Auch bei technischen Gelenken findet man unterschiedliche Gelenkarten – je nachdem, welche Aufgaben sie zu erfüllen haben.

2 *Technische Gelenke: Drehgelenk, Kugelgelenk, Scharniergelenk*

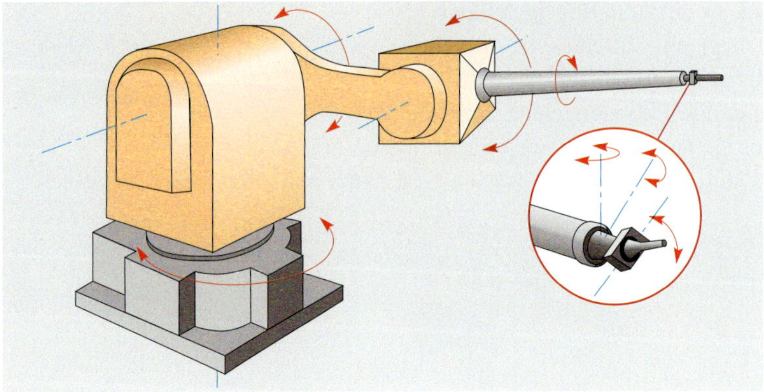

3 *Drehachsen eines Industrieroboters*

Dreh- und Scharniergelenke verschaffen dem Greifarm eines Industrieroboters vielfältige Bewegungsmöglichkeiten. ▸3 Seine Bewegungen erfolgen mithilfe von Elektromotoren: Sie entsprechen der Muskulatur des Menschen. Gesteuert werden die Bewegungen durch einen Computer: Er entspricht dem Gehirn.
Roboter können für schwere, gefährliche, präzise oder auch eintönige Aufgaben eingesetzt werden.

Aufgaben

1 Hüftgelenk, Fingergelenk und Ellbogengelenk sind Gelenke deines Körpers.
a Gib an, um welche Gelenkart es sich jeweils handelt.
b Welche Bewegungen lassen sich jeweils ausführen?
c Überprüfe deine Antworten am Skelett eines Menschen aus der Schulsammlung.

2 Sieh dir dein Knie und das Bild des Kniegelenks an. ▸1
a Welche Bewegungen ermöglicht das Kniegelenk?
b Wie ist beim Kniegelenk für Stabilität gesorgt?
c Welche Aufgaben haben die Knorpelscheibe (Meniskus) und die Bänder?
d* Wobei wird das Kniegelenk besonders beansprucht? Wodurch wird es leicht verletzt?

3 Nenne Gegenstände deiner Umgebung, die Gelenke haben. Welche Aufgaben haben sie?

4 Sieh dir die technischen Gelenke genauer an. ▸2 Welche Gelenke des Menschen arbeiten ähnlich?

5* Auch der Greifarm eines Roboters besitzt Gelenke. ▸3
a Wie arbeiten technische Gelenke?
b Benenne sie.
c Vergleiche die „Hand" des Roboters mit deiner eigenen Hand:
- Welche Gelenke sind ähnlich?
- Durch wie viele Teile wird die Roboterhand bewegt?
- Vergleiche die Steuerung einer Hand mit der eines Roboters.

d Spiele einmal selbst Roboter. Ahme die Bewegungsmöglichkeiten des Roboters nach.
Welche Bewegungen gelingen dir, dem Roboter aber nicht?

Grundlagen Das Skelett

Beim Laufen, Turnen oder Springen wird unser Körper oft stark belastet. Erschütterungen müssen ausgeglichen werden. Stöße sind abzufangen. Dabei gilt es, die Beweglichkeit beizubehalten. Das alles leistet unser Skelett. ▸4

Das Skelett ist ein Knochengerüst aus über 200 Knochen. Es besteht aus plattenförmigen, langen röhrenartigen und kurzen Knochen.
- Lange, schlanke Knochen können große Gewichte tragen.
- Flächige, gewölbte Knochen bilden schützende Hüllen um empfindliche Organe.

Das Skelett stützt den menschlichen Körper. Außerdem schützt es unsere inneren Organe (z. B. Gehirn, Herz und Lungen).

Knochen bestehen aus einer gummiartigen Grundmasse, in die harter Knochenkalk eingelagert wird. Das macht sie stabil und gleichzeitig elastisch. Sie sind Organe mit Nerven und Blutgefäßen.

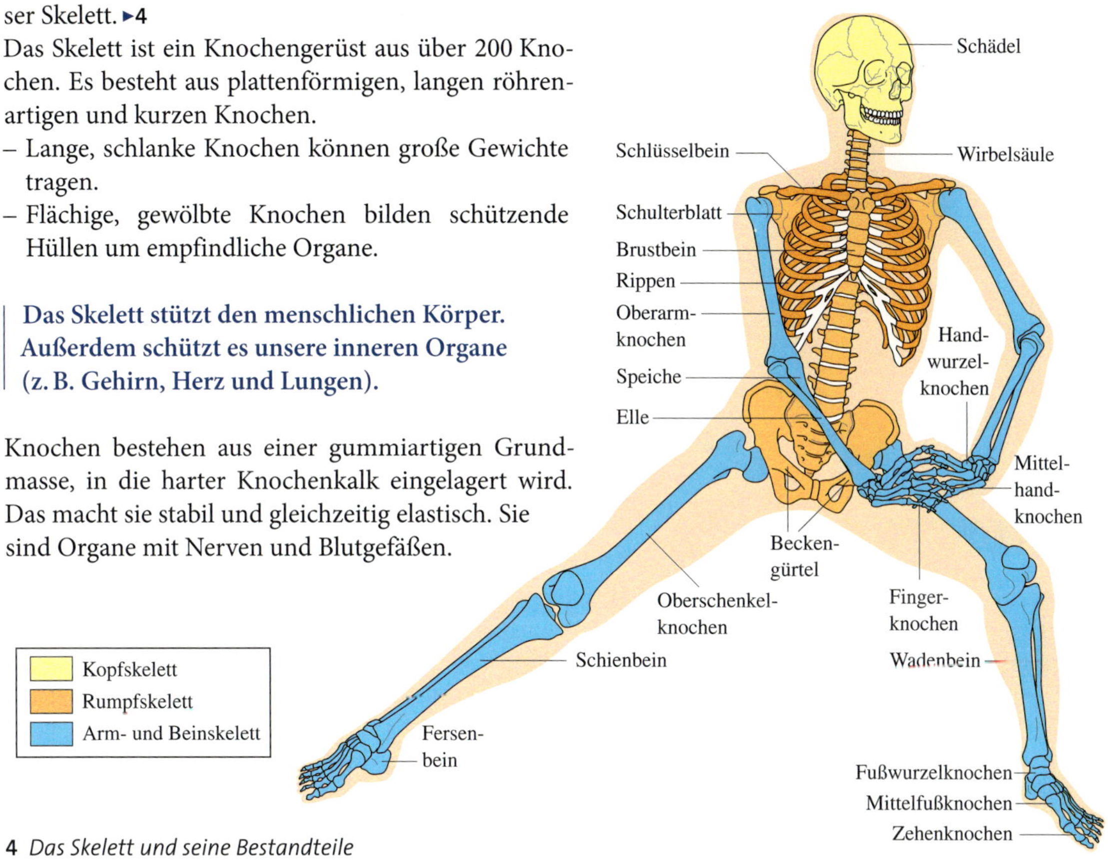

4 *Das Skelett und seine Bestandteile*

Aufgaben

1 Schau dir das Skelett der Schulsammlung an. Suche daran einige der hier abgebildeten Knochen. ▸4

2 Nenne die Hauptabschnitte des menschlichen Skeletts.
a Aus welchen Teilen setzen sie sich zusammen?
b Welche dieser Knochen kannst du ertasten?

3 Welches Organ wird durch das Kopf- oder Schädelskelett gut geschützt?

4 Zähle die Hauptaufgaben der Knochen auf.

5 Das Schädelskelett hat nur einen beweglichen Knochen. Welchen? Wozu dient er?

6* In der Bautechnik orientiert man sich gelegentlich an Skeletten von Lebewesen: Ein hoher Turm muss standfest sein, aber auch leicht, damit er nicht unter seiner eigenen Last zusammenbricht.
Informiere dich über Konstruktionen, die man beim Turmbau anwendet.

Gesundes Tragen – gesundes Sitzen

1 *Tragen – wie ist es richtig?*

2 *Sitzen – wie ist es richtig?*

Untersuchen Experimentieren

1 **Bist du abends genauso groß wie morgens?** Miss deine Körpergröße – einmal morgens vor der ersten Unterrichtsstunde und einmal nachmittags nach der letzten Stunde. Notiere die Messwerte. Vergleiche mit den Ergebnissen deiner Mitschüler.
Wie kannst du das Ergebnis erklären?

2 **Deine Wirbelsäule**

a Ertaste deine Wirbelsäule, wenn du aufrecht stehst und wenn du einen Katzenbuckel machst. Welche Teile der Wirbelknochen fühlst du?

b Vergleiche mit denZeichnungen. ▸**7–8** Wie ist die Wirbelsäule geformt?

3 **Wirbelsäulenformen im Test** Baue unterschiedlich geformte Modelle der Wirbelsäule aus dem gleichen Draht. ▸**3**

a Welches der Modelle entspricht am ehesten unserer Wirbelsäule?

b An die Spitze jedes Drahts wird ein 50-g-Wägestück angehängt. Was geschieht? Lege eine Tabelle an.

c Welchen Vorteil hat die Form der menschlichen Wirbelsäule?

4 **Wie belastbar sind Bandscheiben?** Untersuche es mit dem nebenstehenden Versuchsaufbau. ▸**4**

5 **Warum sind unsere Füße gewölbt?** Hier siehst du, wie du die Antwort auf diese Frage finden kannst. ▸**5**

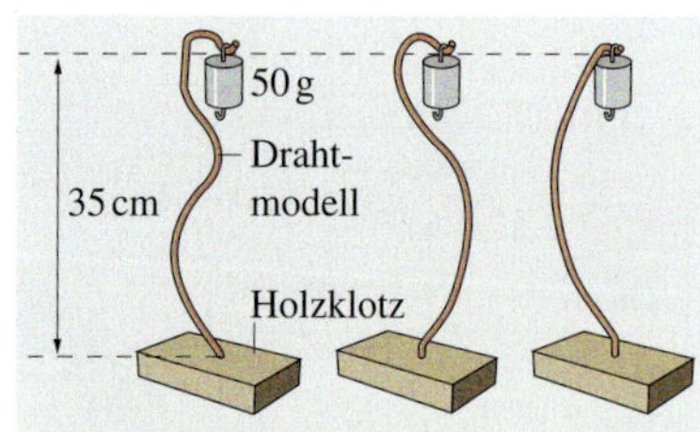

Drahtmodell	Nr. 1	Nr. 2	Nr. 3
Höhe: ohne Gewicht	35 cm	35 cm	35 cm
mit Gewicht	?	?	?

3 *Verschiedene Wirbelsäulen im Test*

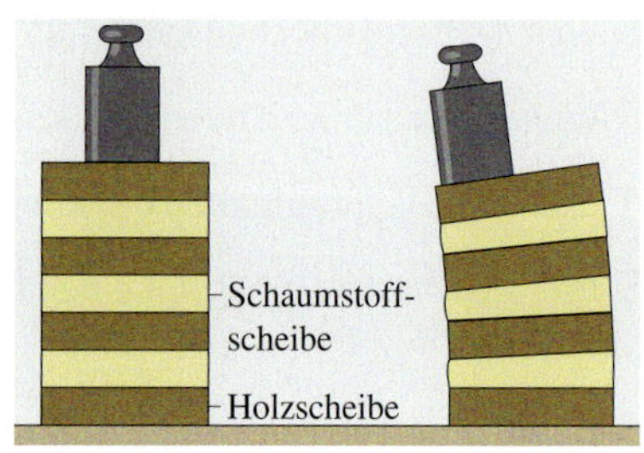

4 *Bandscheiben werden belastet.*

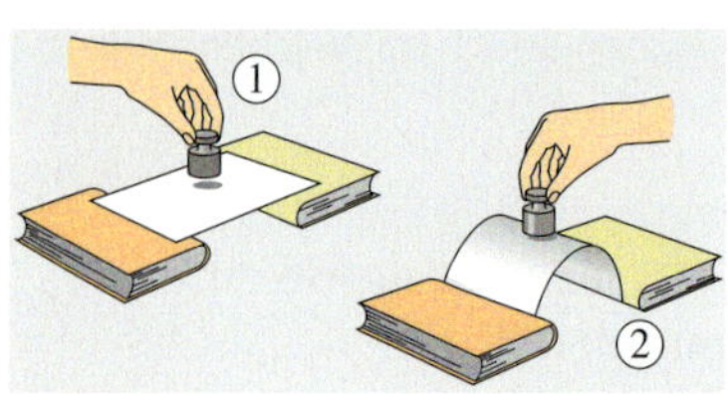

5 *Vorteil der Fußwölbung*

Grundlagen Die Wirbelsäule

Die Wirbelsäule ermöglicht uns den aufrechten Gang. Dadurch haben wir die Hände frei für andere Tätigkeiten.
Sie durchzieht den Körper als Stütze. Von der Seite her gesehen, ist sie wie ein doppeltes S geformt. ▸6–7 So kann sie Stöße beim Gehen oder Springen gut abfedern. Kopf und Körper werden deshalb weitgehend erschütterungsfrei getragen.
Aufgebaut ist die Wirbelsäule aus Wirbelknochen oder *Wirbeln.* ▸8 Sie sind gegeneinander beweglich. Daher kann die Wirbelsäule nach allen Seiten hin gebogen werden. Zwischen den Wirbeln liegen knorpelige Bandscheiben. Sie federn unsere Bewegungen ab. Die Wirbel liegen so übereinander, dass sie einen Kanal bilden. In ihm liegt das Rückenmark. Es enthält viele Nerven, die das Gehirn mit allen Körperteilen verbinden.

Unsere Wirbelsäule ermöglicht uns den aufrechten Gang. Weil sie wie ein doppeltes S geformt ist, kann sie – gemeinsam mit den Bandscheiben – Stöße gut abfangen.

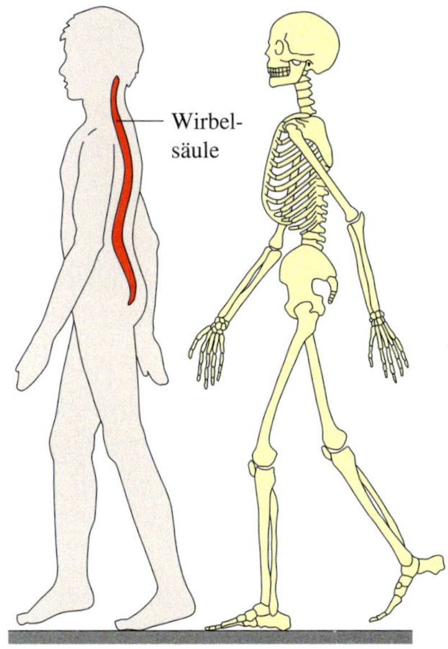

6 *Körperhaltung des Menschen*

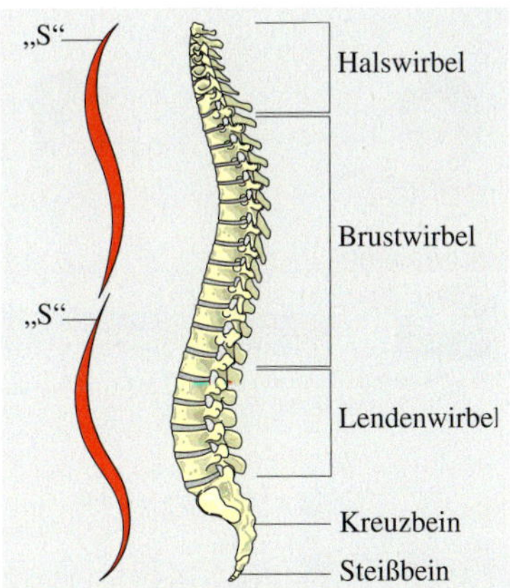

7 *Wirbelsäule: Lage, Form und Aufbau*

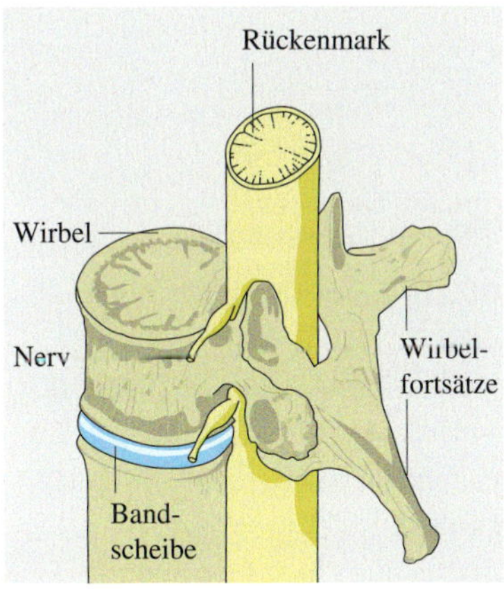

8 *Wirbelknochen*

Aufgaben

1 Nenne die hauptsächlichen Aufgaben der Wirbelsäule.

2 Welche Teile des Körpers sind beim Dämpfen eines Aufpralls beteiligt?

3 Welche Fotos dieser Doppelseite zeigen richtiges Verhalten? Begründe deine Auswahl.

Gesundheit Achte auf deine Haltung!

Viele Menschen haben Haltungsschäden, weil sie die Wirbelsäule in jungen Jahren einseitig belastet haben. Auch Bandscheibenschäden können auf lange zurückliegenden Fehlbelastungen beruhen. Haltungsschäden verursachen nach einiger Zeit heftige Rücken- und Kopfschmerzen. Deshalb sollte man auch nie längere Zeit die gleiche Sitzposition einnehmen.
Wichtig ist auch die richtige Körperhaltung beim Heben. ▸9

9 *Heben – wie ist es richtig?*

Muskeln bewegen den Körper

▷ Mächtig ins Zeug legt sich dieser Ruderer. ▸1 Seine Muskeln sorgen für Bewegung.

▷ Der Muskel am Oberarm (Bizeps) wird dick und hart, wenn der Ruderer den Unterarm beugt. ▸2

▷ Sobald er den Unterarm streckt, wird ein anderer Armmuskel dick – nämlich der auf der Rückseite des Oberarms (Trizeps). ▸3
Kannst du dir denken, warum?

1 *Rudern – Arbeit für die Muskeln*

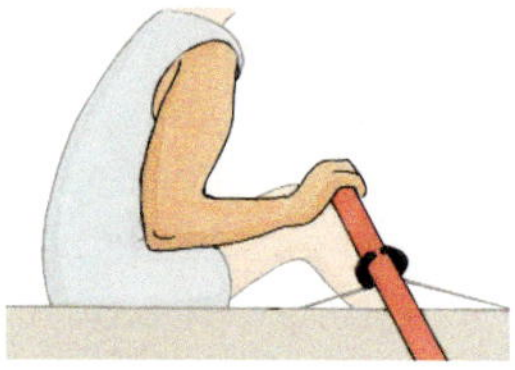
2 *Angezogener Ruderarm*

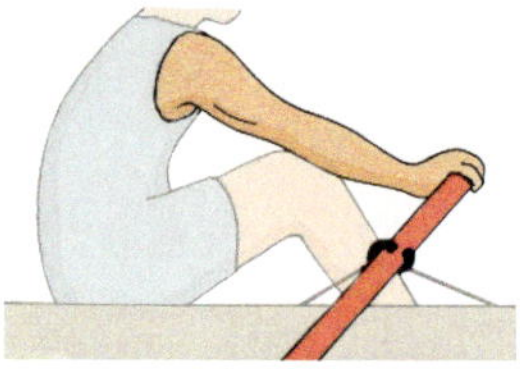
3 *Gestreckter Ruderarm*

Untersuchen Experimentieren

1 Muskel-„Gegenspieler“

a Umfasse deinen Oberarm. ▸4 Winkle ihn an. Welcher Muskel ruft die Bewegung hervor?

b Lege deinen Unterarm auf den Tisch. Drücke auf die Tischplatte. ▸5 Welcher Muskel am Oberarm ist jetzt aktiv?

c Strecke und beuge abwechselnd deinen Unterarm. Wann verändert sich der Unterarmbeuger (Bizeps), wann der Unterarmstrecker (Trizeps)?

d Taste den Unterarmbeuger ab. Bewege dabei den Unterarm. Wo endet der Muskel? Was fühlst du dort, wo er endet?

e Beuge und strecke ein Bein im Sitzen. Suche auch hier die beiden „Gegenspieler“. Wann sind sie jeweils aktiv?

2 Wir bauen das Modell zweier Muskel-„Gegenspieler“ *Du brauchst:* 1 Stück Karton, 5 Klammern von Versandtaschen, 2 Gummiringe.

a Baue das Modell nach. ▸6

b Beantworte die folgenden Fragen zum Modell:
- Was stimmt bei diesem Modell mit der Wirklichkeit überein und was nicht?
- Weshalb nennt man die beiden Muskeln „Gegenspieler“?

4

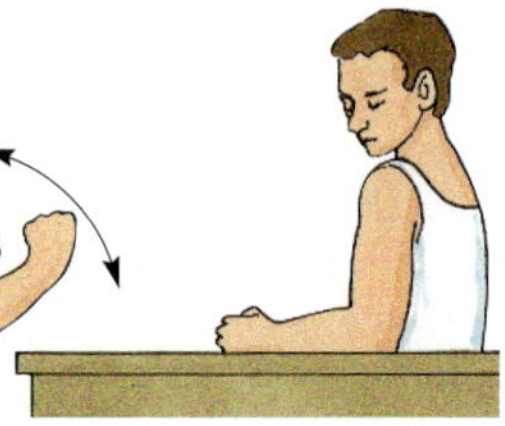
5

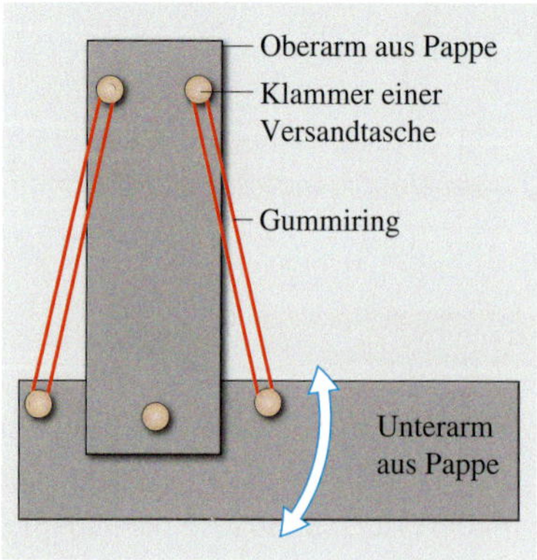

6 *Beuger und Strecker im Modell*

Aufgaben

1 Sehnen verbinden Muskeln und Knochen. ▸7

a Wie sind die Sehnen mit dem Muskel verbunden?

b Nenne die Aufgaben der Sehnen.

c* Was würde geschehen, wenn die Sehnen elastisch wären?

2 Ein Muskel arbeitet, indem er sich verkürzt. Wie wird er dann wieder gestreckt? ▸9

3* Nenne Muskeln, die du mit deinem Willen beeinflussen kannst. Nenne auch solche Muskeln, bei denen das nicht geht.

4* Welche Muskeln sind für die aufrechte Haltung des Menschen besonders wichtig? ▸8

Grundlagen Die Muskulatur des Menschen

Muskeln und Sehnen Ein Muskel setzt sich aus Muskelfasern zusammen. ▸7 Er ist von einer Muskelhaut umgeben. Diese geht an den beiden Enden des Muskels in Sehnen über.
Die Sehnen sind an den Knochen festgewachsen, die der Muskel gegeneinander bewegen soll. Dazwischen liegt das Gelenk. Sehnen kann man nicht dehnen. Deshalb übertragen sie die Muskelbewegung direkt auf die Knochen, mit denen sie verbunden sind.

Von der Arbeit der Muskeln Die Gesamtheit aller Muskeln – es sind mehr als 600! – nennt man *Muskulatur*. ▸8 (Eine Anzahl Muskeln ist hier abgebildet, du musst dir alle ihre Namen aber natürlich nicht merken.) Die Muskeln bilden das „Fleisch“ zwischen den Knochen und der Haut. Sie formen damit unser Aussehen. Durch ständige Beanspruchung und Training werden Muskeln dicker und kräftiger. Umgekehrt werden wenig benutzte Muskeln mit der Zeit dünner und schwächer.

Muskeln bewegen Knochen, indem sie sich zusammenziehen. Dabei arbeiten viele Muskeln „auf Befehl“ des Gehirns.

- Die Muskeln am Skelett und im Gesicht können wir mithilfe unseres Gehirns beeinflussen (willkürliche Muskulatur).
- Dagegen arbeitet z. B. die Darmmuskulatur ohne Befehle des Gehirns (unwillkürliche Muskulatur).

Teamarbeit Muskeln entfalten ihre Kraft dadurch, dass sie sich verkürzen. Sie sind nicht in der Lage, sich selbstständig zu strecken. Dafür ist immer ein anderer Muskel nötig, der sie auseinanderzieht.

Zur Bewegung eines Körperteils sind mindestens zwei Muskeln nötig: ein Beuger und ein Strecker. ▸9 Sie arbeiten als „Gegenspieler“ zusammen.

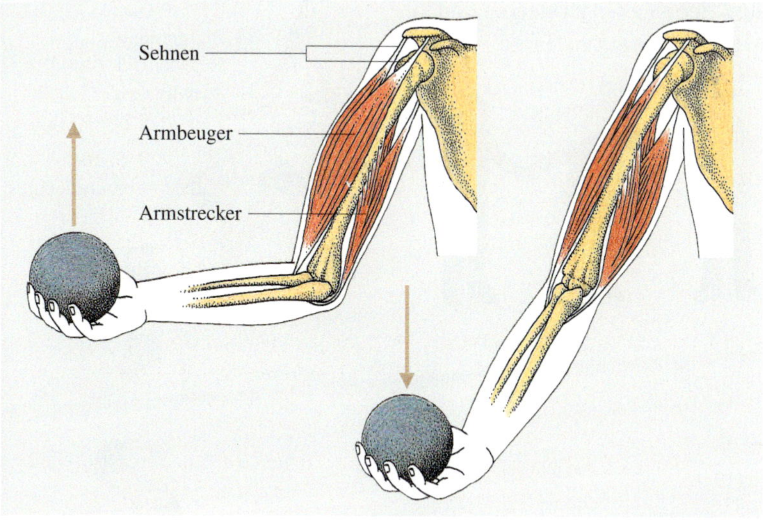

9 *Beuger und Strecker am Oberarm in Aktion*

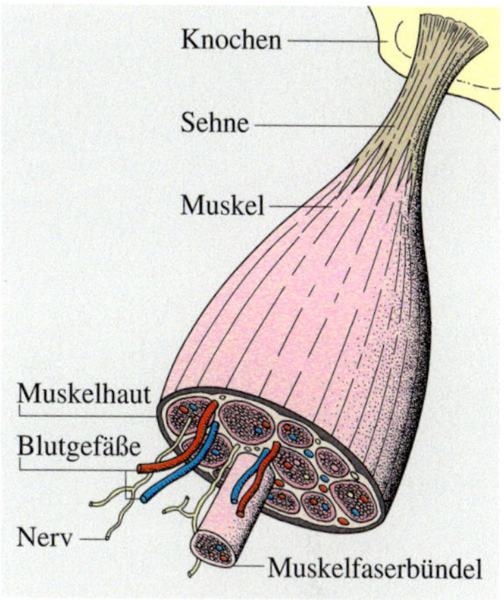

7 *Beuger und Strecker im Modell*

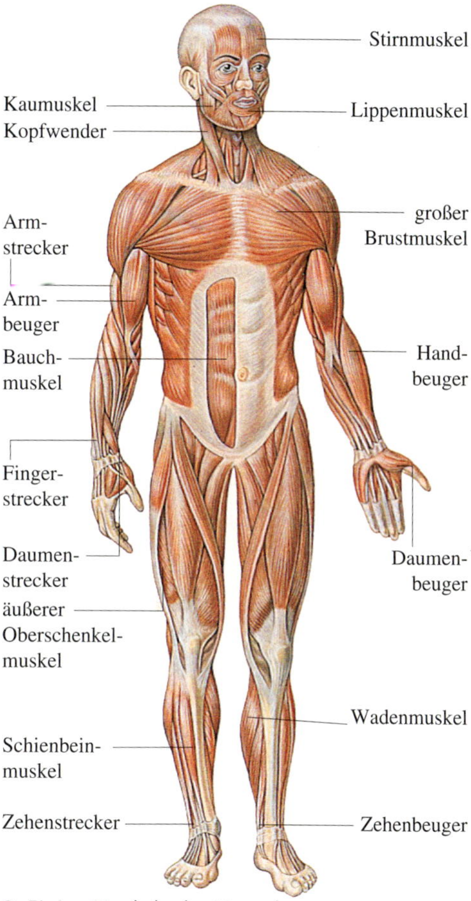

8 *Einige Muskeln des Menschen*

Gesundheit Ich halte mich fit

Sport ist Mord? Nicht, wenn man richtig trainiert!

1

Räkeln wie eine Katze Räkle dich im Sitzen wie eine Katze beim Aufwachen. Neben dem Räkeln kommt es dabei auf das Dehnen und Strecken an. ▸2

2

Äpfel pflücken Pflücke auf Zehenspitzen einen „Apfel" nahe der Decke des Klassenzimmers. ▸3
Lege ihn dann in der Hocke in einen „Korb" am Boden. Pflücke danach den nächsten. Wechsle linke und rechte Hand ab.

3

Rennen im Quadrat Zeichnet mit weißer Kreide ein Quadrat auf den Schulhof (10 m · 10 m). In das Quadrat werden mit roter, blauer, grüner und gelber Kreide je 15 Kreise gezeichnet (jeweils so groß wie ein Handball).
Alle Mitspieler stellen sich um das Quadrat herum. Nach dem Startpfiff muss jeder auf die andere Seite gelangen, darf aber nur auf rote Kreise treten.

Der wandernde Reifen Alle Mitspieler bilden einen Kreis und halten sich dabei an den Händen. Nun versucht einer nach dem anderen durch einen Hula-Hoop-Reifen zu steigen und ihn im Kreis wandern zu lassen. ▸4

4

Dehnungsübungen (Stretching) Übungen zur Lockerung und Dehnung von Muskeln, Bändern und Sehnen wärmen den Körper auf. ▸5 Warmlaufen hat die gleiche Wirkung.

5

Gelenkigkeitsübungen Die folgenden Übungen a, b und c beugen Schäden an der Wirbelsäule vor; sie fördern die aufrechte Körperhaltung. ▸6 Die Übungen d, e und f dienen dem Ausgleich des Hohlkreuzes; sie machen die Wirbelsäule im Bereich der Lendenwirbel beweglicher.

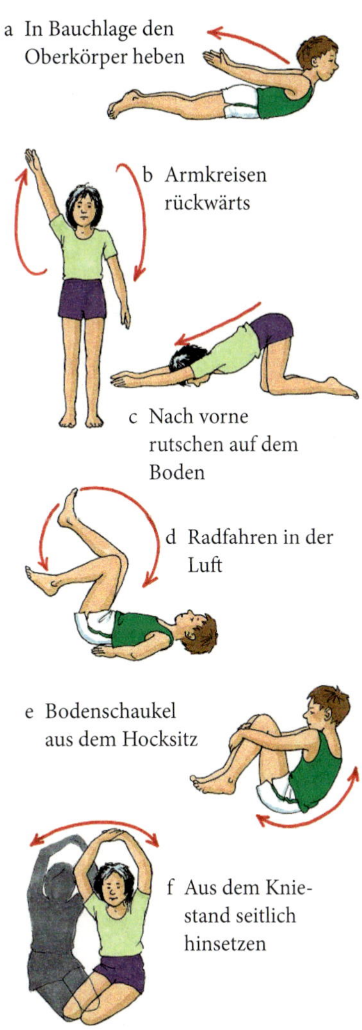

6

Verknoten und entknoten Fasst euch durcheinander an den Händen an. ▸7 Versucht dann den Knoten zu entwirren. Loslassen dürft ihr die Hände dabei aber nicht!

7

Sport macht durstig Bei körperlicher Anstrengung verlierst du durch Schwitzen viel Wasser. Wer Sport treibt, muss viel trinken. Es eignen sich vor allem Mineralwässer und Fruchtsäfte. Sie enthalten viel Mineralsalze und wenig Zucker.

Schwitzen gehört dazu Schwitzen ist wichtig, weil dadurch überschüssige Körperwärme abgeführt wird. Dazu muss die Sportkleidung Feuchtigkeit aufnehmen und nach außen transportieren können. Frage im Sportgeschäft nach, welche Kleidungsstücke schnell trocknen. Nach dem Schwitzen muss man sich gründlich waschen. ▸8 Das verhindert Körpergeruch und die Vermehrung von Bakterien.

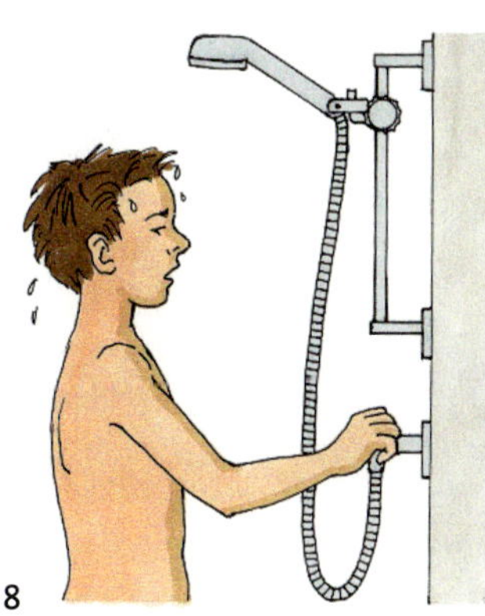
8

Warnzeichen Sport kann auch riskant sein. Deshalb ist es wichtig, auf Warnzeichen deines Körpers zu achten.

– *Seitenstechen* bekommst du, wenn du die körperliche Belastung zu schnell steigerst, falsch atmest oder kurz vor dem Training gegessen hast. ▸9

9

– *Muskelkater* tritt nach übermäßiger Anstrengung auf, wenn du ungenügend trainiert bist. ▸10 Feinste Verletzungen im Muskelgewebe sind die Ursache. Die nächsten Trainingseinheiten solltest du etwas verringern und dann erst wieder langsam steigern.

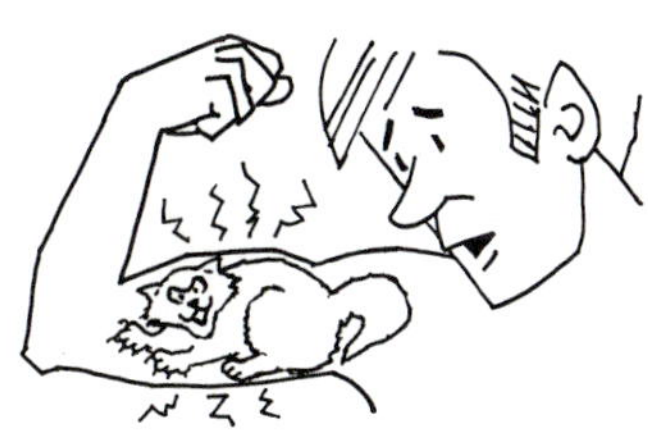
10

– *Schwellungen* sind oft die Folge einer Verstauchung oder Verrenkung. ▸11 Nach einigen Tagen gehen sie von alleine zurück. So lange solltest du eine Trainingspause einlegen.

11

Gesundheit / Verletzungen und Erste Hilfe

Knochenverletzungen Starke Schmerzen, die sich bei Bewegung verstärken, sind Anzeichen für einen Knochenbruch. ▸1
Die Bruchstelle ist sehr druckempfindlich.

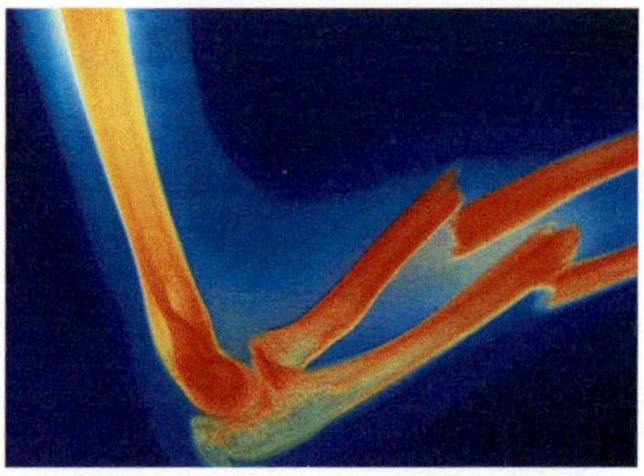

1 *Knochenbruch (Röntgenbild)*

Prellungen Bei einer Prellung werden Blutgefäße verletzt. Das umliegende Gewebe ist dann angeschwollen. ▸2

2 *Die Prellung wird gekühlt.*

Verrenkungen Der Gelenkkopf ist aus der -pfanne gesprungen. ▸3

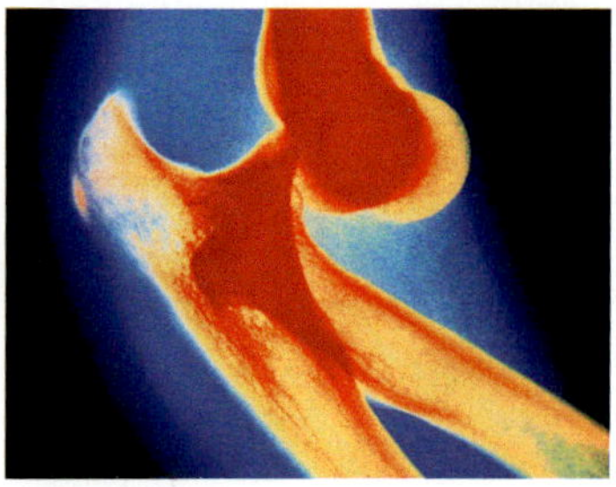

3 *Ausgerenktes Gelenk (Röntgenbild)*

Gelenkverletzungen Durch eine heftige Bewegung kann die Gelenkkapsel überdehnt werden. Bei einer solchen Verstauchung kann es auch sein, dass feine Blutgefäße platzen. Dann kommt es auch noch zu einem Bluterguss. ▸4

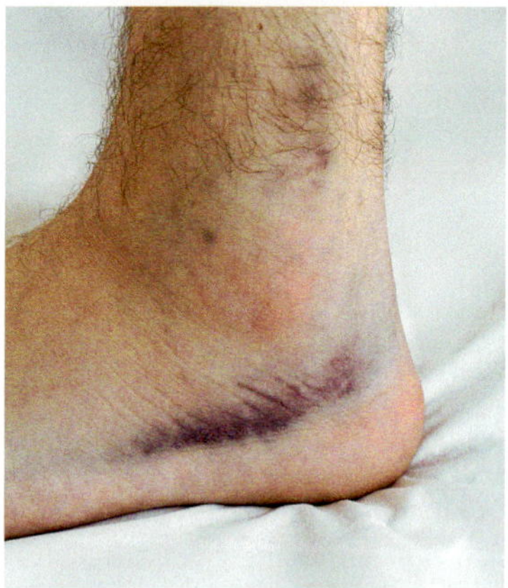

4 *Verstauchter Fuß mit Bluterguss*

Muskelverletzungen Eine anhaltende Überanstrengung der Muskulatur kann zu einem Muskelkater oder einem Muskelkrampf führen. ▸5
Bei einem Muskelriss sind Muskelfasern und Blutgefäße im Muskel eingerissen. Zur Vorbeugung solltest du dich vor dem Sport gründlich aufwärmen.

5 *Behandlung eines Wadenkrampfs*

Erste Hilfe

Richtig Erste Hilfe zu leisten, kann man in einem Kurs lernen. Um Hilfe zu holen, solltest du diese Notrufnummern kennen:
Polizei: 110
Feuerwehr: 112
Deine Notrufmeldung sollte folgende Angaben enthalten:
- *Wo ist es passiert?*
- *Was ist passiert?*
- *Wie viele Verletzte gibt es?*
- *Welche Art der Verletzung oder Erkrankung liegt vor?*
- *Wer meldet diesen Unfall?*

Warte auf Rückfragen. Lege nicht sofort auf!

Aufgaben

1 Einen Erste-Hilfe-Kurs sollte jeder einmal mitmachen.
Überlegt in der Klasse, wie man die Teilnahme an einem solchen Kurs organisieren kann.

2 Kannst du dir denken, was bei einem Bänderriss passiert?

3 Verletzungen kann man oft vermeiden. Voraussetzung dafür ist, dass man seine Sportaktivitäten nicht übertreibt und dass man sich vorher immer aufwärmt.
Welche Übungen zum Warmmachen kennst du?

4* Das erste Röntgenbild auf dieser Seite zeigt einen Knochenbruch. ▸1 Um welche Knochen handelt es sich?

Überblick

Vom Reiz zur Bewegung
Der Läufer hört den Startschuss. Auf diesen Reiz reagiert er. Sinnesorgane (Ohr, Auge), Nerven und Gehirn wirken so zusammen, dass Knochen, Gelenke und Muskeln aktiv werden. ▸6

Skelett und Muskulatur
Knochen bilden unser Skelett, das Stützsystem unseres Körpers. ▸7 Durch Gelenke sind viele Knochen beweglich miteinander verbunden. ▸8 Je nach Aufgabe gibt es verschiedene Gelenktypen. Mithilfe der Muskeln können wir unseren Körper bewegen. ▸9 Sie arbeiten nach dem „Gegenspielerprinzip“: Zur Bewegung eines Körperteils sind jeweils ein Beuger und ein Strecker erforderlich. Sehnen verbinden Muskeln und Knochen. ▸10 Sie übertragen die Bewegung der Muskeln auf die Knochen.

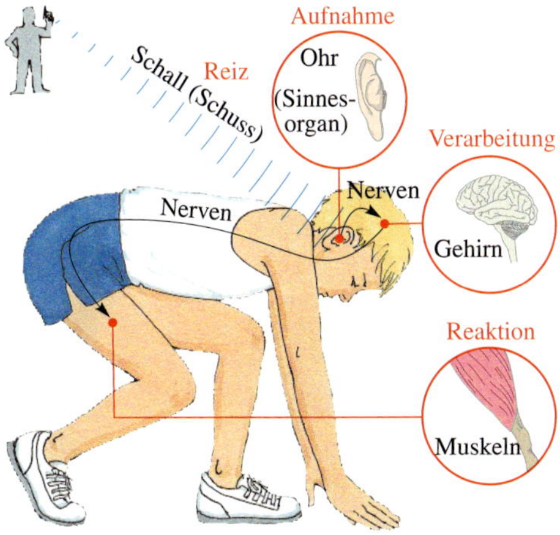

6 *Vom Reiz zur Reaktion*

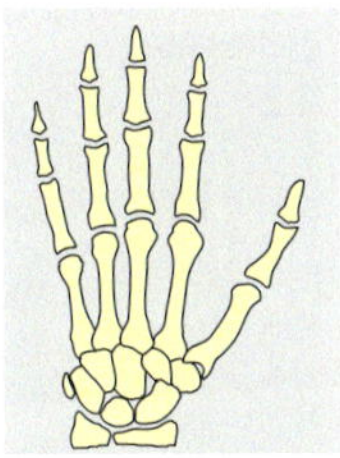

7 *Knochen*

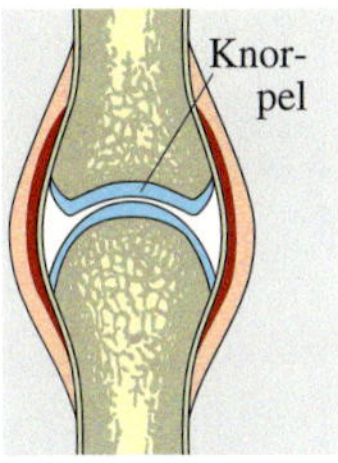

8 *Gelenk*

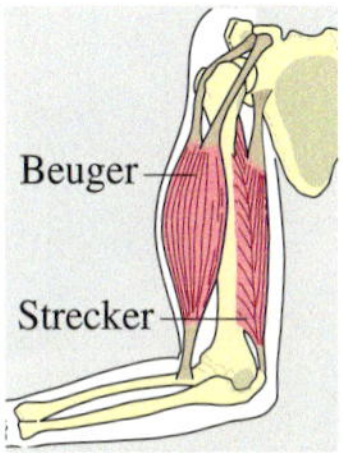

9 *Muskeln*

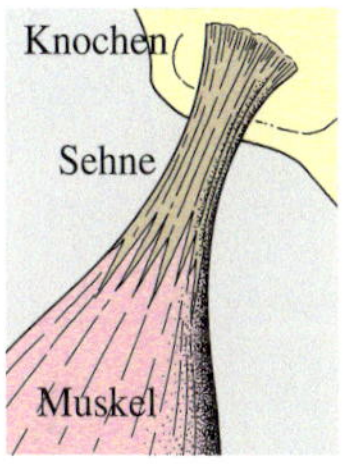

10 *Sehne*

Alles klar?

1 Ein Blick auf unseren Körper:
a Benenne die verschiedenen Teile des Skeletts.
b Nenne drei Gelenkarten. Gib an, wozu sie gebraucht werden.
c Wenn du etwas anhebst, wird dein Bizeps dick und kürzer. Wie wird er wieder gestreckt?

2 Skitag! Gleich bei der ersten Abfahrt ist Sven gestürzt. Er sitzt im Schnee, hat Schmerzen und kann nicht mehr weiter.
a Wie müssen Svens Freunde vorgehen?
b Sven hat sich vor der Abfahrt nicht warm gemacht – eine Ursache für seine Verletzung? Begründe deine Antwort.
c* Das Knie wird beim Gehen und erst recht beim Skifahren besonders beansprucht.
- Wie kannst du das erklären?
- Skizziere ein Kniegelenk. Markiere die Teile des Gelenks, die für die Festigung besonders wichtig sind.
- Welche Aufgaben haben die anderen Teile des Gelenks?

d Regelmäßiger Sport kann die Gesundheit erhalten.
- Welche Teile deines Körpers werden durch Sport leistungsfähiger?
- Wie könnte eine richtige Trainingseinheit für deine Lieblingssportart aussehen? Stelle einen Plan auf.

3* Ein weiter Sprung ▸11
a Schreibe eine Kurzreportage über den Sprung, vom Start bis zur Landung im Sand. (Gehe auf die Zusammenarbeit im Körper bei den Bewegungsabläufen ein.)
b Bevor der Springer losläuft, bewegt er sich rasch auf der Stelle hin und her. Warum wohl?

11

Was man mit Kräften bewirken kann

▷ Hier spielen überall Kräfte eine Rolle, die von Muskeln ausgeübt werden. Du erkennst die Kräfte sofort, wenn sie auf andere „Körper" einwirken. Beschreibe, was sie jeweils bewirken.

1

2

3

Untersuchen Experimentieren

1 Wer ist am stärksten? Bildet Gruppen von je 4 bis 5 ungefähr gleich starken Personen. Wie könnt ihr feststellen, wer am stärksten ist?
Denkt euch verschiedene Methoden aus. *Tipp:* Heben, Auto anschieben, Expander ziehen

2 Kräfte durch Wind oder Magnete Plane Versuche, die zeigen, dass auch der Wind oder ein Magnet Kräfte ausüben.
Tipp: Erzeuge Wind mit einem Haartrockner.

3 Bewegungen verändern

a Bringe ein Spielzeugauto mit Bindfaden und Wägestücken in Bewegung. Woher kommt die Kraft für den Antrieb?

b Beobachte die Bewegung des Modellautos genau. Beschreibe, wie sich die Bewegung ändert.

4 Wie weit rollt eine Kugel? *Du brauchst:* Regenrinne, Klotz, Kugelstoß- oder Bocciakugel.

a Lege den Klotz unter ein Ende der Regenrinne. Lass die Kugel in der Rinne herunterrollen: Wie weit kommt sie?

b Verändere den Versuchsaufbau so, dass die Kugel weiter rollt. Miss wieder den Weg.

c Lass die Kugel aus gleicher Höhe einmal auf glattem Boden und einmal auf Teppich ausrollen. Miss die Rollwege.

d Beschreibe genau die Bewegung der Kugel vom Start bis zum Stillstand.

e* Welche Kraft lässt die Kugel schneller werden? Welche bremst sie?

Grundlagen Kräfte in der Physik

In der Umgangssprache spricht man von „kräftigen“ Farben und Worten, von „Sehkraft“, „Waschkraft“ oder „Überzeugungskraft“. In der Physik versteht man etwas anderes unter *Kraft*. Das zeigen die Bilder auf dieser Doppelseite. ▸**1–10** Kräfte erkennt man an den Wirkungen, die sie auf Körper haben. Es passiert nämlich etwas mit diesen Körpern.

Auf einen Körper wirkt eine Kraft, wenn er schneller oder langsamer wird oder wenn er seine Richtung ändert. Auch wenn sich die Form eines Körpers verändert, wirken auf ihn Kräfte.

4 *Kraft durch die Muskeln*
Wirkung: Die Kugel wird schneller.

5 *Reibungskraft*
Wirkung: Das Auto wird langsamer.

6 *Kraft durch Muskeln, Reibungskraft*
Wirkung: Der Skifahrer fährt eine Kurve.

7 *Kraft durch den Motor*
Wirkung: Das Motorrad wird schneller.

8 *Kraft durch den Wind*
Wirkung: Die Bäume biegen sich.

9 *Gewichtskraft und Spannkraft*
Wirkung: Die Regalbretter biegen sich.

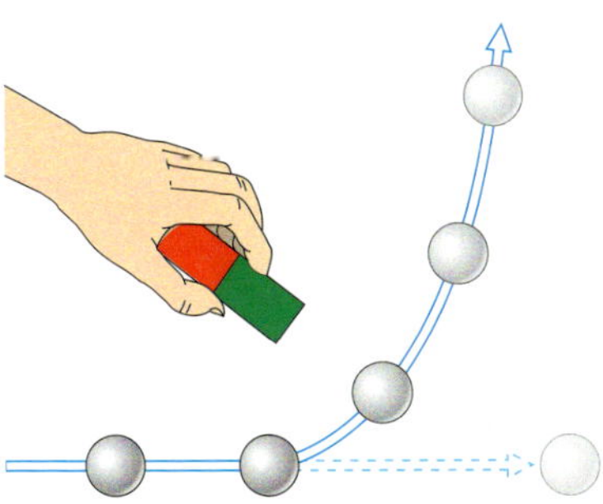

10 *Kraft durch den Magneten*
Wirkung: Die Stahlkugel wird abgelenkt.

Aufgaben

1 Überlege jeweils, ob physikalische Kräfte eine Rolle spielen:
a Die Sehkraft lässt nach.
b Deine Mutter gibt Gas und überholt den Lkw.
c Ein Schlitten fährt den Hang hinunter und kommt zum Stehen.
d Arsil hat eine starke Waschkraft.
e Ein Apfel fällt vom Baum.
f Jan zieht Nägel aus der Wand.
g Nina bläst einen Ballon auf.
h Eine Krähe lässt eine Nuss vom Baum fallen, um sie zu knacken.
i Ein Bild hängt an der Wand.
j Die Kugel rollt und trifft den Kegel.
k Das Gesetz tritt in Kraft.

2 In der Physik unterscheidet man Kräfte nach vier Wirkungen:
– schneller werden
– langsamer werden
– Richtung ändern
– Form ändern
a Ordne diese Wirkungen den Kräften in den Bildern 1–10 zu.
b Schreibe weitere Beispiele für die vier Kraftwirkungen in einer Tabelle auf. Benenne die Kräfte, die dabei wirken.

Grundlagen Kräfte messen

Je stärker man an einem Expander oder einer Schraubenfeder zieht, desto weiter werden sie gedehnt. Diesen Zusammenhang nutzt man bei Kraftmessgeräten. Sie enthalten eine Schraubenfeder, die durch die Kraft verformt wird. ►1

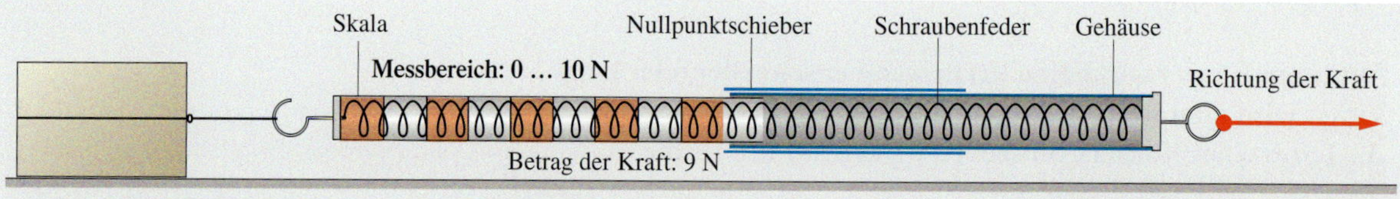

Das musst du beim Messen mit dem Kraftmesser beachten:

1 Zu große Kräfte beschädigen die Feder. Achte deshalb auf den Messbereich des Kraftmessers.

2 Vor dem Messen musst du den Kraftmesser „auf null stellen". Schiebe dazu den Nullpunktschieber auf die Null.

3 Lies den Wert auf der Skala in Augenhöhe ab (also nicht von schräg oben oder unten).

1 *Messen mit dem Kraftmesser*

Wie groß eine Kraft ist, gibt man in der Einheit Newton (N) an. *Isaac Newton* (1643–1727) war ein berühmter englischer Physiker. Ein Beispiel für eine Kraft von 1 Newton (1 N) ist die Gewichtskraft, mit der eine 100-g-Tafel Schokolade am Kraftmesser zieht. ►2

Kräfte werden mit Kraftmessern gemessen. Die Einheit der Kraft ist 1 Newton (1 N).

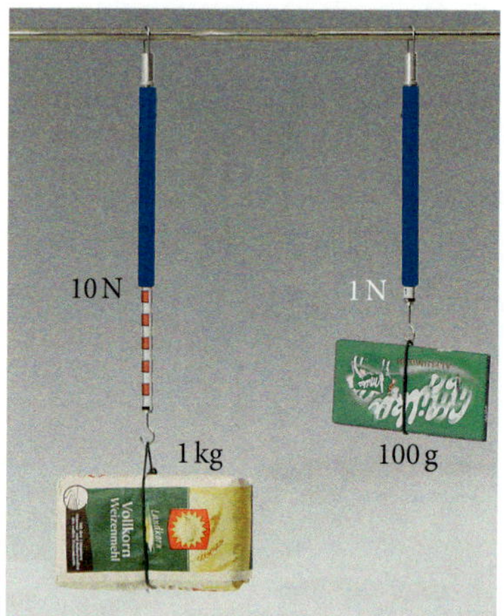

2 *Die Einheit der Kraft ist 1 Newton.*

Aufgaben

1 Krafteinheit

a In welcher Einheit werden Kräfte in der Physik gemessen?

b Nenne mehrere Beispiele, wann ein Kraftmesser gerade 1 N (10 N) anzeigt.

2 Jeder Kraftmesser besitzt einen Nullpunktschieber. Welche Aufgabe hat dieser Schieber? Beschreibe, warum er ganz wichtig ist.

3 Kräfte messen

a Miss bei verschiedenen Körpern die Gewichtskräfte: 1 Liter Milch, Schlüssel, Brief im Umschlag, Physikbuch, Schultasche …

b Miss, wie groß die Reibungskraft zwischen einem Klotz (oder einer Packung Milch) und der Unterlage ist. Vergleiche mit der Gewichtskraft auf den Klotz (auf die Packung Milch).

4* Du hängst an einem Kletterseil. Berechne die Kraft, die dabei auf das Seil wirkt.

Aus Natur und Technik Große Kräfte – kleine Kräfte

3 *Mit einem Spezialtransporter werden die Aufbauten einer Bohrinsel gefahren. Die Bohrinsel wiegt 11 500 t. Ihre Gewichtskraft beträgt also 115 000 000 N (115 MN). Sie verteilt sich auf 1704 Räder.*

4 *Ameisen können „schwere" Lasten transportieren. Eine Rote Waldameise selbst wiegt nur ca. 0,010 g (10 mg).*

5 *Die 2141 m lange Hängebrücke Pont de Normandie wird von 184 Seilen getragen. Jedes ist aus über 30 dicken Stahlseilen geflochten und mit 270 000 N belastbar.*

6 *Spinnenfäden übertreffen in ihrer Reißfestigkeit Kunstfasern und Drähte. Wäre der Faden so dick wie ein Menschenhaar, könnte er einen Eimer voll Wasser tragen.*

7 *Die europäische Trägerrakete Ariane 5 transportiert Satelliten ins All. Beim Start entwickeln ihre Triebwerke eine enorme Schubkraft.*

8 *Die Gewichtheberin wiegt rund 46 kg – viel weniger als die Last, die sie nach oben stößt.*

Aufgabe

1 Das Wievielfache des eigenen Körpergewichts trägt die Waldameise? ▸4 Vergleiche mit der Gewichtheberin. ▸8

Kleine Kräfte – große Wirkung?

▷ Überall nutzen wir im Alltag Hebel, wenn die Kraft unserer Hände oder Arme nicht ausreicht.

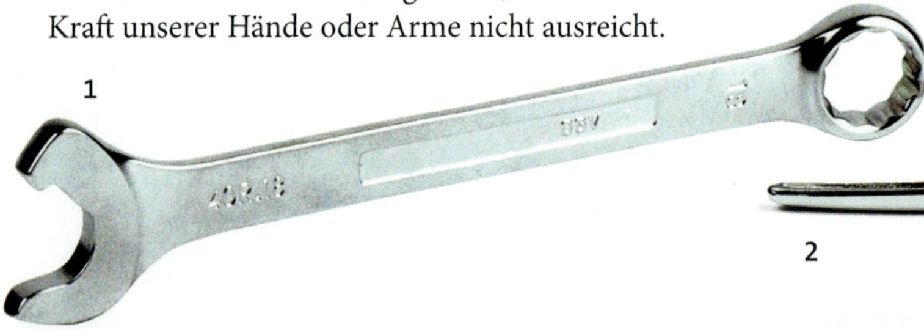

1

2

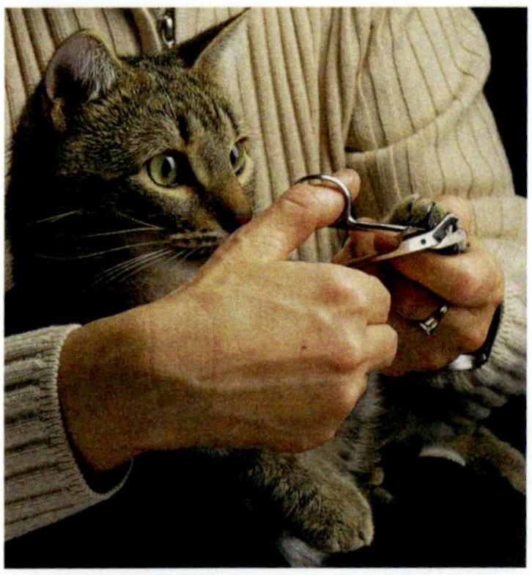

3

4

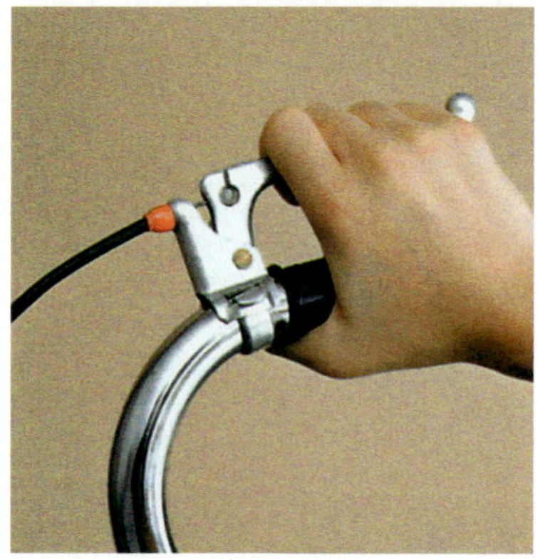

5

Experimentieren

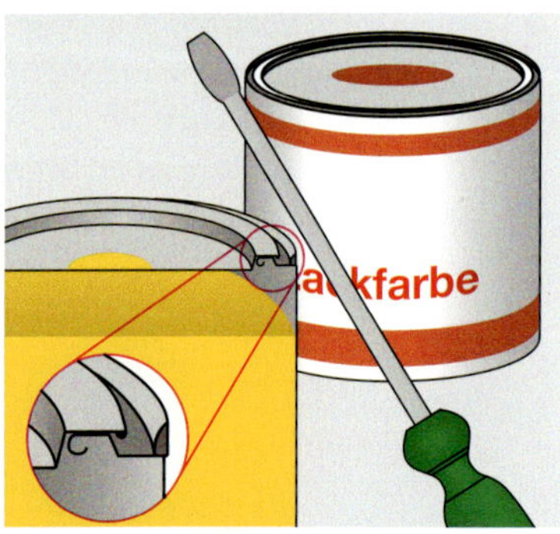

6

1 Dosenöffner Nur mit der Hand kann man keine Farbdose öffnen. Aber mit einem Schraubendreher geht es. ▸6

a Wie würdest du den Deckel anheben? Zeichne eine Skizze dazu.

b* Bestimme mit einem Kraftmesser die Kraft zum Öffnen.

2 Türgriff Montiere einmal den Griff einer Tür ab und versuche dann, sie zu öffnen. ▸7 Gelingt es dir ohne Hilfsmittel?

3 Kneifzange Ein Nagel soll mithilfe der Zange durchgekniffen werden. ▸8 Bestimme die dafür notwendige Kraft. Wovon hängt sie ab? Wann ist sie besonders klein?

7

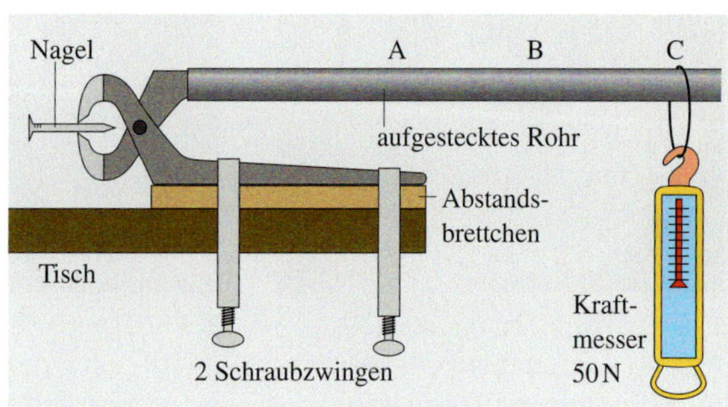

8

Grundlagen Hebel und Hebelarme

Bei vielen einfachen Geräten nutzt man Hebel, um Kraft zu sparen. Der Name „Hebel" ist vom Wort „heben" abgeleitet.
Die beiden „Arme" (*Kraftarm* und *Lastarm*) bezeichnet man als *Hebelarme.* Liegen sie vom Drehpunkt aus gesehen auf zwei verschiedenen Seiten des Hebels, spricht man von einem *zweiseitigen Hebel.* ▸9
Auch im Bild ▸10 wird eine Stange als Hebel benutzt. Beide Hebelarme befinden sich vom Drehpunkt aus auf einer Seite. Es ist deshalb ein *einseitiger Hebel.*

Ein Hebel ist im einfachsten Fall eine Stange, die um einen Drehpunkt gedreht wird. Mit Hebeln kann man Kräfte verstärken. Je länger der Kraftarm ist, desto größer ist die Wirkung der Kraft.

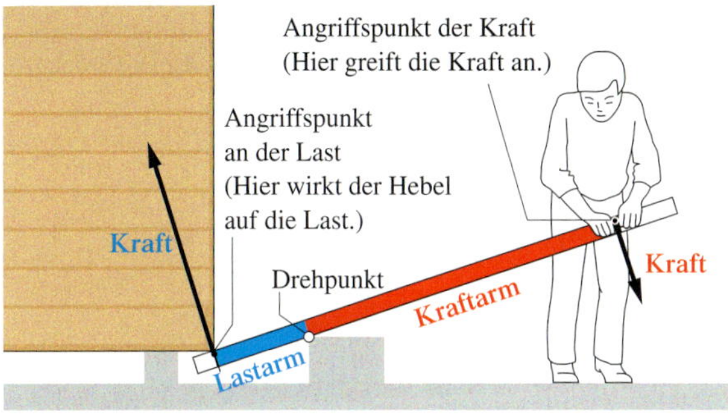

9 *Zweiseitiger Hebel*

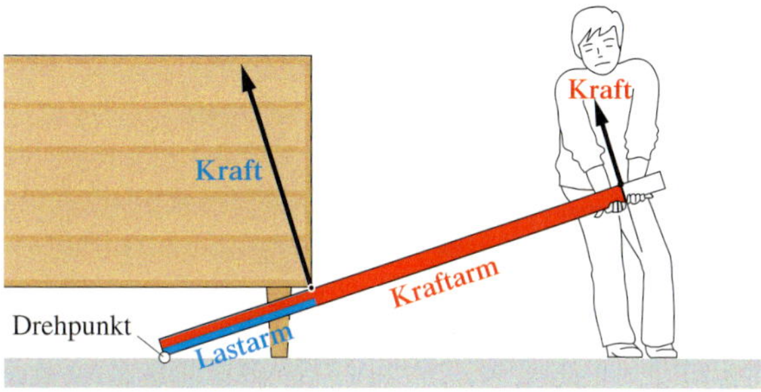

10 *Einseitiger Hebel*

Aufgaben

1 Zu den ältesten Werkzeugen der Menschheit gehören Hebel. Wie sahen sie aus? Wozu wurden sie benutzt?

2 Schreibe moderne Werkzeuge auf, die die Hebelwirkung ausnutzen.

3* In den Bildern unten sind verschiedene Hebel zu erkennen. ▸11–13
a Gib jeweils an, ob es sich um ein- oder zweiseitige Hebel handelt.
b Erkläre, warum man mit diesen Hebeln Kräfte sparen kann.

Astscheren haben besonders lange Griffe.

11

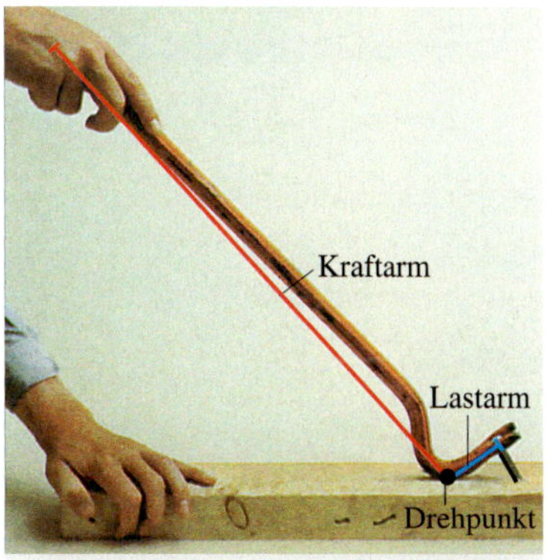

Mit dem Winkelhebel kann man Nägel herausziehen und Kisten öffnen.

12

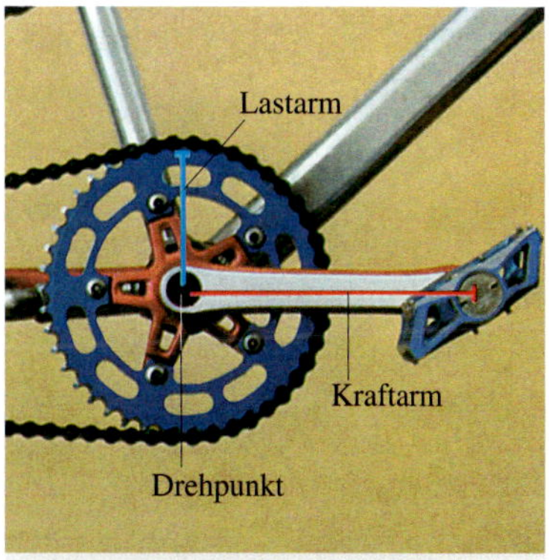

Tretkurbel und Kettenrad des Fahrrads sind zusammen ein Hebel.

13

Die Wippe im Gleichgewicht

▷ Die Wippe soll im Gleichgewicht sein. Kannst du vorhersagen, wohin sich Mutter und Kind setzen müssen, damit das klappt?

1

Experimentieren

1 Zweiseitiger Hebel Um die Frage nach der Sitzverteilung beantworten zu können, brauchen wir Geräte, bei denen sich die Abstände und Kräfte möglichst genau messen lassen. ▸2
Legt euch eine Tabelle an, bevor ihr zu messen beginnt. ▸3

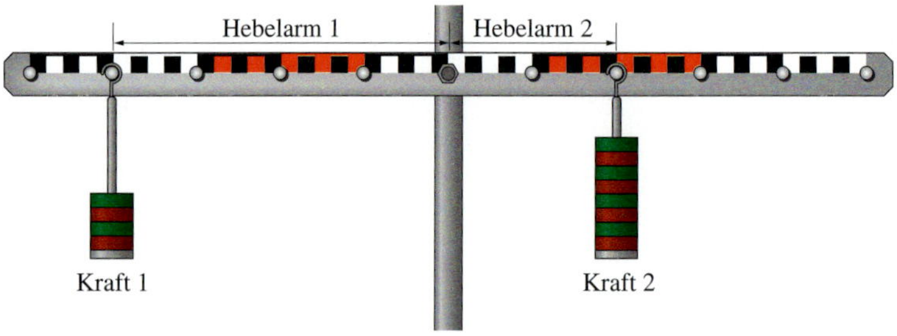

2

Linke Hebelseite			Rechte Hebelseite		
Masse 1	Kraft 1	Hebelarm 1	Masse 2	Kraft 2	Hebelarm 2
50 g	0,5 N	20 cm	...	...	5 cm
...	...	...	...	...	...

3

a Hängt links ein Wägestück ein. Wo müsste man rechts ein doppelt so schweres einhängen, um Gleichgewicht zu haben?

b Führt weitere Versuche mit den gleichen Wägestücken wie in Versuchsteil a, aber mit unterschiedlichen Abständen durch. Versucht vor der Durchführung vorherzusagen, wo ihr das zweite Wägestück einhängen müsst.

c Macht jetzt Versuche mit festen Abständen, z. B.: links 1 Einheit; rechts den doppelten/dreifachen Abstand. Überlegt jeweils vorher, mit welchen Wägestücken ihr Gleichgewicht erhalten könnt.

d Seht euch die Messwerte in eurer Tabelle an. Vergleicht die rechte und die linke Seite. Sucht nach Zusammenhängen.

e Schreibt eure Beobachtungen z. B. so auf:
„Je länger der Hebelarm ist, desto ... Kraft ist nötig ..."

f* Vielleicht findet ihr dazu einen mathematischen Zusammenhang:
Ist der linke Hebelarm doppelt (dreimal, halb ...) so lang wie der rechte, dann muss die linke Kraft ... so groß sein wie die rechte.

Methode Vom Problem zum physikalischen Gesetz

1 Problemstellung
Sie ergibt sich aus Beobachtungen in der Natur oder an technischen Geräten. ▸1

2 Vermutungen
Sie ergeben sich aus der genauen Beobachtung.

3 Messversuche
Sie sind nötig, um die Vermutungen zu überprüfen. ▸2 Die Messergebnisse werden in geeignete Tabellen eingetragen. ▸3

4 Auswertung
Die Messergebnisse werden zueinander in Beziehung gesetzt. Die Gesetzmäßigkeiten werden beschrieben. ▸5

5 Überprüfung und Anwendung
Das Gesetz wird überprüft und angewandt, z. B. im Versuch zum einseitigen Hebel und beim Lösen von Aufgaben (siehe unten).

4

5

Experimentieren

2* Einseitiger Hebel ▸6

a Hängt Wägestücke an verschiedenen Stellen des Balkens (rechts) ein. Messt jeweils die Kraft, die nötig ist, um den Hebel im Gleichgewicht zu halten. Haltet die Ergebnisse in einer Tabelle fest.

b Hängt ein Wägestück an einer Stelle des Balkens (rechte Seite) ein. Zieht dann mit dem Kraftmesser an verschiedenen Stellen der rechten Seite. Versucht die Ergebnisse vorherzusagen.

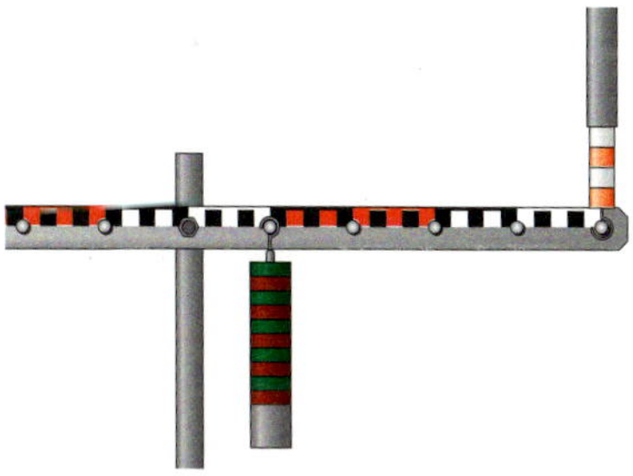
6

Aufgaben

1 Danielas Mutter wiegt 50 kg (das entspricht 500 N). Auf einer Wippe sitzt sie 1,2 m vom Drehpunkt entfernt. Wo muss die Tochter (25 kg) sitzen, damit die Wippe im Gleichgewicht ist?

2 Kräfte und Abstände am zweiseitigen Hebel:
– 3 N, 2 N / 6 cm, 4 cm
– 5 N, 3 N / 3 cm, 5 cm
– 10 N, 6 N / 5 cm, 3 cm

a Welche Kraft gehört jeweils zu welchem Hebelarm?

b Überprüft eure Vorhersagen. Tragt eure Messwerte anschließend in eine Tabelle ein. ▸7

Kraft 1	Hebelarm 1	Hebelarm 2	Kraft 2
…	…	…	…
…	…	…	…

7

Grundlagen Hebel verändern Kräfte

Hebel können Kräfte vergrößern oder verkleinern, je nach Länge der Hebelarme. Für alle Hebel gilt folgendes Gesetz:

Je länger der Hebelarm ist, desto weniger Kraft ist nötig.

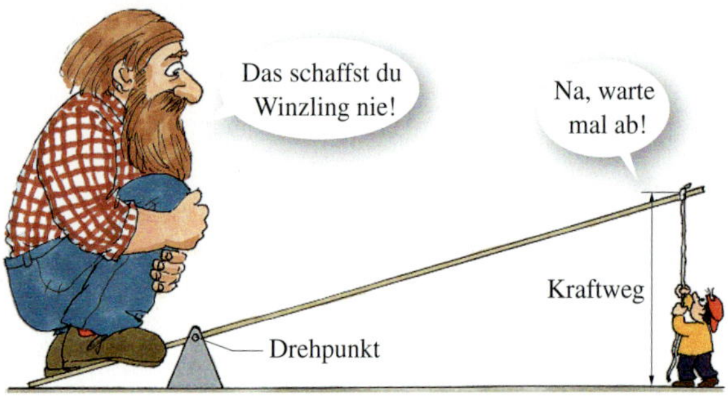

1

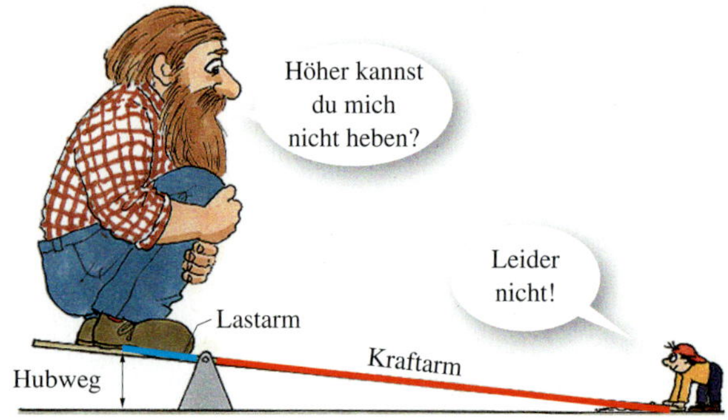

2

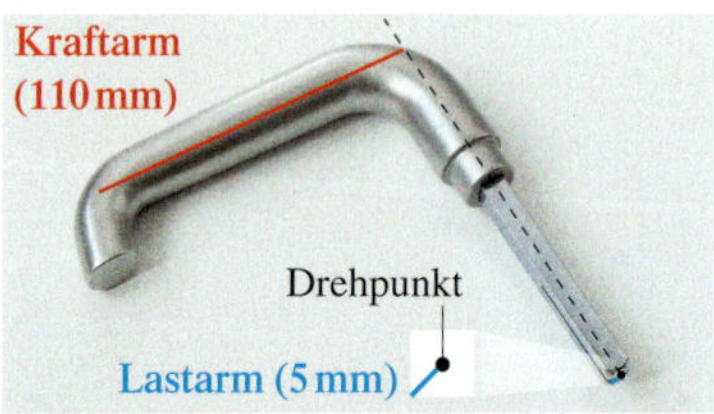

3

Beispiele:

- *Wippe:* „Gewaltig ist des Winzlings Kraft, wenn er am richt'gen Hebel schafft." Das ist aber nur die halbe Wahrheit … ▸1–2
- *Fenster- und Türgriffe:* Ohne die größere Kraft durch einen langen Hebelarm könnte man eine Tür oder ein Fenster nicht öffnen. ▸3
- *Gartenscheren:* Rosenscheren kann man mit einer Hand bedienen; der Kraftweg ist kurz. ▸4 Man kann nur dünne Zweige schneiden, denn die Kraft wird durch die kurzen „Arme" kaum größer.
  Astscheren haben lange Griffe. ▸5 Man muss sie mit zwei Händen bedienen, weil der Kraftweg so lang ist.

Zwischen Kräften und Wegen gilt stets das Hebelgesetz:

Was man bei der Kraft spart, muss man beim Weg zulegen.

4

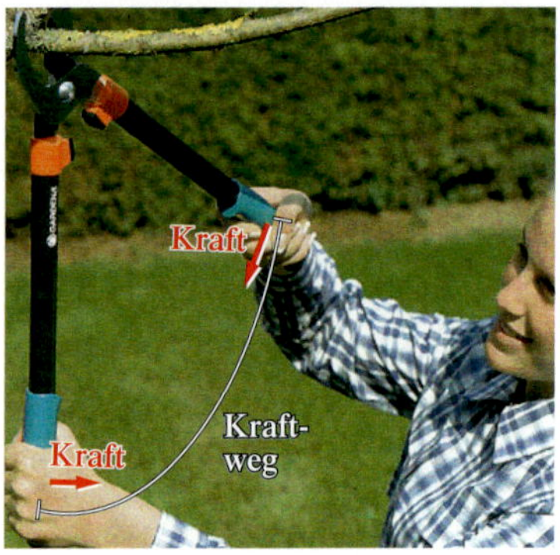

5

Aufgaben

1 Alles im Griff?

a Beschreibe die Aufgabe von Tür- und Fenstergriffen. Benutze dabei die Begriffe Hebelarm und Kraft – oder Lastarm und Kraftarm.

b* Berechne die Kraftverstärkung für den Türgriff. ▸3

2 Auch Schraubenschlüssel zum Festdrehen von Muttern sind Hebel.

a Bild ▸6 zeigt zwei „Maulschüssel". Bei beiden ist das „Maul" 20 mm weit (die Abbildung ist also verkleinert). Welchen würdest du zum Losdrehen nehmen? Begründe deine Auswahl.

b Zeichne einen Maulschlüssel in Originalgröße in dein Heft. Der Kraftarm soll 20 cm lang sein, das „Maul" 20 mm weit.

c* Berechne die Kraftverstärkung durch diesen Schlüssel.

d* Warum darf man beim Festdrehen von Muttern den Griff des Schlüssels nicht durch ein Rohr verlängern, wohl aber beim Losdrehen?

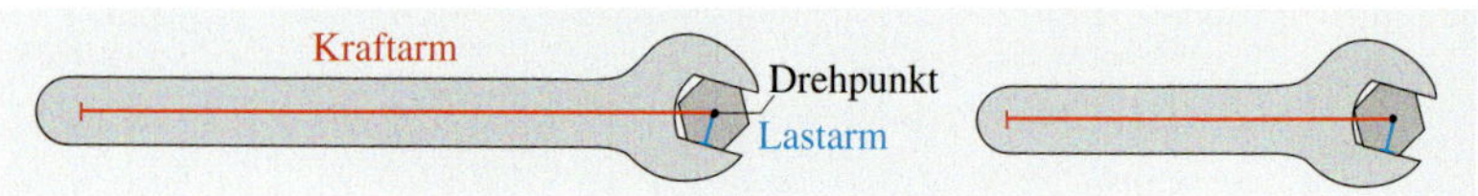

6

Aus Natur und Technik Hebel verändern auch Wege

Meist werden Hebel benutzt, um Kräfte zu vergrößern. Manchmal will man aber mit dem Hebel etwas ganz anderes erreichen.

Hebel beim Menschen Beim Heben eines Gegenstands wirkt dein Unterarm wie ein einseitiger Hebel. ▸7 Die Kraft durch den Beuger (Bizeps) und die Last greifen auf derselben Seite vom Drehpunkt an. Der Drehpunkt ist das Ellenbogengelenk.
Der Lastarm ist etwa fünfmal so lang wie der Kraftarm. Deshalb muss dein Beuger zum Heben einer 10-kg-Last (100 N Gewichtskraft) die fünffache Kraft aufbringen, nämlich 500 N.
Der Hebel „Unterarm" soll nicht die Kraft verstärken. Er bringt stattdessen einen anderen Vorteil: Während sich der Beuger nur ein ganz kurzes Stück bewegt, wird die Last über eine viel größere Strecke gehoben. Deshalb gilt für diesen Hebel: *Mit ihm spart man keine Kraft, man gewinnt aber Weg.*

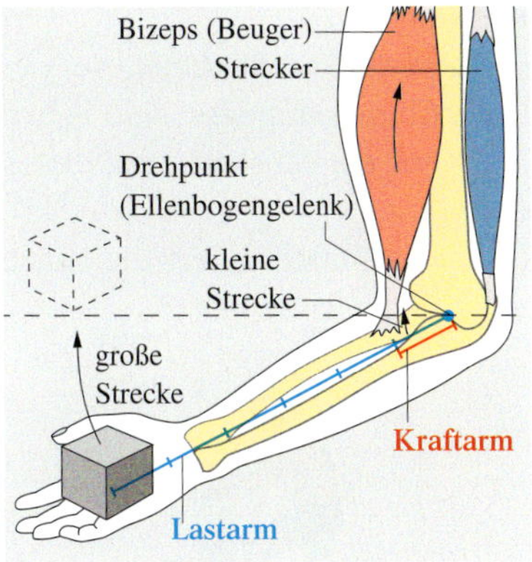

7

Hebel beim Roboter In vielen Fabrikhallen stehen heute Industrieroboter. Sie laufen rund um die Uhr und führen die unterschiedlichsten Arbeiten aus – ohne Ermüdung und auf Zehntelmillimeter genau.
Jeder Roboter hat einen festen Standort, um den er sich drehen kann. Im Bild ▸8 hebt ein Roboter gleich einen Behälter voller Ziegelsteine an und setzt ihn an anderer Stelle wieder ab. Der Roboter hat einen langen Lastarm, um mit seiner „Hand" große Wege in kurzen Zeiten zurücklegen zu können. Dazu greift die Kraft des Motors an einem kurzen Hebelarm an. Hier soll ja auch keine Kraft eingespart werden, sondern ...

8 *Industrieroboter*

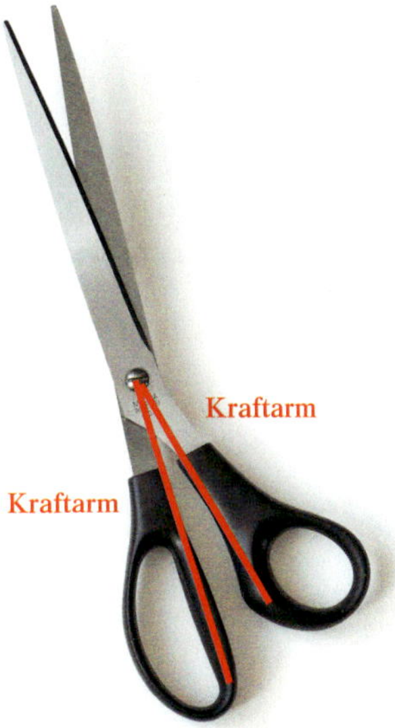

9

Aufgaben

1 Beschreibe die Vorteile eines Hebels, bei dem der Lastarm länger ist als der Kraftarm.

2 Die Schere schneidet dünnes Papier auch noch an der Spitze. ▸9 Beschreibe, wie man mit ihr auch Pappe schneidet. Begründe dieses Vorgehen.

Überblick

Kräfte

Kräfte verändern Bewegungen:
Die Reibungskraft lässt dein Fahrrad langsamer werden. ▸1
Die Kraft der Muskeln lässt dich schneller werden, wenn du jemanden überholst. ▸2
Die Muskelkraft ändert die Fahrtrichtung, wenn du einem Hindernis ausweichen willst. ▸3

1

2

3

Kräfte verformen Körper:
Die Gewichtskraft verbiegt den Stab eines Springers. ▸4

4

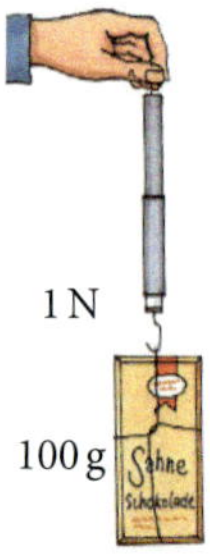

5

Kräfte werden in Newton (N) gemessen:
Eine Tafel Schokolade hat eine Masse (ein „Gewicht") von 100 g. Die Gewichtskraft beträgt 1 Newton (1 N). ▸5

Hebel

Hebel verändern Kräfte. ▸6 Je länger der Kraftarm ist, desto weniger Kraft ist nötig, um eine Last zu heben.

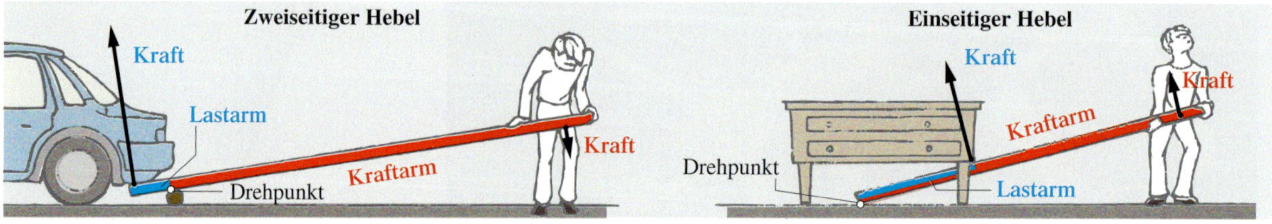

6 *Kräfte und Hebelarme bei Stangen*

Für Hebel gilt: Wenn man bei der Kraft spart, muss man beim Weg zulegen. Wenn man beim Weg spart, benötigt man mehr Kraft. ▸7–8

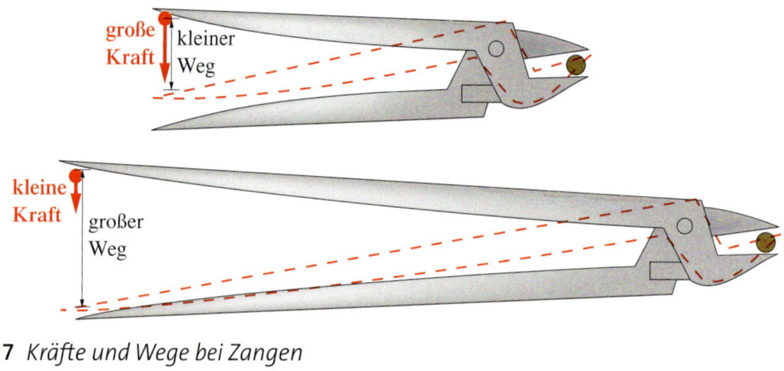

7 *Kräfte und Wege bei Zangen*

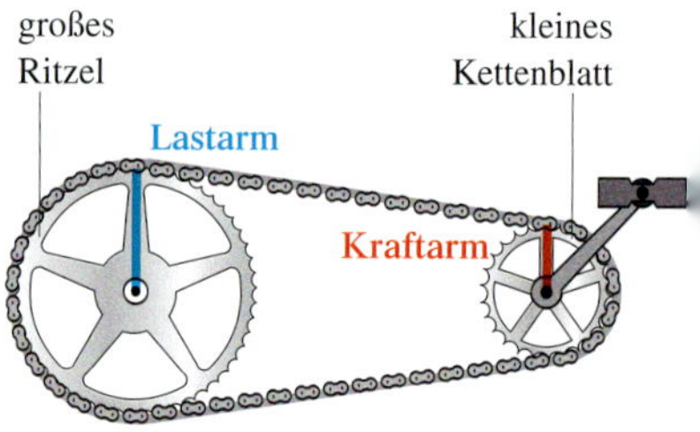

8 *Zahnräder als Hebel*

Alles klar?

1 Woran erkennt man Kräfte? Nenne Beispiele.

2 Nenne mehrere Beispiele, bei denen Kräfte zu einer Verformung führen. ▸**9**

9

3 Mit einem Liegefahrrad kann ein trainierter Fahrer durchschnittlich 65 $\frac{km}{h}$ fahren, mit einem normalen Rennrad „nur" etwa 40 $\frac{km}{h}$.

a Wie ist das zu erklären? Der Fahrer setzt doch gleich große Kräfte ein ...

b Wenn der Fahrer aufhört zu treten, bleibt er schließlich stehen. Welche Kräfte bremsen ihn?

4 Da kann Asterix nur staunen. ▸**10** Der Stein wiegt 1200 kg. Wie groß ist die Kraft, die Obelix braucht?

10

5 Ein Holzklotz wird einmal gezogen und einmal gehoben. ▸**11**

a Benenne die Kräfte, die hier gemessen werden.

b* Berechne, wie viel Gramm (Kilogramm) der Klotz wiegt.

c Warum ist es ganz wichtig, vor den beiden Versuchen den Nullpunkt des Kraftmessers jeweils mit dem Schieber einzustellen? Begründe deine Antwort.

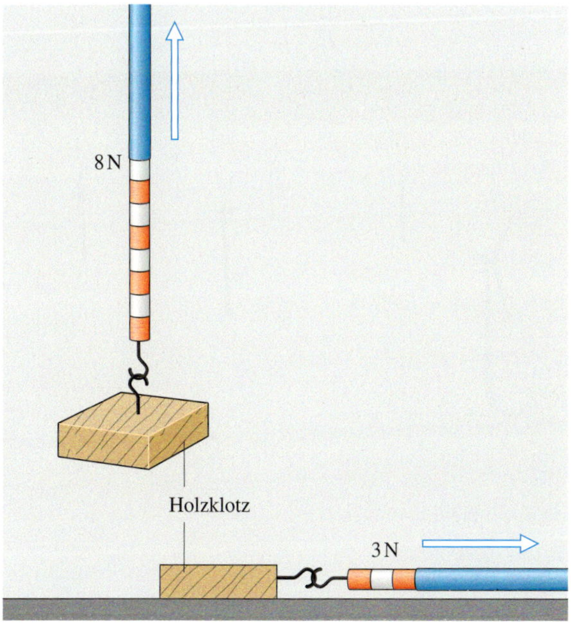

11

6 Ein zweiseitiger Hebel soll im Gleichgewicht sein. Ergänze die Tabelle:

	Kraft 1	Hebelarm 1	Kraft 2	Hebelarm 2
a	2 N	6 cm	?	6 cm
b	2 N	5 cm	?	2 cm
c	30 N	80 cm	60 N	?
d	50 N	8 cm	?	16 cm
e	30 N	30 cm	15 N	?
f*	6 N	4 cm	8 N	?

7 Es gibt Scheren für Papier, Tapeten, Textilien, Fingernägel, Äste, Blech ... ▸**12** Ordne den Scheren die richtigen Stoffe zu. Begründe die verschiedenen Scherenformen.

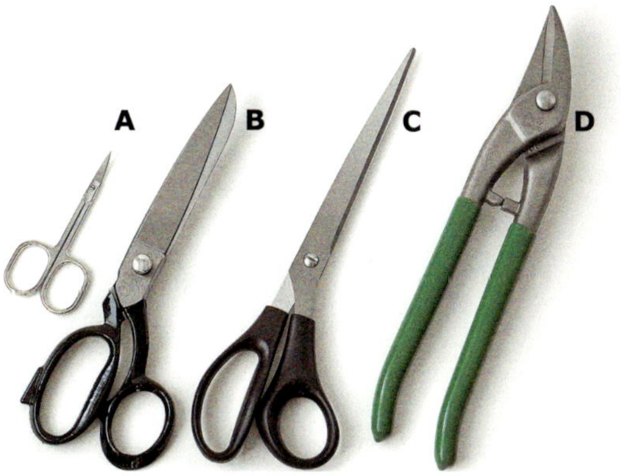

12

8* Beim Werfen arbeitet der Streckmuskel am Oberarm – und bewegt den Unterarm. ▸**13**

a Vergleiche die Länge der Hebelarme. Wird hier Kraft gespart oder Weg verlängert?

b Welchen Vorteil hat es, dass ein Hebelarm viel länger ist als der andere?

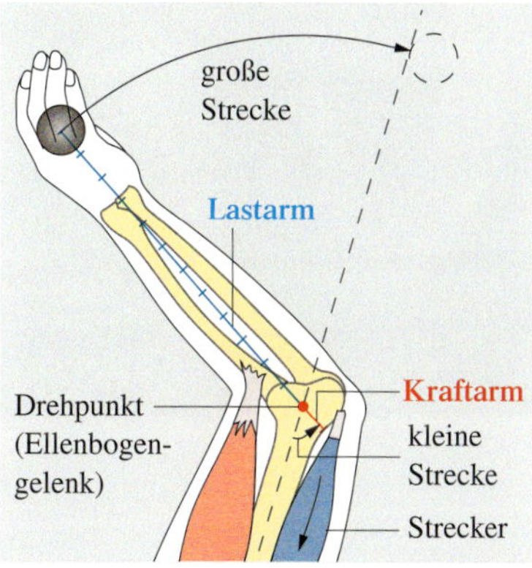

13

Bewegung braucht Energie

Nichts läuft von alleine

▷ Wer beim Sport seinen persönlichen Rekord aufstellen möchte, muss sich gut vorbereiten: durch Training und mit einem kräftigen Frühstück. Mit dem Essen führt man dem Körper „Energie“ zu. Ohne sie läuft gar nichts.

▷ Gilt das nur für die Muskeln des Körpers oder auch für Motoren und Maschinen?

1

2

3

4

5

6

Experimentieren

1 Biobrennstoffe Auch dein Körper braucht Energie. Die steckt als „Brennstoff“ in der Nahrung. Ein Beispiel dafür ist Olivenöl. Ob es „brennt“?

a Mit diesem „Ölbrenner“ kannst du das leicht ausprobieren. ▸7

b Wo liegt der Unterschied zwischen dem Brennen des Öls im Versuch und dem Verbrennen in deinem Körper?

c Woher kommt die Energie von Sonnenblumenöl?

d* Beschreibe, wie die Energie des Öls in die Bewegung der Papierspirale umgewandelt wird.

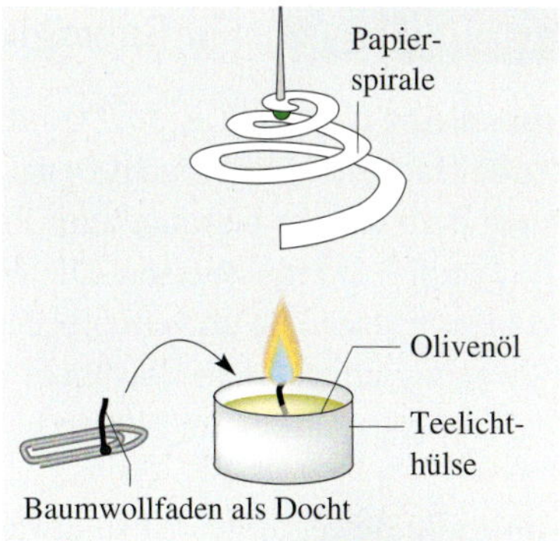

7

2 Der Gummibandmotor Baue ein Modellauto, dessen Motor aus einem Gummiband besteht. ▸8 Ein ähnlicher Rückzugsantrieb steckt auch in vielen Spielzeugautos. ▸9

a Ermittle die Länge des Fahrwegs auf glattem Fußboden.

b Woher bekommt das Auto seine Energie?

8

9

3 Die Luftballonrakete ▸10

a Zieht einen dünnen Bindfaden durch einen Trinkhalm. Spannt dann den Bindfaden durchs Klassenzimmer. Pustet den Luftballon auf, haltet seine Öffnung zu und klebt ihn an den Trinkhalm. Dann lasst ihr den Ballon los.

b Beschreibe den Vorgang. Wie weit kommt der Ballon? Woher kommt die Energie?

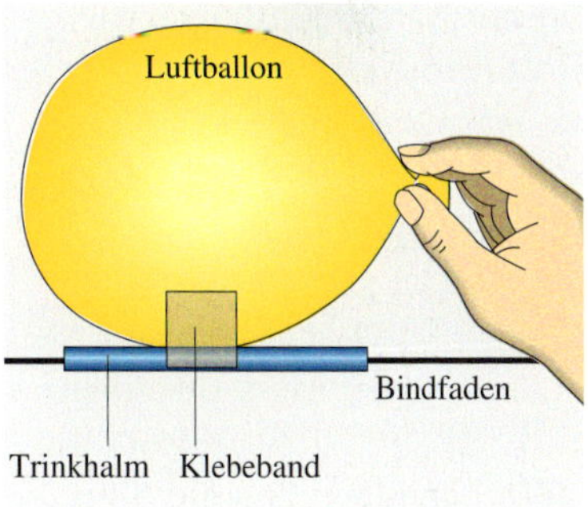

10

4 Aus Licht wird Bewegung ▸11

a Verbindet die beiden Anschlüsse der Fotozelle mit dem Elektromotor. Lasst unterschiedlich viel Licht auf die Fotozelle fallen.

b Beschreibe, wie die Lichtenergie umgewandelt wird.

5 Aus Bewegung wird Licht Energie lässt sich nutzen, um Bewegung zu erzeugen. Und Bewegung kann man nutzen, um Licht zu erzeugen. ▸12
Beschreibe den Vorgang.
Woher kommt die Energie und was wird aus ihr?

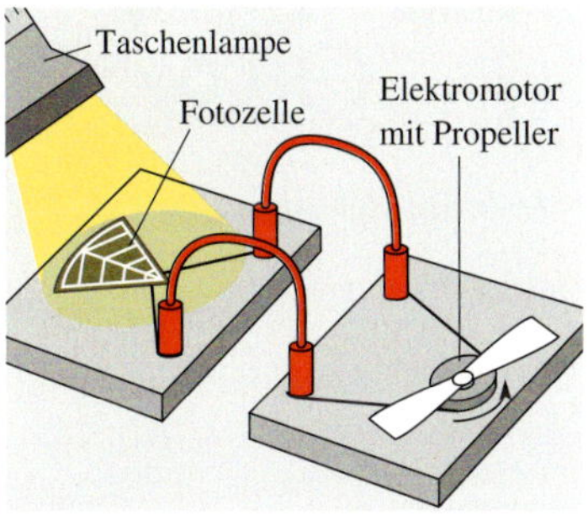

11

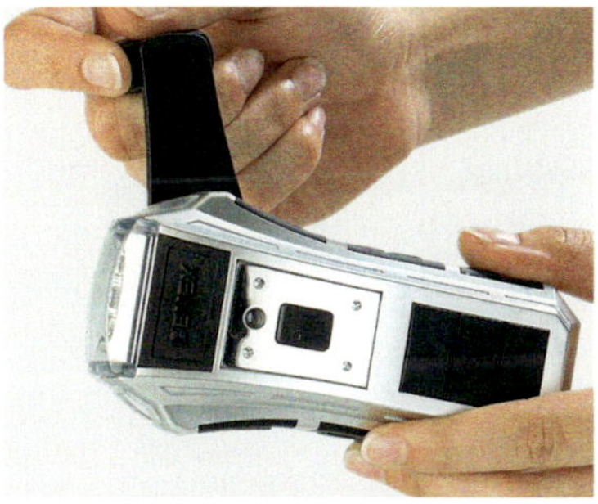
12

Grundlagen Für Bewegung braucht man Energie

Von alleine fährt kein Auto. Damit es sich in Bewegung setzt, muss man vorher tanken. Man braucht Benzin als Treibstoff. ▸1
Auch dein Körper benötigt zum Rennen, Werfen, Treppensteigen einen „Treibstoff": Du musst essen. Die Nahrung ist dein Treibstoff.
Mit einer Solarzelle und einem geeigneten Motor lässt sich auch Licht in Bewegung umwandeln. Das Licht ist der „Treibstoff" für den Motor.
In Nahrungsmitteln, im Benzin und im Licht steckt Energie.

Für alle Bewegungen ist so etwas wie ein „Treibstoff" erforderlich, nämlich Energie.

Die Bewegung kann ihrerseits als „Treibstoff" dienen. Wenn sich ein Rad dreht, kann es einen Dynamo antreiben und Licht erzeugen.

In der Bewegung selbst steckt Energie.

Wenn du rennst oder Treppen steigst, wird dir warm. Deine Energie wird nicht nur in Bewegung umgewandelt, sondern auch in Wärme.
Auch beim Schlafen brauchst du Energie, denn das Herz pumpt Blut durch die Adern und beim Atmen bewegt sich dein Brustkorb. Um die Körpertemperatur aufrechtzuerhalten, ist ebenfalls Energie erforderlich – und sogar zum Träumen.
Unser Körper erhält die Energie aus der Nahrung. Ähnlich wie Holz beim Verbrennen Energie als Wärme abgibt, liefert die Nahrung dem Körper Energie. Für diesen Vorgang ist der Sauerstoff aus der Luft notwendig. Je mehr Energie dein Körper gewinnt, desto schneller musst du atmen.

Wir benötigen Energie, ähnlich wie eine Maschine. Wir gewinnen sie aus der Nahrung, die im Körper „verbrannt" wird. Die Energie nutzen wir für unsere Körperwärme und unsere Bewegung.

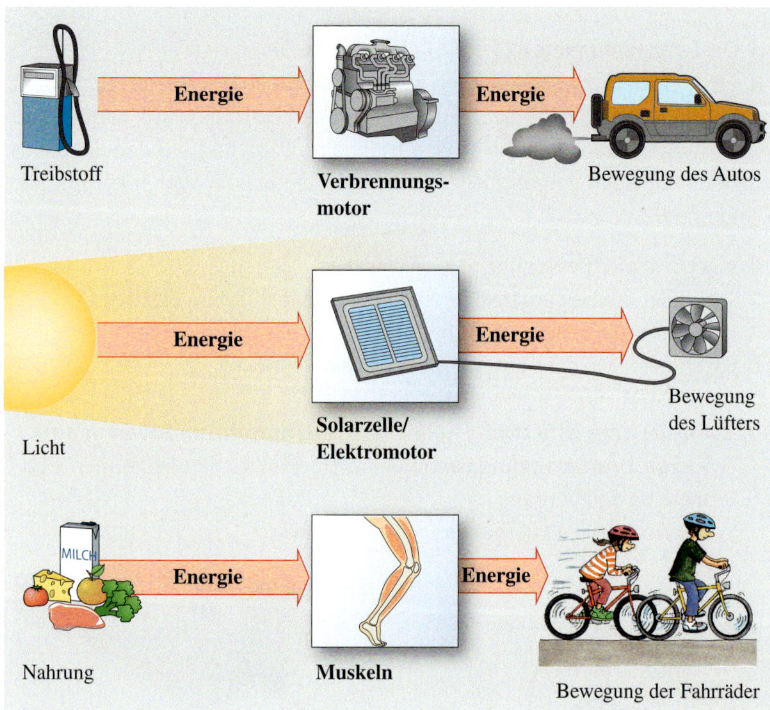

1

Aufgabe

1 Skizziere ähnliche Diagramme für die Versuche 2 und 5 auf der Vorseite.

Dein Energiebedarf

▷ Auf dem Speiseplan der Inuit im hohen Norden Amerikas steht viel fettreiche Nahrung: Lachs, Walfleisch, Tran … In eisiger Kälte brauchen sie viel Energie, um ihre Körpertemperatur zu halten und nicht zu erfrieren. Diese Energie „steckt" in kalorienreicher Nahrung.

▷ Wenn du dich ähnlich ernähren würdest, bräuchtest du viel Bewegung, damit die aufgenommene Energie nicht zu „überflüssigen Pfunden" führt.

1 *Inuitjunge beim Eisangeln*

Aufgaben

1 Ermittle deinen Energiebedarf.

a Schreibe auf, was du an einem Tag tust und wie lange die einzelnen Tätigkeiten dauern.

b Auf der folgenden Seite ist der Energiebedarf für viele verschiedene Tätigkeiten angegeben. Berechne damit deinen persönlichen Energiebedarf für den untersuchten Tag. *Hinweis:* Rechne dabei Ruhe- und Schlafzeiten mit 280 Kilojoule pro Stunde (Durchschnittswert).

2 Erstelle einen Speiseplan.

a Besorge dir eine Tabelle mit der Energie von Nahrungsmitteln. Bei abgepackten Lebensmitteln ist sie auf der Verpackung abgedruckt.

b Notiere, was du an einem Tag isst. Berechne die Energie, die du mit der Nahrung aufnimmst.

c Vergleiche die aufgenommene Energie mit deinem Energiebedarf.

3 Du hast bestimmt ein paar Lieblingsspeisen. Informiere dich jeweils über die Energie in einer Portion davon.

4 Katja isst eine kleine Pizza (550 kcal) und Leon einen Doppel-Hamburger (2070 kJ). Beide Portionen sind gleich schwer (200 g). Wer von beiden hat mehr Energie zu sich genommen?

5 Was geschieht, wenn dein Körper mehr Energie mit der Nahrung erhält, als er braucht?

6 Der Junge auf der Leiter isst einen Apfel. ▸2

a Wie viel Energie nimmt sein Körper dabei auf?

b Wie hoch müsste der Junge klettern, um diese Energie vollständig zu nutzen?

7 Ali hat eine halbe Tafel Schokolade gegessen. Er sagt: „Ich fahre mit dem Rad zur Schule – da verbrauche ich die Energie wieder." Was meinst du dazu?

In „Nährwerttabellen" für Lebensmittel wird die Energie oft in Kilokalorien (kcal) angegeben.
In der Physik benutzt man die Einheit Kilojoule (kJ).
1 Kilokalorie und 4 Kilojoule sind etwa gleich viel Energie.
Mehr dazu erfährst du in den Grundlagen auf der folgenden Seite.

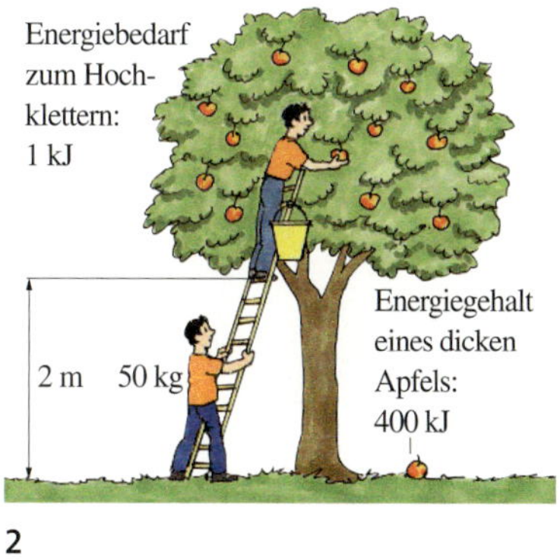

2

Grundlagen Wie viel Energie braucht dein Körper?

1 *Energiebedarf in 30 Minuten*

Der Energiebedarf der Menschen ist unterschiedlich. Er hängt vom Alter, von der Arbeit und der Lebensweise ab. Wer viel Sport treibt, benötigt mehr Energie als jemand, der liest. ▸1–2

Bei leichter Tätigkeit brauchst du pro Tag eine Energie von etwa 10 000 Kilojoule (sprich: kilo-dschul, mit langem „u" wie in Schule).

Die Energie wird in der Einheit Joule (J) angegeben. Diese Einheit ist nach dem englischen Physiker *James P. Joule* (1818–1889) benannt.
Mit 1 kJ = 1000 J Energie kann man:
- 10 Liter Wasser aus einem 10 m tiefen Brunnen hochziehen
- den Tee in einer Tasse um 1 °C erwärmen
- eine Sekunde lang staubsaugen

Achte darauf, dass du nicht mehr Energie mit der Nahrung aufnimmst, als du brauchst. Nicht genutzte Nährstoffe werden in Fett umgewandelt und im Gewebe abgelagert.

Auf vielen Lebensmitteln ist angegeben, wie viel Energie sie enthalten. ▸3–4
Mit „Light"-Produkten solltest du vorsichtig sein, weil sie zwar den Magen füllen, aber keine Energievorräte schaffen. Ein Hungergefühl bleibt.
Auch beim Nichtstun benötigt dein Körper Energie. Wenn du 40 kg wiegst, brauchst du beim Schlafen 160 kJ in der Stunde. Der Grundbedarf unseres Körpers beträgt 4 kJ stündlich für jedes Kilogramm Körpergewicht.

Energiebedarf bei 1 h Tätigkeit	
Bergsteigen	4800 kJ
Skilaufen (Langlauf)	3800 kJ
Fußballspielen	3000 kJ
Jogging (9 km)	2500 kJ
Schwimmen	1800 kJ
Tanzen	1800 kJ
Tennisspielen	1500 kJ
Gymnastik	1200 kJ
Radfahren (20 km, flach, Windstille)	1200 kJ
Spazierengehen	430 kJ
Stehen	120 kJ
Sitzen	60 kJ

2

3 *Energie in Nahrungsmitteln (bei jeweils 100 g)*

Energie in Lebensmitteln	
Schokolade (100 g)	2400 kJ
Chips (100 g)	2200 kJ
Popcorn (100 g)	1500 kJ
Pommes frites (100 g)	1200 kJ
Hamburger (100 g)	1000 kJ
Softeis (100 g)	550 kJ
Energy-Drink (1 Glas)	380 kJ
Cola (1 Glas)	360 kJ
Limo-Bier-Mix (1 Glas)	310 kJ
kleiner Apfel (100 g)	220 kJ
Cola light (1 Glas)	1 kJ
Mineralwasser	0 kJ

4

Überblick

Energiebedarf

Für Bewegung braucht man Energie. Man kann sie mit dem Treibstoff zuführen oder mit der Nahrung oder mit Licht … ▸5

Bei der Umwandlung des Treibstoffs in Bewegung entsteht auch Wärme. Im Körper wird die Nahrung zur Energiegewinnung mit Sauerstoff aus der Luft „verbrannt".

Der Energiebedarf deines Körpers liegt bei etwa 10 000 Kilojoule (kJ) pro Tag. Wer körperlich arbeitet oder Sport treibt, braucht mehr Energie. Führt man mit der Nahrung zu viel Energie zu, wandelt der Körper Nährstoffe in Fett um und speichert sie.

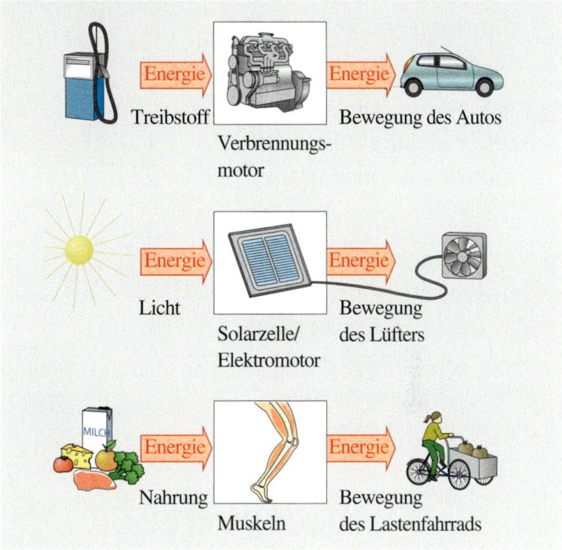

5 *„Treibstoffe" liefern Energie.*

Alles klar?

Durchschnittliche Energie in einigen Nahrungsmitteln (je 100 g)	
Mayonnaise	3200 kJ
Chips	2260 kJ
Milchschokolade	2180 kJ
Gummibärchen	1380 kJ
Bratwurst	1250 kJ
Pommes frites	950 kJ
Colagetränk	240 kJ

6

Durchschnittlicher Energiebedarf bei verschiedenen Tätigkeiten (je 1 min)	
Skilanglauf	63 kJ
Fußballspielen	50 kJ
Joggen	42 kJ
Schwimmen	30 kJ
Radfahren	20 kJ
Sitzen	1 kJ

7

1 Ein 45-minütiges Badmintonspiel erfordert viel mehr Energie als eine gleich lange Wanderung. Erkläre den Unterschied.

2 Der Energiebedarf eines Menschen wird immer nur ungefähr angegeben. Warum ist dies sinnvoll?

3 Warum muss die Nahrung der Inuit mehr Fett enthalten als die eines Afrikaners?

4* Magst du Pommes frites mit Mayonnaise? Dieser Imbiss hat es ganz schön in sich. ▸6 Aber auch andere Nahrungsmittel sind nicht ohne …

a Wie lange musst du Rad fahren, um die verschiedenen Lebensmittel in der Tabelle „abzuarbeiten"? ▸7

b Berechne auch die Zeiten für die anderen Sportarten.

5* „Meine Muskeln arbeiten mit Sonnenenergie." Versuche diese Aussage zu erklären.

Gesunde Ernährung hält mich fit

Fit in den Tag

- ▷ Dein Frühstück sollte dir schmecken und gesund sein! ▸1–6
- ▷ Obst, Nüsse, Milch- und Vollkornprodukte sind für die Zähne besser geeignet als Süßigkeiten und Limonade.
- ▷ Wenn du vor Schulbeginn noch nicht viel essen magst, ist das zweite Frühstück umso wichtiger. Frühstücke doch einmal gemeinsam mit deinen Klassenkameraden.

1

Doppeldecker

Bestreiche eine Scheibe Vollkornbrot dünn mit Butter und belege sie mit Camembert. Darauf kommen Radieschenscheiben und eine Scheibe Knäckebrot. Dazu gibt es eine Mandarine.

2

Vollkornmüsli

Vermische 4 Esslöffel Vollkornmüsli mit je einem Teelöffel Rosinen, Nüssen und Sonnenblumenkernen oder Kokosflocken. Gib Bananen-, Apfel-, Birnen- und Orangenstückchen dazu und gieße Milch, Joghurt oder Fruchtsaft darüber.

1 Frühstücksgewohnheiten Was frühstückst du morgens zu Hause und in der Schule? Führe eine Woche lang Protokoll darüber.
Vergleicht eure Protokolle. Gibt es Gemeinsamkeiten? Was gehört zu einer gesunden Ernährung?

Tag	Zu Hause	In der Schule
Montag	?	?
Dienstag	?	?
Mittwoch	?	?

2 Unter welchen Bedingungen schmeckt das Essen?
Ob das Essen schmeckt, hängt nicht nur von den Nahrungsmitteln und Getränken ab. Wichtig ist unter anderem,
- in welcher Umgebung gegessen wird,
- mit wem die Mahlzeit eingenommen wird,
- wie lange die Mahlzeit dauert.

Führt eine Befragung in eurer Klasse durch, wie euren Mitschülern Mahlzeiten gefallen und was sie beim Essen gar nicht mögen. Schreibt Essensregeln auf.

3* Plant ein gemeinsames Klassenfrühstück Das Frühstück sollte möglichst abwechslungsreich sein. Was wollt ihr anbieten? Einige Anregungen findet ihr auf dieser Doppelseite. Sucht nach weiteren Rezepten für ein gesundes Frühstück.
Wie viele Nahrungsmittel müssen beschafft werden? Wie sollen die Tische gedeckt werden? Was muss dazu mitgebracht werden?

4* Frühstücken in anderen Ländern Was wird in anderen Ländern gefrühstückt? Bereitet ein kleines Angebot zum Probieren vor. Vielleicht können euch Eltern dabei unterstützen.

5* Wandzeitung Bereitet für den Elternabend eine Wandzeitung zu eurem Klassenfrühstück vor.
Was habt ihr ausprobiert? Was hat besonders gut geschmeckt?
Bestimmt könnt ihr Empfehlungen für ein gesundes Pausenfrühstück geben.

Süß oder herzhaft

Bestreiche die Hälften eines Vollkornbrötchens mit Doppelrahmkäse. Belege sie je nach Geschmack mit Apfel- oder Bananenscheiben, Salatblättern, Tomaten- oder Gurkenscheiben, Paprikastreifen oder Keimlingen.

3

Gemüse mit Dipp

Schneide Kohlrabi, Gurke, Möhren, Paprika in mundgerechte Streifen und spieße sie auf einen Zahnstocher. Für den Dipp vermischst du Naturjoghurt mit etwas Crème fraîche, etwas Zitronensaft, Salz und Pfeffer.

5

ɿetränke zum ɿurstlöschen

ɿsser oder Mineralwasser, ɿmüsesäfte, Obstsäfte mit ɿeralwasser, Früchte- ɿr Kräutertee

4

Joghurt mit frischen Früchten

Gib Beeren oder klein geschnittene Früchte in den Joghurt. Rühre dann noch Sonnenblumenkerne und etwas Obstsaft unter den Joghurt.

6

Hygieneregeln

Haltet die Regeln ein, damit sich keine Krankheitserreger verbreiten:

- Wascht eure Hände gründlich mit Seife.
- Verwendet Einmalhandtücher.
- Lebensmittel sollten so lange wie möglich gekühlt werden.
- Verwendet keine Rohmilch und kein rohes Ei.
- Fleisch muss durchgegart sein.

Frühstück und Zwischenmahlzeiten sind wichtig

Unsere Leistungsbereitschaft hängt von der Tageszeit ab. ▸7
Ohne Frühstück erreichst du nicht das Leistungshoch am Vormittag. Wenn lange Pausen zwischen den Mahlzeiten liegen, sinkt die Leistungsbereitschaft in den Pausen deutlich ab. Mit Frühstück und kleinen Zwischenmahlzeiten kannst du mehr leisten!

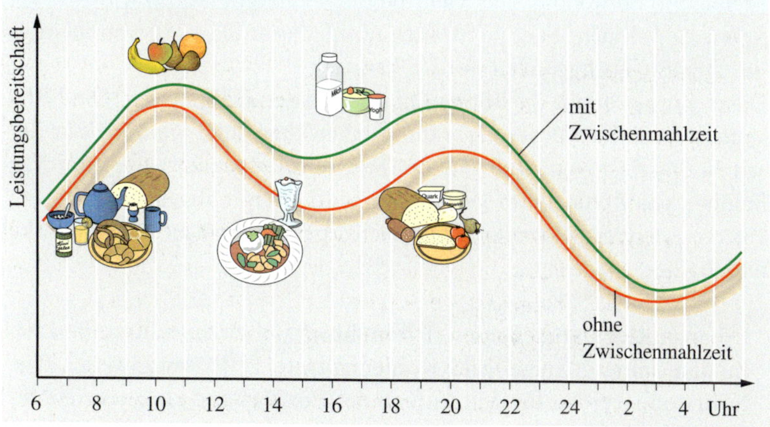

7 *Leistungsfähig durch kleine Mahlzeiten*

Woraus besteht unsere Nahrung?

▷ Wieso müssen wir essen?

1

2

3

Grundlagen Wozu brauchen wir Nährstoffe?

Unsere Nahrung kann von Tieren oder von Pflanzen stammen. Sie kann roh oder gekocht, fest oder flüssig sein. Beim Essen und Trinken nehmen wir verschiedene Stoffe auf. Der Körper braucht sie, z. B. um zu wachsen oder um sich zu bewegen.
Für eine gesunde Ernährung brauchen wir zwei Stoffgruppen: Nährstoffe und Ergänzungsstoffe (z. B. Vitamine).

Nährstoffe für den Aufbau Nährstoffe werden für das Wachstum des Körpers gebraucht. Dazu gehören auch das Heilen einer Wunde, der Aufbau von Muskeln und die Erneuerung von Hautschichten. Für den Aufbau des Körpers sind vor allem *Eiweiße (Proteine)* nötig.

Nährstoffe als Energielieferanten Energie brauchen wir, wenn wir laufen, Treppen steigen, einen Gegenstand anheben … Auch zum Denken ist Energie notwendig. Das Herz benötigt Energie, um Blut durch die Adern zu pumpen. Energie ist auch nötig, damit die Körpertemperatur gleichmäßig hochgehalten werden kann.
Unser Körper erhält die nötige Energie aus den Nährstoffen. Die Nährstoffe werden im Körper verbrannt – allerdings ohne Flamme. Für diesen Vorgang ist Sauerstoff aus der Luft nötig – genauso wie zum Verbrennen von Kohle. Beim Verbrennen wird Energie abgegeben.
Für die Energiegewinnung nutzt der Körper die *Kohlenhydrate* (Stärke und Zucker) sowie *Fette*.

Lebensmittel unterscheiden sich in ihrem Gehalt an Nährstoffen. ▸4
Zu den Nährstoffen gehören Kohlenhydrate, Fette und Eiweiße. Die Nährstoffe werden für den Aufbau des Körpers und als Energielieferanten benötigt.

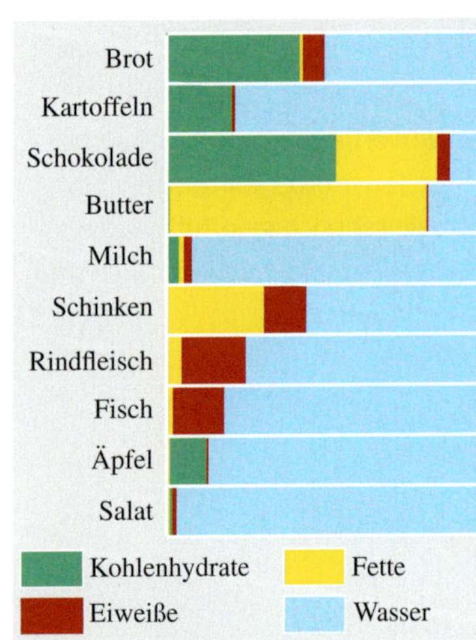

4 *Nährstoffgehalt in Lebensmitteln*

Untersuchen Experimentieren

1 Angaben auf Verpackungen
Für Lebensmittel findest du Angaben
- zu den Nährstoffen Kohlenhydrate (Stärke und Zucker), Fette, Eiweiß (Protein) und
- zur enthaltenen Energie. ▸1

a Notiere die Angaben von fünf Lebensmitteln. Stelle jeweils die Nährstoffe in 100 g in Säulendiagrammen dar.
b Vergleicht die Angaben in der Klasse miteinander. Welche Nahrungsmittel enthalten jeweils besonders viele Kohlenhydrate, viel Fett oder Eiweiß?

2 Stärke nachweisen Stärke gehört zu den Kohlenhydraten. Sie lässt sich mit Lugol-Lösung nachweisen. (Diese Lösung ist gesundheitsschädlich und umweltgefährlich!)
a Gebt einen Teelöffel Stärke auf ein Schälchen und fügt zwei oder drei Tropfen der Lösung hinzu. ▸5
Notiert die Beobachtung im Protokoll.
b Zur Kontrolle wiederholt ihr den Versuch mit Traubenzucker.

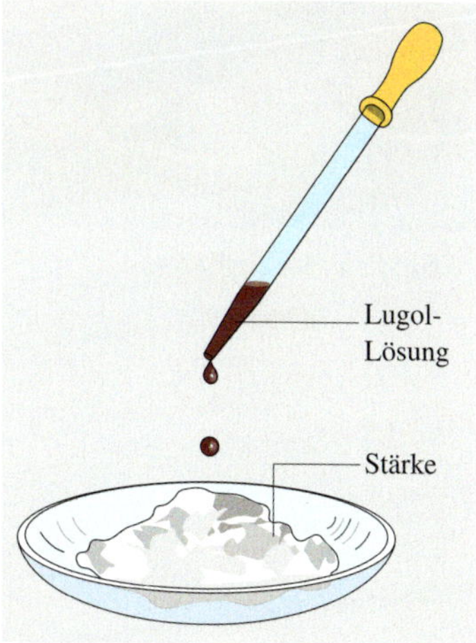

5 *Nachweis von Stärke*

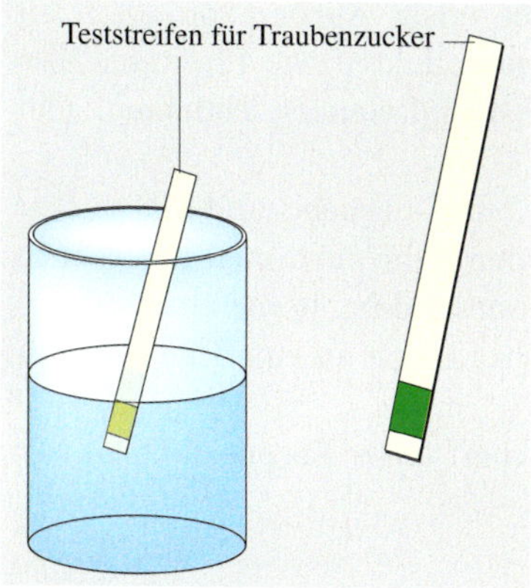

6 *Nachweis von Traubenzucker*

3 Traubenzucker nachweisen
Auch Traubenzucker gehört zu den Kohlenhydraten. Er lässt sich mit Teststreifen aus der Apotheke nachweisen. ▸6
Die Teststreifen funktionieren nur in Flüssigkeiten.
a Löst einen Teelöffel Traubenzucker in einem kleinen Becherglas mit Wasser. Haltet den Teststreifen hinein und notiert die Beobachtung im Protokoll.
b Zur Kontrolle könnt ihr den Streifen auch in Wasser halten.

4 Eiweiß nachweisen Eiweiß wird mit Essig oder Zitronensaft nachgewiesen.
a Füllt ein Reagenzglas 2 cm mit Eiklar. Verdünnt es mit der gleichen Menge Wasser. Schließt das Reagenzglas mit einem Stopfen und schüttelt. Fügt einige Tropfen Zitronensaft oder Essig hinzu. Wenn sich Flocken bilden, ist Eiweiß vorhanden.
b Zur Kontrolle wiederholt ihr den Versuch mit Traubenzucker und Stärke.

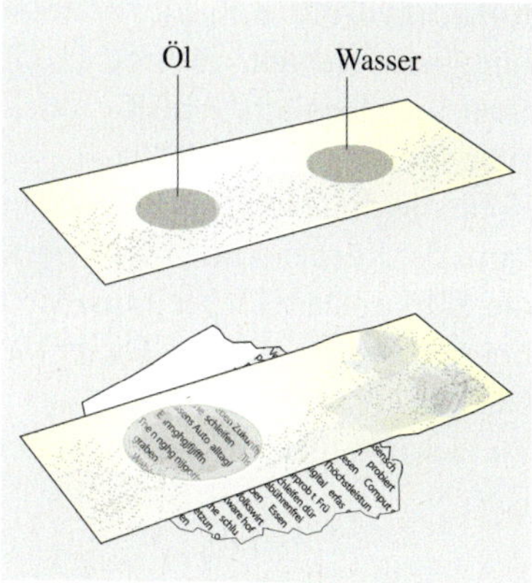

7 *Nachweis von Fett*

5 Fette nachweisen Fettige Lebensmittel hinterlassen auf Papier durchscheinende Flecken. Das Fett saugt sich im Papier fest und verdunstet nicht. Durch Fettflecke kann man Fette in Lebensmitteln nachweisen.
a Gebt einen Tropfen Öl und zur Kontrolle einen Wassertropfen auf ein Stück Filterpapier. ▸7
Kennzeichnet die Stelle mit einem Stift.
b Wartet eine Viertelstunde und notiert eure Beobachtung im Protokoll.

6 Den Nährstoffgehalt von Nahrungsmitteln prüfen Sucht Lebensmittel aus, die ihr untersuchen möchtet. Für den Fettnachweis reicht es, wenn du ein Stück auf das Filterpapier drückst und zerreibst. Für die anderen Nachweise müssen feste Lebensmittel wie Brot oder Gemüse zuerst zerkleinert und in Wasser gegeben werden – mit einer Küchenreibe oder einem Mörser. Fertigt eine Tabelle an. ▸8

Lebensmittel	Stärke	Traubenzucker	Eiweiße	Fette
z. B. Kartoffel	++	–	–	–

8 *Mustertabelle (Zeichenerklärung: ++: enthält sehr viel; +: enthält viel; +/–: enthält etwas; –: nicht nachweisbar)*

Grundlagen Nährstoffe – genauer betrachtet

Kohlenhydrate Kohlenhydrate braucht unser Körper vor allem als Energielieferanten. Sie sind in Getreideprodukten wie Brot, Haferflocken und Reis sowie in Kartoffeln, Obst und Gemüse enthalten, aber auch in Süßigkeiten. ▸1

Kohlenhydrate wie Haushaltszucker, Trauben-, Frucht- und Malzzucker kann der Körper schnell verwerten. Zu den Kohlenhydraten gehört auch die Stärke. Der Körper muss sie erst umwandeln, bevor er aus ihnen Energie gewinnen kann. Daher sättigt Brot länger als eine Tüte Gummibärchen.

Zu viel zugeführte Kohlenhydrate speichert unser Körper in Form von Fett.

1 *Kohlenhydrate in Lebensmitteln*

Fette Fette können von Tieren stammen wie Butter, Speck und Schmalz. Sie werden aber auch aus dem Samen von Sonnenblumen oder Rapspflanzen sowie aus dem Fruchtfleisch und den Kernen von Oliven oder den Früchten der Ölpalme gepresst. ▸2

Fette enthalten doppelt so viel Energie wie die gleiche Menge Kohlenhydrate. Für größere körperliche Anstrengungen sind Fette als Energiespeicher wichtig. Sie dienen auch als „Vitaminträger", da manche Vitamine sich nur in Fett lösen.

Überschüssige Fette aus der Nahrung wird als Körperfett gespeichert. Damit du nicht zu viel Fett isst, solltest du auf die „unsichtbaren" Fette in Fleisch, Wurst, Käse, Eiern, Sahne, Nüssen, Kuchen und Schokolade achten.

2 *Fette in Lebensmitteln*

Eiweiße Für unseren Körper sind Eiweiße unentbehrlich. Sie dienen dem Aufbau von Knochen, Muskulatur und Organen, ermöglichen das Funktionieren von Gehirn und Blutkreislauf, sind für die Abwehr von Krankheitserregern nötig …

Unser Körper verwendet Eiweiße auch für die Energiegewinnung. Sind keine Fette als Energiereserven vorhanden, baut der Körper in Hungerzeiten Muskulatur ab.

Eiweiße sind in großer Menge in Milch, Eiern, Fleisch und Fisch enthalten, aber auch in Hülsenfrüchten (Erbsen, Linsen …). ▸3

3 *Eiweiße in Lebensmitteln*

Aufgaben

1 Zähle die Nährstoffe auf und ordne sie in „Baustoffe" und „Betriebsstoffe".

2 Begründe, warum Eiweiße für Kinder besonders wichtig sind.

3 Wie sollte sich der Speiseplan eines Bauarbeiters von dem eines Büroangestellten unterscheiden?

4* Wie wirkt sich das Kochen auf den Vitamin-C-Gehalt von Speisen aus? Führe eine Versuchsreihe mit Vitamin-C-Teststreifen aus der Apotheke aus. Verwende z. B. Zitronensaft und Sauerkraut.

Erweiterung Ergänzungsstoffe gehören dazu

Vitamine und Mineralstoffe liefern im Gegensatz zu den Nährstoffen keine Energie. Dennoch müssen wir sie täglich in kleinen Mengen über die Nahrung zu uns nehmen. Zu einer gesunden Ernährung gehören auch Ballaststoffe.

Vitamine Für viele Vorgänge im Körper sind Vitamine wichtig. ▸4 So verbessert *Vitamin A* die Sehleistung. Es dient auch dem Aufbau der Haut und der Schleimhaut. *Vitamin D* sorgt dafür, dass genügend Kalk in die Knochen eingelagert werden kann. *Vitamin C* stärkt die Abwehrkräfte gegen Krankheiten.
Fehlen die Vitamine in der Nahrung, kann der Mensch krank werden. So waren früher die Seeleute oft monatelang unterwegs, ohne frisches Obst oder Gemüse zu bekommen. Viele litten unter Skorbut. Diese Krankheit tritt bei Mangel an Vitamin C auf. Das Zahnfleisch beginnt zu bluten, die Zähne werden lose und können ausfallen, man fühlt sich schlapp.

Mineralstoffe Auch die Mineralstoffe sind für unsere Gesundheit notwendig. ▸5
Calcium gibt Knochen und Zähnen Festigkeit.
Eisen ist wichtig für den roten Farbstoff im Blut, der den Sauerstoff transportiert.
Fluor macht den Zahnschmelz hart und *Iod* wird für den richtigen Ablauf von Wachstum und Entwicklung gebraucht. In Nahrungsmitteln sind diese beiden Mineralstoffe nur in geringen Mengen vorhanden. Sie reichen oft für die Versorgung des Körpers nicht aus. Daher wird in manchen Ländern dem Trinkwasser Fluor und dem Speisesalz Iod zugesetzt.

Ballaststoffe Zu den Ballaststoffen gehören Schalen und Fasern (z.B. von Obst, Gemüse, Getreide). Nahrung mit vielen Ballaststoffen muss gründlich gekaut werden. Dadurch wird das Gebiss gekräftigt. Ballaststoffe regen die Darmtätigkeit an. Sie verhindern, dass du nach dem Essen gleich wieder Hunger bekommst.
Viele Ballaststoffe enthalten Vollkorn-, Leinsamen- und Roggenbrot, Vollkornkekse, Brombeeren, Erdbeeren, Erbsen und Kartoffeln.
Ballaststoffarm sind z.B. Weißbrot, Blätterteigtaschen, Pudding, Kopfsalat und Salatgurke.

Wasser Täglich gibt unser Körper 2,5 Liter Flüssigkeit als Schweiß und Urin sowie mit der Atemluft ab. Diese Verluste ersetzt du am besten mit verdünnten Fruchtsäften und Mineralwasser.

Vitamin A

Leber, Butter, Margarine, Eigelb, Milch, Paprika, Melone, Mohrrübe

Vitamin D

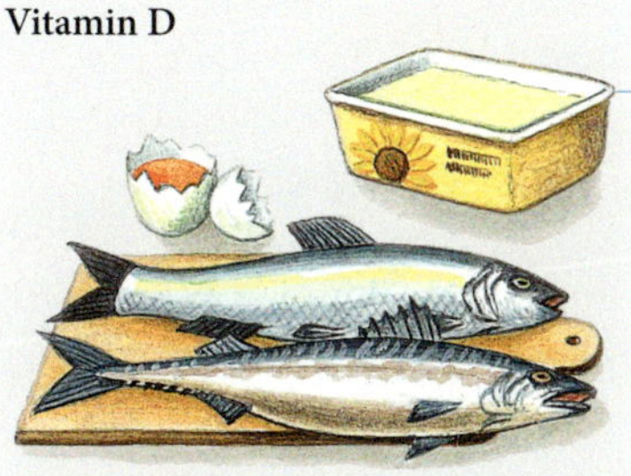

Hering, Makrele, Eigelb, Milch und Milchprodukte, Butter, Margarine

Vitamin C

Apfelsine, Zitrone, Schwarze Johannisbeere, Paprika, Kartoffel

4 *Vitamine in Nahrungsmitteln*

Calcium

Milch, Milchprodukte, Brokkoli, Grünkohl, Fenchel, Mineralwasser

Eisen

Fleisch, Leber, Vollkornbrot, Haferflocken, Salat, Spinat, Hülsenfrüchte

Iod

Hering, Seelachs, Milch, Iodsalz und damit hergestellte Lebensmittel

5 *Mineralstoffe in der Nahrung*

Gesundheit Gesunde Ernährung – was gehört dazu?

Zur gesunden Ernährung gehört eine „vollwertige“ Nahrung. Sie muss alle Nährstoffe und Ergänzungsstoffe enthalten, die wir brauchen. Der „Ernährungskreis“ gibt einen Überblick. ▸1
Die Mahlzeiten sollten jeden Tag Lebensmittel aus allen Feldern des Kreises enthalten – aus den breiten Feldern größere Mengen, aus den schmalen Feldern kleinere Mengen.
Im Körper wird zwar ständig Energie gebraucht, aber wir müssen nicht ununterbrochen essen. Leber, Muskeln und Fettgewebe enthalten Reservestoffe und liefern bei Bedarf Energie. Nach der Nachtruhe sind die Reserven größtenteils aufgebraucht und müssen durch ein ausreichendes Frühstück ersetzt werden.
Besser als drei Hauptmahlzeiten sind mehrere kleine Mahlzeiten. Große Mahlzeiten belasten die Verdauungsorgane und machen müde. Bei langen Pausen zwischen den Mahlzeiten sinkt die Leistungsfähigkeit. Nach einigen Stunden bekommst du richtig Hunger – und isst vielleicht mehr, als dir lieb ist.

1 *Ernährungskreis*

Aufgaben

1 Nenne zwei Gründe dafür, dass fünf kleine Mahlzeiten am Tag günstiger sind als zwei große.

2 Warum empfehlen Ernährungswissenschaftler, zu den Mahlzeiten Rohkostsalate und Frischobst zu reichen?

3 Kopiert den Ernährungskreis mehrfach, schneidet die „Tortenstücke“ aus und schreibt auf die Rückseite jeweils ein Nahrungsmittel. Stellt daraus die Mahlzeiten zusammen, die euch schmecken. Wer hat die leckerste Kombination?

- VIELSEITIG – ABER NICHT ZU VIEL.
- WENIGER FETT UND FETTREICHE LEBENSMITTEL.
- WÜRZIG – ABER NICHT SALZIG.
- WENIG SÜSSES.
- VIELE VOLLKORNPRODUKTE.
- REICHLICH OBST, GEMÜSE UND KARTOFFELN.
- WENIGER TIERISCHES EIWEISS.
- REICHLICH FLÜSSIGKEIT.
- ÖFTER KLEINERE MAHLZEITEN ESSEN.
- SCHMACKHAFT ZUBEREITEN UND NÄHRSTOFFE SCHONEN.

2 *Ernährungsregeln der Deutschen Gesellschaft für Ernährung*

„Fast Food" Wörtlich übersetzt heißt das „schnelles Essen". Es wird schnell zubereitet und ohne großen Aufwand verspeist. ▸3 Zu solchen Gerichten gehören Pommes frites, Hamburger und Currywurst. Diese Nahrungsmittel enthalten sehr viele Fette und Kohlenhydrate und damit viel Energie.
Fast Food kann aber auch Obst, Salate, Milchgetränke und Joghurt sein. ▸4 Es kommt also auch beim Fast Food darauf an, richtig auszuwählen, wenn man sich gesund ernähren will. ▸5
Den Begriff „schnelles Essen" sollte man jedoch nicht ganz wörtlich nehmen. Zur gesunden Ernährung gehört es auch, dass die Mahlzeiten in sauberer Umgebung und ohne Hast eingenommen werden. Der Magen und die anderen Verdauungsorgane brauchen ein wenig Zeit, damit sie die Nahrung aufnehmen und gut verdauen können.

Naschen und Knabbern Wer isst nicht gerne beim Fernsehen Salzstangen, Chips oder Erdnüsse? Und wer kann schon Süßigkeiten wie Bonbons, Eis und Schokolade widerstehen?
Die Nahrungsmittel sollten aber nur in geringen Mengen gegessen werden, da sie sehr viel Energie enthalten. Beispielsweise besitzen 100 g Schokolade etwa 2200 kJ, 100 g Kartoffelchips sogar ungefähr 2400 kJ. ▸6

6

3 *Fastfood – so ...*

4 *... oder so*

Produkt	Energie in kJ	Eiweiße in g	Fette in g	Kohlenhydrate in g
Hamburger	1087	13,3	9,7	28,9
Pommes frites (mittlere Portion)	1454	3,5	16,2	44,6
Currywurst	2378	19,0	49,0	8,0
Cola-Getränk (0,25 l)	552			33,0
Banane	409	1,3	0,2	22,6
Joghurt (natur, 150 g)	381	5,0	5,3	6,0
Müsliriegel	398	1,8	2,8	15,5
Vollmilch (0,25 l)	669	8,0	8,8	11,8

5 *Verschiedene Fast-Food-Produkte im Vergleich*

Aufgaben

1 Notiere einen Tag lang alles, was du isst. Entspricht dein „Speiseplan" einer gesunden Ernährung?

2 Lies die Regeln zur gesunden Ernährung. ▸2 Wie sollten sich deine Ernährungsgewohnheiten verändern? Formuliere Empfehlungen.

3 Wenn dem Körper viele Kohlenhydrate zugeführt werden, kann er dann eher auf Eiweiße oder eher auf Fette in der Nahrung verzichten? Begründe deine Meinung.

4 Beurteile die dargestellten kleinen Mahlzeiten. ▸3–4

5* „Fit kid" und „5 am Tag" – was steckt dahinter? Recherchiert und beschreibt.

Der Weg des Pausenbrots in meinem Körper

▷ Welche Aufgaben haben die einzelnen Organe bei der Verdauung?

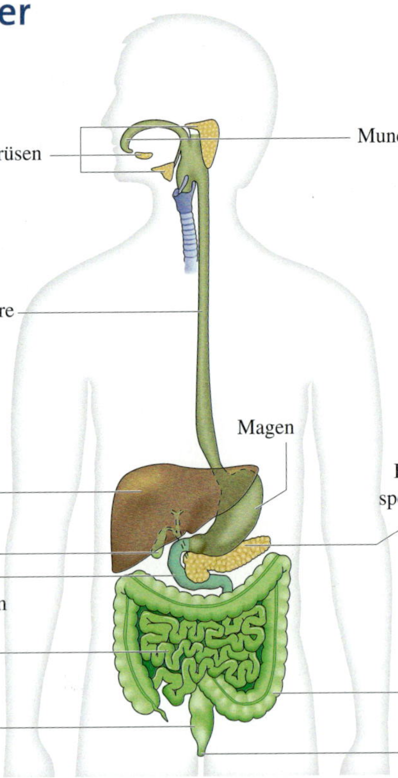

1 *Die Verdauungsorgane des Menschen*

Die Reise eines Schinkenbrötchens

2

Einst lag ein Schinkenbrötchen einsam und verlassen in einer Schultasche. „Ach", dachte das Brötchen, „niemand mag mich. Dabei habe ich alle Nährstoffe, die der Mensch zum Leben braucht: Kohlenhydrate, Fette und Eiweißstoffe."

Und während das Brötchen traurig vor sich hin döste, packte es ein hungriger Schüler und schob es in den Mund. „Was kommt denn da auf mich zu?", rief das Brötchen erschreckt. „Die Zähne zerkleinern mich und durch den Speichel werde ich ganz schleimig. Er zerlegt meine Stärke in kleinere Teile. Aus ihr wird Zucker!"

Schon geht es weiter – einen langen Schlauch hinunter. Natürlich, das ist die Speiseröhre. Das Brötchen weiß kaum, wie ihm geschieht: „Wohin komme ich jetzt? Dieser Schlauch ist ja noch größer. Das muss wohl der Magen sein. Und wie es hier riecht – ganz schön sauer!" Klar, der Magensaft enthält Salzsäure. Sie tötet die Bakterien – eine wichtige Aufgabe.

„Hilfe, was macht der Magensaft mit mir! Der zerlegt ja das ganze Eiweiß. Mein schönes Schinkenfleisch zerfällt. Zum Glück greift der Magensaft meine Kohlenhydrate und mein Fett nicht an. Puh, das war ganz schön anstrengend. Ich denke, ich bleibe hier drei Stunden liegen."

Doch schon nach zweieinhalb Stunden wacht das Brötchen von einem heftigen Rütteln und Drücken auf. „Ach, es geht wieder los. Ich merke es ganz deutlich, ich zerfalle immer weiter. O Schreck, hier im Dünndarm gibt es auch Verdauungssäfte. Sie kommen aus der Darmwand und aus der Bauchspeicheldrüse. Meine Kohlenhydrate und das Eiweiß werden in noch kleinere Bausteine aufgespalten und verschwinden durch die Darmwand. Als Nächstes kommt der grüne Gallensaft, der das Fett in kleinste Fettkügelchen zerteilt.

Und was schlüpft da durch die Darmwand ins Blut?" Es sind die Vitamine und Mineralstoffe. Sie sind so klein, dass sie hindurchpassen.

„Es geht zu Ende mit mir. Ich bin kaum noch da. Schon werde ich in den Dickdarm gedrückt. Muss der mir denn auch noch das ganze Wasser entziehen? O weh, wenn mich jetzt einer sehen könnte – total fest und zusammengestampft! Ich bestehe nur noch aus unverdaulichen Resten. Ich weiß genau, wo ich gleich lande ..."

3

Grundlagen Die Verdauung

Der Weg der Nahrung im Körper ist 5 bis 6 m lang. Auf ihm werden die Nährstoffe in kleine Bestandteile gespalten und zusammen mit den Ergänzungsstoffen ins Blut abgegeben. Diese Vorgänge laufen in den Verdauungsorganen ab. ▸1

Mundhöhle Die Verdauung beginnt im Mund. Dort wird die Nahrung von den Zähnen zerkleinert. Der Speichel hüllt die Nahrungsbröckchen ein, weicht sie auf und macht sie gleitfähig. Die Zunge bewegt die Nahrung hin und her. Es entsteht ein Nahrungsbrei.
Die Speicheldrüsen geben oft schon dann Speichel ab, wenn man eine Speise nur sieht oder riecht. Manchmal braucht man nur vom Essen zu reden, damit einem „das Wasser im Mund" zusammenläuft. Der Speichel kann Stärke zerlegen, dabei entsteht Zucker.

Speiseröhre Der Nahrungsbrei wird aus dem Rachenraum durch Schluckbewegungen in die Speiseröhre gedrückt. Sie zieht sich zusammen und transportiert so den Speisebrei bis in den Magen.

Magen Wenn der Magen leer ist, liegen seine Wände aneinander. Er kann ein bis zwei Liter Nahrung aufnehmen. Der Magen ist mit einer Schleimhaut ausgekleidet. Sie enthält viele Drüsen, die Schleim sowie Magensaft abgeben. Der Magensaft enthält Salzsäure und tötet Krankheitserreger ab. Außerdem bereitet er die Spaltung der Eiweiße in ihre Bausteine vor. Der Schleim schützt die Magenwand vor Selbstverdauung. In der äußeren Magenwand liegen Muskeln, die sich regelmäßig zusammenziehen. So wird der Nahrungsbrei durchmischt und zum Magenausgang gedrückt.

Darm Der *Dünndarm* ist 4 bis 5 m lang. In der Darmschleimhaut wird dort der Darmsaft gebildet. Er vollendet die Zerlegung der Nährstoffe.
Der Anfang des Dünndarms heißt *Zwölffingerdarm*. Zusätzlich werden in den Zwölffingerdarm auch Bauchspeichel aus der Bauchspeicheldrüse und Gallensaft aus der Leber abgegeben. Beide Säfte sind ebenfalls an der Zerlegung der Nährstoffe beteiligt.
Die Schleimhaut des Dünndarms besitzt sehr viele, sehr dünne Ausstülpungen, die Zotten. ▸4 Sie vergrößern die innere Oberfläche des Darms stark. Die Bausteine der Nährstoffe gelangen durch die dünnen Wände der Zotten in die Blutgefäße und werden vom Blut weitertransportiert.
Zuletzt gelangt der nun dünnflüssige, nährstoffarme Nahrungsbrei in den *Dickdarm*. Hier wird ihm das Wasser entzogen. Die unverdaulichen Reste der Nahrung werden im Mastdarm gesammelt und als Kot über den After ausgeschieden.

Mundhöhle, Speiseröhre, Magen und Darm sind Verdauungsorgane. In ihnen wird die Nahrung zerkleinert, durchmischt und in ihre Bausteine zerlegt.
Die Zerlegung erfolgt mithilfe von Speichel, Magen- und Darmsaft sowie durch Bauchspeichel und Gallensaft.
Über den Dünndarm gelangen die Bausteine der Nährstoffe ins Blut und damit zu allen Teilen des Körpers.

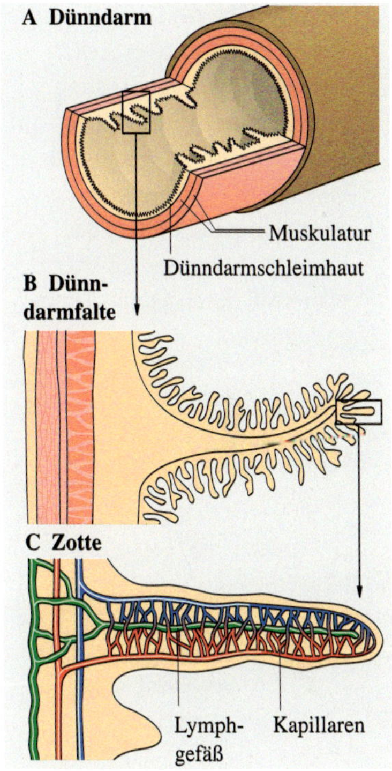

4 *Zotten im Dünndarm*

Aufgaben

1 Beschreibe den Weg der Nahrung im Körper.

2 Nenne die einzelnen Verdauungsorgane. Erläutere die Funktionen jedes Organs.

3 Beschreibe, was man unter Verdauung versteht.

4 Beschreibe die Veränderungen der Nahrung in der Mundhöhle. Welche Bedeutung haben diese?

Untersuchen Experimentieren

1 Wirkung des Mundspeichels

Material: Petrischale, Lugol-Lösung, Pellkartoffeln, Weißbrot
Sicherheitshinweis: Die Lugol-Lösung ist schädlich für die Gesundheit und gefährlich für die Umwelt! Nicht auf die Haut bringen oder verschlucken.

a Lege in eine Schale eine Scheibe einer Pellkartoffel und eine Scheibe Weißbrot. Gib auf jede Scheibe an zwei Stellen einen Tropfen Lugol-Lösung.

b Beträufle eine dieser Stellen auf jeder Scheibe mit Mundspeichel. ▸1

c Beobachte und notiere das Ergebnis. Erläutere, welcher Nährstoff durch Mundspeichel zerlegt wird.

1

2* Wirkung des Bauchspeichels

Material: 5 Reagenzgläser, Messer, Mörser und Pistill, wasserfester Stift, Bauchspeichelextrakt, gekochtes Ei, Wasser

a Beschrifte fünf Reagenzgläser mit den Buchstaben von a bis e.

b Fülle in jedes Glas eine Portion Eiweiß. In Glas a kommt das Eiweiß unzerteilt, in Glas b grob zerkleinert, in Glas c fein zerhackt. Die vierte wird im Mörser zerrieben und in Glas d gefüllt. Glas e bleibt leer. ▸2

c Gib in jedes Glas eine Spatelspitze Bauchspeichelextrakt, fülle sie zu zwei Dritteln mit Wasser und schüttle den Inhalt.

d Beobachte nach einer halben Stunde, nach einem Tag und nach zwei Tagen.

e Wie wirkt Bauchspeichel? Ziehe aus den Beobachtungen Schlussfolgerungen.

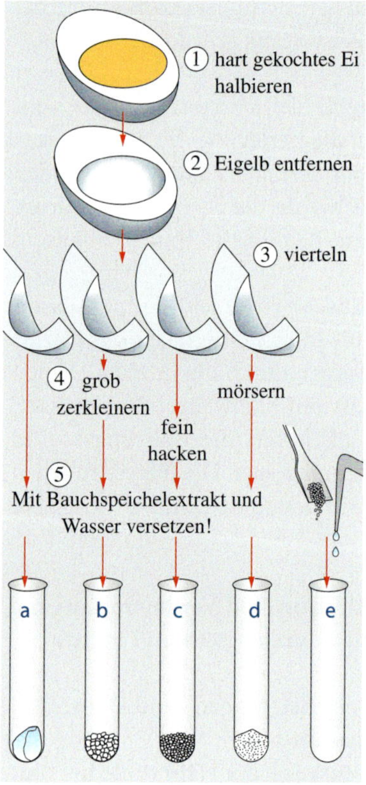

2

3* Wirkung des Gallensafts ▸3

Material: Reagenzglas, Wasser, Speiseöl, Gallensaft oder getrocknete Galle (*Vorsicht:* Gallensaft nicht auf die Haut bringen oder verschlucken!)

a Fülle ein Reagenzglas zur Hälfte mit Wasser. Gib mit einer Pipette fünf Tropfen Speiseöl dazu und schüttle kräftig.

b Beobachte sofort und nochmals nach fünf Minuten.

c Gib eine Spatelspitze Galle dazu (oder einige Tropfen Gallensaft). Schüttle erneut. Beobachte sofort und nach fünf Minuten.

d Notiere deine Beobachtungen. Erläutere die Wirkung von Galle.

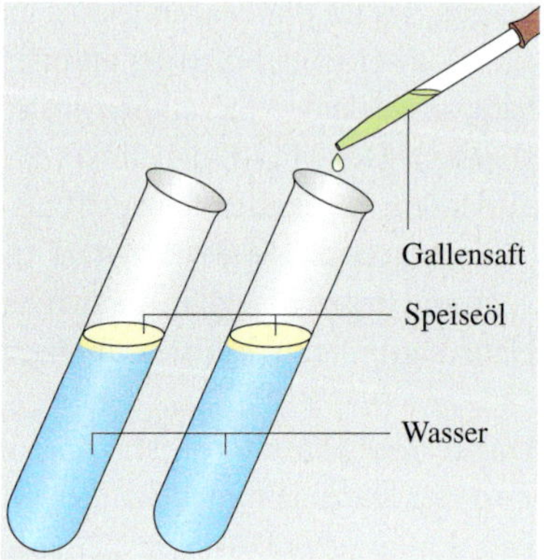

3

4* Was lässt die Darmwand durch?

Material: Naturdarm für Wurst (vom Fleischer), Stärke, Traubenzucker, Wasser, Bechergläser, Spatel, Teststreifen für Traubenzucker, Lugol-Lösung

a Verknote ein 20 cm langes Stück Darm an einem Ende. Fülle ihn mit Traubenzuckerlösung (zwei Spatel auf 200 ml). Verknote das offene Ende. Fertige ebenso eine „Wurst“ mit einem Stärke-Wasser-Gemisch an.

b Wasche die Würste ab und lege sie jeweils in ein Becherglas mit Wasser. Prüfe, ob Traubenzucker oder Stärke ins Wasser übergeht.

Grundlagen Verdauung – Zerlegung der Nährstoffe

Verdauungssystem Bei der Verdauung arbeiten die einzelnen Organe geordnet zusammen. Daher fasst man sie zu einer Einheit, zum *Verdauungssystem*, zusammen. Jedes Verdauungsorgan erfüllt eine spezielle Funktion, um aus der Nahrung die für den Körper wichtigen Grundbausteine der Nährstoffe zu gewinnen.

Zerkleinern der Nahrung Feste Nahrung wird mit den Zähnen zerkleinert. Deshalb sind sie mit Zahnschmelz – dem härtesten Stoff im Körper – überzogen. Im Gebiss des Menschen erfüllen Schneide-, Eck- und Backenzähne unterschiedliche Funktionen. Sie ermöglichen das Abbeißen, Festhalten und Zermahlen der Nahrung.

Gut gekaut ... Wenn ein Nahrungsbrocken mit den Zähnen zerkleinert wird, vergrößert sich seine Gesamtoberfläche. Der Mundspeichel hat nun eine größere „Angriffsfläche". Durch einen Wirkstoff im Mundspeichel beginnt die Verdauung von Stärke. Das erkennst du, wenn du ein Stück Weißbrot sehr lange kaust. Das Brot schmeckt schließlich süß. Die kleinsten Teilchen der „geschmacklosen" Stärke werden in Zucker gespalten. Zudem macht Speichel die Nahrungsbrocken gleitfähig und tötet schädliche Bakterien ab, die in der Nahrung vorkommen können.

... ist halb verdaut Für die Spaltung der Nährstoffe in ihre „Bausteine" sind bestimmt Stoffe nötig. Sie heißen Verdauungsenzyme. Der Mundspeichel enthält ein Verdauungsenzym, das die Stärke spaltet. ▸4 Genauso wie die Stärke werden auch andere Kohlenhydrate sowie Eiweiße und Fette bei der Verdauung in ihre „Bausteine" gespalten. ▸5

In den Verdauungsorganen werden Nährstoffe durch Enzyme in ihre Bausteine gespalten. Im Mund beginnt die Spaltung von Stärke. Vorher wird die Nahrung mit den Zähnen zerkleinert.

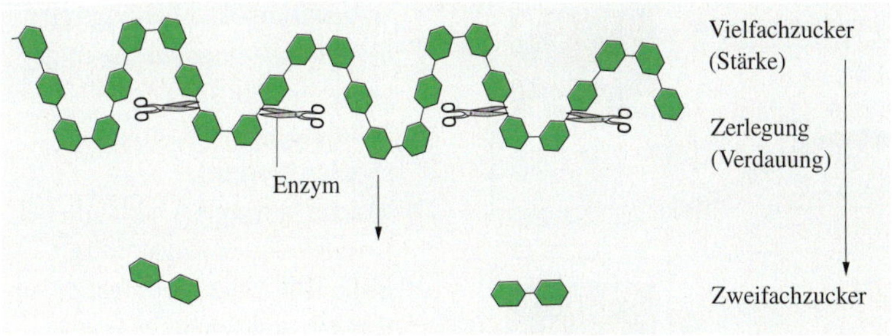

4 *Stärkespaltung durch das Verdauungsenzym des Mundspeichels*

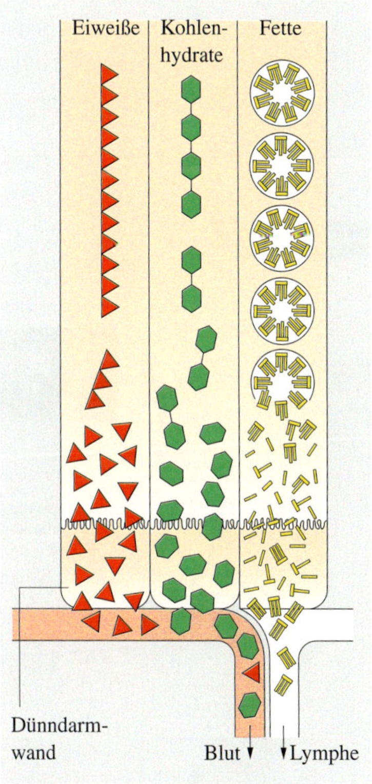

5 *Nährstoffe werden in ihre einzelnen Bausteine gespalten.*

Aufgaben

1 Mache dir die Oberflächenvergrößerung durch die Zerkleinerung der Nahrung an einem Modell klar. *Tipp:* Schneide dazu ein quaderförmiges Stück aus einem Apfel. Wie gehst du weiter vor?

2 Schreibe einen kurzen Text, der die in Abbildung ▸5 dargestellten Vorgänge erläutert.

Wenn Essen zum Problem wird ...

▷ Lisa ist 11 und kennt ihr Gewicht ganz genau – morgens, mittags und abends. Sie schreibt jeden Bissen auf und rechnet ihn in Kalorien um. Kein Apfel und kein Bonbon entgehen ihr. Schokolade isst sie seit Monaten nicht mehr. Sie möchte auf keinen Fall so werden wie ihre zwei Jahre ältere Schwester. Sie war früher auch schlank und ist jetzt in Lisas Augen pummelig. Die Kontrolle macht Lisa stark. Die Sorgen ihrer Familie überhört sie. Dabei ist Lisa doch schon so dünn …

▷ Jan ist 11. Wenn er aus der Schule kommt, hat ihm seine Mutter schon das Mittagessen in den Kühlschrank gestellt. Er muss es nur aufwärmen. Jan nimmt sich erst mal eine Packung Kekse und eine Cola. Dann spielt er am Computer. Als alles leer ist, macht er sich doch noch die Lasagne warm. Er isst sie vorm Fernseher. Zum Fußball hat er keine Lust. Die anderen wollen ihn sowieso nicht im Team haben und verspotten ihn …

1–2 *Lisa und Jan – zwei Gegensätze?*

Aufträge

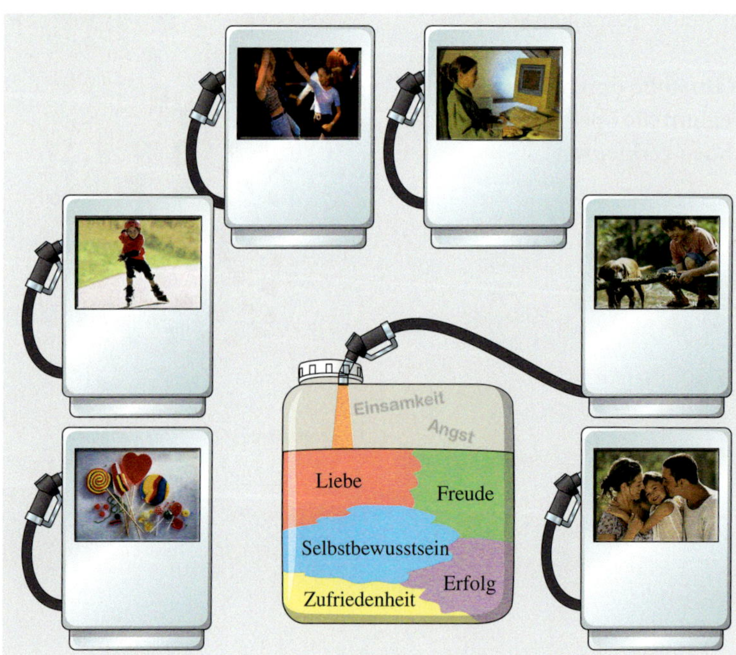

3 *Der „Seelentank" kann von verschiedenen Tankstellen gefüllt werden.*

1 Selbstbewusstsein „tanken" – zum Schutz der Gesundheit
Manchmal fühlen wir uns richtig gut, manchmal auch eher unsicher und einsam. In schwierigen Momenten müssen wir Selbstvertrauen „tanken". Allerdings gibt es dafür geeignete und weniger geeignete „Tankstellen". ▸3

a Erläutere die Abbildung mit eigenen Worten.

b Welche Tankstellen hältst du bei Einsamkeit und Angst für gut geeignet? Welche würdest du am liebsten aufsuchen?

c Überlege, welche Gefühle Lisa und Jan haben. Womit könnten sie ihren Seelentank füllen?

2 Die Geschichten von Lisa und Jan Wie könnten die beiden Geschichten weitergehen? Überlegt euch ein Ende. Stellt eure Ideen vor und besprecht sie anschließend in der Gruppe.

3 Ein Rollenspiel Peter wird wegen seiner abstehenden Ohren und seiner Körperfülle von einigen Kindern der Klasse nur „Dumbo“ genannt. Er schämt sich deshalb, lässt sich seine Gefühle aber nicht anmerken. Peter zieht sich immer mehr zurück.
Überlegt in der Gruppe Handlungsmöglichkeiten für folgende Personen: einen Mitschüler, der Peter helfen möchte, Peter und der Klassenlehrer. Spielt die Situation mit verteilten Rollen. ▸4

4 *Rollenspiel mit „Zuschauern“*

Gesundheit Muss ich Diät machen?

Viele Menschen machen es sich gern bequem. Sie sitzen vor dem Fernseher oder spielen am Computer. Bewegung und Sport kommen oft zu kurz. Essen steht meist im Überfluss zur Verfügung. Deshalb steigt die Anzahl an übergewichtigen Erwachsenen und Kindern – und Übergewicht kann zur Zuckerkrankheit führen. Gleichzeitig erkranken immer mehr Menschen an Essstörungen wie Magersucht oder Ess-Brech-Sucht (Bulimie). Die Betroffenen werden immer jünger. Lisas Geschichte ist kein Einzelfall:

- Die Hälfte aller 11-Jährigen hat sich mit Diäten beschäftigt.
- Ein Viertel aller Mädchen unter 12 Jahren hat eine Diät ausprobiert.
- Die Hälfte aller normal- und untergewichtigen Mädchen empfindet sich als zu dick. Sie eifern Vorbildern aus Zeitschriften oder Filmen nach.
- Nur eine von 100 Frauen ist rundum zufrieden mit ihrer Figur.
- Über die Hälfte aller Jugendlichen empfindet den eigenen Körper als unvollkommen. Es quält sie, sie möchten aber nicht darüber sprechen.

„Schlankheitsdiäten“ bilden bei Kindern und Jugendlichen häufig den Einstieg in eine ernsthafte Essstörung und sind daher gefährlich.

Selbstvertrauen tanken Vor allem Mädchen meinen oft, dass ihre Persönlichkeit stark vom Aussehen abhängt. Sie glauben, das Problem durch Abnehmen beseitigen zu können. Dabei hat die Unzufriedenheit meist ganz andere Ursachen. „Dünnsein“ ist die falsche „Tankstelle“ für das Selbstbewusstsein. ▸5
Bessere Tankstellen sind Familie und Freunde. Sie schätzen dich und deine Fähigkeiten, deine Ideen, deinen Humor, deine Art. Bei Problemen helfen sie wirksam und uneigennützig. Überlege einfach, warum du deine Freunde gern hast. Doch sicher nicht (nur) wegen ihres Aussehens – oder? Wer sich wohlfühlt, aktiv und lebensfroh ist, sollte sich nicht durch superschlanke Models in Zeitschriften verunsichern lassen. Einige Pfunde mehr zu akzeptieren, das gehört auch zum Selbstbewusstsein.

5

„7 Kilo in 7 Tagen“?

Dieses Motto vieler „Crashdiäten“ ist vollkommen unmöglich. Körperfett kann niemals so schnell abgebaut werden: 1 kg Körperfett enthält 24 000 kJ. Dein Körper braucht täglich im besten Fall vielleicht 10 000 kJ Energie. Du müsstest also nicht einen Tag, sondern zweieinhalb Tage gar nichts essen, um 1 kg zu verlieren. Crashdiäten sind daher sinnlos und eher gefährlich!

Aufgabe

1 „Einseitige Diäten sind gesundheitsschädlich.“ Erkläre diesen Satz mit deinem Wissen über gesunde Ernährung.

Gesundheit / Lecker essen

1

Gemüsepizza
Für 6 Personen benötigst du:
300 g Vollkornmehl,
200 g Weizenmehl, 40 g Hefe,
Salz, Gemüse und Käse.
So wird's gemacht:
Löse 40 g Hefe in einem Viertelliter warmem Wasser auf.
Vermische das Mehl und 1 Teelöffel Salz miteinander. Forme eine Mulde und gieße die Hefe hinein. Verknete alles gründlich mit der Hand oder einem Knethaken.
Lass den Teig unter einem Tuch zwei bis drei Stunden (bis zu 24 Stunden) ruhen. Knete den aufgegangenen Teig nochmals durch. Streue etwas Mehl auf den Tisch und rolle den Teig aus.
Fette das Backblech ein. Gib den ausgerollten Teig darauf, belege ihn mit Gemüse und Käse und backe 30 bis 40 Minuten bei 200 °C. Am besten backst du die Gemüsepizza gemeinsam mit Freunden. Viel Spaß!

Folienkartoffeln mit Füllung
Je Person benötigst du: eine große Kartoffel, Alufolie.
So wird's gemacht:
Stich die Kartoffeln mit einem Holzspieß rundherum ein. Wickle jede Kartoffel einzeln in Alufolie und backe sie etwa eine Stunde bei 250 °C im Backofen.
Öffne danach die Folie und schneide die Kartoffeln kreuzweise ein. Jede Kartoffel wird nach unten etwas zusammengedrückt. Die Kartoffeln kannst du nach Belieben füllen.

2

Hirse mit Früchten
Für 4 Personen benötigst du:
300 g Hirse, 0,5 l Wasser, 50 g Rosinen, 2 Bananen, 2 Esslöffel Mandelsplitter, 150 g Beeren nach Wahl und abgeriebene Zitronenschale (unbehandelt).
Zubereitungszeit: 60 Minuten (viel kürzer wird es, wenn die Hirse schon vorbereitet wurde)
So wird's gemacht:
Gib die Hirse mit dem Wasser in einen Topf. Lass das Ganze aufkochen und 5 bis 10 Minuten bei kleinster Hitze köcheln. Nimm die Hirse vom Herd und lass sie weitere 20 Minuten quellen.
Lass dann den Topf abkühlen.

3

Schneide die Bananen in Scheiben. Hebe Rosinen, Bananenscheiben, Beeren, Zitronenschale und Mandelsplitter vorsichtig unter die abgekühlte Hirse. Wenn du magst, kannst du das Ganze mit Sahne garnieren.

Buchweizenpfannkuchen
Für 4 bis 6 Personen benötigst du:
500 g Buchweizenmehl, 40 g Hefe, einen gestrichenen Teelöffel Meersalz, 100 g Butter, 600 g Wasser, 3 Eigelb, 3 Eiweiß und Öl zum Ausbacken.
So wird's gemacht:
Vermenge Mehl, Hefe, Meersalz, Butter, Wasser und Eigelb zu einem Teig. Schlage das Eiweiß zu steifem Schnee und hebe es unter den Teig. Gib etwas Öl in eine Pfanne und backe darin kleine Pfannkuchen aus.

4

Überblick

Bestandteile der Nahrung
Unsere Nahrung enthält als Nährstoffe Kohlenhydrate, Eiweiße und Fette sowie Ergänzungsstoffe. ▸5
Nährstoffe benötigen wir
- für den Aufbau des Körpers, z. B. das Wachstum (vor allem Eiweiße), und
- als Energielieferanten (vor allem Kohlenhydrate und Fette).

Zur Energiegewinnung werden die Nährstoffe im Körper mit Sauerstoff aus der Luft „verbrannt“.
Zu den Ergänzungsstoffen zählen Vitamine, Mineralstoffe, Ballaststoffe und Wasser.

Der Weg der Nahrung im Körper
Zu den Verdauungsorganen gehören die Mundhöhle, die Speiseröhre, der Magen und der Darm. ▸6 In ihnen wird die Nahrung zerkleinert und mithilfe von Verdauungssäften in ihre Bausteine zerlegt.
Über den Dünndarm gelangen die Bausteine der Nährstoffe ins Blut und damit zu allen Teilen des Körpers.

5 *Nährstoffe*

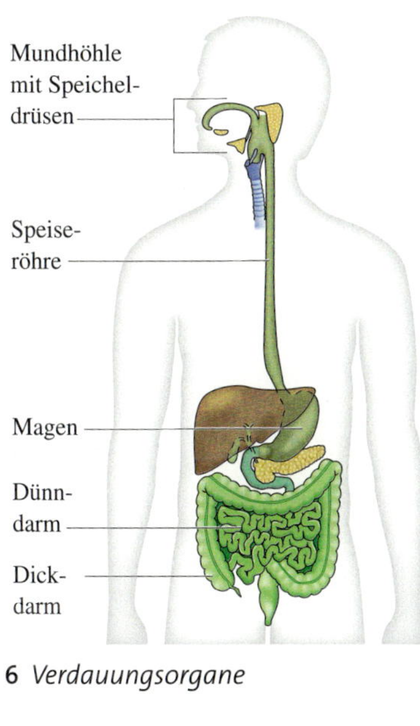

6 *Verdauungsorgane*

Alles klar?

1 Säuglinge und Junge von Säugetieren werden nur durch die Muttermilch ausreichend ernährt.
a Erkläre, welche Bestandteile in der Milch enthalten sein müssen.
b Wie kannst du deine Antwort überprüfen? Beschreibe eine Möglichkeit.

2 Nenne ballaststoffreiche Nahrungsmittel.
„Ballaststoffe in der Nahrung tragen dazu bei, den Körper gesund zu erhalten.“ Erläutere diesen Satz.

3 Ein gesundes Frühstück ist wichtig.
a Begründe diesen Satz.
b Welche Nährstoffe liefern dem Körper Energie für den Tag?
c Warum sollte das Frühstück viele Kohlenhydrate enthalten?

4* Warum ist es ratsam, morgens wenig zuckerhaltige Dinge und lieber Vollkornprodukte zu essen?

5 „Das Frühstück sollte vitaminreich sein und auch Milch oder Milchprodukte enthalten.“ Bewerte diese Aussage.

6* „Ein gutes Frühstück hält schlank! Ist die erste Malzeit des Tages das Mittagessen, so steigt die Gefahr, übergewichtig zu werden.“ Eine Mahlzeit weglassen und trotzdem dick werden? Erläutere den scheinbaren Widerspruch!

Meine Atmung – mein Puls

Luft zum Leben

1 *Atmen gehört zum Leben ...*

2

3

Aufträge und Versuche

1 Wie viel Luft benötigen wir? Eine 5-Liter-Kunststoffflasche wird vollständig mit Wasser gefüllt, mit der Hand verschlossen und umgekehrt in eine Schale mit Wasser gestellt. Durch einen Schlauch kannst du Luft in die Flasche blasen. (Saubere Mundstücke verwenden!) ▸4

a Atme ganz normal ein und dann durch den Schlauch auch aus. Lies den Wert ab.

b Zähle, wie oft du in jeder Minute atmest. Berechne, wie viel Luft du in 1 Minute brauchst.

c Ermittle nun die Luftmenge, die du bei Belastung in 1 Minute benötigst.

d Vergleiche eure Ergebnisse.

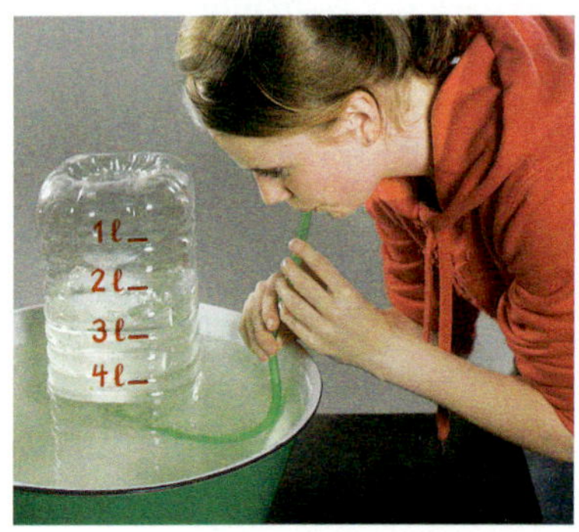

4

2 Atembewegungen

a Atme tief ein und miss den Umfang des Brustkorbs mit einem Maßband. Wiederhole die Messung, nachdem du ausgeatmet hast.

b Lege eine Hand auf deinen Bauch und die andere auf den Brustkorb. Versuche tief einzuatmen, ohne den Brustkorb zu bewegen.

c Du hast gerade die Brustatmung und die Bauchatmung kennengelernt. Beschreibe beide Arten der Atmung.

3* Wie ändert sich Luft beim Atmen? Fülle einen Glaskolben zu einem Drittel mit Kalkwasser. (Vorsicht: ätzend!) Mit ihm weist du das Gas Kohlenstoffdioxid nach, das du von Limonaden kennst.

a Blase mit einem Glasröhrchen und einem Gummiball 10 Sekunden lang Frischluft in das Kalkwasser. Welche Veränderung stellst du fest?

b Leite das Gas aus einer Sprudelflasche über einen Schlauch in Kalkwasser ein. Schüttle dazu vorsichtig die Flasche. Was beobachtest du?

c Wechsle das Kalkwasser aus. Atme tief ein und halte die Luft an. Atme dann vorsichtig durch das Glasröhrchen in das Kalkwasser aus (Mundstück wegwerfen). ▸5 Beschreibe deine Beobachtung.

Achtung: Schutzbrille aufsetzen!

5

Grundlagen / Atmungsorgane und Atmung

Der Weg der Atemluft im Körper Meist atmen wir durch die Nase ein. In der Nasenhöhle werden Staub und andere Verunreinigungen durch Millionen feinster Härchen und die feuchte Nasenschleimhaut herausgefiltert. Die gereinigte, feuchte und leicht angewärmte Luft gelangt über den Rachenraum in die Luftröhre. Die etwa 10 bis 12 cm lange Luftröhre ist durch Knorpelringe verstärkt. Innen ist sie mit feinen Flimmerhärchen besetzt. Die Luftröhre teilt sich in zwei Äste, die Bronchien. Durch sie gelangt die Luft in die beiden Lungenflügel. ▸6

Atembewegungen Die Lunge hat keine Muskeln. Sie kann also nicht selbst ein- oder ausatmen. Stattdessen wird der Brustraum abwechselnd erweitert und wieder verengt. Beim Erweitern dehnt sich die Lunge aus. Der Druck in ihre ist dann geringer als außen. Luft strömt in die Lunge. Wenn der Brustraum verengt wird, steigt der Druck in der Lunge. Die Luft strömt heraus – genau wie bei einem Blasebalg.

Bauchatmung Beim Platzschaffen hilft das Zwerchfell – eine Muskelschicht zwischen Lunge und Bauchraum. Normalerweise ist es nach oben gewölbt. Wenn sich seine Muskeln verkürzen, ist das Zwerchfell gespannt und fast waagerecht. Es drückt Magen und Darm nach unten – der Bauch wölbt sich vor und der Raum für die Lunge wird größer. ▸7

Brustatmung Die vielen kleinen Muskeln zwischen den Rippen helfen, den Brustkorb zu vergrößern. Wenn sie sich zusammenziehen, werden die Rippen angehoben, der Brustraum wird größer und frische Luft gelangt in die Lungen. ▸8

Atemvolumen Bei normaler Atmung atmet man pro Atemzug einen halben Liter Luft ein. Wenn man tief einatmet, nimmt man zusätzlich etwa zwei Liter Luft in die Lunge auf. Bei starkem Ausatmen stößt man bis zu fünf Liter aus. Trotzdem bleibt auch dann noch ein Rest Luft in der Lunge.

Die Luft gelangt über die Luftröhre und die Bronchien in die Lunge. Zum Atmen werden der Brustkorb und das Zwerchfell bewegt.

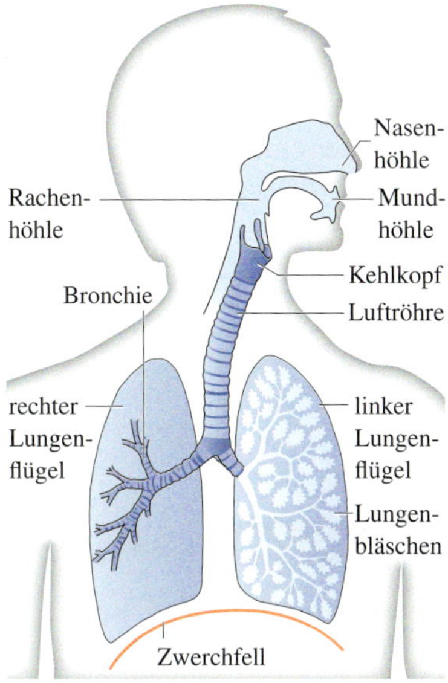

6 *Atmungsorgane*

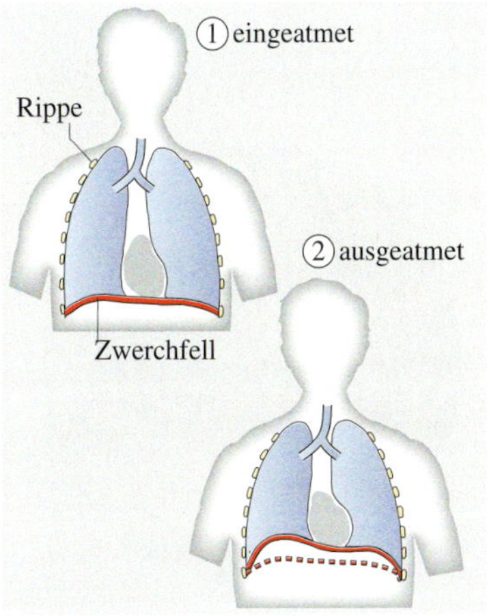

7 *Bauchatmung*

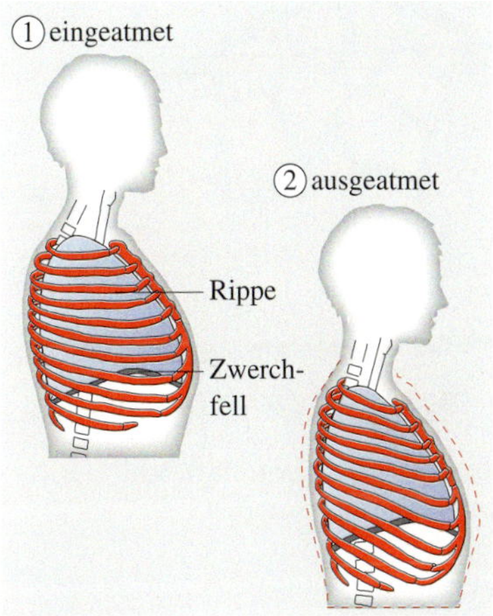

8 *Brustatmung*

Aufgaben

1 Beschreibe den Weg der Atemluft im Körper.

2 Mit einem Modell können wir die Atmung in vereinfachter Form veranschaulichen. ▸9

a Welchen Organen entsprechen die Teile des Modells?

b Das Gummituch wird nach unten gezogen. Beschreibe, was geschieht.

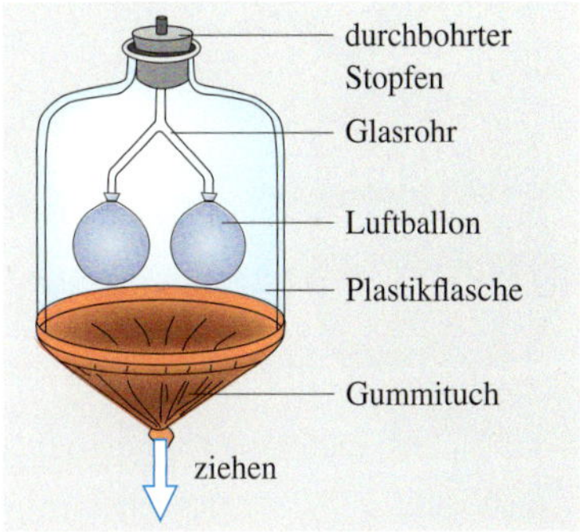

9

Wie kommt der Sauerstoff ins Blut?

▷ Wie unterscheidet sich ausgeatmete Luft von frischer Luft? Was geschieht in der Lunge mit der Luft?

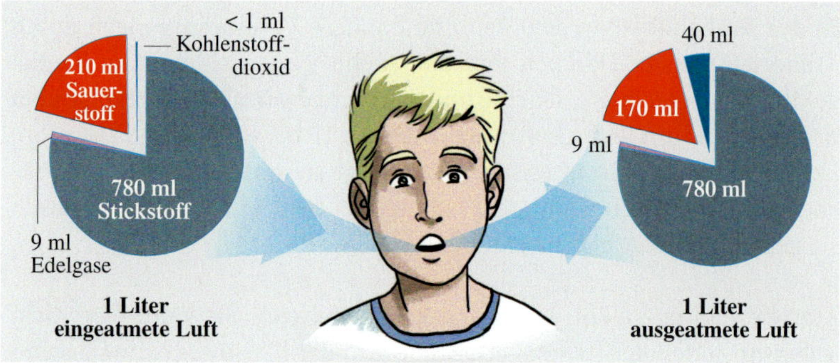

1 *Zusammensetzung von einem Liter Luft*

Grundlagen Gasaustausch in der Lunge

Zufuhr von Sauerstoff Beim Einatmen gelangt die sauerstoffreiche Luft in die Lungenbläschen. ▸2 Sie sind von einem Netz kleiner Blutgefäße umgeben. Der Sauerstoff durchdringt die dünnen Wände der Lungenbläschen und der Blutgefäße und gelangt so ins Blut. Vom Blut wird er an alle Stellen des Körpers transportiert. Er wird in den Körperzellen benötigt, um Nährstoffe aus der Nahrung ohne Flamme zu „verbrennen". So wird Energie für Muskeln, Gehirn und innere Organe gewonnen.

Abgabe von Kohlenstoffdioxid Als Abfallstoff entsteht bei der „Verbrennung" Kohlenstoffdioxid. Es wird von den Körperzellen ins Blut abgegeben und vom Blut zu den Lungenbläschen transportiert. Genau wie Sauerstoff durchdringt auch Kohlenstoffdioxid die Wände der Blutgefäße und der Lungenbläschen. Die ausgeatmete Luft enthält daher mehr Kohlenstoffdioxid und weniger Sauerstoff als die eingeatmete.

In den Lungenbläschen geht Sauerstoff von der Atemluft ins Blut über. Dort gibt auch das Blut Kohlenstoffdioxid an die Luft ab.

Oberfläche der Lungenbläschen
Die Lunge eines Erwachsenen enthält 500 Millionen Lungenbläschen. ▸3 Wenn man alle Lungenbläschen nebeneinander ausbreiten könnte, würde man eine Fläche von 150 m² brauchen – das entspricht der Fläche eines Volleyballfelds. Je größer die Fläche der Lungenbläschen, desto mehr Sauerstoff und Kohlenstoffdioxid kann über sie ausgetauscht werden.

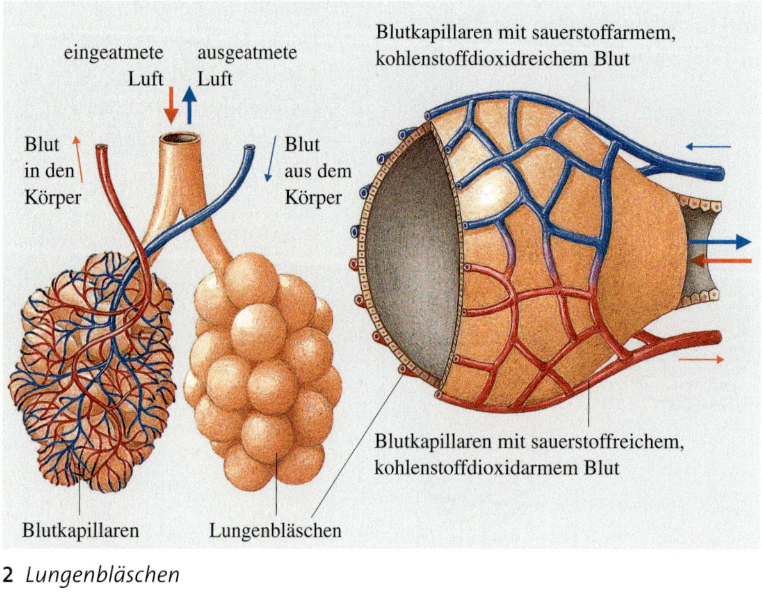

2 *Lungenbläschen*

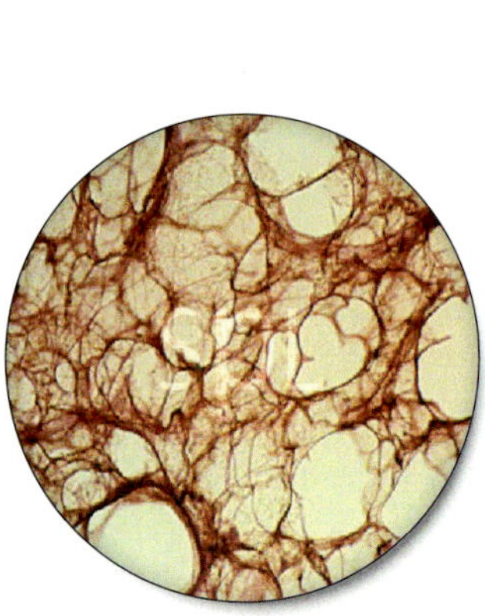

3 *Lungengewebe unter der Stereolupe*

Aufgaben

1 Im Alltag spricht man von „frischer Luft" und „verbrauchter Luft". Beschreibe den Unterschied.

2 Was geschieht in den Lungenbläschen mit dem Sauerstoff, was mit dem Kohlenstoffdioxid?

3 Modell eines Lungenbläschens
a Baue das Modell eines Lungenbläschens aus den abgebildeten Materialien. ▸4 Zähle Vorteile und Nachteile des Modells auf.
b* Wie könntest du die Durchlässigkeit der Lungenbläschen für Sauerstoff und Kohlenstoffdioxid besser darstellen?

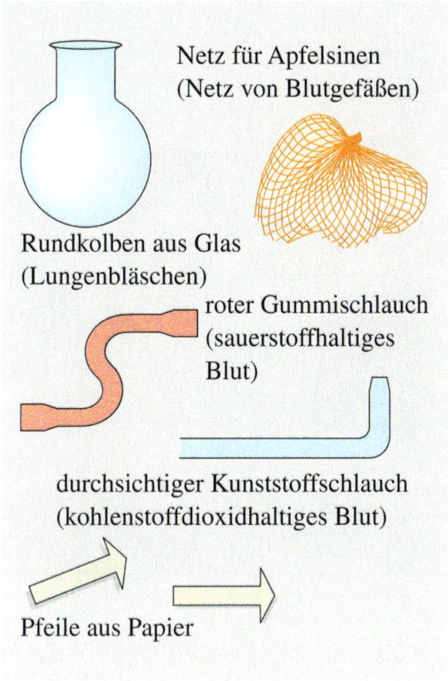

4 *Modell eines Lungenbläschens*

4* (Versuch) Der Rauch einer Zigarette (ohne Filter) strömt durch ein Glasrohr mit Kochsalz und mehreren Lagen Verbandmull. ▸5
a Den abgelagerten Teer erkennst du an der Verfärbung.
b Das Kochsalz aus dem Glasröhrchen wird in Wasser aufgelöst. Tauche den Zeigefinger in die Stoffe, die an der Wasseroberfläche schwimmen. Reibe sie zwischen den Fingern. Wie fühlen sich die Stoffe an und wie riechen sie?

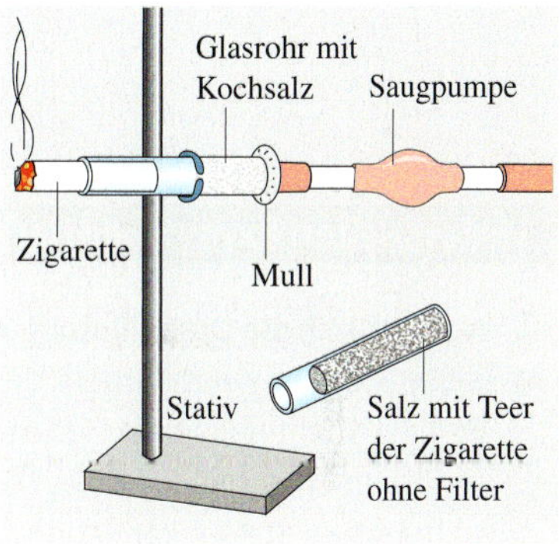

5 *Teerstoffe werden sichtbar.*

Gesundheit Rauchen schadet!

Mit jedem Zigarettenzug gelangen Teerstoffe, Nikotin und Kohlenstoffmonooxid über die Atemwege in die Lungenbläschen. ▸6–7
Die Teerstoffe verkleben die Flimmerhärchen in der Luftröhre und in den Bronchien. Die Härchen können dann weder Schleim noch Staub nach außen befördern. Bakterien nisten sich ein. Die Bronchien entzünden sich. Einige Stoffe im Tabakteer sind krebserregend. 90 % der Menschen, die an Lungenkrebs sterben, sind Raucher!
Nikotin ist ein starkes Gift. Nur weil das Nikotin beim Rauchen nach und nach zugeführt und im Körper ständig abgebaut wird, kommt es selten zu einer akuten Vergiftung. Die Gewöhnung des Körpers an Nikotin führt zur Abhängigkeit.
Durch Nikotin verengen sich die Blutgefäße sofort. Langfristig können sie sich sogar verschließen. Ein Bein kann dann von den Zehen her absterben, weil die Durchblutung gestört ist. Jährlich werden in Deutschland 20 000 „Raucherbeine" amputiert. Außerdem verursacht Nikotin Herzinfarkte.
Das Kohlenstoffmonooxid aus dem Zigarettenrauch blockiert den Sauerstofftransport im Blut. Durch Sauerstoffmangel im Körper ist man müde und unkonzentriert.

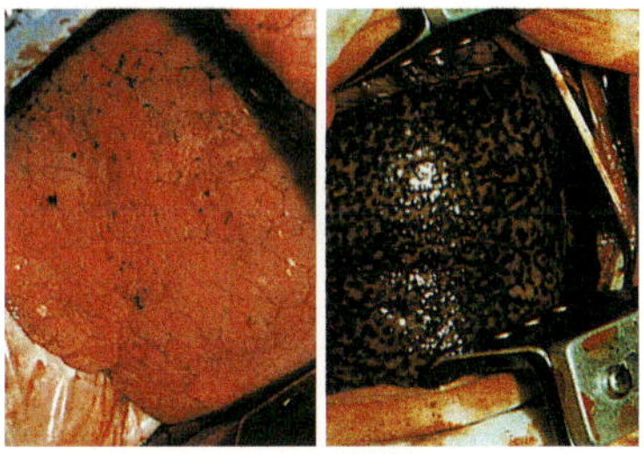
6 *Nichtraucherlunge* 7 *Teer in Raucherlunge*

Blut bringt meinen Körper in Schwung

▷ Bei großer Anstrengung schlägt uns das Herz bis zum Hals. Wir spüren den Puls.

▷ Was geschieht im Körper?

1 *Blick zur Uhr: Wie schnell geht der Puls?*

Untersuchen Experimentieren

1 Wo lässt sich die Durchblutung erkennen?

a Suche Stellen deines Körpers, die stark durchblutet sind. Schau dir dazu dein Gesicht und deine Hände an. Woran erkennst du starke Durchblutung?

b An manchen Stellen kannst du das fließende Blut unter der Haut mit den Fingern spüren. Suche solche Stellen.

c Lege einen Becher über ein Ohr. Was hörst du? Wie erklärst du dir das Geräusch?

2 Zähle deine Pulsschläge am Handgelenk Auch in Ruhe lässt sich der Puls an den Schlagadern ertasten, die nahe an der Körperoberfläche verlaufen. Am Handgelenk fühlst du den Puls so: Fahre mit Zeige- und Mittelfinger den Unterarm auf der Daumenseite entlang abwärts. Wenn du den Sehnenstrang und den Handknöchel gleichzeitig fühlst, presst du die Finger etwas fester und wartest eine Weile ... ▸2

3* Wie kommt der Pulsschlag zustande? Was du eigentlich als Pulsschlag fühlst, macht dir ein Modell deutlich. ▸3

a Was spürst du, wenn du auf den Kolben presst und gleichzeitig kurz vor dem Stopfen leicht auf den Schlauch drückst? Was ist die Ursache dafür?

b Was geschieht, wenn du den Kolben fester drückst?

c Vergleiche das Modell mit der Zeichnung. ▸4 Was kann das Modell zeigen? Wo ist das Modell unvollständig?

d Erkläre, wie der Druck in den Blutgefäßen zustande kommt und warum du ihn an der Hand spüren kannst.

e* Weshalb fließt das Blut in den Schlagadern nur in eine Richtung?

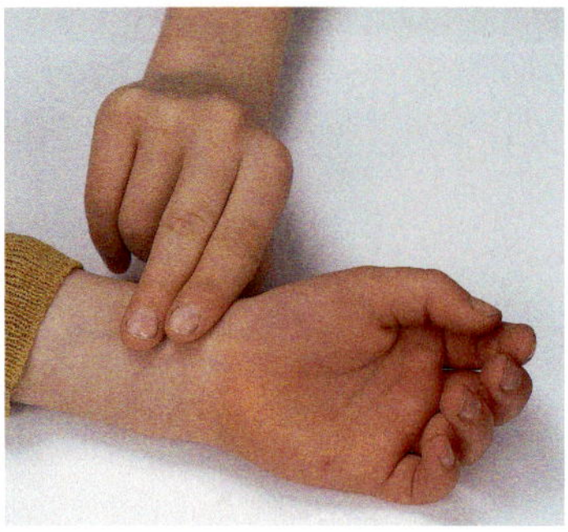

2 *Den Puls zählen*

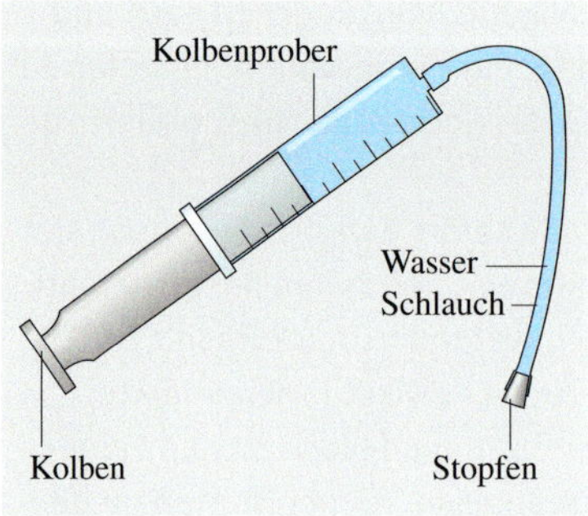

3 *Modell zum Pulsschlag*

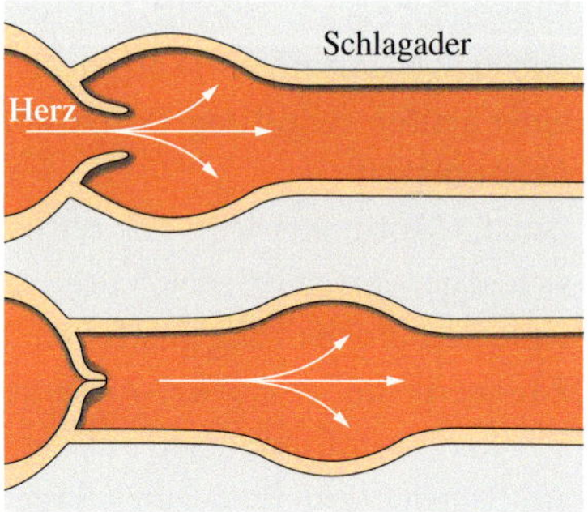

4 *Fortschreitende Pulswelle*

Grundlagen Der Blutkreislauf

Das Herz – Motor des Blutkreislaufs Das Blut wird durch das Herz in Bewegung gehalten – ein Leben lang. Dein Herz ist etwa so groß wie deine Faust. Es ist ein großer Muskel und liegt, mit der Spitze nach links, in der Mitte des Brustkorbs. Innen ist es hohl. Eine *Trennwand* teilt es in eine linke und in eine rechte Hälfte. Jede Herzhälfte besteht aus einem *Vorhof* und einer *Kammer*. Das Herz zieht sich zusammen und weitet sich. So pumpt es das Blut durch die Adern.

Der Körperkreislauf des Bluts In jeder Minute schlägt dein Herz etwa 80-mal. Beim Zusammenziehen presst es das Blut aus der linken Herzkammer in die große Körperarterie. Diese verzweigt sich im Körper in rund 40 große Arterien, die zu allen Organen in Kopf, Rumpf und Gliedmaßen führen. ▸5–6 Auf ihrem Weg zu den Organen zweigen sich die Arterien in immer dünnere Blutgefäße auf. Die dünnsten davon sind dünner als ein Haar und durchziehen alle Bereiche des Körpers. Aus diesen *Haargefäßen* oder *Kapillaren* gibt das Blut die zerlegten Nährstoffe und Sauerstoff ab. Kohlenstoffdioxid und Abfallstoffe nimmt es auf und transportiert sie durch die wegführenden Kapillaren ab. Diese vereinen sich zu den Venen. In ihnen gelangt das Blut zur rechten Herzkammer. Damit ist der Körperkreislauf des Bluts geschlossen.

Der Lungenkreislauf Die Trennwand im Herzen teilt das Herz in zwei Kammern. Das sauerstoffarme Blut der rechten Herzkammer wird in die Lunge gepumpt, wo es Kohlenstoffdioxid abgibt und Sauerstoff aufnimmt. Das sauerstoffreiche Blut strömt dann zurück zum Herzen – in die linke Herzkammer. Dieser zweite Kreislauf heißt *Lungenkreislauf*.

Das Herz pumpt das Blut durch den Körper und die Lunge. Das Blut transportiert lebensnotwendige Stoffe und wehrt Krankheitserreger ab.

Arterien und Venen Blutgefäße, die das Blut vom Herzen wegführen, heißen *Schlagadern* oder *Arterien*. In den *Venen* strömt das Blut zum Herzen zurück.

Aufgaben

1 Verliert man mehr als 2 Liter Blut, so besteht Lebensgefahr. Begründe!

2 Der Mensch hat zwei Blutkreisläufe. Erkläre, was damit gemeint ist.

3 Beschreibe den Weg des Bluts durch den Körper.

4 „Das Blut hat Transportaufgaben." Erläutere diesen Satz. Verwende dabei folgende Begriffe: zerlegte Nährstoffe, Kohlenstoffdioxid, Lungenbläschen, Abfallstoffe, Haargefäße in Muskeln und Organen, Sauerstoff, Wand des Dünndarms.

5 Nenne Kreisläufe in Natur und Technik. Vergleiche sie mit dem Blutkreislauf.

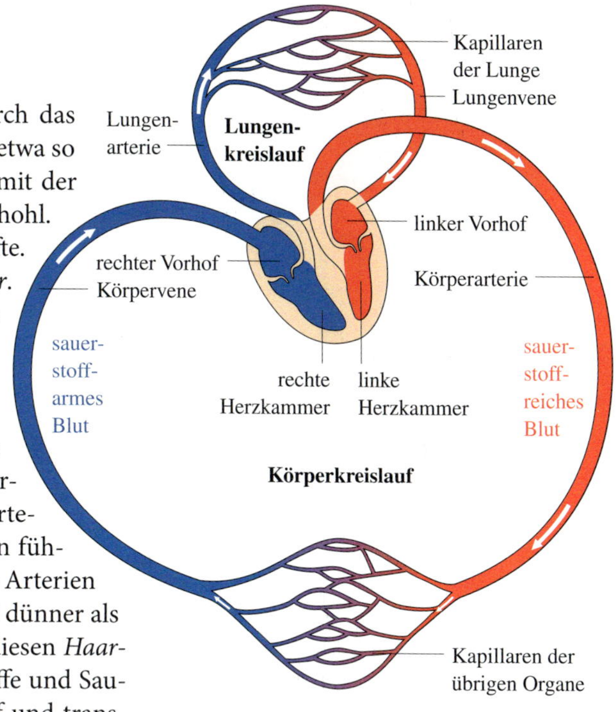

5 *Herz und Kreislauf*

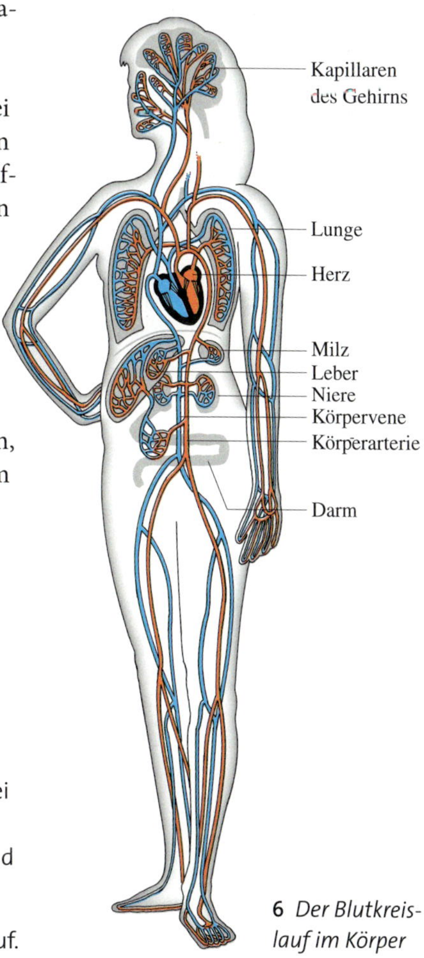

6 *Der Blutkreislauf im Körper*

Gesundheit Bewegung macht Spaß!

1 *Austoben macht Spaß.*

2 *Keine Lust auf Sport?*

Im Leben des Menschen spielte Bewegung immer eine große Rolle. Als Jäger, Sammler oder Ackerbauern haben sie sich in ihrem Alltag immer viel bewegen müssen. Heute sitzen die meisten Menschen bei der Arbeit. Viele leiden unter Bewegungsmangel.

Bewegung – warum? Bewegung in der Freizeit wirkt sich günstig auf unseren Körper aus. Die Liste der Vorteile ist lang und könnte noch ergänzt werden:

- Bewegung stärkt die Abwehrkräfte des Körpers. Man hat seltener Erkältungen und andere Krankheiten.
- Bewegung verbessert den inneren Aufbau der Knochen und schützt so vor Knochenbrüchen.
- Durch regelmäßige Bewegung werden deine Muskeln aufgebaut.
- Regelmäßige Bewegung an frischer Luft hilft Stress abzubauen. Man ist besser gelaunt.
- Unser Herz-Kreislauf-System wird durch regelmäßige Bewegung trainiert. Es kann mehr leisten und es kann über längere Zeit eine hohe Leistung erbringen.
- Jugendliche, die sich viel bewegen, sind meist mit ihrem Aussehen zufriedener. Sie haben weniger Angst, dick zu werden.
- Die Konzentrationsfähigkeit und die schulischen Leistungen steigen.
- Sportliche Menschen achten auf ihre Ernährung und rauchen selten.

Du tust etwas für deine Gesundheit, wenn du dich regelmäßig in der Freizeit körperlich betätigst.
Du kannst joggen, schwimmen, radfahren, Fußball spielen ...

Bewegung ist für eine gesunde Entwicklung des Menschen sehr wichtig. Kinder und Jugendliche, die sich viel bewegen, sind ausgeglichener, leistungsfähiger und insgesamt gesünder.

Ausdauersport Beim Radfahren, Schwimmen und Joggen ist Ausdauer erforderlich. Solche Sportarten sind als Gesundheitssport besonders geeignet.
Tipps für Anfänger: Nicht übertreiben! Nur so schnell laufen, dass man sich ohne Atemnot noch unterhalten kann. Trainierte können Ausdauerbelastungen (etwa bis zu 30 Minuten) leicht durchhalten. In den ersten 10 Minuten das Training langsam beginnen. Bei Hitze (über 25 °C) sowie bei Erkrankungen oder kurz nach dem Essen nicht trainieren. Am meisten Spaß macht es gemeinsam in der Gruppe!

Aufgaben

1* Sport macht Spaß und ist gesund. Trotzdem bewegen wir uns oft zu wenig. Untersucht selbst, warum das so ist und wie man das ändern könnte.

a Führe eine Woche lang ein Bewegungsprotokoll. Erstelle dazu eine Tabelle und trage die Zeiten ein, in denen du dich bewegt hast (Gehen, Treppensteigen, Ballspiele ...). Notiere auch die bewegungsarme Zeit (Lesen, Hausaufgaben, Musikhören, Fernsehen, Telefonieren ...).

b Vergleiche deine Ergebnisse mit denen deiner Mitschüler.

2* Was sind die typischen „Bewegungsbremsen“? Wie viel Bewegung ist gut? Wie lässt sich der Spaß am Sport erhöhen?
Überlege dir Antworten auf diese Fragen. Besprecht eure Antworten in der Gruppe.

Überblick

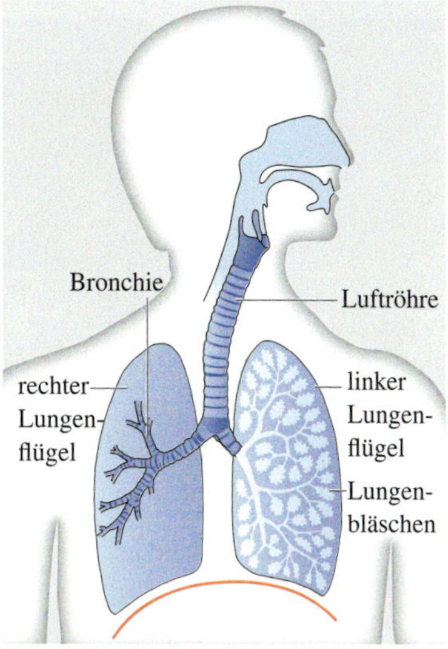

3 *Atmungsorgane*

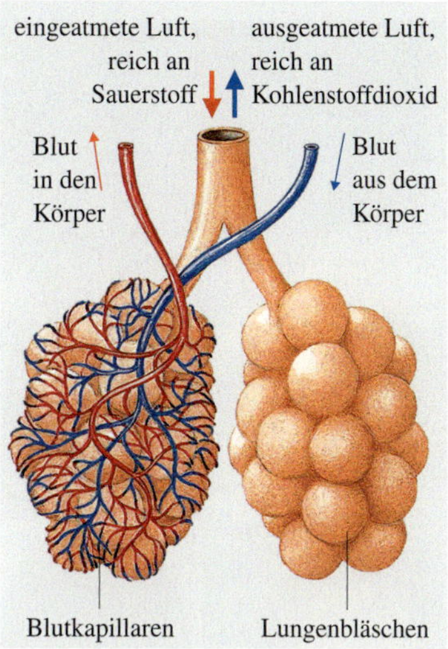

4 *Lungenbläschen und Gasaustausch*

Die Atmung
Beim Einatmen gelangt die sauerstoffreiche Luft durch die Luftröhre, die Bronchien und deren Verzweigungen bis in die Lungenbläschen. Die Lungenbläschen sind von einem Netz kleiner Blutgefäße umgeben. Der Sauerstoff durchdringt die dünnen Wände der Lungenbläschen und der Blutgefäße und gelangt so ins Blut. Vom Blut wird er an alle Stellen des Körpers transportiert.
Der Körper benötigt Sauerstoff, um Energie zu gewinnen. Dabei entsteht als Abfallstoff Kohlenstoffdioxid. Es wird ins Blut abgegeben und mit dem Blutkreislauf zu den Lungenbläschen transportiert. Auch das Kohlenstoffdioxid durchdringt die dünnen Wände der Blutgefäße und der Lungenbläschen. Es wird beim Ausatmen abgegeben.

Der Blutkreislauf
Das Blut versorgt alle Organe mit Sauerstoff und Nährstoffen. Es durchströmt den Körper in zwei Kreisläufen, dem Lungen- und dem Körperkreislauf. Dabei wird es durch das Herz angetrieben.
Die Arterien führen das Blut vom Herzen weg, die Venen zum Herzen hin. Kapillaren nennt man die feinsten Verzweigungen der Blutgefäße.

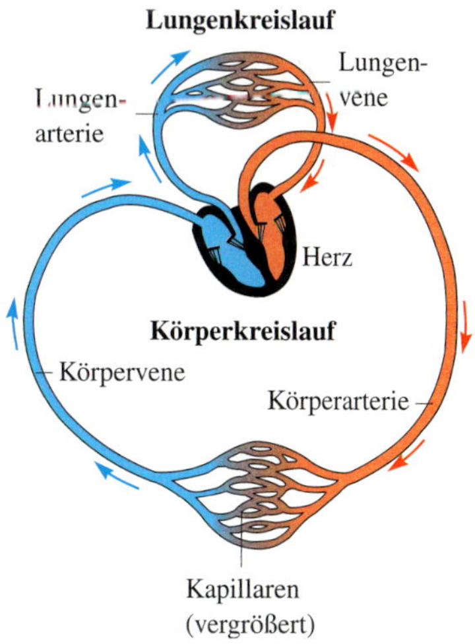

5 *Herz und Kreislauf*

Alles klar?

1 Das Klassenzimmer sollte regelmäßig gelüftet werden. Begründe!

2 Warum sollte man durch die Nase einatmen? Wann ist es notwendig, durch den Mund einzuatmen?

3 „Atmung ist Gasaustausch." Erläutere diesen Satz.

4 Wenn du einatmest, hebt sich dein Brustkorb. Wird das durch die einströmende Luft bewirkt? Begründe!

5 Welche Folge hätte es für die Atmung, wenn der Brustraum (z. B. durch einen Stich) ein Loch hat?

6 Aus einer Wunde tritt stoßweise Blut aus. Welche Art von Blutgefäß ist verletzt? Begründe!

7* Beschreibe den Weg des Bluts durch den Körper. An welchen Stellen werden Gase oder Stoffe ausgetauscht?

Sich entwickeln – erwachsen werden

Ich bin kein Kind mehr!

▷ Im Alter zwischen 9 und 14 Jahren ändert sich allmählich der kindliche Körper. Er nimmt mehr und mehr die Gestalt eines Erwachsenen an. Auch die Interessen und Wünsche ändern sich: Mit den Eltern etwas zu unternehmen ist auf einmal langweilig. Mit Freunden zusammen sein, Musik hören, mit der Clique weggehen ist viel interessanter. Mädchen und Jungen werden neugierig aufeinander. Vieles passiert zum ersten Mal: die erste Verabredung, der erste Kuss …

▷ Mit der *Pubertät* oder *einsetzenden Geschlechtsreife* beginnt eine aufregende, oft auch schwierige Zeit.

1 *Paula – früher und heute*

Grundlagen Reifezeit und Zeit des Wandels

Alles wird anders Die Körper von Mädchen und Jungen sind in der Kindheit sehr ähnlich. ▸2–5 Man kann sie oft nur an ihren Geschlechtsorganen unterscheiden.
Der Beginn der Geschlechtsreife ist häufig mit einem auffälligen Wachstumsschub verbunden. Die Geschlechtsreife setzt nicht bei allen Kindern zur gleichen Zeit ein.
Mit dem Beginn der Geschlechtsreife wachsen unter den Achseln und im Schambereich Haare. Die Flaumhärchen auf den Unterarmen und Beinen werden – vor allem bei den Jungen – kräftiger und dunkler.

2 *Junge oder Mädchen?*

3 *„Junge Dame"*

4 *„Junger Mann"*

Bei den Mädchen ändert sich die Form der Augenbrauen: Sie erhalten einen Schwung. Bei den Jungen beginnt der Bart zu wachsen. Bei den Mädchen wachsen die Brüste. Die Stimme wird jetzt tiefer – bei Jungen und Mädchen. Das bemerkt man vor allem bei den Jungen; man sagt, sie sind „im Stimmbruch". Die Schweiß- und Talgdrüsen arbeiten jetzt stärker und viele Jugendliche entdecken ihre ersten Pickel.

Die Gefühle fahren Achterbahn Nicht nur der Körper verändert sich. Auch die Gefühle und Empfindungen erfahren einen Wandel. Plötzliche Gefühlsumschwünge sind nun an der Tagesordnung. Jugendliche können einerseits sehr gereizt und launisch sein, andererseits aber auch voller Kraft und Tatendrang. Alles wird jetzt angezweifelt und kritisiert. Die Eltern scheinen plötzlich recht „rückständig" zu sein.
Alles soll sich ändern. Gleichzeitig soll aber auch alles so bleiben, wie es ist. Das Leben schwankt zwischen dem Wunsch, „cool" zu sein, und Angst, zwischen Gehorsam und Auflehnung, zwischen Langeweile und fantastischen Ereignissen. Eine Zeit der Extreme!

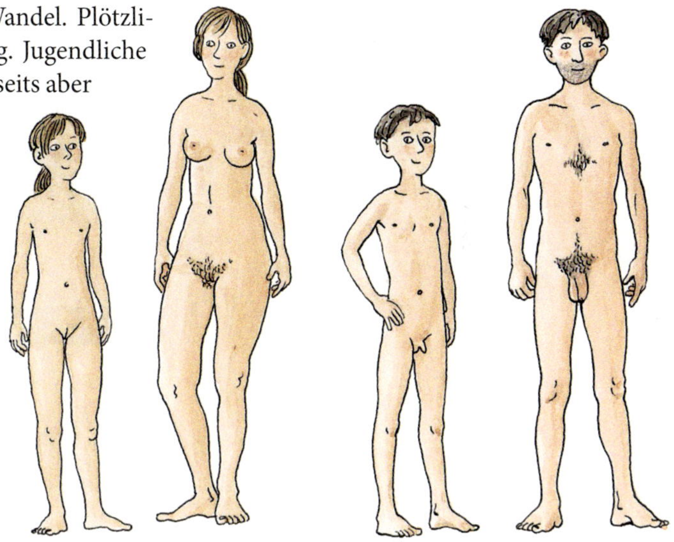

5 *Vom Mädchen zur Frau – vom Jungen zum Mann*

Aufgaben

1 Beschreibe, was man unter dem Begriff Pubertät versteht.

2 Was ist an dieser Entwicklungsstufe besonders typisch? (Siehe auch den Tagebuchauszug.)

Gesundheit Wo kommen plötzlich die Pickel her?

Die Veränderungen, die in der Pubertät vor sich gehen, werden durch die Hormone ausgelöst. Hormone sind körpereigene Botenstoffe, die viele Abläufe im Körper steuern.
Hormone werden vor allem in Drüsen produziert. Sie kreisen mit dem Blut durch den Körper. An einigen Stellen bewirken die Hormone dann Veränderungen. Es gibt z. B. Drüsen für Geschlechtshormone und Drüsen für Wachstumshormone.
Die Geschlechtshormone sorgen dafür, dass sich die Geschlechtsorgane weiterentwickeln. Während der Kindheit sind sie noch in „Wartestellung". Durch vermehrte Hormonbildung werden die Geschlechtsorgane angeregt, das weibliche Hormon *Östrogen* oder das männliche Hormon *Testosteron* zu bilden. Diese lassen Eizellen bzw. Samenzellen heranreifen. Somit werden Mädchen und Jungen zeugungs- und fortpflanzungsfähig.
Und die Pickel? Als Nebenprodukt dieser Umstellung kommt es zu vermehrter Fettbildung auf der Haut: Die Haare werden schneller fettig, die Poren der Haut verstopfen und entzünden sich. Schließlich bilden sich Pickel auf der zarten Gesichtshaut, dem Dekolleté oder dem Rücken.

Aus einem Tagebuch
(Lisa, 12 Jahre)

Meine Eltern behandeln mich immer noch wie ein Baby. Dabei bin ich schon 12 Jahre alt. In die Disko vom Jugendtreff darf ich nicht, aber auf meine kleine Schwester aufpassen soll ich – dafür bin ich offenbar alt genug. Früher habe ich mich so gut mit meinen Eltern verstanden. Doch jetzt ...
Keiner versteht mich. Meine Mutter kramt ständig in meinen Sachen herum und ist beleidigt, wenn ich sie mal anfahre, dass sie mich einfach mal in Ruhe lassen soll. Und mein Vater zieht mich laufend damit auf, dass ich Schlabberpullis trage. Ich verstehe mich manchmal selbst nicht. Ist das so, weil ich in der Pubertät bin?

Ich werde eine Frau – Ich werde ein Mann

▷ Während der Pubertät hat sich das Aussehen von Mädchen und Jungen verändert. Ihr Körper ist dem der Erwachsenen immer ähnlicher geworden.

▷ Sowohl beim Mädchen als auch beim Jungen zeigt sich das an den *primären* und den *sekundären Geschlechtsmerkmalen*.

1

Grundlagen Primäre Geschlechtsmerkmale

Eine (weibliche) Eizelle muss erst von einer Samenzelle befruchtet werden, damit ein Kind entstehen kann. Schon in dieser Eizelle ist der Unterschied der Geschlechter angelegt. In den ersten sechs Wochen der Entwicklung des Kindes im Mutterleib sind aber noch keine äußeren Unterschiede erkennbar. Ab der 12. Woche gibt es aber eine Wende: Es bilden sich die primären (zuerst vorhandenen) Geschlechtsmerkmale aus.
Die Pubertät ist die Übergangszeit zwischen Kindheit und Erwachsenwerden. Die Geschlechtsmerkmale prägen sich jetzt aus: Die Eierstöcke der Mädchen beginnen mit der Produktion von Eizellen, die Hoden der Jungen produzieren Samenzellen (Spermien). Die Jugendlichen sind von nun an körperlich in der Lage, Kinder zu zeugen.

Weibliche Geschlechtsmerkmale ▸2 Beim Mädchen sind äußerlich die Schamlippen zu erkennen. Scheide, Gebärmutter, Eileiter und Eierstöcke liegen im Körperinnern.
In den Eileitern bilden sich die Eizellen. Die Gebärmutter und die schlauchförmige Scheide sind mit einer Schleimhaut ausgekleidet.

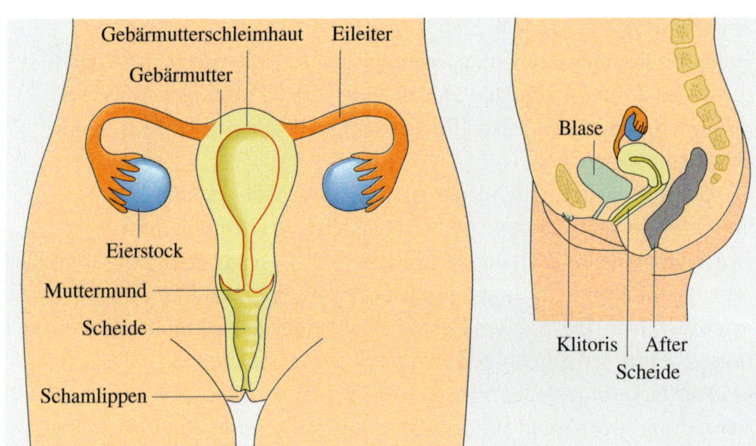

2 *Die weiblichen Geschlechtsorgane im Unterleib (von vorne und von der Seite)*

Männliche Geschlechtsmerkmale ▸3 Beim Jungen sind äußerlich das Glied (der Penis) und der Hodensack zu sehen. Im Hodensack befinden sich die beiden Hoden, in denen die Spermien, die Samenzellen, gebildet werden. Im Körperinnern liegt der Samenleiter mit den verschiedenen Hilfsdrüsen.

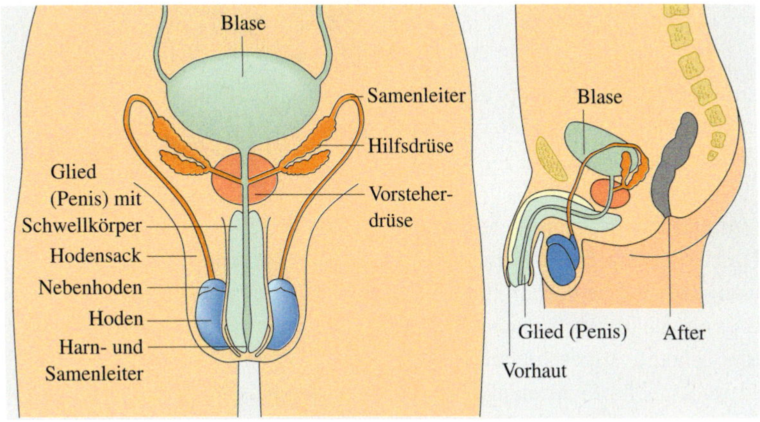

3 *Die männlichen Geschlechtsorgane (von vorne und von der Seite)*

Grundlagen Sekundäre Geschlechtsmerkmale

In den ersten Lebensjahren unterscheiden sich Mädchen und Jungen nur durch die primären Geschlechtsmerkmale. Das ändert sich mit dem Beginn der Pubertät. Nun setzt auch die Ausbildung der sekundären (als Zweites vorhandenen) Geschlechtsmerkmale ein.

Mädchen Bei ihr wachsen nun Haare unter den Achseln und um die Scheide herum (Schamhaare). Fettpolster lagern sich ab. Der Körper wird damit runder, die Brüste vergrößern sich, die Hüften werden breiter, die Oberschenkel kräftiger. Auch das Körpergewicht des Mädchens nimmt zu.
In den Eierstöcken reift nun jeden Monat eine Eizelle. Das Mädchen wird jetzt alle 4 Wochen seine Periode (Menstruation) bekommen. Meist dauert es einige Monate, bis dies regelmäßig geschieht. Gleichzeitig verstärken sich sexuelle Gefühle.

Jungen Bei ihm wachsen jetzt Achselhaare, Schamhaare und Barthaare. Die Körperbehaarung an Brust, Bauch, Armen und Beinen wird dichter.
Der Kehlkopf vergrößert sich und die Stimmbänder werden länger. Es tritt der Stimmbruch ein; die Stimme wird deutlich tiefer.
Die Haut wird fettiger und die Muskulatur wird kräftiger – in der Regel mehr als bei den Mädchen. Der Penis und die Hoden vergrößern sich. Die Hoden produzieren nun Millionen von Spermien. Auch beim Jungen werden die sexuellen Gefühle stärker.

Neue Erfahrungen und Gefühle Bis sich die Gestalt eines Erwachsenen entwickelt hat, dauert es Jahre. In dieser Reifezeit fühlen sich Jugendliche oft unwohl in ihrer Haut. Viele sind unzufrieden mit ihrem Körper. Es fällt ihnen nicht immer leicht, mit ihrer „neuen" Gestalt fertig zu werden. Sie erleben auch, dass Verliebtsein mit sexuellen Empfindungen verbunden sein kann. Es ist manchmal schwierig, mit diesen aufregenden Gefühlen zurechtzukommen.

Aufgaben

1 Geschlechtsmerkmale:
a Was bedeuten die Ausdrücke „primäre Geschlechtsmerkmale" und „sekundäre Geschlechtsmerkmale"?
b Nenne die Fachbegriffe für die primären Geschlechtsmerkmale von Mann und Frau.
c Nenne sekundäre Geschlechtsmerkmale von Mann und Frau.

2 Gib an, nach welcher Veränderung Mädchen und Jungen geschlechtsreif sind.

Grundlagen Der Menstruations- oder Monatszyklus

Der Eisprung Etwa alle vier Wochen löst sich eine Eizelle aus einem der Eierstöcke. Das ist der Eisprung. Die Eizelle wandert dann durch den Eileiter hindurch und gelangt in die Gebärmutter.
Am Tag nach dem Eisprung steigt die Körpertemperatur der Frau um etwa 0,5 °C an. ▸2

Woher kommen die Blutungen? Bis zum Zeitpunkt des Eisprungs ist die Schleimhaut in der Gebärmutter dicker geworden; sie ist jetzt besonders stark durchblutet. Damit wurde sie auf eine mögliche Einnistung der Eizelle gut vorbereitet.
Eine Eizelle nistet sich nur ein, wenn sie innerhalb von 12 bis 24 Stunden nach dem Eisprung befruchtet wird. Das ist normalerweise nicht der Fall. Wenn sie nicht befruchtet wird, stirbt sie ab. Die vorbereitete Gebärmutterschleimhaut wird damit überflüssig. Sie löst sich nach einiger Zeit unter Blutungen ab und wird über die Scheide ausgeschieden.
Die Blutung dauert 3 bis 7 Tage. Sie wird als Regel bezeichnet, als Menstruation oder Periode. Frauen und Mädchen sagen auch: „Ich habe meine Tage." Sie benutzen Binden oder Tampons, um das Blut aufzufangen.

Menstruationsbeschwerden Manche Mädchen und Frauen fühlen sich während der Regel nicht sehr wohl. Andere klagen über ein Ziehen im Unterleib, über Rückenschmerzen oder Bauchkrämpfe.
Dagegen helfen meist leichte Bewegung, sanfte Massagen, ein warmes Bad, eine Wärmflasche oder etwas Kräutertee.

Etwa alle vier Wochen findet bei der Frau ein Eisprung statt. Die Eizelle wandert dann durch den Eileiter in die Gebärmutter.
Wenn die Eizelle nicht von einer Samenzelle befruchtet wird, stirbt sie ab. Die Gebärmutterschleimhaut löst sich dann ab und wird unter Blutungen aus der Scheide ausgeschieden.

1 *In der Drogerie*

Aufgaben

1 Erkläre den Begriff „Eisprung". ▸2 Woran ist unter anderem zu erkennen, dass ein Eisprung erfolgt ist?

2 Die Schleimhaut in der Gebärmutter wird im Lauf des Monats dicker. Was geschieht mit ihr, wenn sich keine befruchtete Eizelle einnistet?

3 Beschreibe den Monatszyklus der Frau. ▸2 Warum spricht man von der „Regel"?

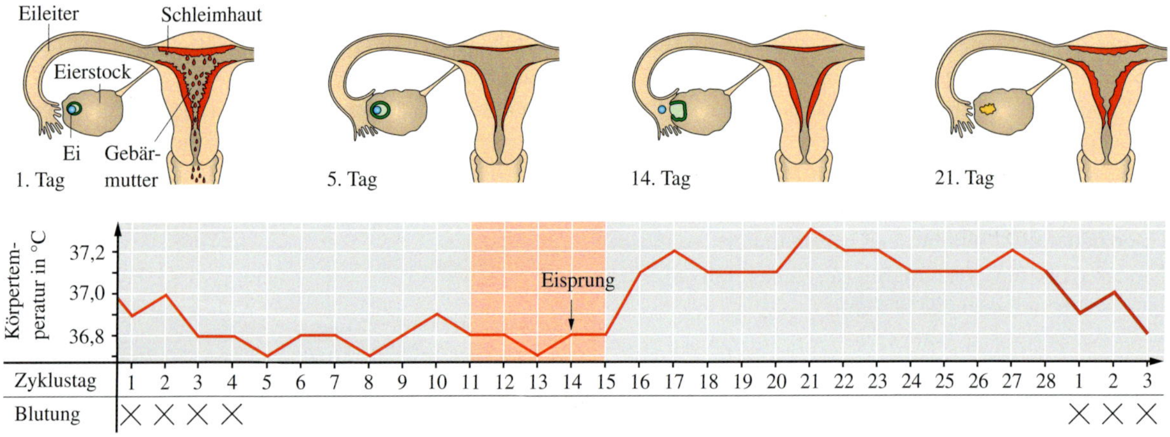

2 *Monatszyklus einer Frau (hier: 28 Tage angenommen) – Zusammenhang mit der Körpertemperatur*

Grundlagen Empfängnisregelung

Schwangerschaft – ja oder nein? Schwangerschaft und Geburt sind für die Eltern eine wunderbare und schöne Erfahrung – vorausgesetzt, ihre Beziehung ist in Ordnung. Anders sieht es aus, wenn der Zeitpunkt der Schwangerschaft ungünstig ist. Das ist z. B. der Fall, wenn die werdende Mutter zu jung ist, wenn die Schwangerschaft nicht gewollt wird oder medizinische Gründe gegen sie sprechen. Dann muss die Schwangerschaft vermieden werden.

Ab wann ist eine Frau fruchtbar? Mädchen können schon von der ersten Periodenblutung an – also ab dem 10. /11. Lebensjahr – schwanger werden, wenn sie mit einem Jungen oder einem Mann Geschlechtsbeziehungen haben. Darum steht die Empfängnisregelung in jungen Jahren im Vordergrund.
Beim ersten Zusammensein mag es unromantisch sein, über Verhütung zu reden. Doch das ist sehr wichtig! Eine frühe Schwangerschaft würde das Leben des jungen Mädchens und des zukünftigen Vaters in andere Bahnen lenken als vorher geplant.

Verhütungsmethoden Es gibt verschiedene Methoden zur Verhütung einer Schwangerschaft:

- Die Barrieremethode: Ein Kondom (ein dünner Gummischutz) wird über den Penis des Mannes gestreift. Er fängt die Spermien auf. ▸3
  Hierbei bleibt ein geringes bis mittleres Risiko. Ein großer Vorteil ist: Das Kondom bietet einen Schutz vor Aids oder anderen sexuell übertragbaren Krankheiten.
- Die hormonelle Methode: Das Mädchen oder die Frau nimmt täglich eine Antibabypille ein. ▸4
  Die Antibabypillen sind Hormonpillen und verhindern den Eisprung. Wenn die Pillen genau nach Anleitung eingenommen werden, besteht nur ein geringes Risiko einer ungewollten Schwangerschaft. Durch die künstliche Hormonzufuhr kann es zu starken Nebenwirkungen kommen. So kann z. B. bei Jugendlichen das Knochenwachstum zu früh beendet werden. Das führt dann zu erheblichen psychischen Problemen. Über die Einnahme der Pille muss daher immer ein Arzt entscheiden.

Es ist nicht möglich, mit ausreichender Sicherheit die Tage zu ermitteln, an denen der Eisprung stattfindet und nur an diesen Tagen Geschlechtsverkehr zu vermeiden. Die „fruchtbaren" Tage können sich nämlich verschieben.

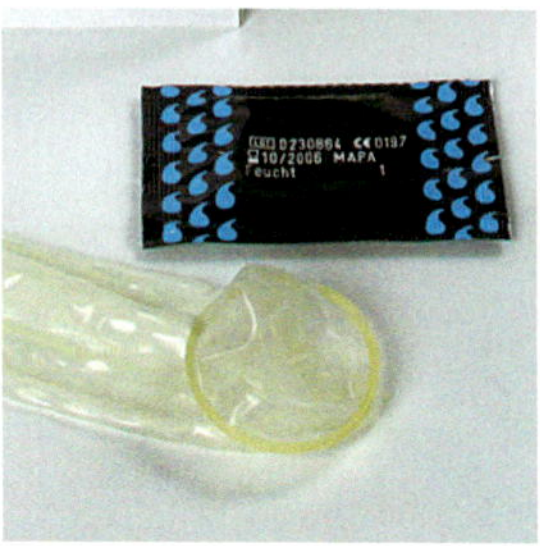

3 *Kondom*

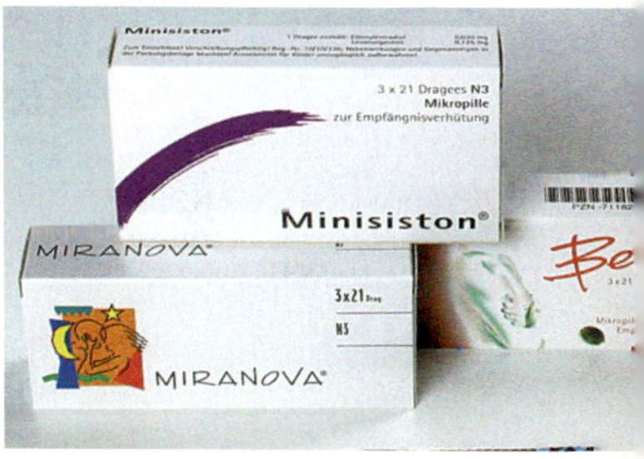

4 *Antibabypille*

Erweiterung Die Befruchtung

Im Körper der Frau wird jeden Monat eine Eizelle reif. Sie kann durch eine männliche Samenzelle befruchtet werden.
Wenn beim Geschlechtsverkehr keine Empfängnisverhütung vorgenommen wird, können die Spermien des Mannes eine Eizelle der Frau befruchten. Beim Geschlechtsverkehr führt der Mann seinen Penis in die Scheide der Frau ein. Dort erfolgt dann bei ihm ein Samenerguss.
Die Samenzellen bewegen sich mithilfe ihres Schwanzteils von der Scheide durch die Gebärmutter in die Eileiter.
Samenzellen haben eine Lebensdauer von etwa 12 Stunden. Nur die schnellsten und kräftigsten unter ihnen erreichen die Eizelle und nur eine dringt in sie hinein. Eizelle und Samenzelle verschmelzen dann miteinander. Die Eizelle ist nun befruchtet. ▸5
Sobald eine Samenzelle die Wand der Eizelle durchbrochen hat, fällt ihr Schwanzteil ab.
Die Eizelle bildet sofort eine Schutzhülle, damit andere Samenzellen nicht mehr hineingelangen. Sie sterben ab und lösen sich auf.
Aus der befruchteten Eizelle kann nun ein neuer Mensch entstehen.

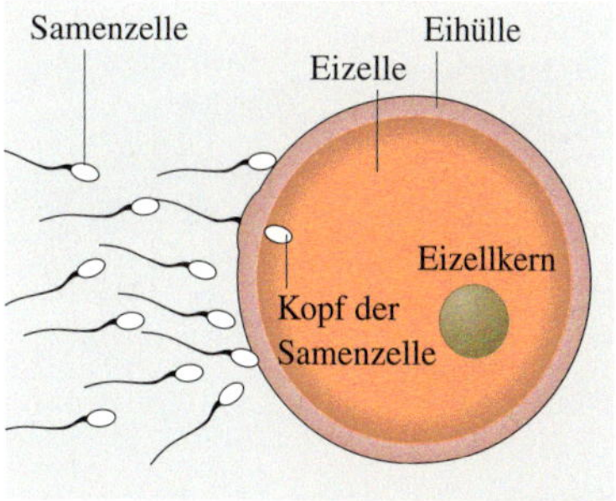

5 *Eizelle und Samenzelle verschmelzen.*

Was in der Schwangerschaft geschieht

- ▷ Kennst du eine Frau, die gerade schwanger ist?
- ▷ Vielleicht erwartet sogar deine Mutter zurzeit ein Baby?
- ▷ Was hast du bemerkt? Was hat sich geändert? Wie geht es ihr? Erzähle davon.

1 *Eine besondere Zeit für die ganze Familie*

Grundlagen Schwangerschaft und Geburt

Mit der Körperflüssigkeit wird die befruchtete Eizelle in 3 bis 6 Tagen durch die Eileiter zur Gebärmutter getragen. Dort teilt sie sich und verdoppelt immer wieder ihre Zellen. ▸2
Gleichzeitig wächst sie an der Innenwand der Gebärmutter fest. Der Körper der Mutter stellt sich durch Einflüsse verschiedener Hormone auf die Schwangerschaft ein. Das Kind – in den ersten drei Monaten *Embryo*, später *Fetus* genannt – wächst in einer mit Fruchtwasser gefüllten Fruchtblase heran. Das Fruchtwasser dient dem Schutz des Kindes. ▸3

Ab dem 1. Monat bewegt sich das Kind. Ab dem 5. Monat ist das Gehör voll funktionsfähig. Die Nabelschnur zwischen dem Bauchnabel des Kindes und der Gebärmutterwand ist die körperliche Verbindung von Mutter und Kind. Durch die Blutgefäße in der Nabelschnur wird das Ungeborene mit Sauerstoff und Nährstoffen versorgt. ▸4 Der Blutkreislauf der Mutter ist jedoch nicht direkt mit dem Blutkreislauf des Kindes verbunden. Die Stoffe dringen durch die Blutgefäßwände wie durch ein Filter vom mütterlichen Blut in das kindliche Blut. Giftstoffe wie Alkohol,

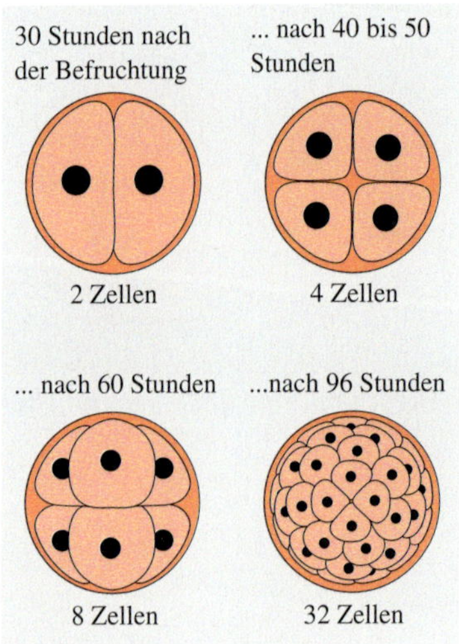

2 *Eine befruchtete Eizelle teilt sich.*

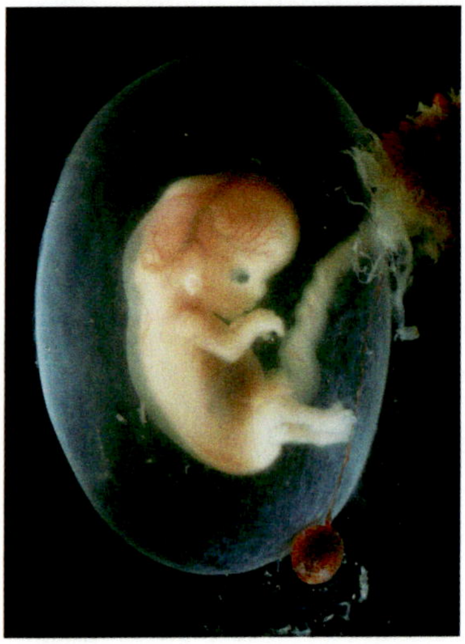

3 *In der Fruchtblase*

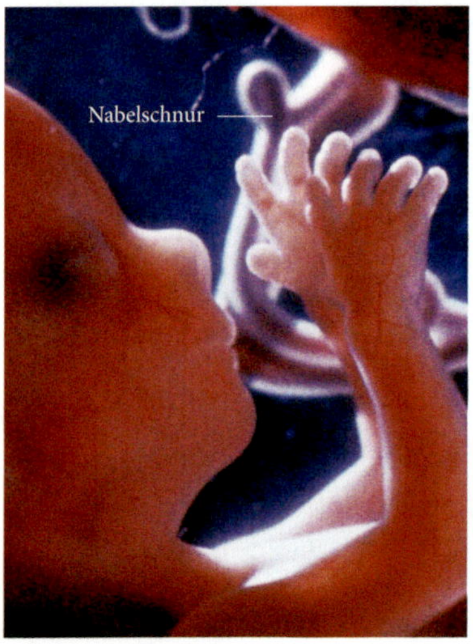

4 *Die Nabelschnur*

Zigaretteninhaltsstoffe und Drogen gehen denselben Weg und bedeuten eine große Gefahr für das werdende Kind.

Die Schwangerschaft dauert etwa neun Monate (40 Wochen).
Im Lauf dieser Zeit hat sich der Embryo zu einem lebensfähigen Kind entwickelt. ▸5 Ob es ein Mädchen oder ein Junge wird, steht schon im Augenblick der Befruchtung fest. Doch erst vom 5. Monat an ist das Geschlecht äußerlich zu erkennen.
Im 8. Monat wiegt das Kind ungefähr 2 kg.
Es dreht sich nun so im Mutterleib, dass es mit dem Kopf nach unten in der Gebärmutter liegt.

Nun ist die Schwangerschaft beinahe beendet: Die Mutter bekommt Wehen. Die Fruchtblase platzt und das Fruchtwasser läuft aus.
Mithilfe einer Hebamme, einer Ärztin oder eines Arztes kommt das Kind auf die Welt.
Die letzten stärkeren Wehen pressen das Kind aus dem mütterlichen Körper heraus. Das Neugeborene fängt an zu schreien – ein Zeichen dafür, dass seine Lunge ihre Arbeit beginnt.
Die Nabelschnur wird durchtrennt und das Kind wird als Erstes der Mutter kurz in die Arme gelegt. Dann wird es gewaschen, gewogen und untersucht. Endlich können die beiden Eltern ihr Baby etwas länger in den Armen halten. ▸6

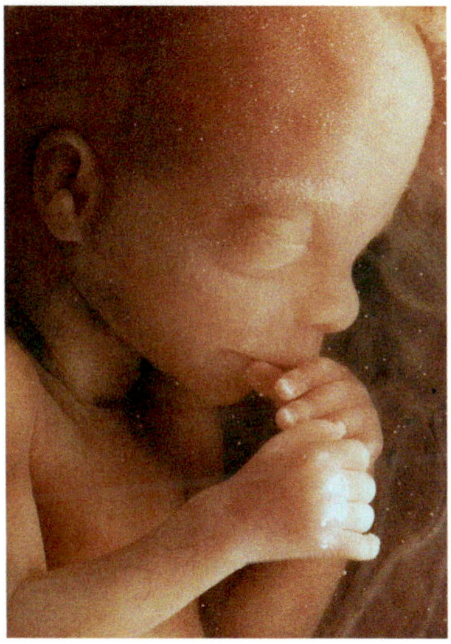

5 *Das Kind wächst heran.*

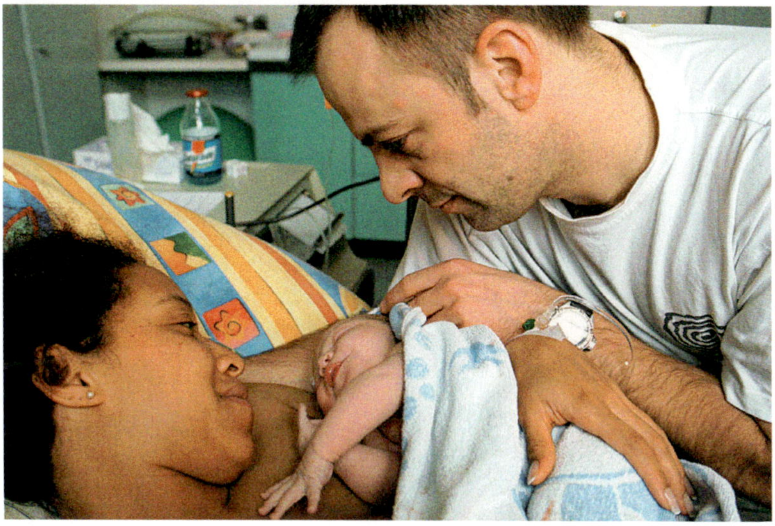

6 *Endlich geschafft!*

Erweiterung Zwillinge

Manchmal kommt es vor, dass sich die befruchtete Eizelle bei der ersten Teilung vollständig in zwei Teile trennt. Dann entwickeln sich eineiige Zwillinge („aus einer Eizelle entstanden“). Dadurch erklärt sich ihre große Ähnlichkeit. ▸7

Es kann aber auch passieren, dass zufällig gerade zwei Eizellen durch die Eileiter wandern und dort befruchtet werden. Dann entstehen zweieiige Zwillinge. Sie sehen sich einfach nur ähnlich – wie andere Geschwister auch. ▸8

7 *Eineiige Zwillinge*

8 *Zweieiige Zwillinge*

Mein Körper – meine Gefühle

▷ Körperpflege ist in der Pubertät besonders wichtig. Das gilt aber nicht nur für die Pflege des Gesichts. ▸1–2
Vor allem der Intimbereich und die Achselhöhlen müssen gewaschen werden!

1 *Die tägliche Körperpflege ...*

2 *... auch mit Reinigungsmilch!*

3 *Duschen säubert und erfrischt.*

Regelmäßige Körperpflege
In der Pubertät musst du auch lernen selbst für deinen Körper zu sorgen. Schweiß- und Talgdrüsen (Hautfettdrüsen) beginnen nämlich verstärkt zu arbeiten. Du schwitzt bei körperlicher Anstrengung oder wenn du aufgeregt bist.
Vor allem in den Achselhöhlen entwickeln sich dadurch Duftstoffe, die sehr unangenehm riechen können. Deshalb sollten Gesicht, Hals, Achselhöhlen, Hände, Geschlechtsorgane und Füße täglich gewaschen werden. Regelmäßiges Duschen mit einer milden Reinigungslotion ist ebenfalls zu empfehlen.
Die Jungen müssen jeden Tag die Absonderungen zwischen Eichel und Vorhaut entfernen. Sonst können sich dort Entzündungen bilden.
Die Scheide der Mädchen kann sich innerlich selbst reinigen. Äußerlich muss sie aber jeden Tag gewaschen werden. Besonders wichtig ist dies während der Menstruation – sonst könnten Krankheitskeime von außen in die Gebärmutter eindringen. Regelmäßiges Wechseln von Unterwäsche, Slipeinlagen, Binden und vor allem Tampons ist unerlässlich.

Tipps zur Körperpflege
- Dusche oder bade mindestens zwei- bis dreimal pro Woche.
- Wasche dir mindestens zwei- bis dreimal pro Woche die Haare.
- Wasche täglich die Achselhöhlen. Nimm bei Bedarf zusätzlich ein Deo.
- Putze dir regelmäßig die Zähne.
- Verwende Hautpflegemittel nur ganz wenig und gezielt.
- Nach dem Gang zur Toilette Hände waschen.
- Reinige und kürze regelmäßig Finger- und Zehennägel.
- Zieh täglich frische Unterwäsche an.

Tipps für Mädchen
- Wasche die Hautfalte zwischen den großen und kleinen Schamlippen täglich mit Wasser.
- Wasche den Intimbereich während der Menstruation morgens und abends.
- Binden oder Tampons müssen je nach Stärke der Blutung alle zwei bis sechs Stunden gewechselt werden.

Tipps für Jungen
- Wasche den Penis täglich. Zieh dabei die Vorhaut vorsichtig zurück und spüle die Talgabsonderungen mit Seifenwasser ab.

Körperkontakte

Die meisten Menschen haben das Bedürfnis, eine Person, die sie sehr mögen, zu berühren. Sie möchten auch gerne von ihr berührt werden.
Umarmen und zärtliches Streicheln kann Freude bereiten. Es kann beruhigen, manchmal auch erregen.
Unsere Haut ist überall empfindlich für Berührungen. Während der Pubertät machen Mädchen und Jungen auch auf diesem Gebiet ganz neue Erfahrungen.
Jeder Mensch hat intime Körperteile. Sie haben für ihn eine ganz persönliche Bedeutung. Bei Mädchen und Frauen sind dies die Scheide, das Gesäß und die Brüste. Auch die Lippen und die Zunge sind äußerst empfindsam. Wenn diese Körperteile berührt werden, kann dies besonders angenehm und lustvoll sein. Deshalb ist es sehr wichtig, diese Stellen nicht jedem preiszugeben! Das erreichst du dadurch, dass du sie nicht von jedem berühren lässt. Vor allem solltest du nur das erlauben, was du wirklich möchtest.

Hilfe bei Kindesmissbrauch

Sprich mit jemandem, dem du vertraust, z. B. mit deinen Eltern, einem Lehrer oder einer Lehrerin.
Nutze das kostenlose Info-Telefon des
- Deutschen Kinderschutzbundes (www.kinderschutzbund.de) 0800 1110333 oder 116111.

Wende dich an eine Beratungsstelle:
- Wildwasser, Bochum 0234 297666
- Kinderschutzdienst, Kirchen 02741 930046
- Frauennotruf, Münster 0251 34443

Was Ela erlebt hat

Ela geht mit ihrer Familie gern zu ihrem Onkel Klaus. Auch im Kindergarten erzählt sie immer voller Freude von diesen Besuchen am Wochenende.
Wieder ist ein Wochenende vorüber. Der Erzieherin Marion fällt auf, dass Ela heute gar nicht wie sonst von diesen Besuchen erzählt. Vielmehr hockt sie still in einer Ecke und will nicht mitspielen. Marion geht zu ihr und Ela kuschelt sich sofort in ihre Arme. Allmählich erfährt Marion, warum Ela so durcheinander ist. Sie will nicht mehr zu „diesem doofen Onkel", der sie plötzlich so komisch geküsst hat – „ganz nass und sabbelig". Es war ihr eklig. Und als sie weglaufen wollte, hat er sie festgehalten, sodass es ihr richtig wehtat.
Ela war ganz still vor Schreck und wusste nicht, was sie tun sollte ...

Falsche Kinderfreunde

Liebe und Zärtlichkeit sind etwas sehr Schönes. Es gibt aber Erwachsene, die Jungen oder Mädchen an intimen Körperstellen anfassen oder sich selbst anfassen lassen. Man sagt dazu, sie missbrauchen diese Kinder. Andere Erwachsene erzwingen sogar Geschlechtsverkehr mit ihnen. Das ist sehr schlimm für die betroffenen Mädchen oder Jungen. Solche Personen fordern die Kinder auf, alles geheim zu halten. Sie sagen die „tollsten Dinge", verlangen aber immer höchste Geheimhaltung und Verschwiegenheit.
In seiner Angst wagt es ein Kind oft nicht, seiner Mutter, seinem Vater oder einer anderen Vertrauensperson davon zu erzählen.
Doch solche Geheimnisse, die mit Angst und Lügen verbunden sind, muss ein Kind nicht bei sich behalten. Die darf es auf jeden Fall weitererzählen.
Ein Kind hat niemals Schuld, wenn es von einem Erwachsenen zu solchen Handlungen gezwungen oder überredet wird.
Fast alle Kinder werden davor gewarnt, mit Fremden mitzugehen. Leider sind aber die Täter oft keine Fremden, sondern gut bekannte Personen aus der Nachbarschaft. Manche stammen sogar aus der eigenen Familie. Das hindert die missbrauchten Kinder noch mehr, diese Personen zu „verraten". Aber die Taten, die solche Menschen verüben, sind unrecht! Die Kinder müssen einer Vertrauensperson davon erzählen, damit die Taten endlich aufhören.

Man muss auch „Nein" sagen!

Achte auf deine Gefühle! Wenn du das Gefühl hast, dass du eine Berührung gerne magst, ist es wahrscheinlich in Ordnung. Wenn aber deine innere Stimme Nein sagt und dir die Berührung unangenehm ist, dann lass sie dir nicht gefallen! Sage Nein und zeige deine Ablehnung deutlich! Das gilt für dich jetzt – in jungen Jahren – und viel mehr noch, wenn du älter geworden bist.
Wenn du etwas erlebt hast, das dich beunruhigt, musst du auf jeden Fall mit einer Vertrauensperson darüber sprechen und sie um Hilfe bitten.

Vertrauen, Freundschaft, Liebe

Zuwendung und Urvertrauen
Unser ganzes Leben lang begleitet uns ein Wunsch: von Menschen umgeben zu sein, denen wir vertrauen können. Wir wollen Menschen ohne Angst betrachten können und auch den Körperkontakt mit ihnen genießen.
Das fängt im frühen Säuglingsalter an. ▸1–3 Dieses Bedürfnis endet auch im Alter nicht.
Der erste Hautkontakt kommt unmittelbar nach der Geburt zustande: Dann liegt der Säugling im Arm der Mutter. Die Berührung der mütterlichen Brust ist besonders wichtig. Wenige Minuten nach der Geburt ist nämlich der Saugreflex stark ausgeprägt (Überlebensreflex).
Aus dieser engen Beziehung erwachsen für die Mutter Zuwendung, für das Neugeborene Geborgenheit. Das hält gewöhnlich ein Leben lang. Kinder, die früh mit dauernd wechselnden Personen zu tun haben, sind oft unruhig und für Krankheiten anfällig.
Der Blickkontakt zwischen Kind und Mutter ist ebenfalls von großer Bedeutung. Wenn das Kind beim Anblick des Gesichts der Mutter lächelt, lächelt die Mutter zurück. Das Lächeln des Kindes verstärkt sich und es entsteht eine tiefe innere Verbindung. Sprache, Blicke und Berührungen bilden eine Einheit. In ihr entwickelt sich beim Kind ein Urvertrauen, das es ein Leben lang begleiten wird.
Wenn in den ersten Entwicklungsjahren diese Kontaktmöglichkeiten gestört sind, wird auch dieses Urvertrauen ein ganzes Leben lang gestört sein.
Säuglinge und Kleinkinder brauchen den engen Kontakt zu vertrauten Menschen. Nur so können sie ein Urvertrauen aufbauen.

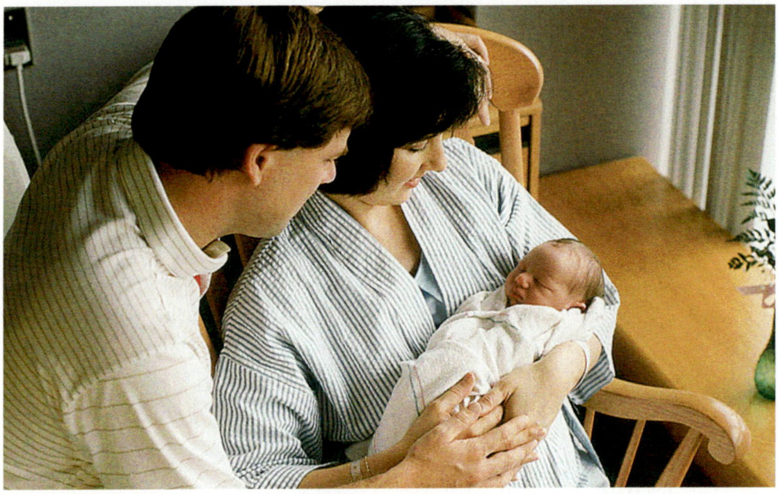

1 *Wenige Stunden nach der Geburt*

2 *Enger Kontakt und Fürsorge sind lebenswichtig.*

3 *Das Baby wird gestillt.*

Vor der Pubertät Sich zu mögen, sich anzufreunden, sich zu verkrachen und zu versöhnen – Freundschaften auch mit „denen vom anderen Geschlecht" sind vor der Pubertät selbstverständlich.
Auch die Liebe ist bekannt. Sie ist ein tiefes, warmes Gefühl für die Eltern, die Geschwister, den Hund, den besten Freund oder die beste Freundin. Mit der Pubertät kommt aber zur Freundschaft und Liebe ein neues Gefühl hinzu, das beim Verliebtsein eine Rolle spielt: die Sexualität.

Sich kennen lernen Liebe äußert sich anfangs oft als Schwärmerei. In der Pubertät sind die Umschwärmten allerdings oft „weit weg": ein Lehrer, eine Lehrerin, der Bruder einer Freundin oder Sportler und Popstars. ▸4 Irgendwann kann es aber passieren, dass man sich „bis über beide Ohren" in jemanden verliebt, der für einen erreichbar ist. Dann ist oft das Kennenlernen das größte Problem.
Je verliebter man ist, desto schwerer wird es nämlich, das zu zeigen. Oft warten beide darauf, dass der andere den ersten Schritt tut. Mit etwas Mut und Fantasie klappt das Kennenlernen dann doch. Wenn es nun bei dem anderen „funkt", hat man viel gewonnen.
Es kann aber sehr wehtun, wenn der andere nichts von einem wissen will. Das muss man jedoch akzeptieren – schließlich kann man niemanden zur Liebe überreden.

Verliebtsein Verliebte wollen am liebsten zusammen sein, über alles reden, sich einander anvertrauen, sich berühren. Mit der Zeit finden zwei, die „miteinander gehen", über den anderen und über sich selbst immer mehr heraus. Auch gegensätzliche Gefühle gehören dazu: sich zu streiten und zu versöhnen, zusammen sein zu wollen und Abstand zu halten. Irgendwann wollen sie vielleicht auch miteinander schlafen.

Auseinandergehen Es kann auch sein, dass man feststellt, nicht zusammenzupassen. Vielleicht trennt man sich dann als Freunde, die noch vieles gemeinsam haben. Vielleicht geht man sich auch erst einmal aus dem Weg.

Aufgaben

1 Sieh dir die Bilder dieser Seiten an. Erzähle dann, was dir zu Freundschaft und Liebe einfällt.

2 Es gibt verschiedene Formen von „Liebe". Beschreibe einige.

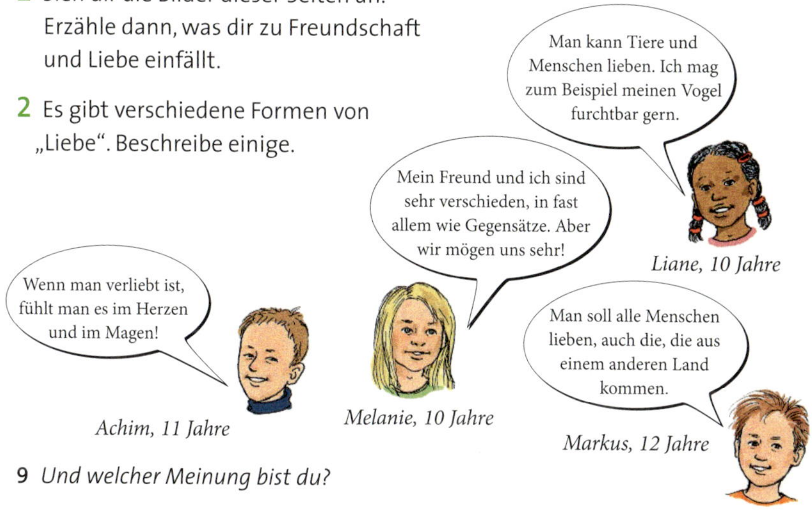

9 *Und welcher Meinung bist du?*

4 *Lieben „aus der Ferne"*

5–8

Kommt Sucht von suchen?

▷ Tina ist 12 Jahre alt. Ihre Eltern sind beruflich stark beschäftigt und haben wenig Zeit für ihre Tochter. Dies wollen sie durch viele Geschenke ausgleichen. Tina hat in ihrem Zimmer ein Fernsehgerät, einen Computer und teures Spielzeug. Doch wenn sie Fragen hat, ist häufig keiner da. Nur der Fernseher „spricht" mit ihr. Sie sieht abends oft Filme. In der Schule ist sie dann müde und unkonzentriert. Die Lehrerin macht sich Sorgen und spricht mit Tina über ihre Fernsehsucht. Empört wehrt sich Tina: „Ich bin doch nicht süchtig!"

1 *Fernsehen kann süchtig machen!?*

Grundlagen Was heißt „Sucht"?

Wodurch kann man süchtig werden? In Deutschland sind 1,5 Millionen Menschen tablettenabhängig. 2,5 Millionen sind alkoholkrank. Über ein Viertel der Jugendlichen rauchen. Etwa 100 000 Menschen sind von Rauschdrogen abhängig.
Für die Sucht ist nicht unbedingt ein Suchtmittel wie Nikotin oder Alkohol nötig. Auch Fernsehen, Einkaufen, Computer- oder Glücksspiele können zur Sucht führen. Dem Süchtigen verschafft das Suchtmittel oder das Suchtverhalten ein angenehmes Lebensgefühl. Es hebt die Stimmung oder steigert scheinbar die Leistungsfähigkeit.

Süchtige verspüren den übermächtigen Drang, sich die Befriedigung durch Suchtmittel oder Suchtverhalten immer wieder zu verschaffen.

Sucht durch Suchtmittel	Süchtiges bzw. zwanghaftes Verhalten
Tabletten, Alkohol, Nikotin, Schnüffelstoffe, Drogen (Rauschgift)	Esssucht, Magersucht, Fernsehsucht, Spielsucht, Computerspielsucht, Kaufsucht, Machtsucht, Sexsucht, Putzsucht, Arbeitssucht

Alltägliches Verhalten kann süchtig machen. Für viele Menschen ist der Fernseher zur Ersatzdroge geworden. Andere verzehren unkontrolliert Chips oder Süßigkeiten und ärgern sich, dass sie dick werden. Und weil sie sich ärgern, essen sie noch mehr. Manche Jugendliche und Erwachsene lassen sich von Spielen fesseln und beschäftigen sich stundenlang mit Computerspielen. Andere sitzen vor Glücksspielautomaten, ohne Rücksicht auf Familie, Zeit oder Einkommen.

Wer ist suchtgefährdet? Jeder kennt Tage, an denen er sich einsam fühlt, Probleme hat oder mit der Welt nichts anzufangen weiß. Das Beste ist es, wenn man von sich aus an die Überwindung von Schwierigkeiten herangeht. Wer das nicht gelernt hat, wird Problemen gern ausweichen. Die Gefahr ist dann groß, süchtig zu werden.

Wer aktiv an die Bewältigung von Problemen herangeht, ist kaum oder gar nicht suchtgefährdet. Suchtmittel lösen keine Probleme, sondern man wird von ihnen abhängig.

Gesundheit Alkohol und seine Folgen

Alkohol und Nikotin sind weit verbreitete Suchtmittel. Unser Körper kann von ihnen abhängig werden.
Das Trinken von Alkohol wird bei uns häufig als „normal" angesehen. Wer nicht mittrinkt, gilt als Spielverderber. Wer „viel verträgt", hat seinen Körper schon an Alkohol gewöhnt und die Vorstufe zur Sucht erreicht.
Nach dem Trinken von Alkohol benehmen sich Menschen anders als sonst. Entweder sind sie reizbar oder von einer lauten Fröhlichkeit, gleichgültig oder aggressiv. Bei größeren Mengen Alkohol kommt es zu lebensgefährlichen Vergiftungen.
Alkohol erhöht die Unfallgefahr. Menschen, die Alkohol getrunken haben, überschätzen sich und reagieren wesentlich langsamer. Die Folgen im Straßenverkehr sind oft tödlich.
Außerdem muss man mit bleibenden Schäden rechnen: Gehirnzellen werden allmählich abgetötet und das Gedächtnis wird schwächer. Bei Jugendlichen reagiert das Nervensystem viel empfindlicher als bei Erwachsenen. Die Magenschleimhaut entzündet sich, es kommt zu Magengeschwüren. Leber, Nieren und Muskeln werden geschädigt. Auch das Herz und der Kreislauf werden stark belastet. Alkoholiker altern vorzeitig und leiden oft unter seelischen Störungen (gedrückte Stimmung, Interesselosigkeit).

Alkoholmenge	Wirkung (bei Erwachsenen)
1 Glas Bier (0,3 l) oder 0,25 l Wein	Wärmegefühl, leichte Anheiterung, Wegfall von Hemmungen, Anzeichen von Plaudersucht, überschwängliches Glücksgefühl – Verkehrsuntauglichkeit
6 bis 7 Glas Bier oder 1 l Wein	Erste Gleichgewichtsstörungen und vermindertes Reaktionsvermögen – deutliche Angetrunkenheit
10 Glas Bier oder 1,5 l Wein	Plaudersucht, Selbstgespräche, Stottern und deutliches Schwanken – starke Trunkenheit
12 Glas Bier oder 2 l Wein	Erbrechen, hilfloser Zustand, schwere Gleichgewichtsstörungen – schwerer Rausch
mehr	Bewegungsnerven versagen, Bewusstsein setzt aus – Lebensgefahr

Der Sucht vorbeugen
Bei Sport und Spiel vollbringst du selbst Leistungen. Das stärkt dein Selbstbewusstsein und schafft Freundschaften. ▸2 Ein selbstbewusster Mensch ist besser in der Lage, Probleme zu lösen und in schwierigen Situationen zurechtzukommen. Er kann auch mit Misserfolgen umgehen.
Viele Jugendliche vermissen Verständnis und Aufgeschlossenheit für ihre Fragen und Probleme. Du selbst kannst daran etwas ändern: Bemühe dich, mit deinen Eltern und Geschwistern, mit Freunden, Lehrern oder anderen vertrauten Personen ins Gespräch zu kommen. Sprich mit ihnen über deine Ängste und über deine Wünsche. Teile deine Freuden und Erfolge mit ihnen.

2 *Aktive Jugendliche beim Sport*

Aufgaben

1 Alkohol und Nikotin werden auch als „Genussmittel" bezeichnet.
a Nenne die Gefahren, denen sich ein Erwachsener aussetzt, wenn er diese „Genussmittel" zu sich nimmt.
b Warum ist Alkohol für Jugendliche und Kinder besonders gefährlich?

2 Sammle Gründe für den Verzicht auf Alkohol und Nikotin. Vergleiche mit einem Partner. Besprecht eure Ergebnisse in der Klasse.

3 Schreibe die Begriffe „Missbrauch", „Genuss", „Sucht", „Gebrauch", „Gewohnheit" in einer zeitlichen Reihenfolge untereinander. Bezeichne rechts daneben Stellen für Suchtauslösung durch einen Pfeil und nenne jeweils eine Maßnahme zur Suchtvorbeugung. Was fällt dir auf?

Stark sein: Nein sagen!

▷ „Nimm schon eine, sei kein Feigling!“ Wie jeden Tag haben sich die Freunde am Nachmittag getroffen. Heute hat Tim von zu Hause eine Schachtel Zigaretten mitgebracht. Sie kreist in der Runde und fast alle haben schon eine genommen. Nun ist Marco an der Reihe – er zögert.

1

Aufträge

1* Werbung entlarven Die Werbung zeigt uns eine schöne heile Welt. Sport, Freizeit, Urlaub und Abenteuer stehen im Vordergrund. Unbewusst verbindet man die Bilder mit der angepriesenen Ware. ▸2 Durch die ständige Berieselung mit Werbung bekommen wir falsche Vorstellungen vom Leben und entwickeln falsche Erwartungen an uns selbst. Sammle Anzeigen. Jede enthält versteckte Botschaften. Du kannst sie erkennen, wenn du folgende Fragen beantwortest:

- Wofür wird geworben?
- Was erfährst du über die Eigenschaften der Ware? Was wird versprochen, was verschwiegen?
- In welcher Umgebung wird die Ware gezeigt?
- Was hat das mit deinen eigenen Wünschen zu tun?

2* Umfrage zum Thema Rauchen Führe unter Bekannten und Verwandten eine Umfrage durch. Erstelle dazu einen Fragebogen. Denke an Beginn, Gründe, Menge, Kosten, Gefahren, Rücksichtnahme auf Nichtraucher …

2 *Typische Werbefotos*

3 Neinsagen lernen Da hat man sich überwunden, lernt endlich für die Klassenarbeit und plötzlich klingelt es. Ein Freund steht vor der Tür mit ein paar DVDs. Die Eltern sind nicht zu Hause ... Na, was würdest du jetzt tun?
Es gibt viele ähnliche Situationen. Kleine oder große Verführer wollen dich daran hindern, das zu tun, was du eigentlich tun willst. Versucht solche Situationen nachzuspielen: ▸3 Zwei Schülerinnen oder Schüler stellen sich vor die Klasse. Ein Spielpartner versucht den anderen zu überreden. Der zweite hält mit seinen Antworten dagegen. Nach einigen Minuten kommt das nächste Spielerpaar an die Reihe.

- Welches Paar hat euch am besten gefallen?
- Welche Antworten haben euch überzeugt?

3 *Rollenspiel*

Überblick

Pubertät
Die Pubertät ist die Zeit, in der sich ein Mädchen zur Frau und ein Junge zum Mann entwickelt. Sie beginnt zwischen 9 und 14 Jahren. Vieles am Körper verändert sich in dieser Zeit: Größe, Gewicht, Stimme, Behaarung.

Geschlechtsmerkmale ▸4–6
Die Geschlechtsorgane reifen jetzt aus. Bei Mädchen werden regelmäßig Eizellen reif und bei Jungen Samenzellen (Spermien). Rein körperlich gesehen, können Mädchen jetzt schwanger werden und Jungen sind zeugungsfähig.

Weitere Veränderungen
Auch Gefühle, Träume und Interessen verändern sich. Viele neue Eindrücke kommen auf die Mädchen und Jungen zu. Es dauert mehrere Jahre, bis sich die Gestalt des Erwachsenen entwickelt hat. In dieser Zeit lernen sich die Jugendlichen selbst immer besser kennen. Sie werden selbstständiger und verantwortungsbewusster.

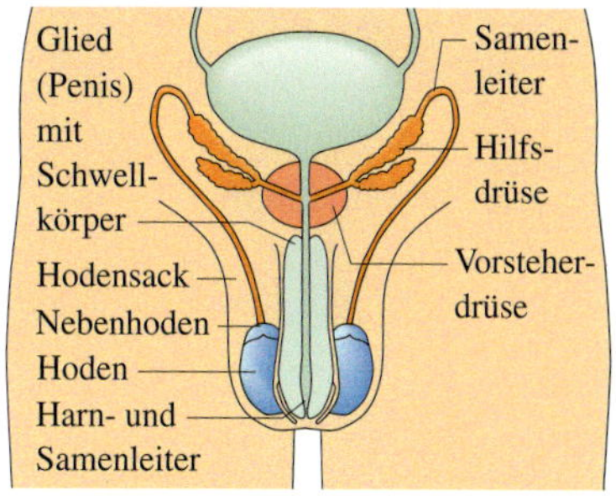

4 *Primäre Geschlechtsmerkmale des Mannes*

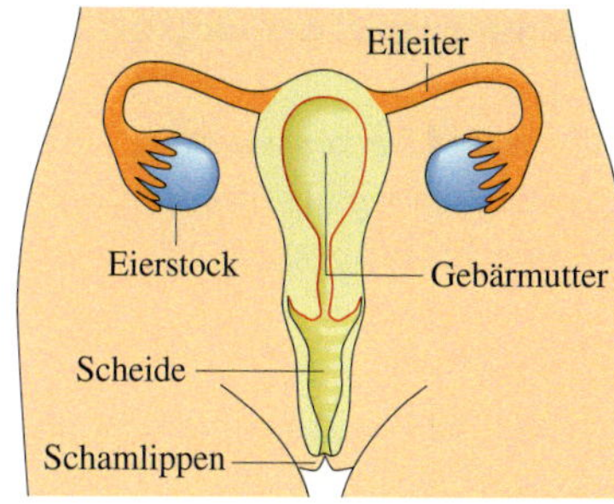

5 *Primäre Geschlechtsmerkmale der Frau*

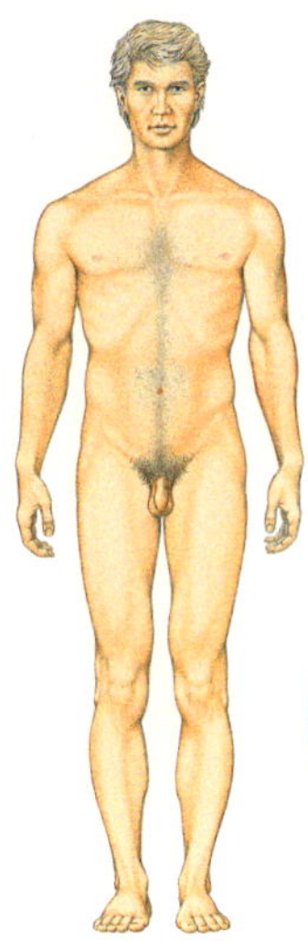

Mann	Frau
tiefere Stimme, ausgeprägter Kehlkopf	höhere Stimme
breite Schultern, Achselbehaarung	schmale Schultern, Achselbehaarung, Brüste,
stärkere Behaarung, vor allem an Brust, Armen und Beinen	weniger starke Körperbehaarung
schmales Becken, Schambehaarung	breites Becken, Schambehaarung

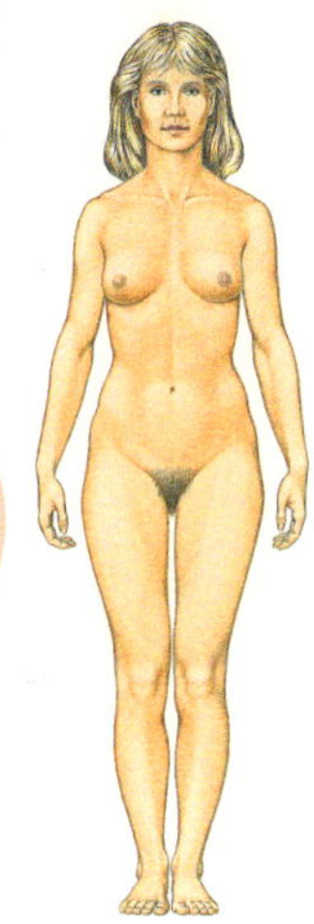

6 *Sekundäre Geschlechtsmerkmale*

Alles klar?

1 Während der Pubertät entwickeln sich Kinder zu Erwachsenen.
a Was ändert sich am Körper, wenn ein Mädchen zur Frau wird und ein Junge zum Mann? Wozu dienen diese Veränderungen?
b Was ändert sich sonst noch?

2 Benenne die primären Geschlechtsmerkmale von Frau und Mann.

3 Kann ein 12-jähriges Mädchen bereits Kinder bekommen? Begründe deine Antwort.

4 Regelmäßige Körperpflege trägt zum Wohlbefinden bei.
a Warum muss man in der Pubertät auch seine Körperpflege ändern?
b Beschreibe, warum die Hygiene der Geschlechtsorgane besonders wichtig ist.

5 Daniela ist elf. In letzter Zeit will sie manchmal alleine sein. Kannst du dir vorstellen, welche Dinge sie beschäftigen? Beschreibe!

6 Mit der Pubertät verändert sich auch der Umgang von Mädchen und Jungen untereinander.
a Überlege, was du in deiner Klasse beobachtet hast. Gibt es Probleme, die früher nicht da waren?
b Welche Regeln können helfen, das Zusammenleben in der Klasse zu erleichtern?

7 Aus den Medien hast du sicher von Fällen erfahren, in denen Kinder sexuell missbraucht wurden.
a Was versteht man unter sexuellem Missbrauch?
b Wo bekommen Jugendliche, die solche Erfahrungen gemacht haben, Hilfe?

Überblick

Zusammenspiel der Organsysteme

Gehirn und Nervensystem
Alle Lebensvorgänge werden von Gehirn und Nervensystem überwacht und gesteuert.

Blutkreislauf
Das Blut ist das Transportsystem des Körpers.

Verdauung und Atmung
Die Verdauungsorgane zerlegen die Nahrung in kleinste Bausteine. Aus ihnen werden körpereigene Stoffe aufgebaut und Energie für Lebensvorgänge gewonnen. Den zur Energiegewinnung notwendigen Sauerstoff nehmen wir über die Lunge auf. Kohlenstoffdioxid atmen wir aus.

Skelett
Das Skelett stützt den Körper und schützt die inneren Organe. Die Knochen sind über Gelenke beweglich miteinander verbunden.

Muskulatur
Die Muskeln sind die „Motoren“ unseres Körpers. Sie sorgen dafür, dass wir uns bewegen können.

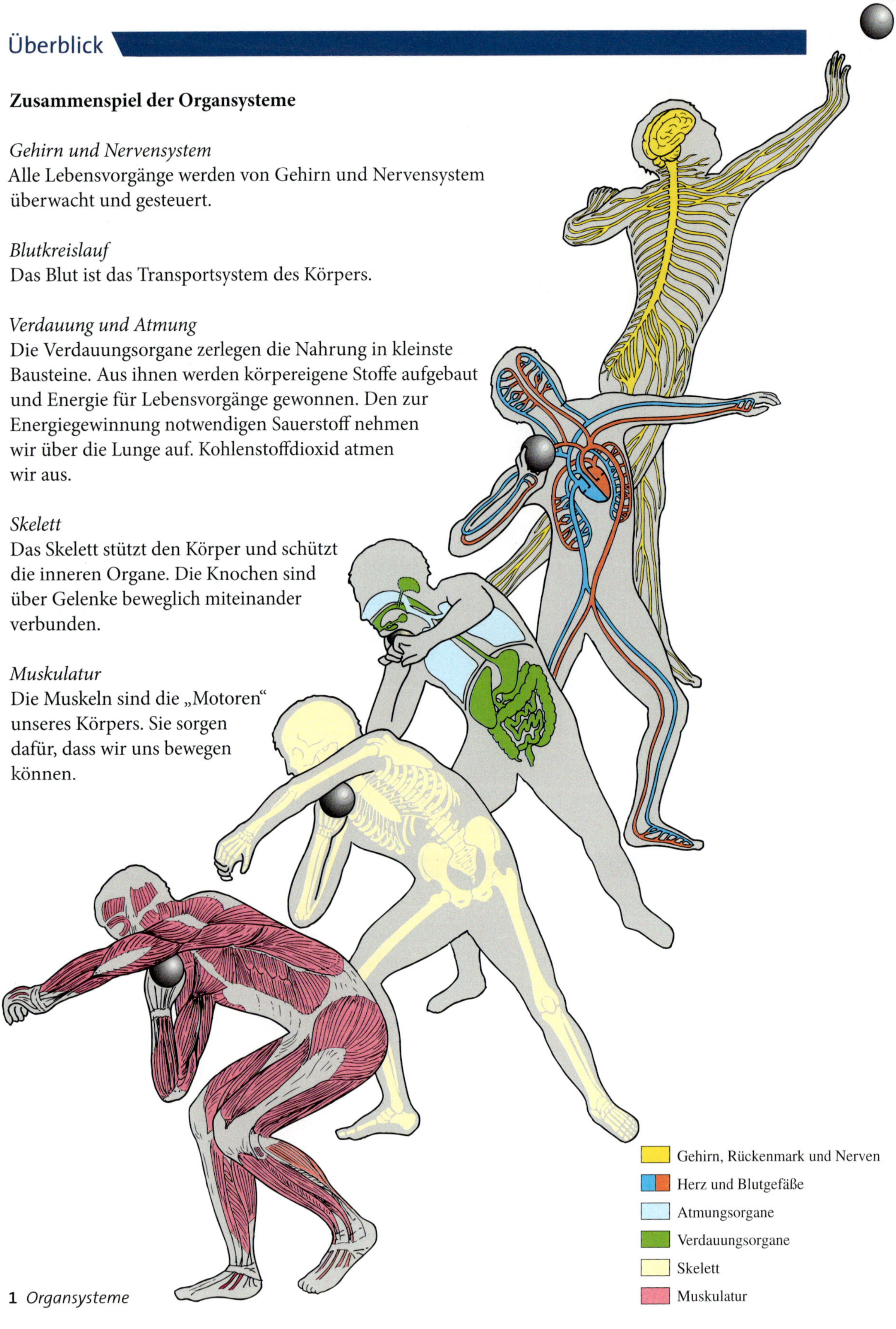

1 *Organsysteme*

Teste dich!

1 Bewegungen bei Tier und Mensch entstehen auf dieselbe Weise.

a Wie verändern sich Muskeln, um eine Bewegung hervorzurufen?

b Fertige eine Skizze des Oberarms vom Menschen mit Knochen, Muskeln und Gelenken an. Beschrifte deine Skizze.
Erkläre anhand deiner Skizze das Gegenspielerprinzip der Muskeln.

c Lege eine Tabelle zu den Organen an, die an der Armbewegung beteiligt sind.

Organ	Eigenschaften	Aufgaben
?	?	?

d Viele Menschen zeigen Körperfehlhaltungen. Was versteht man darunter? Nenne Beispiele.

e Was kannst du für eine gesunde Körperhaltung tun?

2 Das ist doch unmöglich – oder? ▸2

2

a Um welche Vorrichtung handelt es sich bei einer solchen Wippe?

b Nenne weitere Geräte aus dem Haushalt, die ähnlich wie die Wippe funktionieren.

c Zeichne das Bild vereinfacht ab und trage ein: Kraft 1, Kraft 2, Hebelarm 1, Hebelarm 2.

d* Wie lang müsste der Balken auf der Seite der Maus wirklich sein (Elefantenbaby: 100 kg; Maus: 100 g; Balken auf der Seite des Elefanten: 1 m)?

3 Man bezeichnet den Blutkreislauf des Menschen und der Säugetiere auch als doppelten Kreislauf.

a Erkläre den Begriff des doppelten Blutkreislaufs.

b Welche Herzkammer treibt welchen Kreislauf an?

c* Früher bezeichnete man sauerstoffarmes Blut als venöses Blut und sauerstoffreiches Blut als arterielles.
Begründe, weshalb die Begriffe venöses Blut und arterielles Blut heute nicht mehr gebräuchlich sind.

4 „Gut gekaut ist halb verdaut."

a Erkläre das Sprichwort biologisch.

b Nenne die Aufgaben der einzelnen Stationen der Verdauung.

c Weshalb ist sauerstoffarmes Blut oft nährstoffreicher als sauerstoffreiches Blut?

5 Während der Pubertät wird der Körper der Jugendlichen dem der Erwachsenen immer ähnlicher. Die Geschlechtsmerkmale prägen sich mehr und mehr aus.

a Man bezeichnet einige Geschlechtsmerkmale als „primär" und einige als „sekundär". Erläutere die beiden Begriffe.

b Erstelle je eine Tabelle
- mit den primären Geschlechtsmerkmalen der Frau und des Mannes,
- mit den sekundären Geschlechtsmerkmalen der Frau und des Mannes.

6 Schwanger – ja oder nein? Diese Frage stellt sich irgendwann fast jedem Mädchen oder jeder Frau im gebärfähigen Alter. Was ist zu tun, damit eine Schwangerschaft mit hoher Wahrscheinlichkeit vermieden werden kann?

a Nenne die drei häufigsten Methoden der Schwangerschaftsverhütung.

b Was geschieht bei den einzelnen Formen der Verhütung?

7 In der Zeit nach der Geburt wird der Grundstein für die Fähigkeit des Kindes gelegt, Vertrauen zu entwickeln.

a Was ist außer der Versorgung mit Nahrung für den Säugling besonders wichtig?

b Welche Formen der Freundschaft und Zuneigung kennst du?

c Es gibt falsche Kinderfreunde. Was kannst du tun, wenn Menschen dir zu nahe kommen?

Rezept
für eisgekühlte Limonade

Zutaten:
0,3 l Leitungswasser,
Zucker (nach Geschmack),
1 Teelöffel Zitronensaft (Zitronensäure),
etwas Backpulver, Eiswürfel

Zubereitung:
Der Zitronensaft und der Zucker werden in das Wasser eingerührt. Anschließend gibt man eine Messerspitze Backpulver hinzu. Vor dem Trinken wird die Limonade mit Eiswürfeln gekühlt. Ein frisches Getränk – nicht nur für heiße Sommertage!

Ein Gegenstand – verschiedene Stoffe?

Wie mischt man eine Limonade?

Trinkwasser aus Meerwasser?

Wie benutzt man den Kompass?

Stoffe und Geräte im Alltag

- Stoff – das ist nicht nur der Baumwollstoff deiner Jeans. Zu den Stoffen gehören auch Baustoffe, Farbstoffe, Klebstoffe, Brennstoffe, Duftstoffe … Auch Sand und Silber, Zucker und Zitronenlimonade sind Stoffe. Die ganze Welt besteht aus Stoffen! Jeder Stoff hat bestimmte Eigenschaften. Sie bestimmen, wofür man die Stoffe benutzt und wie man sie bearbeitet. Und sie helfen uns auch, wenn wir Stoffgemische trennen wollen.
- Ein Leben ohne elektrische Geräte kannst du dir wahrscheinlich kaum vorstellen. Elektrogeräte machen unseren Alltag bequem.
- Ein Lampe kannst du ein- und ausschalten. Dein Haartrockner kann mal warme und mal kalte Luft pusten. Beim Kühlschrank geht die Innenbeleuchtung aus, wenn du die Tür schließt … Du wirst untersuchen, wie Haushaltsgeräte funktionieren. Und du wirst Versuche mit Kompass und Magneten durchführen.

Methode Sicheres Experimentieren

Früher versuchten die Alchemisten, Eisen, Kupfer und andere Stoffe in Gold umzuwandeln. Diese Umwandlung ist ihnen niemals gelungen, aber sie entdeckten viele Stoffe und chemische Vorgänge.
Heute beschäftigt sich die Chemie mit der Herstellung von Kunststoffen, Düngemitteln, Arzneimitteln, Kunstfasern und Treibstoffen aus geeigneten Rohstoffen.
Damit bei chemischen Experimenten nichts passiert, musst du die Sicherheitsvorschriften beachten. Mit dem Laborführerschein weist du nach, dass du dich mit dem Arbeiten im Fachraum auskennst.

Vor dem Experimentieren

► Vor dem Experimentieren den Tisch leer räumen. Die Versuchsanleitung genau lesen oder besprechen. Den Versuchsaufbau immer vom Lehrer bzw. von der Lehrerin kontrollieren lassen!

1

► Immer eine Schutzbrille aufsetzen!

2

► Lange Haare müssen zusammengebunden werden, sonst könnten sie vom Gasbrenner angezündet werden.

3

Beim Experimentieren

▸ Achtung: In Fachräumen nicht essen oder trinken, auch nicht schminken! Probiere nie den Geschmack von Chemikalien!

▸ Erhitzen von Flüssigkeiten im Reagenzglas: Halte das Glas schräg. Schüttle den Inhalt vorsichtig hin und her. Die Glasöffnung nie auf Personen richten!

4

▸ Willst du eine Geruchsprobe durchführen? Niemals die Nase direkt über das Gefäß halten! Fächle dir aufsteigende Dämpfe zu.

5

▸ Arbeite immer nur mit kleinen Mengen! Schütte Reste nie in die Gefäße zurück! Fasse Chemikalien nicht mit den Fingern an. Benutze dafür einen sauberen Spatel (Löffel)!

6

▸ Entsorge Chemikalien nur in die dafür vorgesehenen Behälter. Melde jede „Panne" sofort!

7

Nach dem Experimentieren

▸ Räume deinen Arbeitsplatz auf, wische den Tisch ab und wasche dir die Hände.

Methode Bedienungsanleitung für den Gasbrenner

Es gibt unterschiedliche Arten von Gasbrennern. Deshalb können die Gasbrenner an eurer Schule anders aussehen als hier gezeichnet. Dann müsst ihr euch genau zeigen lassen, wie sie bedient werden. Das muss natürlich geschehen, bevor ihr damit arbeitet!

1 *Wie funktioniert der Gasbrenner?*

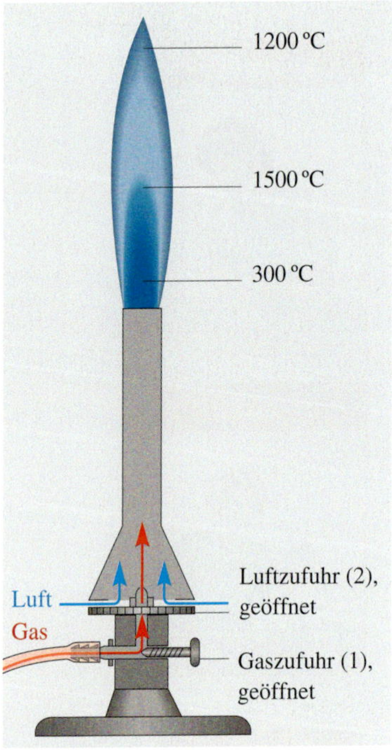

2 *Gasbrenner*

Bedienungsanleitung

- Die Gaszufuhr (1) und die Luftzufuhr (2) müssen geschlossen sein. Überprüfe es!
- Öffne den Gashahn am Tisch. Entzünde dann ein Streichholz oder ein Feuerzeug. Öffne die Gaszufuhr am Brenner und halte die Flamme von der Seite an das ausströmende Gas.
- Mit der Gaszufuhr am Brenner stellst du die Höhe der rötlich gelben Flamme auf ca. 10 cm ein. Diese Flamme ist rund 1000 °C heiß; sie rußt stark.
- Öffne nun vorsichtig die Luftzufuhr, bis die Flamme eine bläuliche Farbe hat. Die Flamme ist jetzt viel heißer (1200 bis 1500 °C) und rußt nicht mehr. Am heißesten ist sie etwas unterhalb der Spitze.
- Vergiss nicht, Gaszufuhr und Luftzufuhr am Brenner nach dem Versuch zu schließen.

Sicherheitsmaßnahmen

▸ Informiere dich für den Notfall, wo Feuerlöscher und Löschdecke sind. Du solltest auch wissen, wo sich der nächste „NOT-AUS-Knopf" befindet.

▸ Schutzbrille tragen! ▸3

▸ Lange Haare müssen zusammengebunden werden. ▸4

▸ Lass offene Flammen nie unbeaufsichtigt.

▸ Schließe den Gashahn, wenn die Flamme deines Brenners erlischt.

▸ Beachte beim Wiederanzünden: Zuerst am Brenner die Gaszufuhr (1) und die Luftzufuhr (2) schließen!

▸ Bei Gasgeruch: Schließe sofort den Gashahn und informiere die Lehrerin oder den Lehrer. Fenster öffnen!

3 *Schutzbrille tragen!*

4 *Lange Haare zusammenbinden!*

Methode Bedienungsanleitung für den Tauchsieder

Mit Tauchsiedern wird nur Wasser erwärmt. ▸5
Im spiralförmigen Tauchsiederrohr wird ein Draht elektrisch erhitzt. Die entstehende Wärme muss sofort an das Wasser weitergegeben werden, sonst kann der Draht durchglühen.

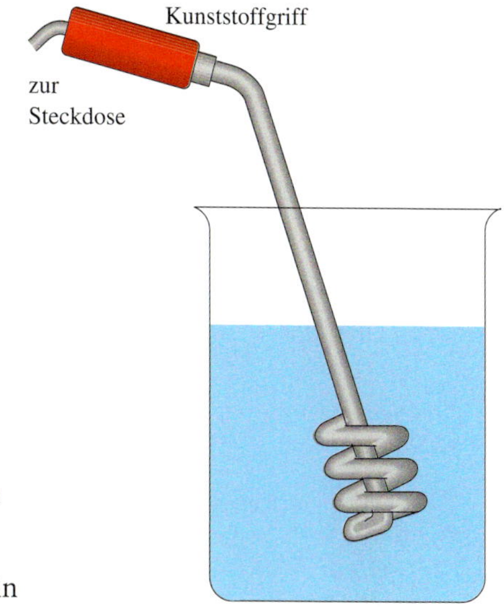

5 *Tauchsieder*

Bedienungsanleitung

- Vor dem Anschließen muss der Tauchsieder in Wasser eintauchen. Seine Spirale muss immer ganz im Wasser stecken.
- Wenn das Wasser ausreichend warm ist, ziehst du zuerst den Stecker aus der Steckdose (aber nicht am Kabel!). Dann erst nimmst du den Tauchsieder aus dem Wasser.

Sicherheitsmaßnahmen

▸ Tauchsiedern sieht man es nicht an, ob sie heiß sind. Fasse sie deshalb immer nur an ihrem Kunststoffgriff an.

▸ Der Stecker darf nicht nass sein und nicht mit nassen Händen in die Steckdose gesteckt oder aus ihr herausgezogen werden.

Aufgaben

1 Die Flamme eines Brenners darf man nicht wie eine Kerzenflamme ausblasen. Erkläre!

2 Zu den Grundregeln beim Experimentieren mit offenen Flammen gehören zwei wichtige Dinge:
- Schutzbrille tragen. ▸3
- Lange Haare zusammenbinden. ▸4

Begründe diese Regeln.

3 *Prüfung für den Brennerführerschein* ▸6
Wenn du die folgenden Fragen beantworten kannst, bestehst du die Prüfung bestimmt.

a Was musst du tun, bevor du den Brenner anzündest?
b Mit welcher Schraube regelst du die Gaszufuhr, mit welcher die Luft?
c Welche Flamme ist heißer, die gelbrote oder die blaue? Wo ist sie am heißesten und wie heiß ist sie ungefähr?
d Im Notfall musst du unbedingt wissen: Wo sitzt der nächste Not-Aus-Knopf? Wo sind Löschdecke und Feuerlöscher?
e Was musst du tun, wenn deine Flamme plötzlich erlischt?

6

Lernen an Stationen: Sicherheit beim Experimentieren

1 Arbeit mit dem Gasbrenner

Material: Gasbrenner, Schutzbrille, Zündhölzer

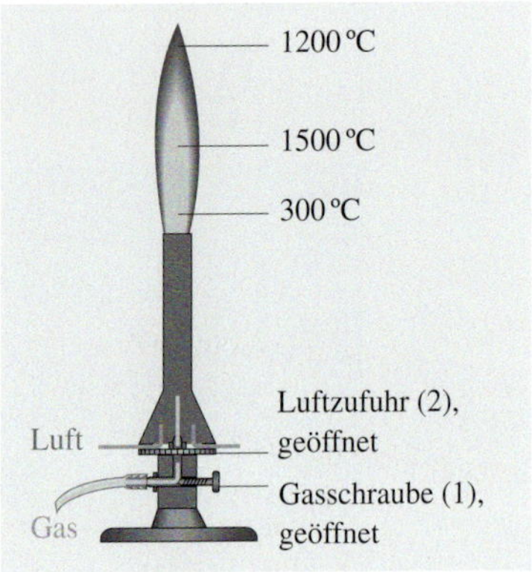

Versuchsdurchführung:

a Lies dir die Bedienungsanleitung genau durch.
b Entzünde das Gas am Gasbrenner nach der Bedienungsanleitung.
c Stelle die leuchtende Flamme ein.
d Stelle die rauschende, nicht leuchtende Flamme ein.
e Beende die Arbeit mit dem Brenner in der richtigen Reihenfolge.

Auswertung:

Wie heiß ist die nicht leuchtende Flamme?
Wann stellst du beim Arbeiten mit dem Gasbrenner die leuchtende Flamme ein?
Welche Sicherheitsvorkehrungen musst du bei der Arbeit mit dem Gasbrenner noch treffen?

2 Erhitzen von Stoffen im Reagenzglas

Material: Gasbrenner, Schutzbrille, Reagenzgläser, Reagenzglasklammer, Reagenzglasständer, Zündhölzer, Wasser, Zucker

Versuchsdurchführung:

a Entzünde den Gasbrenner nach der Bedienungsanleitung.
b Fülle ein Reagenzglas zu einem Drittel mit Wasser. Befestige die Reagenzglasklammer weit oben am Reagenzglas.
c Stehe während des Versuchs. Halte das Reagenzglas schräg in die nicht leuchtende Flamme und bewege es immer leicht. Richte die Reagenzglasöffnung nicht auf Personen!
d Stelle das Reagenzglas in den Ständer, wenn das Wasser zu sieden beginnt.
e Wiederhole die Versuchsabfolge mit Zucker statt Wasser. Stelle das Reagenzglas in den Ständer, sobald der Zucker karamellisiert.

Auswertung:

Warum muss die Reagenzglasklammer weit oben am Reagenzglas befestigt werden?
Warum soll das Reagenzglas beim Erhitzen leicht bewegt werden?
Erkläre, warum die Reagenzglasöffnung auf keine Person gerichtet werden darf.

3 Piktogramme für Gefahrstoffe

Material: Schulbuch, Nachschlagewerk, Chemikalienflaschen mit Piktogrammen, Merkblätter mit den neuen Piktogrammen

Information: Du siehst hier sechs Piktogramme. Das mit dem Totenkopf zum Beispiel sagt aus: Schon kleine Mengen der Chemikalie führen beim Einatmen oder Verschlucken zu schweren gesundheitlichen Schäden oder zum Tod.

Aufträge:

a Schlage nach, was ein Piktogramm ist.

b Warum werden deiner Meinung nach gefährliche Chemikalien überall auf der Welt *gleich* gekennzeichnet?

c Finde die Bedeutungen für die anderen Piktogramme heraus und schreibe sie auf.

d Schlage für ein Piktogramm deiner Wahl die Gefahren- und Sicherheitshinweise nach und notiere sie.

e Zeichne ein weiteres Piktogramm auf und erläutere seine Bedeutung.

f Auf dem Tisch stehen Stoffe (Chemikalien). Suche den Stoff aus, der das Piktogramm „Ätzwirkung" auf seinem Etikett hat. Notiere den Stoff.

4 Sicherheitseinrichtungen der Fachräume

Material: Raumplan, Infoblatt „Sicherheitsausstattung des Fachraums"

Aufträge:

a Liste alle Sicherheitseinrichtungen eines Fachraums auf.

b Zeichne in den Raumplan deines Fachraums ihre Lage ein.

c Lies den Fluchtplan und schreibe den genannten Fluchtweg auf.

d Notiere Fragen, die du zur Sicherheitseinrichtung hast.

Hinweis auf Fluchtwege

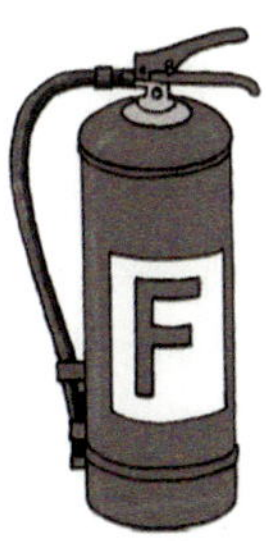

Feuerlöscher

Notfall-Telefon

NOT-AUS-Schalter

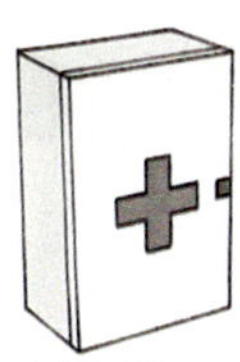

Erste-Hilfe-Kasten

Stoffe im Alltag

▷ Diese Gegenstände haben alle eines gemeinsam. ▸1

▷ Auch in Bild ▸2 gibt es eine Gemeinsamkeit. Es ist aber eine andere …

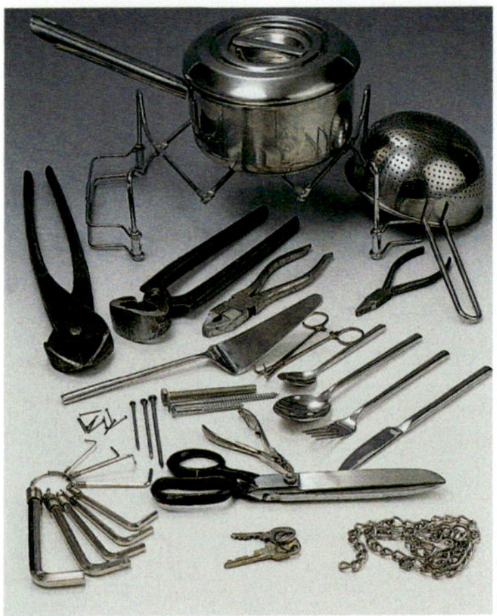

1

2

Beobachten Untersuchen

1 Stoffe raten

a Einer Schülerin (oder einem Schüler) wird ein Stoff „an die Stirn geschrieben" (Glas, Holz, Eisen, Kunststoff, Gold, Baumwolle ...). ▸3 Sie weiß nicht, um welchen Stoff es sich handelt. Durch Fragen soll sie ihn herausfinden. Ihre Mitschüler dürfen nur Ja oder Nein antworten.

b Notiert Eigenschaften, nach denen gefragt wurde. Vielleicht könnt ihr einige Eigenschaften jeweils unter passenden Überschriften zusammenfassen (z.B. Farbe).

2 Verwendung von Stoffen

a Schreibt die Stoffe, die erraten wurden, in einer Tabelle auf. Was wird aus ihnen hergestellt?

Stoff (Material)	Was daraus hergestellt wird
Holz	Stuhl
?	?

b Ein Gegenstand kann aus verschiedenen Stoffen hergestellt werden. ▸2 Sammelt dazu Beispiele in einer Tabelle.

Gegenstand (Körper)	Hergestellt aus (Stoff)
Tisch	Holz, Stahl, Plexiglas

3 *Stoffe raten*

3 Ein Stoff – verschiedene Formen

a Schau dich zu Hause um, welche Gegenstände zum Teil oder ganz aus Glas bestehen. Erstelle eine Liste.

b Woran kann man erkennen, dass ein Gegenstand aus Glas und nicht aus Kunststoff ist?

c Wo wird Glas noch verwendet? Informiere dich z.B. in einem Lexikon.

d Welche Berufe haben mit dem Stoff Glas zu tun?

4 Verwendung und Eigenschaften

Campinggeschirr gibt es aus Metall (Aluminium oder Stahl) und Kunststoff. Welche Eigenschaften sprechen für Geschirr aus Metall, welche sprechen dagegen?

Grundlagen / Körper und Stoff

Körper Wir reden im Alltag davon, dass Tiere und Menschen einen Körper haben. In den naturwissenschaftlichen Fächern nennt man alle Gegenstände, Pflanzen und alle Lebewesen *Körper*.
Becher und Tassen sind Körper, genauso Bücher und Bäume … Man erkennt Körper an ihrer Form: Der Körper „Becher“ ist innen hohl und oben offen. Ein „Baum“ hat einen Stamm mit Ästen.

Stoffe Sämtliche Körper bestehen aus Stoffen. Der Körper „Becher“ kann aus den Stoffen Porzellan, Keramik, Kunststoff, Glas oder Aluminium bestehen. ▸4 Als Stoff bezeichnet man in den Naturwissenschaften alle Materialien, nicht nur Stoffe für Kleidung (Wolle, Seide …).
Man kann viele Stoffe auch in Gruppen zusammenfassen: Metalle, Flüssigkeiten, Textilien …
Es gibt sehr, sehr viele Stoffe. Um sie zu unterscheiden, muss man ihre Eigenschaften kennen. Jeder Stoff hat nämlich Eigenschaften, die ihn von anderen Stoffen unterscheiden.
Viele Körper bestehen aus mehreren Stoffen. ▸5

Als Körper bezeichnet man alle Gegenstände und auch Lebewesen. Die Materialien, aus denen Körper bestehen, nennt man Stoffe.

4 *Beispiele für Körper und Stoffe*

5 *Körper aus mehreren Stoffen*

Aufgaben

1 Jede Schülerin/Jeder Schüler der Klasse hat einen „Stoff“ an die Tafel geschrieben. ▸6

a Da ist nicht alles richtig! Schreibt die Wörter auf, die wirklich Stoffe sind.

b Teilt die Stoffe in sinnvolle Gruppen ein und benennt die Stoffgruppen. *Beispiel:* Metalle.

c Sucht noch weitere Stoffe, die zu den Gruppen gehören.

d Sucht drei Stoffe heraus und schreibt auf, welche Körper man daraus herstellen kann.

2 Was versteht man im Alltag unter Stoff, was in der Fachsprache?

Eisen Glas Essig Holz Papier Blech Styropor
Büroklammer Apfelsaft Brett Watte Wasser
Kupfer Kette Silber Benzin Mehl Baum Zinn
Seifenlauge Diamant Draht Butter Baumwolle
Kerze

6

Den Stoffen auf der Spur

▷ Eine Tüte mit weißem Pulver im Handgepäck – für die Zollbeamten am Frankfurter Flughafen ist das Alltag. Waschpulver, Mehl, Zucker – es könnte harmlos sein.

▷ Im Kriminalfilm probiert der Kommissar solche Substanzen oft mit dem Finger – in Wirklichkeit wird nicht probiert, das Pulver könnte giftig sein …

1 *Fund am Flughafen*

Untersuchen

1 Mehl oder Puderzucker Wie kannst du es herausbekommen, ohne zu schmecken?

2 Stoffe erkennen mit den Sinnen

a Versucht Stoffe mit den Sinnesorganen zu unterscheiden. Nicht probieren oder schmecken!
Wählt aus jeder Gruppe einen Stoff aus. Beschreibt, an welchen Eigenschaften ihr ihn erkennt. Welche Sinnesorgane setzt ihr jeweils ein?
- Mehl, Puderzucker, Salz, Grieß, Reis, Brausepulver
- Zitronensaft, Apfelsinensaft, Apfelsaft, Salzwasser
- Eisen, Kupfer, Aluminium, Silber
- Seide, Wolle, Glaswolle
- Holz, Kohlenstoff
- Styropor, Glas

b Versucht für die Stoffgruppen Namen zu finden.

3 Stoffe erkennen – durch Versuche *Ihr braucht:* Proben von Stoffen (Glas, Eisen, Holz, Salz, Papier, Kunststoff, Aluminium, Zucker, Wachs ...) und Geräte. ▸2
Überlegt euch Versuche zu folgenden Stoffeigenschaften:
- hart/weich
- schmelzbar/nicht schmelzbar
- magnetisch/nicht magnetisch
- in Wasser löslich/nicht löslich
- brennbar/nicht brennbar
- elektrisch leitend/nicht leitend

Jede Gruppe schreibt zu einem Stoffeigenschaftspaar ein Versuchsprotokoll. ▸3

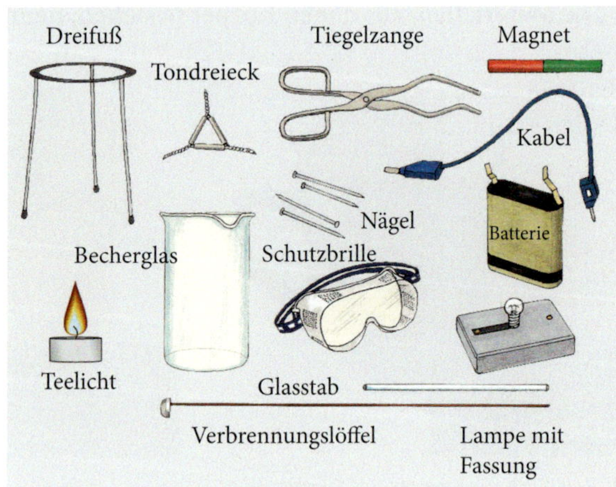

2 *Mögliche Versuchsgeräte*

Versuchsprotokoll *Namen: Deniz, Vanessa*

Untersuchte Eigenschaft: hart – weich
Untersuchte Stoffe: Glas, Holz, Eisen …
Versuchsaufbau und -durchführung:
Mit einem Nagel versuchen wir, Muster in den Stoff zu ritzen.
Versuchsergebnis:
Stoffe vom härtesten zum weichsten angeordnet: Glas …

3 *Versuchsprotokoll (Muster)*

4 Gesucht wird ... Wählt einen Stoff aus. Schreibt über ihn auf OH-Folie einen ausführlichen Steckbrief. ▸4 Dann deckt einer von euch die Folie auf dem OH-Projektor schrittweise ab. Erraten die anderen Gruppen schon, welcher Stoff gemeint ist? Oder sind noch mehr Tipps nötig?

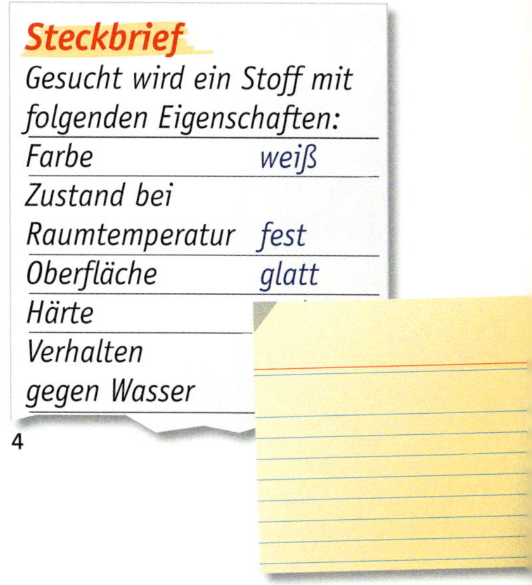

4

Grundlagen Stoffeigenschaften

Jeder Stoff hat viele Eigenschaften. Kennt man einige dieser Eigenschaften, so hat man eine Art „Fingerabdruck". Mit ihm kann man den Stoff von anderen unterscheiden und erkennen. Form oder Größe spielen dabei keine Rolle. So ist Zucker (ob als Würfelzucker oder als Zuckerwatte) immer wasserlöslich und schmeckt immer süß.
Einige Eigenschaften von Stoffen können wir mit unseren Sinnesorganen erkennen: ▸5 So nehmen wir mit der Nase seinen Geruch wahr. Wir stellen fest, ob der Stoff stechend riecht oder geruchlos ist.
Für andere Eigenschaften brauchen wir Hilfsmittel: ▸6 Zum Beispiel stellen wir mit dem Brenner fest, ob ein Stoff brennbar ist oder schmilzt.

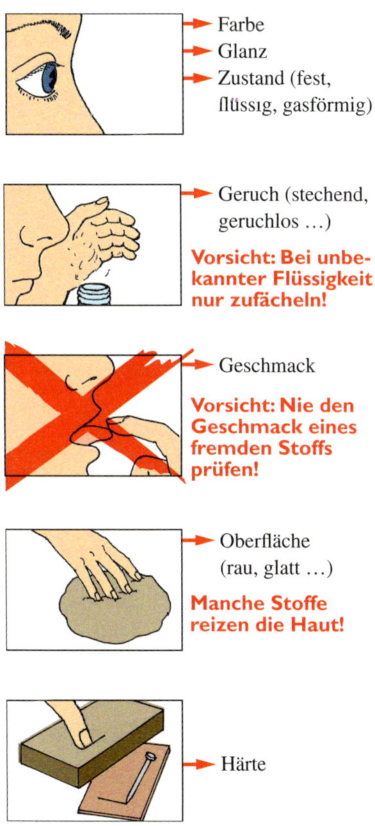

5 *Stoffe erkennen mit Sinnesorganen*

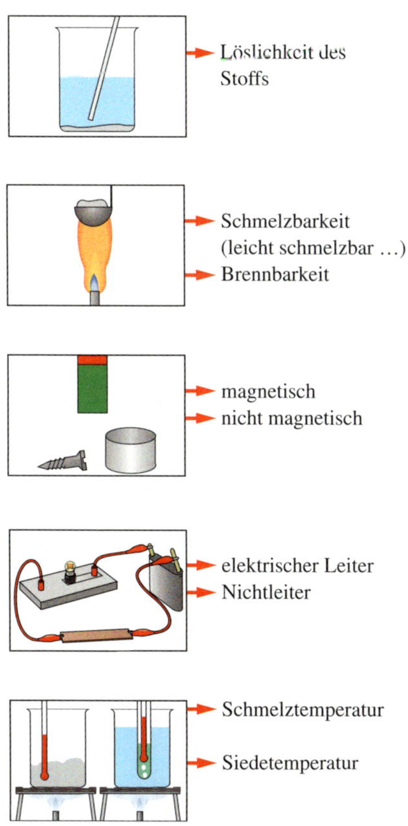

6 *Stoffe erkennen mit Versuchen*

Aufgaben

1 Welche Sinne werden hier genutzt, um Stoffeigenschaften zu erkennen? ▸5 Schreibe so: „Mit den Augen kann man ..."

2 Worin unterscheiden sich Kandiszucker und Salz? Worin stimmen sie überein?

3 Zum Knobeln: „Unter etwas Alufolie verbirgt sich ein dunkelbrauner Stoff. Er lässt sich leicht ritzen, schmilzt allmählich bei Handtemperatur und schmeckt gut ..."
a An welchen Stoffeigenschaften hast du diesen Stoff erkannt?
b* Wähle selbst einen Stoff zum Knobeln aus. Beschreibe seine Stoffeigenschaften möglichst genau. Wer erkennt deinen Stoff?

Lernen an Stationen: Stoffeigenschaften

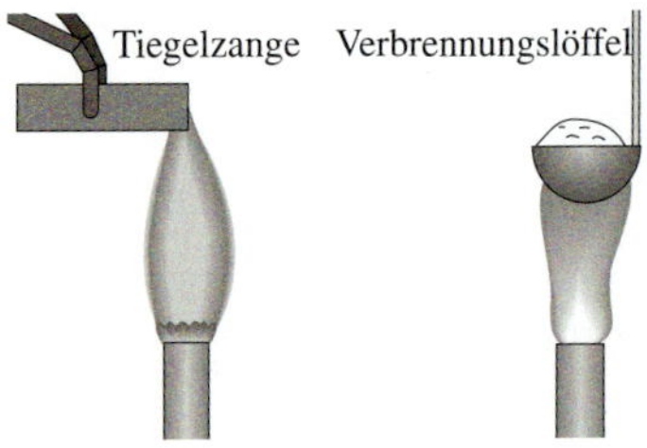

1 Welcher Stoff ist brennbar?

Material: Schutzbrille, Brenner, feuerfeste Unterlage, Tiegelzange, Verbrennungslöffel, Messer (zum Säubern);
Proben: Wolle, Alufolie, Watte, Stahlwolle, Kunststoffe (mit den Zeichen PE oder PS), Kohlenstoff (Bleistiftmine), Holzkohle, Salz, Mehl, Reis

Versuchsdurchführung: Haltet den Stoff in die Spitze der Flamme oder legt eine kleine Menge davon in den Verbrennungslöffel.
Beginnt der Stoff zu brennen? Brennt er außerhalb der Flamme weiter?
Legt danach die Reste auf die feuerfeste Unterlage und schaut sie euch an.
Säubert die Zange und den Verbrennungslöffel mit dem Messer.

Versuchsauswertung: Schreibt eure Beobachtungen in eine Tabelle nach folgendem Muster:

Stoff	brennt / brennt nicht	brennt ohne Brenner weiter	Verbrennungsreste (Aussehen)
Papier	brennt	ja	Papierreste und Asche, schwarz, grau
...	...	...	...
...	...	...	...

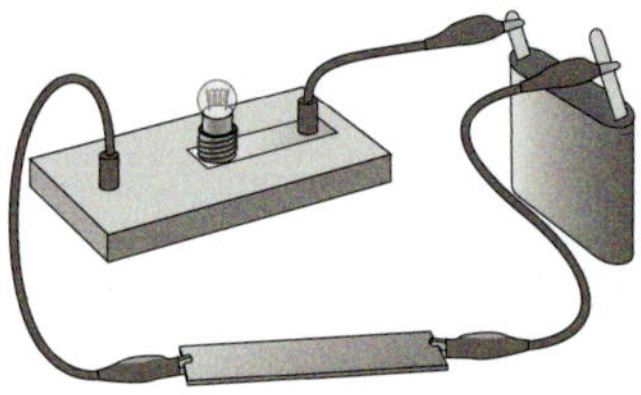

2 Leiter oder Nichtleiter?

Material: Batterie oder Trafo, Experimentierkabel, Lampe
Proben: Eisen, Kupfer, Aluminium, Zink, Glas, Kunststoff, Kohlenstoff (Bleistiftmine, Kohlestab)

Versuchsdurchführung: Klemmt die Körper aus den unterschiedlichen Stoffen nacheinander zwischen die Krokodilklemmen ein.
Beobachtet die Lampe: Wenn die Glühlampe leuchtet, leitet der untersuchte Stoff den elektrischen Strom. Er ist dann ein *elektrischer Leiter*.

Versuchsauswertung: Schreibt eure Beobachtungen auf. Sammelt sie am besten in einer solchen Tabelle:

Körper	Stoff	Leuchtet die Lampe?	Leiter oder Nichtleiter?
Nagel	Eisen	ja	Leiter
...	...	...	...

Erweiterung: Wenn ihr Zeit habt, prüft weitere Körper (Schmuckstücke ...). Überlegt, aus welchem Stoff sie bestehen könnten.

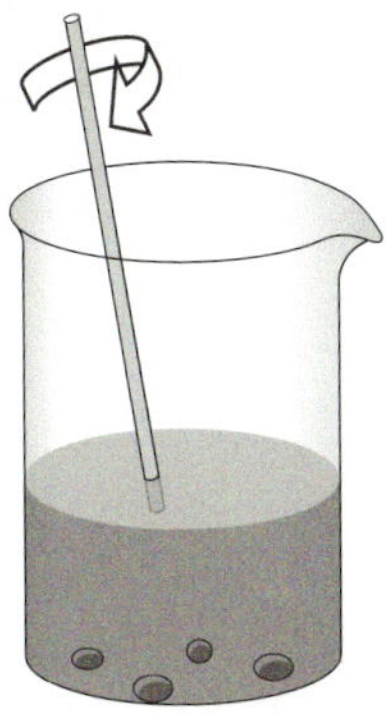

3 Welcher Stoff löst sich in Wasser?

Material: Bechergläser mit Wasser, Glasstäbe zum Umrühren, Papierhandtücher;
Proben: Papier, Eisenpulver, Würfelzucker, Kreide, Holzkohlepulver, gemahlener Kaffee, Instantkaffee, Tee, Hartschaum (Styropor) ...
Tipp: Wenn ihr kleine Stoffportionen nehmt, erhaltet ihr eure Ergebnisse schneller.
Versuchsauswertung: Notiert eure Beobachtungen in einer Tabelle.

Körper	Stoff	Löst sich in Wasser auf?		
		vollständig	teilweise	nicht
Salzkrümel	Salz	...	...	...
...	...	...	...	...
...	...	...	...	...

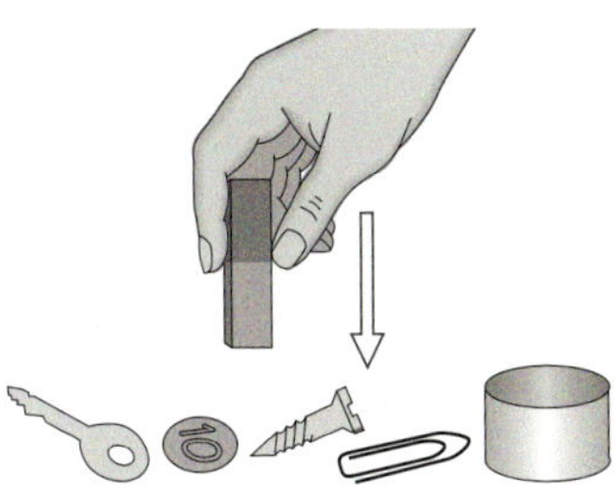

4 Welcher Stoff ist magnetisch?

Material: Magnete; *Proben:* unterschiedliche Büroklammern, Nägel, Eisenblech, Kupferblech, Aluminiumblech (Teelichtbecher), unterschiedliche Stricknadeln, Schmuck, Münzen, verschiedene Stifte, Lineale
Versuchsdurchführung: Prüft mit dem Magneten, welche Körper angezogen werden. Ordnet die Körper dann zu zwei Haufen an und tragt sie in eine Tabelle ein (siehe Muster).
Wenn ihr die Stoffe erkennt, aus denen die Körper bestehen, schreibt sie in die zweite Spalte der Tabelle.
Versuchsauswertung: Schreibt eure Beobachtungen auf. Sammelt sie am besten in einer solchen Tabelle:

Körper	Stoff	Wird angezogen?	Magnetisch?
Lineal	Kunststoff	nein	nein
...	...	...	...

Die untersuchten Körper, die vom Magneten angezogen wurden, können zwar unterschiedlich aussehen – sie bestehen aber alle aus ein und demselben Stoff.
Wie heißt dieser Stoff?

Schmelz- und Siedetemperaturen von Stoffen

▷ Ein Stück Zink wird in einer Eisenkelle geschmolzen. ▸1–2 Dazu ist sicherlich eine höhere Temperatur erforderlich als bei Eis. Schätzt!

▷ Eisen und selbst Gestein können flüssig sein – wenn man sie stark genug erhitzt. ▸3–4

▷ Können alle Stoffe flüssig sein?

1 *Festes Zink*

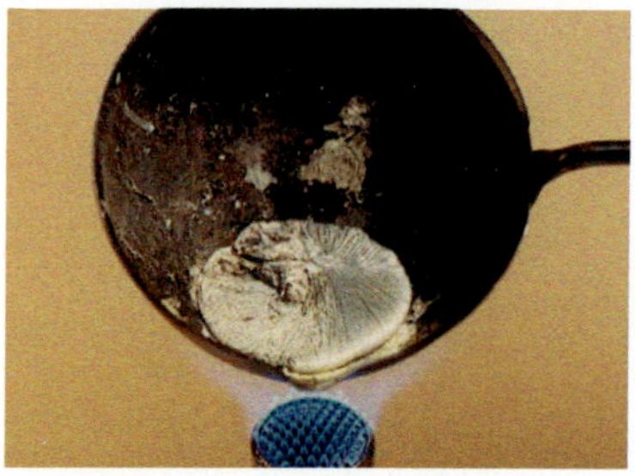
2 *Schmelzendes Zink*

3 *Flüssiges Eisen*

4 *Vulkanausbruch*

Untersuchen Experimentieren

1 Schmelzen von Mehl? Kannst du Mehl, Zucker oder Holz schmelzen?
Erhitze eine kleine Portion Mehl oder Zucker vorsichtig in einem alten Kochtopf. Erhältst du flüssiges Mehl?

2 Werden Nudeln in gesalzenem Wasser schneller gar? Tom meint dazu: „Nudeln werden in Salzwasser gekocht. Das verkürzt die Kochzeit, da Salzwasser heißer wird als reines Wasser." Überprüfe diese Behauptung in zwei Versuchen.

a Gib zu 200 ml Wasser einen halben Teelöffel Salz und rühre um. Welche Siedetemperatur misst du?

b Wiederhole Teil a mit 5 Teelöffeln Salz.

3 Siedetemperatur von Spiritus Spiritus (Alkohol) ist leicht entzündlich. Daher darf man keine offene Flamme verwenden. Deshalb stellt man ein Reagenzglas mit Spiritus in ein Becherglas mit Wasser und erhitzt das Wasser. ▸5
Alle 15 s wurde die Temperatur gemessen. ▸6 Lies aus dem Diagramm die Siedetemperatur ab.

4 Schmelzen von Kerzenwachs Du brauchst ein Thermometer, das die Temperatur zwischen 0 und 100 °C messen kann. Zünde ein Teelicht an und warte, bis der größte Teil des Wachses geschmolzen ist. Puste die Flamme aus und tauche die Spitze des Thermometers in das flüssige Wachs. Bestimme die Schmelztemperatur.

5
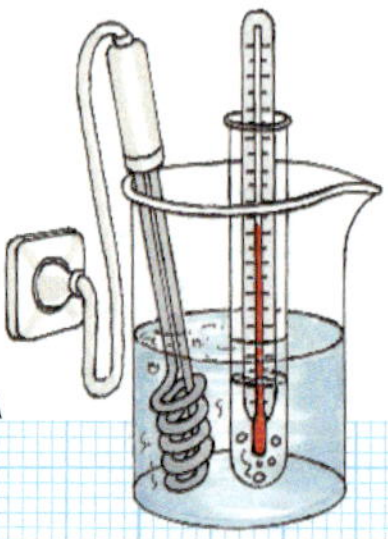

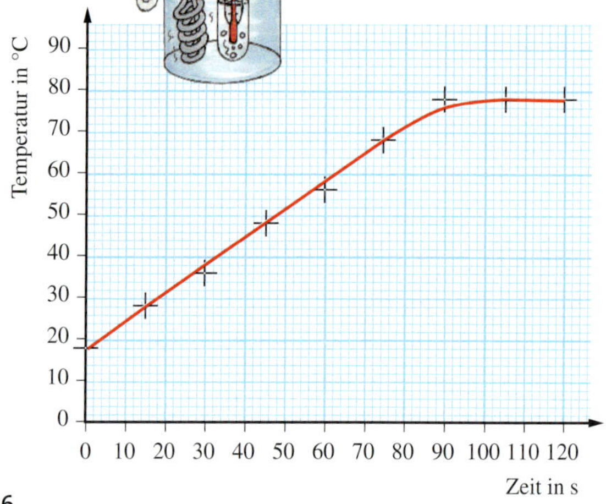

6

Grundlagen Schmelzen und Verdampfen

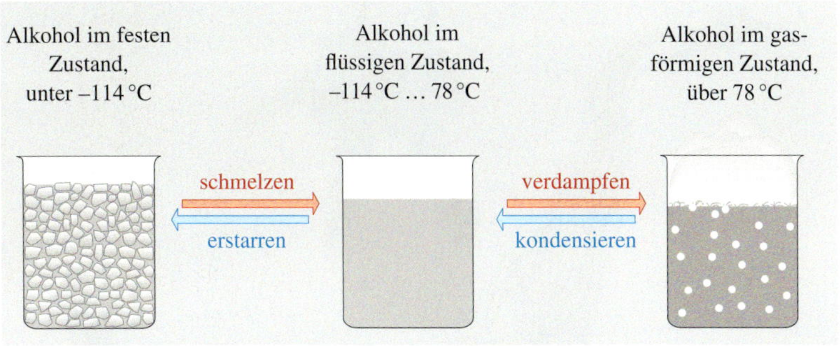

7 *Zustandsänderung von Alkohol*

Viele Stoffe können fest, flüssig oder gasförmig sein. Wenn man z. B. flüssigen Alkohol erhitzt, verdampft er. Kühlt man ihn ab, erstarrt er. ▸7
Je nach Stoff unterschiedlich sind allerdings die Temperaturen, bei denen diese Zustandsänderungen eintreten. Während z. B. Eis bei 0 °C schmilzt, liegt die Schmelztemperatur von Alkohol bei –114 °C.
Es gibt auch Stoffe, die sich nicht schmelzen lassen. Mehl z. B. zersetzt sich beim Erhitzen. Flüssiges Mehl gibt es also nicht.

Viele Stoffe lassen sich anhand der Schmelz- und Siedetemperaturen unterscheiden. ▸8

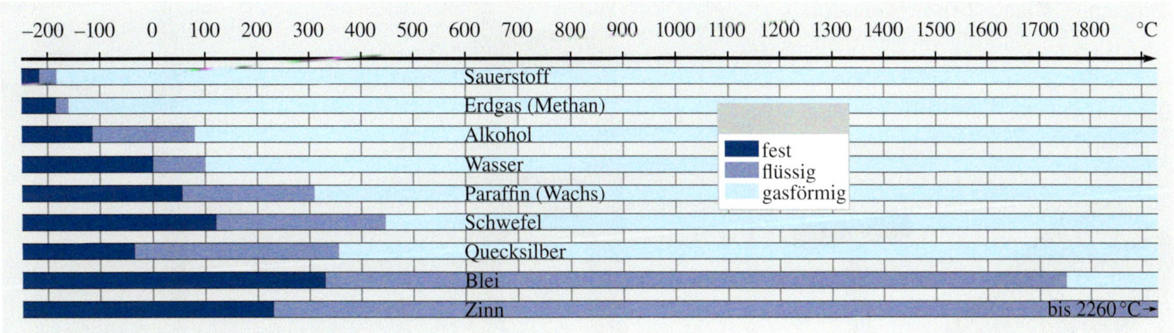

8 *Zustandsformen (Aggregatzustände) einiger Stoffe*

Aufgaben

1 Du findest eine unbeschriftete Flasche mit einer farblosen Flüssigkeit. Wie kannst du – ohne zu schmecken – testen, ob es Wasser sein könnte?

2 Schmelz- und Siedetemperaturen können sehr unterschiedlich sein. ▸8
a Welche Stoffe sind bei 20 °C (Zimmertemperatur) flüssig?
b Welche Stoffe sind bei 150 °C gasförmig?
c Welche Stoffe sind bei 1000 °C (Brennerflamme) flüssig?

Metalle und andere Werkstoffe

▷ Aus vielen Stoffen werden Gebrauchsgegenstände hergestellt. Man bezeichnet sie als *Werkstoffe*. Metalle, Holz, Glas und Textilien gehören zu unseren wichtigsten Werkstoffen.

▷ Ihr sollt einige Werkstoffe möglichst selbstständig erkunden. Bildet dazu Gruppen, die sich jeweils mit einem Werkstoff beschäftigen. Auf den folgenden Seiten findet ihr Informationen und Anregungen.
Ihr solltet aber auch andere Quellen wie Bücher und Internet nutzen oder Experten (Handwerker) befragen.

▷ Stellt eure Arbeitsergebnisse zu einer Ausstellung zusammen. Sie könnte so aussehen:
- ein Plakat „Vor- und Nachteile unseres Werkstoffs“
- eine Collage „Unser Werkstoff ist sehr vielfältig verwendbar“
- selbst gemachte Gegenstände aus eurem Werkstoff

1 *Metalle – eine vielseitige Stoffgruppe*

Grundlagen Die Stoffgruppe der Metalle

Zur Gruppe der Metalle gehören als wichtigste Werkstoffe: Eisen (Stahl), Aluminium und Kupfer. Zu dieser Stoffgruppe gehören auch die „Edelmetalle" Gold und Silber sowie das flüssige Quecksilber. Für Metalle sind zwei Eigenschaften typisch: Sie leiten den elektrischen Strom und haben eine metallisch glänzende Oberfläche (wenn diese gesäubert ist). In anderen Eigenschaften unterscheiden sich die Metalle:
- Nur Eisen ist magnetisch (neben den seltenen Cobalt und Nickel).
- Farbe und Härte sind verschieden.
- Sie sind unterschiedlich schwer. ▸3 So wiegt 1 cm^3 Aluminium 2,7 g, 1 cm^3 Eisen 7,9 g und 1 cm^3 Gold 19,3 g.
- Einige Metalle wie z.B. Aluminium bilden an der Oberfläche eine Schicht, wenn sie mit Wasser und Luft in Berührung kommen.

Bronze – eine Legierung Glocken bestehen aus Bronze. Zum Gießen der Glocken werden die Metalle Kupfer und Zinn zusammengeschmolzen und vermischen sich. Bronze ist viel härter und fester als Kupfer und Zinn. In der Bronzezeit wurde es zur Herstellung von Waffen und Werkzeugen benutzt. Solche Metallmischungen nennt man *Legierungen*.

2 *Welche Metalle lassen sich gut sägen?*

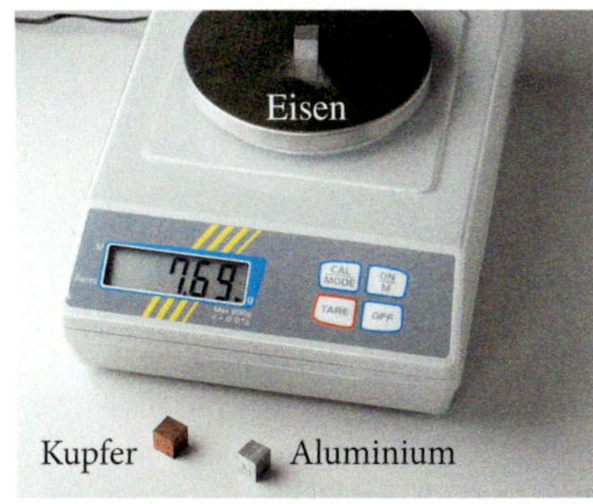

3 *Wie schwer sind die Metalle?*

4 *Die Metalle im „Wassertest"*

Untersuchen Experimentieren

Entscheidet euch, ob ihr euch mit Eisen, Kupfer und Aluminium beschäftigen wollt oder ob euch andere Metalle mehr interessieren.

1 **Sammlungen** Sammelt Metallproben und Gegenstände, die aus dem Metall bestehen (oder Bilder davon). Benennt die Metalle.

2 **Untersuchungen** Versucht Unterschiede und Gemeinsamkeiten der einzelnen Metalle festzustellen. ▸4 Stellt eure Ergebnisse z.B. auf einem großen Plakat in Form einer Tabelle dar.

	Eisen	Kupfer	Aluminium
Farbe	?	?	?
Oberfläche	?	?	?
Dichte	?	?	?
Veränderungen			
an der Luft	?	?	?
im Wasser	?	?	?

3 **Arbeiten mit Metall** Ihr könnt die „Zitterhand-Schaltung" bauen. ▸5 Der Ring muss über den Draht geführt werden, ohne den Draht zu berühren. Ein Summer meldet, wenn die Hand zittert.
Aus Metallresten und Metallschrott könnt ihr auch „Kunstgegenstände" herstellen. Lasst eurer Fantasie freien Lauf! ▸6
Aber vielleicht habt ihr auch eine ganz andere Idee, was ihr aus Metall bauen wollt.

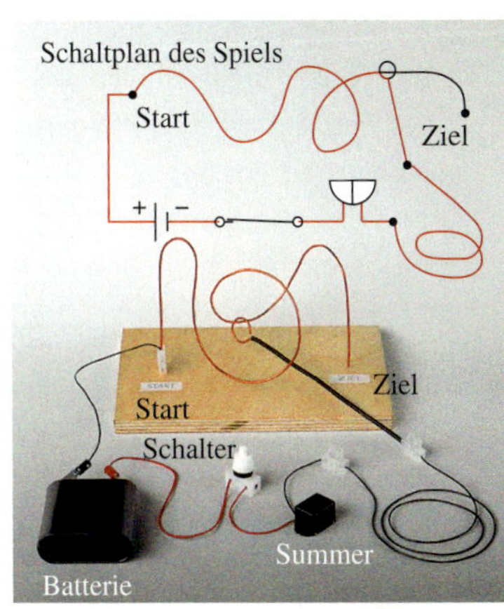

5 *Die „Zitterhand-Schaltung"*

6 *Lokomotive aus Metalldosen*

Glas – ein besonderer Werkstoff

▷ Das Besondere am Glas ist: Wenn man es erwärmt, wird es weich. Glas ist dann ein Werkstoff, der nicht mehr fest, aber auch noch nicht flüssig ist. Es lässt sich biegen, ziehen und zu Kugeln aufblasen.

1 *Glas – sehr stabil*

3 *Glas – verformbar*

2 *Glas – zerbrechlich und schön*

4 *Glas – biegsam*

Untersuchen Experimentieren

1 Arbeiten mit Glas Tragt beim Arbeiten Schutzbrille und Handschuhe! Vielleicht schafft ihr es, den Anfangsbuchstaben eures Vornamens aus Glasröhrchen zu biegen. Eine Anleitung zur Glasbearbeitung geben euch die Abbildungen. ▸**5–8**

2 Überall Glas Glas ist ein Werkstoff – nicht nur für Gläser und Vasen. Stellt in einer Fotoausstellung die verschiedenen Verwendungsmöglichkeiten von Glas vor.

3* Kunstgegenstände aus Glas Erstellt dazu ein Fotoplakat.

4* Glasbläser – ein interessanter Beruf Erstellt einen Bericht mit Bildern vom Besuch beim Glasbläser.

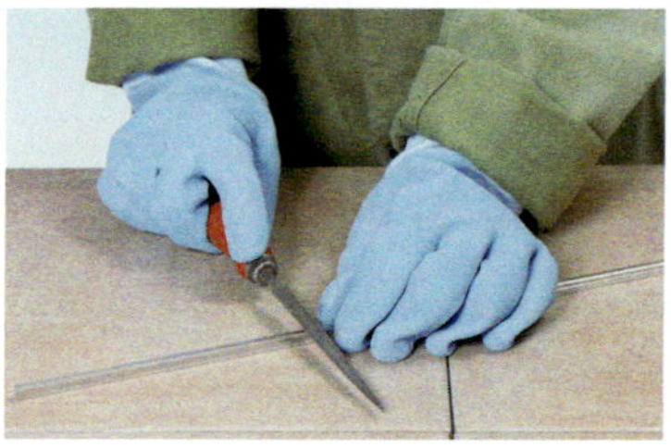

5 *Mit der Feile einkerben*

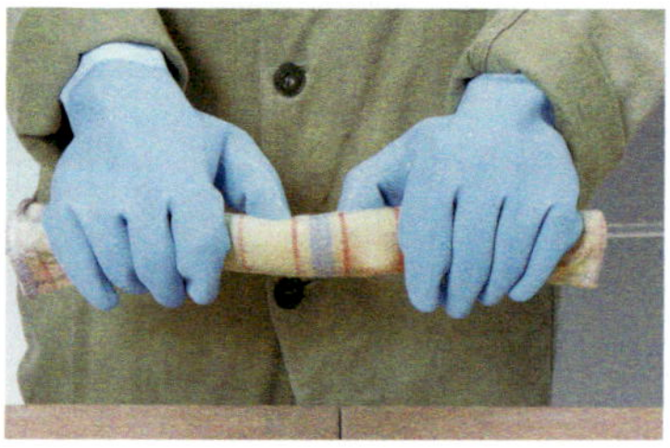

6 *Brechen – vom Körper weg!*

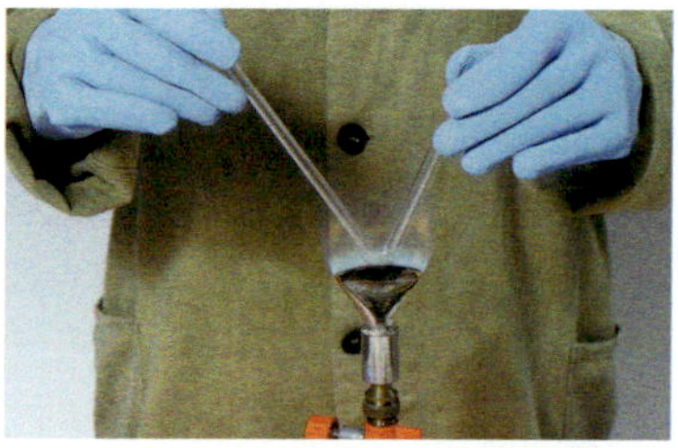

7 *Erhitzen und drehen, dann biegen*

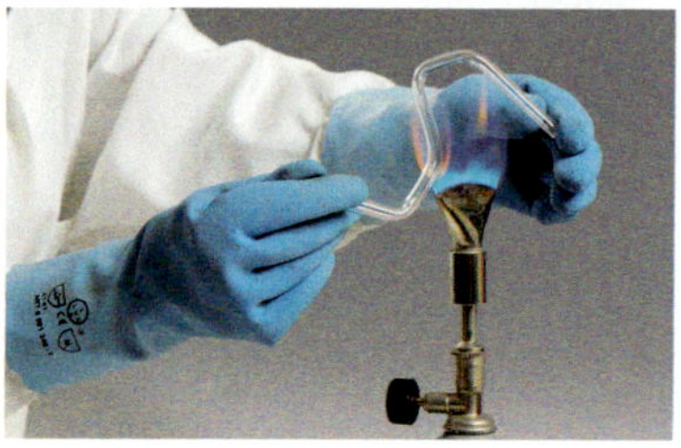

8 *Sabine hat es einfach.*

Aus der Geschichte Glas – einer der ältesten Werkstoffe

Dieser wunderschöne Glaskelch ist rund 3500 Jahre alt. Er wurde im Grab eines ägyptischen Pharaos gefunden. ▸9
Vermutlich wurde Glas schon vor mehr als 5000 Jahren durch Zufall „erfunden". In einer Feuerstelle auf sandigem Boden fanden Menschen nach dem Erkalten Glasperlen. Glas besteht hauptsächlich aus geschmolzenem Sand. Trotzdem ist seine Herstellung nicht ganz einfach. Zum Schmelzen von Sand sind nämlich Temperaturen von fast 2000 °C nötig. Solch hohe Temperaturen waren mit Holzfeuern nur sehr schwer zu erreichen.
Im Lauf der Zeit fand man heraus, dass Sand mit Zusatzstoffen (Salze, Asche von salzhaltigen Pflanzen, Kalk ...) bei viel niedrigeren Temperaturen schmilzt. So wurde es möglich, Glas in größeren Mengen herzustellen. Glas hat nicht nur den Vorteil, dass der Rohstoff Sand überall auf der Erde vorhanden ist. Es ist auch einfach zu bearbeiten – viel einfacher als Metalle. Das liegt daran, dass Glas nicht bei einer ganz bestimmten Temperatur erstarrt, sondern ganz langsam beim Abkühlen härter wird. Während dieser Zeit lässt es sich leicht formen – durch Blasen, Pressen, Walzen und Ziehen. Mit weiteren Zusatzstoffen erhält man Glas in vielen schönen Farben.

Die ersten Glasfenster stellten vermutlich die Römer um Christi Geburt her, also vor rund 2000 Jahren. Sie gossen geschmolzenes Glas in eine nasse Holzform. Nach dem Erstarren lösten sie das Glas vorsichtig aus der Form. ▸10 Die Scheiben waren bis zu 70 cm · 100 cm groß. Fenster aus Glasscheiben waren damals ein Zeichen von Reichtum und Luxus.
Bei uns sind Glasscheiben seit dem Mittelalter bekannt, etwa seit 1000 Jahren. Sie wurden aber ganz anders angefertigt: Ein Glasbläser formte große Zylinder, die aufgeschnitten, geglättet und gewalzt wurden. ▸11
Heute findet man riesige Glasscheiben in vielen Gebäuden. Sie werden im Floatverfahren hergestellt (engl. *float:* fließen). Das flüssige Glas fließt in eine Wanne mit flüssigem Zinn. Dort kühlt es langsam ab, bis es auf Rollen laufen kann. So entsteht ein breites, endloses Glasband, das in verschiedene Größen geschnitten wird. ▸12

9 *Glaskelch eines Pharaos*

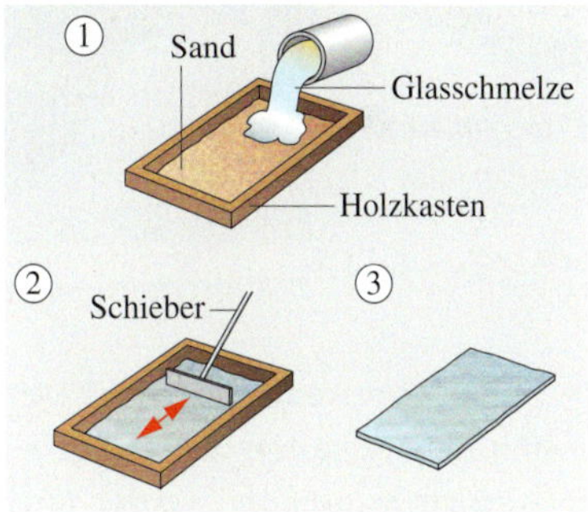

10 *Gießen von Glasscheiben*

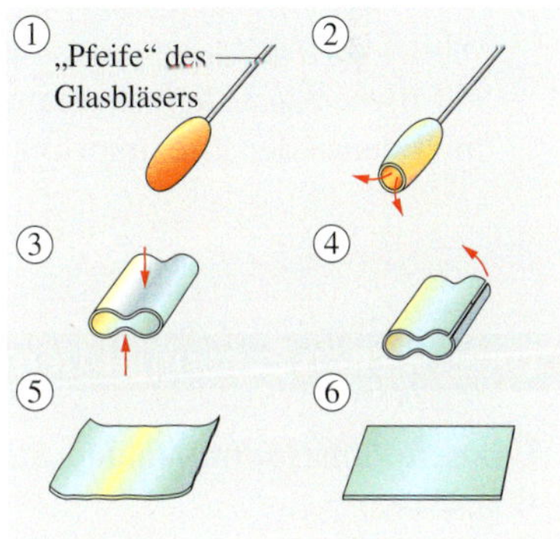

11 *Scheiben aus geblasenem Glas*

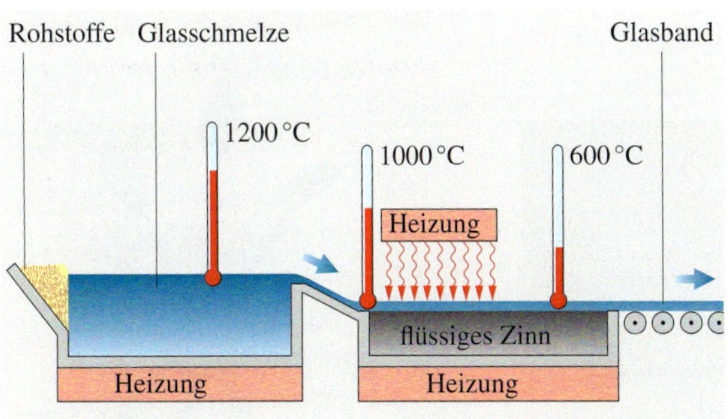

12 *Herstellung von Glasscheiben heute*

Aufgaben

1 Der Rohstoff Sand ist überall vorhanden. Trotzdem war die Glasherstellung zunächst schwierig. Beschreibe das Problem.

2 Warum lässt sich Glas leichter bearbeiten als Metalle?

3 Beschreibe die Herstellung von Glasscheiben bei den Römern (im Mittelalter).

4 Beschreibe die Herstellung von *Floatglas*. Erkläre den Namen.

Kunststoffe – Eigenschaften nach Wunsch

1 *Gegenstände aus Plexiglas*

2 *Kunststoffe – für unsere Sicherheit*

3 *„Isomatte" aus Schaumstoff*

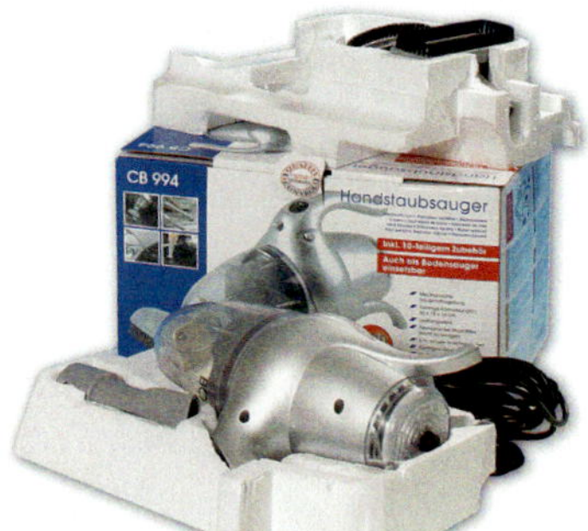

4 *Verpackung aus Styropor und Elektrogerät mit Kunststoffgehäuse*

▷ Je nach Verwendungszweck werden Kunststoffe mit den gewünschten Eigenschaften hergestellt. ▸1–4

– *Harte Kunststoffe* werden auch beim Erhitzen nicht weich (Griffe von Töpfen).
– Andere Kunststoffe werden weich und schmelzen, wenn man sie erhitzt (Plexiglas, Verpackungsmaterial Styropor).
– *Elastische Kunststoffe* kann man zusammendrücken – danach nehmen sie wieder ihre ursprüngliche Form an (Schaumstoff).

7 *Wackelhund aus Kunststoffabfall*

Untersuchen Experimentieren

1 **Unsere Kunststoffsammlung** Stellt die Kunststoffe in einer Glasvitrine aus.

2 **Kunststoffe im Test** Vergleicht die Stoffeigenschaften. ▸5–6

3 **Selbstgemachtes aus Kunststoff** Sicherlich habt ihr eigene Ideen. ▸7–8

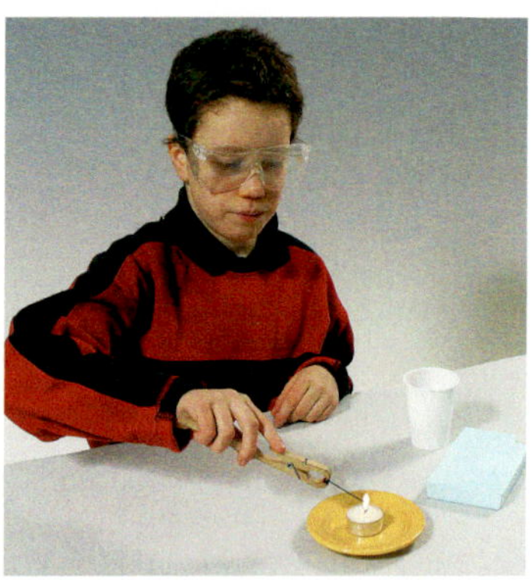

5 *Was richtet der heiße Nagel an?*

6 *Kunststoff wird erwärmt.*

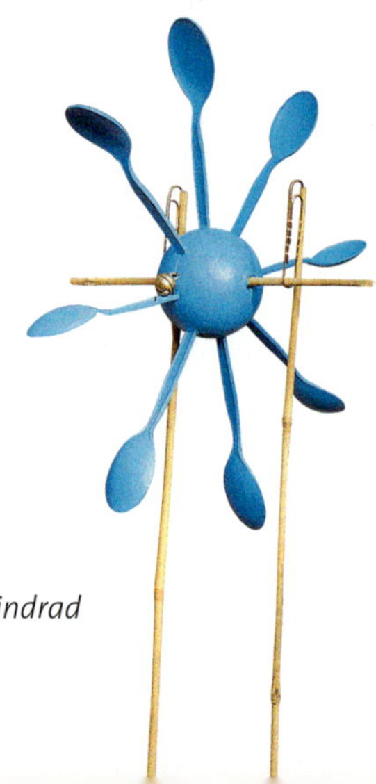

8 *Windrad*

Aus Umwelt und Technik Kunststoffe im Alltag

Kunststoffe ersetzen heute in vielen Bereichen natürliche Stoffe. Bei Tüten und Umschlägen ersetzen sie Papier. Für Fußböden, Fenster und Möbel werden sie statt Holz verwendet. Für Wasserrohre, Gehäuse von Geräten und Lampen wurden früher Metalle verwendet, heute nimmt man Kunststoffe.
Manche Kunststoffe haben aber Nachteile: Sie können schädlich für die Gesundheit und für die Umwelt sein. Die vielen verschiedenen Kunststoffe können wir kaum unterscheiden. Daher werden die unterschiedlichen Gruppen von Kunststoffen mit Symbolen gekennzeichnet. ▸9 Sie sollen vor allem dabei helfen, die Kunststoffe zu trennen und zu verwerten. Nur Kunststoffe aus den gleichen Gruppen können nämlich wieder zu den gleichen hochwertigen Kunststoffen verarbeitet werden. Aus unsortierten Kunststoffabfällen lassen sich nur minderwertigere Kunststoffprodukte wie Zaunpfähle oder Parkbänke herstellen.

02
PE-HD
festes und hartes **Poly**e**th**en (PE)
Verwendung: Vorratssdosen, Abfalleimer, Getränkekästen, Rohre

04
PE-LD
weicheres und weniger festes **Poly**e**th**en (PE)
Verwendung: Säcke, Folien, Eimer, Taschen

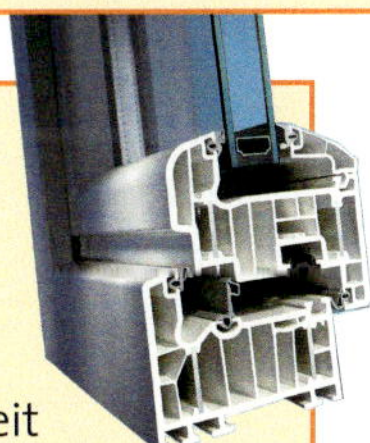

03
PVC
Polyv**inyl**c**hlorid** (PVC)
PVC kann die Gesundheit und die Umwelt stark gefährden. Beim Verbrennen wird nämlich das giftige Chlor freigesetzt. Außerdem enthält PVC oft „Weichmacher". Sie gefährden unsere Gesundheit, wenn sie in unseren Körper gelangen. Spielzeug darf deshalb nicht aus PVC hergestellt werden.
Verwendung: Fensterrahmen, Rohre, Flaschen für Chemikalien, Fußbodenbeläge, Dachrinnen, Schlauchboote

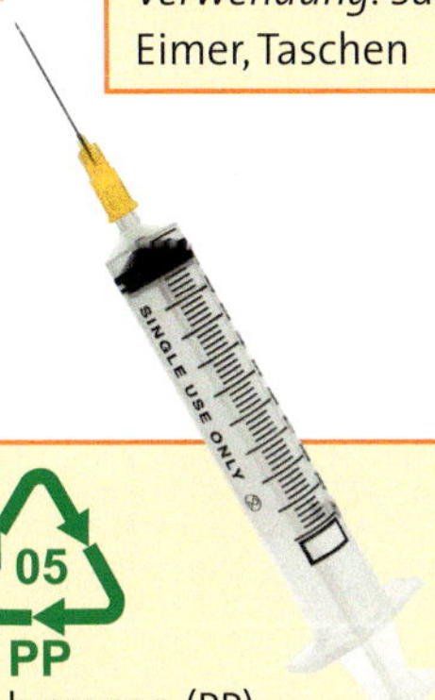

05
PP
Polyp**ro**pen (PP)
Verwendung: Stoßstangen, Verkleidungen im Autoinnenraum, Sitzbezüge, medizinische Geräte

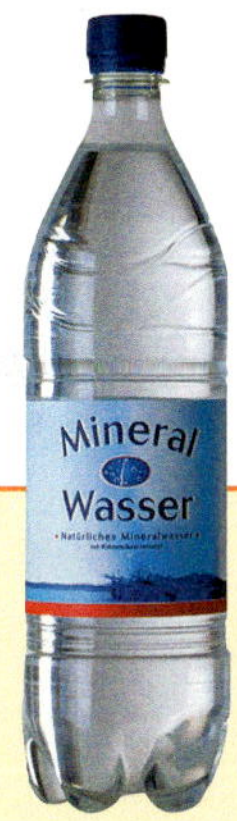

01
PET
Verwendung: Folien, Getränkeflaschen, Verpackungen für Lebensmittel

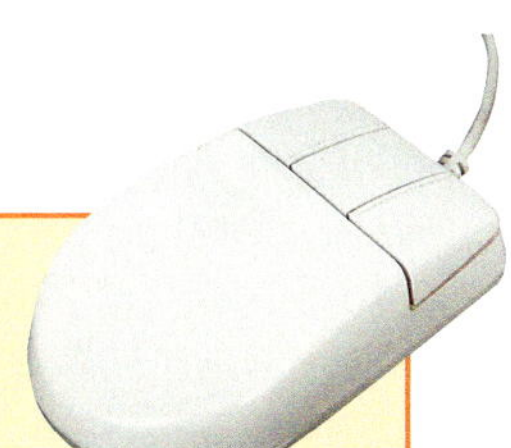

06
PS
Polys**ty**rol
Verwendung: Joghurtbecher, Gehäuse von Geräten, Spielzeug, Schalter, elektrische Isolierungen

9 *Verschiedene Kunststoffe*

Aufgaben

1 Was bedeutet das Dreieck mit den Pfeilen? ▸9

2 Welcher Kunststoff kann erhebliche Schäden anrichten? Begründe!

3 Warum sind Kunststoffprodukte mit Symbolen gekennzeichnet?

4 Nenne 10 Produkte aus Kunststoff, die du in eurer Küche findest. Versuche herauszufinden, aus welchem Kunststoff sie hergestellt sind.

Saure Getränke – ätzende Flüssigkeiten

▷ In Zitronenlimonade und in Badreinigern ist die gleiche Säure enthalten?

▷ Welche Flüssigkeiten sind ätzend? Schaut auf den Flaschen oder Verpackungen nach!

1

2

Untersuchen Experimentieren

1 Säuren im Alltag Viele Getränke und Reinigungsmittel enthalten Säuren. Informiere dich auf den Verpackungen und Etiketten. Notiere die Stoffe und die enthaltenen Säuren in einer Tabelle.

Stoff	enthaltene Säure
?	?

2 Wie sich einige Flüssigkeiten anfühlen Verreibe einige einen Tropfen Seifenlauge (Kernseife in Wasser), Obstessig, Zitronensaft, Kochsalzlösung, Mineralwasser … zwischen den Fingern. Ordne die Flüssigkeiten danach, wie sie sich anfühlen.

stumpf	wie Wasser	seifig, glitschig
?	?	?

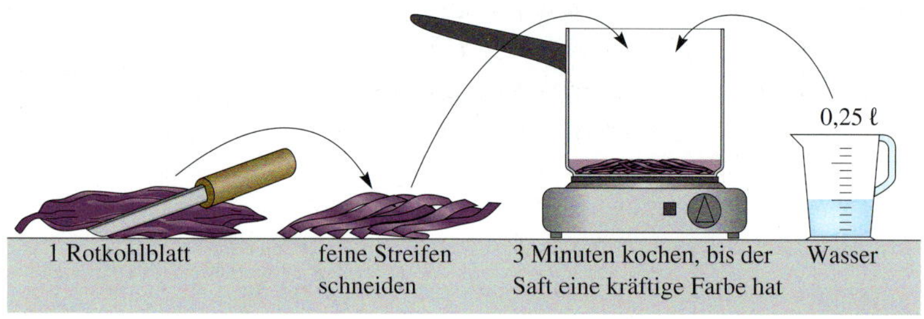

3

3 Sauer oder nicht sauer? Stelle frischen Rotkohlsaft her. ▸3 Fülle in vier Gläser etwas Zitronensaft, Essig, Rhabarbersaft oder Seifenwasser. Gib zu jeder Flüssigkeit etwas Rotkohlsaft. Was beobachtest du?

4 Säuren und Laugen im Haushalt Erforsche, welche Stoffe aus dem Haushalt sauer sind. ▸4

5 Wenn Sprudel schal wird Gib Rotkohlsaft zu einem Glas mit frischem Mineralwasser. Rühre dann so lange um, bis Gasbläschen entweichen. Beschreibe deine Beobachtung. Suche eine Erklärung.

4

Grundlagen Säuren und Laugen

Säuren Getränke wie Cola, Früchtetee und Orangensaft schmecken sauer. Sie enthalten schwache Säuren. Auch in Sauerkraut, Joghurt und anderen Lebensmitteln sind schwache Säuren enthalten. Weil sie Bakterien abtöten, macht man mit ihnen auch Lebensmittel haltbar.
Wenn Leitungswasser verdunstet oder verdampft, bleibt Kalk zurück. Um ihn zu beseitigen, verwendet man Reinigungsmittel mit Säuren.
Stärker saure Lösungen sind ätzend. Sie greifen manche Metalle und Kalk (Marmor, Muscheln) an.

Laugen Im Haushalt findest du Laugen in Fensterreinigern, Rohrreinigern und Abbeizmitteln zum Entfernen von Lackfarben. Starke Laugen sind ätzend. Schwache Laugen fühlen sich seifig an.
Starke Säuren und Laugen dürfen nicht in Kontakt mit Haut und Augen kommen und nicht verschluckt werden.

Nachweis von Säuren und Laugen Du darfst nicht einfach probieren, ob eine Flüssigkeit sauer schmeckt oder sich seifig anfühlt. Die Flüssigkeit könnte giftig oder ätzend sein. Um Säuren und Laugen zu erkennen, verwendet man einen Indikator (Anzeiger).
Ein einfacher Indikator ist Rotkohlsaft. Gießt man eine kleine Menge davon in eine Säure, färbt sich der Saft rot. Mit einer Lauge wird er grün. Meist verwendet man Universalindikator. ▸5 Das ist eine Mischung von verschiedenen Farbstoffen, die auf Papier aufgetragen sind. Ein feuchter Streifen dieses Papiers zeigt mit seiner Farbe an, ob eine Lösung eine Säure oder eine Lauge ist. Rot zeigt eine starke Säure an. Gelbgrün bedeutet: weder Säure noch Lauge. Grün und Blau zeigen Laugen an.
Jeder Farbe der Farbskala ist ein Zahlenwert zugeordnet, der pH-Wert. pH0 steht für eine starke Säure, bei pH8 beginnen die Laugen.

Säuren färben Universalindikator rot, Laugen blau.

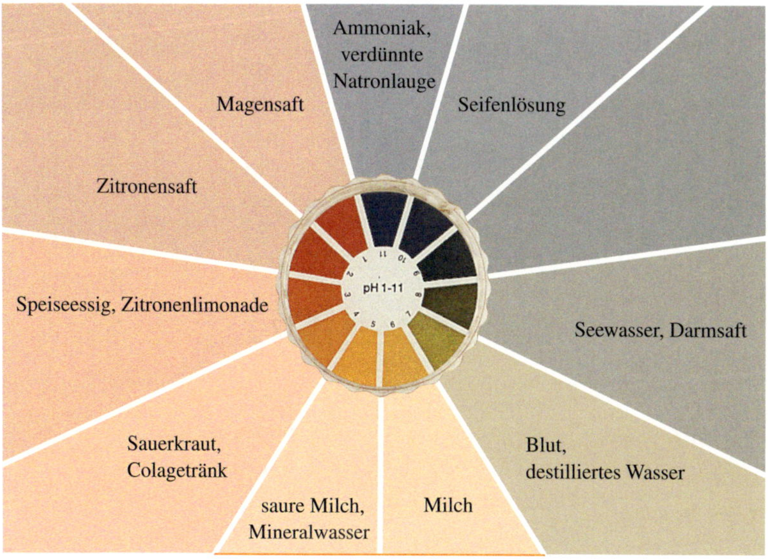

5

Aufgaben

1 Beschreibe, wie du Säuren und Laugen unterscheiden kannst.

2 Frischer Rotkohl sieht blau aus. Gekochter Rotkohl ist rot. Kannst du dir vorstellen, was man beim Kochen dazugibt?

3 Im Haushalt werden Säuren und Laugen verwendet.
a Nenne einige dieser Stoffe.
b Beschreibe Eigenschaften, die für die Verwendung eine Rolle spielen.

4 Gib einen Teelöffel Essig in ein Glas Wasser. Vergleiche den Geschmack dieses Getränks mit dem Geschmack von Cola. Welches Getränk schmeckt saurer? Vergleiche die Säurestärken auch mit einem Streifen Universalindikator.
Finde eine Erklärung für deine Beobachtungen.

Überblick

Körper und Stoff
Man unterscheidet zwischen Körpern (Gegenständen) und den Stoffen (Materialien), aus denen sie bestehen.
Es gibt Tausende von Stoffen: lebenswichtige (Luft, Wasser), nützliche (Kunststoffe, Metalle), angenehme (Duftstoffe), giftige (Lösemittel).

1

2

Stoffeigenschaften
Stoffe erkennt man an ihren Eigenschaften. Dadurch kann man sie voneinander unterscheiden.
Mit unseren Sinnesorganen erkennen wir die *Farbe* eines Stoffs, ferner seinen *Geruch*, seine *Zustandsform* und die Beschaffenheit seiner *Oberfläche*.
Mit Hilfsmitteln bestimmen wir in Experimenten die *Härte* und die *Reißfestigkeit* eines Stoffs. Wir ermitteln, ob ein Stoff *magnetisch* ist, sich *in Wasser löst* oder *brennbar* ist.
Mit einem elektrischen Stromkreis kann man feststellen, ob ein Stoff ein *elektrischer Leiter* ist.
Viele Stoffe lassen sich anhand der *Siedetemperatur* und der *Schmelztemperatur* unterscheiden.

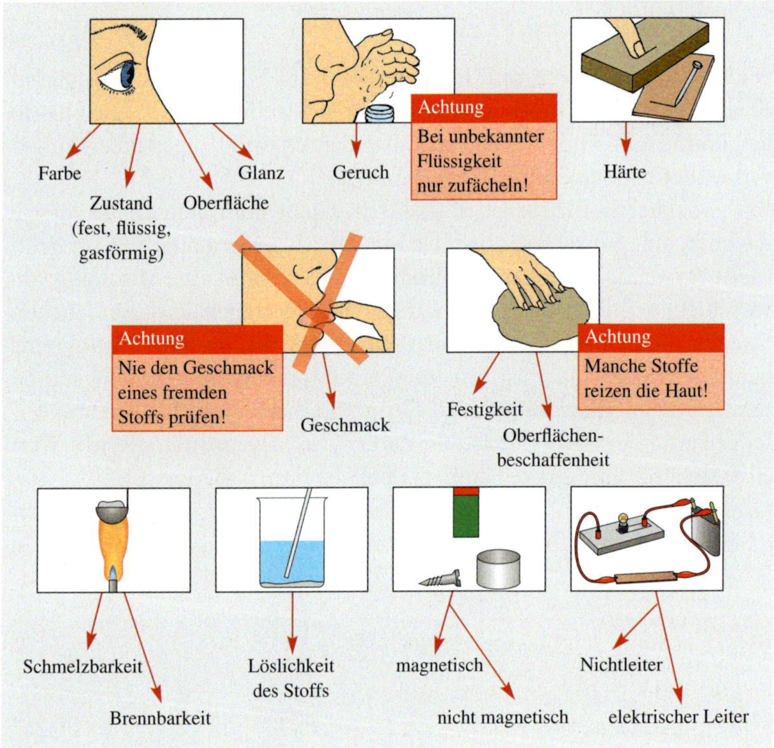

3

Einige Stoffgruppen
Stoffe kann man zu Stoffgruppen zusammenfassen – also zu Stoffen, die ähnliche Eigenschaften haben.

Glas
Glas besteht hauptsächlich aus Sand. Es kann zerbrechlich und schön, aber auch sehr stabil sein. Wenn man Glas erhitzt, wird es formbar.

Steckbrief Glas

Farbe	durchsichtig
Oberfläche	glatt
Härte	ziemlich hart
Verhalten beim Erwärmen	wird weich und formbar
magnetisch	nein

Glas besteht hauptsächlich aus Sand.

4

Metalle

Alle Metalle haben eine glänzende, „metallische" Oberfläche und leiten den elektrischen Strom und die Wärme. Nur Eisen ist magnetisch (auch Cobalt und Nickel).

Kunststoffe

Textilien stellt man aus Naturfasern (z. B. Baumwolle) oder aus Chemiefasern (z. B. Polyamid) her.

Die Fasern unterscheiden sich z. B. in ihrer Reißfestigkeit, ihrer Saugfähigkeit, ihrem Verhalten gegenüber Hitze und ihren Wascheigenschaften.

Eisen (Stahl)

Eigenschaften:
- grau
- recht hart
- magnetisch
- rostet
- schmilzt bei 1536 °C

Beispiele für die Verwendung: Schienenbau, Brückenbau

Aluminium

Eigenschaften:
- silbrig
- recht hart
- nicht magnetisch
- nicht rostend
- schmilzt bei 659 °C

Beispiele für die Verwendung: Fensterrahmen, Fahrradrahmen

Kupfer

Eigenschaften:
- rötlich
- recht weich
- nicht magnetisch
- nicht rostend
- schmilzt bei 1083 °C

Beispiele für die Verwendung: elektrische Kabel, Dächer

Gold

Eigenschaften:
- goldgelb
- weich
- nicht magnetisch
- nicht rostend
- schmilzt bei 1064 °C

Beispiele für die Verwendung: Zahnkronen, Schmuck, Medaillen

5

Alles klar?

1 Zähle Stoffeigenschaften auf, die wir mit unseren Sinnesorganen wahrnehmen können.

2 Worauf musst du achten, wenn du beim Experimentieren eine Kerze oder einen Gasbrenner einsetzt?

3 Woran erkennt man Metalle? Nenne einige Beispiele.

4 Blech, Röhre, Kupfer, Holz, Wasser, Baum: Gib an, welches davon Stoffe sind und welches Körper.

5 Die Metalle Zink und Eisen sehen ziemlich ähnlich aus. Mit welchem einfachen Versuch kann man sie sofort voneinander unterscheiden?

6 Beschreibe einen Versuchsaufbau, mit dem man feststellen kann, ob ein fester Stoff den elektrischen Strom leitet. Lege auch eine Skizze an.

7 Zähle fünf Stoffe auf, die den elektrischen Strom nicht leiten.

8 Warum wird ein Eisentor gestrichen oder mit einer Schutzschicht überzogen – ein Topf aus Kupfer, der im Garten steht, jedoch nicht?

9 Bei Weltmeisterschaften und Olympischen Spielen erhalten die drei ersten Sportler Medaillen. Woraus werden die Medaillen jeweils hergestellt? Handelt es sich bei allen wirklich um reine Metalle? Erkläre!

10 Martina hat in der Küche eine Tüte mit einem weißen Stoff gefunden, vermutlich Salz oder Zucker. Wie könnte sie – ohne zu kosten – feststellen, um welchen Stoff es sich handelt?

11* Die Minen von Bleistiften bestehen meist aus dem Stoff Graphit. Bleistiftminen aus Graphit leiten den elektrischen Strom.

a Untersuche Graphit genauer. Ist Graphit ein Metall? Erkläre!

b Entwirf einen Steckbrief für Graphit.

12* Getränke werden in Flaschen oder Kartons verpackt. Aus welchen Stoffe können solche Verpackungen bestehen? Nenne Vor- und Nachteile.

Auf die Mischung kommt's an

In der Küche wird gemischt

▷ Auch beim Backen kommt es auf die richtige Mischung an!

1

Untersuchen Experimentieren

1 Wir stellen eine Limonade her Auf Seite 298 findest du das Rezept. Beim Zubereiten kannst du einiges beobachten: Was geschieht, wenn du den Zucker in Leitungswasser gibst und umrührst? Was passiert, wenn du Zitronensaft und Backpulver dazugibst?

2 Orangensaftkonzentrat entsteht *Du brauchst:* Orangensaft, 1 kleinen Kochtopf, eine Herdplatte, Wasser.

a Probiere, wie der gekaufte Orangensaft schmeckt. Hebe dir ein bisschen davon auf.

b Fülle etwas Orangensaft in den Topf und stelle ihn auf die Herdplatte. Dampfe den Saft auf die Hälfte seines Volumens ein.

c Was geschieht während des Erwärmens mit dem Orangensaft? Notiere deine Beobachtungen.

d Gib in den abgekühlten, eingedampften Orangensaft wieder Wasser. Hast du jetzt den gleichen Saft wie zuvor?

e Was ist der Unterschied zwischen unserem Orangensaftkonzentrat und dem Konzentrat aus der Saftfabrik?

3 Ein Softdrink für deine Party *Du brauchst:* je ein Glas mit Orangensaft, naturtrübem Apfelsaft, Ananassaft sowie eine Scheibe von einer Orange. Gieße die Säfte mit einigen Eiswürfeln in ein Gefäß und rühre kräftig um. Fülle den Drink in das Glas. Schneide die Orangenscheibe bis zur Mitte ein und stecke sie auf den Glasrand. ▸2

4 Einen Badezusatz mischen *Du brauchst:* einen sauberen Becher, 1 Messbecher, 1 Teelöffel und 1 Esslöffel, zum Rühren einen Schneebesen oder eine Gabel, ca. 50 ml Schlagsahne (oder 100 ml Milch), 1 Esslöffel Olivenöl, 1 Teelöffel Badezusatz sowie einige Tropfen ätherisches Öl (z. B. Lavendel).

a Gib die Sahne und das Öl in den Becher und rühre kurz. Vermische nun das Ganze mit dem Badezusatz zu einer einheitlichen Masse. Das ätherische Öl kann nach Belieben hinzugefügt werden, muss aber nicht. Teste das Sahnebad in einer Schüssel Wasser und tauche deine Hände ein. Wie fühlt es sich an?

b Erforsche, warum der Badezusatz zugegeben wird: Wie mischt sich etwas Öl mit Wasser? Wie mischen sich Öl und Wasser mit einigen Tropfen Badezusatz?

2 *Orangensaft – selbst gemacht*

Grundlagen Gemische

Um Schokolade herzustellen, röstet man die Bohnen aus den Früchten des Kakaostrauchs. Sie liefern die Stoffe Kakaopulver und Kakaobutter. Außerdem wird Zucker hinzugefügt. Kakaopulver und Kakaobutter bestehen wiederum aus mehreren anderen Stoffen, die der Schokolade ihren Geschmack geben. Schokolade ist ein Gemisch aus verschiedenen Stoffen, ein *Stoffgemisch*.
In unserer Umwelt gibt es fast nur Stoffgemische. ▸3 Für Brausepulver, oder Tütensuppen werden verschiedene Stoffe miteinander gemischt. Auch *Lösungen* wie Limonade oder Salzwasser sind Stoffgemische.

3

Gemische bestehen aus mindestens zweierlei Stoffen.

Reine Stoffe wie Zucker, Salz oder Gold kommen in der Natur selten vor und müssen oft erst aus Stoffmischungen abgetrennt werden. Ein reiner Stoff enthält keine zusätzlichen Stoffe mehr.

Aus der Umwelt Woher kommt der Orangensaft?

Der Orangensaft, den du trinkst, kommt meist aus Brasilien, dem größten Land Südamerikas. Dort werden die Orangen in großen Plantagen angebaut und von Mai bis Januar geerntet. Alle müssen mithelfen, auch die Kinder. Ein Plantagenarbeiter pflückt in der Woche 10 000 kg Orangen. Der Lohn von rund 25 Euro reicht gerade für die wichtigsten Dinge.
Nach der Ernte werden die Orangen sortiert, gewaschen und ausgepresst. Dem Saft wird Aroma und Wasser entzogen, es entsteht ein Sirup. Die Aromastoffe und das Konzentrat werden tiefgekühlt in Schiffen nach Deutschland transportiert. Hier werden das Aroma und Wasser dem Konzentrat wieder hinzugefügt. Je nach Menge des Wassers entstehen *Orangensaft*, *Orangennektar* oder *Orangensaftgetränk*.
Wenn gerade die entzogene Menge an Wasser zugesetzt wird, entsteht wieder *Orangensaft*. Auf den Verpackungen steht dann: „100 % reiner Orangensaft – aus Konzentrat hergestellt". Wenn der Zusatz „aus Konzentrat hergestellt" fehlt, wurde der Orangensaft selbst transportiert. Der Transport ist aber teuer.
Fruchtnektar klingt zwar hochwertiger, doch enthalten 100 ml Nektar nur 25 bis 50 ml Orangensaft. Der Rest ist Wasser und vielleicht etwas Zucker.
Orangensaftgetränk enthält am wenigsten Orangensaft: Für ein Trinkglas voll Getränk werden nur vier Teelöffel Orangensaft verwendet. Das Getränk besteht vor allem aus Wasser und etwas Zucker.

4 *Orangenbäume*

Aufgaben

1 Beschreibe, auf welche Weise man in Saftfabriken Orangensaftkonzentrat herstellt.

2 Zähle Gemische auf, die es in eurer Küche gibt. Nenne die Stoffe, aus denen sie bestehen.

Trinkwasser aus Meerwasser?

▷ Gestrandet auf einer Insel – zwar mit Proviant und ein paar Küchengeräten, doch ohne Trinkwasser! Das Meerwasser um sie herum ist ja ungenießbar …

▷ Warum können die Schiffbrüchigen das Meerwasser nicht trinken oder zum Kochen verwenden?
Werden die drei schließlich verdursten müssen?
Was könnten sie probieren?

1 *Ob sie tatsächlich noch Trinkwasser bekommen?*

Untersuchen Experimentieren

1 Bekommst du das Salz aus dem Salzwasser heraus?

a Stell dir „Meerwasser" her: Gib je einen Teelöffel Kochsalz in zwei Gläser mit Wasser. Meerwasser enthält auch Schmutzteilchen. Füge deshalb einige Sandkörner hinzu. Rühre gut um. ▸**2**

b Versuche nun die Bestandteile voneinander zu trennen:
- Lass eines der Gläser einige Tage lang ruhig stehen.
- Nimm das zweite Glas und gieße einen Teil des „Meerwassers" durch verschiedene Filter und Siebe oder durch ein Tuch. ▸**3**

2 Trinkwasser – durch Verdampfen? Etwas Salzwasser befindet sich in einer Schale, die auf einem Dreifuß steht.

a Erhitze das Wasser mit einem Brenner, bis es verdampft ist. Beschreibe das Ergebnis.
Würden die Schiffbrüchigen mit diesem Verfahren ihr Problem lösen?

b Einer der Schiffbrüchigen hat einen Vorschlag, wie sie salzfreies Wasser bekommen können. Kannst du dir denken, was er vorhat? Plane dazu einen Versuch mit den abgebildeten Geräten. ▸**4** Zeichne den Versuchsaufbau in dein Heft. Führe den Versuch durch.

c Nimm statt des „Meerwassers" auch Wasser, das mit etwas Tinte angefärbt wurde.

2 *So stellst du dir „Meerwasser" her.*

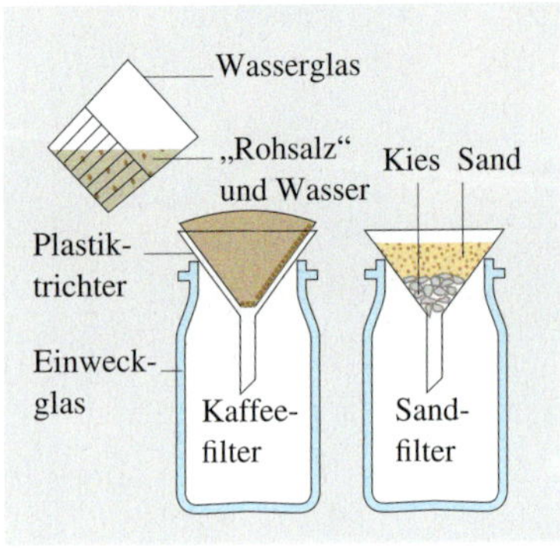

3 *Ob das so geht?*

4 *Versuchsgeräte*

Grundlagen Wie man Lösungen trennen kann

Ein Sand-Wasser-Gemisch (eine *Aufschlämmung*) kann man leicht in seine Bestandteile zerlegen: Man lässt das Gemisch durch einen Filter laufen, man *filtriert* es. Mit Lösungen (z. B. Salz in Wasser) geht das nicht so einfach. Wenn man das Salz gewinnen will, muss man die Lösung *eindampfen*. ▸5 Man kann die Lösung auch einfach stehen lassen; so verdunstet das Wasser mit der Zeit.
Beim Eindampfen geht das Wasser verloren. Was kann man tun, wenn man gerade das Wasser gewinnen will?
Man hält ein kaltes Gefäß in den Wasserdampf. An der kalten Gefäßwand kondensiert der Wasserdampf. Salzfreies Wasser tropft herab. Man nennt es *destilliertes Wasser*. Um das Verfahren zu verbessern, kühlt man den Wasserdampf ab. ▸6 Dieses Trennverfahren heißt *Destillation*.

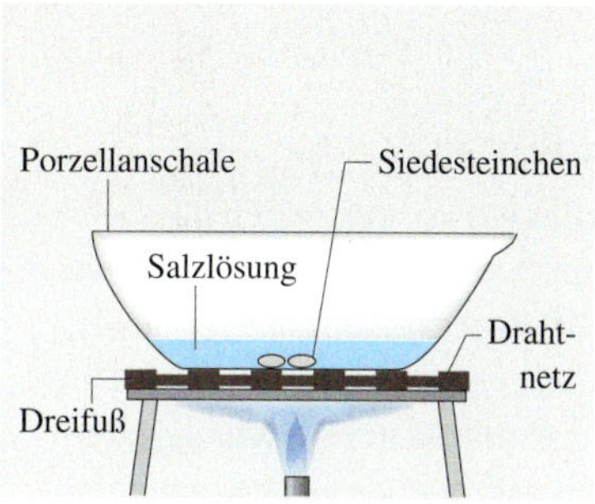

5 *Eine Lösung wird eingedampft.*

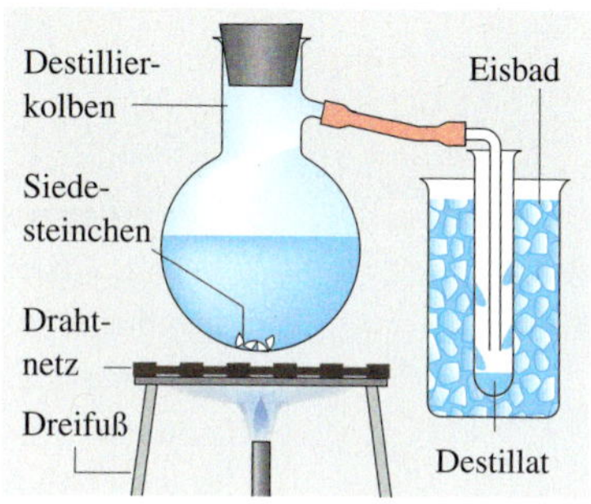

6 *Salzwasser wird destilliert.*

Aufgaben

1 Beschreibe, wie man bei diesem Verfahren destilliertes Wasser erhält. ▸6

2 In einem Porzellanschälchen wird Salzwasser eingedampft. ▸5
a Beschreibe, was dabei passiert.
b Wie muss der Versuch abgeändert werden, damit man das Wasser erhält?
c* Das erzeugte Wasser kann man – so, wie es ist – nicht als Trinkwasser verwenden. Warum? *Tipp:* Lies das Etikett einer Mineralwasserflasche.

3 Es gibt einen natürlichen Wasserkreislauf mit Verdampfung, Wolken, Regen, Flüssen und Meeren.
a An welcher Station dieses Kreislaufs entsteht destilliertes Wasser?
b* Wie gelangen die Mineralsalze ins Trinkwasser? (Dazu ein *Tipp:* Trinkwasser wird meistens aus Grundwasser gewonnen, das aus dem Erdboden kommt.)

Aus der Technik Trinkwassergewinnung

Menschen brauchen ausreichend Trinkwasser. Das ist in vielen Ländern ein großes Problem. Meerwasser kann zu Trinkwasser aufbereitet werden. ▸7
Dazu lässt man die Sonne das Wasser erwärmen, bis es verdampft. Der Wasserdampf wird abgekühlt, und man erhält reines Wasser ohne Zusatzstoffe. Vor dem Verzehr wird das Wasser noch mit Mineralien angereichert. Auf ähnliche Weise kann man auch im kleinen Maßstab Trinkwasser gewinnen. Man stellt Plastikhauben auf feuchten Boden oder über Schalen mit Schmutzwasser. ▸8 Die Sonne lässt das Wasser verdunsten. Der Wasserdampf wird durch die Hauben aufgefangen. An ihrer Innenwand bilden sich Tropfen, die in einer Rinne aufgefangen werden.

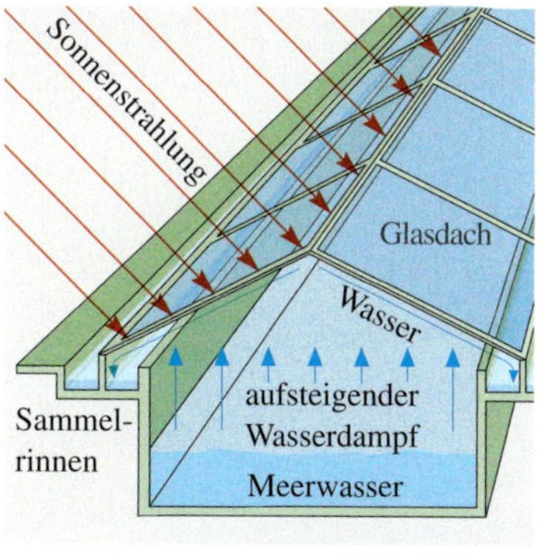

7 *Trinkwasser aus Meerwasser*

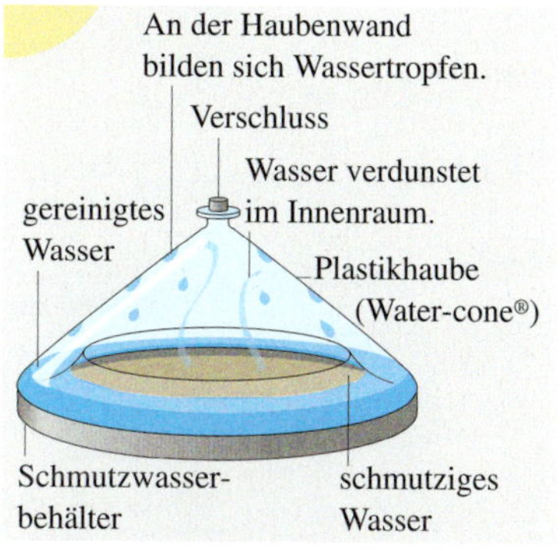

8 *Trinkwasser aus Schmutzwasser*

„Was ist da drin?"

▷ Ein mehrfarbiger Halbedelstein?

▷ Dieser unbekannte Gegenstand besteht aus unterschiedlichen Stoffen. Woran erkennst du das? Wie viele verschiedene Stoffe sind es mindestens?

1

Untersuchen Experimentieren

1* Mehrere Inhaltsstoffe? Informiere dich über die Inhaltsstoffe von Smarties® und von Vollmilchschokolade. Schau z.B. auf der Verpackung nach.

2* Ein trennbares Gemisch? Zerdrücke auf einer weißen Untertasse einige Smarties gleicher Farbe mit einem Löffel.

a Sieh dir die Bruchstücke genau an, am besten mit einer Lupe.

b Offenbar sind Smarties kein Reinstoff, sondern ein Gemisch mehrerer Reinstoffe. Da ist etwas Buntes (ein Lebensmittelfarbstoff), etwas Weißes und etwas Braunes zu sehen. Überprüfe, ob man zerkleinerte Smarties durch einfaches Auslesen in ihre Bestandteile zerlegen kann. Geht es vielleicht mit einer Pinzette?

c Gib zerkleinerte Smarties in ein grobes Sieb. Lässt sich das Gemisch durch Sieben trennen?

3* Wir zerlegen Smarties ▸2 Wir versuchen das Gemisch „Smartie" auf andere Weise zu zerlegen – nämlich durch Lösen in Wasser und anschließendes Eindampfen.

a Schwenke ein blaues Smartie in sehr wenig kaltem Wasser (ein Esslöffel voll). Wende es gegebenenfalls, bis der Farbstoff sich vollständig gelöst hat. Durch vorsichtiges Abgießen wird das überstehende Wasser vom Smartie abgetrennt.

b Schwenke das Smartie kurz in etwas heißem Wasser, bis es seine weiße Farbe verliert. Gieße die Lösung ab und dampfe sie vorsichtig ein. Welcher Stoff bleibt zurück?

Du kannst die Farbstofflösung aus dem Smartie weiter untersuchen. Um das Verfahren kennenzulernen, verwenden wir Farbstoffe von Filzstiften (Versuche 4 und 5).

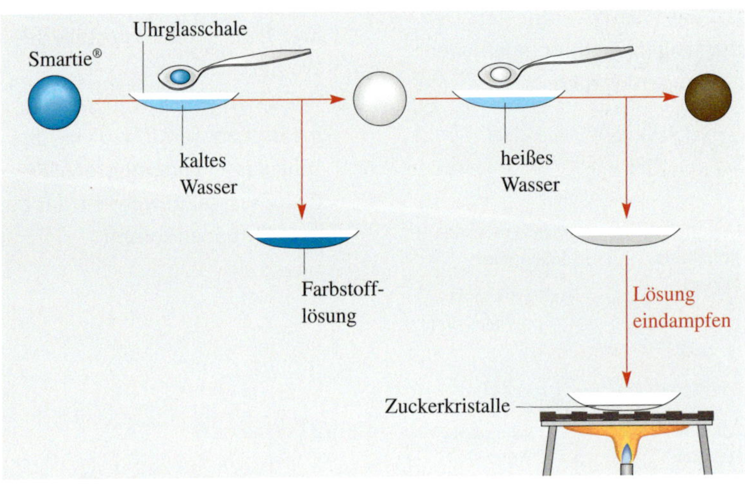

2

4*Dem Täter auf der Spur Jemand hat dir mit Filzstift in dein Tagebuch gekritzelt. Mit *Chromatografie* („Farbenschreiben“) kannst du herausfinden, mit welcher Sorte Filzstift der Täter geschrieben hat.
Du brauchst: farbige Filzstifte von verschiedenen Herstellern, saugfähiges Küchenpapier, ein Glas, Wasser und Spiritus.

a Schneide Küchenpapier so zurecht, dass es in das Becherglas passt. ▸3

b Klebe eine schmale Seite des Papiers um den Bleistift. ▸4

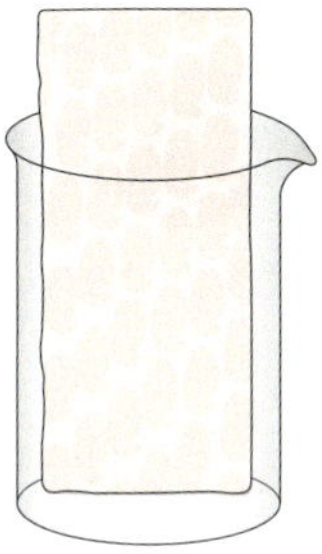
3

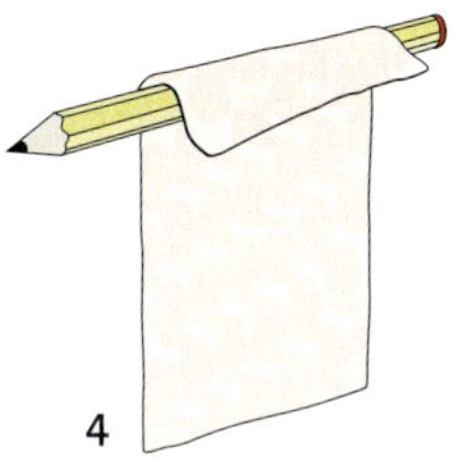
4

c Unten ziehst du 1 cm vom Rand entfernt mit Bleistift eine dünne Linie. Setze mit den verschiedenen Filzstiften jeweils einen Farbpunkt auf die Linie. ▸5

d Hänge das Papier ins Glas mit Wasser als Fließmittel. ▸6–7

5

6

7 *Ergebnis der Chromatografie*

e Wiederhole den Versuch mit Spiritus *(leicht entzündlich!)* als Fließmittel.

5*Farbstoffe untersuchen Untersuche die Farbstofflösung vom Smartie oder von Lebensmittelfarben mit dem Verfahren von Versuch 4.

6*Was ist in Limonade enthalten? Gieße etwa 50 cm³ Limonade in eine leere Konservendose. *Vorsicht: Die Ränder haben scharfe Kanten.*
Erhitze die Flüssigkeit, bis alles Wasser verdampft ist. Was bleibt zurück?
Führe den Versuch mit verschiedenen Limonaden und Colagetränken durch und vergleiche die Rückstände.

7*Wir untersuchen Blattgrün Grüne Gummibärchen enthalten den Farbstoff „Blattgrün“, abgekürzt „E 140“. Enthalten auch Pflanzenblätter diesen Farbstoff? Oder färbt vielleicht ein Gemisch aus blauen und gelben Farbstoffen die Blätter grün? Haltet euch bei eurer Untersuchung genau an die dargestellten Schritte. ▸8

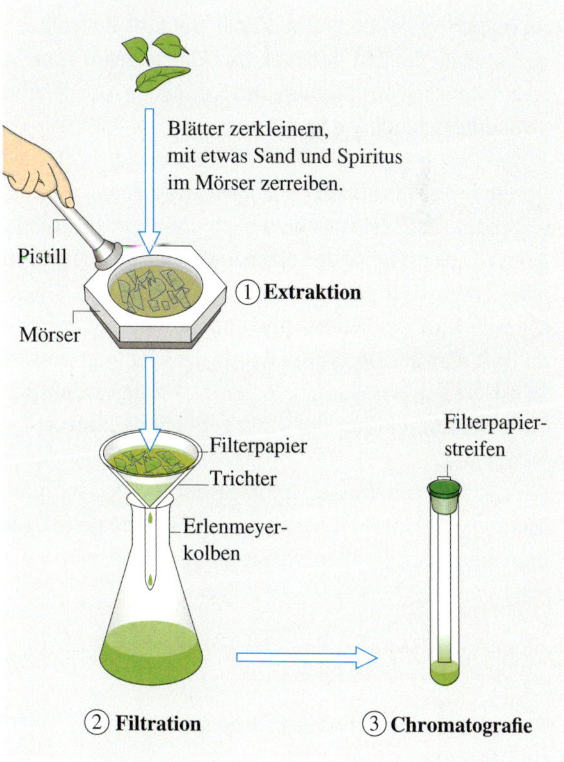

8 *Farbstoffuntersuchung in drei Schritten*

Aus Rohsalz wird Kochsalz

▷ Rohsalz enthält Sand und Steine. Wie lässt sich daraus reines Kochsalz gewinnen?

▷ Stelle aus Rohsalz reines Salz her. Du musst dabei mehrere Trennverfahren benutzen. Notiere die Versuche, die du durchführst. Schreibe deine Beobachtungen auf.

1 *In der Abbaukammer eines Salzbergwerks*

2 *Roh- oder Steinsalz*

Aus Umwelt und Technik Rohsalz in Salzlagern

An manchen Stellen findet man in der Erde Rohsalz. Diese Salzlager haben sich im Lauf der Zeit gebildet. Das Rohsalz wird auch *Steinsalz* genannt, da es ein Gemisch aus Steinen und Salz ist. Bei uns gewinnt man Salz durch zwei unterschiedliche Verfahren:

Bergmännischer Abbau In Salzbergwerken wird Steinsalz „unter Tage" abgebaut. Das Steinsalz wird nach oben transportiert und dort in Wasser gelöst. Die entstehende Salzlösung heißt *Sole*. Das Trennen durch Herauslösen ist das *Extrahieren*.
Die Sole wird von Steinen und anderen Stoffen befreit. Anschließend dampft man sie ein. Früher wurde die Sole in großen Pfannen gekocht. So erklärt sich der Begriff „Kochsalz". Heute verdampft man sie in geschlossenen Gefäßen; der übrig gebliebene „Salzbrei" wird getrocknet.

Herauslösen mit Wasser In tiefe Bohrungen lässt man Wasser fließen. Dadurch wird das Salz bereits unter der Erde gelöst. Anschließend pumpt man die Sole nach oben, wo sie eingedampft wird. ▸3

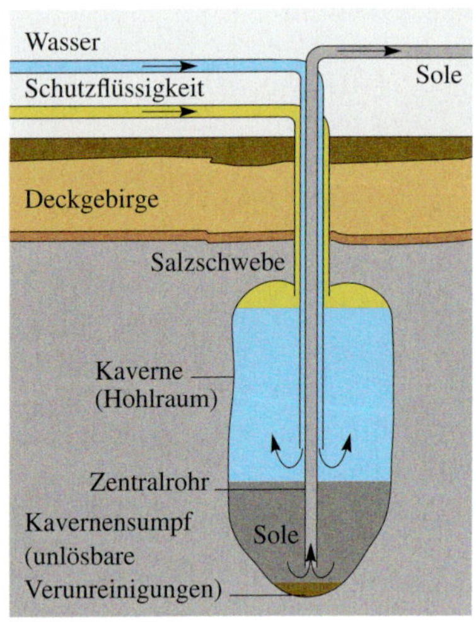

3 *Herauslösen mit Wasser*

Aus Umwelt und Technik Salzgewinnung aus Meerwasser

Du weißt, dass Meerwasser salzig schmeckt. Alle Meere enthalten nämlich gelöste Salze.
Wo die Sonne sehr stark scheint, wird Salz durch Verdunstung aus dem Meerwasser gewonnen: Man lässt Meerwasser in flache Becken einströmen und hindert es am Rückfluss. In diesen „Salzgärten" verdunstet das Wasser und das Meersalz scheidet sich ab. Arbeiter häufen das Salz mit Schaufeln und Rechen zu kleinen Bergen auf. ▸4 Oft werden dabei auch Maschinen eingesetzt.
Etwa zwei Drittel der Weltproduktion an Salz stammen aus solchen „Meeressalinen". Bei uns spielen Salzgärten kaum eine Rolle, da wir Steinsalzvorkommen haben.

4 *Das Salz wird aufgehäufelt.*

Mischen und Trennen im Teilchenmodell

1 *Die Stoffe Zucker und Wasser*

2 *Zuckerwasser*

3 *Eine Woche später*

Grundlagen Gemische und Reinstoffe

Wenn man Salz und Wasser oder Mehl und Zucker mischt, erhält man ein *Stoffgemisch*. In manchen Stoffgemischen sind die Bestandteile deutlich erkennbar, z. B. in Granit. In anderen Gemischen sind sie nicht mehr zu erkennen (z. B. in Salzwasser).

Im Gemisch behalten die Stoffe ihre Eigenschaften, daher kann man die Stoffe wieder trennen.

Reine Stoffe sind nur aus einem Stoff aufgebaut. Man spricht von *Reinstoffen*. Sie kommen in der Natur nur selten vor.
Im Teilchenmodell stellen wir uns vor, dass unterschiedliche Reinstoffe aus unterschiedlichen Teilchen aufgebaut sind. Wir nehmen an, dass die Teilchen unterschiedlich groß sein können.

Reinstoffe bestehen aus einer Teilchensorte, Gemische aus mehreren.

Beim Lösen von Zucker in Wasser schieben sich Wasserteilchen zwischen die Zuckerteilchen. Die Zuckerteilchen werden von Wasserteilchen umgeben und verteilen sich. ▸4

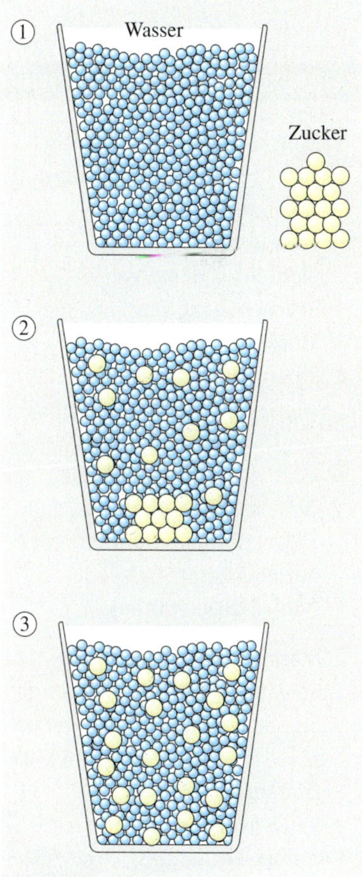

4 *Auflösen eines Zuckerkristalls (Teilchenvorstellung)*

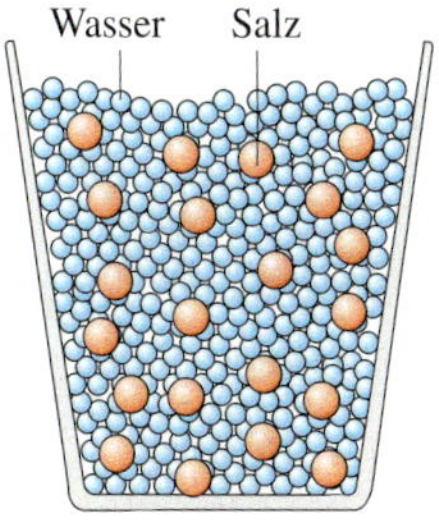

5 *Salzwasser im Teilchenmodell*

Aufgaben

1 Ordne die folgenden Stoffe in Gemische und Reinstoffe: Limonade, Essig, Salatsoße, Apfelsaft, Wasser, Salz.

2 Erkläre im Teilchenmodell, wie aus Salzwasser Salz wird. ▸5

Wohin mit dem Müll?

2

Untersuchen Experimentieren

1 Müll sortieren – aber richtig

a Schreibe zu allen Müllsorten mehrere Beispiele auf.

b Viele Bestandteile des Mülls werden wiederverwertet. Beschreibe die verschiedenen Möglichkeiten. ▸2

c Erkundigt euch bei euren Eltern, wie viel ihr für die Entsorgung des Mülls im Jahr bezahlt.

d Malt Plakate für die Klasse (Schule, Küche): Was kommt in welche Tonne? Informiert euch dazu bei eurer Stadt- oder Gemeindeverwaltung.

2* Maschinelle Mülltrennung

Sowohl beim Verpackungsmüll als auch beim Restmüll werden Maschinen eingesetzt, um Müll zu trennen. ▸3

Stelle „Müll" in einem großen Becherglas zusammen: Papierschnitzel, Bonbonpapier, Styroporreste, Kies, Büroklammern und Nägel. Plane einen Modellversuch zur Mülltrennung und führe ihn durch.

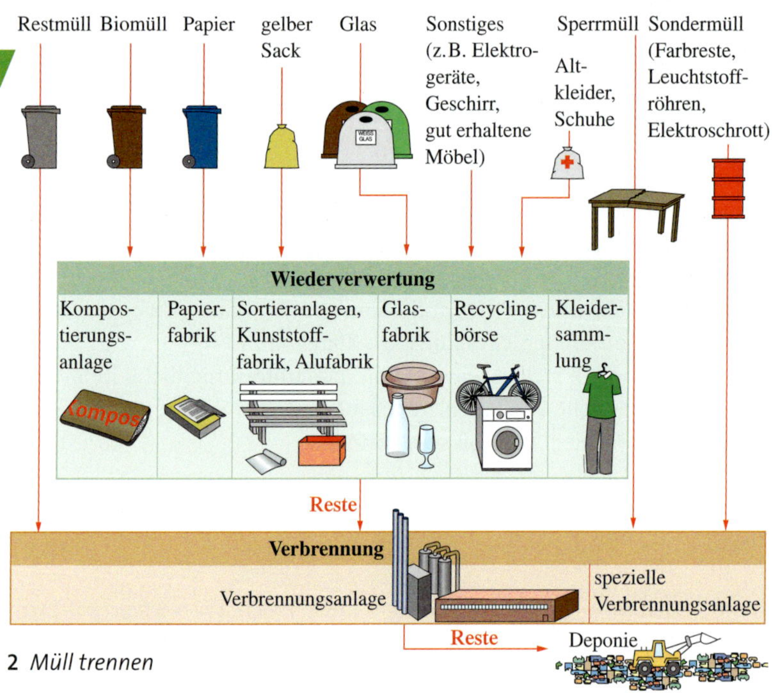

2 *Müll trennen*

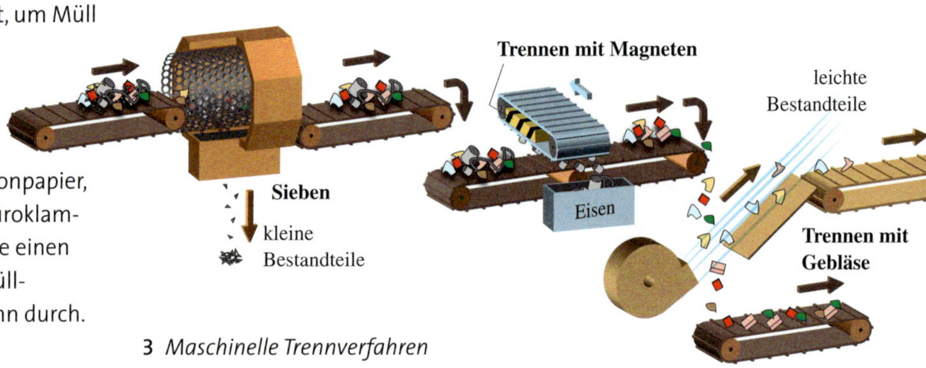

3 *Maschinelle Trennverfahren*

Aus Umwelt und Technik Die Müllverbrennungsanlage

Früher wurde der meiste Müll einfach auf Deponien gefahren. Das ist aber seit 2005 nicht mehr erlaubt. Was vom Müll nicht wiederverwertet wird, muss wenigstens „vorbehandelt" werden: Von 100 kg werden dann etwa 80 kg verbrannt. ▸4
Nur Müll, der „vorbehandelt" wurde, darf dann noch auf Deponien gelagert werden. Dazu gehören auch die Rückstände aus der Müllverbrennung.

4 *So hat sich der Zeichner eine Müllverbrennungsanlage vorgestellt.*

Aufgaben

1 Das Bild oben stellt natürlich keine moderne Müllverbrennungsanlage dar. Es zeigt aber auf lustige Weise die wichtigsten Stationen. ▸4

a Versuche sie zu erkennen.

b Welche gefallen dir besonders gut?

2 An den einzelnen Stationen findest du Ziffern. ▸4
Die fetten Buchstaben haben mit Teil b der Aufgabe zu tun.

a Bringe die Ziffern und die Begriffe in die richtige Reihenfolge. Schreibe so:
Nr. 1: Müllbunker
Nr. 2. ...
Beschreibung der Stationen:
*M**ü**llbunker:* Der M**ü**ll wird gesammelt.
*Rauchwaschanlag**e**:* Der Rauch wird hier mit Kalk und Wasser von schädlichen Abgasen gereinigt.
Kran: Er befördert den Mül**l** in den Brennraum.
Dynamo (Generator): Er erzeugt elektrische Energie.
*Kess**e**l:* Hier wird heißer Dampf für die Turbine erzeugt.
*Blas**e**balg:* Er versor**g**t das Feuer mit der notwendigen Luft.
Brennraum: Hier **v**erbrennt der Müll bei ungefähr 1000 °C.
*Dampfturb**i**ne:* Antrieb des Dynamos
Schlackenwagen: In diese**m** Wagen werden die Verbrennungsrückstände gesammelt.
*Schor**n**stein:* Hier entweichen die Abgase, überwiegend Wasserdampf und Kohlenstoffdioxid.

b Schreibe zu den geordneten Begriffen die fett gedruckten Buchstaben auf. Wenn du sie hintereinander liest, entstehen zwei Wörter. Sie sagen dir, was besser ist als „Müll verbrennen".

Müll vermeiden oder verwerten

1 *Wer verhält sich umweltgerecht?*

Aus Umwelt und Technik – Flaschen und Gläser aus Altglas

Bei der Herstellung von Getränkeflaschen verwendet man Altglas. Das ist gut so, denn das viele Altglas belastet die Müllberge. Deshalb stehen fast überall die farbigen Sammelbehälter.

Das dort gesammelte Glas wird zerkleinert und von Papier und Metallrückständen getrennt. ▸2 Das Glas wird dann zusammen mit anderen Stoffen in einem Schmelzofen erhitzt. Aus der Glasmasse werden neue Flaschen geformt. Eine grüne Flasche besteht zu 9 von 10 Teilen aus Altglas.

Auf diese Weise wird der Stoff Glas wiederverwertet, es fällt weniger Müll an und man spart Energie und Rohstoffe.

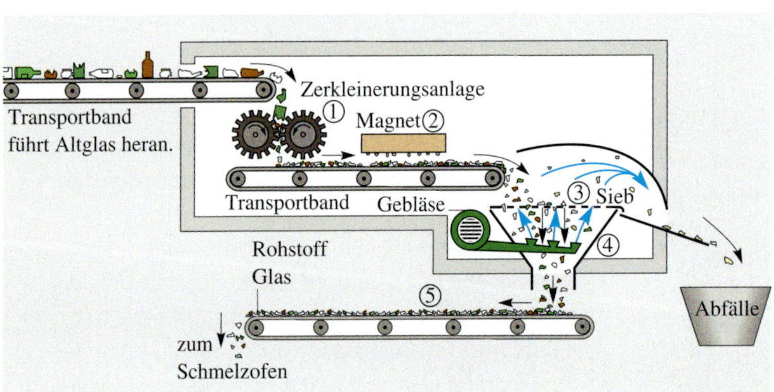

2 *Altglas als Rohstoff bei der Flaschenherstellung*

Aufgaben

1 Beschreibe, wie die Anlage zur Glaswiederverwertung arbeitet. ▸2

2 Bei Glas gibt es einen Stoffkreislauf. ▸3 Übertrage das Bild ins Heft und ergänze es. *Tipp:* Ein Abzweig fehlt.

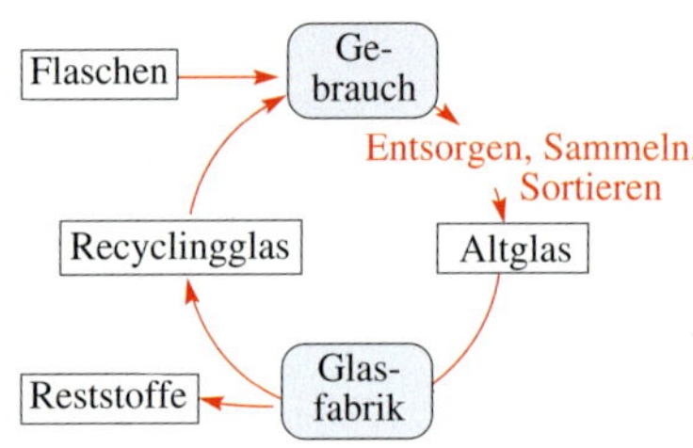

3 *Ein „Stoffkreislauf"*

3 *Müll muss nicht sein!*

a Suche Beispiele für überflüssigen Müll und nenne dafür bessere Möglichkeiten.

Überflüssiger Müll	Bessere Lösung
Dosen für Getränke	?

b Fertigt ein Plakat zur Müllvermeidung an.

Untersuchen Experimentieren

1* Papiermachen aus Altpapier

Ihr braucht:
Messbecher, Topf, Mixer, große Kunststoffschüssel, Papiersieb oder Holzrahmen mit engmaschigem Gewebe (Gardinenstoff oder Fliegennetz, Maschen nicht größer als 1 mm), 2 saugfähige Pappen (Filzpappe, etwa im DIN-A3-Format), saugfähiges Tuch (Küchentuch), Teigrolle, 2 Wäscheklammern, Zeitungspapier.

Drei Hinweise:
- Das Papiersieb muss in die Kunststoffschüssel passen!
- Materialien für die Papierherstellung kann man auch kaufen. Mit gekauften Sieben erzielt man bessere Ergebnisse als mit selbst gefertigten.
- Vorteilhaft ist ein Spritzschutz für den Mixer. ▸4–5

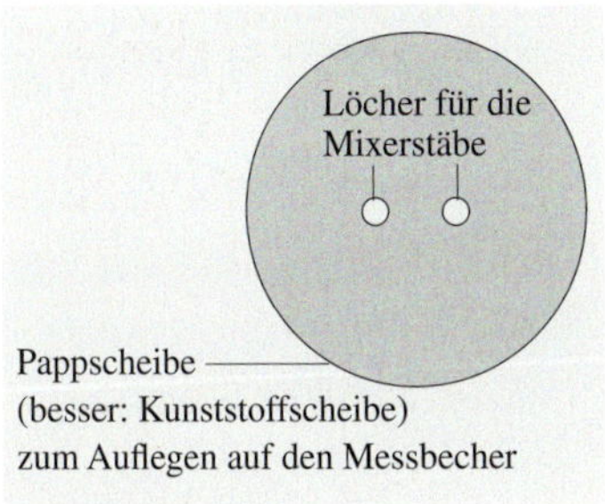

4 *Bau des Spritzschutzes*

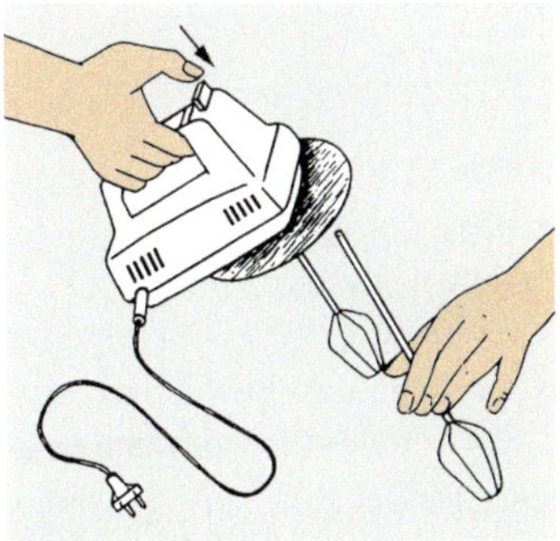

5 *Spritzschutz anbringen*

So wird ein Papiersieb hergestellt:
Auf dem verleimten, genagelten Holzrahmen ▸6 befestigt ihr mit Heftzwecken ein möglichst engmaschiges Gewebe. Am besten bastelt ihr einen zweiten gleich großen Rahmen ohne Bespannung. Er wird beim Eintauchen in die Papiermasse auf das Sieb gedrückt. Dadurch verhindert ihr, dass der Brei beim Herausnehmen wegfließt.

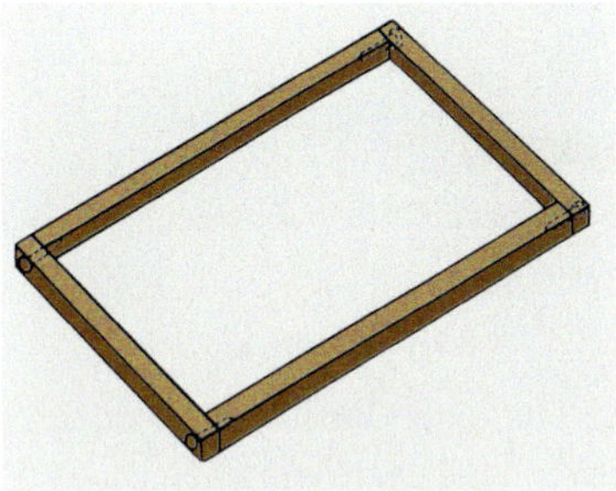

6 *Rahmen für das Papiersieb*

7 *Das Sieb wird unten abgewischt.*

8 *Umdrehen des Siebes*

9 *Abziehen von der Filzpappe*

Durchführung: das Papiermachen

a Zerkleinert eine Zeitungsdoppelseite. Die Schnipsel füllt ihr in den Topf und fügt einen Dreiviertelliter Wasser hinzu. Das Ganze kocht ihr 10 Minuten lang.

b Mit einem elektrischen Mixer rührt ihr den Brei 3 bis 5 Minuten lang gut durch.

c Jetzt schüttet ihr den Papierbrei in die große Kunststoffschüssel und gebt 3 bis 5 Liter Wasser hinzu. Je mehr Wasser ihr nehmt, desto dünner wird das Papier.

d Rührt den Brei durch und taucht das Sieb ein. Hebt das Sieb vorsichtig waagerecht aus dem dünnen Brei heraus.
Lasst es abtropfen. Ein Helfer wischt mit einem saugfähigen Tuch so lange unten über das Sieb, bis kein Wasser mehr herausläuft. ▸7

e Das Sieb wird jetzt über der Filzpappe umgedreht und auf die Pappe gedrückt. ▸8 Damit sich die Papiermasse vom Sieb löst, streicht ihr vorsichtig mit dem Daumen über das Gewebe.

f Hebt das Sieb vorsichtig an. Eine Schicht Papierbrei bleibt auf der Pappe zurück.

g Das „Papier" muss getrocknet und gepresst werden. Legt die zweite Filzpappe und einige Blatt Zeitungspapier darauf. Das Ganze presst ihr mit einer Teigrolle.

h Löst die Ecken des Papierblatts. Zieht es von der Filzpappe ab. ▸9
Auf glatter Unterlage könnt ihr das Papier noch glätten. Dann hängt ihr es zum Trocknen auf.

Stoffe verändern sich

1 *Brot kann verkohlen.*

2 *Brausetablette in Wasser*

3 *Holzkohle verbrennt.*

Untersuchen

1 „Verbrauchte" Luft Befestige eine Kerze auf einer Glasplatte, zünde sie an und stülpe ein Becherglas darüber. Wenn die Kerze erloschen ist, lässt du das Becherglas abkühlen. Dann drehst du es samt Glasplatte um. Halte dann eine brennende Kerze in das Glas. ▸4
Erkläre deine Beobachtung.

2 Beim Verbrennen entsteht etwas! Halte ein kaltes Becherglas kurz über eine brennende Kerze. Was beobachtest du? Was vermutest du?
Lass eine lange Kerze in einem Standzylinder einige Zeit brennen. Nimm sie dann heraus, gib etwas Kalkwasser in den Zylinder und schüttle.
Hinweis: Kalkwasser trübt sich, wenn Kohlenstoffdioxid vorhanden ist.

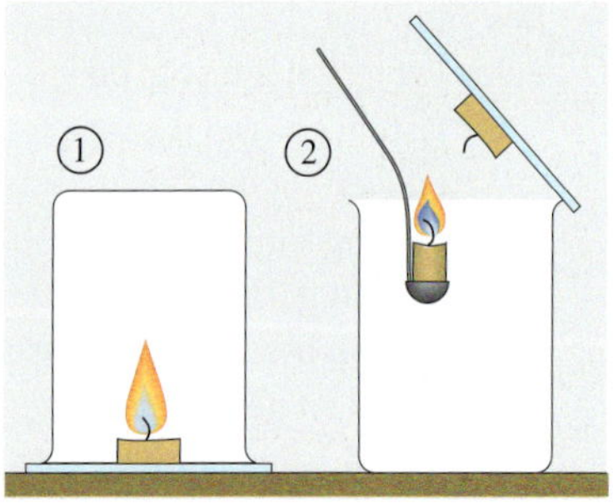

4

Grundlagen Stoffe wandeln sich um

Beim Erhitzen verhalten sich Stoffe unterschiedlich: Wasser verdampft, Glas wird weich und verformbar, Eisen fängt an zu glühen. Bei diesen Beispielen bleiben die Stoffe erhalten. Beim Abkühlen erhält man wieder flüssiges Wasser und festes Glas. Das Eisen ist immer noch Eisen.
Aus Kuchenzutaten wird beim Backen der fertige Kuchen. Wenn man Mehl oder Zucker zu heiß werden lässt, verkohlen die Stoffe. Aus Brausetablette und Wasser entsteht ein sprudelndes Getränk. Eisen wandelt sich mit Luft und Wasser zu Rost um. Bei all diesen Vorgängen entstehen Stoffe mit anderen Eigenschaften. Die Ausgangsstoffe wandeln sich in andere Stoffe um. Man spricht von einer *Stoffumwandlung*.
Beim Mischen werden die ursprünglichen Stoffe nicht umgewandelt. Man kann sie wieder leicht trennen.

Bei Stoffumwandlungen entstehen aus den Ausgangsstoffen neue Stoffe mit anderen Eigenschaften.

Stoffumwandlung bei der Verbrennung Zum Verbrennen braucht man nicht nur einen Brennstoff, sondern auch Luft oder genau genommen den Sauerstoff der Luft. Aus dem Kerzenwachs und dem Sauerstoff entstehen beim Verbrennen Kohlenstoffdioxid und Wasser.

Aufgaben

1 Begründe, dass beim Schmelzen von Eis keine Stoffumwandlung stattfindet.

2 Wenn das Brot zu lange im Toaster steckt, findet eine Stoffumwandlung statt. Welcher neue Stoff entsteht?

Überblick

Sieben ▸5
Durch Sieben werden Feststoffe wie Sand und Kies getrennt.

Absetzen lassen ▸6
Soll eine Bodenprobe „aufgetrennt" werden, verrührt man sie mit Wasser. Nach längerem Stehen setzen sich die unlöslichen Bestandteile unten ab. Die klare Lösung wird abgegossen.

Filtrieren ▸7
Besser als das Absetzenlassen ist das Filtrieren. Ein Filterpapier wirkt wie ein feines Sieb. In seinen Poren bleiben die festen Bröckchen hängen. Die Flüssigkeit, die durch den Filter läuft, ist nun klar.

Extrahieren ▸8
Ein Stoff wird aus einem Gemisch herausgelöst und anschließend z. B. durch Filtrieren abgetrennt.

Chromatografieren ▸9
Sollen Farbstoffe getrennt werden, so reicht es, eine winzige Menge davon auf ein saugfähiges Papier zu tupfen. Saugt das Papier nun Wasser auf, so nimmt das Wasser auf seinem Weg die verschiedenen Farbstoffe unterschiedlich weit mit.

Eindampfen ▸10
Wenn ein fester Stoff in Wasser gelöst ist, lässt er sich nicht durch Filtrieren abtrennen. Man kann jedoch durch Erhitzen das Wasser verdampfen. Zurück bleibt der feste Stoff, oft in Form von kleinen Kristallen.

Destillieren
Erhitzt man Meerwasser, verdampft nur das Wasser. Das Salz bleibt zurück. Der Wasserdampf wird aufgefangen und abgekühlt – man erhält reines Wasser.

5 *Sieben*

6 *Absetzenlassen*

7 *Filtrieren*

8 *Extrahieren*

9 *Chromatografieren*

10 *Eindampfen*

Alles klar?

1 Zähle Gemische auf, die es in der Küche gibt. Nenne die Stoffe, aus denen sie bestehen.

2 Für Nudeln verwendet man einen Durchschlag oder ein großes Sieb, für Kaffee einen Filter. Wieso?

3 Rohsalz enthält außer Kochsalz noch andere Stoffe, z. B. Sand. Mit welchem Trennverfahren würdest du reines Kochsalz gewinnen?

4 Beschreibe den Unterschied zwischen Eindampfen und Destillieren.

5 Nenne Möglichkeiten, wie man Meerwasser entsalzen kann.

6* Oft läuft beim Filtrieren die Flüssigkeit erst schnell, dann immer langsamer durch den Filter. Woran liegt es?

Geräte erleichtern unseren Alltag

1 *Teppichklopfer – Staubsauger*

2 *Waschbrett – Waschmaschine*

3 *Sense – Rasenmäher*

4 *Bügeleisen*

5 *Bohrmaschinen*

6 *Petroleumlampe – Glühlampe*

Aufgaben

1 Fast täglich benutzen wir einige der abgebildeten Geräte. ▸**1–6** Andere sind nicht mehr im Einsatz.
Trage die Geräte in eine Tabelle ein und gib an, welchen Dienst sie uns erweisen. ▸**7**

2 Damit die Geräte ihren Dienst verrichten können, benötigen sie einen Antrieb. Fülle die Tabelle aus. ▸**8**

3 Geräte wandeln die zugeführte Energie um. *Beispiele:*
- Die Handbohrmaschine wandelt die Energie aus den Muskeln in die Bewegung um.
- Das Bügeleisen wandelt Energie aus der Steckdose in die Wärme der Bügelsohle um.

Formuliere weitere Sätze.

4 Schreibe eine Geschichte für die Schülerzeitung: „Ein Tag ohne elektrische Geräte". Beschreibe deinen Tagesablauf ohne Handy, MP3-Player, elektrische Beleuchtung ...
Welche Schwierigkeiten gibt es? Gibt es auch Vorteile?

Gerät	**Wozu dient es?**
Staubsauger	reinigt die Wohnung
...	...

7

Gerät	**Antrieb**
Staubsauger:	
früher	Muskeln
heute	...

8

Untersuchen

Viele Geräte werden heute elektrisch betrieben. Noch vor 80 Jahren hatten nur wenige Haushalte einen elektrischen Anschluss. Viele Haushaltsgeräte mussten mit den Muskeln angetrieben werden. Wie das war, könnt ihr in den Versuchen erfahren.

1* **Kaffee mahlen wie früher** Besorgt euch von den (Ur-)Großeltern einige Handkaffeemühlen und bringt elektrische Kaffeemühlen mit in die Schule.
Bildet mehrere Gruppen: Die einen mahlen eine Handvoll Kaffeebohnen zwischen zwei Steinen zu feinem Pulver, die anderen mit einer Handmühle. Vergleicht die Qualität des Kaffeemehls und die benötigte Zeit. ▸**9–10**
Vergleicht die Ergebnisse auch mit denen der elektrischen Kaffeemühlen.

2* **Hausarbeit früher** Überlegt euch weitere Versuche, um zu erfahren, wie früher ohne Elektrizität gearbeitet wurde:
- Bringt 1 Liter Wasser zum Kochen.
- Wascht T-Shirts mit der Hand.
- Wie wird zerknitterte, trockene Wäsche wieder glatt?

9 *Mahlsteine*

10 *Kaffeemühle für Handbetrieb*

Aus der Geschichte — Vor 100 Jahren war vieles anders

Du drückst auf den Lichtschalter – und schon ist es hell. Die Kaffeemaschine wird mit Wasser und Kaffeepulver gefüllt und angestellt – und bald duftet frischer Kaffee in der Küche. Schmutzige Wäsche legt man in die Waschmaschine – und nach einer Stunde ist sie sauber.
Das war nicht immer so. Noch vor hundert Jahren wurde abends beim Schein einer Petroleumlampe gelesen oder Hausmusik gemacht. ▸**11**
Radio und Fernsehen waren noch nicht erfunden.
Zum Bügeln wurde glühende Holzkohle in Bügeleisen gefüllt oder eine Eisenplatte mit Handgriff im Herdfeuer erhitzt. Kaffeewasser wurde auf dem Kohlenherd erwärmt, die Kaffeebohnen wurden mit Handmühlen gemahlen.
Die Kleidung wurde mehrmals gelüftet, bevor sie gewaschen wurde. Ein Waschtag war für die Hausfrau sehr anstrengend: Meist heizte sie schon am Tag zuvor einen Bottich mit Wasser in der Waschküche an. Die Wäsche wurde dann in heißer Waschlauge gekocht und anschließend auf dem Waschbrett geschrubbt. Dann spülte die Frau die Wäsche in einem zweiten Bottich, wrang sie mit der Hand aus und hängte sie auf die Leine. Abends spürte sie die Mühen des Waschtags in den Armen und Schultern.
Elektrische Geräte eroberten den Haushalt erst, als immer mehr Häuser an das elektrische Netz angeschlossen wurden. In deutschen Großstädten gab es 1930 nur in der Hälfte aller Haushalte Steckdosen und elektrisches Licht. Auf dem Land dauerte es noch bis in die Sechzigerjahre des letzten Jahrhunderts, ehe alle Häuser angeschlossen waren.

11 *A. von Menzel: Wohnzimmer (1847)*

Aufgabe

1 Stelle Tätigkeiten von vor 100 Jahren und Tätigkeiten von heute in einer Tabelle zusammen.

Tätigkeit	früher	heute
bügeln	?	?
Musik hören	?	?

Elektrische Geräte

- ▷ Elektrische Geräte funktionieren nur, wenn sie an die „passende" Stromversorgung angeschlossen sind. Wie werden die Geräte versorgt? ▸1–6
- ▷ Nicht alle Geräte haben einen Stecker. Zwei Kontakte haben sie aber alle. Weißt du, wo sie bei den abgebildeten Geräten sind?

1 *MP3-Player*

2 *Fernseher*

3 *Modelleisenbahn*

6 *Taschenrechner*

5 *Fahrradscheinwerfer*

4 *Taschenlampe*

Untersuchen Experimentieren

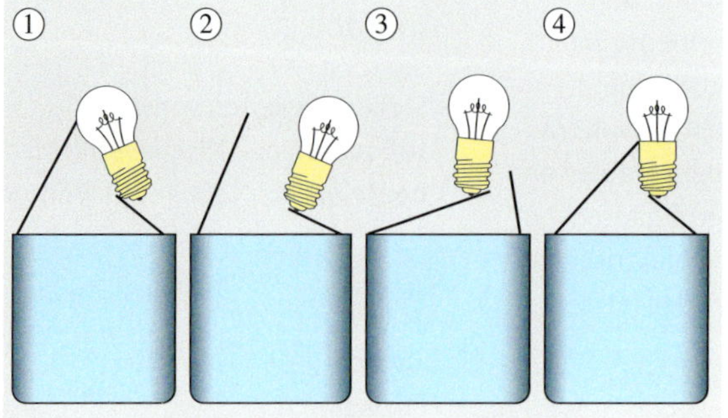

7

Achtung: Lebensgefahr! Führe keine Versuche an der Steckdose durch! Bastle nie an Elektrogeräten herum! Die folgenden Experimente mit Batterien oder Netzgeräten sind ungefährlich.

1 Wie werden elektrische Geräte angeschlossen?
Versuche eine Lampe mit einer Flachbatterie zum Leuchten zu bringen. ▸7
In welcher Anordnung leuchtet die Lampe? Erkläre!

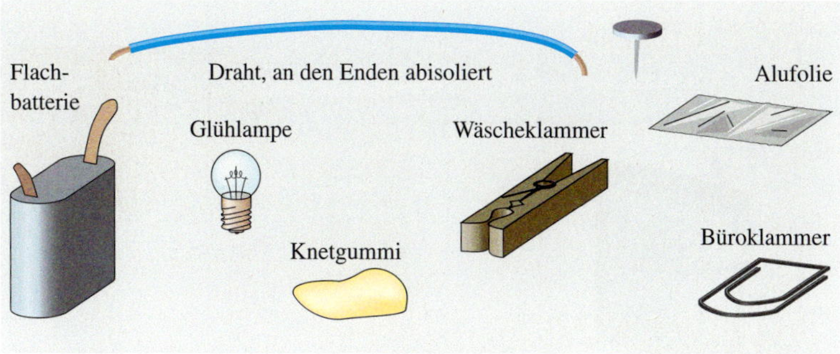

8

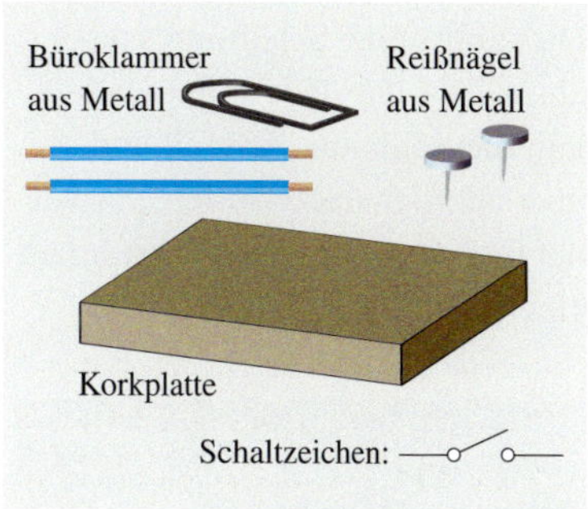

9 *Einen Schalter selbst bauen*

2 **Leuchtet die Lampe ohne deine Hilfe?** Eine Glühlampe soll in Betrieb genommen werden, ohne dass du sie an die Batterie halten musst. ▸8 Erfinde und teste eine Lampenhalterung.
Du kannst zum Beispiel folgende Hilfsmittel verwenden: Draht, Knetgummi, Büroklammern, Wäscheklammern, Alufolie.

3 **Taschenlampenschaltung** Eine Lampe soll wie eine Taschenlampe ein- und ausgeschaltet werden. Erfinde einen Schalter. Du kannst die abgebildeten Gegenstände verwenden. ▸9

a Baue die Schaltung mit einer Batterie und dem Schalter auf. Prüfe, ob er funktioniert. Zeichne die Schaltung auf.

b Versuche Schalter aus anderen Hilfsmitteln herzustellen.

4 **Taschenlampe mit Taster** Manche Taschenlampen haben einen Taster zum Einschalten. Solange der Taster gedrückt ist, leuchtet die Lampe. Wenn man ihn loslässt, geht die Lampe aus.
Einen EIN-Taster kannst du mit zwei Reißnägeln und einer Wäscheklammer aus Holz bauen. ▸10
Mit dem Taster und einer Lampe kannst du Blinkzeichen senden.

5* **Ein Taster macht das Licht aus** Wenn du die Kühlschranktür schließt, ist dann das Licht im Kühlschrank wirklich aus?

a Baue eine Schaltung mit einem AUS-Taster ▸11 und einer Lampe auf. Wenn du den Taster drückst, ist die Lampe aus.

b Schau dir den Taster am Kühlschrank an. Beobachte, was beim Drücken passiert.

6* **Bitte nicht stören!** Baue mit einem Spezialschalter ein Gerät für deinen Schreibtisch, das anzeigt, wenn du nicht gestört werden willst.
Du brauchst: Flachbatterie (4,5 Volt), 2 Glühlampen (mit einem Folienstift grün und rot eingefärbt), Leitungsdraht und einen Umschalter. ▸12
Wenn der Schalter den Kontakt 1 berührt, soll die grüne Lampe leuchten („Man darf mich stören"). Wird der Kontakt 2 berührt, dann leuchtet die rote Lampe („Bitte nicht stören!").
Tipp: Verbinde einen Batteriepol mit dem mittleren Kontakt und schließe die Lampen über die Kontakte 1 und 2 an.

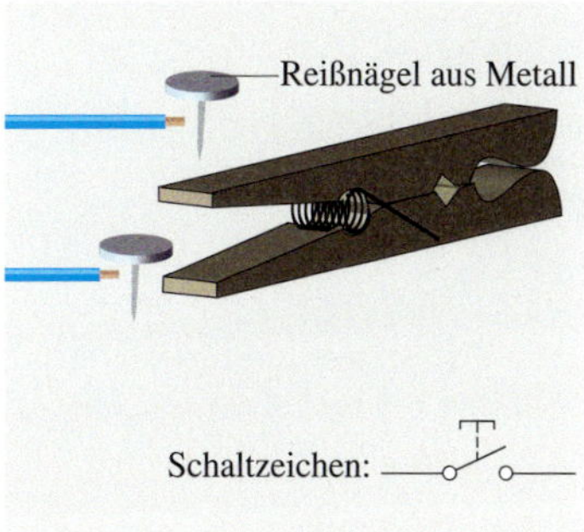

10 *Einen Taster selbst bauen*

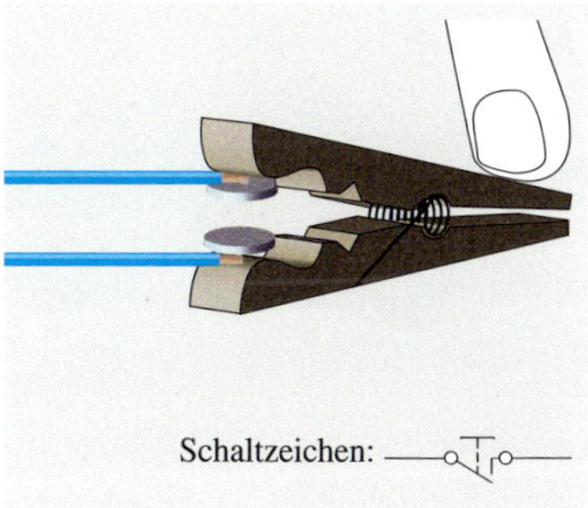

11 *AUS-Taster – selbst gebaut*

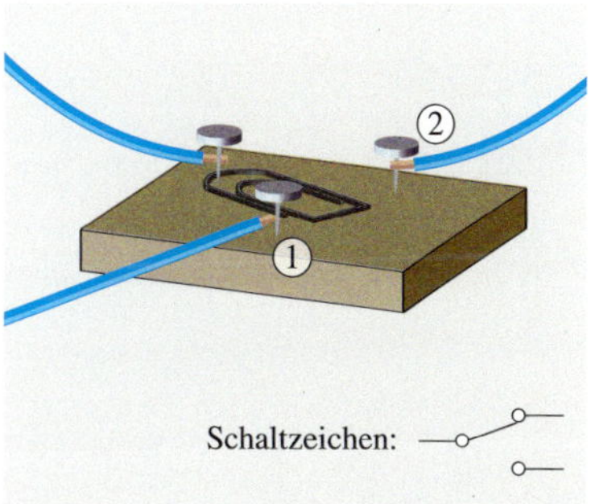

12 *Einen Umschalter selbst bauen*

Methode Schaltzeichen und Schaltpläne

Du kannst eine Schaltung sauber abmalen – das dauert lange. ▸1–2 Um die Schaltung schnell und übersichtlich darzustellen, verwendet man Schaltzeichen. Man erhält einen Schaltplan. ▸3–4

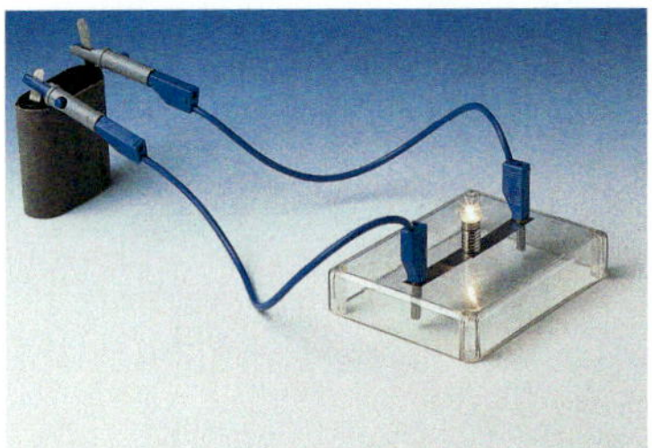

1 *Foto einer Schaltung*

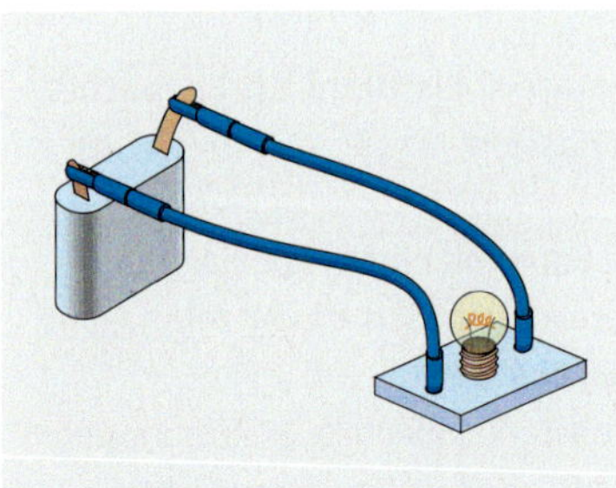

2 *Zeichnung der Schaltung*

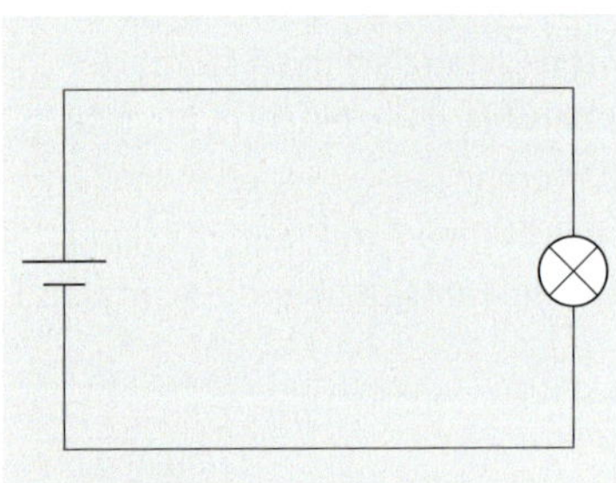

3 *Schaltplan*

Bauteil in der Wirklichkeit	Gezeichnetes Bauteil	Schaltzeichen des Bauteils
Batterie 	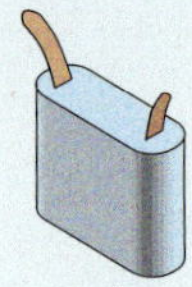	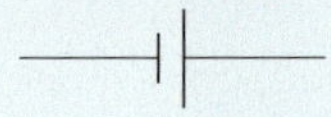
Lampe 		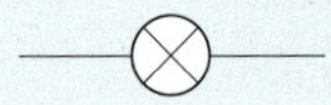
Schalter 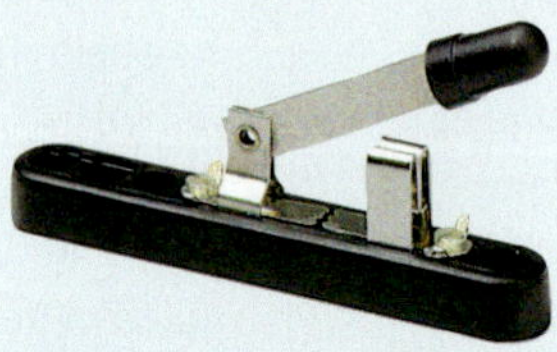		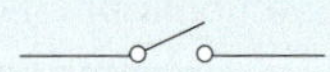
Taster 	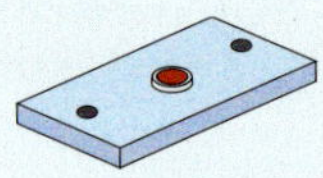	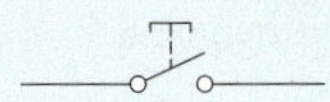
Elektromotor 	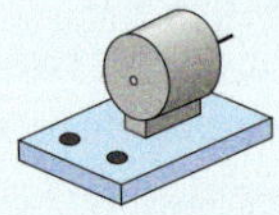	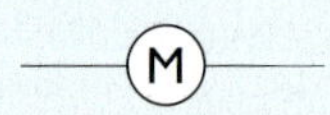
AUS-Taster 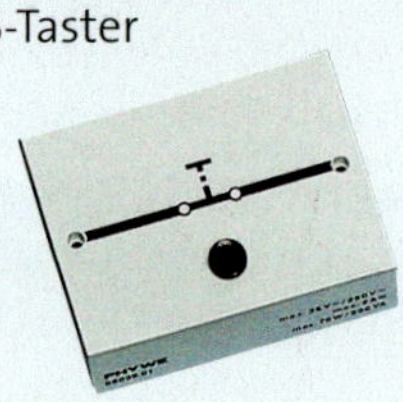	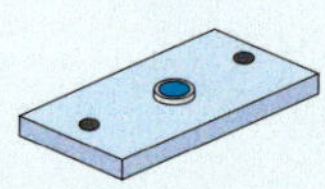	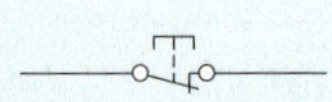

4 *Bauteile und ihre Schaltzeichen*

Grundlagen Stromkreise

Damit eine Glühlampe leuchtet, muss sie an eine Batterie (oder ein Netzgerät) angeschlossen sein. Wenn du mit dem Finger von der Batterie über das eine Kabel, die Lampe und das andere Kabel entlangfährst, kommst du zum Ausgangspunkt Batterie zurück. Wir sprechen von einem *Stromkreis* – auch wenn die Schaltung nicht wie ein Kreis aussieht.

Die Lampe leuchtet nur, wenn jeder ihrer beiden Kontakte mit einem Leitungsdraht mit einem Pol der Batterie (oder des Netzgeräts) verbunden ist. Es muss ein geschlossener Stromkreis vorliegen. ▸5

Wenn in diesem Kreis eine der Verbindungen fehlt, leuchtet die Lampe nicht. Der Stromkreis ist unterbrochen. ▸6
Auch in der Glühlampe ist der Stromkreis geschlossen. Vom Gewinde geht es ohne Unterbrechung durch den Glühdraht zum Fußkontakt der Lampe.

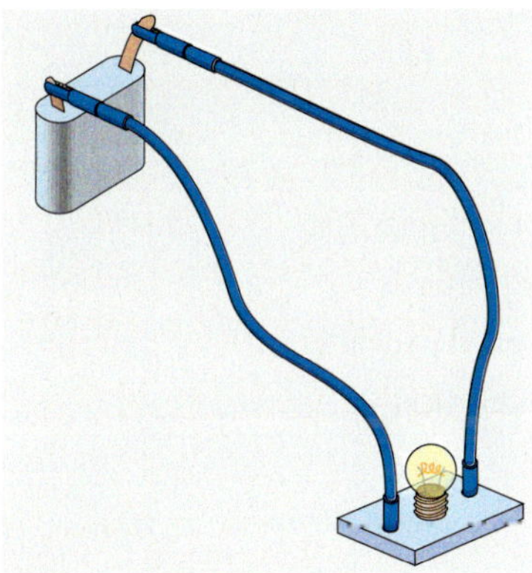

5 *Der Stromkreis ist geschlossen.*

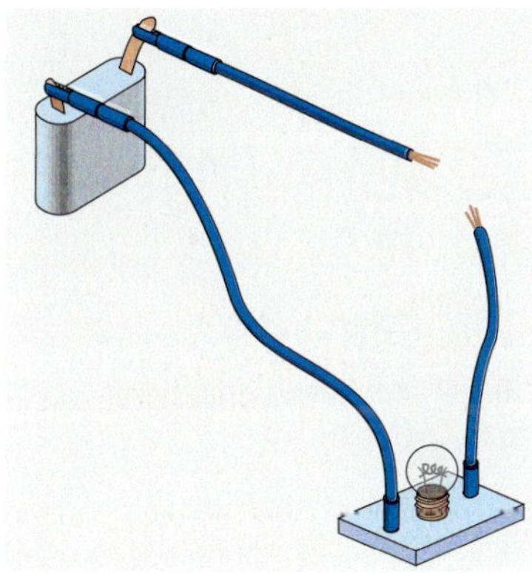

6 *Der Stromkreis ist unterbrochen.*

Was passiert im Stromkreis? Die Vorgänge im Stromkreis können wir nicht sehen. Um sie zu verstehen, vergleichen wir den elektrischen Stromkreis mit einem Kreislauf aus der sichtbaren Welt. ▸7

Elektrischer Stromkreis	Warmwasserheizung
Die Elektrizität fließt im Kreis: von der Batterie durch einen Draht zur Lampe und durch einen zweiten Draht zurück zur Batterie.	Wasser fließt im Kreis: vom Heizkessel und der Pumpe durch ein Rohr zum Heizkörper und durch ein zweites Rohr zurück zum Kessel.
Die Elektrizität wird durch die Batterie in Bewegung gesetzt und kann so die Lampe betreiben.	Das Wasser in den Rohren wird von der Pumpe bewegt. So kann es Wärme in dein Zimmer transportieren.
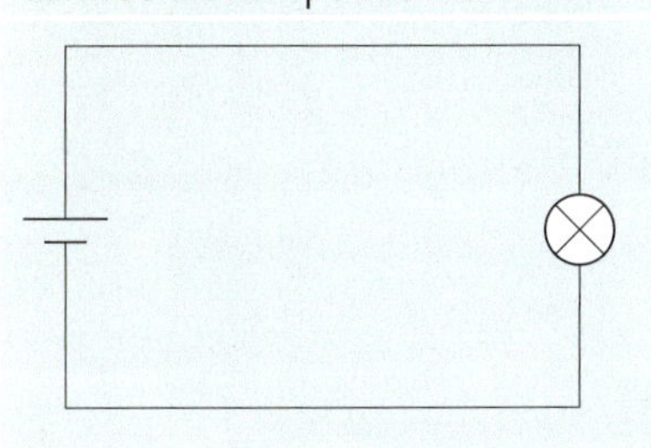	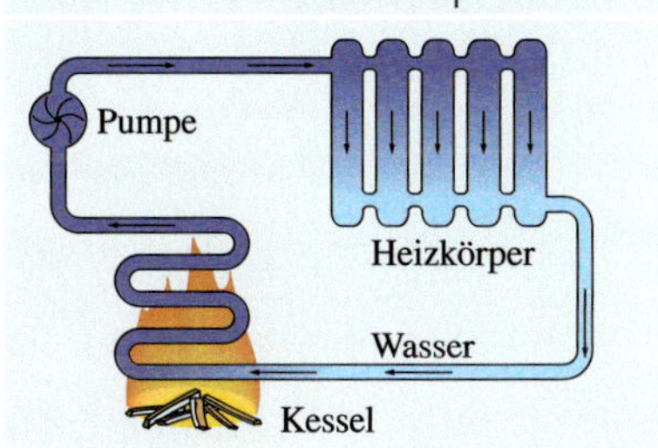

7

Aufgaben

1 Zeichne für deine Schaltung mit Schalter einen Schaltplan mit den richtigen Schaltzeichen.

2 Ein Motor wird über einen Schalter an eine Batterie angeschlossen. Zeichne den Schaltplan.

3 Funktioniert die Schaltung? Überprüfe die Schaltpläne ▸8–10 und entscheide jeweils, ob die Schaltung funktionieren kann. Baue dann die Schaltung(en) auf, die du für richtig hältst. Probiere sie aus.

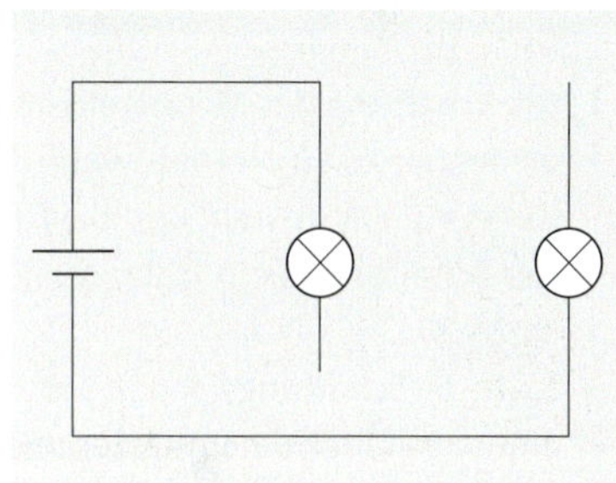

8

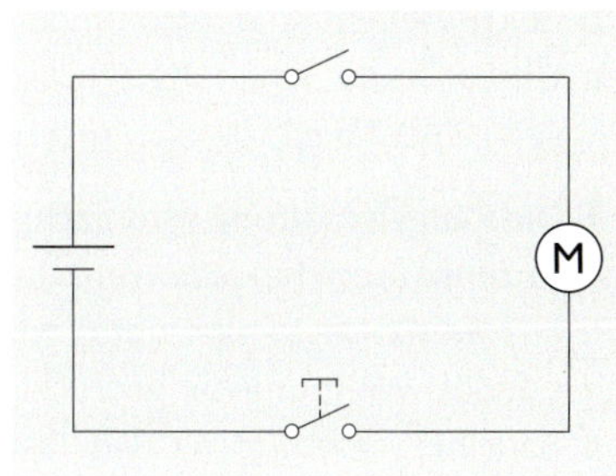

9

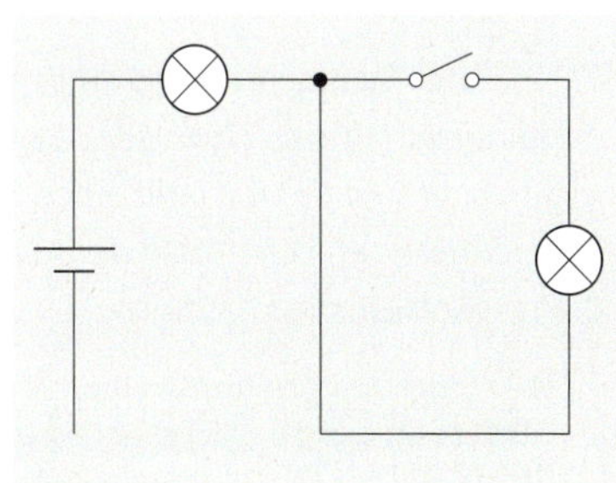

10

Geräte mit mehreren Schaltern und Tastern

▷ Der Mikrowellenherd ist eingeschaltet, aber der Motor ist noch nicht zu hören …

1

Untersuchen Experimentieren

1 Die Schaltung des Mikrowellenherds Der Mikrowellenherd ist in Betrieb, wenn der Schalter am Gerät auf EIN gestellt und die Tür geschlossen ist. Der Schalter und ein Taster schließen den Stromkreis.

a Baue die Schaltung für den Motor mit einer Batterie, einem Schalter, einem Taster und einem Motor nach. Überlege, wann der Mikrowellenherd in Betrieb ist. Wann darf der Motor laufen?

b Zeichne einen Schaltplan für deine Schaltung.

c Überprüfe die Schaltung. Protokolliere die Ergebnisse in einer Tabelle (Muster rechts).

Schalter am Gerät	Taster an der Tür	Motor
offen	nicht gedrückt	aus
offen	gedrückt	?
geschlossen	nicht gedrückt	?
geschlossen	gedrückt	?

2 Die Klingelschaltung wird nachgebaut In Mehrfamilienhäusern hat jede Wohnung zwei Klingelknöpfe. ▸2 Die Klingel läutet, wenn an der Haustür oder der Wohnungstür gedrückt wird.

a Baue die Schaltung mit zwei Tastern, einer Batterie und einem Summer nach. Statt des Summers kannst du eine Lampe benutzen, die das Läuten ersetzt.
Überlege, wann es läuten muss. Überprüfe es an deiner Schaltung. *Tipp:* Jeder Taster bildet mit dem Summer und der Batterie einen Stromkreis.

b Zeichne einen Schaltplan der Klingelschaltung.

c Protokolliere die Ergebnisse in einer Tabelle.

Taster an der Haustür	Taster an der Wohnungstür	Klingel / Lampe
nicht gedrückt	nicht gedrückt	aus
gedrückt	nicht gedrückt	?
nicht gedrückt	gedrückt	?
gedrückt	gedrückt	?

2 *Klingelschaltung*

3* **Haushaltsgeräte, genauer untersucht** Lass dir von deinen Eltern an einer Waschmaschine, Spülmaschine oder Brotschneidemaschine zeigen, was zu tun ist, damit sie in Betrieb gesetzt wird. ▸3

a Vergleiche deine Ergebnisse mit denen des Mikrowellenstromkreises. Nenne Gemeinsamkeiten und Unterschiede.

b Wenn ein Gerät anders als der Mikrowellenherd funktioniert, baue die Schaltung nach.

c Zeichne zu deiner Schaltung einen Schaltplan.

4* **Stromkreis mit Tastern im Auto** Die Innenbeleuchtung von Autos wird meistens durch Taster am Rahmen der Vordertüren ein- und ausgeschaltet. Wenn die Türen geschlossen werden, geht das Licht aus. Im Auto sind an beiden Vordertüren (oder an allen Türen) AUS-Taster angebracht. ▸4 Das Licht im Innenraum ist ausgeschaltet, wenn beide Türen geschlossen sind.

a Baue eine Schaltung mit zwei AUS-Tastern, einer Batterie und einer Lampe auf. Die Lampe soll ausgeschaltet sein, wenn Taster 1 und Taster 2 gedrückt werden.

b Zeichne einen Schaltplan für deinen Stromkreis.

c Vergleiche die Schaltung mit der Kühlschrankschaltung.

d Überprüfe die Schaltung und protokolliere die Ergebnisse in einer Tabelle.

3 *Waschmaschine*

4 *Schalter an der Autotür*

Erweiterung Sicherheitsschaltung und Klingelschaltung

Für viele Zwecke gehören Schalter oder Taster zum System „Stromkreis". Eine *Sicherheitsschaltung* hilft, Unfälle an gefährlichen Maschinen zu vermeiden (z. B. an Brotschneidemaschinen). Die Maschine arbeitet nur, wenn zwei Taster gleichzeitig gedrückt werden. Die Taster sind in Reihe geschaltet. Man nennt diese Schaltung UND-Schaltung, weil der Stromkreis nur dann geschlossen ist, wenn Taster 1 *und* Taster 2 gedrückt werden. ▸5

Auch die *Klingelschaltung* für die Klingel an der Haustür und an der Wohnungstür ist eine Schaltung mit zwei Tastern. Die Klingel läutet schon, wenn einer der beiden Taster gedrückt wird. Die Taster sind parallel geschaltet. Man nennt diese Schaltung ODER-Schaltung, weil der Stromkreis schon dann geschlossen ist, wenn Taster 1 *oder* Taster 2 gedrückt ist. ▸6

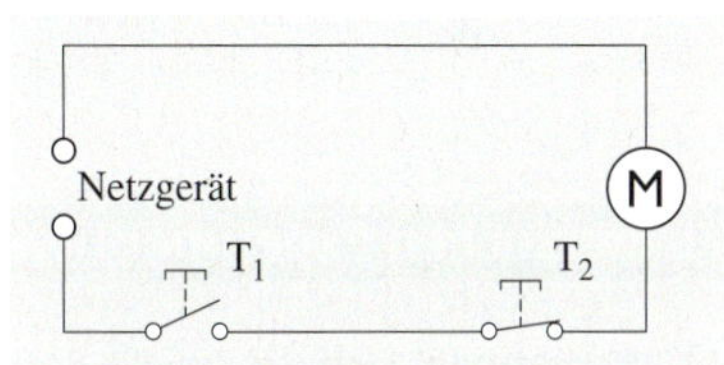

5 *Der Motor läuft nicht.*

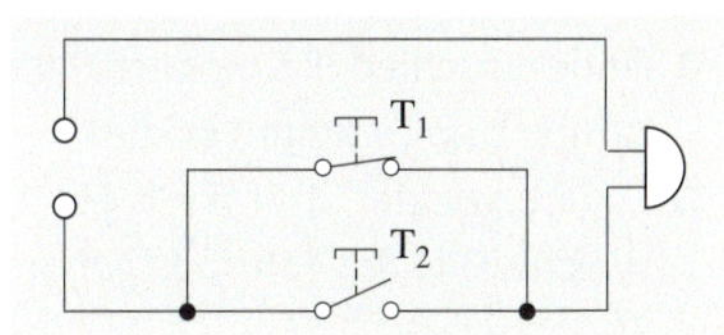

6 *Die Klingel läutet.*

Aufgaben

1 Die Klingelanlage im Haus ▸2 soll erweitert werden. Man soll auch noch an der Gartenpforte klingeln können. Zeichne einen Schaltplan und baue die neue Klingelanlage auf. Teste mithilfe einer Tabelle, ob sie richtig funktioniert.

2 Eine gefährliche Blechschneidemaschine ist besonders gesichert. Ihr Motor läuft nur, wenn der Hauptschalter auf EIN steht und der Maschinenbediener mit der linken und rechten Hand jeweils einen Taster drückt. Zeichne einen Schaltplan und baue die Schaltung auf. Teste mithilfe einer Tabelle, ob sie richtig funktioniert.

Funktioniert die Fahrradbeleuchtung?

▷ Vor der großen Radtour überprüfst du dein Fahrrad genau. Sind Bremsen und Beleuchtung in Ordnung?

▷ Der Scheinwerfer leuchtet nicht. Für einen Kenner von Stromkreisen ist das kein Problem.
Doch schau einmal genau hin. Was ist das für ein eigenartiger Stromkreis? Nur ein einziges Kabel führt vom Dynamo zur Scheinwerferlampe …

1 *Fahrradbeleuchtung*

Untersuchen Experimentieren

1 Wo befindet sich der zweite Pol des Dynamos? Schließe eine Experimentierlampe an einen Fahrraddynamo an. ▸2

a Finde verschiedene Möglichkeiten, wie du die Lampe zum Leuchten bringst.

b Erkläre, wie der Stromkreis geschlossen wird. Welche Teile des Fahrrads gehören zum elektrischen Stromkreis?

2 Wo ist der zweite Anschluss des Fahrradscheinwerfers? Versuche mit einer Flachbatterie den Fahrradscheinwerfer zum Leuchten zu bringen. ▸3

a Der Scheinwerfer hat nur einen Anschluss für ein Kabel. Findest du auch hier verschiedene Möglichkeiten, den Scheinwerfer zu betreiben?

b Führe den Versuch auch mit dem Rücklicht durch.

c Beschreibe jeweils die geschlossenen Stromkreise.

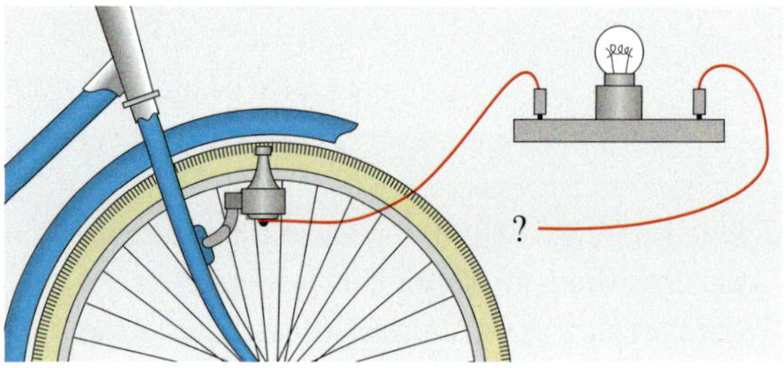

2

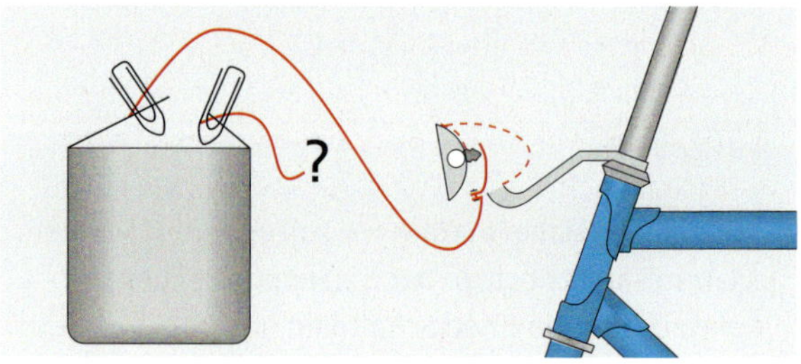

3

Grundlagen Der Fahrradstromkreis

Beim Fahrrad sind Dynamo und Scheinwerfer nur durch *einen* Draht verbunden. Die Befestigungsschelle des Dynamos stellt den zweiten Pol dar. Auch der Scheinwerfer hat seinen zweiten Anschluss an der metallischen Befestigungsschelle. Beide sind fest an den Fahrradrahmen geschraubt. Neben dem einen Kabel zwischen Lampe und Dynamo bildet also der Fahrradrahmen die zweite Verbindung und schließt so den Stromkreis. ▸4

Stromkreise müssen nicht über Drähte geschlossen sein. Auch Metallteile, wie z. B. der Fahrradrahmen, können Teil eines Stromkreises sein. ▸4–5

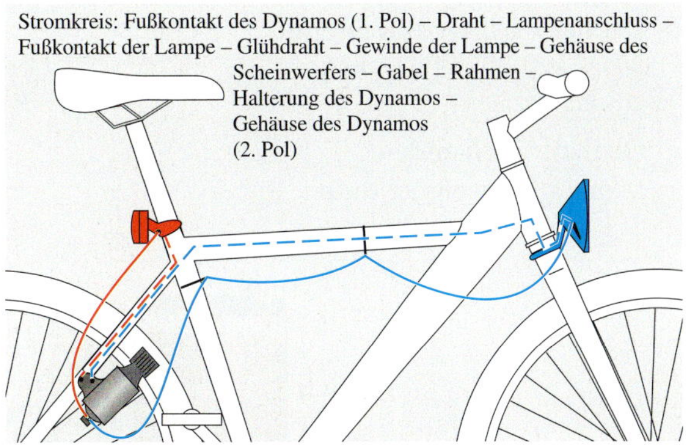

4 *Stromkreise der Fahrradbeleuchtung*

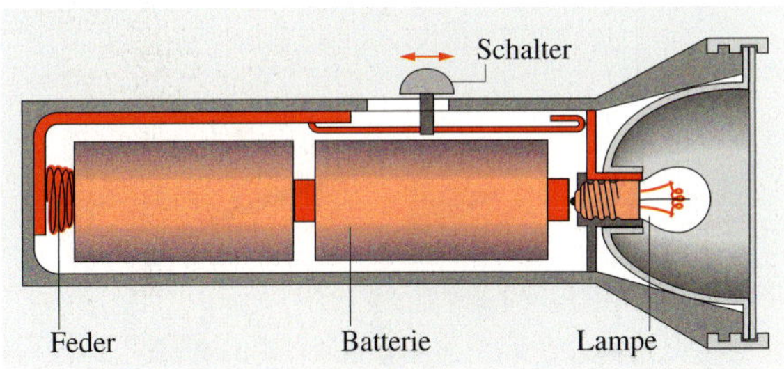

5 *Stromkreis einer Taschenlampe*

Aufgaben

1 Beschreibe den Stromkreis des Rücklichts. ▸4

2 Welche Teile bilden den Stromkreis der Taschenlampe? ▸5

3 Zeichne einen Stromkreis mit Lampe und Batterie, der mit vielen Metallteilen (z. B. Schere, Büroklammer, Nägel) geschlossen wird. Probiere aus, ob es funktioniert.

Aus dem Alltag Der „Check“ für die Fahrradbeleuchtung

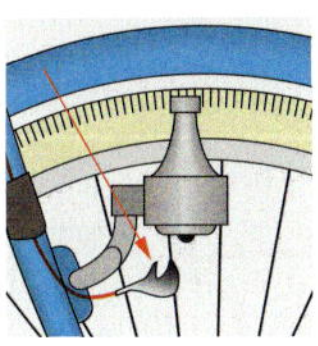
6

7

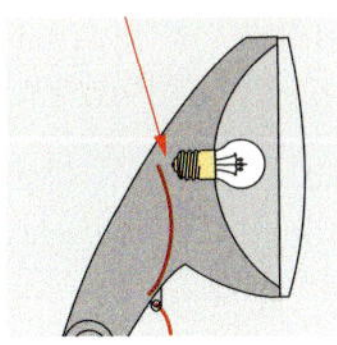
8

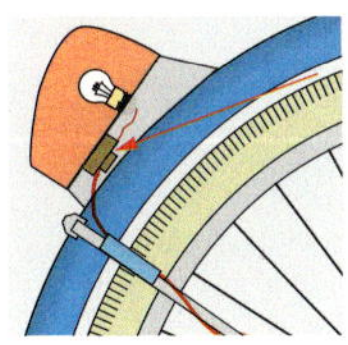
9

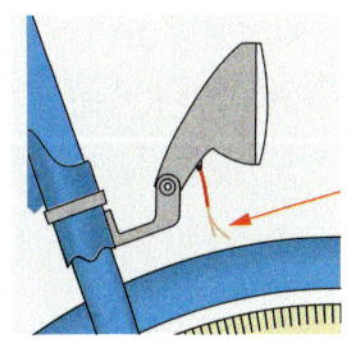
10

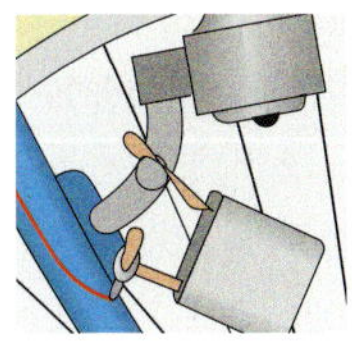
11

Die Fahrradbeleuchtung dient vor allem dazu, gesehen zu werden. Sie ist wichtig für deine Sicherheit! Du solltest sie regelmäßig kontrollieren. Wenn eine Lampe nicht leuchtet, hilft dir folgende Checkliste:
Überprüfe, ob der Draht vom Dynamo zur Lampe richtig angeklemmt ist. ▸6 Sind die Kontaktstellen blank und rostfrei? Den Belag kannst du mit einem Schraubendreher abkratzen.
Hat dein Rad Kunststoff-Schutzbleche, in die ein Metallstreifen eingelassen ist? Dann könnte sich der Steckkontakt für den Metallstreifen gelöst haben.
Öffne den Scheinwerfer des Fahrrads und schraube die Glühlampe heraus. Sieht der Fußkontakt der Lampe blank aus? Ist der Glühdraht in Ordnung? ▸7
Schraube die Glühlampe ein. Achte darauf, dass sie fest in der Fassung sitzt. Der Fußkontakt muss auf den Blechstreifen im Scheinwerfer drücken. ▸8
Der Seitenkontakt des Rücklichts ist über die Halterung der Lampe mit dem Fahrradrahmen verbunden. Die Stelle, an der die Halterung befestigt ist, muss rostfrei sein. ▸9
Prüfe, ob der Leitungsdraht unterbrochen ist – eventuell sogar unter der Isolierung. ▸10
Leuchten weder der Scheinwerfer noch das Rücklicht, dann könnte der Dynamo defekt sein. Zur Kontrolle schließt du statt des Dynamos eine Batterie an. Vergiss dabei nicht den Anschluss der Batterie an den Rahmen. ▸11

Elektrizität „geht nicht überall hindurch“

▷ Du weißt schon, dass Drähte aus Kupfer die Elektrizität gut leiten.
Ob dafür auch andere Materialien geeignet sind?

1 *Eine Schnur als Kabel?*

Untersuchen Experimentieren

1 Welche Materialien sind elektrische Leiter?

a Baue einen Leitungstester. Du brauchst zwei Drähte. Wickle jeweils ein Ende um einen Reißnagel. Stich die Reißnägel dann in ein Korkstück. ▸**2**

b Baue dein Testgerät in einen Stromkreis ein. Die „Leitungslücke“ überbrückst du mit verschiedenen Gegenständen. Drücke sie fest auf die beiden Reißnägel. Notiere die Ergebnisse in einer Tabelle.

Gegenstand	Material	Lampe leuchtet	
		ja	nein
Schlüssel	Eisen (Stahl)	x	
Knopf	Kunststoff	?	?
Bleistiftmine	Grafit	?	?
...	?	?	?

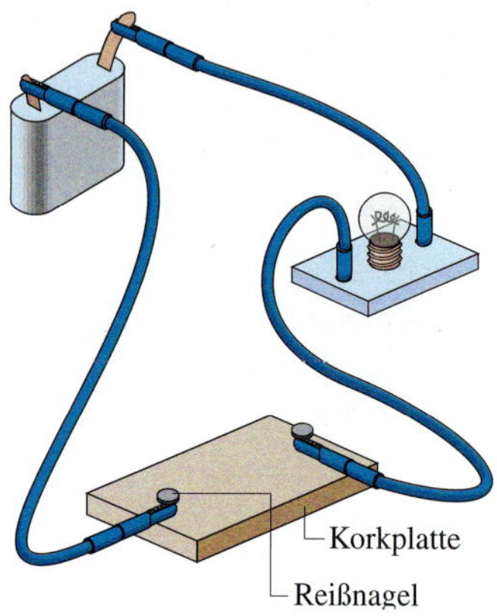

2 *Leitungstester für feste Gegenstände*

2 Bauanleitung: Leitungstester für Flüssigkeiten

Mit einer Leuchtdiode statt der Glühlampe kannst du ein empfindliches Prüfgerät bauen. ▸**3**

Du brauchst:
5 Abschnitte von Lüsterklemmen (1)
1 Leuchtdiode (2)
1 Widerstand (330 Ohm) (3)
3 flexible und 2 starre Kupferkabel (an den Enden abisoliert) (4)(5)
1 Batterie (4,5 Volt oder 9 Volt) (6)

a Baue das Gerät zusammen. *Achtung: Verbinde das (kürzere) Minusbeinchen der Leuchtdiode mit dem Minuspol der Batterie!*

b Prüfe das fertige Gerät: Wenn sich die blanken Kupferdrähte berühren, muss die Leuchtdiode leuchten. *Tipps* zur Fehlersuche: Ist die Leuchtdiode richtig gepolt? Sind alle Kabel abisoliert? Sind die Anschlüsse fest?

c Untersuche, ob z. B. Salzwasser, Apfelsaft, Speiseöl oder Seifenwasser leiten. Notiere die Ergebnisse in der Tabelle.

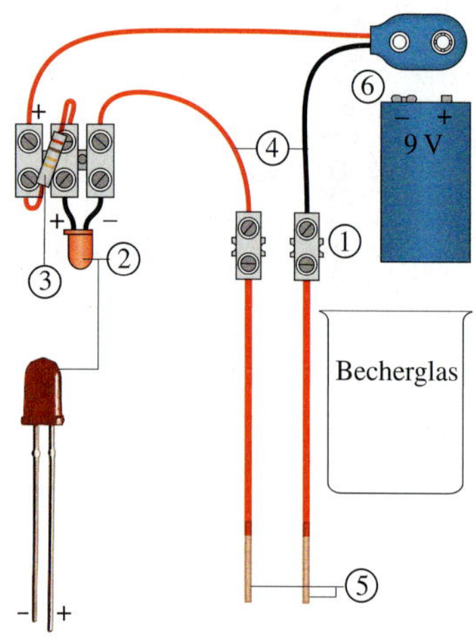

Tipp: Auf die richtige Polung achten! Das Minusbeinchen ist etwas kürzer.

3 *Leitungstester für Flüssigkeiten*

Grundlagen Nicht alles leitet

Elektrische Leiter Immer wenn du deinen Prüfstromkreis mit einem Gegenstand aus Metall schließt, leuchtet die Lampe auf. Bei einer Bleistiftmine aus Grafit leuchtet die Lampe etwas schwächer. Grafit leitet nämlich schlechter als Metalle.

Gute elektrische Leiter sind alle Metalle. Silber und Kupfer gehören zu den besten elektrischen Leitern.

Nichtleiter Bei Gegenständen aus Kunststoff, Glas, Holz, Gummi oder Kork bleibt die Lampe dunkel. Diese Materialien leiten nicht. Man nennt sie *Nichtleiter* oder *Isolatoren*.
Gummi und Kunststoffe als Nichtleiter sind für elektrische Leitungen genauso wichtig wie Metalle als Leiter. Kupferkabel werden mit Kunststoff überzogen, sie sind isoliert. Ohne Isolierung wäre es lebensgefährlich, ein Kabel anzufassen, das an eine Steckdose angeschlossen ist. ▸4

Flüssigkeiten – Leiter und Nichtleiter Auch unter den Flüssigkeiten gibt es Leiter. Beispiele sind Apfelsaft und Essig (beides sind Säuren) sowie Salzwasser. Öl leitet nicht, reines (destilliertes) Wasser sehr schlecht.

Der Mensch als elektrischer Leiter Weil der menschliche Körper zu zwei Dritteln aus salzhaltigem Wasser besteht, ist er ein Leiter. ▸5
Wenn der Mensch Teil eines Stromkreises wird, fließt die Elektrizität z. B. von der Hand durch den Körper in die andere Hand. Bei Unfällen mit dem Stromnetz besteht Lebensgefahr. Die Muskeln verkrampfen sich, das Herz kommt aus dem Takt und Verbrennungen sind möglich.

Der menschliche Körper ist ein elektrischer Leiter. Zum Elektrounfall kommt es, wenn der Mensch Teil eines Stromkreises wird. Versuche mit Batterien und Netzteilen der Schule sind ungefährlich.

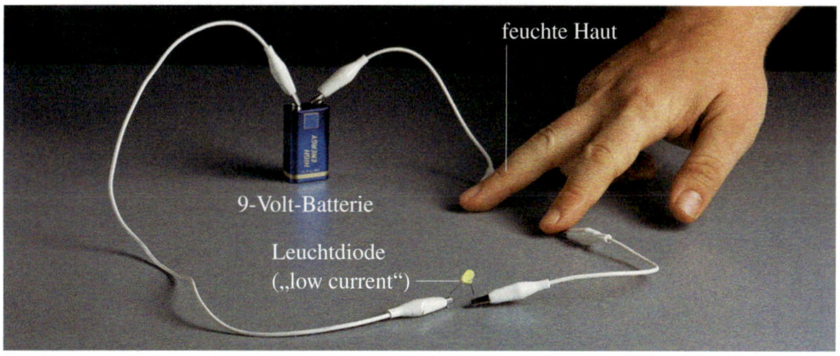

5 *Hand als Teil eines Stromkreises*

Aufgaben

1 Fertige ein Plakat über die Gefahren des elektrischen Stroms an.

2 Mit Elektrizität aus der Steckdose muss man vorsichtig sein. ▸6
Schreibe zu den Bildern Verhaltensregeln auf. Erläutere die Gefahren.

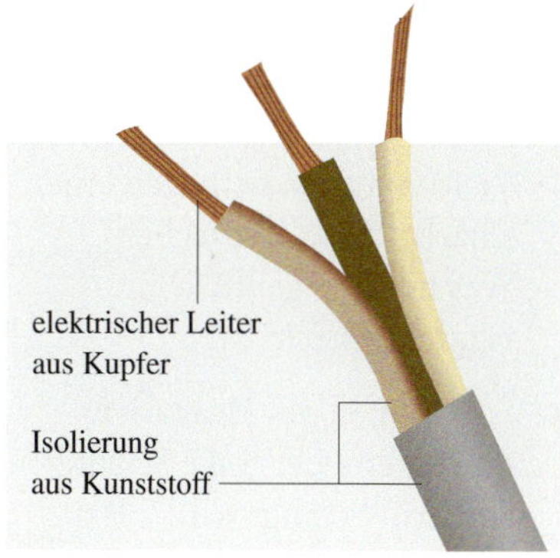

4 *Kabel – Leiter und Isolator*

Tod im Bad

Frankfurt. Am Montag wurde in einer Frankfurter Wohnung ein 39 Jahre alter Mann tot in der gefüllten Badewanne aufgefunden. Der Haartrockner lag eingeschaltet im Wasser. Die Kriminalpolizei stellte fest, dass das Gerät keinen technischen Mangel aufwies.
Der Elektrotechnik-Verband VDE bezeichnet die Gewohnheit, sich in der Badewanne die Haare zu trocknen, als lebensgefährliche Dummheit. Sobald der Haartrockner in die Wanne rutscht, fließt Elektrizität durch den Körper. Haartrockner gehören nicht in die Badewanne!

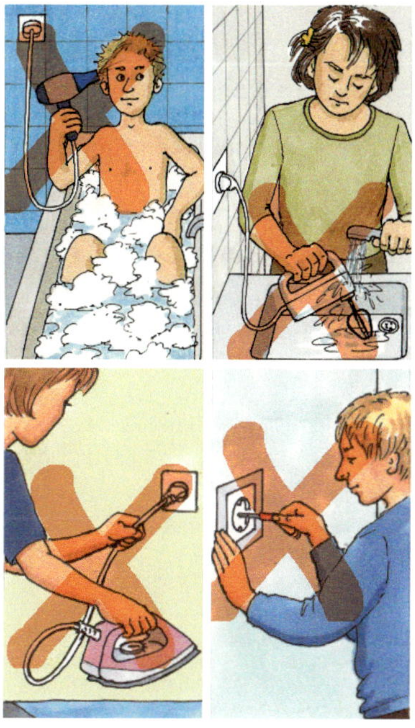

6

Wir bauen einen Haartrockner nach

- Viele von euch benutzen einen Haartrockner fast täglich. Was macht eigentlich ein Haartrockner?
- Funktionen des Haartrockners: Wenn der linke Schalter am Griff betätigt wird, bläst der Haartrockner kalte Luft. Wenn zusätzlich der rechte Schalter betätigt wird, strömt warme Luft aus dem Gerät. Der Haartrockner schaltet automatisch ab, wenn er zu lange sehr nahe an die Haare gehalten wird. Das soll verhindern, dass das Gerät zu heiß wird.

1 *Haartrockner*

2 *Schalter*

Experimentieren

Weil das Basteln an Elektrogeräten lebensgefährlich ist, darf der Haartrockner nicht geöffnet werden.
Ihr könnt aber seine verschiedenen Funktionen untersuchen und nachbauen.

1 Der Haartrockner bläst kalte Luft Diese Funktion kannst du leicht nachbauen. Dazu brauchst du einen Schalter, eine Batterie und einen Motor mit Propeller. Prüfe deine Ventilatorschaltung. Zeichne den Schaltplan. ▸3

2 Der Haartrockner erzeugt Wärme Von vorne siehst du im Haartrockner eine Drahtwendel. Sie wird durch die Elektrizität zum Glühen gebracht.

a Wickle 50 cm Konstantandraht (0,2 mm dick) um eine Stricknadel. Ziehe die Nadel heraus – fertig ist die Heizwendel. ▸4
Schließe die Wendel an ein Netzgerät an. ▸5 Drehe den Regler langsam höher und fühle, wie warm sie wird. *Vorsicht: Verbrenne dich nicht an der Wendel!*

b Auch Glühlampen besitzen eine Drahtwendel und erzeugen viel Wärme. Schau sie dir mit der Lupe genau an.

3 Jetzt bläst er kalt oder warm

a Benutze statt der „Heizspirale" eine Glühlampe. Der Haartrockner soll bei Bedarf zusätzlich warme Luft abgeben (d. h., die Lampe soll leuchten).
Du musst die Ventilatorschaltung durch die Lampe und einen Schalter ergänzen. Überlege dir die Schaltung und zeichne den Schaltplan. ▸6

b Die Funktionsweise der Schaltung beschreibst du am besten in einer Tabelle. ▸7 Übertrage die Tabelle in dein Heft, ergänze sie und prüfe die Schaltung.

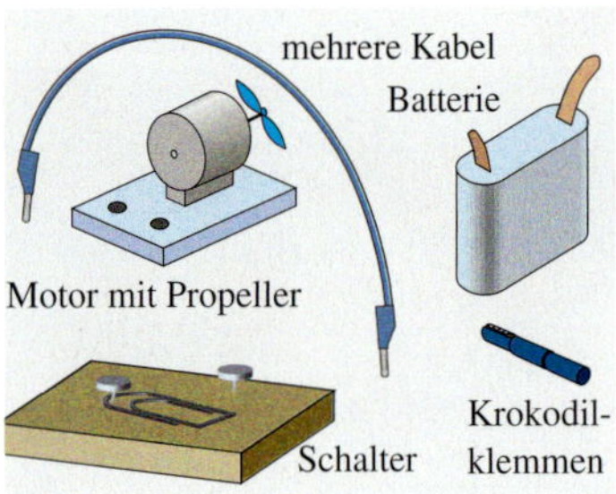

3

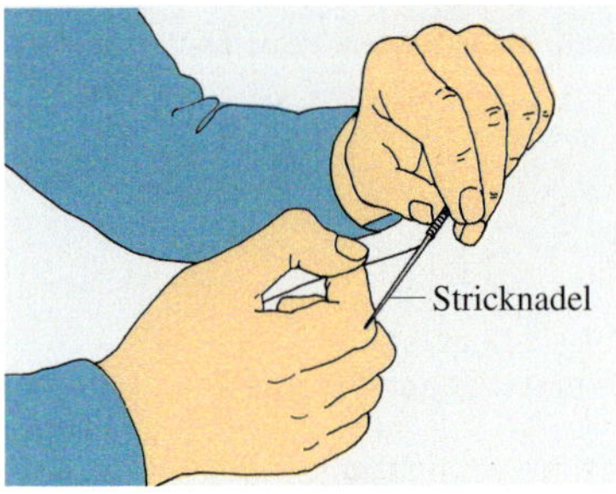

4 *Herstellen einer Wendel*

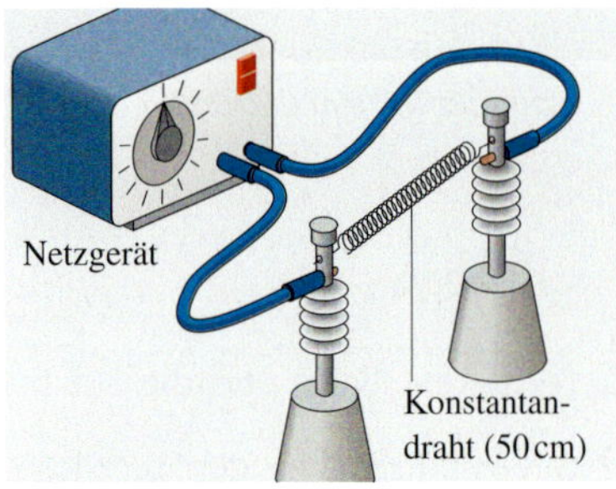

5 *Einfache Heizspirale*

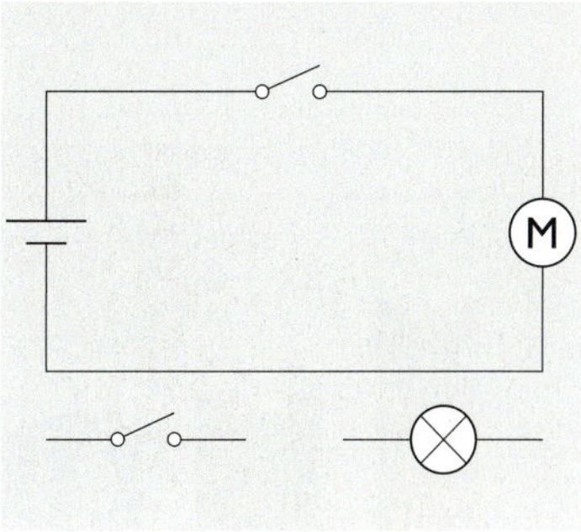

6 *Haartrocknerschaltung*

Was wird gemacht?		**Was passiert?**	
Schalter Gebläse	Schalter Heizung	Gebläse (Motor)	Heizung (Lampe)
aus	aus	aus	aus
aus	ein	aus	?
ein	aus	?	?
ein	ein	?	?

7 *Funktionstabelle*

4*Der Hitzeschutz Wenn es im Gehäuse zu heiß wird, schaltet sich der Haartrockner ab. Das Abschalten übernimmt ein *Bimetallstreifen*. ▸8 Wenn der Streifen heiß wird, biegt er sich nach oben und unterbricht den Stromkreis. Beim Abkühlen wird er wieder gerade und schließt den Stromkreis.
Baue einen solchen *Bimetallschalter* so in deine „Haartrocknerschaltung“ ein, dass er bei Überhitzung alles ausschaltet.

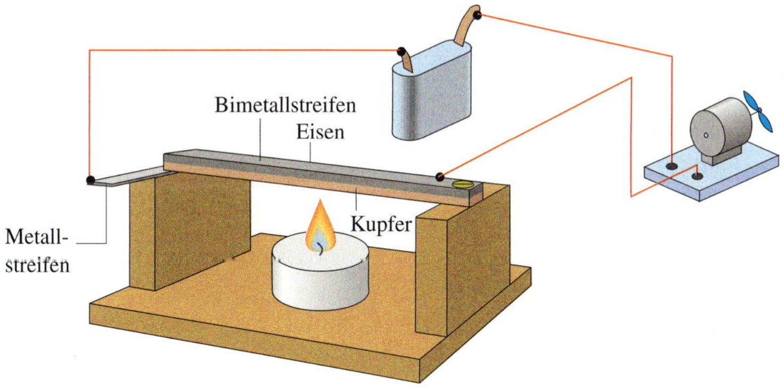

8 *Bimetallschalter*

5*Der Haartrockner bläst viel oder wenig Luft Beim Haartrockner kannst du einstellen, ob viel oder wenig Luft ausströmt. Versuche diese Funktion mit zwei Batterien nachzubauen. ▸9
Wie kannst du die Motorgeschwindigkeit verändern? Wie müssen die Batterien geschaltet sein, damit der Motor schneller läuft? Zeichne den Schaltplan.

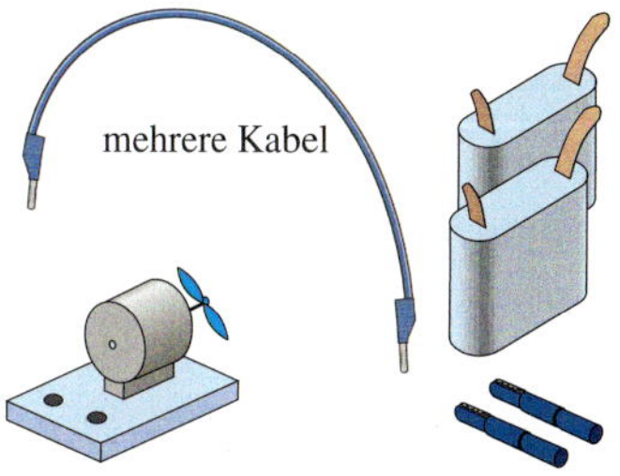

9 *Wie läuft der Motor besonders schnell?*

6*Für Tüftler: Der „Stufenschalter“ Ein Umschalter kann in zwei „Stufen“ schalten. ▸10
Wie müssen zwei Batterien, ein Motor und der Schalter verbunden werden, damit der Motor einmal langsam und einmal schnell läuft? Probiere deine Schaltung aus.

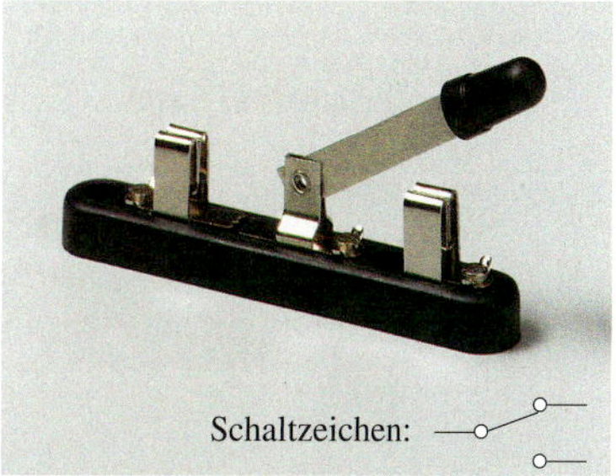

10 *Umschalter*

7*Euer Haartrockner zu Hause Vielleicht funktioniert euer Haartrockner zu Hause anders. Besitzt er Schalter, Taster oder Stufenschalter?
a Notiere die verschiedenen Funktionen in einer Tabelle.
b Entwickle eine Modellschaltung zu deinem Haartrockner.
c Baue die Schaltung auf und kontrolliere sie mithilfe der Funktionstabelle.

Elektrische Geräte benötigen Energie

▷ Alle elektrischen Geräte benötigen zum Betrieb Energie. Bisher haben wir zum Experimentieren immer eine Batterie oder ein Netzgerät benutzt.

▷ Es gibt noch weitere Möglichkeiten, einen Stromkreis mit Energie zu versorgen. Du kannst Sonnenenergie oder die Energie deines Körpers nutzen.

1 *Batterien und Akkus*

2 *Solarzellen*

3 *Dynamo*

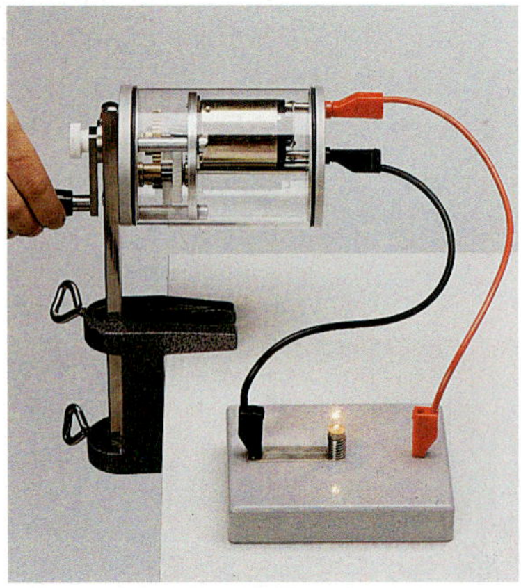

4 *Tischgenerator*

Experimentieren

1 Elektrische Energie von Hand betreiben Mit dem Tischgenerator kannst du wie mit einem Fahrraddynamo elektrische Geräte betreiben. ▸4

a Drehe die Kurbel des Generators, ohne eine Lampe anzuschließen.

b Schließe eine Experimentierlampe an. Drehe unterschiedlich schnell und achte auf die Helligkeit.

c Schließe eine Scheinwerferlampe vom Auto an.

d Verbinde die Anschlüsse des Generators mit einem Experimentierkabel. Beschreibe den Unterschied, den du spürst. Hast du eine Erklärung dafür?

2 Eine Batterie selber bauen Eine einfache „Batterie" kannst du leicht selbst bauen. ▸5

a Probiere die „Batterie" mit einem kleinen Elektromotor aus.

b Wenn deine Batterie keine Energie mehr liefert, schaue dir einmal die Metallplatten an. Säubere sie mit Schleifpapier und baue den Stromkreis erneut auf.

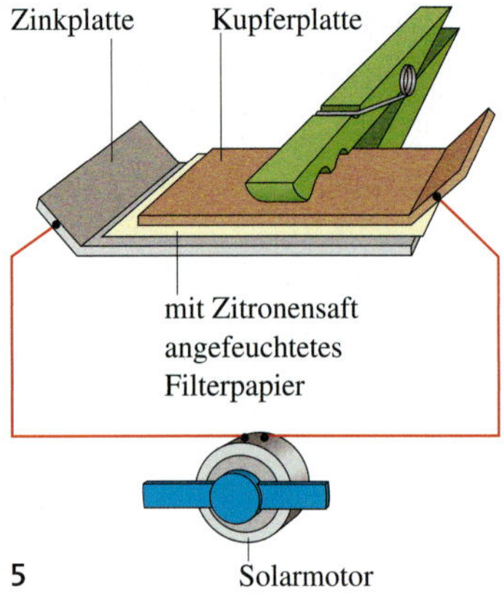

5

3 Energie aus Sonnenlicht? Mit Solarzellen kannst du das Sonnenlicht nutzen und deine Elektrogeräte kostenlos mit Energie versorgen. ▸6 Zum Experimentieren benutzen wir *Solarmodule*, die aus mehreren Solarzellen bestehen.

a Schließe eine kleine Glühlampe an ein Solarmodul an. Sie soll möglichst hell leuchten. Untersuche, wie du das erreichst. Schreibe ein Protokoll deiner Untersuchung.

b Prüfe mit einer Leuchtdiode, wo Plus- und Minuspol der Solarzelle sind.

c Schalte mehrere Solarzellen zusammen. Der Pluspol der einen muss immer mit dem Minuspol der nächsten verbunden werden.

d Wie sind Solarzellen auf Hausdächern angebracht? Erkläre es mit deinen Erfahrungen aus dem Versuch.

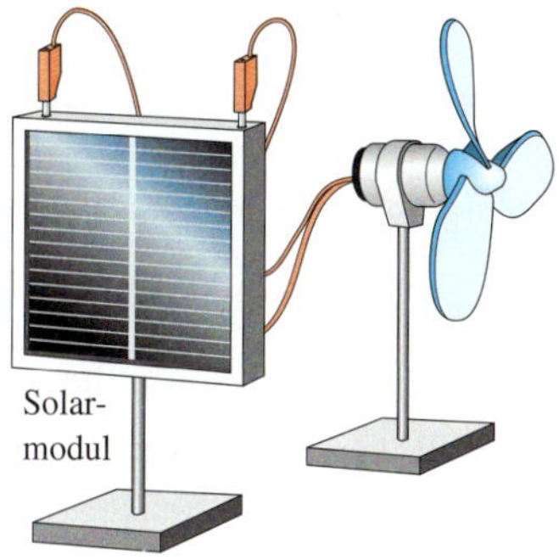

6

4 Elektrische Energie aus dem Akku Jede Batterie ist irgendwann verbraucht. ▸7 Besser ist ein Akkumulator (Akku). Wenn er keine elektrische Energie mehr liefert, kann er in einem Ladegerät „aufgeladen" werden.

a Baue einen Stromkreis mit einer Lampe und einem Akku auf.

b Überlege dir, was für den Einsatz von Akkus spricht. *Vorsicht: Niemals Batterien in ein Akkuladegerät stecken!*

7 *Verbrauchte Batterie*

Aus dem Alltag Ohne Energie läuft nichts

Nicht nur Lampen und Elektromotoren benötigen Energie, um zu funktionieren.
Auch ein Auto fährt nicht von alleine. Damit es sich in Bewegung setzt, muss man vorher tanken. Man braucht Benzin als Treibstoff. ▸8–9
Auch dein Körper benötigt zum Rennen, Werfen oder Treppensteigen einen „Treibstoff": Du musst essen. Die Nahrung liefert die Energie für deinen Körper.
In Nahrungsmitteln, im Benzin, in Batterien und im Licht steckt Energie. ▸10–11
Die Energie wird in Bewegung, in Licht oder Wärme umgewandelt. Energie ist der Treibstoff, ohne den nichts läuft.

8 *Autofahren*

9 *Energie fürs Auto*

10 *Kugelstoßen*

11 *Energie für den Sportler*

Grundlagen Woher kommt die Energie für Elektrogeräte?

Der Dynamo – ein Energiewandler Von allein leuchtet keine Lampe. Beim Fahrrad muss das Rädchen am Dynamo gedreht werden. Für die Taschenlampe brauchst du eine „volle" Batterie.

Lampen und alle elektrischen Geräte benötigen Energie. Ein Dynamo liefert sie. Dazu muss ihm Energie durch Drehen zugeführt werden. Energie, die durch einen Stromkreis übertragen wird, nennt man elektrische Energie.

Wenn viele Lampen angeschlossen sind, ist mehr Energie nötig. Du musst kräftiger drehen und so mit deinen Muskeln mehr Energie zuführen. Die Energie zum Drehen liefert dein Körper. Er erhält sie mit der Nahrung. Sowohl der Dynamo als auch dein Körper sind Energiewandler. ▸1 Auch die Glühlampe wandelt die elektrische Energie um und gibt Energie als Licht und Wärme an die Umgebung weiter.

Bei allen Energieumwandlungen entsteht auch Wärme, die nicht weiter genutzt werden kann.

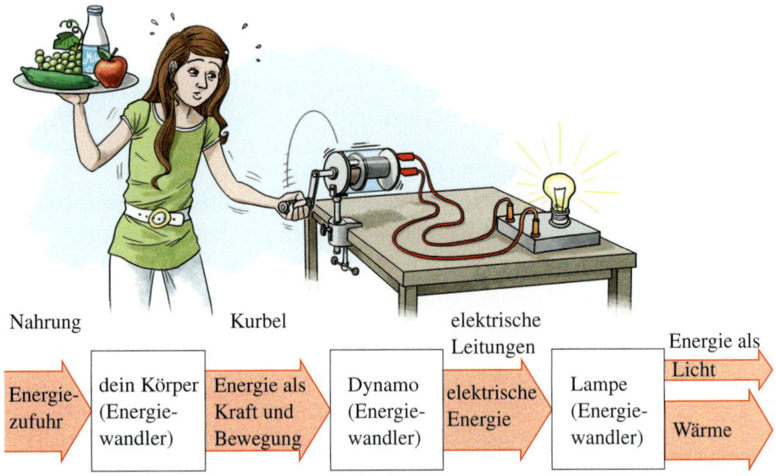

1 *Energieschema Dynamo*

Die Solarzelle – auch ein Energiewandler Wenn viel Licht auf die Solarzelle fällt, läuft ein angeschlossener Motor schnell oder eine Lampe leuchtet hell. Die elektrische Energieerzeugung mit Solarzellen ist umweltfreundlich. Es entstehen keine Schadstoffe.

Solarzellen wandeln die Energie der Sonnenstrahlung in elektrische Energie um. ▸2

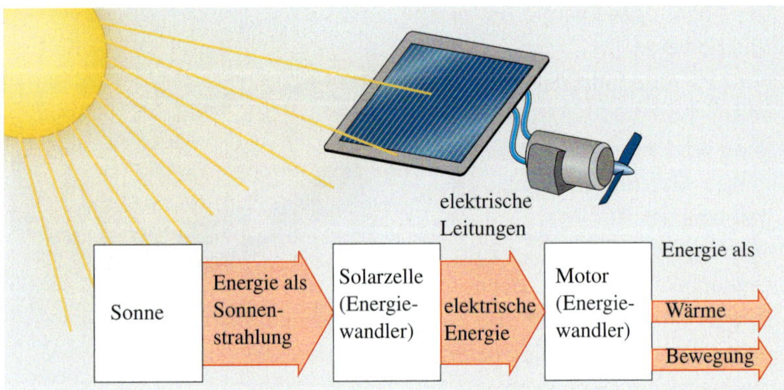

2 *Energieschema Solarzelle*

Batterie und Akku als Energiespeicher Wenn eine Batterie oder ein Akku Energie liefert, wandeln sich in ihrem Innern Stoffe um.

Batterien und Akkus haben Energie gespeichert. ▸3

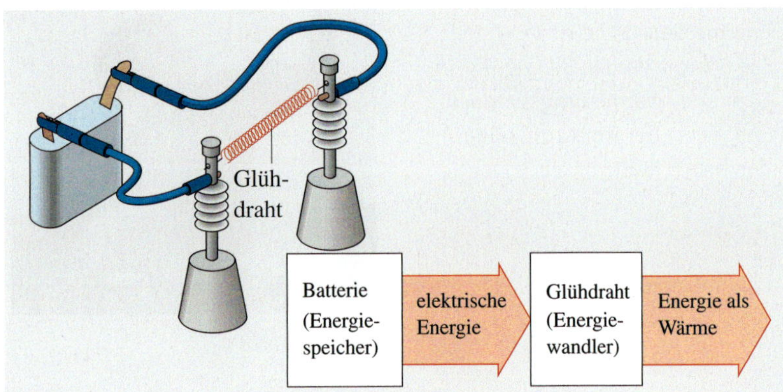

3 *Energieschema Batterie mit Heizspirale*

Aus der Technik Batterie, Akku oder Solarzelle?

Für diesen MP3-Player brauchst du eine 1,5-Volt-Batterie. ▸4 Batterien sind nur einmal zu benutzen. Du kannst auch einen 1,2-Volt-Akku einsetzen. Er ist zwar teurer als eine Batterie, dafür kannst du ihn aber viele Male wieder aufladen. Mit Akkus sparst du Geld!
In Deutschland werden jährlich 900 Millionen Batterien und Akkus verbraucht. Das sind 1000 große Lastwagen – voll beladen mit verbrauchten Batterien. Dabei sind die Autobatterien nicht mitgezählt. Batterien enthalten Schwermetalle wie Zink und Nickel, die für die Umwelt gefährlich sind. In den preiswerten Akkus steckt das giftige Schwermetall Cadmium. Batterien und Akkus müssen daher als Sondermüll entsorgt werden. Sie dürfen nicht in den Hausmüll gelangen! In den Geschäften kannst du alle Batterien und Akkus zurückgeben.
Der Umwelt kann man mit einem Akku eine ganze Menge Batterien ersparen. Wenn möglich, solltest du ganz auf Batterien und Akkus verzichten. Betreibe deine Elektrogeräte mit einem Netzteil.

Gut für die Umwelt sind auch Solarzellen. Wenn die Geräte auch im Dunkeln funktionieren sollen, müssen sie einen Akku enthalten, der am Tag von den Solarzellen geladen wird.

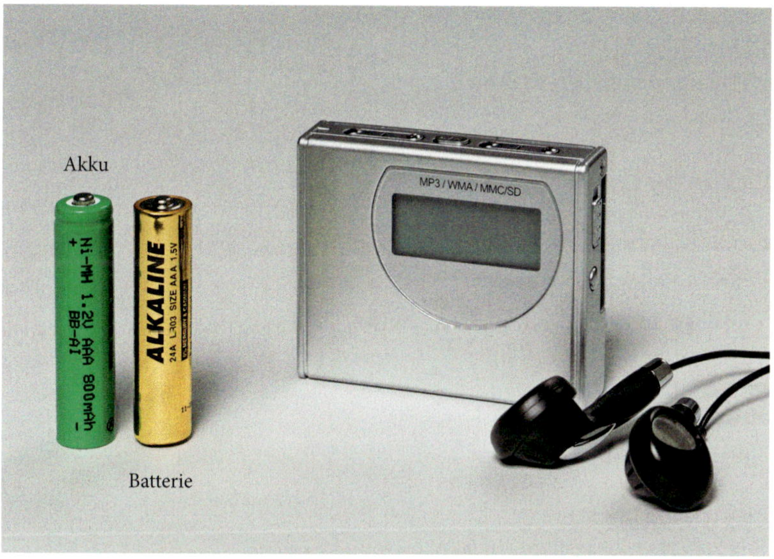

4 *MP3-Player – Batterien oder Akkus?*

Aufgaben

1 Nenne Geräte, die mithilfe der Sonne betrieben werden.

2 Erstelle ein Informationsplakat über die Nutzung von Batterien und Akkus. Gehe dabei auf Umweltprobleme ein und zeige auch Alternativen auf.

3 Frage in Geschäften nach, wie viele Batterien sie im Monat zurücknehmen. Wohin werden sie gebracht?

4 Digitalkameras sind „Batterienfresser“. Besonders ihr Bildschirm benötigt viel Energie. ▸5 Was kannst du dem Benutzer einer Digitalkamera raten? Überzeuge durch eine Aufstellung der Kosten. Gehe davon aus, dass die Kamera vier 1,5-Volt-Batterien für 50 Bilder benötigt.

5 *Bildschirm einer Digitalkamera*

Überblick

Elektrische Stromkreise

Eine Glühlampe leuchtet nur, wenn ihre beiden Kontaktstellen durch zwei Drähte an die beiden Kontakte einer Batterie oder eines Netzgeräts angeschlossen sind. Damit die Lampe leuchtet, muss der Stromkreis geschlossen sein.

Mit Schaltern und Tastern werden Geräte ein- und ausgeschaltet. Ein Taster schließt den Stromkreis, solange er gedrückt ist.

Der Fahrradscheinwerfer ist nur mit einem Kabel an den Dynamo angeschlossen. Der Stromkreis wird über den Fahrradrahmen geschlossen.

Elektrische Leiter

Alle Gegenstände aus Metall sind Leiter. Auch salzige oder saure Flüssigkeiten gehören zu den Leitern.
Lebensgefahr besteht, wenn der menschliche Körper Teil eines Stromkreises mit der Steckdose wird.

Elektrische Energie

Ein *Dynamo (Generator)* liefert elektrische Energie. Dazu muss ihm durch Drehen Energie zugeführt werden.
Eine *Solarzelle* liefert elektrische Energie, wenn sie mit Licht bestrahlt wird.
Batterien und *Akkus* haben Energie gespeichert. Wenn sie elektrische Energie liefern, wandeln sich in ihnen Stoffe um.

Elektrogeräte nehmen elektrische Energie auf und geben Energie als Licht, Wärme, Bewegung … ab.

Stromkreise sind Systeme zur Übertragung elektrischer Energie.

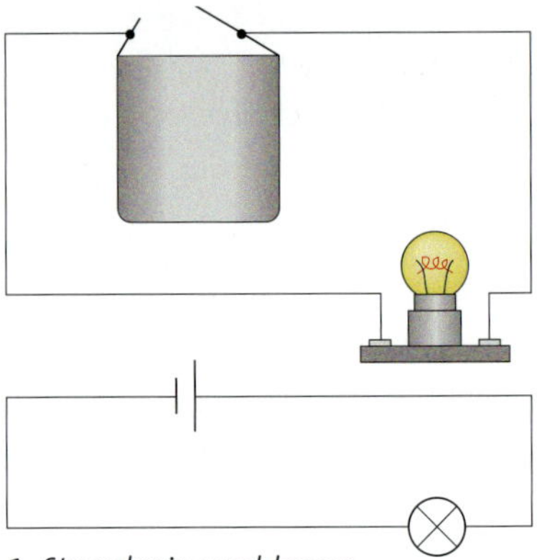

1 *Stromkreis geschlossen*

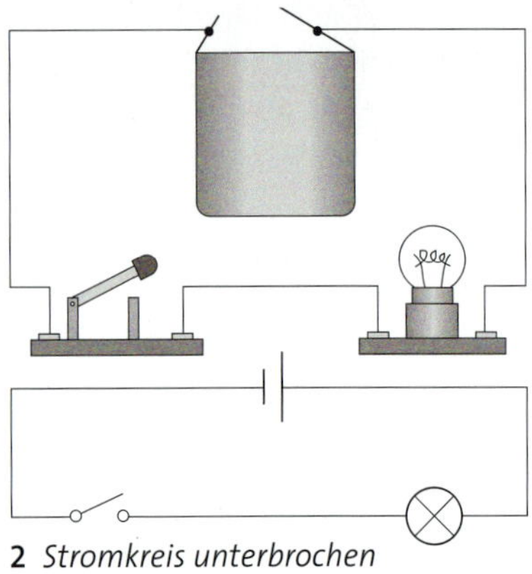

2 *Stromkreis unterbrochen*

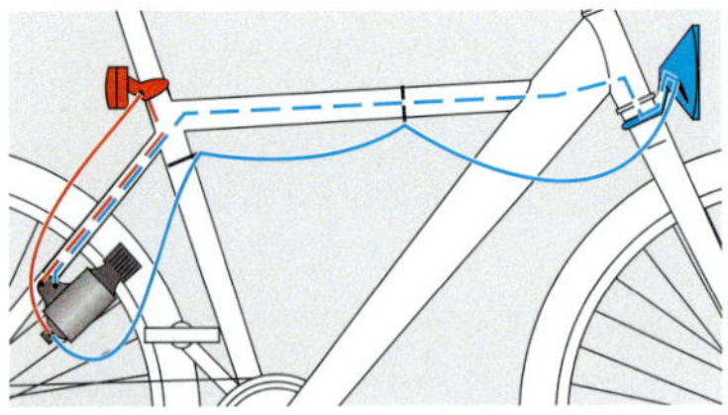

3 *Fahrradstromkreis*

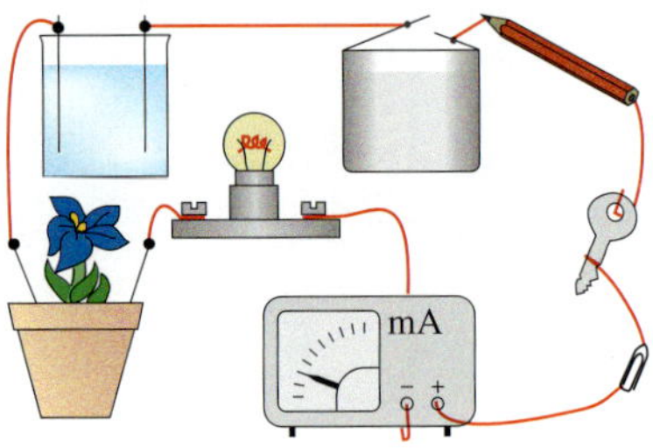

4 *Elektrische Leiter*

5

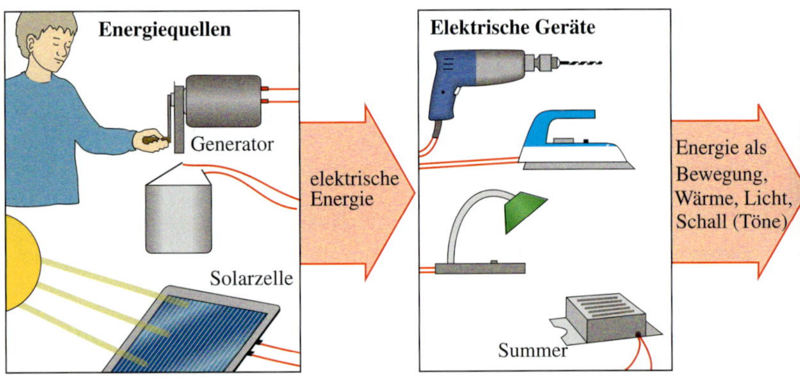

6 *Energieschema*

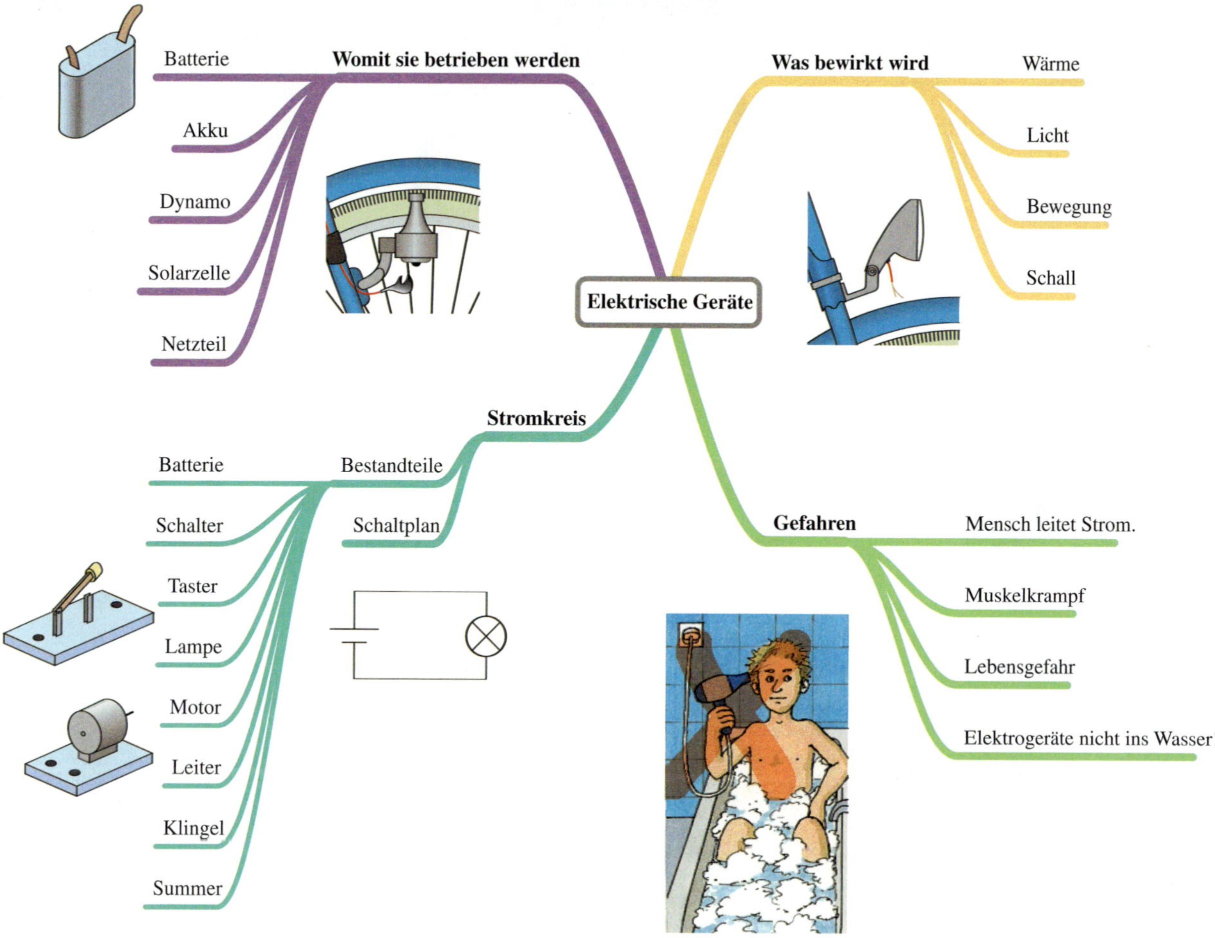

7 *Mindmap „Elektrische Energie"*

Alles klar?

1 Die Lampe in einem einfachen Stromkreis leuchtet nicht. ▸8
Nenne mögliche Gründe.

2 Das Rücklicht deines Fahrrads leuchtet nicht. Beschreibe die Schritte, wie du den Fehler suchst.

3 Der Mixer ist voller Teigspritzer und muss gereinigt werden. Gib Tipps, wie man ihn sicher säubert.

4 Stelle in einer Tabelle Vor- und Nachteile von Solarzellen als Energiequelle zusammen.

5 In einer Akkubohrmaschine wird elektrische Energie in Bewegung umgewandelt.

a Nennen Vorteile und Nachteile einer solchen Bohrmaschine.

b Aus welchen Bestandteilen ist der Stromkreis in der Bohrmaschine aufgebaut? Zeichne den Stromkreis mit Schaltsymbolen.
Tipp: Die Maschine kann an- und ausgeschaltet werden.

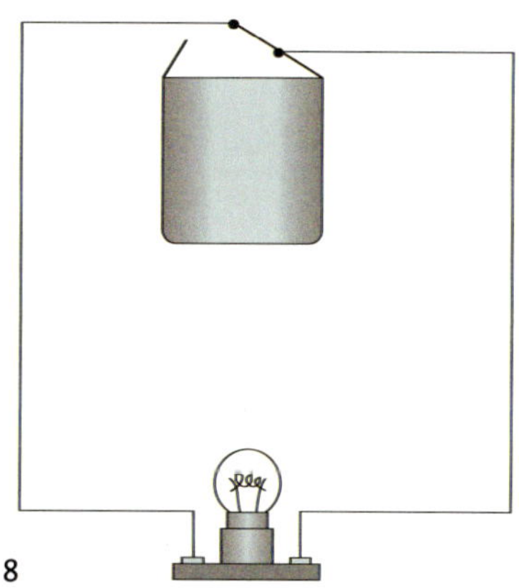

8

Steckbriefe von Magneten

▷ Hier siehst du Magnete für unterschiedliche Zwecke.

▷ Welche Eigenschaften von Magneten kennst du?

▷ Welche Eigenschaften von Magneten werden gezeigt?

1 *Magnete für unterschiedliche Zwecke*

Untersuchen Experimentieren

1 Magnete im Haushalt In jedem Haushalt gibt es eine Vielzahl von Magneten.

a Welche der gezeigten Magnete gibt es bei euch zu Hause? ▸1 Beschreibe, wozu sie benutzt werden.

b Welche weiteren Magnete findest du bei euch im Haushalt? *Tipp:* Sie können auch versteckt angebracht sein. ▸2

2 *Versteckte Magnete*

Für einen „Steckbrief“ sollt ihr die Eigenschaften eines Stabmagneten untersuchen. Die Versuchsreihe eignet sich für die Arbeit an Stationen.

2 Welche Gegenstände zieht ein Magnet an und welche nicht? Untersuche möglichst viele unterschiedliche Gegenstände mit dem Stabmagneten.

a Welche Gegenstände werden angezogen, welche nicht? ▸3–4 Überlege dir, aus welchem Material (Stoff) die Gegenstände bestehen. Trage deine Beobachtungen in eine Tabelle ein. ▸5

b Erkennst du eine Regel, welche Materialien der Magnet anzieht? Schreibe sie unter die Tabelle.

3 Zieht ein Magnet überall gleich stark an?

a Binde einen Nagel an einen Faden. Versuche die Mitte des Magneten zu treffen. ▸6 Was stellst du fest? Hast du eine Erklärung?

b Die Stellen des Magneten, an denen die Anziehungskraft am stärksten ist, heißen Magnetpole oder kurz Pole. Notiere die Anzahl und Lage der Pole.

4 Wie verhalten sich zwei Magnete, wenn sie zusammenkommen? Experimentiere mit zwei Stabmagneten auf Rollen.

a Nähere die Magnetwagen mit der gleichen Farbseite. ▸7

b Führe sie dann mit den verschiedenen Farben zusammen. ▸8

c Schreibe deine Beobachtung in einer Tabelle auf. ▸9

d Man unterscheidet Nordpol und Südpol. Bei Experimentiermagneten ist der Südpol grün und der Nordpol rot lackiert. Formuliere eine Regel, wie Nord- und Südpol sich zueinander verhalten.

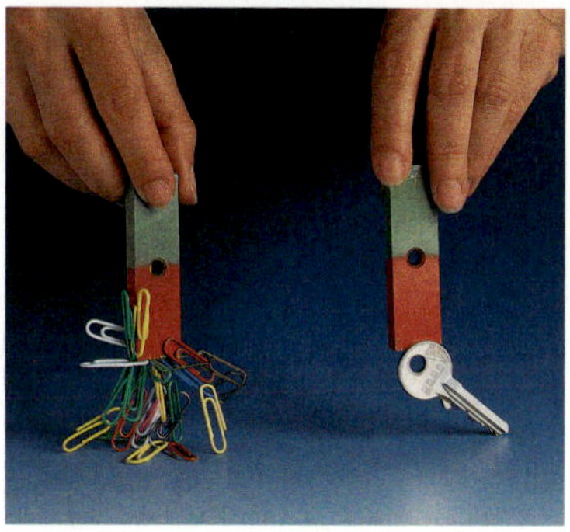

3 *Magnete ziehen manche Dinge an …*

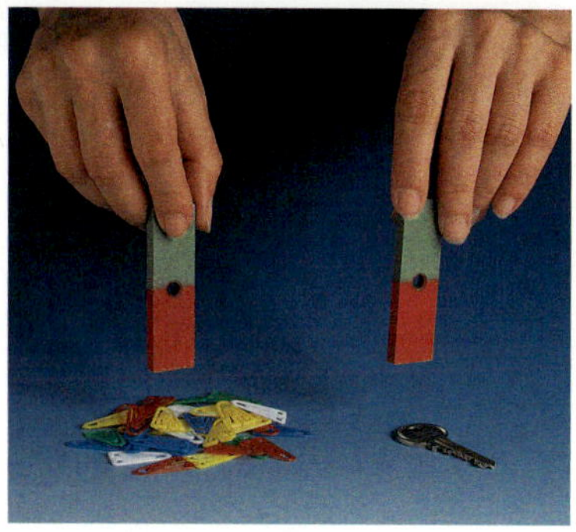

4 *… und manche nicht.*

Vom Magneten werden angezogen: Gegenstand	Material (Stoff)	Vom Magneten werden nicht angezogen: Gegenstand	Material (Stoff)
Schere	Eisen (Stahl)	Ohrring	Silber
Nagel	?	Bleistift	Holz
Büroklammer	?	Büroklammer	?
Schmuckkette	Nickel (silbrig, glänzend)	…	?

5 *Mustertabelle zu Versuch 2*

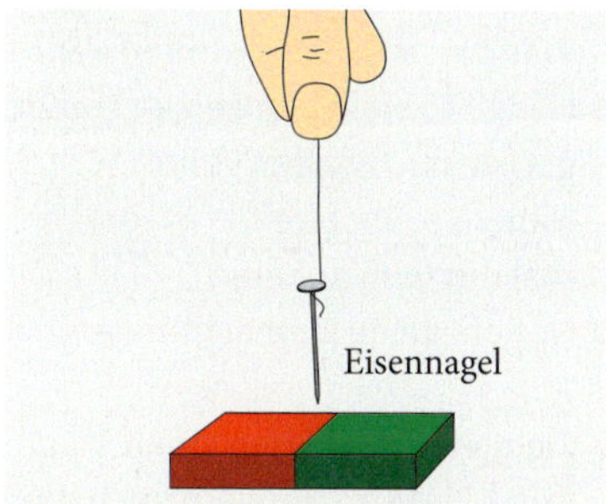

6

5* Wie verhalten sich drei Magnete zueinander? Die Skizzen zeigen Vorschläge, wie du die Frage untersuchen kannst. ▸10
Du kannst auch zwei Magnete mit den gleichen Polen zusammendrücken und mit Klebefilm zusammenfügen.
Notiere wieder genau, was du machst und was du beobachtest.

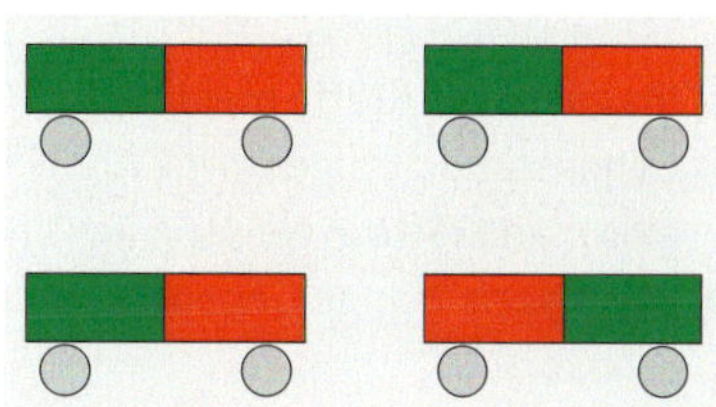

7–8

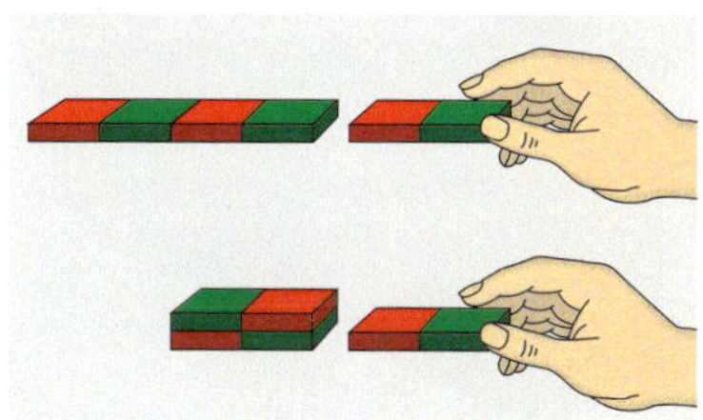

10

Was ich tue	Was ich beobachte
Die rote Magnetseite nähere ich der roten Magnetseite.	?
Die rote Magnetseite nähere ich der grünen Magnetseite.	?
Die … Magnetseite …	…

9 *Mustertabelle zu Versuch 4*

Untersuchen Experimentieren

1 Steckbriefe von Magneten

a Die untersuchten Eigenschaften des Stabmagneten könnt ihr in einem Plakat zusammentragen und in der Klasse ausstellen. ▸6

b* Erstellt Steckbriefe für Scheiben-, Bügel- und Hufeisenmagnete.

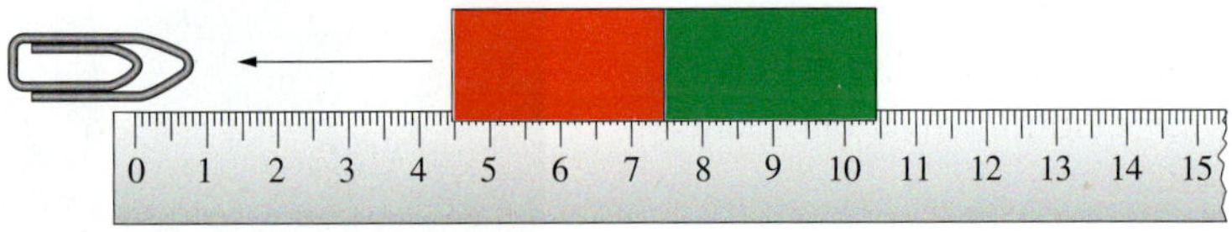

1

2 Wie weit reicht die magnetische Wirkung? Ein Magnet wirkt aus der Ferne auf Gegenstände aus Eisen. Untersuche, wie weit die erkennbare Wirkung des Magneten reicht.
Lege eine Büroklammer oder einen kleinen Nagel aus Eisen an den Nullpunkt deines Lineals. Schiebe den Magneten langsam auf den Gegenstand zu. Notiere den Abstand, bei dem sich der Gegenstand bewegt. ▸1

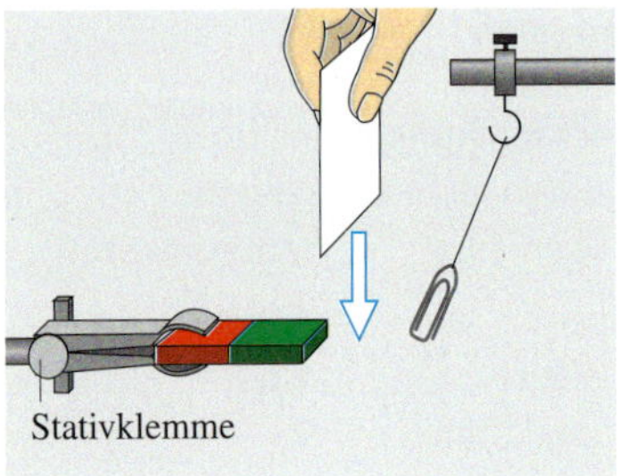

2

3 Wirkt ein Magnet durch Dinge hindurch? ▸2

a Schiebe flache Gegenstände aus verschiedenen Materialien zwischen Magnet und Büroklammer (z.B. Papier, Holz, Aluminium, Eisen). Hält der Magnet die Büroklammer immer?

b Protokolliere deine Beobachtung in einer Tabelle.

c Durch welche Stoffe wirkt der Magnet nicht hindurch? Vielleicht hast du eine Erklärung.

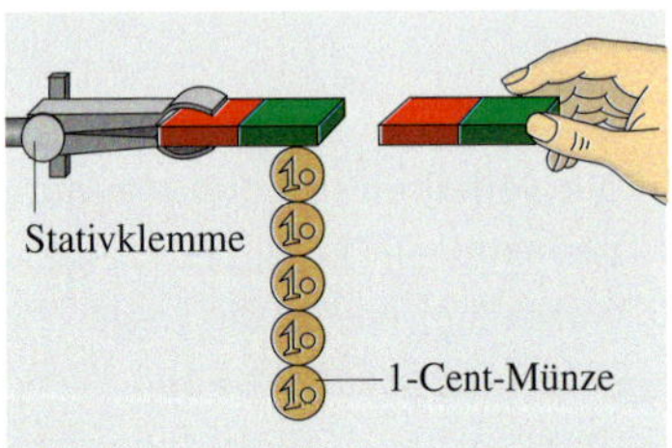

3

4* Wie wird die magnetische Wirkung durch einen anderen Magneten verändert? Ein Magnet kann eine ganze Reihe von 1-Cent-Münzen halten. Was passiert, wenn ein zweiter Magnet in seine Nähe kommt? ▸3

a Hänge so viele Münzen an einem Pol untereinander, wie der Magnet gerade noch halten kann.
Nähere einen zweiten Magneten mal mit dem gleichen Magnetpol und mal mit dem anderen.

b Notiere deine Beobachtungen. Findest du eine Erklärung?

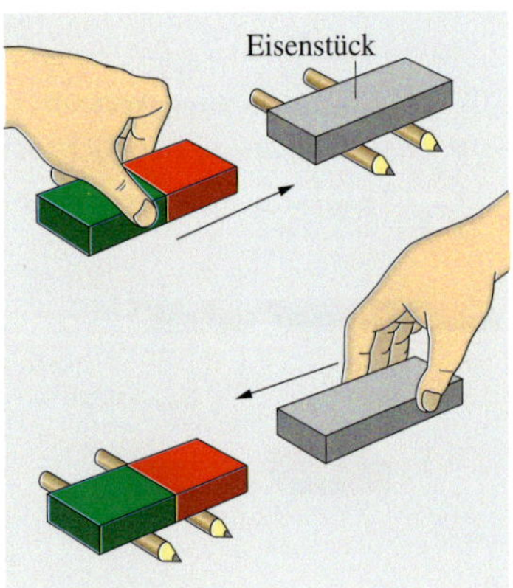

4

5* Zieht ein Stück Eisen einen Magneten an? „Nicht nur der Magnet zieht ein Stück Eisen an, sondern auch das Eisen zieht den Magneten an."
Ob diese Aussage stimmt, soll hier überprüft werden. ▸4
Schreibe deine Beobachtungen auf und gib eine Antwort.

6* Magnetische Kräfte messen Ein Kraftmesser zeigt an, wie stark an einem Gegenstand gezogen wird. Ähnlich wie man Längen in Metern (1 m) misst, gibt man Kräfte in Newton an (1 N).

a *Vorversuch:* Hänge Gegenstände an einen Kraftmesser: Schreibetui, Tafel Schokolade ...

b Ermittle, wie stark ein Magnet Gegenstände aus Eisen festhält. Ziehe langsam und gleichmäßig. ▸5 Notiere die Kraft, bei der der Nagel vom Magneten abreißt.

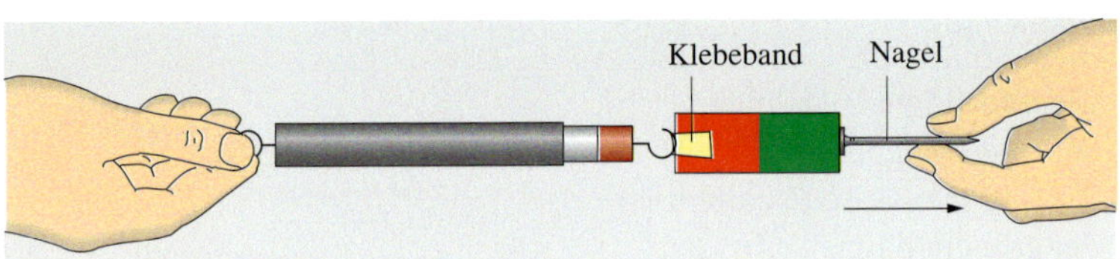

5

Gegenstand	Kraft, mit der ihn der Magnet hält
Nagel	? N
Büroklammer	? N

Grundlagen Die Eigenschaften von Magneten

Magnete können dir bei der Suche nach bestimmten Stoffen helfen.

Ein Magnet zieht nur Eisen und Stahl stark an. Nickel zieht er schwach an.

Die Stellen eines Magneten, an denen die magnetische Wirkung am größten ist, heißen Pole.

Jeder Magnet besitzt zwei Pole, einen Nord- und einen Südpol. Nordpole stoßen einander ab, ebenso Südpole. Nord- und Südpol von zwei Magneten ziehen einander an.

Steckbrief Stabmagnet

Eigenschaften:

- *Er zieht Gegenstände aus Eisen und Nickel an und wird selbst auch von ihnen angezogen.*
- *An den Enden ist er am stärksten. Die Enden heißen Pole.*

Südpol = grün  *Nordpol = rot*

- *Wenn er auf einen anderen Magneten trifft und sich gleiche Pole begegnen, geht er ihm aus dem Weg.*

- *Es zieht ihn zu dem anderen hin, wenn unterschiedliche Pole aufeinandertreffen.*

- *Seine anziehende Wirkung reicht über einige Zentimeter. Sie durchdringt fast alle Materialien – außer Eisen und Nickel.*

6 *Steckbrief Stabmagnet*

Aufgaben

7 *Figur, die sich bewegt*

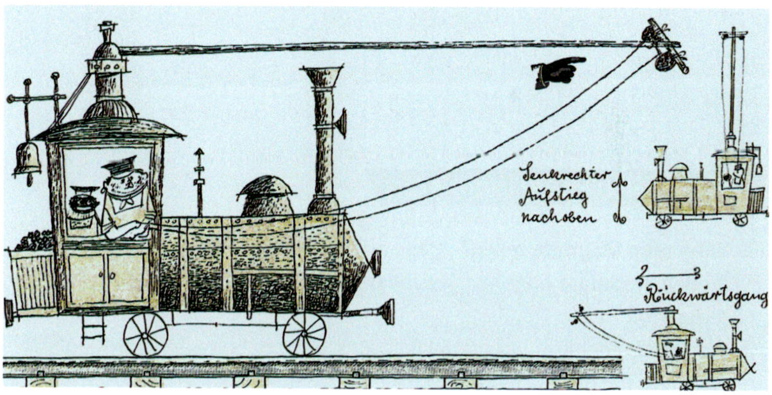

8 *Erfindung – Magnetantrieb für Lokomotive*

1 Wie bewegt sich die Figur auf dem Karton. ▸7 Erkläre das Kunststück.

2 Baue ein Geschicklichkeitsspiel, bei dem ein Modellauto aus Eisen durch eine Rennstrecke auf einem Karton geführt wird.

3 Die Einzelteile eines Fahrrads bestehen aus verschiedenen Materialien. Wie könntest du die Eisen- oder Stahlteile herausfinden? Beschreibe das Vorgehen. Notiere die Ergebnisse in einer Tabelle.

4 Im Buch *Jim Knopf und die Wilde 13* beschreibt *Michael Ende* eine geniale Erfindung: Von einem Magnetberg nehmen Jim und Lukas zwei Brocken mit. Sie bauen daraus einen Magnetmotor für ihre Lok. ▸8 Wie soll der Antrieb funktionieren? Ob es wohl klappt? Beschreibe einen Versuch, mit dem du diese Frage überprüfen kannst.

5* Überprüfe die Eigenschaften von Haushaltsmagneten. Wo sind Nord- und Südpol? Wie weit reicht die Wirkung? ... Fertige ein Protokoll an.

Gegenstand	Material
Lenker	Stahl
Rahmen	?
Sattel	?
Sattelstütze	?
Schutzblech	?
Klingel	?
Felge	?
Speiche	?
Rücklicht	?
Scheinwerfer	?
Pedal	?
Kette	?
...	?

Modelle helfen verstehen

- ▷ Was passiert, wenn man einen Magneten teilt? Erhält man einen Nord- und einen Südpol? Sind die Teile selbst magnetisch? Haben sie Nord- und Südpol? ▸1–2
Was vermutet ihr?
- ▷ Wie stellt ihr euch den Aufbau eines Magneten vor?

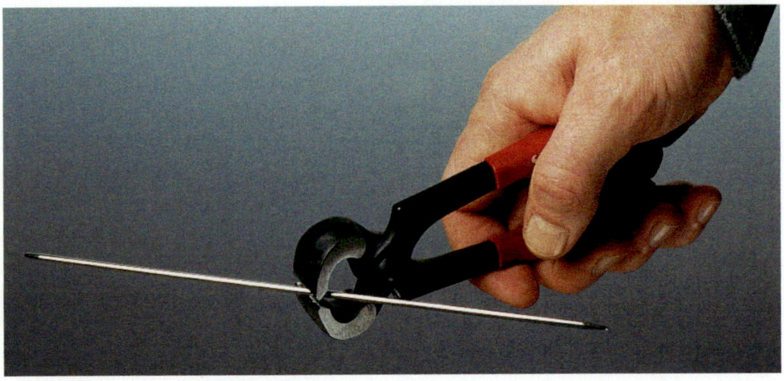

1 *Ein Magnet wird zerteilt.*

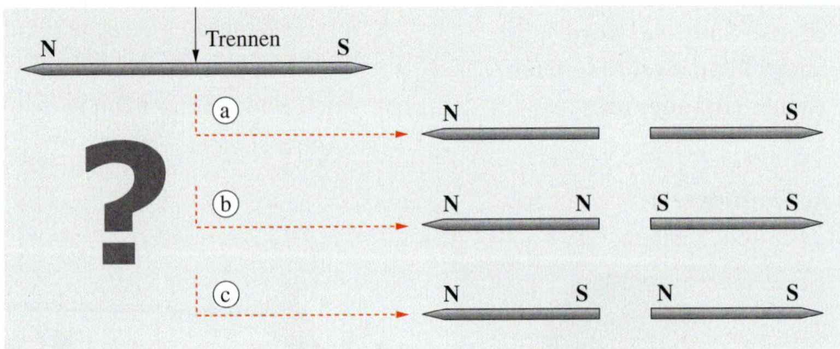

2

Untersuchen Experimentieren

1 Kann man Magnete teilen? Stelle aus einer (Stahl-)Stricknadel einen langen Stabmagneten her. Bestreiche die Nadel dazu mit einem Dauermagneten.

a Stelle mit einer Kompassnadel fest, an welchem Ende der Nord- und an welchem der Südpol liegt.

b Teile mit einer Kneifzange die magnetisierte Nadel in zwei gleiche Teile. Sind die Nadelteile noch immer magnetisch?

c Teile ein magnetisiertes Nadelteil noch einmal. Sind die Teile magnetisch?

2 Kann man Magnete zerstören? Magnetisiere einen Eisennagel.

a Prüfe seine Magnetwirkung. Wie viele Büroklammern hält der magnetische Nagel?

b Wirf den Nagel nun mehrfach kräftig auf einen harten Fußboden oder schlage mit dem Hammer auf den Nagel. ▸3 Untersuche dann wieder seine magnetische Wirkung. Was stellst du fest?

3 Zerstört Feuer einen Magneten? Mache wieder aus einem Eisennagel einen Magneten.

a Prüfe die Wirkung des hergestellten Magneten.

b Halte den magnetischen Nagel mit einer Zange 3 Minuten in eine Flamme. ▸4 Kontrolliere dann wieder seine magnetische Wirkung. Was stellst du fest?

3 *Magnet wird erschüttert.*

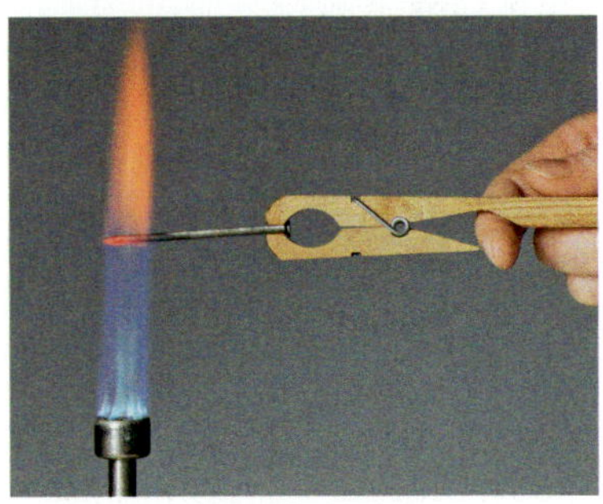

4 *Magnet wird erhitzt (Benutzung des Brenners s. „Methode: Der Gasbrenner").*

Methode Wie wir uns den Aufbau von Magneten vorstellen

In den Versuchen hast du einige neue Eigenschaften von Magneten kennengelernt:

1. Beim Teilen eines Magneten erhältst du zwei neue vollständige Magnete mit jeweils zwei Polen. Wenn du einen dieser geteilten Magnete weiter teilst, entstehen wieder zwei neue Magnete. Diese Teilung könntest du immer weiter fortsetzen. Du erhältst immer kleinere Magnete.
2. Die magnetische Wirkung lässt sich durch kräftige Schläge oder durch Hitze schwächen und ganz zerstören.

Um den Magnetismus zu verstehen, haben sich Physiker eine Vorstellung vom inneren Aufbau eines Magneten ausgedacht. Solche *Modelle* werden entwickelt, damit man Beobachtungen erklären kann.

Für Magnete haben Naturwissenschaftler folgendes Modell erfunden: Sie stellen sich vor, dass jeder Magnet aus ganz vielen winzig kleinen magnetischen Bereichen besteht. Jeder dieser Minimagnete hat einen Nord- und einen Südpol. ▸5

Nach dieser Modellverstellung ist klar: Beim Teilen eines Magneten erhält man stets zwei neue Magnete. Auch unmagnetisches Eisen besteht aus vielen solcher kleinsten Magneten. Diese sind aber normalerweise ganz ungeordnet und schwächen sich in ihrer Wirkung gegenseitig ab. Nach außen bemerkt man daher keine magnetische Wirkung. ▸6

Streichst du mit einem Dauermagneten über Eisen, so werden seine Minimagnete geordnet und es entsteht ein Magnet mit zwei Polen. Diese Ordnung kannst du mit kräftigen Schlägen oder Hitze wieder zerstören.

Ein Spiel hilft verstehen Jeder Schüler der Klasse spielt einen kleinen Magneten des Modells. Dafür wird auf die linke Handfläche ein N für Nordpol und auf die rechte ein S für Südpol geschrieben. Mit ausgebreiteten Armen bewegt ihr euch nun frei im Klassenraum. Auf ein Signal des Lehrers haltet ihr an. Welchen Zustand des Modells zeigt nun eure Klasse? ▸7

Nun stellt ihr euch in Zweierreihen mit ausgestreckten Armen so auf, dass die Partner ihre Südpolhände in gleiche Richtung und die Nachbargruppe ihre Nordpolhände daran halten usw. Nun seid ihr ein großer Magnet, den man an jeder Stelle teilen kann. Hitze oder Schläge zerstören die Ordnung: Ihr bewegt euch wieder frei im Raum.

5 *Modellvorstellung eines Magneten*

6 *Vorstellung von unmagnetisiertem Eisen*

7 *Das Modell als Spiel*

Das Magnetfeld

▷ Wohin wird die magnetisierte Nadel wohl schwimmen, wenn sie losgelassen wird?

▷ *Tipp:* Wenn das Becken auf einem Tageslichtprojektor steht, kann man die Wege der Nadel auf einem Blatt Papier abbilden und mit einem Stift nachzeichnen.

1

Untersuchen Experimentieren

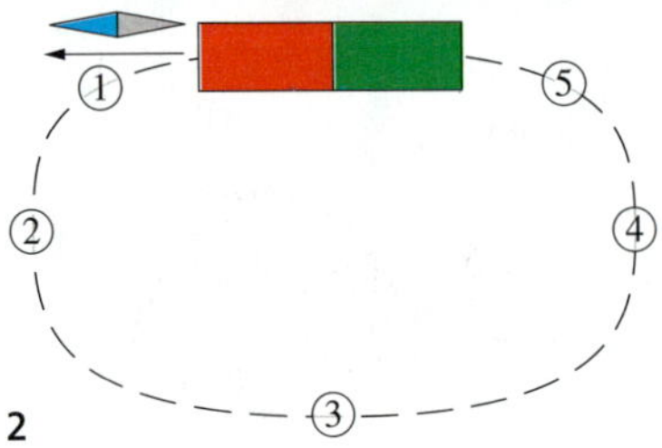

2

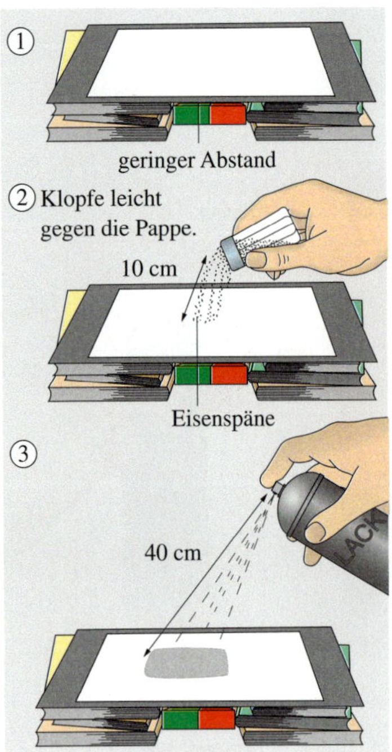

3

1 Magnetnadel in der Nähe eines Stabmagneten So kannst du eine „Karte" von der magnetischen Wirkung eines Stabmagneten anfertigen: ▸2
Lege einen Stabmagneten auf ein Blatt Zeichenpapier. Stelle eine Magnetnadel an verschiedenen Stellen auf das Papier. Beginne an einem der Pole. Bestimme an allen Punkten, die du dir ausgesucht hast, die Richtung, in die der Nordpol der Magnetnadel zeigt. Zeichne die Richtung als Pfeil auf das Papier.

2 Eisenpulver in der Nähe eines Stabmagneten Untersuche die Umgebung eines Magneten mithilfe von grobem Eisenpulver. *Du brauchst:* Stabmagnet, Stück Pappe, Blatt Papier, 2 Bücher, grobes Eisenpulver („Eisenspäne") im Salzstreuer, Haarspray oder Lack aus der Sprühdose.

a Lege den Magneten unter die Pappe und das Papier. ▸3 Streue dann dünn und gleichmäßig Eisenpulver auf das Papier.

b Wiederhole den Versuch mit einem Pol. ▸4

c Lege zwei Magnete unter die Pappe, die einander einmal abstoßen und einmal anziehen. ▸4

4

Grundlagen Magnetfelder und Feldlinien

Eine schwimmende magnetische Nadel setzt sich – wie von einer unsichtbaren Hand geführt – in Bewegung. ▸5 Diese „unsichtbare Hand“ gehört zum Magneten auf der Außenseite des Beckens. Ein Magnet ist nämlich – genau genommen – nicht schon dort zu Ende, wo sein Metall aufhört. Um den Magneten herum befindet sich das *Magnetfeld*.

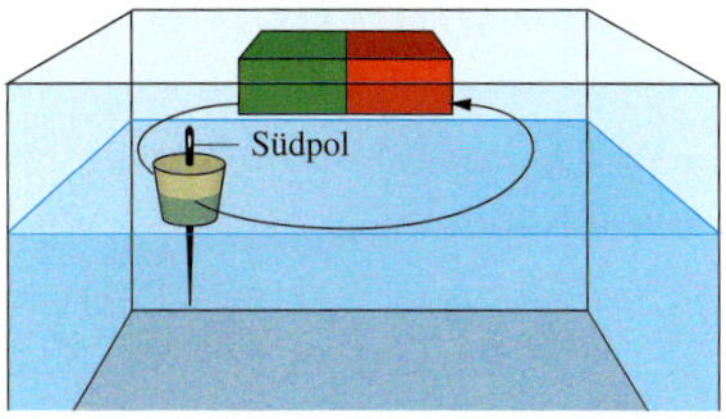

5

Jeder Magnet hat um sich herum ein Magnetfeld, in dem man magnetische Wirkungen feststellt.

Im Magnetfeld schwimmt die Nadel in weitem Bogen von einem Pol des Magneten zum anderen. Die bogenförmige Linie, auf der sich die Nadel bewegt, bezeichnet man als *Feldlinie*. ▸5

Feldlinien sind gedachte Linien in der Nähe eines Magneten, die seine Wirkung beschreiben.

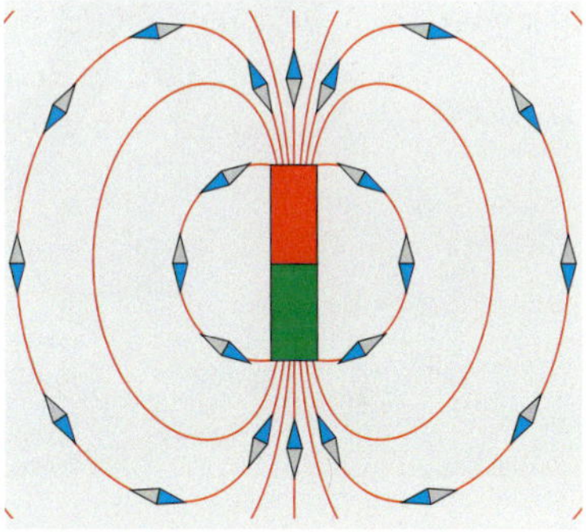
6 *Stabmagnet und Feldlinien*

Eine Magnetnadel stellt sich stets in Richtung der Feldlinie ein. Wenn man die Richtung der Magnetnadel in vielen Punkten aufzeichnet, erhält man einen Eindruck vom Magnetfeld. ▸6 In der Umgebung des Magneten kann man durch jeden Punkt eine Feldlinie zeichnen. Um ein Magnetfeld darzustellen, zeichnet man aber immer nur wenige Feldlinien.
Man kann auch mithilfe von grobem Eisenpulver Feldlinienbilder erzeugen. Die Anordnung der Eisenspäne auf dem Papier entspricht dabei dem Verlauf der Feldlinien.
Das Magnetfeld ist nicht eben wie ein Getreidefeld. Es befindet sich überall im Raum um den Magneten herum (also auch ober und unterhalb des Magneten). In dem Würfel ▸7 zeigen Eisenspäne diesen „magnetischen Raum“ an.

7 *„Magnetischer Raum“*

Aufgaben

1 Eisenpulver zeigt, wie die Feldlinien zwischen den Polen von je zwei Stabmagneten verlaufen. ▸8–9 Welches Magnetpaar stößt sich gegenseitig ab und welches zieht sich an? ▸4

2 Was ist in dem freien Raum zwischen den einzelnen Feldlinien? ▸6
Ist dort keine magnetische Wirkung vorhanden?
Was musst du tun, um deine Antwort im Versuch zu bestätigen?

3 Wenn sich in der Nähe eines Magneten viele Kompassnadeln befinden, bekommen sie eine bestimmte Ordnung. ▸10 Wie sieht sie wohl bei einem Stabmagneten aus? Und wie bei zwei Stabmagneten, die sich anziehen? Fertige zwei Zeichnungen an.

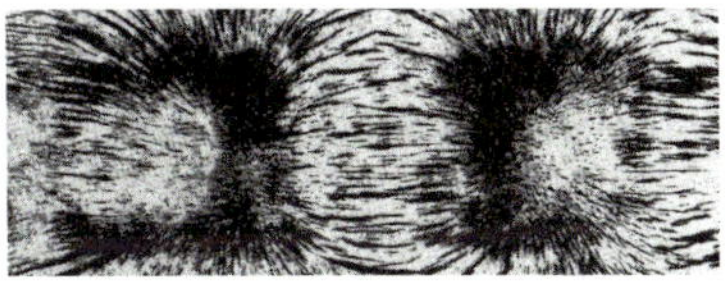
8

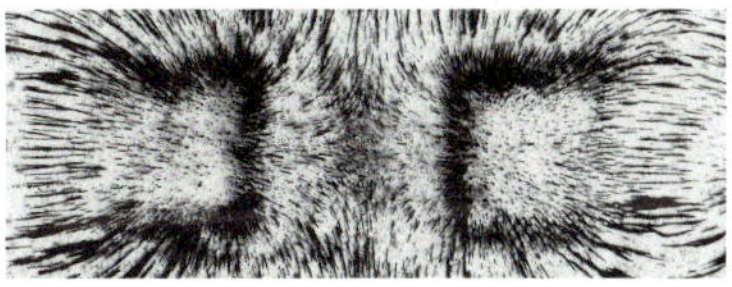
9

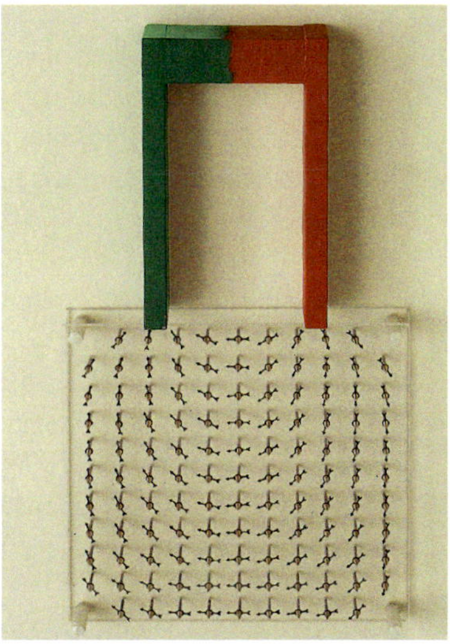
10

Mehr zum Thema: Mit dem Kompass die Richtung finden

▷ Was ist ein Kompass?
Wie funktioniert er?

1

Untersuchen Experimentieren

1 Bauanleitung: MEIKO – der selbst gebaute Kompass Diesen Kompass gibt es nicht zu kaufen. Du musst ihn selber bauen und kannst dann sagen: „Das ist MEIKO (MEIn KOmpass)." ▸2

Du brauchst:
1 Stabmagnet, 5 mm dick, 15 mm lang (aus dem Elektronikgeschäft)
2 Dachpappenägel aus Eisen, 2 mm dick und 20 mm lang
1 Holzbrettchen, 80 mm · 80 mm, 10 mm dick
1 Kupferdraht, 20 cm lang, 1,5 mm Durchmesser
1 Stückchen Nähgarn oder -seide
1 Windrose ▸3

a Übertrage die Windrose auf ein Blatt Papier und ergänze die Himmelsrichtungen.
b Schneide deine Windrose aus und klebe sie auf das Brett. Die Haupthimmelsrichtungen sollen auf die Mitte der Kanten zeigen.
c Bohre in einer Ecke des Bretts ein Loch. Der Draht soll gerade hineinpassen. Biege ihn zu einer Aufhängung.
d Knote um den Stabmagneten genau in der Mitte einen Faden Nähgarn.
e Hänge den Magneten so auf, dass er 1 cm über der Windrose kreisen kann.
f Setze auf die Pole des Magneten je einen Nagel. Der Stabmagnet wird so zur Kompassnadel.
g Wenn sich die Kompassnadel nicht frei drehen kann, musst du den Kupferdraht zurechtbiegen. Falls sie nicht waagerecht hängt, verschiebst du den Knoten am Magneten. Wenn der Magnet richtig hängt, klebst du den Knoten mit Klebstoff fest.
h In der Nähe darf sich kein Gegenstand aus Eisen oder Stahl befinden. Die eine Nagelspitze zeigt dann dorthin, wo mittags die Sonne steht. Sie ist der Südpol der Kompassnadel. Die andere Spitze ist der Nordpol. Färbe sie blau (mit Folienstift).

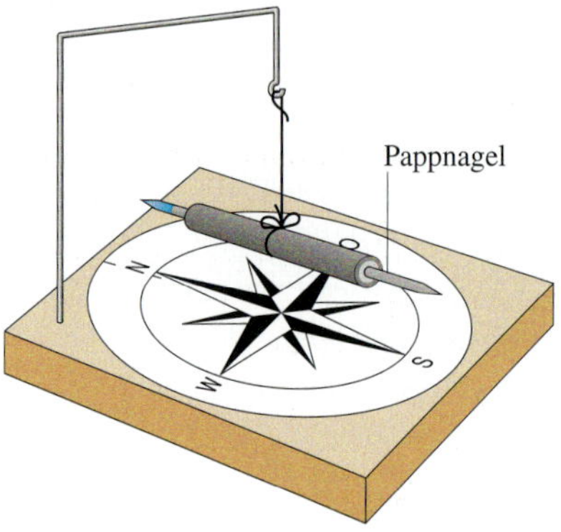

2 *Kompass zum Selberbauen*

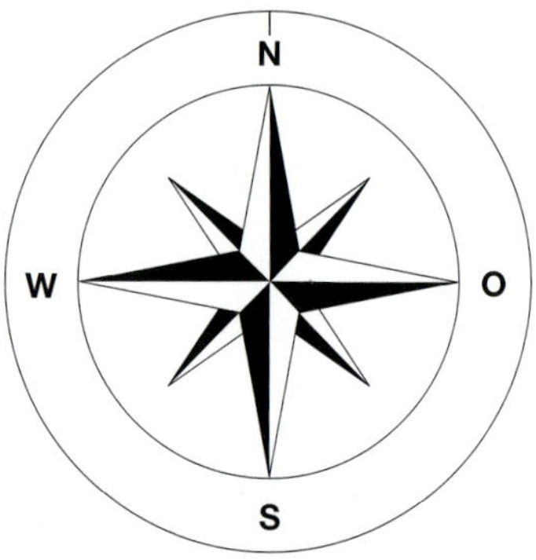

3 *Zeichenvorlage Windrose*

2 Die schwimmende Magnetnadel als Kompass ▸4

a Streiche mit einem Pol eines Magneten über eine Nähnadel – immer in gleicher Richtung. Stich die magnetisierte Nadel durch einen Schraubverschluss (oder eine Korkscheibe) hindurch.

b Lass den Schraubverschluss mit der Kompassnadel auf dem Wasser schwimmen. *Tipp:* Mit ein wenig Spülmittel im Wasser schwimmt der Verschluss nicht immer zum Rand hin.
Welche Lage nimmt die Kompassnadel ein? Was geschieht, wenn du die Nadel verdrehst?
Zum Schluss kannst du noch eine Windrose aufkleben.

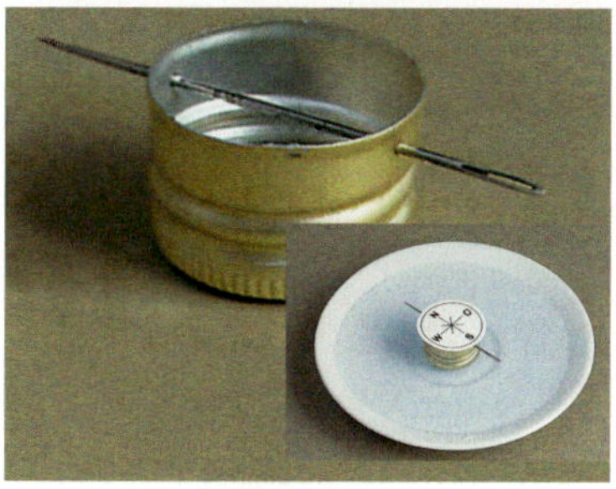

4

Aus Umwelt und Technik: Wie ein Kompass funktioniert

Früher glaubte man, dass der Kompass sich nach dem Nordstern ausrichtet. Heute weiß man: Die Erde ist ein Magnet mit einem Nord- und einem Südpol. Auch eine Kompassnadel ist ein Magnet. Im magnetischen Feld der Erde wird sie ausgerichtet.

Benutzung des Kompasses Ein moderner Kompass besteht aus einer drehbaren Kompassnadel und einer Windrose mit den Himmelsrichtungen. ▸5 Die Kompassnadel ist ein leichter Stabmagnet und hat am Nordpol eine blaue Spitze.
Der Nordpol der Kompassnadel weist nach Norden. Das N (Nord) der Windrose muss unter ihm liegen. Dazu drehst du einfach die Windrose. Die anderen Himmelsrichtungen kannst du dann ablesen.

Lage der Magnetpole der Erde Ein Magnetpol der Erde liegt hoch im Norden Kanadas. ▸6 Er fällt also nicht mit dem geografischen Nordpol zusammen. Auch der Magnetpol im Süden der Erde liegt einige Hundert Kilometer vom geografischen Südpol entfernt.
Weil der Magnetpol im Norden der Erde nicht am geografischen Nordpol liegt, zeigt die Kompassnadel nicht genau nach Norden. Diese *Missweisung* verändert sich von Jahr zu Jahr geringfügig. Sie beträgt derzeit in Deutschland zwischen 1 und 3 Grad.
Man hat festgelegt, dass die nach Norden zeigende Spitze der Kompassnadel ein magnetischer Nordpol ist. Magnetische Nordpole werden von magnetischen Südpolen angezogen (und umgekehrt). Der Magnetpol im Norden Kanadas ist also physikalisch gesehen ein magnetischer Südpol.

5 *Wanderkompass*

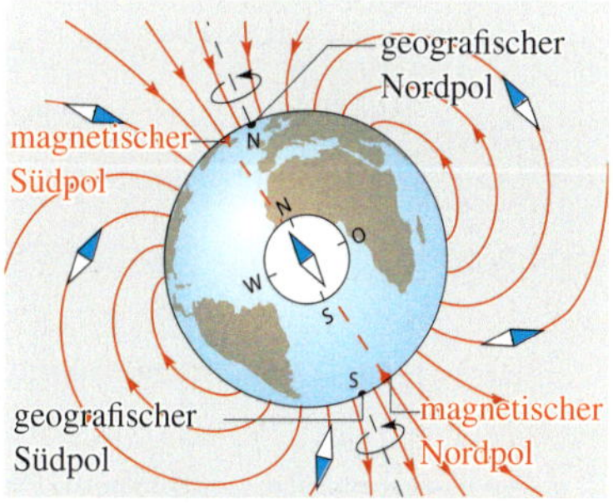

6 *Magnetfelder und Pole der Erde*

Aufgaben

1 Erkläre, wie ein Kompass funktioniert.

2 Die Kompassnadel des Wanderkompasses hat an ihrem Nordpol eine blaue Spitze und eine Leuchtmarke. ▸5

a Zu welchem Magnetpol der Erde zeigt die blaue Spitze?

b Wo liegt der angezeigte Magnetpol der Erde?

3* Die Missweisung ist in Grönland größer als am Bodensee. Erkläre den Unterschied mithilfe eines Globus oder einer Weltkarte.

4* Auf U-Booten, großen Schiffen, in Flugzeugen und auch im Auto wird ein normaler Kompass nicht richtig die Nord-Süd-Richtung anzeigen. Wie erklärst du dir das?

Aus der Umwelt – Magnete helfen bei der Orientierung

Erste Kompasse

Wahrscheinlich haben die Chinesen schon vor über 2000 Jahren Magnete zur Richtungsanzeige benutzt. Einen richtigen Kompass haben sie vor über 1000 Jahren erfunden.
In einem Buch aus dem Jahr 1085 heißt es: *Wenn Zauberer die nördliche Richtung suchen, greifen sie zu einer Nadel, reiben sie an einem Magnetstein und hängen sie an einem Faden auf. Dann zeigt die Nadel nach Norden.* ▸1
In einem Bericht aus Frankreich aus dem Jahr 1250 ist zu lesen: *Die Matrosen legen eine magnetisierte Nadel auf zwei Strohhalme, die im Wasser schwimmen. Die Nadel wendet sich in Nord-Süd-Richtung. Die Nadel dreht sich zum Polarstern und hilft so den Seeleuten.*
Auch der Seefahrer Kolumbus glaubte noch im Jahr 1495, dass die Kompassnadel vom Polarstern am Nordhimmel angezogen wird.

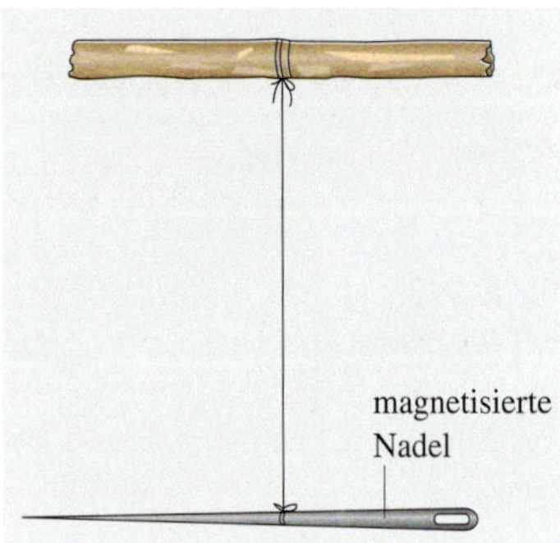

1 *Einfacher Kompass*

Tiere mit Magnetsinn

In einer unbekannten Gegend benötigst du eine Wanderkarte. Zur Orientierung musst du sie mit der Oberseite nach Norden ausrichten. Ein Kompass hilft dir dabei.
Brieftauben werden oft Hunderte von Kilometern weit verschickt. ▸2 Sie finden meist ohne große Mühe zum heimatlichen Schlag zurück. Woher kennen sie die Flugrichtung?
Brieftauben besitzen einen „eingebauten Kompass". In ihrem oberen Schnabel fanden Forscher ganz winzige Magnete. Mithilfe dieser kleinen Magnete können die Tiere die Magnetpole der Erde zur Orientierung nutzen. Brieftauben und manche Zugvögel haben ein magnetisches Sinnesorgan.

2 *Ringeltaube*

Biologen vermuten, dass sich auch Meeresschildkröten nach den Magnetpolen der Erde richten. ▸3
Nachdem sie zum Beispiel in Florida aus dem Ei geschlüpft sind, robben sie vom warmen Strand ins Wasser. Dann schwimmen sie mit dem Golfstrom durch den Atlantik. Bei der Inselgruppe der Azoren verlassen sie den Golfstrom und biegen nach Süden ab. Viele Jahre verbringen sie in den Gewässern vor Afrika. Hier finden sie reiche Nahrung.
Wenn die Schildkröten erwachsen sind, schwimmen sie Tausende Kilometer zurück nach Florida. Sie gehen zur Eiablage dort an Land, wo sie selbst geschlüpft sind. Geleitet werden sie vermutlich durch einen magnetischen Sinn. Auch der Geschmack des „Schlüpfwassers" spielt wohl eine Rolle.

3 *Meeresschildkröte*

Aufgabe

1 Wie finden Brieftauben zielsicher in ihren Heimatort zurück?

Mit Kompass und Karte wandern

Mit einem Kompass und einer genauen Landkarte findest du immer zum Ziel. ▸4 Dazu musst du wissen, wie der Kompass benutzt wird.

Zunächst musst du die Karte einnorden. Dazu stellst du den Kompass so auf die Karte, dass die Nordrichtung der Windrose zum oberen Kartenrand zeigt. ▸5 Drehe dann die Karte zusammen mit dem Kompass so lange, bis die blaue Nadelspitze genau über der Nordmarke der Windrose liegt. Nun zeigt der obere Blattrand der Karte nach Norden und die Himmelsrichtungen der Karte stimmen mit denen der Landschaft überein. Ein Weg hat somit auf der Karte die gleiche Richtung wie im Gelände.

Bestimme nun die Richtung und den Weg zu deinem Ziel. Dazu musst du deinen Standort kennen. Suche einen markanten Punkt, der auf der Wanderkarte eingezeichnet ist. Straßen, Wasserläufe, Berggipfel oder Täler bieten sich dazu an. Zeichne von deinem Standort auf der Karte aus eine Linie zu deinem Zielort. Lege dann deinen Kompass auf diese Linie. Die Kompassnadel muss weiterhin nach Norden zeigen. Nun kannst du an der Windrose deine Wegrichtung ablesen. ▸6

Im dargestellten Beispiel müsstest du dich hauptsächlich in östlicher Richtung (und etwas nach Süden) bewegen. Suche dir einen Pfad, der in diese Richtung führt.

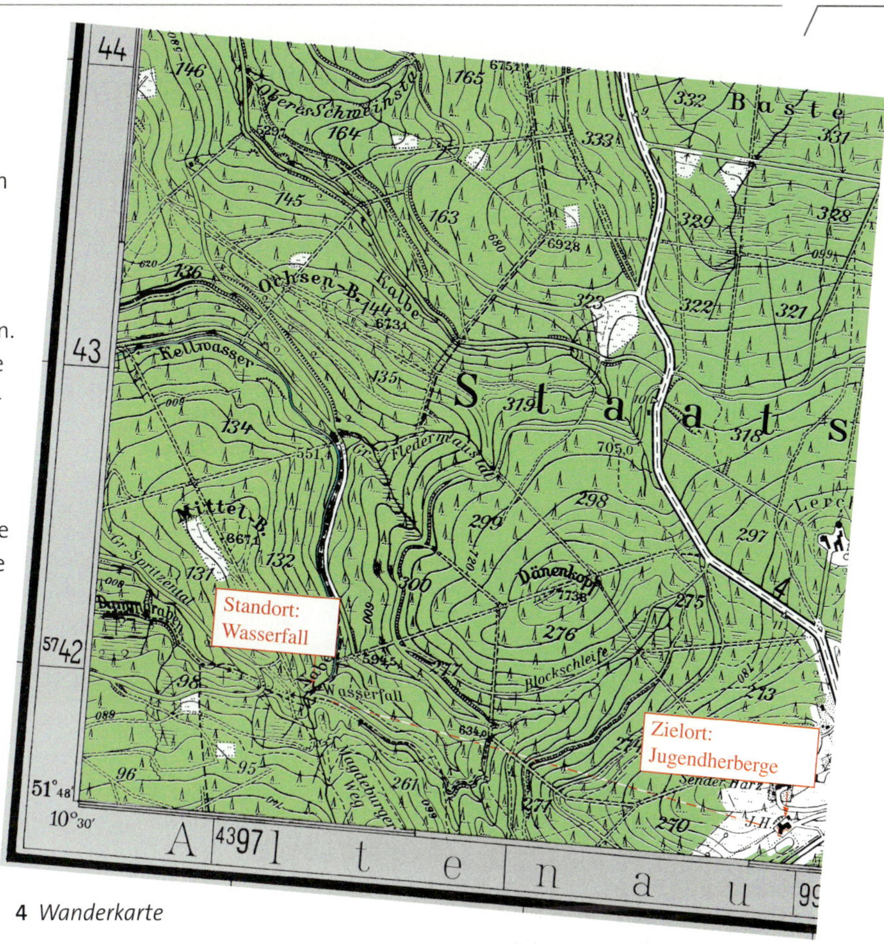

4 *Wanderkarte*

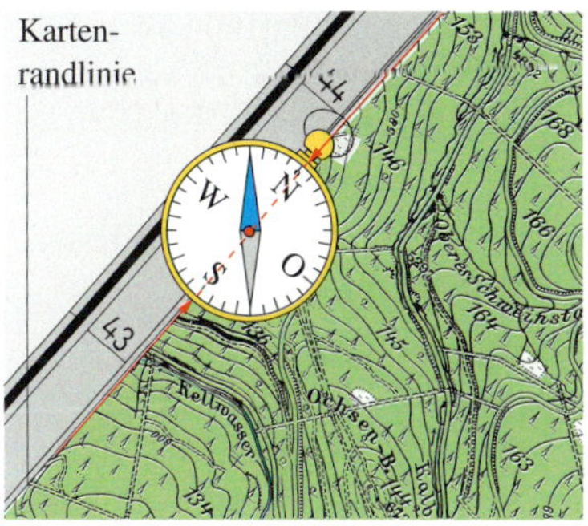

5 *Aufgelegter Kompass*

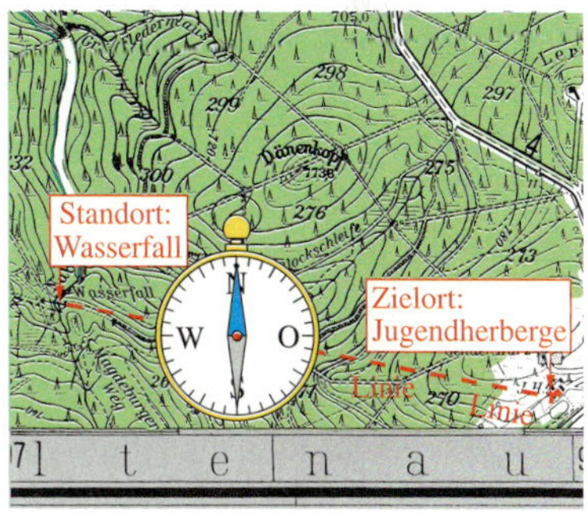

6 *Eingenordete Karte*

Aufgaben

1 Besorge dir eine Karte deines Wohnorts, auf dem die Schule eingezeichnet ist. Beschreibe einen Weg in der Form: 150 m nach NO, 50 m nach NW, 100 m nach S ... Lass deine Tischnachbarn das Ziel bestimmen. Beachte den Kartenmaßstab.

2 Gehe zu einer markanten Stelle in deinem Wohnort, zum Beispiel zur Kirche, zum Marktplatz oder zum Rathaus. Du darfst von dort die Schule nicht sehen. Bestimme mit Ortsplan und Kompass die Wegrichtung zu deiner Schule.

3 Bestimme die Himmelsrichtung, in der ein Baum oder ein Haus liegt, die du vom Fenster aus siehst.

Ein besonderer Magnet – der Elektromagnet

▷ Ein Elektromagnet ist kein Magnet wie jeder andere …

1–2 *Elektromagnet für Eisenschrott*

Untersuchen Experimentieren

1 Baue einen Elektromagneten Wickle 15 m lackierten Kupferdraht (0,3 mm Durchmesser) auf eine Eisenschraube. An den Drahtenden musst du die Isolierung entfernen. ▸3
Schließe den Elektromagneten immer nur kurz an die Batterie an, sonst ist sie bald leer.

a Untersuche, welche Materialien der Elektromagnet anzieht.
b Prüfe, ob die Eisenschraube zum Magneten geworden ist.
c Ist die Drahtwicklung allein schon ein Magnet? Zur Überprüfung dieser Frage kann ein Kompass helfen.

2 Welche Eigenschaften hat ein Elektromagnet? Ein starker Elektromagnet besteht aus einer Spule mit vielen Windungen und einem Eisenkern. Deine Untersuchungen kannst du z. B. mit Büroklammern, Nägeln oder Reißnägeln durchführen. ▸4

a Führe eine Versuchsreihe zu den Eigenschaften von Elektromagneten durch. Protokolliere jeweils deine Versuche. Notiere immer die Untersuchungsfrage, skizziere den Versuch und beschreibe deine Beobachtung.
b Trage die Ergebnisse in einem „Steckbrief" des Elektromagneten zusammen. ▸5

3 Hat ein Elektromagnet Pole?

a Plane einen Versuch, mit dem du herausfinden kannst, ob ein Elektromagnet einen Nord- und einen Südpol hat.
b Prüfe in einem Versuch, wo Nord- und Südpol eines Elektromagneten liegen. Vertausche die Anschlüsse an der Batterie oder am Netzgerät und prüfe wieder.

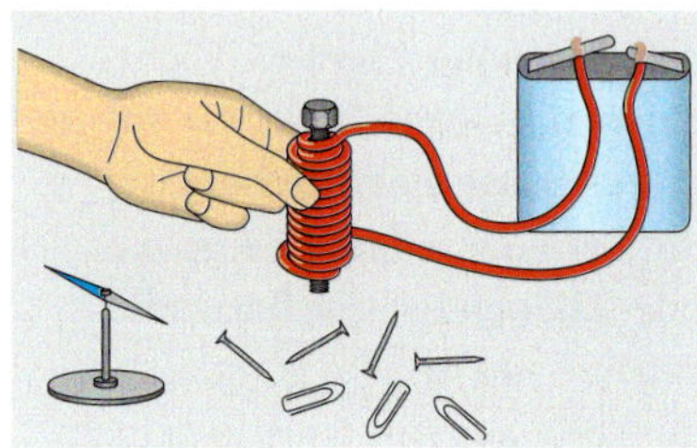

3

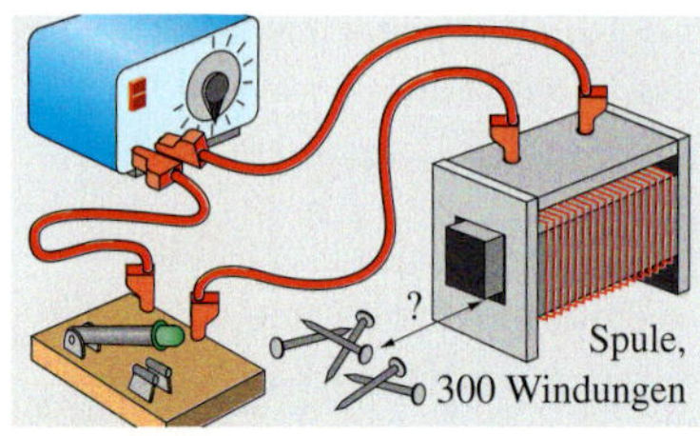

4

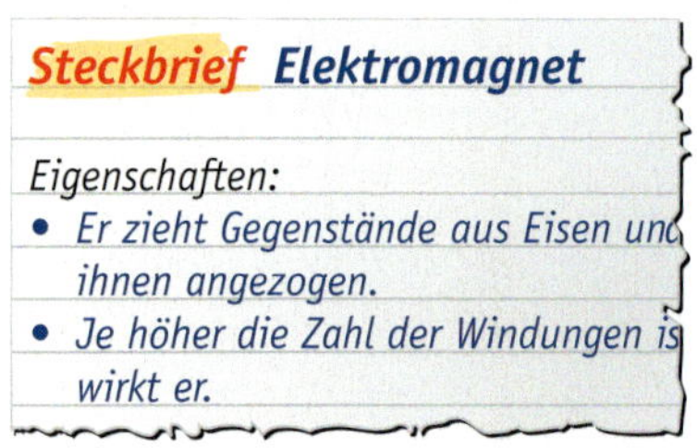

5

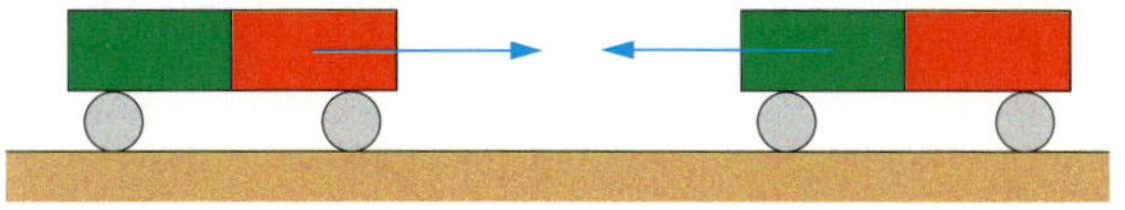

6

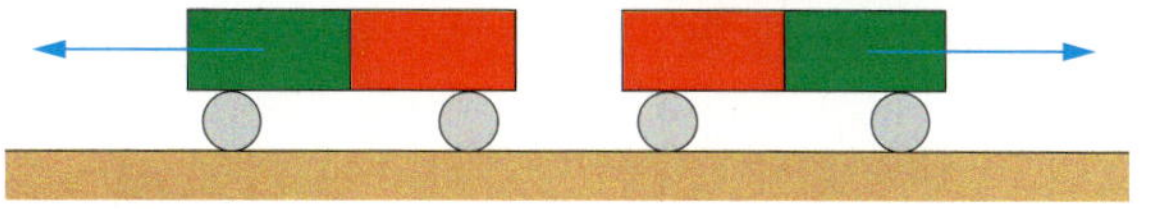

7

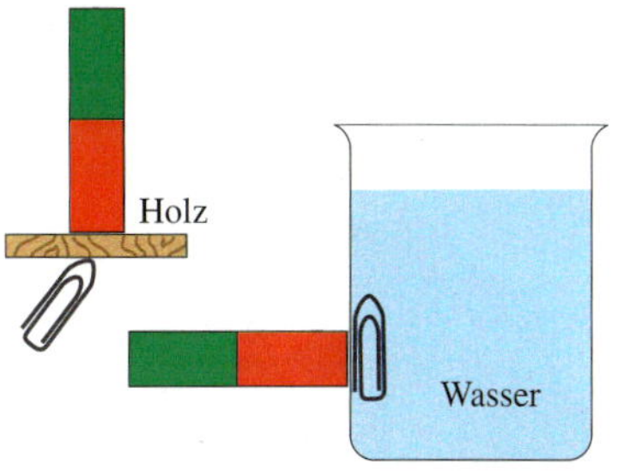

8

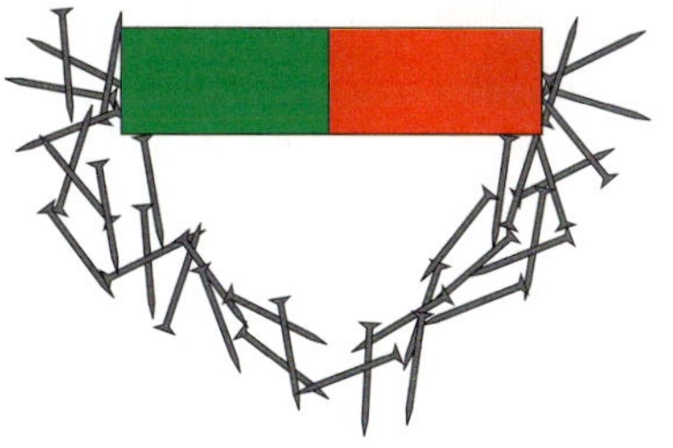

9

4 Haben Elektromagnete die gleichen Eigenschaften wie Dauermagnete? Plane Versuche, mit denen du überprüfen kannst, ob Elektromagnete die gleichen Eigenschaften haben.
Erinnere dich an die Versuche mit den Dauermagneten. ▸**6–9**

Aus der Technik Lasthebemagnete

Auf Schrottplätzen und in Stahlwerken werden große Elektromagnete als Kräne eingesetzt. Sie halten ihre Last nicht mit einem Greifer, sondern mit der magnetischen Anziehung. So ist sicher, dass nur Eisenschrott zur neuen Stahlgewinnung benutzt wird. ▸**10**
Der Lasthebemagnet besteht aus einer Spule und dem Gehäusekern. ▸**11**
Zum Aufnehmen der Eisenteile wird der Stromkreis der Spule geschlossen. Das Stahlgehäuse ist dann magnetisch. Die angezogenen Eisenteile werden gehoben und transportiert. Zum Ablegen der Teile wird der Stromkreis unterbrochen. Der Lasthebemagnet ist nicht mehr magnetisch. Ein solcher Magnet kann Lasten bis zu 30 Tonnen heben – so viel wiegt ein schwer beladener, großer Lkw.

10 *Lasthebemagnet*

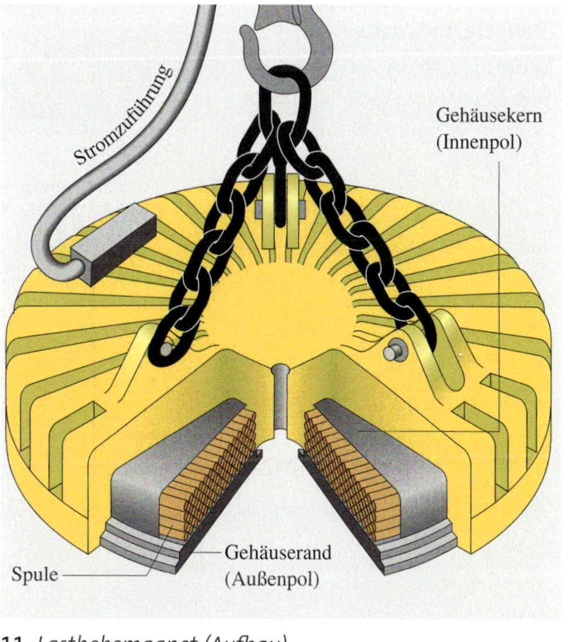

11 *Lasthebemagnet (Aufbau)*

Aus dem Alltag Spiele mit Magneten

Bereitet für das nächste Schulfest oder den „Tag der offenen Tür" an eurer Schule einige Magnetspiele vor.

1

Bauen mit Magneten
Mit Magnetbausätzen könnt ihr eure Fantasie spielen lassen und Dinge bauen.
Wie halten sie zusammen? Wer baut die größten Formen?

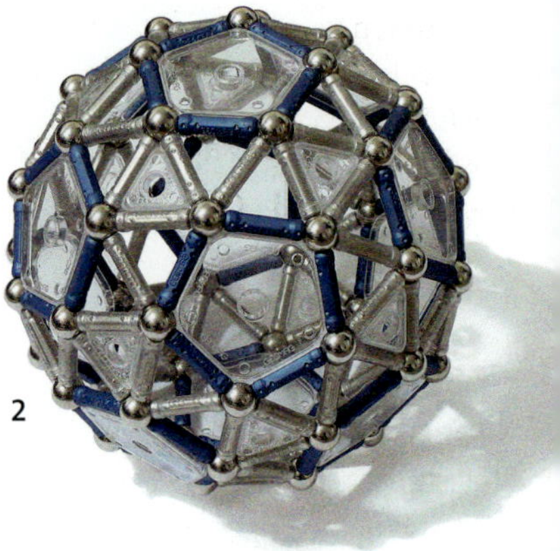

2

Geschicklichkeitstests Mit einem Magneten und einer Eisenkugel könnt ihr ein tolles Geschicklichkeitsspiel herstellen. Immer kompliziertere Kurvenverläufe steigern die Schwierigkeit im Wettbewerb. Wer schafft die Strecke in kürzester Zeit, ohne aus der Bahn zu kommen?

3

Zauberei mit Magneten
Schwebende Büroklammern lassen die Zuschauer staunen, ebenso Kugeln in einem Glas, die wie von Geisterhand geführt aufsteigen.

4

Geheimschrift mit Magneten
Mit Magneten kann man auf einer Spezialfolie schreiben und zeichnen. Für Unbefugte wird die Nachricht mit einem Magneten wieder gelöscht. Wer lüftet das Geheimnis?

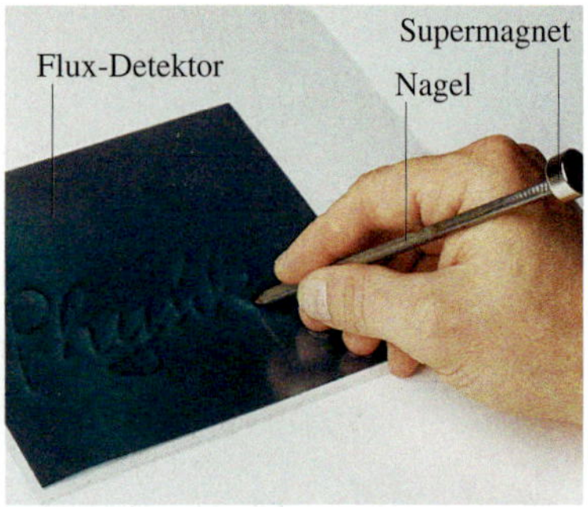

5

Aufgabe

1 Führe deiner Klasse eigene Magnetspiele vor.

Überblick

Eigenschaften von Magneten
Gegenstände aus Eisen (Nickel oder Cobalt) und ein Magnet ziehen sich gegenseitig an.
Die Stellen eines Magneten, an denen die magnetische Wirkung am größten ist, heißen *Pole*. Jeder Magnet besitzt einen Nordpol und einen Südpol.
Nord- und Südpol von zwei Magneten ziehen einander an. Zwei Nordpole stoßen einander ab, ebenso zwei Südpole.

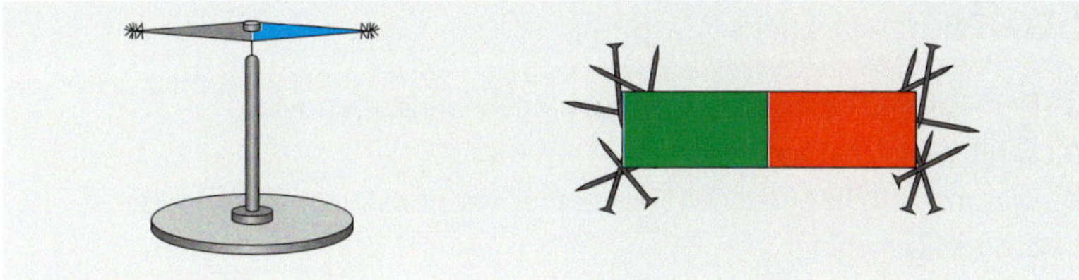

6 *Nord- und Südpol*

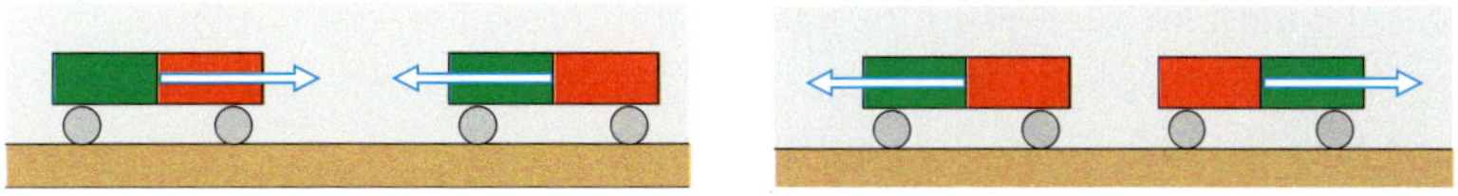

7 *Abstoßung und Anziehung*

Die Erde als Magnet – der Kompass
Die Erde ist ein großer Magnet. Ihre Magnetpole liegen in der Nähe der geografischen Pole.
Ein Kompass enthält eine drehbar gelagerte Magnetnadel. Im Magnetfeld der Erde wird sie ausgerichtet.

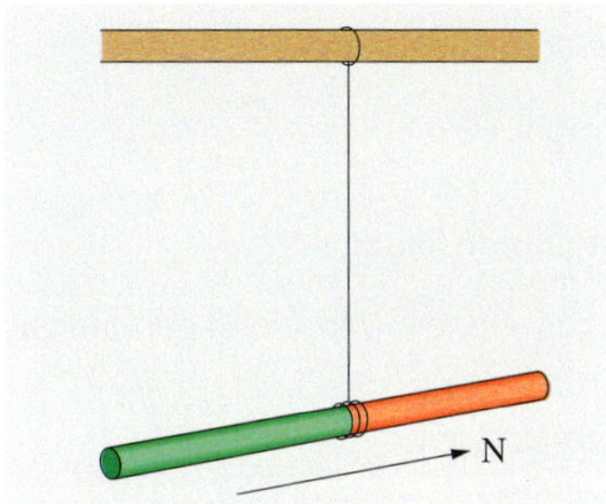

8 *Magnet als Kompass*

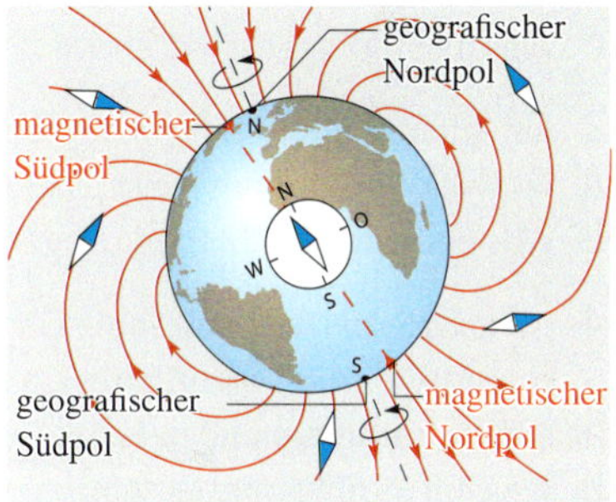

9 *Die Erde als Magnet*

Aufbau von Magneten
Magnete kann man vielfach teilen. Man erhält immer wieder Magnete mit Nord- und Südpol. Wir stellen uns vor, dass Magnete und Dinge aus Eisen winzige Minimagnete enthalten. Diese können geordnet oder ungeordnet sein.

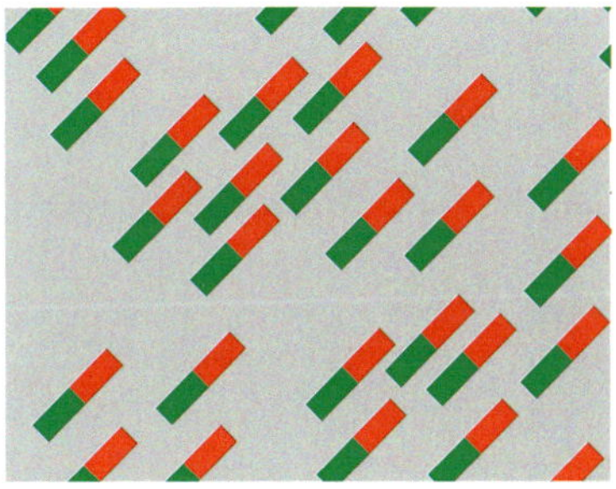

10 *Modellvorstellung eines Magneten*

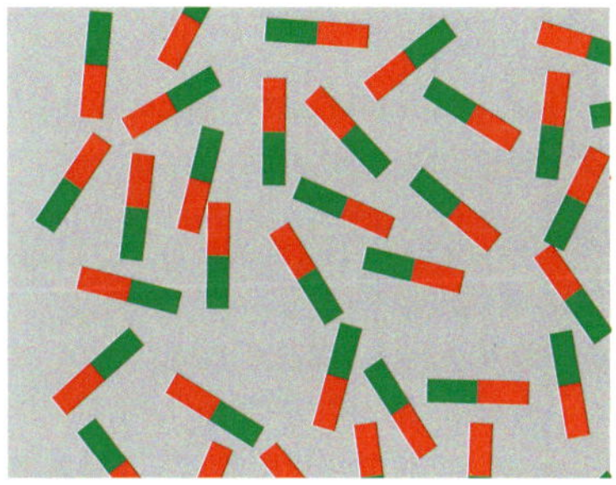

11 *Vorstellung von unmagnetisiertem Eisen*

Der Elektromagnet
Eine Spule, die an eine Batterie angeschlossen ist, wirkt wie ein Magnet. Die Wirkung lässt sich durch einen Eisenkern verstärken. Wenn der Schalter geöffnet wird, verliert die Spule ihre Wirkung. Auch der Eisenkern wird wieder unmagnetisch.

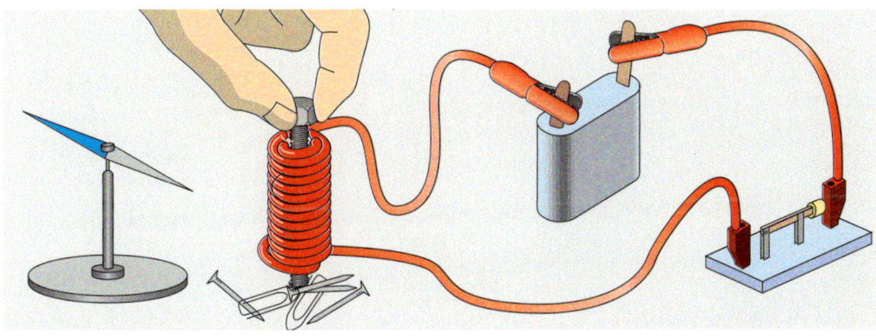

12 *Eine Spule als Magnet*

Teste dich!

Stoffe

1 Dein Fahrrad besteht aus unterschiedlichen Stoffen. ▸1
a Zähle möglichst viele auf.
b Warum sind die einzelnen Teile deines Fahrrads nicht aus anderen Stoffen gemacht?
c Welche Vorteile hat ein Fahrradrahmen aus Aluminium?
d Welche Stoffeigenschaften sollte der ideale Fahrradrahmen haben?

2 Du findest im Nawi-Raum zwei unbeschriftete Gläser mit farblosen Flüssigkeiten. Die beiden Etiketten „destillliertes Wasser" und Alkohol" sind leider abgefallen und liegen daneben.
a Warum darfst du zur Unterscheidung keinesfalls deinen Geschmackssinn nutzen?
b Plane zwei Versuche zur Unterscheidung der beiden Stoffe.
c Welche Stoffeigenschaften werden zur Unterscheidung verwendet?

3 Auf einem Abflussreiniger steht ein Symbol. ▸2
a Auf welche Gefahren weist es hin?
b Was bedeutet das für den Umgang mit diesem Reiniger?

4 Ein spitzer, harter, glänzender Gegenstand – eine farblose und geruchlose Flüssigkeit – ein unsichtbares Gas
a Könnte damit ein und derselbe Stoff gemeint sein?
b Welcher Stoff könnte es sein?
c Mit welchen Versuchen könntest du deine Vermutung überprüfen?
d Erkläre die unterschiedlichen Zustandsformen (Aggregatzustände) mit dem Teilchenmodell.

5 Hänge einen Beutel Schwarztee in heißes Wasser.
a Beschreibe die Beobachtungen.
b Beim Entstehen des fertigen Getränks sind zwei Trennverfahren wichtig.

6 Aus Salzwasser kann man reines Wasser gewinnen.
a Nenne zwei Trennverfahren, mit denen die Gewinnung von reinem Wasser gelingen kann.
b Warum kann man durch Eindampfen kein reines Wasser gewinnen?
c Beschreibe das Eindampfen mit dem Teilchenmodell.

1

2

▷ Die Lösungen findest du im Anhang.

Elektrische Geräte

7 „Mit elektrischer Energie kann man doch nichts anderes anfangen, als eine Lampe zum Leuchten zu bringen!"
a Was meinst du zu dieser Behauptung?
b Nenne verschiedene Elektrogeräte und beschreibe, was beim Betrieb mit der elektrischen Energie geschieht.
c Zeichne einen Stromkreis mit einem der genannten Geräte.

8 In einer Kiste findest du mehrere Kupferkabel, Lampen und eine Flachbatterie.
a Du sollst testen, ob die Lampen funktionieren. Wie gehst du vor?
b Wenn keine der Lampen leuchtet, sind alle kaputt! – Oder?
c Zeichne einen Schaltplan für deinen Lampentester.

9 Dein Freund behauptet, es sei möglich, mit einer Batterie und einem Kabel eine Lampe zum Leuchten zu bringen.
a Ist das tatsächlich möglich?
b Gibt es solch einen Stromkreis in der Praxis? Wenn ja, nenne ein Beispiel.
c Kannst du den Stromkreis aufbauen? Zeichne dazu eine Schaltskizze.
d Erkläre, wie der Stromkreis funktioniert.

10 Die Spülmaschine läuft erst, wenn der Geräteschalter auf EIN steht und die Tür geschlossen ist.
a Welche weiteren Geräte kennst du, die so funktionieren?
b Nenne die Bauteile, mit denen du die Schaltung nachbauen kannst. Für die Maschine wird ein Motor eingebaut.
c Zeichne eine Schaltskizze des Stromkreises auf und baue ihn danach auf.

11 „Elektrische Energie gibt es nicht umsonst."
a Erkläre, was damit gemeint ist. Nutze dazu ein bekanntes Beispiel.
b Gilt die Aussage auch für eine Solarzelle? Begründe deine Antwort.
c Wie wird in einem Auto elektrische Energie bereitgestellt? Erkundige dich bei deinen Eltern und zeichne ein Energieschema für die Autobeleuchtung.

Magnete

12 Manche Geldstücke sehen aus, als seien sie aus Messing oder Kupfer. Sie werden aber von Magneten angezogen. Was kannst du daraus schließen?

13 Scheckkarten und Parkscheine enthalten dünne magnetische Schichten. In diesen sind Töne, Bilder, Texte oder auch Zahlen gespeichert.
Warum dürfen solche Datenspeicher nicht in die Nähe von Magneten gebracht werden?

14 Die blaue Spitze einer Kompassnadel ist selbst ein magnetischer Nordpol. Von welchem Magnetpol der Erde kann sie deshalb nur angezogen werden? Wo liegt dieser Magnetpol?

15 „Mein Magnet ist viel größer als deiner, darum ist seine Anziehung auch stärker!"
a Haben große Magnete immer eine stärkere Wirkung?
b Plane einen Versuch, mit dem du testen kannst, welcher Magnet eine größere Anziehungskraft besitzt.
c Wie kann man die anziehende Wirkung eines einzelnen Magneten verstärken?

16 In einer Bastelkiste findest du einen runden, flachen Magneten. ▸3 Dein Vater meint, solch ein Magnet hat nur einen einzigen Magnetpol.

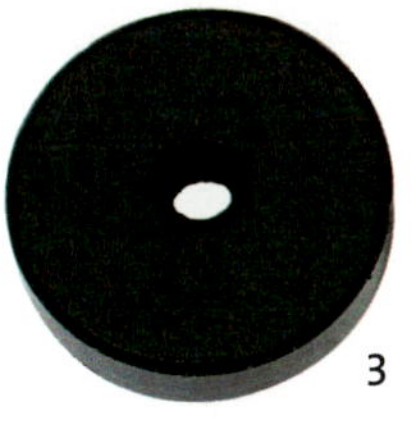
3

a Stimmst du der Meinung zu?
b Wie kannst du die Anzahl der Pole feststellen? Plane einen Versuch.
c Wie kannst du herausfinden, welcher Pol der Nordpol ist? Nenne die Hilfsmittel und beschreibe dein Vorgehen.

17 „Mein Magnet braucht eine Batterie, damit er funktioniert."
a Um was für einen Magneten handelt es sich hier?
b Nenne die Unterschiede zu einem Dauermagneten.
c Beschreibe, wie du solch einen Magneten herstellen kannst.

Naturwissenschaften verstehen mit Basiskonzepten

▷ In den Naturwissenschaften werden Gemeinsamkeiten und Zusammenhänge zwischen ganz unterschiedlichen Vorgängen in Natur und Technik gesucht. Solche Gemeinsamkeiten werden in Basiskonzepten zusammengefasst. Sie sollen dabei helfen, die Naturwissenschaften besser zu verstehen.

Entwicklung

Alle Lebewesen entwickeln sich mit der Zeit.

Die Entwicklung vom Kind zum Erwachsenen ist mit vielen Veränderungen verbunden

System

Jedes Lebewesen ist ein biologisches System, in dem mehrere Organe zusammenwirken: Bei Bewegungen sind unter anderem Muskeln, Knochen und Gelenke, aber auch Sinnesorgane und das Gehirn beteiligt.

Wenn das Rücklicht am Fahrrad nicht leuchtet, muss die Glühlampe nicht kaputt sein. Das Kabel am Dynamo könnte sich gelöst haben. An der Lampenhalterung könnte sich Rost gebildet haben oder ... Man muss also das gesamte System Stromkreis „im Blick“ haben.

Struktur und Funktion

Der Bau (die Struktur) der Lebewesen und ihrer Organe hängt eng damit zusammen, welche Funktion sie erfüllen.

Der Körper der Stockente hat die Form eines Kahns. An den Füßen hat sie Schwimmhäute. Der Schnabel wirkt beim Fressen wie ein Sieb. Stockenten sind gut an das Leben im Wasser angepasst.

Energie

Beim Autofahren ist der Tank irgendwann leer, Auch die Batterie der Taschenlampe ist nach einiger Zeit verbraucht.
In beiden Fällen braucht man Energie.
Elektrische Geräte bekommen ihre Energie über das Stromnetz.
Brennstoffe wie Holz, Kohle oder Erdgas speichern die Energie der Sonne. Wenn sie verbrennen, wird Energie in Form von Wärme frei.

Wechselwirkung

Mit einem Magneten kann man eine Münze aus einem Loch holen. Die Münze wird angezogen, weil sie Eisen enthält. Aber nicht nur der Magnet zieht das Eisen an, sondern auch das Eisen den Magneten. Beide üben gegenseitig eine Wirkung aufeinander aus.
Ein anderes Beispiel für solche Wechselwirkungen ist die Wippe. Die Personen auf der Wippe üben gegenseitig Wirkungen aufeinander aus.

Struktur der Materie

Schneeflocken bestehen aus vielen Schneekristallen. Wenn es zu warm wird, schmilzt die Flocke zu einem winzigen Wassertropfen. Wenn die Sonne scheint, verschwindet der Tropfen bald. Er wird zu Wasserdampf.
Diese Vorgänge kann man mit der Vorstellung erklären, dass Wasser aus winzigen Teilchen besteht.
Wir machen uns also ein Bild über den Aufbau der Stoffe.

Chemische Reaktion

Beim Rosten verwandelt sich Eisen in einen anderen Stoff. Aus dem festen, blanken Metall und dem Sauerstoff der Luft wird krümeliger Rost. Auch beim Verbrennen wird aus fester Kohle und Sauerstoff ein neuer, gasförmiger Stoff, nämlich Kohlenstoffdioxid.
In unseren Muskelzellen werden die Bausteine der Nährstoffe verbrannt. Es entstehen neue Stoffe (Kohlenstoffdioxid und Wasser).
Solche Stoffumwandlungen bezeichnet man als Reaktion.

Musterlösungen

Lebensräume und Lebensbedingungen (S. 83)

1 a Ich informiere mich in der Zoohandlung über das richtige Futter. Ich gebe der Maus täglich immer die gleiche Menge Futter und kontrolliere, wie viel sie davon gefressen hat.

b Täglich wird die abgewogene Futtermenge in den Fressnapf gebracht. Es sollte etwas mehr Futter sein, als die Maus üblicherweise frisst. Am anderen Tag wird das übrige Futter gewogen, die gefressene Menge wird notiert. Nun wird erneut die Tagesmenge in den Napf gegeben. Nach einer Woche werden die gefressenen Mengen der sieben Tage addiert.

c Die ausgewachsene Maus frisst nur so viel Futter, wie sie zum Leben braucht. Das Futter dient zur Energiegewinnung und zur Aufrechterhaltung ihrer Lebensvorgänge.

2 a Mögliche Antworten: Zehengänger; ausdauernde Läufer, die ihre Beute hetzen; Fleischfresser mit Raubtiergebiss; guter Geruchssinn; Rudeltiere, die sich einem Ranghöheren unterordnen; gleiche Körperbewegungen und Laute, um Stimmungen auszudrücken

b Die Wildtier-Vorfahren der Hunde sind die Wölfe. Sie leben in Rudeln, in denen eine strenge Rangordnung herrscht. Die Vorfahren der Hauskatzen waren hingegen Einzelgänger.

c Rind: Milch- und Fleischproduktion; Hausschwein: Fleischproduktion; Pferd: Schönheit und Leichtgängigkeit beim Reiten

d Ist deine Wohnung für die Hundehaltung geeignet? Sind alle Familienmitglieder einverstanden? Wer erzieht den Hund? Er sollte nicht länger als fünf Stunden am Tag allein sein. Wer kümmert sich um ihn? Wohin mit ihm in den Ferien? Willst du sein Leben lang, also 10 bis 15 Jahre, für ihn verantwortlich sein?

3 a Hund – Säugetier, Karpfen – Fisch, Taube – Vogel, Frosch – Lurch, Schlange – Kriechtier

b Siehe Tabelle rechts oben.

c Frosch: Eier werden als Laich abgelegt. Larven schlüpfen als Kaulquappen, die im Wasser leben. Nach der Umwandlung zum Frosch gehen die erwachsenen Tiere an Land.

4 a Beide haben den für Kreuzblütengewächse typischen Blütenbau mit vier Kelchblättern, vier Kronblättern, vier plus zwei Staubblättern und einem Stempel.

b Beim Löwenzahn sind viele Einzelblüten zu einem Blütenstand zusammengesetzt. Der Löwenzahn ist ein Korbblütengewächs.

Wirbeltierklasse	Hautbeschaffenheit	Atmung
Fische	Schuppen in Schleim auf Haut	Kiemen
Lurche	nackte Haut mit Drüsen	durch Lungen, Mundhöhle, und Haut (Kaulquappen mit Kiemen)
Vögel	Federn	Lungen mit Luftsäcken
Säugetiere	Fell aus Haaren	durch Lungen

Sonne – Wetter – Jahreszeiten (S. 159)

1 a Bei kühlem, stürmischem Wetter sind wenige Honigbienen und andere Insekten zur Bestäubung unterwegs. Ohne Bestäubung gibt es keine Befruchtung und somit auch keine Kirschfrüchte. Für die Bestäubung der Hasel sind keine Insekten nötig.

b Die Bestäubung erfolgt bei der Kirsche durch Bienen, bei der Hasel durch Wind.

c Samen werden durch Wind, Wasser und Tiere verbreitet. Dadurch können sich die ortsfesten Pflanzen ausbreiten und neue Lebensräume besiedeln.

2 a Pflanzen bilden in den grünen Blättern die Nährstoffe (Stärke, Zucker, Fette), die sie zum Wachstum und zum Leben brauchen. Sie benötigen dazu Luft (Kohlenstoffdioxid), Wasser und Licht.

b Die Energie der Sonnenstrahlung ist nötig, um Wasser zu verdampfen.

c Die Sonne erwärmt die Erdoberfläche unterschiedlich. Tagsüber wird z. B. die Luft über einer Insel stärker erwärmt als die Luft über dem Meer. Durch das Abfließen der warmen Luft in der Höhe über die zusammengesackte Kaltluft kommt ein Luftkreislauf in Gang.

3 a Das Wasser ist zu Eis geworden. Das Eis wölbt sich nach oben. Das Volumen des Wassers ist beim Gefrieren größer geworden.

b Geplatzte Flaschen im Eisfach, geplatzte Wasserrohre, Frostaufbrüche von Straßen.

c Das Schmelzwasser hat eine Temperatur von 0 °C.

4 a Fest (Eis), flüssig (Wasser), gasförmig (Wasserdampf)

b 0 °C (schmelzen und erstarren), 100 °C (verdampfen und kondensieren)

c *Eis:* Die Teilchen haben feste Plätze. Der Zusammenhalt ist stark. Die Abstände zwischen den Teilchen sind klein.

Flüssigkeit: Die Teilchen können sich gegeneinander verschieben. Der Zusammenhalt ist schwächer. Der Abstand zwischen den Teilchen ist klein.
Wasserdampf: Die Teilchen bewegen sich im ganzen Raum, der ihnen zur Verfügung steht. Zwischen ihnen gibt es keinen Zusammenhalt. Die Abstände zwischen den Teilchen sind groß.
5 a Die Platte strahlt Wärme ab. Der Topf nimmt sie auf.
b Der Boden sollte möglichst aus Kupfer sein, weil Kupfer ein guter Wärmeleiter ist.
c Das Wasser wird zuerst unten heiß, es strömt dann nach oben. Von oben sinkt kaltes Wasser nach unten.
d Die Wärme geht in die Luft im Raum. Die Temperatur steigt. Wenn der Raum klein ist, müsste man mit einem empfindlichen Thermometer eine Temperaturerhöhung feststellen.
e Mögliche Antworten: Topf ins Bett stellen, Kochkiste aus Hartschaum bauen, Topf in Karton mit Wolle oder Styroporflocken stellen.
f Beispiele aus Natur und Technik: Vögel plustern sich auf. Tiere haben ein dichtes Winterfell oder eine Speckschicht. Hohlziegel werden beim Hausbau eingesetzt. Außenwände werden mit Hartschaumplatten isoliert, Dächer mit Glaswolle. Doppelfenster verringern die Wärmeverluste.

Sinne und Wahrnehmung (S. 220)

1 a Die beiden Fußgänger verhalten sich richtig: Sie gehen neben der Fahrbahn dem Verkehr entgegen. Dadurch sehen sie mögliche Gefahren eher. Autofahrer sehen die Fußgänger hier früher, weil der rechte Scheinwerfer des Abblendlichts weiter leuchtet als der linke. Jeder Fußgänger hat wenigstens ein helles Kleidungsstück an.
Verbesserungsvorschläge: Nur helle Kleidung tragen, Reflektoren umhängen oder anstecken, Lampe mit blinkenden LEDs umhängen, hintereinander gehen.
b Lampen einschalten, Reflektoren am Rad sauber halten, helle Kleidung tragen, auf dem Rücken oder am Sattel ein rotes Blinklicht befestigen …
c Lena kann vielleicht selbst alles sehen. Aber viel wichtiger ist es für ihre Sicherheit, dass sie von anderen gesehen wird. Deshalb ist es verboten, ohne Licht zu fahren.
2 a Wenn bei Dunkelheit Licht von einer Lichtquelle auf einen Gegenstand fällt, entsteht hinter dem Gegenstand ein Schatten.
b Zeichnung:

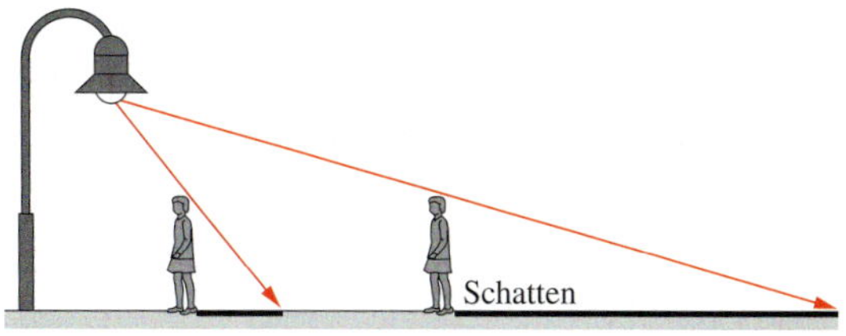

Zwei Schatten sieht man in der Mitte zwischen zwei Laternen.
c Das Licht der Sonne wird von den Wolken so gestreut, dass eine riesige flächige Lichtquelle entsteht. Wir werden dadurch aus allen Himmelsrichtungen beleuchtet.
3 a 1 Hornhaut, 2 Pupille, 3 Linse, 4 Netzhaut, 5 Sehnerv
b 1 Die Hornhaut ist lichtdurchlässig und schließt das Auge nach außen hin ab.
2 Die Pupille begrenzt den Lichteinfall.
3 Hornhaut und Linse sammeln das Licht.
4 Auf der Netzhaut entsteht das Bild. Die Netzhaut wird vom Licht gereizt.
5 Der Sehnerv leitet die Nervensignale aus der Netzhaut zum Gehirn.
5 a Die Insekten erzeugen die Summtöne durch das Schwingen ihrer Flügel.
b Wenn die Flügel schnell schwingen, entstehen hohe Töne, bei langsamerer Schwingung hören wir tiefere.
c Musikinstrumente, Lautsprecher …
d Mit einem Lineal, das unterschiedlich lang eingespannt ist, kann ich tiefe und hohe Töne erzeugen. Das geht auch mit unterschiedlich vollen Flaschen oder Gläsern, die angepustet oder angestrichen werden.
5 a Die Aussage ist falsch. Unter Wasser kann sich der Schall besser ausbreiten als in der Luft.
b In der Badewanne oder im Schwimmbad kann man sich unter Wasser unterhalten.
c Delfine und Wale senden Töne aus. Die Töne dienen einmal der Verständigung bzw. sind Lockrufe. Delfine könne mit den ausgesendeten Schallsignalen auch
6 a Die Aussage ist richtig: Außenohr, Mittelohr und Innenohr.
b Das Außenohr (1) besteht aus Ohrmuschel (4), Gehörgang (5) und Trommelfell (8). Das Trommelfell wird durch die Schallwellen in Schwingung versetzt. Im Mittelohr (2) leiten Hammer, Amboss und Steigbügel (6) den Schall weiter.

Im Innenohr (3) dienen die Schnecke (9) und der Gehörnerv (7) zur Signalübermittlung an unser Gehirn.

7 a Die Meldung kann wahr sein.

b Schall breitet sich in der Luft als abwechselnde Luftverdichtungen und -verdünnungen fort. Wenn ein sehr lauter Ton oder Knall durch die Luft geht, ist der Unterschied zwischen Verdichtung und Verdünnung sehr groß und könnte unstabile Häuser umwerfen.

c Das Kartenhaus kann mit der Schallwelle eines Tamburins oder der einer offenen Trommel (Kunststoffeimer) zum Einstürzen gebracht werden.

d Mit zwei Tamburins und einem aufgehängten Tischtennisball kannst du zeigen, das Schall Luftbewegungen sind. Das Gleiche kannst du mit der Schallkanone vorführen, die eine Kerze ausbläst.

8 a Man stellt sich mit dem Gesicht zur Felswand und pfeift. Die Zeit bis zum Echo muss genau gemessen werden. Da der Schall von der Schallquelle (Mund) zur Wand und zurück zu den Ohren gelaufen ist, muss man die Zeit halbieren und berechnen, wie weit sich der Schall in dieser Zeit in Luft ausbreitet.

b Wenn man nach einer Sekunde das Echo hört, war der Schall 340 m unterwegs. Die Felswand ist also 170 m entfernt.

c Probleme können sein: ungenaue Zeitmessung, ungünstige Felsoberfläche, Ausbreitungsgeschwindigkeit hängt von der Lufttemperatur ab …

d Geräte zur Längenmessung in Räumen funktionieren mit dem Echo. Auch Echolote von Schiffen nutzen die Methode. In der Tierwelt können sich Fledermäuse oder Delfine mit Ultraschallechos orientieren.

9 a Ein Unterschied von 20 dB(A) bedeutet vierfache Lautstärke im Übungsraum. Die gleiche Lautstärke hätten 100 Mofas.

b Die Schülerinnen und Schüler sollten ihre Ohren mit speziellen Stopfen oder Gehörschutzschalen schützen und sich nicht zu lange der lauten Musik aussetzen.

c Der Wände des Raums können mit schalldämmenden Stoffen (Schaumstoff, Eierverpackungen, Glaswolle usw.) verkleidet werden.

d Zur Präsentation könnte man einen Schuhkarton vorstellen, in dem sich ein klingelndes Handy befindet. Anschließend wird der Karton innen mit schalldämmenden Stoffen ausgekleidet. Das klingelnde Handy wird kaum noch zu hören sein.

Körper und Leistungsfähigkeit (S. 297)

1 a Muskeln ziehen sich zusammen.

b Als Gegenspieler arbeiten Muskeln paarweise zusammen: Zieht sich ein Muskel zusammen, ist sein Gegenspieler entspannt und wird gedehnt.

c Tabelle:

Organ	Eigenschaften	Aufgaben
Muskeln	Sie können sich verkürzen. Entspannte Muskeln sind dehnbar.	Sie bewegen den Körper, geben ihm Aussehen und Halt.
Sehnen	fest, straff, reißfest, kaum dehnbar	Sie verbinden Muskeln und Knochen.
Knochen	hart, elastisch, schwer zerbrechlich	Sie stützen den Körper.
Gelenke	beweglich	Verbindung zwischen Knochen
Nerven	Sie durchziehen den ganzen Körper.	Sie leiten Befehle vom Gehirn zum Muskel.

d Fehlhaltungen sind unnatürliche Veränderungen am Skelett (Wirbelsäulenverkrümmung, Rundrücken, Bandscheibenvorfall, Spreiz-, Plattfüße …).

e Vorbeugung gegen Fehlhaltungen:
– aufrechte Sitzhaltung
– Anheben schwerer Gegenstände aus den Knien heraus
– Tragen von Lasten auf dem Rücken

Durch Training kann ich die Muskeln stärken und Schäden am Bewegungsapparat vermeiden.

2 a Zweiseitiger Hebel.

b Hebel: Schere, Zange, Schraubenschlüssel …

c

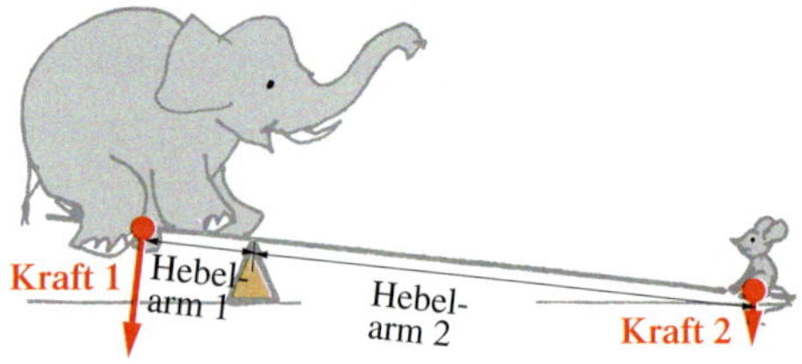

d Der „Maus-Hebelarm“ müsste 1000 m lang sein!

3 a Lungenkreislauf und Körperkreislauf werden voneinander unterschieden.

b Die linke Herzkammer treibt den Körperkreislauf an, die rechte den Lungenkreislauf.

c Die Lungenarterie führt sauerstoffarmes Blut, die Lungenvene sauerstoffreiches.

4 a Der Mundspeichel braucht Zeit, um in dem Speisebreigemisch seine Wirkung zu entfalten. Kohlenhydrate werden zerkleinert.

b Mund und Zähne: mechanische Zerkleinerung, Vorverdauung von Kohlenhydraten durch Mundspeichel
Speiseröhre: Transport
Magen: Spaltung von Eiweißen, Abtöten von Krankheitserregern durch die Magensäure
Dünndarm (Zwölffingerdarm): Spaltung von Kohlen-

hydraten, Eiweißen und Fetten durch den Saft der Bauchspeicheldrüse und die Gallenflüssigkeit, Aufnahme der Nährstoffe ins Blut
Dickdarm: Rückgewinnung von Wasser
Mastdarm: Sammlung unverdaulicher Reste, Ausscheidung durch den After
c Auf dem Weg durch den Körper wird der Sauerstoff verbraucht, im Darmbereich werden Nährstoffe aufgenommen und weitertransportiert.
5 a Primäre Geschlechtsmerkmale sind zuerst vorhanden. Die sekundären Geschlechtsmerkmale treten erst mit Eintritt der Pubertät auf.
b *Primäre Geschlechtsmerkmale*
Frau: Schamlippen mit Klitoris, Scheide, Gebärmutter mit Eileitern und Eierstöcken
Mann: Hoden mit Nebenhoden und Hodensack, Penis mit Harnsamenleiter, Vorsteherdrüse mit Hilfsdrüsen, Samenleiter
Sekundäre Geschlechtsmerkmale
Frau: Brüste, Fettablagerungen an Hüften und Oberschenkeln, Achsel- und Schamhaare, stärkere Körperbehaarung, Eizellen reifen, Stimme wird tiefer
Mann: Brustkorb wird breiter, Muskulatur wird stärker, Körperbehaarung verstärkt sich, Bartwuchs tritt auf, Penis und Hoden vergrößern sich und Spermien werden produziert
6 a Natürliche Methode: Die Frau ermittelt morgens ihre Körpertemperatur.
Barrieremethode: Kondom
Hormonelle Methode: Hormonpille (Antibabypille)
b Die Änderung der Körpertemperatur zeigt den Tag des Eisprungs und somit die befruchtungsfähigen Tage an.
Das Kondom verhindert, dass Samenzellen in die Gebärmutter eindringen können. Die Hormonpille verhindert einen Eisprung.
7 a Zuwendung, Liebe, Blickkontakt, Berührung, Sprechen mit dem Säugling
b Schwärmerei aus der Ferne (Sportler, Stars), Verliebtheit oder Liebe zum Freund oder zur Freundin, Zuneigung zu Menschen aus anderen Kulturen, Liebe zu seinem Haustier, Freundschaft
c Sprich mit einer Person deines Vertrauens darüber (Eltern, Lehrerin oder Lehrer, Pfarrer oder Pfarrerin). Wende dich an den Kinderschutzbund.

Stoffe und Geräte im Alltag (S. 374)

1 a Aluminium, Eisen, Kunststoff, Glas, Kupfer
b Ein Fahrradrahmen aus Glas würde leicht brechen, ein Sattel aus Holz wäre unbequem usw.: Die Stoffeigenschaften müssen passen.
c Aluminium ist ziemlich leicht (geringe Dichte) und rostet nicht.
d Der Stoff sollte nicht rosten, leicht und sehr fest, aber nicht spröde sein.
2 a Im Chemieraum darf grundsätzlich weder gegessen noch getrunken werden. Die Stoffe könnten gesundheitsschädlich oder verunreinigt sein.
b 1. Je eine kleine Probe wird im Reagenzglas stark erhitzt. Zucker verkohlt und wird schwarz, Salz nicht.
2. Jeweils eine kleine Probe wird in Wasser gelöst. Salzlösungen leiten den Strom, Zuckerlösungen nicht.
c Das Verhalten beim Erhitzen und die elektrische Leitfähigkeit
3 a Das Symbol warnt vor ätzenden Flüssigkeiten, z. B. vor sauren oder alkalischen Lösungen. Abflussreiniger ist stark alkalisch.
b Man darf diesen Reiniger nur sehr vorsichtig und in möglichst geringen Mengen verwenden. Man sollte möglichst Handschuhe oder Schutzbrille tragen. Den Reiniger nicht mit anderen Stoffen vermischen.
4 a Ja, da ein Stoff in verschiedenen Aggregatzuständen vorliegen kann.
b Es könnte Wasser sein. Es kann als hartes Eis, flüssiges Wasser oder als Wasserdampf vorliegen.
c Eis schmelzen, das Wasser verdampfen, anschließend kondensieren und wieder zu Eis erstarren lassen. Es ist der gleiche Stoff geblieben: Wasser.
d Im Eis sind die Wasserteilchen nahe beieinander. Beim Schmelzen bleiben es dieselben Teilchen, nur sind sie jetzt beweglich. Beim Wasserdampf nehmen Abstände und Beweglichkeit der Wasserteilchen noch mehr zu.
5 a Am Teebeutel bilden sich braune Schlieren, die zu Boden sinken. Nach längerer Zeit ist das Wasser gleichmäßig braun.
b Farb- und Aromastoffe werden zunächst aus den Teeblättern herausgelöst. Das „Teewasser" dringt nun durch die Poren des Teebeutels nach außen, während die Teeblätter innen zurückbleiben. Der Teebeutel wirkt als Filter.
6 a Destillieren von Wasser (verdampfen und kondensieren)
b Beim Eindampfen verdampft das Wasser. Statt des gewünschten Wassers bleibt Salz zurück.
c Die Wasserteilchen werden durch das Erhitzen so schnell, dass sie entweichen können, während die Salzteilchen in der Salzlösung „kleben" bleiben.
7 a Die Behauptung ist falsch. Mit elektrischer Energie kann man viele andere Geräte betreiben.
b Die Glühlampe wandelt die elektrische Energie in Licht und Wärme um (elektrische Energie → Strahlungsenergie und thermische Energie). Beim

Elektromotor wird eine Bewegung hervorgerufen (elektrische Energie → Bewegungsenergie). Ein Durchlauferhitzer, eine Herdplatte oder ein Heizstrahler geben Wärme ab (elektrische Energie → Wärme).
c *Beispiel:* Elektromotor: Zeichnung des Schaltkreises mit Batterie und Motor
8 a Ich baue einen Stromkreis mit einer Lampe und der Batterie auf. Dazu schließe ich mit den Kupferkabeln je einen Batteriepol mit einem Lampenkontakt zusammen. Ich kann auch die Lampenkontakte direkt an die Batteriepole halten.
b Falls keine Lampe leuchtet, könnte auch die Batterie leer sein.
c Schaltplan:

9 a Solche Stromkreise können funktionieren.
b Beim Fahrrad gibt es solch einen Stromkreis. An den Scheinwerfer wird vom Dynamo nur ein Kabel geführt. Der Stromkreis wird über den leitenden Rahmen geschlossen.
c Von der Batterie führe ich ein Kabel zu einem Lampenkontakt. Den zweiten Lampenkontakt verbinde ich mit dem anderen Batteriepol durch einen leitenden Gegenstand, z. B. eine Schere oder Münze (Zeichnung des Aufbaus).
d Alle leitenden Gegenstände eignen sich, um einen Stromkreis zu schließen.
10 a Waschmaschine, Mikrowelle, Wäschetrockner
b Motor (oder Lampe), Batterie (oder Netzgerät), Schalter und Taster
c Schaltplan:

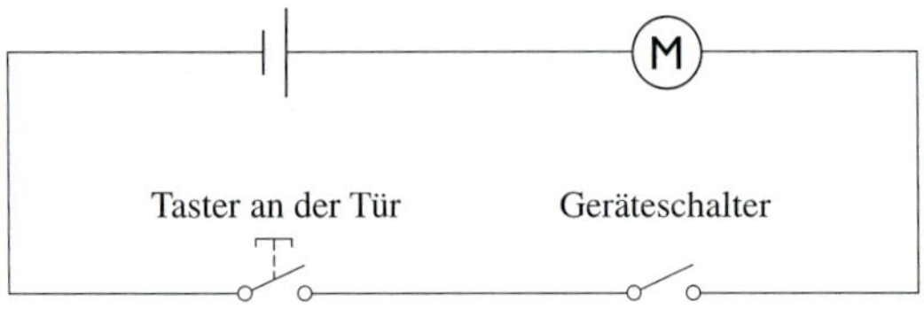

11 a Der Fahrraddynamo liefert erst elektrische Energie, wenn sich das Vorderrad dreht und den Dynamo antreibt. Dafür muss man etwas stärker in die Pedale treten. Dem Dynamo wird so Energie zugeführt.
b Auch einer Solarzelle wird durch das Sonnenlicht Energie zugeführt. Im Dunkeln funktioniert sie nicht.
c Energieschema:

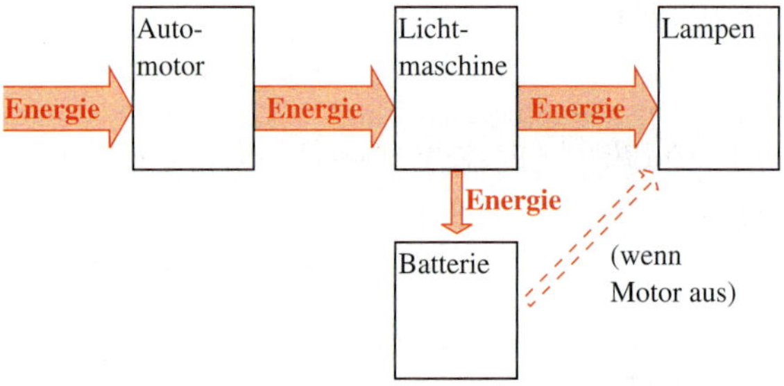

12 Die Münzen haben einen Kern aus einem Werkstoff, der vom Magneten angezogen wird, also aus Eisen, Stahl oder Nickel.
13 Ein Magnet würde die „Minimagnete" in der Schicht umordnen. Die winzigen magnetischen Bereiche würden verändert. Dadurch würden die gespeicherten Informationen gelöscht.
14 Die blaue Spitze der Kompassnadel wird vom magnetischen Südpol der Erde angezogen. Da sie nach Norden zeigt, befindet sich der magnetische Südpol der Erde in der Nähe des geografischen Nordpols.
15 a Ein großer Magnet muss nicht unbedingt eine stärkere magnetische Wirkung haben.
b Man kann messen, auf welche Entfernung die Magnete einen Gegenstand aus Eisen anziehen. Man kann auch mit einem Kraftmesser bestimmen, wie groß die Anziehungskraft ist.

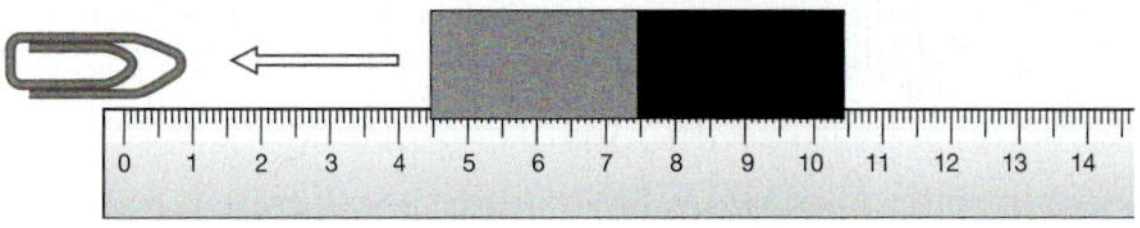

c Man bringt Magnete so zusammen, dass sich ihre Anziehungskraft verstärkt (gleiche Pole zusammen).
16 a Nein, denn jeder Magnet hat immer mindestens zwei Pole, einen Nord- und einen Südpol.
b Ich halte einen Eisennagel an einem Band über den Magneten. Der Nagel wird von einem Pol angezogen, weil hier die Anziehung am stärksten ist. Dann drehe ich den Magneten und suche weitere Pole.
c Wenn ich weiß, wo die Pole des Magneten sind, kann ich mit einer Kompassnadel Nord- und Südpol unterscheiden. Ich führe die Kompassnadel mit ihrem Nordpol (blaue Seite) an den Magnetpol. Richtet sie sich darauf aus, so habe ich einen Südpol gefunden. Dreht sie sich um, so handelt es sich um einen magnetischen Nordpol.
17 a Es handelt sich um einen Elektromagneten.
b Elektromagnete kann man ein- und ausschalten. Wenn man die Anschlüsse an der Batterie vertauscht, wird der Magnet umgepolt.
c Ich wickle dünnen, lackierten Kupferdraht in vielen Windungen um einen Eisennagel oder eine Schraube.

Tabellen

Schmelz- und Siedetemperaturen einiger Stoffe		
Stoff	Schmelztemperatur	Siedetemperatur
Alkohol	−115 °C	78 °C
Aluminium	660 °C	2 467 °C
Benzol	5,5 °C	80 °C
Blei	327 °C	1 740 °C
Eisen	1 535 °C	3 070 °C
Ether	−116 °C	35 °C
Gold	1 063 °C	2 807 °C
Graphit	3 650 °C	4 827 °C
Iod	114 °C	184 °C
Kochsalz	801 °C	1 413 °C
Milch	−0,5 °C	100 °C
Paraffin	ca. 50 °C	230 °C
Petroleum	−70 °C	150 °C
Quecksilber	−39 °C	357 °C
Schwefel	119 °C	445 °C
Spiritus	−114 °C	78 °C
Wasser (destilliert)	0 °C	100 °C
Wolfram	3 410 °C	5 700 °C

Dichte von Stoffen			
Stoff (bei 20 °C)	Dichte in $\frac{g}{cm^3}$	Stoff (bei 20 °C)	Dichte in $\frac{g}{cm^3}$
Feste Stoffe		Glas	ca. 2,6
Styropor®	0,015	Aluminium	2,7
Balsaholz	0,1	Granit	ca. 2,7
Kork	0,2–0,4	Eisen, Stahl	7,8–7,9
Holz	0,4–0,8	Kupfer	8,96
Butter	0,86	Silber	10,5
Eis (0 °C)	0,9	Blei	11,3
Bernstein	1,0–1,1	Gold	19,3
Plexiglas®	1,2		
Kunststoff	ca. 1,4	*Flüssigkeiten*	
(PVC)		Benzin	ca. 0,7
Sand	ca. 1,5	Alkohol	0,79
Ziegelstein	1,5–1,8	(Ethanol)	
Beton	1,5–2,4	Terpentinöl	0,86
Kohlenstoff		Wasser (4 °C)	1,00
Graphit	2,25	Salzwasser	1,03
Diamant	3,52	Glycerin	1,26
Porzellan	2,4	Quecksilber	13,55

Einige Schaltzeichen (Schaltsymbole)					
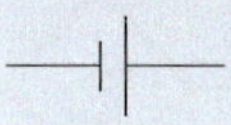	Batterie (Zelle)		Schalter (geöffnet)	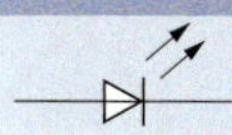	Leuchtdiode
	Netzgerät	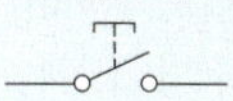	Taster		Festwiderstand
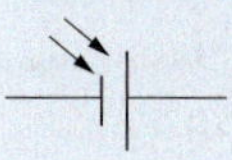	Solarzelle	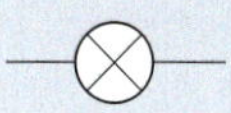	Glühlampe	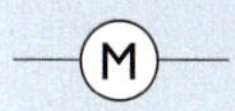	Motor
	Generator	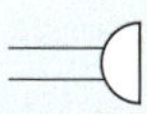	Summer	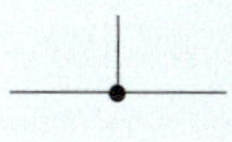	Leiterverzweigung mit leitender Verbindung

Vielfache und Teile von Einheiten					
Vorsatz	Vorsatzzeichen	Faktor	Vorsatz	Vorsatzzeichen	Faktor
Mega-	M	1 000 000	Dezi-	d	$\frac{1}{10}$
Kilo-	k	1 000	Zenti-	c	$\frac{1}{100}$
Hekto-	h	100	Milli-	m	$\frac{1}{1000}$
Deka-	D	10	Mikro-	µ	$\frac{1}{1\,000\,000}$

Ausdehnung flüssiger Körper bei Erwärmung

Körper (1 l = 1 dm³)	Ausdehnung bei Erwärmung um 1 °C
Wasser	0,2 cm³
Quecksilber	0,2 cm³
Heizöl	ca. 0,9 cm³
Alkohol	1,1 cm³
Benzol	1,2 cm³

Ausdehnung gasförmiger Körper bei Erwärmung

Wird ein Gas um 1 °C erwärmt, nimmt sein Volumen um $\frac{1}{273}$ seines Volumens bei 0 °C zu.

Ausdehnung fester Körper bei Erwärmung

Körper (1-m-Stab)	Ausdehnung bei Erwärmung um 1 °C
Normalglas	0,009 mm
Beton	0,012 mm
Eisen	0,012 mm
Kupfer	0,016 mm
Messing	0,018 mm
Aluminium	0,024 mm
Zink	0,027 mm
Eis	0,037 mm

Körper (1-m-Stab)	Ausdehnung bei Erwärmung um 100 °C
Porzellan	0,3 mm
Granit	0,5 mm
Glas	0,9 mm
Sandstein	1,0 mm
Beton	1,2 mm
Eisen (Stahl)	1,2 mm
Gold	1,4 mm
Kupfer	1,6 mm
Messing	1,8 mm
Silber	1,95 mm
Aluminium	2,4 mm
Zink	2,7 mm
Asphalt	20,0 mm

Gefahrensymbole (Warnzeichen)

Gültig seit dem 1. 12. 2008:

GHS01 Gefahr Explosionsgefährlich	GHS02 Gefahr Leicht/Hochentzündlich	GHS03 Gefahr Brandfördernd	GHS04 Achtung Komprimierte Gase	GHS05 Gefahr Ätzend	GHS06 Gefahr Giftig/Sehr giftig	GHS07 Achtung Gesundheitsgefährdend	GHS08 Gefahr Gesundheitsschädlich	GHS09 Achtung Umweltgefährdend

Die folgenden Symbole sind für Gemische noch gültig bis 2015:

T+: sehr giftig T: giftig	Xn: gesundheitsschädlich Xi: reizend	E: explosionsgefährlich	F+: hochentzündlich F: leicht entzündlich	C: ätzend	O: brandfördernd	N: umweltgefährlich

Sach- und Namenverzeichnis